D0733738

CATALÀ-ANGLÈS
ENGLISH-CATALAN

MINI

ENCICLOPÈDIA CATALANA
BARCELONA

Diccionaris d'Enciclopèdia Catalana
Direcció: Marc Sagristà i Artigas

Equip de redacció: Núria Bort, Marta Folia, Lídia Lluís
Revisió: Rosaura Brugué, Montserrat Castelltort, Marta Folia,
Íngrid March

Tractament informàtic: Frederic Monràs

Coordinació: Oriol Gil Sanchis

Disseny de la coberta: Ricard Badia

Primera edició: maig del 1996
Cinquena impressió: febrer del 2003

Impressió: Romanyà/Valls, Verdaguer, 1. Capellades

ISBN: 84-412-2573-7
Dipòsit Legal: B. 50.416-2002

Índex / Contents

Instruccions per a l'ús del diccionari

La titlla (~) substitueix l'encapçalament de l'article; per exemple: **absent** [ˈæbsənt] *aj* absent; **~-minded** (= **absent-minded**); **absorb** [əbˈzɔːb] *vt* absorbir; **be ~ed in** (= be **absorbed in**); **abans** [əβáns] *av aj* before; **~ de** *prp* (= **abans de**); **any** [áɲ] *m* year. Té vuit ~s (= *Té vuit anys*).

Guide to the Use

The tilde (~) stands for the catchword at the beginning of the entry: **abans** [əβáns] *av aj* before; **~ de** *prp* (= **abans de**); **any** [áɲ] *m* year. Té vuit ~s (= *Té vuit anys*); **absent** [ˈæbsənt] *aj* absent; **~-minded** (= **absent-minded**); **absorb** [əbˈzɔːb] *vt* absorbir; **be ~ed in** (= be **absorbed in**).

Abreviatures / Abbreviations

aer aeronàutica / aeronautics
agr agricultura / agriculture
aj adjectiu / adjective
ana anatomia / anatomy
ar article / article
arq arquitectura, construcció / architecture, building
art belles arts / fine arts
ast astronomia, astrologia / astronomy, astrology
atr atributiu / attributive
aut automobilisme / automobile
av adverbi / adverb
bio biologia / biology
bot botànica / botany
cin cinema / cinema
cnj conjunció / conjunction
com comerç / commerce
cst costura / sewing
dr dret / law
dsp despectiu / derogatory
ecn economia / economy
ele electricitat / electricity
esp esports / sport
f femení / feminine
fg figurat / figurative
fis física / physics
fm familiar / familiar
fot fotografia / photography
fpl femení plural / feminine plural
frr ferrocarrils / railway

fsg femení singular / feminine singular
gst gastronomia / gastronomy
geo geografia, geologia / geography, geology
grf arts gràfiques / graphic arts
grm gramàtica / grammar
hst història / history
ifm informàtica / computers
inj interjecció / interjection
iv invariable / invariable
jcs jocs / games
lit literatura / literature
m masculí / masculine
mar marina / marine
mat matemàtica / mathematics
med medicina / medicine
mf masculí i femení / masculine and feminine
mil ciències militars / military
min mineralogia / mineralogy
mpl masculí plural / masculine plural
msg masculí singular / masculine singular
mús música / music
n nom / noun
osf oneself
pl plural / plural
pol política / politics
pp participi / past participle
pr pronom / pronoun

prp	preposició / preposition	*vi*	verb intransitiu / intransitive verb
pt	passat / past tense	*vip*	verb intransitiu i pronominal / intransitive and reflexive verb
qm	química / chemistry		
rlg	religió / religion	*vp*	verb pronominal / reflexive verb
sby	somebody	*vt*	verb transitiu / transitive verb
sg	singular / singular	*vti*	verb transitiu i intransitiu / transitive and intransitive verb
sth	something		
tb	també / also	*vtip*	verb transitiu, intransitiu i pronominal / transitive, intransitive and reflexive verb
tcn	tecnologia / technology		
tea	teatre / theatre		
txt	tèxtil / textile	*vtp*	verb transitiu i pronominal / transitive and reflexive verb
uc	una cosa		
UK	britànic / British	*vlg*	vulgarisme / vulgarism
up	una persona	*zoo*	zoologia / zoology
US	americà / American		

Pronunciation Key: Catalan

[á] as in f<u>a</u>ther, eg. baf [báf]
[ə] as in pott<u>er</u>, eg. altr<u>e</u> [áltrə]
[ɛ́] as in b<u>e</u>t, eg. b<u>e</u> [bɛ́]
[é] as in gr<u>ey</u> (without the -y), eg. b<u>é</u> [bé]
[i] as in b<u>ui</u>ld, eg. bri [brí]
[ó] as in sl<u>o</u>w (without the -w), eg. brot [brót]
[ɔ́] as in p<u>o</u>t, eg. c<u>o</u>l [kɔ́l]
[u] as in p<u>u</u>ll, eg. bruc [brúk]
[j] as in <u>y</u>es, eg. hiena [jénə]
[β] as in Spanish a<u>v</u>e, eg. jove [ʒɔ́βə]
[ð] as in o<u>th</u>er, eg. medi [méði]
[ɣ] as in Spanish ma<u>g</u>o, eg. piga [píɣə]
[ʃ] as in <u>sh</u>ip, eg. toix [tóʃ]
[ʒ] as in trea<u>s</u>ure, eg. truja [trúʒə]
[λ] as in Italian fo<u>gl</u>ia, eg. ull [úλ]
[ɾ] as in Spanish to<u>r</u>o, eg. veure [béwɾə]
[r] as in Spanish pe<u>rr</u>o, eg. gerra [ʒɛ́rə]
[ŋ] as in si<u>ng</u>, eg. jonc [ʒóŋ]
[ɲ] as in French oi<u>gn</u>on, eg. juny [ʒúɲ]
['] strong stress, eg. ferro [féru]
[ˌ] weak stress, eg. ferrocarril [fɛ̀rukəríl]

Pronúncia figurada: anglès

[ɑ:] com en pla, p ex <u>a</u>fter ['ɑ:ftə']
[ʌ] més breu i més fosca, p ex bl<u>oo</u>d [blʌd]
[æ] entre la -a de pla i la -e de ple, p ex <u>a</u>ngry ['æŋgri]
[ɛ] com en ple, p ex <u>a</u>ny ['ɛni]
[ə] com en altre, p ex bett<u>er</u> ['bɛtə']
[ɜ:] com el fr. peur, p ex b<u>i</u>rth [bɜ:θ]
[g] sempre com en gat, p ex begin [bɪ'gin]
[h] aspirada, p ex hair [hɛə']
[ɪ] breu, p ex hill [hɪl]
[j] com en boia, p ex un<u>i</u>on ['ju:njən]
[ŋ] com en jonc, p ex wing [wiŋ]
[ɔ:] com en col, p ex yawn [jɔ:n]
[ɒ] més breu i més oberta, p ex broth [brɒθ]
[ˈ] muda en anglès britànic a final de síl·laba o de mot, p ex butter ['bʌtə']
[s] sempre com en plaça, p ex basic ['beisik]
[ʃ] com en toix, p ex brush [brʌʃ]
[ʒ] com en truja, p ex casual ['kæʒuəl]

[v] com el mall. ve_ll, p ex car_ve_
[kɑ:v]

[w] com en g_ual, p ex d_warf
[dwɔ:f]

[ʊ] com en mu_t, p ex bo_ok [bʊk]

[θ] com el cast. ca_za_, p ex ear_th_
[ɜ:θ]

[ð] com en me_di, p ex ei_ther_
['aɪðə']

[:] allargament de la vocal prece-
dent, p ex e_ven ['i:vən]

['] accent tònic principal, p ex
_struc_ture ['strʌktʃə']

[ˌ] accent tònic secundari, p ex
infra_struc_ture ['ɪnfrəˌstrʌktʃə']

CATALÀ-ANGLÈS

A

a [ə] *prp* (*lloc*) in. *Viu a Barcelona,* she lives in Barcelona; (*direcció*) to. *Vaig anar a Anglaterra,* I went to England; (*temps*) in, at. *A la nit,* at night; (*complement indirecte*) to. *Vaig donar el diari a la mare,* I gave the newspaper to my mother

àbac [áβək] *m* abacus

abadessa [əβəðésə] *f* abbess

abadia [əβəðíə] *f* abbey

abaixar [əβəʃá] *vt* to low, go down, take down; *vp* (*humiliar-se*) to grovel

abandó [əβəndó] *m* (*acció*) abandonment; (*renúncia*) withdrawal; (*estat*) abandon, neglect, forlornness

abandonar [əβənduná] *vt* to abandon, leave; (*renunciar*) to give up, withdraw; (*deixar negligit*) to neglect; *vp* to abandon osf

abans [əβáns] *av aj* before; **~ de** *prp* before

abans-d'ahir [əβànzdəí] *av* the day before yesterday

abaratir [əβərətí] *vt* to cheapen

abassegar [əβəsəɣá] *vt* to monopolize

abast [əβást] *m* reach, range

abastament [əβəstəmén] *m* supply

abastar [əβəstá] *vi* to reach; *vt* (*proveir*) to supply

abat [əβát] *m* abbot

abatre [əβátrə] *vt* to knock down; (*matar*) to kill; *fg* to depress, sadden

abdicar [əbdiká] *vt* to abdicate

abdomen [əbdómən] *m* abdomen

abdominal [əbduminál] *aj* abdominal

abecedari [əβəsəðári] *m* alphabet

abella [əβéʎə] *f* bee

abellot [əβəʎót] *m* (*abella mascle*) bumblebee; (*borinot*) drone

abeurar [əβəwrá] *vt* to water

abisme [əβízmə] *m* abyss

ablanir [əβləní] *vt* to soften

abocador [əβukəðó] *m* dump, tip

abocar [əβuká] *vt* to pour; *vp* (*en*

una finestra, etc) to lean out; *(dedicar-se)* to devote osf (to)

abolir [əβulí] *vt* to abolish

abonament [əβunəmén] *m* subscription, season ticket; *com* payment

abonar [əβuná] *vt* to pay; to subscribe

abonyegar [əβuɲəɣá] *vt* to dent

abordar [əβurðá] *vt (vaixell)* to board; *fg* to tackle, undertake

abraçada [əβrəsáðə] *f* embrace, hug

abraçar [əβrəsá] *vt* to embrace, hug; *fg* to take in; to surround

abrandar [əβrəndá] *vt (encendre)* to set fire to; *fg* to inflame

abrasar [əβrəzá] *vt* to burn

abreujar [əβrəwʒá] *vt* to shorten, abbreviate

abreviatura [əβrəβiətúrə] *f* abbreviation

abric [əβrík] *m* coat; *(refugi)* shelter

abrigar [əβriɣá] *vt* to keep warm, cover, wrap up; *(refugiar)* to shelter

abril [əβríl] *m* April

abrillantar [əβriʎəntá] *vt* to polish, brighten

abrupte -a [əβrúptə] *aj* steep, abrupt, rugged

absència [əpsénsiə] *f* absence

absent [əpsén] *aj tb fg* absent

absoldre [əpsɔ́ldrə] *vt* to absolve; *dr* to acquit

absolut -a [əpsulút] *aj* absolute, complete, utter

absolutament [əpsulútəmén] *av* absolutely, totally

absorbent [əpsurbén] *aj*

absorbent; *fg* absorbing, demanding

absorbir [əpsurbí] *vt tb fg* to absorb

absorció [əpsursió] *f* absorption; *ecn* takeover

abstemi -èmia [əpstémi] *aj* teetotal; *mf* teetotaller

abstracte -a [əpstráktə] *aj* abstract

absurd -a [əpsúrt] *aj* absurd, preposterous; *m* absurdity

abundància [əβundánsiə] *f* abundance

abundant [əβundán] *aj* abundant, plentiful

abundar [əβundá] *vi* to abound

abundós [əβundós] *aj* abundant, plentiful

abús [əβús] *m* abuse, misuse

acabament [əkəβəmén] *m* finishing, completion; *(final)* end

acabar [əkəβá] *vt* to finish, complete; *vi* to finish, end; *Acabo de llegir-ho*, I have just read it; *No acabo d'entendre-ho*, I can't quite understand it

acàcia [əkásiə] *f* acacia

acadèmia [əkəðémiə] *f* academy

acampar [əkəmpá] *vt* to camp

acaparar [əkəpərá] *vt* to hoard, monopolize, corner

acariciar [əkərisiá] *vt* to caress, stroke; *(tocar suaument)* to brush; *(una esperança)* to cherish

accelerador [əksələrəðó] *m* accelerator

accelerar [əksələrá] *vt* to accelerate; to hasten, speed up, quicken

accent [əksén] *m* stress, accent;

(*entonació particular*) accent

accentuar [əksəntuá] vt to accent, stress; (*remarcar*) to accentuate, emphasize

acceptar [əksəptá] vt to accept

accés [əksés] m access, entry; med attack

accident [əksiðén] m accident; mishap; **per ~** by accident

acció [əksió] f action, act; com share

acer [əsér] m steel; **~ inoxidable** stainless steel

ací [əsí] av here

àrid a [áɾit] *aj* àcid, sour; m acid

aclamar [əklamá] vt to acclaim, hail

aclaparar [əkləpəɾá] vt to overwhelm

acclariment [əkləɾimén] m explanation, clarification

aclarir [əkləɾí] vt to clarify, explain; (*esbandir*) to rinse; (*esbrinar*) to find out; vp (*temps*) to clear up

aclucar [əkluká] vt **~ els ulls** to close one's eyes

açò [əsɔ́] pr this

acoblar [əkubblá] vt to fit, connect, link

acolliment [əkuʎimén] m welcome, reception

acollir [əkuʎí] vt to receive; to welcome

acolorir [əkuluɾí] vt to colour

acomiadar [əkumiəðá] vtp to say goodbye; vt (*despatxar*) to sack, dismiss

acomodador -a [əkumuðəðó] m usher; f usherette

acompanyant [əkumpəɲán] aj

accompanying; mf companion

acompanyar [əkumpəɲá] vt to accompany, go with; mús to accompany

acomplir [əkumplí] vt to carry out; vp (*esdevenir-se*) to happen, occur

aconseguir [əkunsəɣí] vt to obtain, get

aconsellar [əkunsəʎá] vt to advise

acontentar [əkuntəntá] vt to satisfy, please

acord [əkɔ́rt] m agreement, accord, pact; mús chord; **d'~** all right; **estar d'~ amb** to agree with

acordar [əkurdá] vt to decide, agree

acordió [əkurdió] m accordion

acorralar [əkurəlá] vt to corner; (*bestiar*) to corral

acostar [əkustá] vt to bring nearer; vp to approach

acostumar [əkustumá] vt to accustom; vp to accustom osf; *Acostuma a venir tard, he usually comes late; Acostumava a venir tard, he used to come late*

acovardir [əkuβərdí] vt to frighten, intimidate; vp to become frightened, become intimidated

acròbata [əkɾɔ́βətə] mf acrobat

acta [áktə] f record, minutes pl

acte [áktə] m act, action; tea act; **a l'~** immediately

actitud [əktitút] f attitude

actiu -iva [əktíw] aj active; m ecn assets pl

activar [əktiβá] vt to activate

activitat [əktiβitát] f activity

actor -triu [əktó] *m* actor; *f* actress

actuació [əktuəsió] *f* action

actual [əktuál] *aj* present, current

actualitat [əktuəlitát] *f* present

actualment [əktuəlmén] *av* nowadays, at present

actuar [əktuá] *vi* to work, operate

acudir [əkuðí] *vi* (*anar*) to go, attend; (*recórrer a up*) to go; *vp* (*pensar*) to think of

acudit [əkuðít] *m* joke, witticism

acumular [əkumulá] *vt* to accumulate

acupuntura [əkupuntúrə] *f* acupuncture

acusar [əkuzá] *vt* to accuse; (*palesar*) to reveal, show

acusat -ada [əkuzát] *mf* accused, defendant

adaptació [əðəptəsió] *f* adaptation

adaptar [əðəptá] *vt* to adapt; *vp* to adapt osf

addicció [əddisió] *f* addiction

addicte -a [əddíktə] *aj* addicted

additiu [əddítiw] *m* additive

adepte -a [əðéptə] *mf* (*partidari*) follower, supporter

adequar [əðəkwá] *vt* to adapt

adéu [əðéw] *inj* goodbye!, bye!; *m* farewell

adéu-siau [əðéwsiáw] *inj* goodbye!, bye!

adherència [əðərénsiə] *f* adherence; *aut* road-holding

adhesiu -iva [əðəziw] *aj* adhesive; *m* sticker

àdhuc [áðuk] *av* even

adient [əðién] *aj* appropriate

adinerat -ada [əðinərát] *aj* rich, wealthy, affluent

adjacent [ədʒəsén] *aj* adjacent, adjoining

adjectiu [ədʒəktíw] *m* adjective

adjudicar [ədʒuðiká] *vt* to award; *vp* to appropriate

adjunt -a [ədʒún] *aj* attached; *mf* assistant

admetre [ədmétrə] *vt* to admit, accept; (*consentir*) to permit, tolerate

administració [ədministrəsió] *f* administration

administrar [ədministrá] *vt* to administer

administratiu -iva [ədministrətiw] *aj* administrative; *mf* clerk

admiració [ədmirəsió] *f* admiration; **signe d'~** exclamation mark

admirar [ədmirá] *vt* to admire

admissió [ədmisió] *f* admission, admittance

adob [əðóp] *m* (*reparació*) repair; (*aliments*) seasoning; *agr* fertilizer, manure

adobar [əðuβá] *vt* (*aliments*) to season, dress; (*reparar*) to repair, mend; *agr* to fertilize, manure

adolescència [əðuləsénsiə] *f* adolescence

adolorit -ida [əðulurít] *aj* sore, tender

adonar-se [əðunársə] *vp* to realize, notice

adoptar [əðuptá] *vt* to adopt

adorable [əðurábblə] *aj* adorable

adoració [əðurəsió] *f* adoration, worship

adorar [əðurá] *vt* to adore,

worship

adormir [əðurmí] *vp* to fall asleep; *(una part del cos)* to be asleep, get numb

adorn [əðórn] *m* adornment, decoration, ornament

adornar [əðurná] *vt* to adorn, decorate, ornament

adossar [əðusá] *vt* to lean against

adquirir [ətkirí] *vt* to acquire, obtain

adreça [əðrέsə] *f* address

adreçar [əðrəsá] *vt (posar dret)* to straighten; *(dirigir-se)* to speak (to), address

adular [əðulá] *vt* to flatter, compliment

adult -a [əðúl] *aj mf* adult, grown-up

adúlter -a [əðúltər] *aj* adulterous; *mf* adulterer, -eress

adulterar [əðultərá] *vt* to adulterate

adust -a [əðúst] *aj* stern, sullen

adventici -ícia [əðbəntísi] *aj* adventitious, accidental

adverbi [əðbέrbi] *m* adverb

adversari -ària [əðbərsári] *mf* adversary, opponent

advertiment [əðbərtimén] *m* warning; piece of advice

advertir [əðbərtí] *vt* to warn; *(notar)* to notice

advocat -ada [əðbukát] *mf* lawyer

aeri aèria [əέri] *aj* aerial, air *atr*

aerodinàmic -a [əέruðinámik] *aj* aerodynamic; *f* aerodynamics

aeròdrom [əərɔ́drum] *m* aerodrome, airfield

aeroport [əərupɔ́rt] *m* airport

afable [əfábblə] *aj* affable, genial

afaitar [əfajtá] *vt* to shave; **màquina d'~** electric razor, shaver; **maquineta d'~** razor

afalagar [əfaləɣá] *vt* to flatter, compliment; *(afectar agradablement)* to please, gratify

afamat -ada [əfəmát] *aj* starving, famished

afany [əfáɲ] *m (esforç)* effort, hard work; *(desig viu)* desire, urge

afanyar [əfəɲá] *vp* to strive, struggle; *(apressar-se)* to hasten, hurry

afartar [əfərtá] *vt* to surfeit; *fg* to tire; *vp* to glut osf; *fg* to weary, tire

afavorir [əfəßurí] *vt* to favour; *(augmentar la bellesa)* to flatter, suit

afeblir [əfəbblí] *vt* to weaken, debilitate; *vp* to weaken

afecció [əfəksió] *f (inclinació)* affection, fondness; *med* disease, condition

afectar [əfəktá] *vt* to affect, touch; *vp (impressionar-se)* to be affected, be impressed; *vt (alterar)* to affect, alter; *(fingir)* to affect, feign

afecte [əfέktə] *m* affection, attachment

afectuós -osa [əfəktuós] *aj* affectionate, loving

afegir [əfəʒí] *vt* to add

afer [əfér] *m* affair, business

aficionat -ada [əfisiunát] *mf* fan, supporter; *aj mf (no professional)* amateur

afilar [əfilá] *vt (esmolar)* to sharpen, whet, grind; *(aprimar-se)* to grow thin

afillar [əfiʎá] vt to adopt

afinar [əfiná] vt tb fg to refine; mús to tune

afirmació [əfirməsió] f affirmation

afirmar [əfirmá] vt to affirm, assert

afirmatiu -iva [əfirmətíw] aj affirmative

aflicció [əfliksió] f affliction, sorrow

afligir [əfliʒí] vt to afflict, grieve; vp to grieve

aflorar [əflurá] vi to show, appear

afluència [əfluénsiə] f inflow, influx; (de paraules) eloquence, fluency

afluent [əfluén] m tributary

afluixar [əfluʃá] vt (un nus, un cargol) to loosen, slacken; (fer tornar més fluix) to weaken; vi (perdre força) to weaken, decrease, slacken; (posar un menor esforç) to slacken; (esdevenir menys abundant) to decrease, diminish, lessen

afonia [əfuniə] f loss of voice

afores [əfɔ́rəs] mpl outskirts

afortunat -ada [əfurtunát] aj lucky, fortunate

africà -ana [əfriká] aj mf African

afrodisíac -a [əfruðizíək] aj m aphrodisiac

afront [əfrón] m affront, slight

afrontar [əfruntá] vt to face, confront

afusellar [əfuzəʎá] vt to shoot, execute; (plagiar) to plagiarize

agafar [əɣəfá] vt to grasp, pick up, take; (atrapar) to catch;

(prendre) to take; (un vehicle) to take, catch; (contreure) to catch, get; fg to take; vi (arrelar) to take; vp to hold on

agència [əʒénsiə] f agency

agenda [əʒéndə] f diary, notebook; (programa) agenda

agenollar-se [əʒənuʎársə] vp to kneel (down)

agent [əʒén] aj active; m agent; mf agent; ~ **d'assegurances** insurance broker; ~ **de canvi i borsa** stockbroker

àgil [áʒil] aj tb fg agile, nimble

agitar [əʒitá] vtp to shake; vt fg to rouse, stir; vp to get excited

aglà [əɣlá] m/f acorn

aglomeració [əɣlumərəsió] f agglomeration, accumulation; (de gent) crowd

aglomerar [əɣlumərá] vt to agglomerate; vp to crowd

aglutinar [əɣlutiná] vtp to agglutinate

agonia [əɣuniə] f death agony

agosarat -ada [əɣuzərát] aj daring, bold

agost [əɣóst] m August

agradable [əɣrəðábblə] aj pleasant, agreeable, nice

agradar [əɣrəðá] vi to like, enjoy. M'agrada la música, I like music; to please; vp (enamorar-se) to be in love

agrair [əɣrəí] vt to be grateful (to sby for sth), thank (sby for sth)

agranar [əɣrəná] vt to feed with grain; (escombrar) to sweep

agrari -ària [əɣrári] aj agrarian, agricultural, land atr

agre -a [áɣrə] aj sour, tart, bitter; fg

            aixopluc

disagreeable, sharp

agredolç -a [əɣɾəðɔ́ls] *aj tb fg* bitter-sweet

agregar [əɣɾəɣá] *vt* to add

agressiu -iva [əɣɾəsíw] *aj* aggressive

agressivitat [əɣɾəsiβitát] *f* aggressiveness

agreujar [əɣɾəwʒá] *vt* to make worse, aggravate, worsen; *vp* to worsen, get worse

agrícola [əɣɾíkulə] *aj* agricultural, farming *atr*

agricultor -a [əɣɾikultó] *mf* farmer

agricultura [əɣɾikultúɾə] *f* agriculture, farming

agrupament [əɣɾupəmén] *m* group, grouping

agrupar [əɣɾupá] *vt* to group together

aguaitar [əɣwəjtá] *vt* to watch, spy on

aguantar [əɣwəntá] *vt* (*un pes*) to support, bear; *fg* to bear, endure, tolerate; (*reprimir*) to hold back, restrain; *vp* (*reprimir-se*) to control osf, restrain osf

àguila [áɣilə] *f* eagle

agulla [əɣúʎə] *f* needle; **~ de cap** pin; **~ d'estendre** clothes peg; **~ imperdible** safety pin

agut -uda [əɣút] *aj* sharp, pointed; (*penetrant*) acute; (*subtil*) sharp, keen; (*dit de persones*) witty, smart; *mús* high

ah [á] *inj* oh!, ah!

ahir [əí] *m* yesterday

ai [áj] *inj* ow!, ouch!; *m* cry, shriek

aigua [ájɣwə] *f* water; **~ potable** drinking

water

aigualir [əjɣwəlí] *vt* to water down; *fg* to spoil, ruin

aiguamoll [əjɣwəmɔ́ʎ] *m* marsh, bog, swamp

aiguaneu [əjɣwənéw] *f* sleet

aiguardent [əjɣwəɾdén] *m* brandy, liquor

aiguarràs [əjɣwəɾás] *m* turpentine

aiguat [əjɣwát] *m* downpour, cloudburst

aigüera [əjɣwéɾə] *f* sink

aïllant [əiʎán] *aj* insulating; *m* insulator, insulating material

aïllar [əiʎá] *vt* to isolate, separate; *fís* to insulate

aire [ájɾə] *m* air; (*vent*) wind; (*posat*) air, appearance; **~ condicionat** air-conditioning

airejar [əjɾəʒá] *vt* to air, to ventilate

aixada [əʃáðə] *f* hoe

aixafar [əʃəfá] *vt* to crush, flatten, squash; *fg* to crush

aixecament [əʃəkəmén] *m* (*rebel·lió*) uprising, rebellion, revolt

aixecar [əʃəká] *vt* to lift, raise; (*provocar*) to cause, spark; (*posar dret*) to get up; *vp* to rise; (*posar-se dret*) to get up, stand up; (*llevar-se*) to get up

aixella [əʃéʎə] *f* armpit

aixeta [əʃétə] *f* tap

així [əʃí] *av* (*d'aquesta manera*) in this way, so; (*en conseqüència*) so, then; (*desig*) if only; **~, ~** so-so; **~ com** carelessly; **~ i tot** however, nevertheless; **~ que** (*tot seguit que*) as soon as

això [əʃɔ́] *pr* this

aixopluc [əʃuplúk] *m* shelter,

refuge

aixoplugar [əʃupluɣá] vt to shelter; vp to shelter, take refuge

ajaure [əʒáwrə] vt to lay down; vp to lie down

ajornar [əʒurná] vt to postpone, put off, defer

ajuda [əʒúðə] f help, aid, assist

ajudant -a [əʒuðán] mf assistant, helper

ajudar [əʒuðá] vt to help, assist, aid

ajuntament [əʒuntəmén] m town council; (edifici) town hall

ajuntar [əʒuntá] vt to join, put together, unite; vp to come together

ajupir [əʒupí] vt to bow, bend; vp to squat (down); (humiliar-se) to bow, submit

ajustar [əʒustá] vt to adjust; (tancar) to half-close

ajut [əʒút] m help, aid, assist

al [əl] = a + el

ala [álə] f wing

alabar [ələβá] vt to praise, compliment

alarma [əlármə] f alarm

alarmar [ələrmá] vt to alarm; vp to be alarmed

alba [álβə] f dawn, daybreak

albada [əlβáðə] f dawn

albanès -esa [əlβənɛ́s] aj mf Albanian

albercoc [əlβərkɔ́k] m apricot

alberg [əlβɛ́rk] m hostel; ~ de joventut youth hostel

albergar [əlβərɣá] vt to shelter, put up

albergínia [əlβərʒíniə] f aubergine, eggplant US

albí -ina [əlβí] aj mf albino

albirar [əlβirá] vt (formar judici) to conjecture; (veure de lluny) to discern, make out

albufera [əlβufɛ́rə] f lagoon

àlbum [álβum] m album

alçada [əlsáðə] f height

alcalde -essa [əlkáldə] mf mayor

alçaprem [àlsəprém] m lever

alçar [əlsá] vt to lift, raise; vt (apujar) to increase; (augmentar l'alçària) to make higher; vp to rise; (sobresortir) to stand out

alçària [əlsáriə] f height

alcohol [əlkuɔ́l] m alcohol

alcohòlic -a [əlkuɔ́lik] aj mf alcoholic

alcova [əlkóβə] f bedroom

aldarull [əldərúʎ] m row, racket

alè [əlέ] m breath; fg strength, spirits

aleatori -òria [ələətɔ́ri] aj fortuitous, uncertain; (estadísticament) aleatory, random atr

alegrar [ələɣrá] vt to make happy, gladden; vp to be happy, become happy, rejoice

alegre [əlέɣrə] aj happy, cheerful, jolly; (begut) merry

alegrement [əlὲɣrəmén] av happily, cheerfully

alegria [ələɣríə] f happiness, joy, gladness

alegrois [ələɣrɔ́js] mpl rejoicings

alemany -a [ələmáɲ] aj mf German

alenar [ələná] vt to exhale; (respirar) to breathe

alentir [ələntí] vtp to slow down, slacken

alerta [əlέrtə] *inj* watch out!; *f* alert

aleshores [ələzɔ́rəs] *av* then

aleta [əlέtə] *f* fin

alfabet [əlfəβέt] *m* alphabet

alfabètic -a [əlfəβέtik] *aj* alphabetic(al)

alfabetitzar [əlfəβətidzá] *vt* (*ordenar*) to alphabetize, put in alphabetical order; (*ensenyar de llegir i escriure*) to teach to read and write

alfals [əlfáls] *m* alfalfa, lucerne

alfil [əlfíl] *m* bishop

alforja [əlfɔ́rʒə] *f* saddlebag

alga [álɣə] *f* seaweed

algerià -ana [əlʒərjá] *aj mf* Algerian

algú [əlɣú] *pr* someone, somebody, anyone, anybody

algun -a [əlɣún] *aj* some, any

alhora [əlɔ́rə] *av* at the same time

aliança [əliánsə] *f* alliance, connection; (*anell*) wedding ring

aliar [əliá] *vt* to range; *vp* to ally osf

aliatge [əliádʒə] *m* alloy

alicates [əlikátəs] *fpl* pliers

aliè -ena [əliέ] *aj* (*d'altri*) someone else's; (*estrany*) alien, foreign, strange

àliga [áliɣə] *f* eagle

aligot [əliɣɔ́t] *m* buzzard

aliment [əlimén] *m* food, nourishment

alimentació [əliməntəsió] *f* feeding, nourishment; *tcn* feed

alimentar [əliməntá] *vtp* to feed

alimentari -àrla [əliməntári] *aj* food *atr*

alinear [əlineá] *vt* to range, align; *vp* to align

all [áʎ] *m* garlic

allà [əʎá] *av* there, over there

allargar [əʎərɣá] *vtp* to lengthen; *vt* (*donar*) to hand; *vi* (*durar*) to last

allau [əʎáw] *f tb* bg avalanche

al·legar [əʎəɣá] *vt* to cite, invoke, claim; *dr* to plead

al·lèrgia [əʎέrʒiə] *f* allergy

alletar [əʎətá] *vt* to suckle, nurse

alleugerir [əʎəwʒərí] *vt* (*treure pes*) to lighten; *fg* to relieve, ease; (*accelerar*) to quicken, accelerate

alleujar [əʎəwʒá] *vt* to relieve, ease; *vp* to recover, recuperate

allí [əʎí] *av* there

alliberador -a [əʎiβərəðó] *aj* liberating; *mf* liberator

alliberar [əʎiβərá] *vt* to free, liberate; *vp* to free osf

al·licient [əʎisién] *m* incentive, attraction

allò [əʎɔ́] *pr* that

al·lot -a [əʎɔ́t] *m* boy; *f* girl

allotjament [əʎudʒəmén] *m* lodging, accomodation

allotjar [əʎudʒá] *vt* to shelter, put up; *vp* to lodge, put up, stay; (*ficar-se*) to lodge

allunyar [əʎuɲá] *vtp* to move away

al·luvió [əʎuβió] *m* (*inundació*) flood; *geo* alluvium

almenys [əlméɲs] *av* at least

almirall [əlmiráʎ] *m* admiral

almívar [əlmíβər] *m* syrup

alosa [əlɔ́zə] *f* lark

alpinisme [əlpinizmə] *m* climbing, mountaineering

alpinista [əlpinístə] mf climber, mountaineer

alqueria [əlkəríə] f farmhouse

alt -a [ál] aj high; (persona, arbre) tall; (fg més high; m height; av high; **en veu alta** aloud, out loud

alta [áltə] f (inscripció) registration; **donar l'~** med to discharge

altar [əltá] m altar

altaveu [əltəβéw] m loudspeaker

alterar [əltərá] vt to alter, change; (agitar) to disturb, upset; vp to get upset

alternar [əltərná] vti to alternate; (fer-se) to mix (with)

alternativa [əltərnətíβə] f alternative, choice

altesa [əltézə] f nobility; (títol) Highness

altiplà [əltiplá] m plateau

altitud [əltitút] f altitude

altiu -iva [əltíw] aj arrogant, haughty

alto [áltu] inj halt!, stop!

alto-el-foc [áltulfók] m inv ceasefire

altre -a [áltrə] aj other. L'altre dia, the other day; **un ~** another. Una altra persona, another person

altura [əltúrə] f height

alumini [əlumíni] m aluminium

alumne -a [əlúmnə] mf pupil, student

alvèol [əlβéul] m (cel·la de la bresca) cell; ana alveolus

alvocat [əlβukát] m avocado (pear)

alzina [əlzínə] f holm-oak, ilex; **~ surera** cork oak

amabilitat [əməβilitát] f kindness

amable [əmábblə] aj kind

amagar [əməɣá] vt to hide, conceal; vp to hide

amagatall [əməɣətáʎ] m hiding place

amainar [əməjná] vi to die down, abate

amanida [əməníðə] f salad

amanir [əməní] vt (preparar) to prepare; (certes viandes) to dress, season

amansir [əmənsí] vt (fera) to tame; (up) to calm down; vp to become tame, quieten down

amanyagar [əməɲəɣá] vt (amansir) to tame; (aviciar) to spoil, pamper; (acariciar) to stroke, caress

amar [əmá] vt to love

amarar [əmərá] vt to soak; fg to pervade; aer to land (on water)

amarg -a [əmárk] aj bitter; fg bitter, painful, unpleasant

amargant [əmərɣán] aj bitter

amarrar [əmərá] vt to moor, tie up; vp to be moored

amateur [əmətér] aj m amateur

amb [əm] prp (acompanyament, instrument, possessió) with. Anava amb el seu germà, he was going with his brother. S'ha tallat el dit amb un ganivet, she cut her finger with a knife. Una casa amb tres habitacions, a house with three rooms; (vehicle) by. Hi va anar amb cotxe, she went there by car

ambaixada [əmbəʃáðə] f embassy

ambaixador -a [əmbəʃəðó] mf ambassador

ambdós ambdues [əmdós] aj pr

pl both

ambició [əmbisió] *f* ambition

ambiciós -osa [əmbisiós] *aj* ambitious

ambient [əmbién] *m* environment, atmosphere; **medi ~** environment

ambigu -a [əmbíɣu] *aj* ambiguous

àmbit [ámbit] *m* field

ambulància [əmbulánsiə] *f* ambulance

ambulant [əmbulán] *aj* itinerant

ambulatori [əmbulətɔ́ri] *m* outpatients' department

amè -ena [əmέ] *aj* pleasant, enjoyable

amenaçador -a [əmənəsəðó] *aj* threatening, menacing

amenaçar [əmənəsá] *vt* to threaten, menace

amerar [əmərá] *vt* to land (on water)

americà -ana [əməriká] *aj mf* American; *f* jacket

ametlla [əmέʎʎə] *f* almond

ametller [əmməʎʎέ] *m* almond tree

amfibi -íbia [əmfíβi] *aj* amphibious, amphibian; *m* amphibian

amfitrió -ona [əmfitrió] *mf* host; *f* hostess

àmfora [ámfurə] *f* amphora

amic -iga [əmík] *aj* friendly; *mf* friend

amidar [əmiðá] *vt* to measure

amígdala [əmíɣdələ] *f* tonsil

amistat [əmistát] *f* friendship; (*persona*) friend

amistós -osa [əmistós] *aj* friendly, amicable

amnèsia [əmnέziə] *f* amnesia

amnistia [əmnistíə] *f* amnesty

amo [ámu] *m* (*propietari*) owner; (*patró*) employer, boss; (*respecte els criats*) master

amoïnar [əmuiná] *vt* to worry, upset, distress; *vp* to worry; *vt* (*importunar*) to disturb, inconvenience

amollar [əmuʎá] *vt* to loosen, slacken; (*deixar lliure*) to release; *fg* to let out; *vi* to drop, ease

amor [əmór] *m* love; **~ propi** self-esteem, pride; **fer l'~** to make love

amorf -a [əmórf] *aj* amorphous, shapeless

amorós -osa [əmurós] *aj* loving, devoted; (*d'amor*) love *atr*; (*suau*) soft, gentle, smooth

amorosir [əmuruzí] *vt* to soften, mellow; *vp* to become gentler, to become mellow

amortidor [əmurtiðó] *m aut* shock absorber

ampit [əmpit] *m* windowsill

amplada [əmpláðə] *f* width, breadth; (*extensió*) extent

ample -a [ámplə] *aj tb fg* wide, broad; (*vestit*) loose(-fitting); *m* width, breadth

ampli àmplia [ámpli] *aj* broad, wide

ampliació [əmpliəsió] *f* enlargement, extension; *fot* enlargement

ampliar [əmpliá] *vt* to enlarge, extend, expand

amplificador [əmplifikəðó] *m* amplifier

amplitud [əmplitút] *f* extent, amplitude

ampolla [əmpóʎə] f bottle

amputar [əmputá] vt to amputate, cut off

amulet [əmulét] m amulet, talisman

amunt [əmún] av up, upwards

amuntegar [əmuntəɣá] vt to heap, pile, stack; (acumular) to accumulate; vp to build up, accumulate

anacrònic -a [ənəkrɔ̀nik] aj anachronistic

anada [ənáðə] f going; (excursió) excursion, outing; ~ **i tornada** round trip

analfabet -a [ənəlfəβét] aj mf illiterate

analgèsic -a [ənəlʒézik] aj m analgesic

anàlisi [ənálizi] f analysis

analitzar [ənəlidzá] vt to analyse

anar [əná] vi to go; (funcionar) to work; (conduir) to lead, go; (estendre's) to go, stretch; (escaure) to suit; (tenir en un indret determinat) to go; (estar a punt) to be about (to). El cotxe anava a caure, the car was about to fall; (amb gerundi) Els pacients es van posant bé, the patients are getting better; **--se'n** vp to leave, go

anarquisme [ənərkízmə] m anarchism

anatomia [ənətumíə] f anatomy

anca [áŋkə] f haunch

ancià -ana [ənsiá] aj elderly; m elderly man; f elderly woman

àncora [áŋkurə] f anchor

andana [əndánə] f frr platform; mar quayside

andorrà -ana [əndurá] aj mf Andorran

andròmina [əndrɔ́minə] f piece of junk

ànec [ánək] m duck

anècdota [ənéɣdutə] f anecdote

anell [ənéʎ] m ring

anella [ənéʎə] f ring; pl esp rings

anèmia [ənémiə] f anaemia

anestèsia [ənəstέziə] f anaesthesia

àngel [ánʒəl] m tb fg angel

angines [ənʒínəs] fpl sore throat

angle [áŋglə] m angle

anglès -esa [əŋglés] aj English; m Englishman. Dos anglesos, two Englishmen. Els anglesos, the English; f Englishwoman; m (llengua) English

angoixa [əŋgóʃə] f anguish, distress

anguila [əŋgílə] f eel

angula [əŋgúlə] f elver

angular [əŋgulá] aj angular; **pedra ~** cornerstone

angúnia [əŋgúniə] f anguish, distress, anxiety

anhel [ənέl] m wish, desire

anihilar [əniilá] vt to annihilate, obliterate, destroy

ànim [ánim] m intention; (esperit) mood, spirits

ànima [ánimə] f soul; (nucli) core

animador -a [əniməðó] aj encouraging; mf leader, events organizer

animal [ənimál] aj animal; m animal; fg brute, animal

animalada [əniməláðə] f stupidity, silly thing

animar [ənimá] vt to animate; fg

to animate, enliven, liven up;
(*encoratjar*) to encourage, cheer
up; *vp* to cheer up

aniquilar [ənikilá] *vt* = **anihilar**

anís [anís] *m* (*planta*) anise;
(*confit*) sweet, candy; (*licor*)
anisette

anit [ənit] *av* (*aquesta nit*) tonight;
(*la nit passada*) last night

anivellar [əniβəλá] *vt* to level;
fg to even out, balance out

aniversari [əniβərsári] *m*
birthday; anniversary

anomalia [ənuməlíə] *f* anomaly

anomenada [ənumənáðə] *f*
renown, fame

anomenar [ənuməná] *vt* to call,
name; (*esmentar*) to mention;
vp to be called

anònim -a [ənɔ́nim] *aj*
anonymous; *m* (*carta*) anonymous
letter

anorac [ənurák] *m* anorak

anorèxia [ənuréksiə] *f* anorexia

anormal [ənurmál] *aj* abnormal,
unusual

anotar [ənutá] *vt* (*posar notes*) to
annotate; (*prendre nota*) to make
a note of, note down

anquilosar [əŋkiluzá] *vt med* to
ankylose

ans [áns] *cnj* but; *av* before

ansa [ánsə] *f* handle

ànsia [ánsiə] *f* (*inquietud*) anguish;
(*desig*) eagerness, impatience;
pl (*nàusees*) nausea

ansietat [ənsiətát] *f* anxiety

antany [əntáɲ] *av* (*l'any
proppassat*) last year; (*en temps
passat*) long ago, formerly

antàrtic -a [əntártik] *aj* Antarctic

antecedent [əntəsəðén] *m*
antecedent; *pl* antecedents,
background

antecessor -a [əntəsəsó] *mf*
predecessor

antena [əntɛ́nə] *f* antenna, aerial

antepenúltim -a [əntəpənúltim]
aj third from last, antepenultimate

anterior [əntəriór] *aj* (*temps,
ordre*) previous, preceding; (*del
davant*) anterior, front

anteriorment [əntəriórmén] *av*
before, previously

antibiòtic -a [àntiβiɔ́tik] *aj m*
antibiotic

antic -iga [əntík] *aj* old, ancient;
a l'antiga in the old-fashioned
way; *mpl* ancients

anticipar [əntisipá] *vt* to bring
forward, advance; *vp* (*preveure*) to
anticipate, forestall

anticonceptiu -iva
[àntikunsəptíw] *aj m*
contraceptive

antídot [əntídɔt] *m* antidote

antifaç [àntifás] *m* mask

antigament [əntiɣəmén] *av* in
the past, in the olden days, in
ancient times

antiguitat [əntiɣitát] *f* antiquity;
(*en una feina*) seniority; *pl*
antiques

antipatia [əntipatíə] *f* dislike,
antipathy, antagonism

antipàtic -a [əntipátik] *aj*
unpleasant, unfriendly

antiquari -ària [əntikwári] *mf*
antiquarian, antiquary

antònim [əntɔ́nim] *m* antonym

anual [ənuál] *aj* annual, yearly

anular [ənulár] *aj* ring-shaped

anul·lar [ənullá] *vt* to cancel, annul

anunci [ənúnsi] *m* announcement; com advertisement, commercial

anunciar [ənunsiá] *vt* to announce, make public; (*fer publicitat*) to advertise, promote

anus [ánus] *m* anus

anxova [ənʃβə] *f* anchovy

any [áɲ] *m* year. Té vuit ~s, she is eight (years old); ~ **de traspàs** leap year

anyell [əɲéʎ] *m* yearling lamb

aorta [əɔ́rtə] *f* aorta

apa [ápə] *inj* (*per a excitar a moure's*) come on; (*incredulitat*) wow, good grief

apadrinar [əpəðriná] *vt* to act as godfather to, to act as godmother to; (*patrocinar*) to sponsor, support

apagar [əpəɣá] *vt* (*foc*) to put out, extinguish; (*llum, etc*) to switch off, turn off; *vp* to go out

apaivagar [əpajβəɣá] *vt* to calm down, ease; to become calm, abate

apallissar [əpəʎisá] *vt* to beat

apanyar [əpəɲá] *vt* (*adobar*) to repair; *vp* to manage

aparador [əpəɾəðó] *m* window; (*bufet*) sideboard

aparcament [əpərkəmén] *m* (*acció*) parking; (*lloc*) car park, parking lot

aparcar [əpərká] *vt* to park

aparèixer [əpəréʃə] *vi* to appear; (*esser publicat*) to come out, be published; (*uc perduda*) to turn up

aparell [əpəréʎ] *m* appliance, machine, apparatus; ~ **de ràdio** radio set

aparellar [əpərəʎá] *vtp* to pair off; *vt* (*animals*) to mate

aparença [əpərénsə] *f* appearance; *pl* appearances

aparent [əpərén] *aj* apparent

aparentar [əpərəntá] *vt* to look

aparició [əpərisió] *f* appearance; (*fantasma*) apparition

apartament [əpartəmén] *m* (*acció*) separation; (*pis*) apartment, flat

apartar [əpartá] *vt* to separate, move away, remove; *vp* to move away

apartat [əpartát] *m* (*paràgraf*) paragraph, section, heading

apassionar [əpasiuná] *vt* to stir deeply; *vp* to get mad (about), become enthusiastic (about)

àpat [ápət] *m* meal

apatia [əpatíə] *f* apathy

apatxe [əpátʃə] *mf* Apache

apedaçar [əpəðəsá] *vt* (*la roba*) to patch; (*reparar*) to patch up

apedregar [əpəðrəɣá] *vt* to stone

apendicitis [əpəndisítis] *f* appendicitis

apèndix [əpéndiks] *m* (*cosa afegida*) appendage; *grf* appendix; *ana* appendix

aperitiu [əpəritíw] *m* (*beguda*) aperitif; (*menjar*) snack, appetizer

apetit [əpətít] *m* appetite

apetitós -osa [əpətitós] *aj* tempting

api [ápi] *m* celery

apilar [əpilá] *vt* to pile up, heap up

apilotar [əpilutá] *vt* to pile up, heap up; *vp* to pile up

apinyar [əpiɲá] vt to cram, pack, stuff; vp to crowd together

aplanar [əplaná] vt to level, flatten; (estendre) to open up; (llevar els obstacles) to iron out

aplaudiment [əpləwðimén] m applause

aplaudir [əpləwðí] vi to clap, applaud; vt to applaud

aplec [əplék] m meeting

aplegar [əpləɣá] vt to gather, assemble

aplicació [əplikəsió] f application

aplicar [əpliká] vt to apply; vp to apply osf, address osf

aplom [əplóm] m composure, aplomb

apoderar [əpuðərá] vp to take possession (of), get hold (of)

apolític -a [əpulítik] aj apolitical

aportar [əpurtá] vt to contribute; (adduir arguments) to bring forward

aposta [əpóstə] f bet

apostar [əpustá] vt (posar a l'aguait) to station, post; jcs to bet

apòstrof [əpóstruf] m apostrophe

apòstrofe [əpóstrufə] m apostrophe

apotecari -ària [əputəkári] m chemist, druggist, pharmacist

apreciar [əprəsiá] vt (avaluar) to appraise, estimate; (reconèixer el valor) to appreciate; (tenir estima) to like, be fond of

aprendre [əpéndrə] vt to learn

aprenent [əprənén] mf apprentice, trainee; (novell) beginner

aprenentatge [əprənəntádʒə] m learning; (d'un ofici) apprenticeship, training period

aprensió [əprənsió] f apprehension, fear, anxiety

apressar [əprəsá] vt to urge, hurry; vp to hurry, rush

aprimar [əprimá] vt to make thin, make slender; vp to lose weight

aprofitament [əprufitəmén] m use, exploitation

aprofitar [əprufitá] vt to take advantage of, make good use of; vi to be useful; vp to take advantage of

aprofitat -ada [əprufitát] mf opportunist

aprofundir [əprufundí] vt to make deeper, deepen; (estudiar a fons) to deepen

apropar [əprupá] vtp = acostar

apropiar [əprupiá] vp to take over, appropriate

apropiat -ada [əprupiát] aj suitable, appropriate

aprovació [əpruβəsió] f approval, passing

aprovar [əpruβá] vt to approve (of), pass, sanction; (en un examen) to pass

aprovat [əpruβát] m pass

aproximació [əpruksiməsió] f approach; (apreciació) approximation

aproximadament [əpruksimàðəmén] av approximately, roughly

aproximar [əpruksimá] vtp = acostar

apte -a [áptə] aj suitable, fit

aptitud [əptitút] f aptitude, ability, capacity

apujar [əpuʒá] vt to raise, increase; (un llum, una estufa, etc) to turn up

apunt [əpún] m art sketch; pl notes

apuntalar [əpuntəlá] vt to prop up, shore up

apuntar [əpuntá] vt (prendre nota) to make a note of, note down; tea to prompt; (una arma) to aim at; (començar a sortir) to appear, begin to show

apunyalar [əpuɲəlá] vt to stab

aquarel·la [əkwəréllə] f watercolour, watercolor US

aquari [əkwári] m aquarium; [en majúscula] Aquarius

aquàrium [əkwárium] m aquarium

aquàtic -a [əkwátik] aj aquatic

aqüeducte [əkwəðúktə] m aqueduct

aquell -a [əkéʎ] aj pr that, those pl

aquest -a [əkét] aj pr this, these pl

aquí [əkí] av here

ara [árə] av now; cnj however, but, nevertheless

àrab [árəp] aj mf Arab; m (llengua) Arabic

arada [əráðə] f plough

aranja [əránʒə] f grapefruit

aranya [əráɲə] f spider; (canelobre) chandelier

aranzel [ərənzél] m tariff, duty

arbitrar [ərbitrá] vt to arbitrate; esp to referee

àrbitre -a [árbitrə] mf arbitrator, arbiter; esp referee

arbre [áβrə] m tree; tcn axle, shaft; mar mast; ~ **genealògic** family tree

arbreda [ərbréðə] f grove

arbust [ərbúst] m bush, shrub

arc [árk] m arch; ~ **de Sant Martí** rainbow

arcaic -a [ərkájk] aj archaic

ardent [ərdén] aj burning; fg ardent

ardu àrdua [árdu] aj arduous, hard, tough

àrea [áreə] f area; (mesura) area

arena [ərénə] f sand; (d'un circ) arena, ring

areng [əréŋ] m herring

arengada [ərəŋgáðə] f herring

arenós -osa [ərənós] aj sandy

aresta [əréstə] f edge; arq arris; (estella) splinter

argelaga [ərʒəláɣə] f gorse

argent [ərʒén] m silver

argentí -ina [ərʒəntí] aj mf Argentinian

argila [ərʒilə] f clay

argot [ərɣót] m jargon, slang, argot

argument [ərɣumén] m argument; lit plot

àrid -a [árit] aj arid, dry

aristocràcia [əristukrásiə] f aristocracy

aristòcrata [əristɔ́krətə] mf aristocrat

aritmètic -a [əridmétik] aj f arithmetic

arlequí [ərləkí] m harlequin

arma [ármə] f arm, weapon

armadura [ərməðúrə] f armour, armor US; tcn framework

armar [ərmá] vt (proveir d'armes) to arm, supply with arms; mar to fit out; (*ajuntar peces*) to assemble, put together; *fg* to cause

armari [ərmári] *m* cupboard; (*per a roba*) wardrobe, closet *US*

armilla [ərmíλə] *f* waistcoat

armistici [ərmistísi] *m* armistice

arna [árnə] (*de la roba*) clothes moth

aroma [ərómə] *f* aroma, scent, perfume

arpa [árpə] *f* harp

arquebisbe [ərkəβízbə] *m* archbishop

arquet [ərkét] *m* (*de violí*) (violin) bow

arquitecte [ərkitéktə] *mf* architect

arquitectura [ərkitəktúrə] *f tb fg* architecture

arrabassar [ərəβəsá] *vt* to uproot; (*prendre violentament*) to snatch, grab

arracada [ərəkáðə] *f* earring

arraconar [ərəkuná] *vt* to put in a corner; *fg* to lay aside, exclude

arrambar [ərəmbá] *vt* to move nearer, bring nearer; *vp* to come nearer

arran [ərán] *av* ~ **de** *prp* near; (*com a conseqüència*) as a result of

arrancar [ərəŋká] *vt* = **arrencar**

arranjar [ərəɲʒá] *vt tb mús* to arrange; *vp* to manage

arrap [əráp] *m* scratch

arrapar [ərəpá] *vp* to cling (to), hang on (to)

arrasar [ərəzá] *vt* to devastate; (*una mesura*) to level

arraulir [ərəwlí] *vp* to curl up,

roll up

arrebossar [ərəβusá] *vt arq* to plaster, render; *gst* to coat in batter

arrecerar [ərəsərá] *vtp* to shelter

arreglar [ərəɡlá] *vt* to arrange, prepare; *vp* to manage

arrel [ərél] *f tb mat* root; *fg* root, origin, source

arrelar [ərəlá] *vtp tb fg* to take root

arremangar [ərəməŋgá] *vtp* = **arromangar**

arrencar [ərəŋká] *vt* to pull up, pull out; (*aconseguir*) to get, extract; *vi* to start

arrendar [ərəndá] *vt* = **llogar**

arrenglerar [ərəŋglərá] *vtp* to line up

arreplegar [ərəpləɣá] *vt* to gather, collect; (*una malaltia*) to pick up, catch; (*enxampar*) to catch; *vp* to pile up

arrere [ərérə] *av* back, backwards

arrestar [ərəstá] *vt* to arrest, detain

arreu [ərέw] *av* everywhere; ~ **de** all over

arreus [ərέws] *mpl* harness

arri [ári] *gee up!*, giddy up!

arribar [əriβá] *vi* to arrive; (*temps*) to arrive, come; (*atènyer*) to reach; (*ser suficient*) to be enough; (*durar*) to last

arriscar [əriská] *vt* to risk, endanger, jeopardize; *vp* to take a risk

arrissar [ərisá] *vtp* to curl; *vt* to rip off; *vp* (*la mar*) to ripple

arrodonir [əruðuní] *vt* to round, make round; *fg* to round off, finish

arrogància [əruɣánsiə] f
arrogance

arromangar [əruməŋgá] vtp to
roll up

arronsar [ərunsá] vt to contract;
~ les espatlles to shrug (one's
shoulders); vp fg to be intimidated

arròs [ərɔ́s] m rice

arrossegar [ərusəɣá] vt tb fg to
drag; (remolcar) to tow; vp to
crawl; (una cortina, un vestit) to
trail along the ground; (anar sense
objecte concret) to hang around

arruga [ərúɣə] f (a la pell) wrinkle;
(a la roba, al paper, etc) wrinkle,
crease

arrugar [əruɣá] vtp to wrinkle,
crease

arruïnar [əruiná] vt (un edifici) to
demolish, knock down; fg to ruin,
wreck; vp to be ruined

arsenal [ərsənál] m arsenal

art [árt] m art; (destresa) skill,
craft

artefacte [ərtəfáktə] m device

artèria [ərtériə] f tb fg artery

artesà -ana [ərtəzá] aj craft atr;
mf artisan; m craftsman; f
craftswoman

artesanal [ərtəzənál] aj craft atr

artesania [ərtəzəníə] f
craftsmanship, handicraft

article [ərtiklə] m (d'un reglament,
d'una publicació) article; (de
diccionari) article, entry; grm
article; com good, item

articulació [ərtikuləsió] f ana tcn
joint, articulation

artífex [ərtífəks] mf maker,
inventor

artificial [ərtifisiál] aj artificial

artista [ərtístə] mf artist

artístic -a [ərtístik] aj artistic

arxipèlag [ərʃipélək] m
archipelago

arxiu [ərʃíw] m archive; ifm file

as [ás] m tb fg ace

ascendir [əsəndí] vi to rise,
ascend; to be promoted; vt to
promote

ascensor [əsənsó] m lift, elevator
US

ase [ázə] m ass; fg ass, stupid,
idiot

asfalt [əsfál] m asphalt, tarmac

asfaltar [əsfəltá] vt to asphalt

asfixiar [əsfiksiá] vt to asphyxiate;
vp to be asphyxiated, suffocate

asiàtic -a [əziátik] aj mf Asian,
Asiatic

asil [əzíl] m (de perseguits) asylum,
sanctuary; (de desvaluts) home,
institution

asma [ázmə] f asthma

aspecte [əspéktə] m appearance,
aspect, look

aspiració [əspirəsió] f inhalation;
(ambició) aspiration

aspiradora [əspirəðórə] f
vacuum cleaner, Hoover

aspirar [əspirá] vt to inhale; tcn
to suck in, take in; grm to
aspirate; vi to aspire (to), aim (at)

aspirina [əspirínə] f aspirin

aspre -a [ásprə] aj rough; (sabor)
sharp; (veu) harsh, rasping; (rude)
abrupt, tart

assabentar [əsəβəntá] vt to
inform, tell; vp to find out,
discover, learn

assaborir [əsəβurí] vt tb fg

atansar

assaig [əsát∫] m (prova) trial, test; (tea) rehearsal; lit essay

assajar [əsəʒá] vt (provar) to try out, test; (tea) to rehearse

assalariat -ada [əsələriát] aj wage-earning atr; mf employee, wage earner

assalt [əsál] m attack, assault

assaltar [əsəltá] vt to rob, attack; fg to strike, seize

assassí -ina [əsəsí] aj murderous, homicidal; mf murderer

assassinar [əsəsiná] vt to murder

assecador [əsəkəðó] m dryer

assecar [əsəká] vtp to dry (up)

assedegat -ada [əsəðəɣát] aj thirsty

assegurança [əsəɣuránsə] f insurance

assegurar [əsəɣurá] vt (donar fermesa) to secure, fix; (afirmar com a cert) to assure; dr to insure, assure; vp to make sure (of)

assemblea [əsəmbléə] f meeting, assembly

assenyalar [əsəɲəlá] vt to point out, show, mark; (ser indici) to mark, signal; (fixar) to fix, set; vp to distinguish osf

assequible [əsəkíbblə] aj accessible, obtainable, available; (preu) affordable

assetjar [əsədʒá] vt to besiege, lay siege to

asseure [əséwrə] vt to sit, seat; vp to sit (down), seat osf

assignatura [əsiɲnətúrə] f subject

assistència [əsisténsiə] f attendance; (conjunt d'assistents)

audience; (ajut) help, aid, assistance; **~ social** social work welfare service

assistent [əsistén] aj mf assistant; **~ social** social worker

assistir [əsistí] vi to attend, be present; (ajudar) to help, assist

associació [əsusiəsió] f association

associar [əsusiá] vt to associate, connect; vp (en una empresa) to go into partnership

assolir [əsulí] vt to achieve, obtain, get

assumir [əsumí] vt to take on, assume

assumpte [əsúmtə] m matter, question, subject

astigmatisme [əstiɣmətízmə] m astigmatism

astorar [əsturá] vt to shock, astound, startle; vp to be shocked

astre [ástrə] m star

astrologia [əstruluʒíə] f astrology

astronauta [àstrunáwtə] mf astronaut

astrònom -a [əstrónum] mf astronomer

astronomia [əstrunumíə] f astronomy

astronòmic -a [əstrunómik] aj tb fg astronomic(al)

astúcia [əstúsiə] f astuteness, shrewdness; (acte d'astúcia) trick

astut -a [əstút] aj shrewd, astute

atabalar [ətəβəlá] vt to confuse, fluster; vp to get confused

atac [əták] m attack

atacar [ətəká] vt to attack

atansar [ətənsá] vt to bring

nearer; *vp* to approach, near, get nearer

atapeir [ətəpəí] *vt* to compress, squeeze, cram; *vp* to squash together, squeeze together

ateisme [ətəízmə] *m* atheism

atemptat [ətəmtát] *m* attack, outrage; *fg* attack, affront

atenció [ətənsió] *f* attention; *inj* attention!, look out!, be careful!

atendre [əténdrə] *vi* to pay attention; *vt* (*tenir en compte*) to mind, listen to; (*tenir atencions*) to attend

atent -a [ətén] *aj* attentive, alert, intent; (*cortès*) polite, attentive, corteous

aterrar [ətərá] *vi* to land; *vt* (*abatre*) to knock down

aterratge [ətərádʒə] *m* landing; ~ **forçós** emergency landing

aterrir [ətərí] *vt* to terrify, frighten; *vp* to get scared, get frightened

ateu -ea [ətéw] *aj* atheistic; *mf* atheist

àtic [átik] *m* top floor apartment

atipar [ətipá] *vt* to stuff; *vp* to stuff osf, gorge osf; *fg* to get tired, get fed up

atlàntic -a [əllántik] *aj* Atlantic

atles [álləs] *m* atlas

atleta [əllétə] *mf* athlete

atletisme [əllətízmə] *m* athletics

atmosfera [ədmusférə] *f* atmosphere

atmosfèric -a [ədmusférik] *aj* atmospheric

àtom [átum] *m tb fg* atom

atòmic -a [ətɔ́mik] *aj* atomic

àton -a [átun] *aj* unstressed

atordir [əturdí] *vt* to daze, stun; *fg* to confuse, bewilder

atorgar [əturɡá] *vt* to grant, confer

atracament [ətrəkəmén] *m* hold-up, robbery

atracar [ətrəká] *vt* to hold up, rob; *vti mar* to dock, berth

atracció [ətrəksió] *f* attraction

atractiu -iva [ətrəktíw] *aj* attractive, appealing; *m* attraction, appeal

atrafegat -ada [ətrəfəɣát] *aj* busy

atrapar [ətrəpá] *vt* to catch

atraure [ətráwrə] *vt* = **atreure**

atreure [ətréwrə] *vt tb fg* to attract

atreviment [ətrəβimén] *m* (*gosadia*) boldness, daring, nerve; (*insolència*) effrontery, insolence

atrevir-se [ətrəβírsə] *vp* to dare

atribuir [ətriβuí] *vt* to attribute, ascribe

atribut [ətriβút] *m* attribute

atroç [ətrɔ́s] *aj* atrocious, appalling

atrocitat [ətrusitát] *f* atrocity, cruelty

atrofiar [ətrufiá] *vtp* to atrophy

atropellar [ətrupəʎá] *vt* (*envestir*) to knock down, run over; (*una malaltia*) to lay low, prostrate; *vp* to rush

atrotinat -ada [ətrutinát] *aj* broken, damaged

atur [ətúr] *m* unemployment

aturar [əturá] *vti* to stop

atzar [ədzár] *m* chance

au [áw] *f* = **ocell**

au [áw] *inj* come on!

audaç [əwðás] *aj* daring, bold, audacious

audició [əwðisió] *f* hearing; (*concert, recital*) concert

auditiu -iva [əwðitíw] *aj* auditory, hearing *atr*

augment [əwgmén] *m* increase, rise, raise *US*

augmentar [əwgməntá] *vt* to increase, raise, put up; *vi* to increase, rise

aula [áwlə] *f* classroom

auricular [əwrikulár] *m* (*del telèfon*) receiver; *pl* headphones, earphones; *aj* auricular

aurora [əwrórə] *f* dawn

australià -ana [əwstrəliá] *aj mf* Australian

austríac -a [əwstríək] *aj mf* Austrian

autèntic -a [əwténtik] *aj* authentic, real, genuine

auto [áwtu] *m* car, automobile *US*; **~s de xoc** bumper cars

autobús [àwtuβús] *m* bus

autocar [əwtukár] *m* coach

autoescola [àwtuskólə] *f* driving school

autoestop [àwtustóp] *m* hitch-hiking

autogovern [àwtuγuβérn] *m* self-government

automàtic -a [əwtumátik] *aj* automatic

automòbil [əwtumɔ́βil] *aj* self-propelled; *m* car, automobile *US*

automobilisme [àwtumuβilízmə] *m* motoring

automobilista [àwtumuβilístə] *mf* motorist

autònom -a [əwtɔ́num] *aj*

autonomous; (*treballador*) self-employed

autonomia [əwtunumíə] *f* autonomy

autònomic -a [əwtunɔ́mik] *aj* autonomous

autopista [àwtupístə] *f* motorway, freeway *US*

autòpsia [əwtɔ́psiə] *f* autopsy, post-mortem

autor -a [əwtó] *mf* author; (*d'un delicte*) perpetrator

autoretrat [àwturətrát] *m* self-portrait

autoritari -ària [əwturitári] *aj* authoritarian

autoritat [əwturitát] *f* authority

autoritzar [əwturidzá] *vt* to authorize

autoservei [àwtusərbéj] *m* self-service

autovia [àwtuβíə] *f* dual carriageway, highway *US*

auxili [əwksíli] *m* help, aid

auxiliar [əwksiliá] *aj* auxiliary; *mf* assistant

auxiliar [əwksiliá] *vt* to help

avall [əβáʎ] *av* down, downwards

avaluació [əβəluəsió] *f* evaluation, assessment, appraisal

avaluar [əβəluá] *vt* to estimate, appraise, assess

avançar [əβənsá] *vt* to move forward; (*passar al davant*) to pass, overtake; (*diners*) to advance; (*un rellotge*) to put forward; *vi* to move forward; (*progressar*) to advance, improve; *vp* (*un rellotge*) to gain

avant [əβán] *av* forward, ahead

avantatge [əβəntádʒə] *m*

advantage

avantatjar [əβəntədʒá] vt to be ahead of, surpass

avantatjós -osa [əβəntədʒós] aj advantageous, favourable

avantbraç [əβàmbrás] m forearm

avantguarda [əβəŋgwárðə] f mil vanguard; fg avant-garde, vanguard

avantpassat -ada [əβàmpəsát] mf ancestor

avar -a [əβár] aj miserly, avaricious; mf miser

avaria [əβəríə] f breakdown, damage

avarícia [əβərísiə] f avarice, miserliness

avellana [əβəlánə] f hazelnut

avellaner [əβəlané] m hazel (tree)

avena [əβénə] f oat(s)

avenç [əβéns] m step forward

avenir [əβəní] m future

avenir [əβəní] vp to agree; (entendre's bé) to be on good terms, get on well; (conformar-se) to accept, agree; **no saber --se de** to be astonished at

aventura [əβəntúrə] f adventure; **a l'~** at random

aventurar [əβənturá] vt to risk; vp to take a risk

aventurer -a [əβənturé] aj adventurous; mf adventurer -ess

averany [əβəráɲ] m omen

avergonyir [əβərɣuɲí] vt to embarrass; vp to be ashamed

avesar [əβəzá] vt to accustom; vp to accustom osf

avet [əβét] m fir (tree)

avi àvia [ábi] m grandfather; f

grandmother

aviació [əβiəsió] f aviation; mil air force

aviador [əβiəðó] m flyer

aviat [əβiát] av soon; (d'hora) early; **més ~** rather; **tan ~ com** as soon as

avícola [əβíkulə] aj poultry atr

àvid -a [ábit] aj avid, keen

avinença [əβinénsə] f agreement

avinent [əβinén] aj accessible; (persona) genial, affable; **fer ~** to remind

avinguda [əβiŋgúðə] f avenue, boulevard

avió [əβió] m plane, aeroplane, airplane US

avioneta [əβiunétə] f light aircraft

aviram [əβirám] m poultry

avís [əβís] m (advertència) warning; (notícia) announcement, notice

avisar [əβizá] vt (advertir) to warn; (notificar) to inform, tell

avorriment [əβurimén] m boredom

avorrir [əβurí] vt (agafar aversió) to detest, loathe, reject; (causar tedi) to bore; vp to get bored

avorrit -ida [əβurit] aj (persona) bored; (cosa) boring

avortament [əβurtamén] m (provocat) abortion; (natural) miscarriage

avortar [əβurtá] vi (provocat) to abort, have an abortion; (natural) to miscarry, have a miscarriage; (fracassar) to fail

avui [əβúj] av today; **~ en dia** nowadays

B

babau -a [bəβáw] *aj* silly; *mf* fool, idiot

bacallà [bəkəʎá] *m* cod; **tallar el ~** *fg* to have the final say

bacó -ona [bəkó] *mf* (*porc*) pig; *m* (*cansalada*) bacon

bacteri [bəktéri] *m* bacterium

badada [bəðáðə] *f* oversight, slip

badall [bəðáʎ] *m* yawn

badallar [bəðəʎá] *vi* to yawn

badar [bəðá] *vt* (*obrir*) to open; *vi* (*abstreure's mirant*) to stand gaping; (*tenir l'atenció distreta*) to be careless

badia [bəðíə] *f* bay

badoc -a [bəðók] *aj* (*tafaner*) curious; *mf* onlooker, watcher; (*curt de gambals*) idiot, fool

baf [báf] *m* (*vapor*) vapour; (*alè*) breath

bafarada [bəfəráðə] *f* whiff

bagul [bəɣúl] *m* (*de viatge*) trunk; (*taüt*) coffin

baieta [bəjétə] *f* cloth

baioneta [bəjunétə] *f* bayonet

baix [báʃ] *aj* low; (*persona*) short; *m* mùs bass; *pl* ground floor; *av* (*posició*) down, below; (*parlar*) softly

baixa [báʃə] *f* drop, fall; *mil* casualty; **anar de ~** to be on the way down

baixada [bəʃáðə] *f* descent; (*pendent*) slope

baixador [bəʃəðó] *m* frr halt

baixamar [báʃəmár] *f* flow tide

baixar [bəʃá] *vi* to come down, go down; (*d'un vehicle*) to get off, get out; *vt* (*escales, muntanya*) to come down, go down; (*objecte*) to lower, take down

bajanada [bəʒənáðə] *f* silly thing; foolish act

bajoca [bəʒókə] *f* pod; (*mongeta*) French bean

bala [bálə] *f* mil bullet, shot; (*fardell*) bale

baladrejar [bələðrəʒá] *vi* to yell, bawl

balanç [bəláns] *m* oscillation; com balance; *fg* stocktaking

balança [bəlánsə] *f* scales *pl*, balance; *ast* Scales *pl*

balancejar [bələnsəʒá] *vi* to swing; *vt* to balance

balancí [bələnsí] *m* rocking chair

balandrejar [bələndrəʒá] *vi* to swing

balb -a [bálp] *aj* numb

balbucejar [bəlβusəʒá] *vti* to stammer

balcó [bəlkó] *m* balcony

balda [báldə] *f* bolt; (*picaporta*) knocker

baldar [bəldá] *vt* to wear out; **estic baldat** I'm shattered, I'm knackered

balder -a [bəldé] *aj* loose

baldó [bəldó] *m* latch

baldufa [bəldúfə] *f* spinning top

balena [bəlénə] *f* whale

ball [báʎ] *m* dance, ball; **~ de disfresses** fancy-dress ball

ballar [bəʎá] *vi* to dance; (*uc*) to be loose; *vt* to dance

ballarí -ina [bəʎərí] *mf* dancer

ballesta [bəʎéstə] *f* crossbow

ballet [bəlét] *m* ballet

balma [bálmə] *f* cavern

balneari [bəlneári] *m* spa, health resort

baló [bəló] *m esp* ball; *tcn* bag

baluard [bəluárt] *m tb fg* bastion

balustrada [bəlustráðə] *f* balustrade

bambú [bəmbú] *m* bamboo

ban [bán] *m* ban, edict; *(multa)* fine

banal [bənál] *aj* banal

banc [báŋ] *m* bench, seat; *com* bank; *(de peixos)* shoal

bancal [bəŋkál] *m* seat; *agr* patch, bed

bancarrota [bəŋkərɔ́tə] *f* bankruptcy

banda [bándə] *f* band; *(faixa)* sash; *(costat)* side; *(grup)* gang; *mús* band; **~ sonora** sound track; **d'altra ~** moreover; **deixar de ~** to leave aside

bandera [bəndérə] *f* flag

bandit -ida [bəndít] *mf* outlaw

bàndol [bándul] *m* faction, party

bandoler -a [bəndulé] *mf* bandit, brigand

banjo [bánʒu] *m* banjo

banquer -a [bəŋké] *mf* banker

banquet [bəŋkét] *m* banquet, feast

bany [báɲ] *m* bath; *(habitació)* bathroom, bath; *(capa)* coating

banya [báɲə] *f* horn; *(d'insecte)* feeler; *(bony)* bump

banyador [bəɲəðó] *m* swimming costume, swimsuit

banyar [bəɲá] *vt (up)* to bath; *(submergir)* to bathe, dip; *vp* to have a bath, bathe *US*; to swim

banyera [bəɲérə] *f* bath, bathtub *US*

banyut -uda [bəɲút] *aj* horned

baptisme [bəptízmə] *m* baptism, christening

bar [bár] *m* bar, snackbar

baralla [bəráʎə] *f* quarrel, fight; *(de cartes)* pack (of cards)

barallar [bərəʎá] *vt* to cause to quarrel; *vp* to quarrel, fight

barana [bəránə] *f* handrail

barat -a [bərát] *aj* cheap

baratar [bərətá] *vt* to exchange, barter

barba [bárbə] *f (mentó)* chin; *(pèl)* beard; **per ~** per head

barbacoa [bərbəkóə] *f* barbecue

barbaritat [bərbəritát] *f* barbarity; **una ~ de** a lot of

barber -a [bərbé] *mf* barber, hairdresser

barberia [bərbəríə] *f* barber's shop

barbotejar [bərbutəʒá] *vi* to mutter, mumble

barbut -uda [bərbút] *aj* bearded

barca [bárkə] *f* boat

bardissa [bərdísə] *f* bramble; *(tanca)* hedge

barnilla [bərníʎə] *f* rib

barnús [bərnús] *m* bathrobe

baró [bəró] *m* baron

baròmetre [bərɔ́mətrə] *m* barometer

barquer -a [bərké] *mf* boatman

barra [bárə] *f* bar; *(de pa)* loaf; *ana* jaw, jawbone; *(atreviment!)* cheek; **quina ~!** what a nerve!

barraca [bərákə] *f* hut, cabin; *(de fira)* stall; *(de suburbi)* shack

barral [bərál] *m* barrel

barranc [bəráŋ] *m* gully, ravine

barrar [bərá] *vt* (*una porta, etc*) to bar; (*un pas*) to close; (*xec*) to cross

barreja [bərέʒə] *f* mixture, blend; (*confusió*) jumble, confusion

barrejar [bərəʒá] *vt* to mix, blend; (*desordenar*) to mess up; *vp* ~ **amb un grup** to mingle with a group, join a group

barrera [bərέɾə] *f tb fg* barrier; *fg* obstacle

barret [bərέt] *m* hat; ~ **de copa** (*o* **de mitja copa**) top hat; ~ **fort** bowler hat; **treure's el** ~ *fg* to take off one's hat

barri [bári] *m* quarter, district, area (of a town); **anar-se'n a l'altre** ~ *fg* to kick the bucket

barriada [bəɾiáðə] *f* quarter, district

barricada [bəɾikáðə] *f* barricade

barril [bəɾíl] *m* barrel

barrina [bəɾínə] *f* drill; (*petita*) gimlet

barrinar [bəɾiná] *vt* (*fer forats*) to drill, bore; (*fer saltar una roca, etc*) to blast; *fg* (*rumiar*) to meditate upon, ruminate on

barroc [bərɔ́k] *aj m* baroque

barroer -a [bərué] *aj* (*mal fet*) slapdash, shoddy; (*groller*) rude, coarse; *mf* slapdash worker, bungler

barrot [bərɔ́t] *m* (thick) bar

barrut -uda [bərút] *aj fg* cheeky, shameless

basalt [bəzál] *m* basalt

basar [bəzár] *m* bazaar

basar [bəzá] *vt* to base; *vp* ~**-se en** to be based on, rest on

basarda [bəzárðə] *f* terror, dread, fear

bàscula [báskulə] *f* (platform) scales *pl*

base [bázə] *f* base; *fg* basis, foundation; **a** ~ **de** on the basis of

bàsic -a [bázik] *aj* basic

basílica [bəzílikə] *f* basilica

bàsquet [báskət] *m* basketball

bassa [básə] *f* pool, pond

bassal [bəsál] *m* puddle, pool

bast -a [bást] *aj* coarse, rough, rude; *m* packsaddle

bastant [bəstán] *aj* (*suficient*) enough, sufficient; (*força*) quite a lot of; *av* enough; quite, rather, fairly

bastar [bəstá] *vi* to be enough, be sufficient, suffice; *vp* to be self-sufficient

bastard -a [bəstárt] *aj* bastard, *fg* (*adulterat*) adulterated; *mf* bastard

bastida [bəstíðə] *f* scaffold, scaffolding

bastidor [bəstiðó] *m* frame; *tea* flat

bastir [bəstí] *vt* to build, construct; (*muntar*) to assemble

bastó [bəstó] *m* stick; (*per caminar*) walking stick; *pl* (*cartes*) clubs

bata [bátə] *f* (*a casa*) dressing gown; (*de dona*) housecoat; (*de metges, etc*) white coat

batall [bətáλ] *m* clapper

batalla [bətáλə] *f* battle; *fg* battle, fight, struggle; **de** ~ for everyday use

batec [bəték] *m tb* bio beat,

beating, throb

batedora [bətədóɾə] f (electrodomèstic) beater, whisk

bategar [bətəɣá] vt to beat, throb, palpitate; (dues peces) to clink

bateig [bətɛ́tʃ] m baptism, christening; (festa) christening party; (d'un vaixell, etc) naming

batejar [bətəʒá] vt to baptize, christen; (posar nom) to name; (el vi, etc) to water

bateria [bətəɾíə] f battery; mús (instruments) drums pl; (música) drummer; tea footlights pl; **~ de cuina** pots and pans

batibull [bətiβúʎ] m tangle, muddle, mess

batlle [báʎʎə] m (alcalde) mayor

batre [bátɾə] vt to beat, hammer; (ales) to beat, flap; (ous) to beat (up), whisk; (nata) to whip; (un enemic, un rècord) to beat; agr to thresh; vi to beat

batussa [bətúsə] f fight, tussle, scuffle

batut -uda [bətút] aj well-trodden, beaten; m bang, bump; (beguda) whip

batuta [bətútə] f baton

batzegada [badzəɣáðə] f jerk, jolt; fg shock

bava [báβə] f dribble, spittle; **caure-li la ~ a up** to be thrilled, be delighted; **tenir mala ~ to** be nasty

be [bɛ́] m zoo lamb

bé [bé] m good; pl (riquesa) goods, property sg, wealth sg

bé [bé] av well, right, properly; inj all right, O.K., good

bé [bé] cnj ara ~ however; **doncs**

~ well then; **o** ~ or else; **si** ~ (o **per** ~ **que**) although

beat -a [beát] aj rlg blessed; (devot) devout; dsp sanctimonious; m lay brother; f lay sister

bebè [bəβɛ́] m baby

bec [bék] m beak; mús mouthpiece; (broc) spout

beca [bɛ́kə] f (d'estudi) scholarship, grant

becaina [bəkájnə] f nod (from drowsiness); **fer una ~** to doze, snooze

bedoll [bəðóʎ] m birch

beguda [bəɣúðə] f drink, beverage

begut -uda [bəɣút] aj drunk

beina [béjnə] f (per a espases, etc) sheath, scabbard; bot pod, husk

beix [béʃ] aj m beige

beixamel [bəʃəmɛ́l] f béchamel sauce

bel [bɛ́l] m bleat, baa

belar [bəlá] vi to bleat, baa

belga [bɛ́lɣə] aj mf Belgian

bell -a [bɛ́ʎ] aj beautiful, lovely; **al ~ mig de** right in the middle of

bellesa [bəʎézə] f beauty, loveliness

bèl·lic -a [bɛ́lik] aj war atr, warlike

bellugar [bəʎuɣá] vtip to move, shift

ben [bén] av well, properly; (bastant) quite, rather; (del tot) entirely, absolutely

bena [bénə] f bandage

benedicció [bənəðiksió] f benediction, blessing

benefactor -a [bənəfəktó] aj

bifurcació

beneficent; *m* benefactor;
f benefactress

benefici [bənəfísi] *m* benefit; *ecn*
profit; **en ~ de** for the benefit of

beneficiós -osa [bənəfisiós] *aj*
beneficial, profitable, useful

beneir [bənəí] *vt* to bless; **~ la**
taula to say grace

beneit -a [bənéjt] *aj* simple,
simple-minded, stupid; *mf* idiot,
fool, clot

benestant [bènəstán] *aj* well-to-
do, wealthy, well-off

benestar [bènəstá] *m* well-being,
welfare

benèvol -a [bənέβul] *aj*
benevolent, kind

benigne -a [bəniŋnə] *aj* kind,
benign; *med (tumor, etc)* mild,
benign, non-malignant

benjamí -ina [bəŋʒəmí] *mf*
youngest child

benvinguda [bèmbiŋɣúðə] *f*
welcome, greeting; **donar la ~**
a up to welcome sby

benvolgut -uda [bèmbulɣút] *aj*
dear

benzina [bənzínə] *f* petrol,
gasoline *US*

berbena [bərβénə] *f* verbena

berenar [bərəná] *m* tea,
afternoon snack

berenar [bərəná] *vi* to have tea,
have a snack

bergant -a [bərɣán] *mf* rascal,
scoundrel

berganti [bərɣantí] *m mar* brig

bermudes [bərmúðəs] *fpl* shorts,
bermudas

berruga [bərúɣə] *f* wart

bes [bès] *m* kiss

besada [bəzáðə] *f* kiss

besar [bəzá] *vt* to kiss

besavi -àvia [bəzáβi] *m* great-
grandfather; *f* great-grandmother

bescoll [bəskóʎ] *m* nape, back (of
the neck)

besnét -a [bəznét] *m* great-
grandson; *f* great-granddaughter

bessó -ona [bəsó] *aj mf* twin; *pl*
ast Gemini

bèstia [bέstiə] *f* beast, animal;
fg boor, beast, brute

bestiar [bəstiá] *m* livestock

bestiesa [bəstiézə] *f* silly thing,
stupid thing; **dir bestieses** to
talk nonsense

bestiola [bəstiɔ́lə] *f* little animal;
(insecte) insect, worm

besuc [bəzúk] *m* sea bream

betum [bətúm] *m qm* bitumen;
(per al calçat) shoe polish

beure [béwrə] *vt* to drink; *vp* to
drink up, empty

biannual [biənuál] *aj* half-yearly,
biannual

biberó [biβəró] *m* feeding bottle

Bíblia [bíβliə] *f* Bible

biblioteca [biβliutékə] *f* library;
(moble) bookcase, bookshelves *pl*

bibliotecari -ària [biβliutəkári]
mf librarian

bíceps [bísəps] *m* biceps

bicicleta [bisiklétə] *f* bicycle, bike
fm; **~ de cursa** racing bicycle;
~ de muntanya mountain
bicycle

bidet [biðét] *m* bidet

bidó [biðó] *m* can, drum

bifurcació [bifurkəsió] *f* fork; *(de*
carrers o vies de tren) junction,
fork

biga

biga [bíɣə] *f* beam, rafter; (*metàl·lica*) girder

bigàmia [biɣámiə] *f* bigamy

bigarrat -ada [biɣərát] *aj* variegated, mottled

bigoti [biɣɔ́ti] *m* moustache; (*d'un gat, etc*) whiskers *pl*

bikini [bikíni] *m* bikini

bilingüe [biliŋɡwe] *aj* bilingual

bilingüisme [biliŋɡwízmə] *m* bilingualism

biliò [biliɔ́] *m* (*milió de milions*) trillion; (*mil milions*) billion

bilis [bílis] *f tb fg* bile

billar [biʎár] *m* billiards

bimensual [bimənsuál] *aj* bimonthly

biografia [biuɣrəfíə] *f* biography, life

biòleg -òloga [biɔ́lək] *mf* biologist

biologia [biuluʒíə] *f* biology

biosfera [biusférə] *f* biosphere

bis [bís] *m mús* tea encore

bisbat [bizbát] *m* bishopric

bisbe [bízbə] *m rlg* bishop

bisetmanal [bizətmənál] *aj* biweekly

bisó [bizó] *m* bison

bistec [bisték] *m* steak, beefsteak

bisturí [bisturí] *m* scalpel

bitlla [bíʎʎə] *f* skittle; **joc de bitlles** skittles, bowling

bitllet [biʎʎét] *m* ticket; (*de banc*) banknote, note, bill *US*; ~ **d'anada** single ticket, one-way ticket *US*; ~ **d'anada i tornada** return ticket, round-trip ticket *US*

bitxo [bítʃu] *m* chilli pepper

bivac [biβák] *m* bivouac

bixest [biʃést] *aj* **any** ~ leap year

bla blana [blá] *aj* soft, smooth

blanc -a [blán] *aj* white; *m* white; (*en un text*) blank (space); (*de tir*) target; *mf* (*persona*) white person; **en** ~ (*sense escriure*) blank; **passar la nit en** ~ not to sleep a wink all night

blanca [bláŋkə] *f mús* minim

blancor [bləŋkó] *f* whiteness

blanquejar [bləŋkəʒá] *vi* to be white, be whitish; *vt* to whiten; to bleach

blanquinós -osa [bləŋkinós] *aj* whitish, whity

blasfemar [bləsfəmá] *vti* to blaspheme

blasfèmia [bləsfémiə] *f* blasphemy

blasó [bləzó] *m* (*art*) heraldry; (*escut*) coat of arms, escutcheon

blat [blát] *m* wheat; ~ **de moro** maize, sweetcorn, (Indian) corn *US*

blau [bláu] *aj* blue; *m* (*color*) blue; (*a la pell*) *fm* bruise; ~ **cel** sky blue; ~ **marí** navy blue

blavor [bləβó] *f* blueness

blavós -osa [bləβós] *aj* bluish

ble [blé] *m* (*de ciri, llum d'oli, etc*) wick; (*de cabells*) lock (of hair), tuft (of hair)

bleda [bléðə] *f* chard, Swiss chard; *fg* dull woman, slow woman

blindat -ada [blindát] *aj* armour-plated, armor-plated *US*, armoured, armored *US*

bloc [blɔ́k] *m* (*de roca, de pisos*) block; (*de paper*) pad; (*coalició*) bloc

blocar [bluká] *vt mil* to blockade; (*crèdits, etc*) to freeze, block; *vtp*

bombona

(un mecanisme) to jam

bloquejar [bluku3á] vt = **blocar**

bo bona [bɔ́] aj good; (moralment) kind, nice, good; (sa) well; **a les bones** gladly, willingly; **fa ~** it's fine

bo [bɔ́] m (bitllet) voucher, order ticket

boa [bɔ́ə] f boa

bobina [buβínə] f bobbin, reel, spool US; cin reel

boca [bókə] f mouth; (de metro) entrance; **anar de ~ en ~** to go the rounds; **~ a ~** med mouth to mouth; **~ d'incendis** hydrant, fireplug US

bocabadat -ada [bòkəβəðát] aj open-mouthed, agape

bocamoll -a [bòkəmóʎ] aj big mouth, blabbermouth

bocaterrós -osa [ùòkətərós] aj face downwards

bocí [busí] m (de menjar) morsel, small piece (of food); (d'un sòlid) small piece, bit, scrap

boda [bóðə] f wedding

bodega [buðéɣə] f mar hold

bòfega [bɔ́fəɣə] f (a la pintura, a la pell) blister

bogeria [buʒəríə] f (estat) madness, lunacy; (acte) folly, crazy act

bohemi -èmia [buémi] aj mf (de Bohèmia) Bohemian; (artista) bohemian

boia [bɔ́jə] f mar buoy

boicot [bujkɔ́t] m boycott

boig boja [bɔ́tʃ] aj mad, crazy, insane; fg huge, wild; m madman, lunatic; f madwoman, lunatic; **estar ~ per** to be mad about

boina [bɔ́jnə] f beret

boira [bɔ́jrə] f fog, mist; **anar a escampar la ~** to go for a walk

boirós -osa [bujrós] aj tb fg foggy

boix [bóʃ] m box; **~ grèvol** holly

bol [bɔ́l] m (vas) bowl, basin

bola [bɔ́lə] f ball; fg fib, lie; **~ del món** globe

bolcar [bulká] vti to overturn; (embarcació) to capsize

bolet [bulɛ́t] m fungus; (comestible) mushroom; (verinós) toadstool; (cop) smack, slap; **ésser** (o **estar**) **tocat del ~** to be not all there

bòlid [bɔ́lit] m esp racing car

bolígraf [bulíɣrəf] m ballpoint (pen), biro

bòlit [bɔ́lit] m **anar de ~** to be snowed under

bolquer [bulké] mpl nappy sg, diaper sg US

bolxevic [bulʃəβík] aj mf Bolshevik

bomba [bómbə] f mil bomb; tcn pump

bombardejar [bumbərdəʒá] vt to bomb

bombarder [bumbərdé] m (avió) bomber

bomber -a [bumbé] mf fireman

bombeta [bumbétə] f (light) bulb

bombo [bómbu] m mús bass drum; (de loteria) drum; **fer ~** to praise to the skies

bombó [bumbó] m chocolate, sweet, candy US

bombolla [bumbóʎə] f bubble

bombollejar [bumbuʎəʒá] vi to bubble

bombona [bumbónə] f carboy;

(per a gasos) cylinder

bon [bón] aj good; **fa ~ temps** it's fine; **~ home** gullible man

bonança [bunánsə] f fair weather, calm conditions

bondat [bundát] f kindness, goodness; **fer ~** to be good

bonic -a [buník] aj pretty, nice, nice-looking

bonsai [bunsáj] m bonsai

bony [bóɲ] m (al cos) bump, swelling, lump; (en una paret, etc) bump, bulge

bonyegut -uda [buɲəɣút] aj bumpy

bord [bórt] m mar board, side of the ship); **a ~** on board

bord [bórt] aj mf bastard; aj (silvestre) wild

borda [bórðə] f (cabana) hut

bordar [burðá] vi to bark

boreal [bureál] aj northern

borinot [burinɔt] m bumblebee; fg fm pest

borni bòrnia [bɔ́rni] aj mf blind in one eye

borralló [burəʎó] m flock, tuft, ball; (de neu) snowflake

borrasca [buráskə] f tb fg squall, storm

borratxera [buratʃérə] f drunkenness, intoxication

borratxo -a [burátʃu] aj drunk; mf (habitual) drunk, drunkard

borrec -ega [burɛ́k] mf lamb, yearling lamb

borrissol [burisɔ́l] m fluff, down

borrós -osa [burós] aj blurred, confused, fuzzy

borsa [bórsə] f stock exchange; **jugar a la ~** to speculate on the stock exchange

bosc [bɔ́sk] m wood, woods pl, forest

bossa [bósə] f bag; (per als diners) purse; **~ de mà** handbag

bot [bɔ́t] m (salt) bound, jump, leap; (de pilota, etc) bounce; mar boat; **~ salvavides** lifeboat; **ploure a ~s i barrals** to pour down, rain cats and dogs

bota [bɔ́tə] f boot

bóta [bótə] f (de fusta) barrel; (de pell i per a vi) wineskin

botànic -a [butánik] aj botanic(al); mf botanist

botànica [butánikə] f botany

botar [butá] vi (una pilota, etc) to bounce; vt to jump; **va fer ~ la pilota** she bounced the ball

botella [butéʎə] f (ampolla) bottle, flask

boterut -uda [butərút] aj (deforme) misshapen

botí [butí] m mil booty, loot

botifarra [butifárə] f sausage

botiga [butíɣə] f shop

botiguer -a [butiɣé] mf shopkeeper; (ocell) kingfisher

botó [butó] m button; bot (poncella) bud; **anar de vint-i-un ~** to be dressed up to the nines; **botons de puny** cufflinks

botre [bótrə] vi to jump; (una pilota, etc) to bounce

botxí [butʃí] m executioner, hangman

bou [bɔ́w] m bull; (castrat) ox, bullock; (carn) beef; **agafar el ~ per les banyes** to take the bull by the horns

bover -a [buβé] mf drover,

brisa

cowherd

boví -ina [buʃí] *aj* bovine;
  bestiar ~ cattle
boxa [bóksə] *f* boxing
boxar [buksá] *vi* to box
boxejador -a [buksəʒəðó] *mf*
  boxer
braç [brás] *m* arm; *(treballador)*
  hand; **~ de riu** branch of a river;
  estar de ~os plegats to sit
  back and do nothing
braça [brásə] *f esp* breaststroke;
  mar fathom
braçalet [brəsəlét] *m* bracelet
bragues [bráɣəs] *pl* knickers,
  panties
bragueta [brəɣétə] *f* fly, flies *pl*
bram [brám] *m (d'ase)* bray;
  (d'altres animals) bellow; *(d'up, del
  vent, etc)* howl, roar
bramar [brəmá] *vi (ase)* to bray;
  (altres animals) bellow; *(up, el
  vent, etc)* to howl, roar
bramul [brəmúl] *m (de bou)*
  bellow; *(la mar)* to roar
bramular [brəmulá] *vi (el bou)*
  to bellow; *(la mar)* to roar
branca [bráŋkə] *f* branch, limb;
  (d'una ciència, d'una família)
  branch
brancatge [brəŋkádʒə] *m*
  branches *pl*, foliage
brandar [brəndá] *vt (una espasa,
  etc)* to brandish, wave about; *(una
  campana)* to toll
brànquia [bráŋkiə] *f* gill
branquilló [brəŋkiλó] *m* twig
brasa [brázə] *f* embers; **a la ~**
  grilled
braser [brəzé] *m* brazier
brasiler -a [brəzilé] *aj mf*
Brazilian

brau brava [bráw] *aj (valent)*
  brave; *(fer)* fierce, ferocious; *(mar)*
  rough, wild; *m* bull
bravata [brəßátə] *f* bravado,
  boasting, brag
bravo [bráßo] *inj* bravo!, well
  done!; *m* bravo
brega [bréɣə] *f* quarrel, scrap, row
bressol [brəsɔ́l] *m* cradle, cot,
  crib *US*
bressolar [brəsulá] *vt* to rock (in
  a cradle)
brètol -a [brétul] *m* rascal, rogue,
  scoundrel
bretxa [brétʃə] *f* breach
breu [bréw] *aj* short, brief; **en ~**
  shortly, soon
breument [brèwmén] *av* briefly,
  concisely
bri [brí] *m* thread; *(fibra)* fibre; *fg*
  bit, jot, speck
bricolatge [brikuládʒə] *m* do-it-
  yourself
brida [bríðə] *f (del cavall, etc)*
  bridle, reins; **a tota ~** at top
  speed
brigada [briɣáðə] *f (de
  treballadors)* squad; *mil* brigade
brillant [briλán] *aj* brilliant,
  bright; *m* brilliant
brillantina [briλəntínə] *f*
  brilliantine
brillar [briλá] *vi* to shine, gleam,
  sparkle; *fg* to shine, be
  outstanding
brindar [brindá] *vi* to drink a
  toast (to), drink (to); *vt* to offer
brindis [bríndis] *m* toast
brioix [bríʃ] *m* brioche
brisa [brízə] *f* breeze

britànic -a [britɑ́nik] *aj* British; *mf* Briton, Britisher *US*; **els ~s** the British

broc [brɔ́k] *m* spout, lip; *pl* excuses, pretexts; **abocar uc pel ~ gros** not to mince words

brodar [bruðɑ́] *vt tb fg* to embroider

brogit [bruʒít] *m* roar, rustle

broilador [brulaðó] *m* spring; *(en un parc, etc)* fountain

brollar [bruʎɑ́] *vi (un líquid)* to gush, spout; *(les plantes)* to sprout, bud, shoot

broma [brómǝ] *f (boira)* fog, mist; *(per riure)* joke, prank. Ho he dit de ~, I said it in fun; **fer ~** to joke, jest

bromera [brumérǝ] *f* foam, froth

bromista [brumístǝ] *aj* full of fun; *mf* joker, gay person

bronqui [brɔ́ŋki] *m* bronchus

bronquitis [bruŋkítis] *f* bronchitis

bronze [brónzǝ] *m* bronze

bronzejar [brunzǝʒɑ́] *vt* to bronze; *(la pell)* to tan

bròquil [brɔ́kil] *m* broccoli

brossa [brɔ́sǝ] *f (fulles, etc)* dead leaves, brush; *(mates, etc)* undergrowth; *(escombraries)* rubbish; *(partícula)* speck, grain, smut

brot [brɔ́t] *m* bot shoot, bud; *med* outbreak; **no fer ~** not to do a stroke

brotar [brutá] *vi* to sprout, bud, shoot

brotxa [brɔ́tʃǝ] *f (pinzell)* brush, large paintbrush; *(d'afaitar)* shaving brush

brou [brɔ́w] *m* stock, broth, bouillon

bru bruna [brú] *aj* brown

bruc [brúk] *m* heather, heath

bruixa [brúʃǝ] *f* witch, sorceress; *fg fm (dona dolenta)* bitch

bruixeria [bruʃǝríǝ] *f* witchcraft, sorcery, black magic

brúixola [brúʃulǝ] *f* compass

bruixot [bruʃɔ́t] *m* sorcerer, wizard, magician

brunyir [bruɲí] *vt* to polish, burnish, shine

brunzir [brunzí] *vi* to hum, buzz

brunzit [brunzít] *m* buzzing, buzz, humming, hum

brusa [brúzǝ] *f* blouse

brusc -a [brúsk] *aj* sudden, sharp; *(caràcter)* brusque, sharp, abrupt

brut -a [brút] *aj tb fg* dirty; *(en l'estat natural)* raw, crude; *(pes, guany)* gross; **jugar ~** to play dirty

brutal [brutál] *aj* brutal, brutish, beastly

brutícia [brutísiǝ] *f* dirt, filth, grime

buc [búk] *m* hollow, cavity; *(d'escala o d'ascensor)* well; *(de cotxe o d'avió)* body

bucal [bukál] *aj* oral

bucòlic -a [bukɔ́lik] *aj* pastoral, bucolic

budell [buðéʎ] *m* intestine, gut; *pl* bowels, intestines

budisme [buðízmǝ] *m* Buddhism

budista [buðístǝ] *aj mf* Buddhist

buf [búf] *m* blow, puff; *med* murmur

bufa [búfǝ] *f (bufetada)* slap (on the face); *fm (llufa)* silent fart; *ana* bladder; *inj* gosh, goodness

bufada [bufáðə] f blow, puff

búfal [búfəl] m buffalo

bufanda [bufándə] f scarf

bufar [bufá] vti to blow; vt (espelmes) to blow out; vp (inflarse) to swell (up)

bufet [bufέt] m (moble) sideboard; (d'advocat) office; gst buffet

bufeta [buféta] f bladder

bufetada [bufətáðə] f slap (on the cheek), smack (on the cheek)

bufó [bufó] m fool, jester

bufó -ona [bufó] aj pretty, cute, dainty

bugada [buɣáðə] f washing, laundry; **fer** (o **passar**) ~ to do the washing

bugia [buʒiə] f (espelma) candle; aut sparking plug

buidar [bujðá] vt (un receptacle) to empty (out); (got, etc) to drain; (contingut) to empty out; (text) to copy out

buirac [bujrák] m (per a fletxes) quiver; (de disparar) pincushion

buit buida [bújt] aj empty; (lloc) vacant

buit [bújt] m empty space, gap; fís vacuum; **fer el ~ a up** to send sby to Coventry

bulb [búlp] m bulb

buldog [buldɔ́k] m bulldog

buldòzer [buldɔ́zər] m bulldozer

búlgar -a [búlɣər] aj mf Bulgarian

bull [búʎ] m boil, boiling; **arrencar el ~** to come to the boil; **li falta un ~** fg he's not all there

bullent [buʎén] aj boiling; (ardent) burning, hot

bullir [buʎí] vti tb fg to boil; vi (el mar, etc) to seethe

bum [búm] inj boom!, bang!, thud!

bungalou [buŋgəlɔ́w] m bungalow

bunyol [buɲɔ́l] m gst fritter; fg botch, botched job, mess

burgès -esa [burʒέs] aj bourgeois, middle-class; mf bourgeois, member of the middle-class

burgesia [burʒəziə] f bourgeoisie, middle-class

burilla [buriʎə] f cigarette butt, cigarette stub

burlar-se [burlársə] vp ~ **de** to make fun of, mock, scoff at

burleta [burléta] aj mocking; mf mocker, scoffer

burocràcia [burukrásiə] f bureaucracy

burro [búru] m donkey; aj m fg ass, idiot; m (peix) gudgeon

burxar [burʃá] vt to poke, prod; (el foc) to poke; tg (incitar) to incite, spur; **~-se el nas** to pick one's nose

bus [bús] m diver; aut bus

busca [búskə] f bit, scrap, (de rellotge) hand; (per assenyalar) pointer

buscall [buskáʎ] m log

buscar [buská] vt to look for, search for, seek

bústia [bústiə] f letterbox, mailbox US; **tirar una carta a la ~** to post a letter

butà [butá] m butane

butaca [butákə] f armchair; cin tea seat

butlleta [buʎλéta] f ticket; (permís) pass, permit

butlletí [buʎλətí] m bulletin

butllofa [buʎʎɔ́fə] f blister
butxaca [butʃákə] f pocket; **de ~** pocket atr; **ficar-se a la ~ up** fg to win sby over

C

ca [ká] m dog
ca [ká] Vaig a ~ la Maria, I go to Mary's. Sóc a ~ la Maria, I am at Mary's
cabal [kəβál] m (béns) property, possessions pl, belongings pl; (riu) volume, flow; pl (diners) money
cabalós -osa [kəβəlós] aj (persona) rich, wealthy; (riu) large
cabana [kəβánə] f = **cabanya**
cabanya [kəβáɲə] f hut, cabin
cabaret [kəβərét] m cabaret
cabàs [kəβás] m basket with two handles; **a cabassos** in abundance, lots of
cabdell [kəbdéʎ] m (de llana) ball; (de col) heart
cabdill [kəbdíʎ] m chief, head, leader
cabeça [kəβésə] f (bulb) bulb; **~ d'alls** bulb of garlic
cabell [kəβéʎ] m hair; **~ d'àngel** jam made from gourds; **estirar-se els ~s** to tear one's hair; **posar els ~s de punta** to make sby's hair stand on end
cabellera [kəβəʎérə] f (cabells) (head of) hair; (crinera) mane
caber [kəβé] vi = **cabre**
cabina [kəβínə] f cabin; (d'avió) cabin, cockpit; (de camió) cab; **~ telefònica** telephone box
cabirol [kəβirɔ́l] m roe-deer

cable [kábblə] m cable; **posar un ~** to lay a cable
cabotatge [kəβutádʒə] m cabotage, coastal trading
cabra [kábrə] f (she-)goat; **boig com una ~** off his rocker
cabriola [kəβriɔ́lə] f caper
cabrit [kəβrít] m zoo kid
cabró [kəβró] m (he-)goat, billy goat; fg vlg (marit enganyat) cuckold
cabuda [kəβúðə] f space, room, capacity
caca [kákə] f fm dirt, excrement; **fer ~** to defecate, to go to the toilet
caça [kásə] f hunting, shooting; chase, pursuit; **~ major** big game; **~ menor** small game; m (avió) fighter
caçador -a [kəsəðó] mf hunter; f hunting jacket
caçapapallones [kàsəpəλónəs] m butterfly-net
caçar [kəsá] vt (animals) to hunt; (perseguir) to chase
cacatua [kəkətúə] f cockatoo
cacau [kəkáw] m (gra, arbre) cacao; (beguda, pols) cocoa
cacauet [kəkəwét] m peanut, monkey-nut
cacera [kəsérə] f hunting, shooting; **fer bona ~** to have good hunting
cacofonia [kəkufuníə] f cacophony
cactus [káktus] m cactus
cada [káðə] aj every, each;

~ quan? how often; **~ un** each one, every one

cadascú [kàdəskú] *pr* everybody, everyone

cadascun -a [kàdəskún] *aj* everyone, each (one)

cadàver [kəðáβər] *m* (dead) body, corpse, cadaver; (*d'animal*) body, càrcass

cadell [kəðéʎ] *m* (*gos*) pup, puppy; (*lleó, tigre, etc*) cub; (*gat*) kitten

cadena [kəðénə] *f* chain; (*sèrie*) series *pl*, sequence; **~ perpètua** life imprisonment

cadència [kəðénsiə] *f* cadence, rhythm

cadernera [kəðərnérə] *f* goldfinch

cadira [kəðírə] *f* chair, seat; **~ de braços** armchair; **~ de rodes** wheelchair

caduc -a [kəðúk] *aj* (*persona*) senile, decrepit, very old; (*bot*) deciduous

caducar [kəðukár] *vi* to get out of date; (*llei, decret*) to expire

cafè [kəfɛ́] *m* (*beguda, planta, llavor*) coffee; (*lloc*) café; **~ amb llet** white coffee; **~ sol** black coffee

cafeïna [kəfəínə] *f* caffeine

cafetera [kəfətérə] *f* coffee pot

cafeteria [kəfətəríə] *f* café

cagadubtes [kàɣəðúptəs] *mf* hesitant person

cagalló [kəɣəʎó] *m vlg* (*de cabra, d'ovella*) pellet, droppings *pl*; *fm* (*covard*) coward

caganiu [kəɣəníw] *m* last chicken hatched; *mf fg* baby of the family, youngest child

cagar [kəɣá] *vi vlg* to shit; **~-la** to make a blunder, drop a brick, put one's foot in it

cagarro [kəɣáru] *m* (*excrement*) large stool, turd

caiac [kəják] *m* kayak

caiguda [kəjɣúðə] *f* fall; (*a una situació pitjor*) downfall; (*inclinació*) slope; (*dels cabells, de les dents*) loss; (*de roba*) hung; (*d'un avió*) crash

caiman [kəjmán] *m* caiman, cayman

caire [kájrə] *m* edge; *fg* aspect, point of view; **al ~ de l'abisme** on the edge of the abyss, on the brink of disaster

caixa [kájə] *f* box; (*gran, de fusta*) case; (*establiment*) bank, office; (*lloc on es paga*) cashdesk, cashier's desk; (*del pit*) chest; (*de mort*) coffin; **~ d'estalvis** savings bank; **~ enregistradora** cash register, till; **~ forta** safe, strongbox

cal [kál] = **ca + el**

cala [kálə] *f* cove, creek, inlet

calabós [kələβós] *m* (*presó*) prison; (*cel·la*) prison cell

calaix [kəláʃ] *m* drawer; *fg* **~ de sastre** ragbag

calaixera [kələʃérə] *f* chest of drawers

calamar [kələmár] *m* = **calamars**

calamars [kələmárs] *m* squid

calamarsa [kələmársə] *f* hail, hailstone

calamarsada [kələmərsáðə] *f* hail(storm)

calamitat [kələmitát] *f* calamity, disaster

calar [kəlá] vt (xarxa, vela) to cast, throw, lower; (xopar) to soak, drench; ~ **foc** to set fire; fg (up) to see through; vp (un motor) to stop, stall

calavera [kələβéɾə] f skull

calb -a [kálp] aj bald. Quedar-se ~, to go bald; f bald patch

calç [káls] f lime

calça [kálsə] f (mitja) stocking; **fer** ~ to knit; pl (pantalons) trousers, pants US; (peça de roba femenina) panties, knickers

calçada [kəlsáðə] f roadway, highway

calçador [kəlsəðó] m shoehorn

calcar [kəlká] vt (copiar un dibuix) to trace; fg (imitar) to copy

calçar [kəlsá] vt to put on shoes for, wear; Quin número calces?, what size do you take?; vp to put one's shoes on

calcari -ària [kəlkári] aj calcareous

calçat [kəlsát] m footwear

calci [kálsi] m calcium

calcomania [kəlkumənίə] f transfer

calçot [kəlsɔ́t] m young onion

calçotets [kəlsutéts] mpl underpants, pants, shorts US

càlcul [kálkul] m (acció de calcular) calculation, estimation; mat calculus; med stone, calculus

calculadora [kəlkuləðóɾə] f calculator

calcular [kəlkulá] vt mat to calculate, compute; ~ **que...** to reckon that...

caldera [kəldéɾə] f boiling-pot; (de calefacció) boiler; ~ **de vapor** steam-boiler

caldo [káldu] m = **brou**

caldre [káldɾə] vi must. Cal que anem a cal metge, we must go to the doctor; (negatiu) needn't, do not have to, mustn't. No cal que vinguis, you don't have to come

calefacció [kələfəksió] f heating; ~ **central** central heating

calendari [kələndári] m calendar

calent -a [kəlén] aj warm, hot; (color) warm; (excita sexualment) fm randy

caler [kəlé] vi = **caldre**

calfred [kəlfrét] m shiver

càlid -a [kálit] aj (clima) warm, hot; (estil, color) warm

calidoscopi [kəliðuskɔ́pi] m kaleidoscope

calitja [kəlídʒə] f haze, mist

caliu [kəliw] m embers pl; **coure al ~** to cook food by burying it in the embers

callar [kəʎá] vi to keep quiet, be silent; to stop talking; (soroll) to stop; vt to say nothing about, not mention; **calla!** shut up!, be quiet!

cal·ligrafia [kəliɣɾəfίə] f calligraphy

calma [kálmə] f calm, calmness; (lentitud) slowness, laziness

calmar [kəlmá] vt to calm, calm down; (dolor) to relieve; (nervis) to soothe, steady; vi (vent) to abate, become calm; vp to calm down

calor [kəló] f heat; (d'una rebuda) warmth; **fer** ~ to be very hot; **tenir** ~ to be hot, feel hot

calorós -osa [kəluɾós] aj warm, hot; fg warm, cordial, enthusiastic

canadenc

calúmnia [kəlúmniə] *f* calumny, slander

calvari [kəlβári] *m* Calvary; Stations of the Cross *pl*; *fg* cross, heavy burden

calze [kálzə] *m* *rlg* chalice; *bot* calyx

cama [kámə] *f* leg

camacurt -**a** [kàməkúrt] *aj* short-legged

camaleó [kəməleó] *m* chamaleon

camallarg -**a** [kàməλárk] *aj* long-legged

camamilla [kəməmíλə] *f* (*planta*) camomile; (*infusió*) camomile tea

camarada [kəməráðə] *mf* comrade, companion, colleague

camarlenc [kəmərléŋk] *m* *hst* chamberlain; *rlg* camerlengo, camerlingo

cambra [kámbrə] *f* (*habitació*) room; (*de dormir*) bedroom; (*de comerç, de diputats*) chamber, house; **~ d'aire** inner tube; **~ de bany** bathroom

cambrer -**a** [kəmbré] *m* waiter; *f* waitress

camell [kəméλ] *m* camel

càmera [kámərə] *f* camera; **~ lenta** slow motion

camerino [kəmərínu] *m* dressing room

camí [kəmí] *m* (*via*) path, track; (*carretera*) road; (*distància*) way, road, route; **a mig ~** halfway; **de ~** on the way; **fer ~** to walk, go, travel; **posar-se en ~** to set off, set forth

caminada [kəmináðə] *f* long walk

caminar [kəminá] *vi* to walk, go

camió [kəmió] *m* lorry, truck *US*

camioner -**a** [kəmiuné] *mf* lorry driver, truck driver *US*

camioneta [kəmiunétə] *f* van

camisa [kəmízə] *f* (*d'home*) shirt; (*de dona*) blouse; **aixecar la ~ a up** to pull sby's leg; **~ de dormir** nightdress; **~ de força** straitjacket

camiseta [kəmizétə] *f* T-shirt; (*roba interior*) vest, undershirt *US*

camp [kám] *m* (*fora de la ciutat*) country, countryside; (*de conreu*) field; (*futbol*) pitch; (*golf*) course; (*campament*) camp; **~ de batalla** battlefield

campament [kəmpəmén] *m* camp; **~ d'estiu** summer camp

campana [kəmpánə] *f* bell; (*de xemeneia*) hood; **fer ~** *fm* to play truant

campanar [kəmpəná] *m* bell tower, belfry

campaneta [kəmpənétə] *f* small bell; (*úvula*) uvula; *bot* bell flower

campanya [kəmpáɲə] *f* (*terrenys*) plain, countryside; *pol mil tb fg* campaign; **~ publicitària** advertising campaign

camperol -**a** [kəmpəról] *aj* rural; *mf* peasant, country person

càmping [kámpiŋ] *m* camping; (*lloc*) camping site

campió -**ona** [kəmpió] *mf* champion

campionat [kəmpiunát] *m* championship

camuflar [kəmuflá] *vt* to camouflage; *fg* to hide, cover up

can [kán] = **ca** + **en**

canadenc -**a** [kənəðéŋ] *aj mf* Canadian

canal [kənál] m geo channel, strait; (*artificial*) canal; (*de televisió*) channel; f (*de teulada*) gutter

canalla [kənáλə] f (*mainada*) children; m swine, rotter

canari [kənári] m canary

cancel·lar [kənsəllá] vt to cancel; (*un deute*) to write off

canceller [kənsəλé] m chancellor

càncer [kánsər] m med cancer; ast Cancer

cançó [kənsó] f song; ~ **de bressol** lullaby; ~ **de gesta** epic poem

cançoner [kənsuné] m mús song book; lit anthology, collection of verse

candela [kəndélə] f candle

candi [kándi] aj sucre ~ (sugar) candy

càndid -a [kándit] aj candid, simple, ingenuous; naïve

candidat -a [kəndiðát] mf candidate

canell [kənéλ] m wrist

canella [kənéλə] f pipe, tube; ana shin

canelobre [kənəlɔ́βrə] m candelabrum, candelabra

canelons [kənəlóns] mpl cannelloni sg

cànem [kánəm] m (*planta i fibra*) hemp

cangur [kəŋgúr] m kangaroo; mf fm baby-sitter

caní -ina [kəní] aj canine; **dent canina** canine (tooth)

caníbal [kəníβal] aj mf cannibal

canó [kənó] m mil gun, cannon; (*de fusell*) barrel

canoa [kənóə] f canoe

canonada [kənunáðə] f (*tret de canó*) gunshot; (*d'aigua*) pipe, tube

canós -osa [kənós] aj grey-haired, white-haired

cansalada [kənsəláðə] f bacon; ~ **viada** streaky bacon; **suar la ~** to sweat blood

cansaladeria [kənsələðəríə] f pork-butcher's

cansament [kənsəmén] m tiredness, weariness; med exhaustion, fatigue; **estar mort de ~** to be dead tired

cansar [kənsá] vt to tire, weary; med to exhaust; fg (*avorrir, molestar*) to bore, bother; vp to get tired (of), to get bored (with)

cant [kán] m singing; (*composició*) song

cantant [kəntán] mf singer

cantar [kəntá] vi to sing; (*grill*) to chirp; (*gall*) to crow; (*declarar*) to squeal, talk; vt to sing

cantautor -a [kəntəwtó] mf singer-songwriter

cantell [kəntéλ] m edge; rim, border; (*de pa*) crust

càntic [kántik] m canticle

cantimplora [kəntimplɔ́rə] f canteen, water bottle

cantina [kəntínə] f canteen; (*d'estació*) buffet

càntir [kánti] m earthenware jug with spout and handle

cantó [kəntó] m corner; (*banda*) side, direction

cantonada [kəntunáðə] f corner

canvi [kámbi] m change; (*de diners*) exchange; com rate of

capitost

exchange; **~ de marxes** gear lever, gearshift *US*; **en ~** on the other hand, in return; **en ~ de** instead of

canviar [kəmbiá] *vt* to change; to exchange; (*de lloc*) to move; *vi* to change; **~ d'idea** to change one's mind; *vp* to change

canya [kápə] *f* bot reed; (*tija de plantes*) stem, cane; (*de la cama*) shinbone; **~ de pescar** fishing rod; **~ de sucre** sugar cane

canyella [kəɲéʎə] *f* cinnamon; *ana* shin

caos [káos] *m* chaos

cap [káp] *m* *ana* head; (*intel·ligència*) head, brain, intellect; (*persona*) head, leader, chief; (*extrem*) end; *geo* cape; **al ~ d'un any** after a year, in a year; **al ~ i a la fi** after all, when all is said and done; **~ d'any** New Year's Day; **~ de setmana** weekend; **de ~ a peus** from head to toe; **pel ~ alt** at (the) most; **pel ~ baix** at (the) least

cap [káp] *aj* (*suposició, interrogació*) any; (*negació*) any, no; *pr* any, anyone

cap [káp] *prp* (*direcció*) towards, to; (*al voltant*) (at) about; **~ al migdia** towards noon; **~ amunt** up, upwards; **~ avall** down, downwards

capa [kápə] *f* (*de vestir*) cape, cloak; (*de pintura*) coat; (*d'aire, de terra*) layer; *geo* stratum, layer

capaç [kəpás] *aj* (*de mida*) capacious, roomy; (*persona*) able, capable; **ésser ~ de** to be capable of

capacitat [kəpəsitát] *f* (*de mida*) capacity; (*d'up*) capacity, ability

capbussar [kəbbusá] *vtp* to dive

capbussó [kəbbusó] *m* dive

capçalera [kəpsəlérə] *f* head, bedhead; (*d'un diari*) headline

capdamunt [kàbdəmún] *m* **al ~** at the top; **estar d'up fins al ~** to be tired of sby, be fed up with sby

capdavall [kàbdəβáʎ] *m* **al ~** at the bottom, at the end; (*al cap i a la fi*) after all, when all is said and done

capdavant [kàbdəβán] *m* **al ~** at the head; **anar ~** to lead the way

capell [kəpéʎ] *m* hat

capella [kəpéʎə] *f* chapel; **~ ardent** funeral chapel

capellà [kəpəʎá] *m* priest

capficar-se [kəpfiká] *vp* to worry

capgirar [kàbʒirá] *vt* to overturn, turn upside down; *fg* to upset, confuse

capgirell [kàbʒiréʎ] *m* (*tombarella*) somersault; *fg* (*canvi sobtat*) change, shake-up

capgròs -ossa [kàbgrós] *aj* big-headed; *fg* stubborn, silly

cap-gros [kàbgrós] *m* tadpole

cap-i-cua [kàpikúə] *m* reversible number; palindrome

capità -ana [kəpitá] *mf* captain

capital [kəpitál] *aj* capital; *m* (*diners*) capital; *f* (*ciutat*) capital

capitalista [kəpitəlistə] *aj* capitalist(ic); *mf* capitalist

capitell [kəpitéʎ] *m* capital

capítol [kəpitul] *m* chapter

capitost [kəpitóst] *m* leader, chief

capitulació [kəpituləsió] f mil capitulation, surrender; (conveni) agreement, pact

capitular [kəpitulá] vi to capitulate, surrender; vt to divide into chapters

capó [kəpó] m capon

capoll [kəpóλ] m zoo cocoon; bot bud

capot [kəpót] m (abric) cape; aut bonnet, hood US

capric [kəprísi] m = **capritx**

capritx [kəprítʃ] m caprice, whim

capritxós -osa [kəpritʃós] aj capricious, whimsical

capsa [kápsə] f box; ~ **de llumins** matchbox

capsigrany [kəpsiɣráɲ] m (ocell) shrike; (persona) scatterbrain

càpsula [kápsulə] f capsule

captaire [kəptájrə] mf beggar

captar [kəptá] vi to beg (for); vt (aigües) to harness; (ones) to pick up, receive

captiu -iva [kəptíw] aj mf captive

captivar [kəptiβá] vt to capture, take prisoner; fg (fascinar) to captivate, charm

capturar [kəpturá] vt to capture, seize

caputxa [kəpútʃə] f hood, cowl

capvespre [kàbbésprə] m late afternoon, dusk, evening

caqui [káki] aj m (color) khaki; m bot persimmon

car [kár] cnj because, for

car -a [kár] aj expensive, dear

cara [kárə] f ana face; (aspecte) look, appearance; (d'un full, d'un disc, etc) side; (d'una moneda) face, head; ~ **a** ~ face to face;

~ **o creu** heads or tails; **de** ~ opposite, facing; **fer mala** ~ to look bad; **plantar** ~ **a up** to face up to sby

carabassa [kərəβásə] f = **carbassa**

caràcter [kəráktər] m character; **tenir bon** ~ to be good-natured; **tenir mal** ~ to be bad-tempered

característic -a [kərəktərístik] aj characteristic, typical; f characteristic

caracteritzar [kərəktəridzá] vt to characterize, typify; vp to be characterized; tea to make up

caragol [kərəɣɔ́l] m = **cargol**

carai! inj (sorpresa) goodness me!; (enuig) damn it!

caramel [kərəmél] m sweet, candy US; (sucre fos) caramel

carassa [kərásə] f big face; (ganyota) grimace

caravana [kərəβánə] f caravan; fg group; (remolc) caravan, trailer US

carbassa [kərβásə] f pumpkin, gourd; **donar** ~ **a up** (refusar) to reject, jilt

carbassó [kərβəsó] m marrow

carbó [kərβó] m coal; **paper** ~ carbon paper

carboner -a [kərβuné] aj coal atr; mf collier, coal merchant

carboni [kərβóni] m carbon

carburador [kərburəðó] m carburettor

carburant [kərburán] m fuel

carburar [kərburá] vt to carburet; fg fm vi to work, run

carca [kárkə] aj mf old-fashioned, square

carcanada [kərkənáðə] *f* carcass; *fm* skeleton

carcassa [kərkásə] *f* carcass; *fg* (*d'up*) body; (*d'una porta, un moble, etc*) frame(work)

card [kárt] *m* thistle

cardar [kərdá] *vt* (*llana, cotó, etc*) to card; *vi vlg* to fuck

cardenal [kərdənál] *m* cardinal

cardíac -a [kərdíək] *aj* cardiac(al), heart; *mf* heart sufferer

cardinal [kərdinál] *aj* cardinal

cardiòleg -òloga [kərdiɔ́lək] *mf* cardiologist

carena [kərénə] *f mar* careening; *geo* crest line

carència [kərɛ́nsiə] *f* lack, shortage

careta [kərétə] *f* mask

cargol [kərɣɔ́l] *m zoo* snail; *tcn* screw

cargolar [kərɣulá] *vt* (*un paper, etc*) to roll up; (*cabell*) to curl; *tcn* to screw; *vp* to coil (up), wind

caricatura [kərikətúrə] *f* caricature

carícia [kərísiə] *f* caress, stroke

càries [káriəs] *f* dental decay, caries

carilló [kəriʎó] *m* carillon

caritat [kəritát] *f* charity

carmanyola [kərməɲɔ́lə] *f* lunch box

carmesí -ina [kərməzí] *aj m* crimson

carn [kárn] *f ana* flesh; (*aliment*) meat; ~ **de bou** beef; ~ **de porc** pork; ~ **de vedella** veal; ~ **d'olla** stew; ~ **picada** minced meat; **ésser** ~ **i ungla** to be inseparable, be hand in glove;

ésser de ~ **i ossos** to be flesh and blood; **no ésser ni** ~ **ni peix** to be neither one thing nor the other

carnaval [kərnəβál] *m* carnival

carnestoltes [kərnəstɔ́ltəs] *m* carnival

carnet [kərnét] *m* card; ~ **de conduir** driving licence; ~ **d'identitat** identity card

carnisser -a [kərnisé] *aj* carnivorous; *fg* cruel, bloodthirsty; *mf* butcher; *m* (*carnívor*) carnivore

carnisseria [kərnisəríə] *f* butcher's (shop); *fg* (*matança*) slaughter, carnage

carnívor -a [kərníβur] *aj* carnivorous; *m* carnivore

carnós -osa [kərnós] *aj* fleshy

carpa [kárpə] *f* carp

carpeta [kərpétə] *f* folder, file

carraca [kərákə] *f mar* carrack; (*vaixell vell*) old tub; (*cotxe vell*) old crock

carrasca [kəráskə] *f* ilex, holm-oak

càrrec [kárək] *m* (*ocupació*) post, office; (*càrrega*) load, burden; (*funció, cura*) charge, duty, obligation; *dr* charge; **fer-se de** ~ to take charge of

càrrega [kárəɣə] *f* load; burden, weight; (*acció*) loading; *fg* duty, obligation; (*impostos*) tax, charge, duty; *mil* charge; **ésser una** ~ **per a up** to be a burden to sby

carregar [kərəɣá] *vt* to load; to burden, weigh down; *ele* to charge; *vi* to load (up); *arq* to rest on; *mil* to charge; *fg* to shoulder,

bear; *vp* (*el cel*) to become
overcast; (*l'atmosfera*) to become
oppressive; **~-se-la** *fm* to get into
trouble

carrer [kəré] *m* street, road; ~
amunt, up the street. ~ *avall*,
down the street; *esp* lane

carrera [kərérə] *f* career,
profession; (*estudis*) studies,
course; **fer ~** to get on

carreró [kərəró] *m* alley, narrow
street

carreta [kərétə] *f* wagon, cart

carretada [kərətáðə] *f* cart-load;
a carretades in loads

carreter -a [kərəté] *aj* for
vehicles; *m* carter; **renegar com
un ~** to swear like a trooper

carretera [kərətérə] *f* road,
highway *US*; ~ **de
circumval·lació** bypass, ring
road; **per ~** by road

carretó [kərətó] *m* small cart

carril [kəríl] *m* *frr* rail

carro [káru] *m* cart, wagon; ~ **de
combat** tank

carronya [kəróɲə] *f* carrion; *fg*
trash

carrossa [kərósə] *f* coach,
carriage; (*en procesó*) float

carrosseria [kərusəríə] *f* *aut*
body, bodywork

carruatge [kəruádʒə] *m* carriage

carta [kártə] *f* letter; *dr* document;
(*naip*) (playing) card; **~ oberta**
open letter; **~ urgent** special
delivery letter; **donar ~ blanca
a up** to give sby carte blanche

cartabò [kərtəβɔ́] *m* (*de fuster*)
square; (*de delineant*) triangle

cartell [kərtéʎ] *m* poster, bill;

(*escola*) wall chart

carter [kərté] *m* postman,
mailman *US*

cartera [kərtérə] *f* (*de butxaca*)
wallet; (*per a documents*)
briefcase, portfolio; (*escolar*)
satchel; *com* portfolio, ministerial
post

cartílag [kərtílək] *m* cartilage

cartilla [kərtíʎə] *f* (*escola*) primer,
first reading book; **~ militar**
military record

cartó [kərtó] *m* cardboard; ~
pedra papier mâché

cartolina [kərtulínə] *f* fine
cardboard

cartró [kərtró] *m* = **cartó**

cartutx [kərtútʃ] *m* cartridge

cartutxera [kərtutʃérə] *f*
cartridge belt

carxofa [kərʃɔ́fə] *f* artichoke

cas [kás] *m* case, circumstance;
(*afer*) affair; *grm* case; *med* case;
en aquest ~ in that case; **en
cap ~** under no circumstances;
fer ~ de to pay attention to

casa [kázə] *f* house; (*llar*) home;
(*familia*) household; (*edifici*)
building; **a ~** (at) home; **~ de la
vila** town hall; **~ de pagès**
country house; **~ de pisos** block
of flats; **tirar la ~ per la
finestra** to spare no expense

casal [kəzál] *m* (*casa gran*) manor
house; (*entitat*) cultural centre,
recreational centre

casalot [kəzəlɔ́t] *m* old manor
house

casament [kəzəmén] *m* marriage;
(*cerimònia*) wedding

casar [kəzá] *vt* to marry; *fg* to
match, join; *vi* to match,

harmonize; *vp* to marry, get married

casc [kásk] *m* helmet; (*dels cavalls*) hoof; (*d'una ciutat*) inner part, central area

cascada [kəskáðə] *f* waterfall, cascade

cascavell [kəskəβéʎ] *m* (little) bell; **serp de ~** rattlesnake

casella [kəzéʎə] *f* compartment; *jcs* square

caserna [kəzέrnə] *f* barracks *pl*

casino [kəzínu] *m* casino

casolà -ana [kəzulá] *aj* (*animal*) domestic; (*persona*) home-loving; (*menjar, etc*) home-made; **cuina casolana** home cooking

casori [kəzɔ́ri] *m* wedding

caspa [káspə] *f* dandruff, scurf

casserola [kəsərɔ́lə] *f* pan, saucepan

casset [kəsét] *f* cassette

cassó [kəsó] *m* saucepan

cassola [kəsɔ́lə] *f* pan, casserole

cast -a [kást] *aj* chaste, pure

casta [kástə] *f* (*d'animals*) breed; (*de persones*) lineage; (*a l'Índia*) caste; *fg* class

castany -a [kəstáɲ] *aj* (*color*) chestnut(-coloured)

castanya [kəstáɲə] *f* chestnut; *fg* (*cop*) blow, smack, punch

castanyer [kəstəɲé] *m* chestnut tree

castanyoles [kəstəɲɔ́ləs] *fpl* castanets

castell [kəstéʎ] *m* castle; **~ de focs** fireworks

castellà -ana [kəstəʎá] *aj mf* Castilian; *m* (*llengua*) Castilian, Spanish

càstig [kástik] *m* punishment

castigar [kəstiɣá] *vt* to punish; *fg* to make suffer, mortify

castor [kəstó] *m* beaver

casualitat [kəzuəlitát] *f* chance, accident; (*coincidència*) coincidence; **per ~** by chance

cataclisme [kətəklízmə] *m* cataclysm

catacumbes [kətəkúmbəs] *fpl* catacombs

català -ana [kətəlá] *aj mf* Catalan, Catalonian; *m* (*llengua*) Catalan

catàleg [kətálək] *m* catalogue, catalog *US*

cataplasma [kətəplázmə] *m med* poultice; *fg* bore

catarro [kətáru] *m* cold, catarrh

catàstrofe [kətástrufə] *f* catastrophe, disaster

catecisme [kətəsízmə] *m* catechism

càtedra [kátəðrə] *f* chair, professorship

catedral [kətəðrál] *f* cathedral

categoria [kətəɣuríə] *f* category; (*hotel*) class; (*rang*) rank, standing; **de ~** important, luxury

catequesi [kətəkézi] *f* catechesis

catifa [kətífə] *f* carpet; (*més petita*) rug, mat

catòlic -a [kətɔ́lik] *aj mf* Catholic

catorze [kətɔ́rzə] *aj m* fourteen

cau [káw] *m* (*d'animals*) den, lair; (*de persones*) haunt, hideout; **parlar a ~ d'orella** to whisper in sby's ear

caure [káwrə] *vi* to fall (down); (*lloc*) to lie, be located; **Em cau bé**, I get on well with him. **Em cau**

malament, I can't stand him;
deixar ~ to drop; ~**hi** *fg* to
realize

causa [káwzə] *f* cause, reason,
motive; *dr* case, suit, lawsuit; **a ~
de** because of

causar [kəwzá] *vt* to cause

càustic -a [káwstik] *aj* caustic

cauteritzar [kəwtəridzá] *vt* to
cauterize

cautxú [kəwtʃú] *m* rubber

cava [káβə] *f* cellar; *m* champagne
made in Catalonia

cavalcar [kəβəlká] *vti* to ride (on)

cavall [kəβáʎ] *m* horse; **a ~** on
horseback; **~ de vapor**
horsepower; **~ marí** seahorse

cavaller [kəβəʎé] *m* (*genet*) rider,
horseman; (*d'un orde*) knight;
(*home galant*) gentleman

cavalleresc -a [kəβəʎərésk] *aj*
knightly, chivalrous; *fg*
gentlemanly, noble

cavallet [kəβəʎét] *m* (*suport*)
trestle; (*de pintor*) easel; *pl*
roundabout, merry-go-round

cavar [kəβá] *vt* to dig

caverna [kəβérnə] *f* cave, cavern;
med cavity

caviar [kəβiár] *m* caviar, caviare

cavil·lar [kəβiʎár] *vt* to ponder,
meditate, think deeply

cavitat [kəβitát] *f* cavity

ceba [séβə] *f* onion

cec [sék] *aj* blind; *mf* blind
person; *m* *ana* caecum; **a cegues**
blindly

cedir [səði] *vt* to hand over, give
up, part with; (*propietat*) to
transfer; *vi* (*renunciar*) to give in,
yield; (*minvar d'intensitat*) to

diminish, decline

cedre [séðrə] *m* cedar

ceguesa [səɣézə] *f* blindness

cel [sél] *m* sky; *rlg* heaven; **~ ras**
ceiling; **clamar al ~** to cry out to
heaven

celebració [sələβrəsió] *f*
celebration; holding

celebrar [sələβrá] *vt* to celebrate;
(*una reunió, etc*) to hold; (*alegrar-
se*) to be glad; *vp* to take place

cèlebre [séləβrə] *aj* famous,
noted, celebrated

celeritat [sələritát] *f* speed,
swiftness; **amb ~** quickly,
promptly

celístia [səlistiə] *f* starlight

cella [séʎə] *f* eyebrow; **ficar-se
uc entre ~ i ~** to get sth into
one's head

cel·la [séʎə] *f* cell

celler [səʎé] *m* cellar; **~ de vi**
wine-cellar

cel·lofana [səʎufánə] *f* cellophane

cèl·lula [séʎulə] *f* cell

cel·lulitis [səʎulítis] *f* cellulitis

cel·lulosa [səʎulózə] *f* cellulose

celobert [səluβért] *m* inside court

celta [séltə] *aj* Celtic, Keltic; *mf*
Celt, Kelt; (*llengua*) Celtic,
Keltic

cementiri [səməntíri] *m*
cemetery, graveyard; (*de cotxes*)
wrecked-car dump

cendra [séndrə] *f* ash; *pl* (*d'up*)
ashes, mortal remains

cendrer [səndré] *m* ashtray

censura [sənsúrə] *f* censorship,
censure

cent [sén] *aj* *m* a hundred; **per ~**
per cent

centella [səntéɫə] f spark
centena [snténə] f hundred
centenar [səntəná] m hundred;
a ~s in hundreds
centèsim -a [səntézim] aj m
hundredth (part)
centímetre [səntímɛtrə] m
centimetre, centimeter US
cèntims [séntims] mpl money
centpeus [sèmpéws] m centipede
central [səntráɫ] aj central,
centric; f (oficina) head office;
~ elèctrica power station;
~ nuclear nuclear power station
centraleta [səntrəlétə] f
switchboard
centre [séntrə] m centre, center
US; **~ comercial** shopping
centre; **de gravetat** centre of
gravity
cèntric -a [séntrik] aj central
centrífug -a [səntrífuk] aj
centrifugal
centrifugar [səntrifuɣá] vt to
centrifuge
centrípet -a [səntrípət] aj
centripetal
cenyir [səɲí] vt (voltar) to girdle,
encircle, surround; (ajustar) to fit
tightly; vp to limit osf
cep [sép] m vine, grapevine
cepat -ada [səpát] aj strong,
tough, robust
ceptre [séptrə] m sceptre, scepter
US; fg power, dominion
cera [sérə] f wax
ceràmica [sərámikə] f (art)
ceramics; (objectes) pottery
cercar [sərká] vt = **buscar**
cercle [sérklə] m circle; **~ viciós**
fg vicious circle

cèrcol [sérkuɫ] m hoop
cereal [səreáɫ] m cereal
cerebel [sərəβéɫ] m cerebellum
cerilla [sərí ʎə] f match
cerimònia [sərimɔ́niə] f
ceremony
cert -a [sért] aj (veritat) true;
(segur) sure, certain; (algun) some,
certain; **és ~** it's true; **del ~**
positively
certificat -ada [sərtifikát] aj
certified; (correus) registered; m
certificate
cervell [sərβéʎ] m brain; fg brains
pl, intelligence
cervesa [sərβézə] f beer
cérvol [sérbuɫ] m (mascle i
femella) deer; (mascle) stag
cessar [səsá] vt (posar fi a uc) to
cease, leave off, stop, suspend; vi
(no continuar) to cease, stop
cetaci [sətási] m cetacean
cianur [siənúr] m cyanide
cicatriu [sikatríw] f scar, cicatrice
cicle [síklə] m cycle; (de
conferències, etc) course, series
ciclista [siklístə] aj cycle, cycling;
mf cyclist
cicló [sikló] m cyclone
ciclomotor [siklumutór] m
autocycle, moped
cicuta [sikútə] f hemlock
ciència [siénsiə] f science
ciència-ficció [siènsiəfiksió] f
science fiction
científic -a [siəntífik] aj scientific;
mf scientist
cigala [siɣálə] f zoo Norway
lobster; (insecte) cicada
cigar [siɣár] m cigar
cigarret [siɣərét] m cigarette

cigne [síɲə] m swan

cigonya [siɣóɲə] f stork

cigró [siɣró] m chickpea

cilindre [silíndrə] m cylinder

cilíndric -a [silíndrik] aj cylindrical

cim [sím] m (d'un arbre) top; (d'una muntanya) top, peak, summit

ciment [simén] m cement; (formigó) concrete; ~ **armat** reinforced concrete

cinc [síŋ] aj m five

cine [sínə] m = **cinema**

cinema [sínémə] m cinema

cingle [síŋglə] m cliff, crag

cínic -a [sínik] aj cynical; shameless, impudent

cinquanta [siŋkwántə] aj m fifty

cinquè -ena [siŋké] aj mf fifth

cinta [síntə] f band, strip; (per adornar) ribbon; (pel·lícula) film, reel; ~ **adhesiva** adhesive tape; ~ **aïllant** insulating tape; ~ **de vídeo** videotape; ~ **mètrica** tape measure

cintura [sintúrə] f waist

cinturó [sinturó] m belt; ~ **de seguretat** safety belt

cinyell [siɲéʎ] m = **cinturó**

circ [sírk] m circus

circuit [sirkújt] m circuit

circulació [sirkuləsió] f circulation; aut traffic

circular [sirkulár] aj circular, round; f (carta) circular

circular [sirkulá] vi to circulate, flow; (cotxes) to drive; (persones) to walk about; (transports) to run

circumferència [sirkumfərénsiə] f circumference

circumstància [sirkumstánsiə] f circumstance

cirera [sirérə] f cherry; ~ **d'arboç** arbutus berry

cirerer [sirəré] m cherry tree

ciri [síri] m (wax) candle

cirrosi [sirɔ́zi] f cirrhosis

cirurgià -ana [sirurʒiá] mf surgeon

cisalla [sizáʎə] f metal shears pl

cisell [sizéʎ] m chisel

cistell [sistéʎ] m basket

cistella [sistéʎə] f basket; esp basket

cisterna [sistérnə] f cistern, tank, reservoir

cistitis [sistítis] f cystitis

cita [sítə] f appointment, meeting; (de noi i noia) date

citar [sitá] vt to make an appointment with; dr to summon, call; (un autor, una obra) to quote, cite

cítric -a [sítrik] aj citric; m citrus (tree)

ciutadà -ana [siwtəðá] aj civic, city atr; mf citizen

ciutadella [siwtəðéʎə] f citadel, fortress

ciutat [siwtát] f city, town

civada [siβáðə] f oats pl

civet [siβét] m stew

civil [siβíl] aj civil

civilització [siβilidzəsió] f civilization

civisme [siβízmə] m public spirit

clamar [kləmá] vt to cry out, clamour for; shout; vi to cry out, clamour

clamor [kləmó] m/f (crit) cry, shout; fg (protesta) outcry, protest

clan [klán] *m* clan

clandestí -ina [kləndəstí] *aj* secret, clandestine; (*activitat, etc*) underground

clap [kláp] *m* break, opening, rift; (*vegetació, etc*) patch

clapar [kləpá] *vi fm* to sleep

clar -a [klá] *aj* clear; (*lluminós*) bright, well-lit; (*color*) light; (*no espès*) thin; (*entenedor*) clear, easy to understand; **és ~!** of course!; *av* clearly

clara [klárə] *f* white of the egg

claraboia [klərəβ́ójə] *f* skylight

clarejar [klərəʒá] *vi* to brighten, dawn, break

clariana [kləriánə] *f* clearing, opening

clarinet [klərinét] *m* clarinet

clarividència [kləriβ́iðénsiə] *f* clairvoyance

claror [kləró] *f* light, brightness

classe [klásə] *f* (*tipus*) class, kind, sort, type; (*d'estudiants*) class, group; (*aula*) classroom; (*lliçó*) lesson, class; **~ social** social class

clàssic -a [klásik] *aj* classical, classic; *fg* classic, typical; *m* classic

classificació [kləsifikəsió] *f* classification; *esp* table, league

classificar [kləsifiká] *vt* to classify, class; *vp* to come, qualify

clatell [klətéλ] *m* back of the neck

clatellot [klətəλót] *m* blow on the back of the neck

clau [kláw] *m* nail; (*de rosca*) screw; **~ d'espècia** clove

clau [kláw] *f* key; (*tcn* spanner; *mús* key; (*símbol*) clef; (*aixeta*) tap; (*d'un enigma*) key, clue; **~**

anglesa adjustable spanner; **~ de pas** stopcock

claudicar [kləwðiká] *vi* to give way, abandon one's principles

clauer [kləwé] *m* key ring

claustre [kláwstrə] *m* cloister; (*universitat*) staff, faculty *US*

claustrofòbia [kləwstrufɔ́βiə] *f* claustrophobia

clàusula [kláwzulə] *f* clause

clausura [kləwzúrə] *f* (*ring* enclosure; (*finalització*) closing, closure

clavar [kləβá] *vt* (*clau*) to knock in, bang in; (*dues fustes*) to nail (together); to stick, thrust, stab; (*els ulls*) to fix

claveguera [kləβəɣérə] *f* sewer, drain

clavegueram [kləβəɣərám] *m* sewers *pl*, drains *pl*

clavell [kləβέλ] *m* carnation, pink

clavícula [kləβíkulə] *f* collar bone, clavicle

clavilla [kləβíλə] *f* pin, peg

clàxon [kláksun] *m* horn, hooter

cleda [klέðə] *f* sheepfold, farmyard

clemàstecs [kləmástəks] *mpl* pothanger *sg*, pothook *sg*

clemència [kləménsiə] *f* clemency, mercy

clement [kləmén] *aj* clement, merciful

clenxa [kléɲʃə] *f* (*dels cabells*) parting; **fer-se la ~** to part one's hair

clepsa [klépsə] *f fm* crown of the head; *fg* brains *pl*

cleptomania [kləptumániə] *f* kleptomania

clergue [klérɣə] m clergyman, priest

client -a [klién] mf (d'un magatzem) customer; (d'un negoci) client; (d'un metge) patient

clima [klímə] m climate

climatització [klimətidzəsió] f air-conditioning

clínica [klínikə] f clinic

clip [klíp] m (per a papers) paper clip; (per a cabells) clip, hair clip

clissar [klisá] vt fm (veure) to see, understand

clivella [kliβéʎə] f geo crack, fissure; (a la pell) chap, crack

clixé [kliʃé] m (impremta) plate, stereotype; (fotografia) negative; (frase feta) cliché

cloaca [kluákə] f cloaca

cloenda [kluéndə] f closure, ending, conclusion

clofolla [klufóʎə] f (de la fruita seca) (nut)shell; (d'ou) (egg)shell

cloïssa [kluísə] f clam

clorofil·la [klurufílə] f chlorophyll

clos -a [klós] aj enclosed, fenced in; m (terreny clos) enclosure; f (tanca) fence

closca [klóskə] f (de mol·lusc) shell; (de fruits secs) nutshell; (d'ou) eggshell; (crani) skull; (intel·ligència) brains pl

clot [klɔ́t] m (forat) hole, pit; (espai buit) hollow, cavity; (a la galta) dimple

cloure [klɔ́wrə] vt to close, shut; (un afer) to clinch

club [klúp] m club; ~ nocturn nightclub

cluc [klúk] aj a ulls ~s with one's eyes closed; ull ~ closed eye, shut eye

coartada [kuərtáðə] f alibi

cobai [kuβái] m guinea pig

cobert [kuβért] m (d'un jardí) shed; (menjar) meal (at a fixed charge); pl cutlery sg; **posar-se a** ~ to take shelter

coberta [kuβértə] f cover, covering; (d'un llibre) cover, jacket; (d'un pneumàtic) tyre

cobertor [kuβərtó] m = cobrellit

cobra [kóβrə] f cobra

cobrador -a [kuβrəðó] mf com collector; (d'autobús) conductor

cobrament [kuβrəmén] m (diners) collection; (taló) cashing

cobrar [kuβrá] vt (guanyar) to earn; (preu) to charge; (rebre una quantitat) to collect, receive; (taló) to cash; (ésser pagat) to be paid, to get paid

cobrellit [kɔβrəʎít] m bedspread, counterpane, coverlet

cobretaula [kɔβrətáwlə] m tablecloth

cobrir [kuβrí] vt to cover; (una casa) to roof, put a roof on; (lloc de treball) to fill; (protegir) to protect, cover (up for); vp to cover oneself; (cel) to become overcast

coca [kókə] f plain cake, flat cake; **estar fet una** ~ (up) to be done in; (uc) to be squashed

cocaïna [kukaínə] f cocaine

cocció [kuksió] f cooking, baking

coco [kóku] m coconut

cocodril [kukuðríl] m crocodile

còctel [kɔ́ktəl] m cocktail

codi [kɔ́ði] m dr code; ~ de la circulació highway code; ~

penal penal code

còdol [kɔ́ðoul] *m* pebble

codony [kuðón] *m* quince

codonyat [kuðuɲát] *m* quince jelly

coeficient [kuəfisién] *m* coefficient; ~ **d'intel·ligència** intelligence quotient

coet [kuét] *m* rocket; ~ **espacial** (space) rocket

coetani -ània [kuətáni] *aj* contemporary

còfia [kɔ́fiə] *f* (*d'infermeres, monges, etc*) coif, cap

cofoi -a [kufɔ́j] *aj* proud, satisfied; self-satisfied

cofre [kɔ́frə] *m* (*gran*) chest, coffer; (*petit*) box, case

cognom [kuŋnóm] *m* surname, family name

cogombre [kuɣómbrə] *m* cucumber

cohabitar [kuəβitá] *vi* to cohabit, to live together

coherència [kuərέnsiə] *f* coherence; *fis* cohesion

cohesió [kuəzió] *f* cohesion

coincidir [kuinsiðí] *vi* to coincide; to agree

coïssor [kuisó] *f* smart, sting, burning pain

coit [kɔ́jt] *m* intercourse, coitus

coix -a [kɔ́ʃ] *aj* (*persona*) lame, limping; (*moble*) wobbly, rocky; *mf* lame person, cripple

coixejar [kuʃəʒá] *vi* (*up*) to limp, hobble, be lame; (*un moble*) to wobble, rock

coixí [kuʃí] *m* (*per a dormir*) pillow; (*per a seure*) cushion

coixinera [kuʃinérə] *f* pillowcase, pillowslip

col [kɔ́l] *f* cabbage; **~s de Brussel·les** Brussels sprouts

cola [kɔ́lə] *f* glue

colador [kuləðó] *m* (*per a te, etc*) strainer; (*per a verdura, etc*) colander

colar [kulá] *vt* to strain; (*liquids*) to filter

còlera [kɔ́lərə] *m med* cholera; *f* (*bilis*) bile; *fg* (*ira*) anger, fury, rage

colesterol [kuləstərɔ́l] *m* cholesterol

colgar [kulɣá] *vt* (*sota terra*) to bury; (*ocultar a la vista*) to cover up, hide; *vp* to go to bed, lie down

colibrí [kuliβrí] *m* hummingbird

còlic [kɔ́lik] *m* colic

col-i-flor [kɔ́lifló] *f* cauliflower

coll [kɔ́λ] *m* (*del cos*) neck; (*gola*) throat; (*d'un vestit*) collar; (*d'una ampolla, etc*) neck; *geo* col; **tenir uc ~ avall** to be persuaded of something

colla [kɔ́λə] *f* (*d'amics*) group, band, troupe; (*de lladres*) gang; (*de coses*) collection

col·laborar [kuləβurá] *vi* to collaborate

collada [kuλáðə] *f geo* col

collar [kuλá] *m* (*d'un animal domèstic*) collar; (*collaret*) necklace

collar [kuλá] *vt* to screw (together); *fg* to tighten up on sby

collaret [kuλərέt] *m* necklace

col·lecció [kulləksió] *f* collection

col·leccionar [kulləksiuná] *vt* to collect

col·lectiu -iva [kulləktiw] *aj*

collective; **acció col·lectiva**
joint action, group action

col·lega [kuɫɫέɣə] *mf* colleague

col·legi [kuɫɫέʒi] *m* (*escola*)
school; (*de metges, d'advocats,
etc*) college; ~ **electoral**
electoral college; ~ **major** hall of
residence

collir [kuʎí] *vt* (*flors, fruita*) to
pick; (*recollir*) to gather; (*fer la
collita*) to harvest, reap; (*objecte
caigut*) to pick up

col·liri [kuɫɫíri] *m* collyrium,
eyewash

col·lisió [kuɫɫizió] *f* collision; *fg*
clash

collita [kuʎítə] *f* (*acte*) harvest,
harvesting; (*producte*) harvest,
crop

colló [kuʎó] *m fm* (*testicle*) ball;
fm **collons!** balls!

col·locació [kuɫɫukəsió] *f* (*acte*)
placing, positioning; (*lloc de
treball*) job, place, position

col·locar [kuɫɫuká] *vt* to place, put;
(*diners*) to invest; **estar ben
col·locat** to have a good job

collonut -uda [kuʎunút] *aj fm*
great, marvellous, fantastic

col·loqui [kuɫɫɔ́ki] *m* discussion,
conversation; (*diàleg*) dialogue,
colloquy

col·loquial [kuɫɫukiál] *aj*
colloquial, familiar

colom [kulóm] *m* pigeon, dove; ~
missatger carrier-pigeon,
homing-pigeon

còlon [kɔ́lun] *m* colon

colònia [kulɔ́niə] *f* (*país, reunió de
persones*) colony; **aigua de ~** eau
de Cologne, cologne; ~ **de**

vacances holiday camp

color [kuló] *m* colour, color *US*; *fg*
tone, aspect

coloraina [kulurájnə] *f*
variegation, bright colours *pl*, loud
colours *pl*

coloret [kulurét] *m* (*afait*) rouge

colós [kulós] *m* colossus

colossal [kulusál] *aj* colossal

colpir [kulpí] *vt* (*afectar*) to
impress, touch, move

coltell [kultéʎ] *m* knife

columna [kulúmnə] *f* column; *fg*
(*suport*) pillar, support; ~
vertebral spinal column, spine,
backbone

colze [kólzə] *m* elbow; **xerrar
pels ~s** to be a real chatterbox

com [kɔ́m] *av cnj* (*manera*) how;
(*comparació*) as, like; ~ **a** (*en
qualitat de*) as; ~ **que** as, since;
inj what!; **fes-ho ~ vulguis** do it
as you like

coma [kɔ́mə] *f* (*signe de
puntuació*) comma; *med* coma;
geo mountain pass

comanda [kumándə] *f* (*encàrrec*)
petition, request; *com* order;
(*custòdia, cura*) charge, care

comandament [kumandəmén] *m
mil* command; (*autoritat*) rule,
authority; *tcn* control

comandant -a [kumandán] *mf*
commandant, commander

comando [kumándu] *m*
commando

comarca [kumárkə] *f* region, area

comare [kumárə] *f* (*padrina*)
godmother; (*llevadora*) midwife;
fm (*veïna*) neighbour, gossip

combat [kumbát] *m* (*lluita*) fight,

combat; (*batalla*) battle; **estar fora de ~** to be out of action

combatre [kumbátrə] *vi* to fight; *vt* to fight, combat

combinació [kumbinəsió] *f* combination; (*de trens*) connection; (*peça de vestir*) petticoat, slip

combinar [kumbinà] *vt* to combine; to join, put together; (*colors*) to match, blend, mix; *vp* to combine

comboi [kumbój] *m* convoy; (*tren*) train

combregar [kumbrəɣá] *vi* to administer Communion to; *vt* to take Communion, receive Communion

combustible [kumbustíbblə] *aj* combustible; *m* fuel, combustible

combustió [kumbustió] *f* combustion

comèdia [kuméðiə] *f* (*obra*) comedy, play; (*gènere*) comedy; *fg* farce; **fer ~** to play the fool, pretend

comediant -a [kuməðián] *m* comedian; *f* comediante, *mt fg* hypocrite

començament [kumənsəmén] *m* beginning, start; **al ~** at first

començar [kumənsá] *vti* to begin, start

comensal [kumənsál] *mf* companion at table, fellow diner

comentar [kuməntá] *vt* to comment on; to discuss, talk about

comentari [kuməntári] *m* comment, remark, observation; *lit* commentary; **~s** gossip *sg*; **sense**

~s! no comment!

comerç [kumérs] *m* commerce, trade; (*negoci*) business; (*botiga*) shop

comercial [kumərsiál] *aj* commercial; **centre ~** shopping centre

comerciant -a [kumərsián] *mf* merchant, trader; (*botiguer*) shopkeeper

comestible [kuməstíbblə] *aj* edible, eatable; *mpl* foodstuffs; **botiga de ~** grocer's shop, grocery *US*

cometa [kumétə] *m* comet

cometre [kumétrə] *vt* (*fer*) to commit; (*error*) to make

comiat [kumiát] *m* goodbye, farewell; (*d'un treball*) dismissal

còmic [kómik] *aj* comic(al), funny; *mf* tea comic, comedian; *m* (*historieta*) comic

comissari -ària [kumisári] *mf* commissary; **~ de policia** police inspector

comissaria [kumisəríə] *f* commissioner's office; **~ de policia** police station

comissió [kumisió] *f* (*encàrrec*) commission; (*d'un crim, etc*) perpetration; (*grup de persones*) committee; *com* commission, percentatge

comitè [kumité] *m* committee

comitiva [kumitíβə] *f* retinue, suite, followers *pl*; **~ fúnebre** funeral procession

commemorar [kumməmurá] *vt* to commemorate

commiseració [kumizərəsió] *f* commiseration, pity, sympathy

commoure [kummówrə] vt to shake, disturb; fg to touch, move, affect

còmode -a [kɔ́muðə] aj comfortable; **posar-se ~** to make oneself comfortable

comoditat [kumuðitát] f comfort; convenience

compacte -a [kumpáktə] aj compact

compadir [kumpəðí] vt to pity, feel sorry for; to sympathize with; **~-se de** vp to pity, feel sorry for

company -a [kumpáɲ] mf companion, friend, colleague

companyia [kumpəɲíə] f company

companyonia [kumpəɲuníə] f comradeship, camaraderie

comparació [kumpərəsió] f comparison; grm comparative; **en ~ de** in comparison to (with), compared to (with)

comparança [kumpəránsə] f = **comparació**

comparar [kumpərá] vt to compare, liken

compare [kumpárə] m (padrí) godfather; (veí o amic) friend

comparèixer [kumpərɛ́ʃə] vi to appear

compartiment [kumpərtimén] m frr compartment

compartir [kumpərtí] vt to share (out), to divide (up)

compàs [kumpás] m (instrument) (pair of) compasses pl; mús (ritme) rhythm; (divisió) bar

compassió [kumpəsió] f compassion, pity; **tenir ~ de** to take pity on, feel sorry for

compatible [kumpətíbblə] aj compatible

compatriota [kumpətriɔ́tə] mf compatriot

compensar [kumpənsá] vt (up) to compensate; (una pèrdua) to compensate for; (equilibrar) to balance

competència [kumpətɛ́nsiə] f (incumbència) scope, field, province; (capacitat) competence, ability; (rivalitat) competition

competent [kumpətén] aj competent; adequated, appropriated, suitable

competició [kumpətisió] f competition

competir [kumpətí] vi to compete

complaure [kumplάwrə] vt to please; vp to be pleased

complement [kumpləmén] m complement; grm atribut; pl accessories

complementar [kumpləməntá] vt to complement, complete

complementari -ària [kumpləməntári] aj complementary

complet -a [kumplɛ́t] aj complete; (acabat) completed, finished, rounded; (vehicle, etc) full; **per ~** completely

completar [kumplətá] vt to complete

complex -a [kumplɛ́ks] aj complex, complicated; m complex

complicar [kumpliká] vt to complicate, make complicated; (up) to involve in; vp to get complicated, get involved

complidor -a [kumpliðó] aj

dependable, reliable, trustworthy

compliment [kumplimén] *m*
accomplishment, fulfilment,
carrying out; (*expressió*)
compliment; **fer ~s** to stand on
ceremony

complir [kumplí] *vt* (*promesa,
desig, etc*) to carry out, fulfil; (*llei*)
to observe, obey; (*sentència*) to
serve; (*anys*) to reach, attain; *vi*
(*termini*) to expire; (*deure*) to do
one's duty; *vp* (*una predicció, un
desig*) to come true, be fulfilled

complot [kumplɔ́t] *m* plot,
conspiracy

compondre [kumpɔ́ndrə] *vt*
(*formar*) to form, make up,
compose; (*música, versos, etc*) to
compose, write; *vp* to make up,
smarten oneself up; **~-s'ho** to
manage

component [kumpunén] *aj*
component; *m* (*d'un tot*)
component, constituent; (*d'una
beguda, etc*) ingredient

comporta [kumpɔ́rtə] *f* sluice,
floodgate

comportament [kumpurtəmén]
m behaviour, conduct

comportar [kumpurtá] *vt*
(*implicar*) to involve, entail; *vp* to
behave

composició [kumpuziziɔ́] *f*
composition

compositor -a [kumpuzitó] *mf*
composer

compost -a [kumpɔ́st] *aj m*
compound; **ésser ~ de** to be
composed of, be made up of

compota [kumpɔ́tə] *f* compote

compra [kómprə] *f* purchase,

buying; (*cosa comprada*) purchase,
shopping

comprador -a [kumprədó] *mf*
buyer, purchaser

comprar [kumprá] *vt* to buy,
purchase

comprendre [kumpéndrə] *vt* to
understand; (*incloure*) to
comprise, include

comprensible [kumprənsíbblə] *aj*
understandable, comprehensible

comprensió [kumprənsió] *f*
understanding, comprehension

compresa [kumprézə] *f* compress;
(*de dona*) sanitary towel

comprimir [kumprimí] *vt* to
compress; *fg* to control

comprometre [kumprumétrə] *vt*
to compromise, put in an awkward
situation; *vp* to compromise osf,
get involved

compromís [kumprumís] *m*
obligation; (*situació crítica*)
awkward situation

comprovar [kumpruβá] *vt* to
check, verify; (*provar*) to prove

comptabilitat [kumtəβilitát] *f*
accounting, bookkeeping;
(*professió*) accountancy

comptable [kumtábblə] *aj*
countable; *mf* accountant,
bookkeeper

comptador -a [kumtədó] *mf*
accountant, bookkeeper; *m* meter

comptagotes [kòmtəɣótəs] *m*
dropper

comptar [kumtá] *vti* to count; **~
amb** to rely on, count on

compte [kómtə] *m* count,
counting; *com* account; (*factura*)
bill; (*atenció*) care, attention; **en**

~s de instead of; **fer** ~s to reckon up; **tenir** en ~ to take into account

comtat [kumtát] *m* county

comte [kómtə] *m* count

comú -una [kumú] *aj* common; *f* toilet; (*comunitat*) commune; **en** ~ in common

comunicació [kumunikəsió] *f* communication

comunicar [kumuniká] *vt* to communicate, tell; *vi* (*telèfon*) to be engaged; *vp* to communicate, be in touch

comunió [kumunió] *f* communion

comunisme [kumunízmə] *m* communism

comunista [kumunístə] *aj mf* communist

comunitat [kumunitát] *f* community

con [kón] *m* cone

conat [kunát] *m* attempt

conca [kóŋkə] *f* bowl; (*dels ulls*) socket; (*d'un riu*) basin

còncau -ava [kóŋkəw] *aj* concave

concebre [kunsέβrə] *vt* to conceive

concedir [kunsəðí] *vt* to concede; (*premi*) to award

concentrar [kunsəntrá] *vtp* to concentrate

concèntric -a [kunséntrik] *aj* concentric

concepte [kunséptə] *m* concept, conception; (*opinió*) view, opinion

concernir [kunsərní] *vt* to concern

concert [kunsέrt] *m mús* concert; (*acord*) agreement

concertar [kunsərtá] *vt* (*arranjar*) to agree to, arrange, fix; *vi mús* to

harmonize

concloure [kuŋklówrə] *vt* to conclude, finish, end

conclusió [kuŋkluzió] *f* conclusion

concordança [kuŋkurdánsə] *f* harmony; *grm* agreement, concord; *pl* (*llista de mots*) concordance

concordar [kuŋkurdá] *vi* to agree, tally, correspond; *grm* to agree

concòrdia [kuŋkórdiə] *f* concord, harmony, agreement

concret -a [kuŋkrέt] *aj* concrete; (*específic*) particular, specific

concubina [kuŋkuβínə] *f* concubine

concurrència [kuŋkurénsiə] *f* crowd, gathering; (*en un punt*) concurrence, coincidence

concurs [kuŋkúrs] *m* competition, contest

condecoració [kundəkurəsió] *f* decoration, medal

condeixable -a [kundəfébblə] *mf* fellow student, fellow pupil

condemnar [kundəmná] *vt* to condemn; *rlg* to damn

condensar [kundənsá] *vtp* to condense

condició [kundisió] *f* condition; **a** ~ **que** provided that

condiment [kundimén] *m* seasoning, condiment

condol [kundɔ́l] *m* condolence

conducta [kundúktə] *f* conduct, behaviour

conducte [kundúktə] *m* pipe, tube, conduit; *ana* duct, canal

conductor -a [kunduktó] *aj fís* conductive; *m* conductor; *mf* aut driver

conquesta

conduir [kunduí] *vt* (*un cotxe*) to drive; (*un líquid, etc*) to convey, take pass; (*up*) to lead, guide

coneixement [kunǝʃǝmén] *m* knowledge; *med* consciousness

coneixença [kunǝʃénsǝ] *f* knowledge; *pl* acquaintances; **fer la ~ d'up** to meet sby

conèixer [kunéʃǝ] *vt* to know; (*per primer cop*) to meet, get to know; (*reconèixer*) to recognize

confecció [kumfǝksió *f* making, making up, preparation; (*roba*) ready-made clothes

confeccionar [kumfǝksiuná] *vt* to make up

conferència [kumfǝrénsiǝ] *f* lecture; (*reunió*) conference, meeting; (*telèfon*) call

confessar [kumfǝsá] *vt* to confess, admit

confeti [kumféti] *m* confetti

confiança [kumfiánsǝ] *f* trust, reliance; (*seguretat*) confidence; (*intimitat*) intimacy, familiarity

confiar [kumfiá] *vt* to entrust; *vi* to trust, rely on

confidència [kumfiðénsiǝ] *f* confidence

confirmar [kumfirmá] *vt* to confirm

confiscar [kumfiská] *vt* to confiscate

confit [kumfit] *m* sweet, candy US

confitar [kumfitá] *vt* to preserve (in syrup), candy

confitura [kumfitúrǝ] *f* preserves, jam; crystallized fruit

conflicte [kumflíktǝ] *m* conflict

confondre [kumfóndrǝ] *vt* (*equivocar*) to confuse, mistake; (*barrejar*) to mix up; (*desconcertar*) to confound

conformar [kumfurmá] *vt* to shape, fashion; *vp* to conform, resign osf

conforme [kumfórmǝ] *aj* in conformity (with), in accordance (with); **~!** all right!; **estar ~ amb** to agree with

confort [kumfórt] *m* comfort

confortable [kumfurtábblǝ] *aj* comfortable

confús -usa [kumfús] *aj* confused

confusió [kumfusió] *f* confusion

congelador [kunʒǝlaðó] *m* freezer

congelar [kunʒǝlá] *vt* to freeze

conglomerat [kunglumǝrát] *m* conglomerate

congost [kungóst] *m* canyon, narrow pass

congregar [kungrǝɣá] *vtp* to congregate

congrés [kungrés] *m* congress

cònic -a [kɔ̀nik] *aj* conic(al)

conill [kuniʎ] *m* rabbit; **~ porquí** guinea pig

conjugació [kunʒuɣǝsió] *f* conjugation

conjunció [kunʒunsió] *f* conjunction

conjunt -a [kunʒún] *aj* joint, united; *m* whole; *mús* group, band; **en ~** as a whole

connectar [kunnǝktá] *vt* to connect (up)

connexió [kunnǝksió] *f* connection

conquerir [kunkǝrí] *vt* to conquer

conquesta [kunkéstǝ] *f tb fg* conquest

conquistar [kuŋkistá] vt = **conquerir**

conrear [kunreá] vt (terreny) to cultivate, work; (blat, etc) to grow

conreu [kunréw] m cultivation, growing

consciència [kunsiénsiə] f conscience, consciousness

conscient [kunsién] aj conscious

consecutiu -iva [kunsəkutíw] aj consecutive

consell [kunséʎ] m advice; dr council

conseller -a [kunsəʎé] mf adviser, consultant; (d'un consell) councillor

consentir [kunsəntí] vi to agree, consent; vt to consent to, allow, permit

conseqüència [kunsəkwénsiə] f consequence; **a ~ de** as a result of; **en ~** in consequence

conserge [kunsérʒə] mf caretaker, concierge

conserva [kunsérbə] f preserve(s); canned food, tinned food

conservar [kunsərbá] vt to conserve, keep; (aliments) to preserve; vp to survive, remain

considerable [kunsiðərábblə] aj considerable

considerar [kunsiðərá] vt to consider; (tenir en compte) to take into account

consigna [kunsíŋnə] f order, instruction; (equipatge) left-luggage office

consirós -osa [kunsirós] aj thoughtful, pensive

consistent [kunsistén] aj consistent; (material) solid, firm

consistir [kunsistí] vi to consist (of), be made (of)

consol [kunsɔ́l] m consolation, comfort

cònsol [kɔ́nsul] mf consul

consolar [kunsulá] vt to console, comfort

consonant [kunsunán] aj consonant, harmonious; f consonant

conspiració [kunspirəsió] f conspiracy

constant [kunstán] aj constant; (persona) steadfast; f constant

constar [kunstá] vi to be clear, be evident; **~ de** to consist of

constatar [kunstətá] vt to confirm, verify

constel·lació [kunstəlləsió] f constellation

constipar-se [kunstipársə] vp to catch a cold

constipat [kunstipát] m cold

constitució [kunstitusió] f constitution

constituir [kunstituí] vt to constitute

construcció [kunstruksió] f construction, building

construir [kunstruí] vt to construct, build

consulta [kunsúltə] f consultation; **obra de ~** reference book

consultar [kunsultá] vt to consult

consum [kunsúm] m consumption

consumició [kunsumisió] f consumption; (bar) drink, food

consumidor -a [kunsumiðó] mf consumer

consumir [kunsumí] vt to

consume, use

consumisme [kunsumismə] m consumerism

contacte [kuntáktə] m contact; **posar-se en ~** to get in touch

contagiós -osa [kuntəʒiós] aj contagious, infectious

contaminació [kuntəminəsló] t contamination; (aire, aigua) pollution

contaminar [kuntəminá] vt to contaminate; (aire, aigua) to pollute

contar [kuntá] vt to tell, relate

conte [kóntə] m story, tale

contemplar [kuntəmplá] vt to contemplate, look at

contenidor [kuntənidó] m container

contenir [kuntəní] vt to contain, hold; vp to control osf, restrain osf

content -a [kuntén] aj satisfied, pleased, glad, happy

contesta [kuntéstə] f answer, reply, response

contestar [kuntəstá] vt to answer, reply, respond

context [kuntékst] m context

continent [kuntinén] m continent; (recipient) container

contingut [kuntiŋgút] m contents pl; (sentit) content, subject matter

continu -ínua [kuntínu] aj continuous

continuació [kuntinuəsió] f continuation; **a ~** then, next

continuar [kuntinuá] vt to continue, go on with; vi to continue, go on

contorn [kuntórn] m outline; geo contour

contorsió [kuntursió] f contortion

contra [kóntrə] prp against. *Recolzar uc contra la paret*, to lean sth against the wall; m con; f opposition; **els pros i els contres** the pros and the cons; **en ~** against

contrabaix [kòntrəβáʃ] m double bass

contraban [kòntrəβán] m smuggling; (mercaderia) contraband

contrabandista [kòntrəβəndistə] mf smuggler

contracció [kuntrəksió] f contraction

contraceptiu -iva [kòntrəsəptíw] aj m contraceptive

contractar [kuntrəktá] vt to contract; (persones) to hire, engage

contrada [kuntráðə] f region, area

contradir [kuntrəðí] vtp to contradict

contrari -ària [kuntrári] aj opposed, contrary, opposite; m opponent, adversary; **al ~** on the contrary

contrarietat [kuntrəriətát] f obstacle; (contratemps) setback; (oposició) opposition

contrasenya [kòntrəséɲə] f password

contrast [kuntrást] m contrast

contrastar [kuntrəstá] vt to resist, oppose; vi to contrast

contratemps [kòntrətéms] m setback, difficulty; mús syncopation

contraure [kuntráwrə] vt

= contreure

contreure [kuntréwrə] vt to contract; (vici, costum) to acquire; (malaltia) to contract, catch; ~ **matrimoni** to marry

contribució [kuntriβusió] f contribution; (finances) tax

contribuir [kuntriβuí] vi to contribute

contrincant [kuntriŋkán] mf opponent, rival

control [kuntról] m control; (inspecció) inspection, check

controlar [kuntrulá] vt to control; (inspeccionar) to inspect, check

controvèrsia [kuntruβérsiə] f controversy

contusió [kuntuzió] f bruise, contusion

convalescent [kumbələsén] aj mf convalescent

convèncer [kumbénsə] vt to convince

convenient [kumbənién] aj convenient, suitable

convenir [kumbəní] vti to agree; vi to suit, be suitable

convent [kumbén] m convent

conversa [kumbérsə] f conversation, talk

conversar [kumbərsá] vi to converse, talk

convertir [kumbərtí] vt to convert, transform

convex -a [kumbéks] aj convex

convidar [kumbiðá] vt to invite

conviure [kumbíwrə] vi to live together

convocar [kumbuká] vt to summon, call together, convoke

convulsió [kumbulsió] f convulsion

cony [kóɲ] m fm cunt; inj shit!

conya [kóɲə] f fm joke, fun

conyac [kuɲák] m brandy, cognac

cooperar [kuupərá] vi to cooperate

cooperativa [kuupərətíβə] f cooperative

coordenada [kuurdənáðə] f coordinate

coordinar [kuurdiná] vt to coordinate

cop [kóp] m tb fg blow, knock; ~ **de puny** punch; ~ **d'estat** coup d'état; **de ~ i volta** suddenly; **fer un ~ de cap** to make one's mind

copa [kópə] f glass; (trofeu) cup, trophy

copejar [kupəʒá] vt to hit, strike, knock

còpia [kópiə] f copy; fot print

copiar [kupiá] vt to copy

copsar [kupsá] vt to catch; (entendre) to grasp, understand

copulatiu -iva [kupulətíw] aj copulative

cor [kór] m heart; mús choir; **amb el ~ a la mà** frankly, sincerely

coral [kurál] aj mús choral; m chorale; f choir

corall [kurál] m coral

coratge [kurádʒə] m courage

corb [kórp] m raven

corb [kórp] aj curved, bent; f curve, bend

corbar [kurbá] vt to curve, bend

corbata [kurbátə] f tie

corc [kórk] m woodworm

corcar [kurká] vt (la fusta) to eat away; vp to become wormeaten;

(les dents) to decay

corcó [kurkó] *m* woodworm; *fg* bore

corda [kórdə] *f* rope; *(més fina)* cord, string; **cordes vocals** vocal chords; **donar ~ al rellotge** to wind up a watch

cordar [kurdá] *vt* to button (up), do up, fasten; *(sabates)* to lace (up)

corder [kurdé] *m* lamb

cordialitat [kurdiəlitát] *f* cordiality, warmth

cordill [kurdíʎ] *m* cord, line

cordó [kurdó] *m* string, lace; *ana* cord; *(de policia)* cordon

coreografia [kureuɣrəfíə] *f* choreography

corfa [kórfə] *f (de fruita)* peel, skin; *(de pa)* crust; *(d'arbres)* bark

corn [kórn] *m* horn

córner [kórnər] *m* corner

corneta [kurnétə] *f* bugle; *mf* bugle

còrnia [kórniə] *f* cornea

cornisa [kurnízə] *f* cornice

cornut -uda [kurnút] *aj* horned; *m fg* cuckold

corona [kurónə] *f* crown; *(de flors)* garland

coronel [kurunél] *m* colonel

coroneta [kurunétə] *f* crown of the head

corporal [kurpurál] *aj* corporal, bodily

corprendre [kɔrpéndrə] *vt* to captivate, charm

corpulent -a [kurpulén] *aj* corpulent, heavily-built

corral [kurál] *m* yard, farmyard

correcció [kurəksió] *f* correction;

(qualitat) correctness

correcte -a [kuréktə] *aj* correct; *(persona)* polite, well-mannered

corredissa [kurəðísə] *f* short run

corredor -a [kurəðó] *aj* running; *mf* runner; *com* agent, broker; *m* corridor

corregir [kurəʒí] *vt* to correct; *vp* to reform

correguda [kurəɣúðə] *f* run, dash

corrent [kurén] *aj (aigua)* running; *(en curs)* current, valid; *m* current; **~ d'aire** draught

corrents [kuréns] *av* quickly

córrer [kórə] *vi* to run; *(anar de pressa)* to hurry; *vt* to run; *(distància)* to cover, travel; **deixa-ho ~** let it be

correspondència [kurəspundénsiə] *f* correspondence

correspondre [kurəspóndrə] *vi* to correspond; *(convenir)* to be suitable, be fitting; *(pertányer)* to belong; *vp* to love one another

corresponent [kurəspunén] *aj* corresponding

corresponsal [kurəspunsál] *mf* correspondent

corretja [kurédʒə] *f* strap, leather strip

correu [kuréw] *m (persona)* courier; *(cartes)* post, mail; *pl* post office *sg*

corriol [kuriól] *m* path, track; *(ocell)* plover

corriola [kuriólə] *f* pulley

corró [kuró] *m* roller; *(de cuina)* rolling pin

corrompre [kurómprə] *vt* to turn bad, go bad; *fg* to corrupt, pervert

corrua [kurúə] f row, line

corrupció [kurupsió] f decay; fg corruption, perversion

corrupte -a [kurúptə] aj corrupt

corsari -ària [kursári] mf privateer, corsair

corsecar [kursəká] vtp to dry up, wither

cort [kórt] f (royal) court; (d'animals) pigsty, sty; **fer la ~ a up** to court sby

cortès -esa [kurtέs] aj courteous, polite

cortina [kurtínə] f curtain

cos [kɔ́s] m body; (cadàver) corpse

cosa [kɔ́zə] f thing; (assumpte) affair, business; **alguna ~** something

cosí -ina [kuzí] mf cousin

cosir [kuzí] vt to sew (up)

cosmètic -a [kuzmέtik] aj m cosmetic

cossi [kɔ́si] m washtub

cost [kɔ́st] m cost, price

costa [kɔ́stə] f coast; (pendent) slope; **a ~ de** by means of

costaner -a [kustəné] aj coastal

costar [kustá] vi tb fg to cost

costat [kustát] m side

costella [kustέʎə] f rib; (carn) chop

costerut -uda [kustərút] aj steep; fg difficult, laborious

costós -osa [kustós] aj costly, expensive

costum [kustúm] m custom, habit; **de ~** as usual, usually

costura [kustúrə] f sewing; (art) dressmaking; (en una roba) seam

cot [kót] aj bent, bowed

cotitzar [kutidzá] vt (borsa) to

quote, price; vi to pay; vp to be quoted, be valued

cotó [kutó] m cotton; **~ fluix** cotton wool

cotoner -a [kutuné] aj cotton atr; m cotton plant

cotorra [kutórə] f parrot; fg chatterbox

cotxe [kóʧə] m car, automobile US; frr coach, carriage

cotxet [kuʧέt] m pram, baby carriage US

coure [kówrə] m copper

coure [kówrə] vt to cook; (maons, etc) to bake; vi to cook; (sensació) to sting

cova [kɔ́βə] f cave

covar [kuβá] vt to incubate, sit on; fg to hatch; vp (arròs) to be overcooked

covard -a [kuβárt] aj cowardly; mf coward

cove [kɔ́βə] m basket

cranc [kráŋ] m (de mar) crab; (de riu) crayfish

crani [kráni] m skull, cranium

cràpula [krápulə] f drunkenness; m debauched man, rake

cràter [krátər] m crater

creació [krəasió] f creation

crear [krəá] vt to create, make

crèdit [krέðit] m credit

creença [krəénsə] f belief

creient [krəjén] mf believer

creixement [krəʃəmén] m growth; (augment) increase, rise

creixença [krəʃénsə] f = **creixement**

creixent [krəʃén] aj growing; (quantitat) increasing, rising; m crescent; (lluna) crescent moon

créixer [kréʃə] *vi* to grow; (*quantitat*) to increase, rise; (*lluna*) to wax

crema [krémə] *f* cream; (*plat dolç*) custard; (*cosmètic*) cold cream, face cream

cremada [krəmáðə] *f* burn; (*líquid*) scald; (*sol*) sunburn

cremallera [krəmaʎérə] *f* zip (fastener), zipper

cremar [krəmá] *vi* to burn, be burning hot; *vt* to burn (up), to set on fire; *vp* to burn osf; (*sol*) to get sunburnt

crepitar [krəpitá] *vi* to crackle

crepuscle [krəpúsklə] *m* twilight, dusk

crescuda [krəskúðə] *f* growth; (*augment*) increase; (*d'un riu*) rise

cresta [kréstə] *f* crest, comb; *geo* crest, ridge

cretí -ina [krətí] *aj tb fg* cretinous; *mf tb fg* cretin

creu [kréw] *f* cross; (*de moneda*) tails; *fg* **fer-se ~s** to be astonished

creuar [krəwá] *vt* to cross; *vp* (*persones*) to pass each other

creuer [krəwé] *m* cruise

creure [kréwrə] *vtp* to think, believe; *vi* **creure en** to believe in

cria [kríə] *f* rearing, breeding; (*fills*) young

criar [kriá] *vt* (*infants, cadells*) to suckle, feed; (*produir*) to grow, produce; (*educar*) to bring up; (*animals*) to breed; *vi* (*parir les bèsties*) to have young

criat -ada [kriát] *m* servant; *f* servant, maid

criatura [kriətúrə] *f* creature; (*infant*) infant, baby, small child

crida [kríðə] *f* call; *dr* proclamation

cridaner -a [kriðəné] *aj mf* loud-mouthed; **color** ~ loud colour

cridar [kriðá] *vi* to shout, yell; (*d'horror*) to scream; *vt* to call; *fg* to attract

cridòria [kriðɔriə] *f* shouting, uproar, clamour

crim [krím] *m* crime

criminal [kriminál] *aj mf* criminal

crinera [krinérə] *f* mane

criptògam -a [kriptɔɣəm] *aj* cryptogamic

crisi [krízi] *f* crisis

cristall [kristáʎ] *m* crystal

cristal·lí -ina [kristəʎí] *aj* crystalline; *fg* clear

cristià -ana [kristiá] *aj mf* Christian

cristianisme [kristiənizmə] *m* Christianity

crit [krít] *m* shout, yell; (*d'horror*) scream

criteri [kritéri] *m* criterion; (*judici*) judgement

crítica [krítikə] *f* criticism; (*ressenya*) review, critique

criticar [kritiká] *vt* to criticize

croissant [kruzán] *m* croissant

crol [krɔl] *m* crawl

cromo [krómu] *m* picture card, chrome

crònica [krɔnikə] *f* chronicle; (*del diari*) news report

cronòmetre [krunɔmətrə] *m* chronometer; *esp* stopwatch

croqueta [krukétə] *f* croquette, rissole

croquis [krɔ́kis] *m* sketch

crossa [krɔ́sə] *f* crutch

crosta [krɔ́stə] *f* crust; (*de formatge*) rind; *med* scab

crostó [krustó] *m* crust

cru crua [krú] *aj* raw; (*no madur*) unripe, green; (*petroli*) crude; *fg* cruel, harsh

crucial [krusiál] *aj* crucial

crucifix [krusifíks] *m* crucifix

cruel [kruέl] *aj* cruel

cruïlla [kruílə] *f* crossroads

cruixir [kruʃí] *vi* (*fulles*) to rustle; (*fusta, mobles*) to creak; (*dents*) to grind

crupier [krupié] *m* croupier

crustaci -àcia [krustási] *m* crustacean

cua [kúə] *f* tail; (*de gent*) queue; (*de cabells*) ponytail; **fer ~** to queue; **girar ~** to turn tail

cub [kúp] *m* cube

cubell [kuβέl] *m* bucket; **~ de les escombraries** dustbin, rubbish bin, trash can *US*

cúbic -a [kúβik] *aj* cubic

cuc [kúk] *m* worm; **~ de seda** silkworm; **~ de terra** earthworm

cuca [kúkə] *f* small animal, bug, insect; **~ de llum** glow-worm; **morta la ~, mort el verí** dead dogs don't bite

cucurutxo [kukurútʃu] *m* cornet

cucut [kukút] *m* cuckoo

cuidar [kujðá] *vt* to take care of, look after

cuina [kújnə] *f* kitchen; (*aparell*) cooker, stove; (*art*) cooking, cookery

cuinar [kujná] *vt* to cook

cuiner -a [kujné] *mf* cook

cuir [kújr] *m zoo* skin, hide; *tcn* leather; **~ cabellut** scalp

cuirassa [kujrásə] *f* cuirass; *zoo* shell; *fg* armour, protection

cuiro [kújru] *m* = **cuir**

cuitar [kujtá] *vti* to hurry (up), speed up

cuixa [kúʃə] *f* thigh; (*de pollastre*) leg

cuixot [kuʃɔ́t] *m* (*dels pantalons*) trouser leg; (*de porc*) leg of ham

cul [kúl] *m* bottom, backside; *fm* arse, ass *US*

culata [kulátə] *f* (*de canó*) breech; (*d'escopeta*) butt

cullera [kuλérə] *f* spoon

cullerada [kuλəráðə] *f* spoonful; **ficar ~ en** to put one's oar in

cullereta [kuλərέtə] *f* teaspoon

cullerot [kuλərɔ́t] *m* ladle

culpa [kúlpə] *f* fault; *dr* guilt; **per ~ de** because of; **tenir la ~ de** to be to blame for

culpable [kulpábblə] *aj* guilty; *mf* culprit

culte [kúltə] *aj* cultured, cultivated; *m* worship; cult

cultiu [kultíw] *m* cultivation, growing

cultivar [kultiβá] *vt* (*terreny*) to cultivate, work; (*blat, etc*) to grow

cultura [kultúrə] *f* culture

cultural [kulturál] *aj* cultural

cuneta [kunέtə] *f* ditch

cunyat -ada [kuɲát] *m* brother-in-law; *f* sister-in-law

cup [kúp] *m* wine press; (*edifici*) press house

cúpula [kúpulə] *f* dome, cupola

cura [kúrə] *f* care, concern, worry; (*tractament*) treatment

davanter

curandero -a [kurəndéru] *mf* quack

curar [kurá] *vt* (*malalt*) to cure; (*ferida*) to treat; *vip* to take care of, look after

curiós -osa [kuriós] *aj* curious

curiositat [kuriuzitát] *f* curiosity

curs [kúrs] *m* (*trajecte*) course; (*ensenyament*) year; **en ~** under way, in process

cursa [kúrsə] *f* race

cursi [kúrsi] *aj* pretentious, affected; *mf* pretentious person, affected person

curt -a [kúrt] *aj* short; **~ circuit** shortcircuit; **fer ~** to run short of

curull -a [kurúʎ] *aj* full, overflowing

curvatura [kurbətúrə] *f* curvature

cutis [kútis] *m* skin, complexion

D

dalsa [dáksə] *f* maize, corn *US*

dada [dáðə] *f* datum, data

daga [dáɣə] *f* dagger

daina [dájnə] *f* fallow deer

daixò [dəʃɔ́] *fm* this, that

dàlia [dáliə] *f* bot dahlia

dalla [dáʎə] *f* scythe

dallar [dəʎá] *vt* to scythe, mow

dallò [dəʎɔ́] *fm* this, that

dalt [dál] *av* above, at top, upwards; **de ~ a baix** completely, totally; *prp* on top of, on, above, over; *m* top

daltabaix [dəltəβáʃ] *av* down; *m* (*desastre*) calamity, misfortune, mishap; (*escàndol*) racket, row, fuss

dama [dámə] *f* lady; *pl* jcs draughts, checkers *US*

damunt [dəmún] *av* above, over, at top; *prp* on top of, on, above, over; (*a més*) in addition (to), besides; **per ~** superficially; *m* top

dandi [dándi] *m* dandy

danès -esa [dənés] *aj m* Danish; *mf* Dane

dansa [dánsə] *f* dance

dansaire [dənsájrə] *mf* dancer

dansar [dənsá] *vi* to dance

dany [dáɲ] *m* damage, harm; **~s i perjudicis** damages

dar [dá] *vt* = **donar**

dard [dárt] *m* dart

darrer -a [dəré] *aj* last

darrera [dərérə] *av prp* = **darrere**

darrere [dərérə] *av* behind, at the back; *prp* behind, at the back of; (*després de*) after; *m* back

darreria [dərəríə] *f* end

data [dátə] *f* date

dàtil [dátil] *m* date

dau [dáw] *m* cube; jcs dice

daurar [dəwrá] *vt* to gild; *fg* to palliate; (*menjar*) to brown

davall [dəβáʎ] *av* below, underneath; *prp* under, below, beneath

davallada [dəβəʎáðə] *f* descent, going down; *fg* fall, decline

davallar [dəβəʎá] *vi* to descend, come down, go down; *vt* to descend

davant [dəβán] *av* in front, ahead; *prp* in front of, ahead of; *m* front

davantal [dəβəntál] *m* apron; *aut* dashboard

davanter -a [dəβənté] *aj* front,

de

fore, forward; *mf esp* forward

de [də] *prp* (*procedència*) from. *Eren lluny ~ casa*, they were away from home; (*composició*) of, from, -en. *Un vestit de cotó*, a dress made of cotton; (*contingut*) of. *Una tassa de te*, a cup of tea; (*tema*) on, about. *Llibres de filosofia*, books on philosophy; (*possessió*) of, 's. *El cotxe del meu amic*, my friend's car

deambular [dəəmbulá] *vi* to saunter, stroll, wander

debades [dəβáðəs] *av* in vain, hopelessly

debanar [dəβəná] *vt* to wind

debat [dəβát] *m* debate, discussion

debatre [dəβátrə] *vt* to debate, discuss; (*batre*) to beat, whisk

dèbil [déβil] *aj* weak

debilitar [dəβilitá] *vt* to weaken, debilitate

dècada [dékəðə] *f* decade

decadència [dəkəðénsiə] *f* decadence, decline, decay

decantar [dəkəntá] *vt* to tilt, incline; *qm* to decant; (*separar*) to separate; (*fer tendir*) to incline; *vp* to tend, opt

decapitar [dəkəpitá] *vt* to behead, decapitate

decaure [dəkáwrə] *vi* to decline, deteriorate, worsen

decebre [dəséβrə] *vt* to disappoint, let down

decent [dəsén] *aj* decent

decepció [dəsəpsió] *f* disappointment, letdown

decidir [dəsiðí] *vt* to decide; (*resolució definitiva*) to decide,

settle; *vp* to make one's mind

decidit -ida [dəsiðít] *aj* decisive, determined

dècim -a [désim] *aj mf* tenth

decimal [dəsimál] *aj m* decimal

decisió [dəsizió] *f* decision; (*qualitat de decidir*) decision, determination

decisiu -iva [dəsizíw] *aj* decisive, conclusive

declamar [dəklamá] *vt* to recite; *vi* (*parlar pomposament*) to declaim

declarar [dəklará] *vt* to declare, state, announce; (*a la duana*) to declare; *dr* to testify, give evidence; *El van ~ culpable*, they found him guilty; *qp Es va ~ culpable*, he pleaded guilty; (*a la persona estimada*) to declare one's love

decoració [dəkurəsió] *f* decoration

decorar [dəkurá] *vt* to decorate

decreixent [dəkrəʃén] *aj* decreasing, diminishing

decréixer [dəkréʃə] *vi* to decrease, diminish, decline

decrèpit -a [dəkrépit] *aj* decrepit

decret [dəkrét] *m* decree

dedicar [dəðiká] *vt* to devote, assign; (*una obra, un monument, una església*) to dedicate; *vp* to dedicate osf, devote osf

deduir [dəðuí] *vt* to deduce, assume; (*rebaixar*) to deduct

deessa [dəésə] *f* goddess

defallir [dəfaʎí] *vi* to weaken, get weak; (*el coratge*) to become disheartened

defecte [dəféktə] *m* fault, flaw,

defecte; (*insuficiència*) lack, absence

defensa [dəfɛ́nsə] *f* defence, defense *US*

defensar [dəfənsá] *vt* to defend, protect; *vp* to defend osf

defensor -a [dəfənsó] *aj* defending, *mf* defender, champion; *dr* defence lawyer, defense counsel *US*

deficient [dəfisién] *aj* poor, inadequate, deficient; ~ **mental** retarded, subnormal

definició [dəfinisió] *f* definition

definir [dəfiní] *vt* to define; *vp* to define one's position

definitiu -iva [dəfinitíw] *aj* definitive, conclusive; **en definitiva** all in all, in short

defora [dəfɔ́rə] *av prp m* outside

deformar [dəfurmá] *vt* to distort, push out of shape; (*part del cos*) to deform; (*tergiversar*) to distort, twist

defraudar [dəfrəwðá] *vt* to disappoint, let down; *dr* to defraud

defugir [dəfuʒí] *vt* to avoid, evade

defunció [dəfunsió] *f* death, decease

degà -ana [dəɣá] *mf* dean; (*membre més antic*) *m* doyen; *f* doyenne

degeneració [dəʒənərəsió] *f* degeneration

deglució [dəɣlusió] *f* swallowing

degollar [dəɣuʎá] *vt* to slit the throat of; (*bestiar*) to butcher, slaughter

degotall [dəɣutáʎ] *m* stalactite; (*líquid que degota*) dripping

degotar [dəɣutá] *vi* to drip

degustació [dəɣustəsió] *f* tasting

deixalles [dəʃáʎəs] *f* waste *sg*, remains; (*d'un menjar*) leftovers, scraps

deixar [dəʃá] *vt* to leave; (*abandonar up*) to leave, abandon, forsake; (*una feina*) to give up, leave; (*llegar*) to leave, bequeath; (*prestar*) to lend; (*permetre*) to let; ~ **córrer** to forget about; *vp* (*oblidar*) to forget; leave; (*abandonar-se*) to neglect osf

deixat [dəʃát] *aj* slovenly; *mf* slob

deixeble -a [dəʃébblə] *mf* pupil, student; (*seguidor*) disciple

deixondir [dəʃundí] *vtp* to wake up

dejorn [dəʒórn] *av* early

dejú -una [dəʒú] *aj* en ~ without having eaten anything

dejunar [dəʒuná] *vi* to fast

dejuni [dəʒúni] *m* fast(ing)

del [dəl] = **de** + **el**

delatar [dəlatá] *vt* to denounce, inform against; *fg* to betray

delegar [dələɣá] *vt* to delegate

delegat -ada [dələɣát] *mf* delegate

deler [dəlé] *m* passion; (*avidesa*) eagerness; (*desig vehement*) yearning, longing

deliberadament [dəliβəràðəmén] *av* deliberately, on purpose, intentionally

delicat -ada [dəlikát] *aj* delicate, subtle; (*fàcil de deteriorar-se*) fragile, delicate; (*salut*) delicate, weak, frail; (*assumpte*) delicate, sensitive

delícia [dəlísiə] *f* delight

deliciós -osa [dəlisiós] *aj*
delightful, delicious

delicte [dəlíktə] *m* crime, offence,
offense *US*

delimitar [dəlimitá] *vt* to delimit,
demarcate

delinqüent [dəliŋkwén] *mf*
criminal, offender, delinquent

deliri [dəlíri] *m med* delirium; *fg*
passion; **~s de grandesa**
delusions of grandeur

delit [dəlít] *m* delight, joy; (*ànim*)
vitality

delta [déltə] *m geo* delta; *f* (*lletra*)
delta

demà [dəmá] *av* tomorrow; **~
passat** the day after tomorrow;
m future

demacrat -ada [dəməkrát] *aj*
emaciated, scraggy

demanar [dəmaná] *vt* to ask for;
(*preguntar*) to ask; (*necessitar*) to
need, demand; **~ almoina** to beg

dement [dəmén] *aj* mad, insane;
mf mad person, insane person

democràcia [dəmukrásiə] *f*
democracy

democràtic -a [dəmukrátik] *aj*
democratic

demoníac -a [dəmuníak] *aj*
demoniac(al), demonic

demostrar [dəmustrá] *vt* to
demonstrate, to prove;
(*manifestar*) to show,
demonstrate, insane person

demostratiu -iva [dəmustratíw]
aj illustrative; *grm* demonstrative

dempeus [dəmpéws] *av* standing
up

denominador [dənumináðó] *m*
denominator

denominar [dənuminá] *vt* to
name, call, designate

dens -a [déns] *aj* dense, thick; *fg*
dense, weighty

densitat [dənsitát] *f* density

dent [dén] *f tb tecn* tooth

dentada [dəntáðə] *f* bite

dentadura [dəntaðúrə] *f* set of
teeth, teeth; **~ postissa** false
teeth

dentat -ada [dəntát] *aj* toothed

dentició [dəntisió] *f* teething

dentifrici [dəntifrísi] *m*
toothpaste

dentista [dəntístə] *mf* dentist

denunciar [dənunsiá] *vt* to report;
(*a l'opinió pública*) to denounce,
condemn

dependència [dəpəndénsiə] *f*
dependence, dependency, reliance

dependent [dəpəndén] *aj*
dependent; *f* **dependenta** *mf*
salesperson, shop assistant

dependre [dəpéndrə] *vi* to
depend (on), rely (on). *Depèn*, it
depends, maybe

depilar [dəpilá] *vt* remove the hair
from; (*celles*) to pluck; (*amb cera*)
to wax

deplorar [dəplurá] *vt* to regret,
deplore

depravat -ada [dəprəβát] *aj*
depraved; *fg* degenerate, pervert

depredador -a [dəprəðəðó] *aj*
predatory; *m* predator

depressió [dəprəsió] *f tb geo ecn*
depression; **~ atmosfèrica**
atmospheric depression

depurar [dəpurá] *vt* to purify,
treat; (*polít*) to purge

dèria [dériə] *f* obsession, mania

derivar [dəɾiβá] *vip* to derive from, come from; *vt* (*un riu*) to divert

derivat -ada [dəɾiβát] *aj mf* derivative

dermatòleg -òloga [dərmətɔ́lək] *mf* dermatologist

derrapar [dərəpá] *vi* to skid

derrota [dərɔ́tə] *f* defeat, rout

des [dés] *prp* ~ **de** from, since; ~ **que** since

desacatar [dəzəkətá] *vt* to disobey, defy

desacord [dəzəkɔ́rt] *m* disagreement

desacreditar [dəzəkɾəðitá] *vt* to discredit, bring into disrepute; *vp* to discredit osf, fall into disrepute

desafiar [dəzəfiá] *vt* to challenge, dare, defy

desafinar [dəzəfiná] *vt* to sing out of tune; *vp* to go out of tune

desagradable [dəzəɣɾəðábblə] *aj* disagreeable, unpleasant

desagraït -ïda [dəzəɣɾəít] *aj* ungrateful

desallotjar [dəzəʎudʒá] *vt* to eject, oust, remove; *vi* to move out

desanimar [dəzənimá] *vt* to discourage; *vp* to get discouraged, become disheartened

desaparèixer [dəzəpəɾéʃə] *vi* to disappear, vanish

desaparició [dəzəpəɾisió] *f* disappearance

desapercebut -uda [dəzəpərsəβút] *aj* unnoticed

desaprovar [dəzəpɾuβá] *vt* to disapprove of

desar [dəzá] *vt* to put away

desarmar [dəzərmá] *vt tb fg* to

disarm; (*un mecanisme*) to dismantle, take to pieces

desarticular [dəzərtikulá] *vt* to dislocate; *tcn* to dismantle, take apart; *fg* to break up, dismantle; *vp* to get dislocated

desastre [dəzástɾə] *m* disaster, calamity

desastrós -osa [dəzəstɾós] *aj* disastrous, calamitous

desavantatge [dəzəβəntádʒə] *m* disadvantage, drawback

desbandada [dəzbəndáðə] *f* **fugir a la** ~ to scatter

desbordar [dəzburdá] *vip* to overflow, flood; *vp fg* to exceed, go beyond

descabdellar [dəskəbdəʎá] *vt* to unwind, unravel; *fg* to explain in depth; *vp* to unravel

descafeïnat -ada [dəskəfəïnát] *aj* decaffeinated

descalç -a [dəskáls] *aj* barefoot

descans [dəskáns] *m* rest; (*alleujament*) relief

descansar [dəskənsá] *vi* to rest, have a rest, take a break; (*dormir*) to sleep; (*recolzar*) to rest (on), lean (on); *vt* to rest

descanviar [dəskəmbiá] *vt* to change

descapotable [dəskəputábblə] *aj m aut* convertible

descarat -ada [dəskəɾát] *aj* brazen, shameless

descargolar [dəskərɣulá] *vt* to unroll, unwind; (*un cargol*) to unscrew, undo; *vp* to unroll

descàrrega [dəskárəɣə] *f* unloading; *ele* discharge; *mil* firing, discharge

descarregar [dəskərəɣá] vt to unload; (disparar) to fire, discharge; ele to discharge; (un cop) to deal; fg to relieve; vp (bateria) to run down, go flat

descarrilar [dəskərilá] vi to be derailed

descavalcar [dəskəβəlká] vi to dismount

descendir [dəsəndí] vi to descend, go down; (disminuir) to fall, drop; (de categoria) to go down, be relegated

descens [dəséns] m descent; (disminució) fall, drop

descloure [dəsklówrə] vtp to open

descobriment [dəskuβrimén] m discovery

descobrir [dəskuβrí] vt to uncover; to discover, find out; (deixar d'amagar) to reveal; vp (treure's el capell) to take one's hat off

descodificar [dəskuðifiká] vt to decode, decipher

descollar [dəskuʎá] vt to unscrew

descompondre [dəskumpóndrə] vt to break down, separate into compounds, split up; vp to rot, decompose

descomposició [dəskumpuzisió] f breaking down, splitting; (putrefacció) decomposition

descomptar [dəskumtá] vt to leave aside; (rebaixar) to discount, deduct; **donar per descomptat** to take for granted, assume; **per descomptat** of course

descompte [dəskómtə] m discount

desconcertar [dəskunsərtá] vt to disconcert, upset; vp to be disconcerted

desconèixer [dəskunέʃə] vt not to know, be unaware of; (no reconèixer) not to recognize

desconfiar [dəskumfiá] vi to be suspicious (of), mistrust (sby), distrust (sby)

descongelar [dəskuɲʒəlá] vtp to defrost

desconnectar [dəskunnəktá] vt to disconnect

descordar [dəskurdá] vt to undo, unfasten, unbutton; vp to come undone; fg to pour one's heart out

descosit -ida [dəskuzít] aj unstitched; m open seam

descripció [dəskripsió] f description

descriure [dəskriwrə] vt to describe; (traçar) to trace, describe

descuit [dəskújt] m slip, omission, oversight

desdejuni [dəzdəʒúni] m light breakfast

desdir-se [dəzdirsə] vp to go back on one's word, retract, withdraw

desè -ena [dəzέ] aj mf tenth; f (conjunt de deu) ten

desembarcar [dəzəmbərká] vt to disembark, land; vt (mercaderies) to unload; (persones) to disembark

desembocadura [dəzəmbukəðúrə] f mouth

desembocar [dəzəmbuká] vi (riu) to flow (into), run (into); (carrer) to lead (into), come out (onto); fg to end (in), result (in)

desembolicar [dəzəmbuliká] vt

deshonest

to unwrap, open

desembre [dəzémbrə] m
December

desembussar [dəzəmbusá] vt to
unblock, clear; vp to become
unblocked

desemmascarar
[dəzəmməskərá] vt to unmask; fg
to unmask, expose, reveal

desemparar [dəzəmpará] vt to
abandon, desert, forsake

desencantar [dəzəŋkantá] vt to
disillusion, disappoint; vp to
become disillusioned

desendollar [dəzənduʎá] vt to
disconnect, unplug

desendreçar [dəzəndrəsá] vt to
disarrange, mess up, make untidy

desenfrenat -ada [dəzəmfrənát]
aj unbridled, uncontrolled, wild

desenganxar [dəzəŋgənʃá] vt to
unstick

desenllaç [dəzənʎás] m ending,
outcome

desenrotllar [dəzənruʎʎá] vt to
unroll; vp to unroll, come
unrolled; vtp (desenvolupar) to
develop

desentendre's [dəzəntɛ́ndrəs] vp
to wash one's hands (of)

desenterrar [dəzəntərá] vt tb fg
to unearth, dig up

desenvolupament
[dəzəmbulupəmén] m
development

desenvolupar [dəzəmbulupá] vtp
to develop

desequilibri [dəzəkilíβri] m
disequilibrium, imbalance

desert -a [dəzέrt] aj deserted,
uninhabited; (premi) unawarded;

m desert

desesperar [dəzəspərá] vip to
despair, give up hope, become
desperate; vt to drive to despair

desfalc [dasfálk] m embezzlement

desfer [dəsfé] vt to undo;
(destruir) to destroy; (un
mecanisme) to dismantle, take to
pieces; (un nus) to undo, untie;
vp to break up, dissolve;
(desembarassar-se) to get rid (of);
vtp (dissoldre) to melt

desfermar [dəsfərmá] vt to
unleash, let out, set free; (una
embarcació) to cast off

desferra [dəsférə] f (despulles)
plunder, booty; (d'uc destruïda)
remains, ruins

desfeta [dəsfétə] f defeat, rout

desfilar [dəsfilá] vi to march,
parade; vtp to fray

desfogar-se [dəsfuɣársə] vp to let
osf go, let off steam

desgastar [dəzɣəstá] vtp to wear
out

desgavell [dəzɣəβέʎ] m
confusion, chaos, disorder

desglaç [dəzglás] m thaw

desgràcia [dəzɣrásiə] f
misfortune, mishap, accident

desgraciat -ada [dəzɣrəsiát] aj
unfortunate, wretched

desgrat [dəzɣrát] m displeasure;
a ~ de in spite of, despite

desguàs [dəzɣwás] m drain,
wastepipe

deshabitat -ada [dəzəβitát] aj
uninhabited, empty, deserted

desheretar [dəzərətá] vt to
disinherit

deshonest -a [dəzunést] aj

dishonest, deceitful, improper

deshonrar [dəzunrá] *vt* to dishonour, dishonor *US*, disgrace, bring disgrace on

desig [dəziʧ] *m* desire, wish

designar [dəziŋná] *vt* to appoint, name, designate

desigual [dəziɣwál] *aj* unequal, uneven, irregular

desil·lusió [dəzilluzió] *f* disillusion(ment), disappointment

desil·lusionar [dəzilluziuná] *vt* to disillusion, disappoint; *vp* to become disillusioned, become disappointed

desinfectar [dəzimfəktá] *vt* to disinfect

desinflar [dəzimflá] *vt* to deflate, let down, let the air out of; (*una part del cos*) to reduce the swelling of; *vp* to deflate, go down

desintegrar [dəzintəɣrá] *vt* to disintegrate, break up, split; *vp* to disintegrate, split

desinterès [dəzintərɛ́s] *m* lack of interest

desistir [dəzistí] *vi* to desist from, give up, stop

desitjar [dəziʤá] *vt* to wish, want, desire; (*sexualment*) to desire

desitjós -osa [dəziʤós] *aj* longing (for), eager (for), anxious (for)

deslligar [dəzʎiɣá] *vt* (*un lligam*) to undo, untie; (*up*) to untie; *vp* to come undone, come untied; (*up*) to untie osf

deslliurar [dəzʎiwrá] *vt* (*parir*) to give birth to, bear; (*alliberar*) to

release, liberate, free; *vp* to get free (of), free osf (from), get rid (of)

desllorigar [dəzʎuriɣá] *vt* to dislocate, put out of joint, sprain

desmai [dəzmáj] *m* faint; *bot* weeping willow

desmaiar [dəzməjá] *vp* to faint; *vi* to lose heart, get downhearted

desmenjat -ada [dəzmənʒát] *aj* lacking appetite; *fg* indifferent, unenthusiastic, lethargic

desmentir [dəzməntí] *vt* to deny, scotch, refute

desmesurat -ada [dəzməzurát] *aj* excessive, disproportionate, inordinate

desmoralitzar [dəzmurəlidzá] *vt* to demoralize, dishearten; *vp* to lose heart, get demoralized

desmuntar [dəzmuntá] *vt* to dismantle, take to pieces, take apart; (*confondre*) to disconcert; *vi* (*descavalcar*) to dismount

desnaturalitzat -ada [dəznəturəlidzát] *aj* (*persona*) unnatural, cruel, inhuman; (*aliments*) denatured

desnerit -ida [dəznərít] *aj* skinny, scrawny

desnivell [dəzniβéʎ] *m* unevenness; (*inclinació*) slope

desobeir [dəzuβəí] *vt* to disobey

desocupat -ada [dəzukupát] *aj* empty, vacant, unoccupied; *aj mf* unemployed

desodorant [dəzuðurán] *aj m* deodorant

desolat -ada [dəzulát] *aj tb fg* desolate

desordenar [dəzurdəná] *vt* to

disarrange, mess up; *vp* to get untidy, get out of order

desordre [dəzórdrə] *m* disorder, mess, confusion

desori [dəzóri] *m* confusion, chaos

desorientar [dəzuriəntá] *vt* to disorient(ate), confuse; *fg* to mislead, confuse; *vp* to lose one's way; *fg* to get confused

desossar [dəzusá] *vt* to bone

desparar [dəspərá] *vt* to dismantle; (*la taula*) to clear

despatx [dəspátʃ] *m* office; (*comunicació*) dispatch

despatxar [dəspətʃá] *vt* (*un afer*) to finish, dispatch, settle; (*vendre*) to sell; (*atendre*) to attend to, serve; (*un treballador*) to dismiss, sack

despectiu -iva [dəspəktíw] *aj* contemptuous, disparaging, pejorative

despenjar [dəspəɲʒá] *vt* to take down, unhook; (*telèfon*) to pick up; *vp* to come down; *fg* to come out with

despentinar [dəspəntiná] *vt* to tousle, dishevel, rumple

despert -a [dəspért] *aj* awake; *fg* clever, bright, smart

despertador [dəspərtəðó] *m* alarm clock

despertar [dəspərtá] *vtp* to wake up, awaken; *vp fg* to awaken, stir up, arouse

despesa [dəspézə] *f* expense

despistar [dəspistá] *vt* to confuse, mislead; *vp* to get confused

despit [dəspít] *m* spite, rancour; **a ~ de** in spite of, despite

desplaçar [dəspləsá] *vt* to displace, move; *vp* to go, travel

desplegar [dəspləɣá] *vt* to open out, spread out, unfold; *fg* to develop, display

desplomar [dəsplumá] *vt* to pull down, tumble; *vp* to collapse, tumble down, to topple over

despoblat -ada [dəspubblát] *aj* deserted, uninhabited; *m* deserted spot

desposseir [dəspusəí] *vt* to dispossess, strip; *vp* to relinquish

dèspota [déspɔtə] *mf* despot, tyrant

desprendre [dəspréndrə] *vt* to unfasten, detach; (*emetre*) to give off; *vp* (*caure*) to come off, fall off; (*deduir-se*) to be deduced (from), be implied (by), emerge (from); (*desapropiar-se*) to get rid (of)

despreocupat -ada [dəsprəukupát] *aj* carefree, easy-going, happy-go-lucky

després [dəsprés] *av* later, afterwards, then; **~ de** after; **~ que** after

desproporcionat -ada [dəsprupursiunát] *aj* disproportionate, out of proportion

desproveït -ida [dəsprubəít] *aj* devoid (of), bereft (of), lacking (in)

despullar [dəspuʎá] *vt* to undress; (*desposseir*) to strip, dispossess; *vp* to undress, take one's clothes off

dessalar [dəsalá] *vt* to remove the salt from, desalt

dessota [dəsótə] *av* underneath, below

destacar

destacar [dəstəká] vt to emphasize, point out, underline; vip tb fg to stand out

destapar [dəstəpá] vt (descobrir) to uncover; (una ampolla, una caixa, etc) to open; vp to uncover osf, get uncovered; fg to reveal osf

destenyir [dəstəɲí] vtp to fade, run

desterrar [dəstərá] vt to exile, banish

destí [dəstí] m destiny, fate

destinar [dəstiná] vt to destine, appoint, assign

destituir [dəstituí] vt to dismiss, remove, sack

destorb [dəstórp] m hindrance, nuisance, impediment

destorbar [dəsturbá] vt to hinder, obstruct, impede

destral [dəstrál] f axe

destraler -a [dəstrəlé] mf (llenyataire) woodcutter; (barroer) botcher; aj sloppy, slapdash

destre [déstrə] aj skilful, accomplished

destresa [dəstrézə] f skill, dexterity

destriar [dəstriá] vt (coses barrejades) to separate; (conèixer) to discern, distinguish, make out

destrossar [dəstrusá] vt to destroy, break, ruin

destrucció [dəstruksió] f destruction

destruir [dəstruí] vt to destroy, ruin

desvagat -ada [dəzbəɣát] aj idle

desvariejar [dəzbəriəʒá] vi to be delirious; fg to rave, rant, talk nonsense

desventura [dəzbəntúrə] f misfortune

desvergonyit -ida [dəzbərɡuɲít] aj shameless, impertinent, impudent

desvetllar [dəzbəλλá] vt to keep awake, wake up; fg to excite, arouse; vp to wake up

desviar [dəzbiá] vt to divert, deflect, deviate; fg to led astray; vp to turn away, be deflected; fg to stray, wander

desxifrar [dəʃifrá] vt to decipher, decode; fg to work out, figure out, solve

detall [dətáλ] m detail; (atenció) nice gesture; com **al** ~ retail

detallar [dətəλá] vt to detail, list in detail, itemize

detectar [dətəktá] vt to detect

detectiu -iva [dətəktíw] mf detective

detenció [dətənsió] f stopping, halting; dr arrest, detention

deteniment [dətənimén] m care, thoroughness; **amb** ~ carefully, thoroughly

detenir [dətəní] vt (aturar) to stop, halt; dr to arrest; vp to stop; (reflexionar) to dwell (on)

detergent [dətərʒén] aj m detergent

deteriorar [dətəriurá] vt to damage, spoil, break; vp to worsen, deteriorate

determinació [dətərminəsió] f (fixació) establishment, fixing; (decisió) decision, resolution

determinant [dətərminán] aj determining, decisive,

determinant; *m grm* determiner
determinar [dətərminá] *vt (fixar)*
to fix, set; *(decidir)* to decide,
resolve; *(causar)* to cause, bring
about; *vp (decidir-se)* to decide,
determine, resolve
determinat -ada [dətərminát] *aj
(fixat)* fixed, set, certain; *(concret)*
particular, given; *(decidit)*
determined, resolute, firm
determinatiu -iva
[dətərminətíw] *aj m* determinative
detestar [dətəstá] *vt* to detest,
hate, loathe
detonació [dətunəsió] *f*
explosion, detonation
deturar [dəturá] *vtp* to stop
deu [déw] *aj m* ten
déu [déw] *m* god; **Déu** God; **Déu
n'hi do** it's not bad; **gràcies a
Déu** thank God, thank heaven;
per l'amor de Déu for God's
sake; **tot ~** everybody
deure [déwrə] *vt* to owe; **Deu
haver plogut**, it must have been
raining; *m* duty
deute [déwtə] *m* debt
devaluació [dəβəluəsió] *f*
devaluation
devastar [dəβəstá] *vt* to
devastate
devers [dəβérs] *prp* towards, in
the direction of, to;
(aproximadament) towards,
approximately
devoció [dəβusió] *f tb fg* devotion
devolució [dəβulusió] *f* return;
(de diners) refund
devorar [dəβurá] *vt* to devour;
(menjar àvidament) to devour,
wolf down, gobble up

devot -a [dəβót] *aj* devout; *mf*
devotee
dia [día] *m* day; **al ~** up to date;
bon ~ good morning; **~ feiner**
working day
diable [diábblə] *m* devil; *(persona
dolenta)* devil, fiend, monster; *pl
(admiració, enuig)* the hell
diada [diáðə] *f* day of celebration,
holiday, feast day
diadema [diəðémə] *f* hairband;
(dels sobirans) diadem, crown
diafragma [diəfráɣmə] *m*
diaphragm
diagonal [diəɣunál] *aj f* diagonal
diagrama [diəɣrámə] *m* diagram
dialecte [diəléktə] *m* dialect
diàleg [diálək] *m* dialogue, dialog
US
dialogar [diəluɣá] *vi* to talk,
converse
diamant [diəmán] *m* diamond; *pl
jcs* diamonds
diàmetre [diámətrə] *m* diameter
diana [diánə] *f* bull's eye; *mil*
reveille
diantre [diántrə] *inj* gosh!
diapositiva [diəpuzitíβə] *f* slide,
transparency
diari -ària [diári] *aj* daily; *m*
newspaper; *(personal)* diary
diarrea [diəréə] *f* diarrhoea
dibuix [diβúʃ] *m* drawing; **~os
animats** cartoon
dibuixant [diβuʃán] *m*
draughtsman, draftsman *US*; *f*
draughtswoman, draftswoman *US*
dibuixar [diβuʃá] *vt* to draw,
sketch; *(descriure)* to paint,
describe; *vp* to be outlined;
(deixar-se veure) to appear, show

dic [dík] *m* dike, breakwater

dicció [diksió] *f* diction

diccionari [diksiunári] *m* dictionary

dictador -a [diktəðó] *mf* dictator

dictadura [diktəðúrə] *f* dictatorship

dictar [diktá] *vt* to dictate; (*lleis, sentències*) to pronounce, issue, pass

dictat [diktát] *m* dictation

dida [díðə] *f* wet-nurse

didal [diðál] *m* thimble

dièresi [diérəzi] *f* diaeresis

dieta [diétə] *f* diet; **estar a ~** to be on a diet

diferència [difərénsiə] *f* difference

diferenciar [difərənsiá] *vt* to tell apart, differentiate between, distinguish; *vp* to differ, be different

diferent [difərén] *aj* different

diferir [difərí] *vi* to differ (from), be different (from); *vt* (*ajornar*) to postpone, put off, defer

diferit -ida [difərít] *aj* postponed, deferred, put off; (*TV*) pre-recorded

difícil [difísil] *aj* difficult, hard

dificultar [difikultá] *vt* to make difficult

dificultat [difikultát] *f* difficulty; (*obstacle*) difficulty, problem, obstacle

difondre [difóndrə] *vt* to spread; (*una notícia*) to spread, divulge; *vp* to spread, be propagated

diftong [diftóŋ] *m* diphtong

difunt -a [difún] *aj mf* deceased

difusió [difuzió] *f* spreading, diffusion, propagation

digerir [diʒərí] *vt* to digest; (*assimilar*) to digest, assimilate, absorb; (*un mal, un tort*) to suffer, endure, bear

digestió [diʒəstió] *f* digestion

digestiu -iva [diʒəstíw] *aj* digestive

dignatari -ària [diŋnətári] *mf* dignatary

digne -a [díŋnə] *aj* (*mereixedor*) worthy, deserving; (*honest*) decent, honourable, honest

dignitat [diŋnitát] *f* dignity; (*persona*) dignatary

dijous [diʒóws] *m* Thursday

dilatar [dilatá] *vt* to widen, cause to expand; *vp* to expand, widen

diligència [diliʒénsiə] *f* (*qualitat de diligent*) diligence; (*gestió*) business; (*carruatge*) stagecoach, diligence

diligent [diliʒén] *aj* diligent, industrious

dilluns [dilúns] *m* Monday

dilucidar [dilusiðá] *vt* to elucidate, explain, clarify

diluir [diluí] *vt* (*un líquid*) to dilute; *vtp* (*un sòlid*) to dissolve

diluvi [dilúβi] *m* deluge, flood

dimarts [dimárs] *m* Tuesday

dimecres [dimékrəs] *m* Wednesday

dimensió [dimənsió] *f* dimension, size; (*importància*) magnitude, importance

diminut -a [diminút] *aj* tiny, minute, very small

diminutiu -iva [diminutíw] *aj m* diminutive

dimitir [dimití] *vt* to resign from

disfressa

dimoni [diˈmɔni] m devil, demon

dinàmic -a [diˈnamik] aj dynamic; f (ciència) dynamics

dinamita [dinaˈmitə] f dynamite

dinamo [diˈnamu] f dynamo

dinar [diˈna] vi to have lunch; m lunch

dinastia [dinasˈtiə] f dynasty

diner [diˈne] msg/pl money

dinou [diˈnɔw] aj m nineteen

dins [dins] av prp in, inside; in, inside, interior

dintre [ˈdintrə] av prp = **dins**

dinyar-la [diˈɲarlə] vt fm to kick the bucket, snuff it

diòptria [diˈɔptriə] f diopter, dioptry

diploma [diˈplomə] m diploma

diplomàcia [dipluˈmasiə] f tb fg diplomacy

diplomàtic -a [dipluˈmatik] aj diplomatic; (en el tracte) diplomatic, tactful; mf diplomat

dipòsit [diˈpɔzit] m (diners) deposit; (magatzem) warehouse, store, depot; (recipient) tank; ~ de cadàvers morgue

dipositar [dipuziˈta] vt to place, deposit

diputat -ada [dipuˈtat] mf deputy, Member of Parliament, Representative US

dir [di] vt to say, tell; (opinar) to think; (anomenar) to call; Com te dius?, what's your name?; digui! (al telèfon) hello?; és a ~ that is to say; **voler** ~ to mean

direcció [dirəkˈsio] f management; (sentit) direction; aut steering

directe -a [diˈrɛktə] aj direct; (immediat) immediate; (planer) direct, straight; **en** ~ live

director -a [dirəkˈto] mf director, manager; ~ **d'orquestra** conductor

dirigent [diriˈʒen] aj leading, ruling; mf leader

dirigible [diriˈʒibblə] m dirigible

dirigir [diriˈʒi] vt (regir) to manage, run; (adreçar) to address; fg to channel, direct; vp to head (for), (go) to

disbarat [dizbəˈrat] m stupid thing, nonsense

disbauxa [dizˈbawʃə] f debauchery

disc [disk] m disc, disk US; mús record; (recipient) tank; ~ ifm disk

discernir [disərˈni] vt to discern, distinguish

disciplina [disipˈlinə] f discipline

discontinu -ínua [diskunˈtinu] aj discontinuous

discòrdia [disˈkɔrdiə] f discord, disagreement

discoteca [diskuˈtekə] f (local) discotheque, disco; (col·lecció) record collection

discrepar [diskrəˈpa] vi to differ, disagree

discret -a [disˈkrɛt] aj discreet; (discontinu) discontinuous

disculpar [diskulˈpa] vt to excuse; vp to apologize

discurs [disˈkurs] m speech, discourse

discussió [diskuˈsio] f discussion, argument

discutir [diskuˈti] vi to discuss, debate, talk over; vt to contradict, argue against, object to

disfressa [disˈfrɛsə] f fancy dress; (per enganyar) disguise

disfressar [disfrəsá] *vtp* to dress up; *vt* (*per enganyar*) to disguise; *vp* to disguise osf

disgust [dizgúst] *m* displeasure, sorrow, annoyance

disgustar [dizgustá] *vt* to displease, make annoyance to; *vp* to get upset, become annoyed

disjunt -a [diʒún] *aj* disjointed, disconnected

dislèxia [dizléksiə] *f* dyslexia

dislocar [dizluká] *vt* to dislocate, sprain

disminuir [dizminuí] *vti* to diminish, decrease, lessen

disminuït -ïda [dizminuít] *mf* ~ **físic** disabled person, physically handicapped person; ~ **psíquic** mentally handicapped person

disparar [dispəá] *vt* to shoot, fire

dispendi [dispéndi] *m* waste

dispensar [dispənsá] *vt* to excuse, pardon

dispensari [dispənsári] *m* clinic

dispers -a [dispérs] *aj* dispersed, scattered

dispersar [dispərsá] *vtp* to disperse

dispesa [dispézə] *f* guest house, boarding house, lodging house

disponible [dispuníbblə] *aj* available

disposar [dispuzá] *vt* to arrange, lay out; (*decidir*) to decide, stipulate; *vi* to have (sth) at one's disposal; *vp* to be about (to)

disposició [dispuzisió] *f* (*manera*) layout, arrangement; (*actitud*) disposition; (*inclinació*) willingness; (*poder de disposar*) disposal

dispositiu -iva [dispuzitíw] *m* device, mechanism; ~ **intrauterí** intrauterine device, IUD

disputar [disputá] *vti* to dispute; *vt esp* to play

disquet [diskét] *m* diskette, floppy disk

dissabte [disáptə] *m* Saturday; **fer** ~ to have a good cleanup, do the weekly clean

dissecar [disəká] *vt* to dissect; *zoo* to stuff

disseny [disép] *m* design

disset [disét] *aj m* seventeen

dissimular [disimulá] *vt* to hide, conceal; *vi* to pretend, dissemble

dissipar [disipá] *vt* to clear, dispel; (*malgastar*) to squander

dissoldre [disɔ́ldrə] *vtp* to dissolve; *vt* (*anul·lar*) to annul; *vtp* (*una reunió*) to break up

dissolució [disulusió] *f* solution

dissolut -a [disulút] *aj* dissolute, dissipated

dissort [disɔ́rt] *f* misfortune

dissortat -ada [disurtát] *aj* unfortunate, unlucky

dissuadir [disuəðí] *vt* to dissuade, deter, discourage

distància [distánsiə] *f* distance

distinció [distinsió] *f* distinction, difference; (*excel·lència*) distinction

distingir [distiɲʒí] *vt* to distinguish; (*percebre*) to make out; (*mostrar estimació*) to honour, honor US; *vp* to distinguish osf

distint -a [distín] *aj* different, distinct

distintiu -iva [distintíw] *aj*

distinctive, distinguishing; *m* emblem, badge

distracció [distrəksió] *f* entertainment, amusement; (*descuit*) distraction

distraure [distráwrə] *vt* = **distreure**

distret -a [distrét] *aj* absentminded; (*divertit*) enjoyable, entertaining

distreure [distréwrə] *vt* (*l'atenció*) to distract; (*divertir*) to entertain, enjoy; *vp* (*l'atenció*) to be absentminded, get distracted; (*divertir*) to amuse osf, enjoy osf

distribució [distriβusió] *f* distribution

distribuir [distriβuí] *vt* to distribute, assign

disturbi [distúrbi] *m* disturbance, commotion

dit [dit] *m* finger; (*del peu*) toe

dita [dítə] *f* saying

diumenge [diwmέ̞ŋʒə] *m* Sunday

diürn -a [diúrn] *aj* diurnal, day *atr*

divagar [diβəɣá] *vi* to digress

divendres [diβéndrəs] *m* Friday

divers -a [diβérs] *aj* varied, diverse, *pl* several, various

diversificar [diβərsifiká] *vtp* to diversify

diversió [diβərsió] *f* enjoyment, fun, entertainment

diversitat [diβərsitát] *f* diversity, variety

divertir [diβərtí] *vt* to entertain, amuse; *vp* to have fun, amuse osf

divertit -ida [diβərtít] *aj* fun, enjoyable, entertaining

diví -ina [diβí] *aj* divine

dividend [diβiδén] *m* dividend

dividir [diβiδí] *vt* to divide, split; (*distribuir*) to divide, share; *fg* to divide

divisió [diβizió] *f* division

divisor [diβizó] *m* divisor

divorci [diβórsi] *m* divorce

divuit [diβújt] *aj m* eighteen

divulgar [diβulɣá] *vtp* to spread, circulate

do [dɔ] *m* gift, talent

doblar [dubblá] *vt* to double; *cin* to dub

doblatge [dubbládʒə] *m* dubbing

doble [dóbblə] *aj m* double; *cin* double, stand-in

doblegar [dubbləɣá] *vtp* to fold, bend; *vt fg* to subdue; *vp* to submit

dòcil [dɔ́sil] *aj* docile, obedient

docte -a [dɔ́ktə] *aj* learned, erudite

doctor -a [duktó] *mf* doctor

doctrina [duktrínə] *f* doctrine

document [dukumén] *m* document

documentació [dukuməntəsió] *f* documentation; (*conjunt de documents*) papers, documents

documental [dukuməntál] *aj m* documentary

dofí [dufí] *m* dolphin

dogma [dóɣmə] *m* dogma

dogmàtic -a [duɣmátik] *aj* dogmatic; *mf* dogmatist

dol [dɔ́l] *m* mourning

dòlar [dɔ́lər] *m* dollar

dolç -a [dóls] *aj* sweet; *fg* gentle, soft, sweet

dolçor [dulsó] *f* sweetness; *fg* gentleness, softness, sweetness

doldre [dɔ́ldrə] *vi* to be sorry; *vp*

(*lamentar-se*) to regret (sth),
complain (about sth)

dolent -a [dulén] *aj* bad; (*de mala
qualitat*) bad, poor

doll [dóʎ] *m* jet, stream

dolor [duló] *m* pain; (*pena*) pain,
grief, distress

dolorós -osa [dulurós] *aj* painful;
(*penós*) painful, grievous,
distressing

domador -a [dumaðó] *mf* trainer,
tamer

domar [dumá] *vt* to tame

domèstic -a [duméstik] *aj* home
atr, household *atr*, domestic;
animal ~ pet

domesticar [dumastiká] *vt* to
tame, domesticate

domicili [dumisíli] *m* address,
domicile, residence

dominar [duminá] *vt* to dominate,
control; (*una ciència, una llengua*)
to have a good command of

domini [dumíni] *m* control,
authority, power; (*ámbit*)
dominion; (*ámbit*) domain, sphere

dòmino [dɔ́minu] *m* dominoes *pl*

dona [dɔ́nə] *f* woman; (*muller*) wife

donar [duná] *vt* to give; (*un
negoci*) to yield, produce; *vi*
(*mirar*) to look out (onto), give
(onto); *vp* (*ocórrer*) to happen;
(*retre's*) to surrender, give in; (*fer-
se més ample*) to stretch, give;
tant se me'n dóna it's all the
same to me

donatiu [dunatíw] *m* donation,
contribution

doncs [dóŋs] *cnj* well, then

donzella [dunzéʎə] *f* maiden

dopar [dupá] *vt* to dope, drug

dormilega [durmiléɣə] *mf*
sleepyhead

dormir [durmí] *vi* to sleep; (*passar
la nit*) to spend the night, stay

dormitar [durmitá] *vi* to doze,
snooze

dormitori [durmitɔ́ri] *m* bedroom

dors [dɔ́rs] *m* back

dorsal [dursál] *aj* dorsal, back *atr*

dos dues [dós] *aj m* two; **cada ~
per tres** very often

dosi [dɔ́zi] *f* dose

dosificació [duzifikəsió] *f* dosage

dossier [dusié] *m* dossier, file

dot [dɔ́t] *m* dowry; (*do*) gift, talent

dotze [dódzə] *aj m* twelve

dotzena [dudzénə] *f* dozen

drac [drák] *m* dragon

dragó [drəɣó] *m* lizard, gecko

drama [drámə] *m* drama

dramàtic -a [drəmátik] *aj*
dramatic

dramaturg -a [drəmatúrk] *mf*
dramatist, playwright

drap [dráp] *m* cloth

drapaire [drəpájrə] *mf* rag-and-
bone man, junkman *US*

drassana [drəsánə] *f* shipyard

dreçar [drəsá] *vt* to straighten,
put upright, unbend

drecera [drəsérə] *f* short cut

drenar [drəná] *vt* to drain

dret -a [drét] *aj* straight;
(*dempeus*) standing; (*del costat
dret*) right; *f* right; **posar-se ~** to
stand up

dret [drét] *m* law; (*allò que és
degut*) right; (*anvers*) front side

driblar [dribblá] *vt* to dribble

dringar [driŋgá] *vi* to tinkle,
jingle

droga [dɾɔɣə] f drug
dromedari [druməðáɾi] m
  dromedary
druida [drúiðə] m druid
duana [duánə] f customs pl
dubitatiu -iva [duβitətíw] aj
  dubitative, doubting, doubtful
dubtar [duptá] vi to hesitate,
  doubt; (desconfiar) to doubt (sby);
  vt to doubt
dubte [dúptə] m doubt; **sens ~**
  no doubt
duc [dúk] m duke
duel [duέl] m duel
dulcificar [dulsifiká] vt to
  sweeten; fg to soften
duna [dúnə] f dune
duo [dúo] m duet, duo
duodè [duuðέ] m duodenum
dúplex [dúpləks] aj m duplex
duplicat -ada [duplikát] aj m
  duplicate
dur [dú] aj hard, tough; fg hard,
  harsh, severe
dur [dú] vt = **portar**
durada [duɾáðə] f length,
  duration
durant [duɾán] prp during, for
durar [duɾá] vi to last
duresa [duɾézə] f hardness,
  toughness, harshness
duro [dúɾu] m five peseta coin
dutxa [dútʃə] f shower
dutxar [dutʃá] vt to give a
  shower; vp to have (take) a
  shower

E

ebenista [əβənístə] mf

carpenter, cabinetmaker
ebri èbria [έβɾi] aj drunk,
  drunken, intoxicated
ebullició [əβuʎisió] f boiling,
  ebullition; fg ferment
eclipsi [əklípsi] m eclipse
eco [έku] m tb fg echo
ecologia [əkuluʒíə] f ecology
ecologista [əkuluʒístə] aj
  environmental, conservation atr;
  mf ecologist, conservationist,
  environmentalist
economat [əkunumát] m
  cooperative store, cut-price store
economia [əkunumíə] f economy;
  (estalvi) economy, saving, thrift;
  (estudi) economics
econòmic -a [əkunɔ́mik] aj
  (relatiu a l'economia) economic;
  (que redueix despeses) economical,
  cheap; **ciències econòmiques**
  economics
ecosistema [ɛkusistέmə] m
  ecosystem
èczema [ɛ́kzəmə] m eczema
edat [əðát] f age; hst age, epoch,
  time; **~ mitjana** Middle Ages
edició [əðisió] f grf edition; (d'un
  diari) issue; (d'un festival, etc)
  occasion, event
edificar [əðifiká] vt to build,
  construct
edifici [əðifísi] m building
editar [əðitá] vt (publicar) to
  publish; (un text) to edit
editorial [əðituɾiál] aj publishing
  atr; f publishing house, publishers;
  m leading article, editorial
edredó [əðɾəðó] m eiderdown,
  quilt
educació [əðukəsió] f education;

(dels fills) upbringing; (urbanitat) manners pl, good manners pl, breeding

educar [əðuká] vt to educate; (la veu, etc) to train; (animals) to train; (fills) to raise, bring up

educat -ada [əðukát] aj **ben ~** well-mannered, polite; **mal ~** ill-mannered, unmannerly, rude

edulcorant [əðulkurán] m sweetener

efecte [əfɛ́ktə] m effect; (impressió) impression; Em fa l'~ que, it gives me the impression that, I think that; **a aquest ~** to this end; **en ~** in fact, indeed; **tenir ~** (donar resultat) to take effect

efectiu -iva [əfəktíw] aj (eficaç) effective; mpl mil forces, troops; **en ~** in cash

efectivament [əfəktiβəmén] av in fact; (com a resposta) exactly

efectuar [əfəktuá] vt to make, carry out

efervescent [əfərβəsén] aj tb fg effervescent, bubbly

eficàcia [əfikásiə] f efficacy

eficaç [əfikás] aj efficacious, effective

eficiència [əfisiénsiə] f efficiency

eficient [əfisién] aj efficient

efígie [əfíʒiə] f effigy

efímer -a [əfímər] aj ephemeral, transitory, short-lived

egipci -ípcia [əʒípsi] aj mf Egyptian

egocèntric -a [əɣuséntrik] aj mf egocentric

egoisme [əɣuízmə] m selfishness, egotism

egoista [əɣuístə] aj selfish, egotistic; mf selfish person

egua [éɣwə] f mare

eh [é] inj (per a demanar el que no s'ha entès) what?, pardon?; (per a cridar l'atenció d'up) hey!, hi!

ei [éj] inj (per a cridar l'atenció d'up) hey!, hi!; (restricció, rectificació) I mean!, well

eina [éjnə] f tool

eix [éʃ] m tb tècn axle; (imaginari) axis; fg crux, core

eixalar [əʃəlá] vt tb fg to clip the wings of

eixam [əʃám] m tb fg swarm

eixamplar [əʃəmplá] vtp to enlarge, widen, expand

eixarcolar [əʃərkulá] vi to weed

eixelebrat -ada [əʃələβrát] aj thoughtless, reckless; mf scatterbrain

eixerit -ida [əʃərít] aj clever, smart, quick

eixida [əʃíðə] f arq courtyard; (sortida) exit

eixir [əʃí] vi = **sortir**

eixordador -a [əʃurðəðó] aj deafening, ear-splitting

eixordar [əʃurðá] vt to deafen, make deaf

eixugacabells [əʃúɣəkəβέʎs] m hairdryer

eixugamans [əʃúɣəmáns] m towel; (de cuina) dishcloth

eixugaparabrisa [əʃúɣəpərəβrízə] m windscreen wiper, windshield wiper US

eixugar [əʃuɣá] vt (amb un drap, etc) to wipe; (per evaporació) to dry, dry up; vp to dry, dry out, dry off

eixut -a [əʃút] *aj* dry; *fg* (*persona, caràcter*) cold, blunt; (*terra*) parched, arid

ejaculació [əʒəkuləsió] *f* ejaculation

el [əl] *ar m* the

el [əl] *pr* (*persona*) him; (*cosa*) it; (*vostè*) you

elaboració [ələβurəsió] *f* elaboration

elaborar [ələβuré] *vt* (*fabricar*) to make, manufacture, produce; (*una teoria, etc*) to elaborate

elàstic -a [əlástik] *aj tb fg* elastic; *mpl* braces, suspenders *US*

elecció [ələksió] *f* selection, choice, choosing; *pl* election *sg*

elector -a [ələktó] *mf* elector, voter

electorat [ələkturát] *m* electorate

elèctric -a [əléktrik] *aj* electric(al)

electricista [ələktrisísta] *mf* electrician

electricitat [ələktrisitát] *f* electricity

electrocutar [ələktrukutá] *vt* to electrocute

electrodomèstic [əlèktruðumèstik] *m* (domestic) appliance, (household) appliance

electroimant [əlèktruimán] *m* electromagnet

electromagnètic -a [əlèktrumaŋnétik] *aj* electromagnetic

electrònic -a [ələktrónik] *aj* electronic; *f pl* electronics

elefant [ələfán] *m* elephant

elegància [ələɣánsiə] *f* elegance, smartness, stylishness

elegant [ələɣán] *aj* elegant, stylish, smart

elegir [ələʒí] *vt* to choose, select; (*polítics, etc*) to elect

element [ələmén] *m* element; (*part*) element, constituent; *pl* (*rudiments*) elements, basics, rudiments

elemental [ələməntál] *aj* elementary

elevació [ələβəsió] *f* raising, lifting, elevation

elevar [ələβá] *vt* to raise, lift (up); elevate; *vp* to rise, go up

elidir [əliðí] *vt* to elide

eliminar [əliminá] *vt* to eliminate; *esp* to eliminate, knock out

elitisme [əlitízmə] *m* elitism

ell [éʎ] *pr* he; [*amb preposició*] him; *pl* they; [*amb preposició*] them

ella [éʎə] *pr* she; [*amb preposició*] her; *pl* they; [*amb preposició*] them

el·lipse [əllípsə] *f* ellipse

el·líptic -a [əllíptik] *aj* elliptic(al)

elogi [əlɔ́ʒi] *m* praise, eulogy

eloqüent [əlukwén] *aj* eloquent

els [əls] *ar mpl* the

els [əls] *pr* them; (*vostès*) you

em [əm] *pr* me

emanar [əməná] *vi* to emanate (from), come (from)

embadalir [əmbəðəlí] *vt* to enchant, entrance, charm; *vp* to be enchanted, be enraptured

embadocar [əmbəðuká] *vt* to fascinate; *vp* to gape, goggle

embafar [əmbəfá] *vt* to cloy; *fg* to pall (on), bore, sicken

embalar [əmbəlá] *vt* (*embolicar*) to pack, parcel up, wrap; *vp* to rush off; (*cotxe*) to race

embalatge [əmbəláʤə] *m*
packing, wrapping

embaràs [əmbərás] *m* (*d'una
dona*) pregnancy; (*nosa*) obstacle,
hindrance

embarbussament
[əmbərbusəmén] *m* tongue
twister

embarcació [əmbərkəsió] *f* boat,
craft, ship, vessel

embarcar [əmbərká] *vt*
(*equipatge*) to put on board; *vp*
(*pujar a una embarcació*) to
embark, go on board; *fg* to get
involved (in)

embassament [əmbəsəmén] *m*
(*pantà*) reservoir

embassar [əmbəsá] *vt* to dam,
retain (water)

embat [əmbát] *m* (*d'onades*)
dashing, breaking, beating

embellir [əmbəʎí] *vt* to embellish,
beautify

embenar [əmbəná] *vt* to bandage,
bind (up)

emblanquinar [əmbləŋkiná] *vt*
to whitewash

emblema [əmblémə] *m* emblem

emblemàtic -a [əmbləmátik] *aj*
emblematic

embocadura [əmbukəðúrə] *f*
mús mouthpiece; (*de carrer, etc*)
entrance; (*de riu*) mouth

emboirar [əmbujrá] *vt* to cover
with mist, cover with fog; *vp* to
become misty, become foggy

embolcallar [əmbulkəʎá] *vt* to
wrap (up), pack (up), do up;
(*criatura*) to swaddle, wrap up

embòlia [əmbɔ́liə] *f* embolism

embolic [əmbulík] *m*
(*complicació*) mess, fuss, muddle

embolicar [əmbuliká] *vt* (*amb
paper, etc*) to wrap (up), do up;
(*fils, etc*) to get tangled (up);
(*complicar-se*) to get into a mess

emborratxar [əmburəʧá] *vt* to
make drunk; *vp* to get drunk

emboscada [əmbuskáðə] *f*
ambush

embotellar [əmbutəʎá] *vt* to
bottle

embotit [əmbutít] *m* sausage

embragatge [əmbrəɣáʤə] *m*
aut clutch

embranzida [əmbrənzíðə] *f*
agafar ~ to speed up

embriac -aga [əmbriák] *aj* drunk,
drunken, intoxicated; *mf* drunk,
drunkard

embriagar [əmbriəɣá] *vt* to
intoxicate, make drunk; *vp* to get
drunk

embrió [əmbrió] *m* embryo

embrollar [əmbruʎá] *vt* to
muddle, confuse, complicate

embruixar [əmbruʃá] *vt tb fg* to
bewitch; (*un lloc*) to haunt

embrutar [əmbrutá] *vt* to dirty,
soil, foul; *vp* to get dirty

embull [əmbúʎ] *m* muddle,
tangle, mess

embús [əmbús] *m* obstruction,
blockage; (*de cotxes*) traffic jam

embussar [əmbusá] *vt* to block
(up), clog (up), obstruct; *vp* to
clog (up), get clogged (up), get blocked
(up)

embut [əmbút] *m* funnel; **anar
amb ~s** to beat about the bush;
parlar sense ~s to speak out

empedreït

plainly

embutxacar [əmbutʃəká] vp to pocket

emergència [əmərʒénsiə] f emergence; (esdeveniment) emergency

emergir [əmərʒí] vi to emerge

emetre [əmétrə] vt (so, etc) to emit, give out; (bitllets) to issue; (tv, ràdio) to broadcast

èmfasi [émfəzi] m/f emphasis

emfàtic -a [əmfátik] aj emphatic

emigració [əmiɣrəsió] f emigration; (d'ocells) migration

emigrant [əmiɣrán] aj mf emigrant

emigrar [əmiɣrá] vi (persones) to emigrate; (ocells) to migrate

eminència [əminénsiə] f eminence

eminent [əminén] aj high, lofty; fg eminent

emir [əmír] m emir

emissora [əmisórə] f radio station

emmagatzemar [əmməɣədzəmá] vt to store, warehouse

emmalaltir [əmmələltí] vi to fall ill, be taken ill

emmarcar [əmmərká] vt to frame

emmascarar [əmməskərá] vt to blacken

emmetzinar [əmmədziná] vt tb fg to poison; vp to poison osf, take poison

emmirallar [əmmirəʎá] vt to reflect, mirror; vp to look at osf in the mirror

emmordassar [əmmurðəsá] vt (up) to gag; (un animal) to muzzle

emmotllar [əmmuʎʎá] vt to

mould, cast; vp fg to adjust osf (to)

emoció [əmusió] f emotion

emocionar [əmusiuná] vt to touch, move; vp to be moved

emotiu -iva [əmutíw] aj emotive, emotional; (persona) emotional

empaltar [əmpəltá] vt to pursue, chase, hunt; fg (up) to chase, badger

empantanegar [əmpantənəɣá] vt (afer, empresa) to obstruct, clog, hinder

empaperar [əmpəpərá] vt to paper; fg to throw the book (at sby)

empaquetar [əmpəkətá] vt to pack, parcel (up), package

emparar [əmpərá] vt (protegir) to protect, shelter

emparaular [əmpərəwlá] vt to agree to, to give one's word to

emparedar [əmpərəðá] vt to immure, confine

emparentar [əmpərəntá] vip to become related (by marriage)

empastifar [əmpəstifá] vt to daub, smear

empat [əmpát] m draw, tie

empatar [əmpətá] vt to draw, tie

empatollar-se [əmpətuʎársə] vp Què t'empatolles?, what on earth are you talking about?

empatxar [əmpətʃá] vt (impedir) to obstruct; (indigestar) to give indigestion to; vp to get indigestion

empedrar [əmpəðrá] vt to pave

empedrat [əmpəðrát] m (paviment) pavement

empedreït -ïda [əmpəðrəit] aj

empelt

(*incorregible*) inveterate, unregenerate

empelt [əmpέl] *m agr med* graft

empenta [əmpέntə] *f* push, shove; *fg* push, drive, energy

empènyer [əmpέɲə] *vt* to push, shove; *fg* to push, drive, impel

empenyorar [əmpəɲurá] *vt* to pledge, pawn

emperador [əmpərəðó] *m* emperor; (*peix*) swordfish

emperadriu [əmpərəðríw] *f* empress

emperò [əmpərɔ́] *cnj* but; *av* (*no obstant això*) however

empestar [əmpəstá] *vt med* to infect (with the plague)

empipador -a [əmpipəðó] *aj* annoying, irksome, tiresome; *mf* bore

empipar [əmpipá] *vt* (*enutjar*) to annoy; (*incomodar*) to bother; *vp* to get annoyed, get livid

empíric -a [əmpírik] *aj* empiric(al); *mf* empiricist

empitjorar [əmpidʒurá] *vt* to make worse, worsen; *vip* to get worse, deteriorate

emplaçament [əmpləsəmέn] *m* site, location

emplastre [əmplástrə] *m med* poultice

empleat -ada [əmpleát] *mf* employee; (*administratiu*) clerk, office worker

emplenar [əmpləná] *vt* to fill (up); (*formulari*) to fill up, fill in

empobrir [əmpuβrí] *vt* to impoverish; *vp* to become poor

empolainar [əmpuləjná] *vtp* to dress up, doll up

empolsar [əmpulsá] *vt* to cover with dust, make dusty

empori [əmpɔ́ri] *m* emporium, mart, trading centre

emportar-se [əmpurtársə] *vp* to take away, carry off, remove

emprar [əmprá] *vt* to use, employ, make use of

emprempta [əmprέmtə] *f* print, sign, mark; (*de peu*) footprint, footmark; **empremtes digitals** fingerprints

emprendre [əmpέndrə] *vt* to undertake, embark on, begin

emprenedor -a [əmprənəðó] *aj* enterprising, go-ahead

emprenyar [əmprəɲá] *vt vlg* to make livid; *vp* to get cross, get livid

empresa [əmprέzə] *f* (*projecte*) enterprise, undertaking; (*societat*) company, firm, enterprise

empresari -ària [əmprəzári] *m* businessman; *f* businesswoman

empresonar [əmprəzuná] *vt* to imprison, put into prison, jail

emprovar [əmpruβá] *vtp* to try on

empudegar [əmpuðəɣá] *vt* to stink out

empunyadura [əmpuɲəðúrə] *f* hilt

empunyar [əmpuɲá] *vt* to grasp, clutch, grip

emulsió [əmulsió] *f* emulsion

em [əm] *pr* me

en [ən] *n* ~ Pere, Peter

en [ən] *prp* (*lloc*) in, into, on; (*temps*) in. Ho vam fer ~ tres dies, we did it in three days; on. ~ aquella ocasió, on that occasion

en [ən] *pr ~ tinc dos*, I have two; *Ara ~ vinc*, I've just come from there; *No ~ vull parlar*, I don't want to talk about it

enamorar [ənəmurá] *vt* to win the love of; *vp* to fall in love (with sby)

enarborar [ənərburá] *vt* (*bandera*) to hoist, raise; *fg* to inflame

ençà [ənsá] *av* (*espai*) up to here; *d'~ que* (*temps*) since, from; *de... ~* (*espai*) from

encabir [ənkəßí] *vt* to put (sth in), squeeze (sth in), jam (sth in); *vp* to squeeze (in), jam (in)

encadenar [ənkəðəná] *vt tb fg* (*up*) to chain, fetter, shackle; (*unir*) to connect, link

encaixar [ənkəʃá] *vi tb fg* to fit (well); (*donar-se la mà*) to shake hands; *vt* to insert; (*en caixes*) to box, case

encalçar [ənkəlsá] *vt* to pursue, chase, hunt

encallar [ənkəʎá] *vip tb fg* to get stuck, jam; *mar* to run aground

encaminar [ənkəminá] *vt* to direct, guide; *fg* to direct; *vp* to head (for), make (for)

encanonar [ənkənuná] *vt* to pipe; (*apuntar*) to point

encant [ənkán] *m* charm, spell; *pl* flea market *sg*

encantament [ənkəntəmén] *m* enchantment

encantar [ənkəntá] *vt* to bewitch, cast a spell on; *vi El concert em va ~*, I was charmed by the concert; *vp* to stand gaping

encantat -ada [ənkəntát] *aj* bewitched; (*distret*) absent-minded

encanteri [ənkəntéri] *m* spell, enchantment

encaparrar [ənkəpərá] *vt* to give a headache to; *fg* to worry; *vp* (*capficar-se*) to brood about

encapçalar [ənkəpsəlá] *vt* to head

encapritxar-se [ənkəpritʃársə] *vp* to take a fancy to

encara [ənkárə] *av* still, yet. *Encara hi són*, they are still there. *Encara no ha respost*, he hasn't answered yet; *~ que* although, though

encarar [ənkərá] *vt* (*arma*) to aim; *vp* to face, confront, come face to face (with)

encarcarat -ada [ənkərkərát] *aj* stiff, rigid

encarir [ənkərí] *vt* to raise the price of, make more expensive; *vp* to get dearer, rise in price

encàrrec [ənkárək] *m* (*diligència*) errand; (*comanda*) order, request

encarregar [ənkərəɣá] *vt* to entrust; (*comanda*) to order; *vp* to take charge (of), see (about)

encartonar [ənkərtuná] *vp* to cover with cardboard; *vp* to stiffen, grow stiff

encastar [ənkəstá] *vt* to embed, set

encauar [ənkəwá] *vt* to hide; *vp* (*animal*) to go into its burrow; (*up*) to hide osf away

encegar [ənsəɣá] *vt tb fg* to blind, dazzle

encenall [ənsənáʎ] *m* shaving (of wood)

encendre [ənséndrə] vt (fer cremar) to set fire to; (llumí, cigarreta) to light; fg to fire, to inflame; ele to turn on, switch on

encenedor [ənsənəðó] m lighter

encens [ənséns] m incense

encerar [ənsərá] vt to wax

encerclar [ənsərklá] vt to encircle

encertar [ənsərtá] vt (endevinar) to guess correctly, get right; (tocar) to hit

encetar [ənsətá] vt (començar) to start; (un tema) to broach; (la pell) to chafe, graze

enciam [ənsiám] m lettuce

enciclopèdia [ənsiklupέðiə] f encyclopedia

encís [ənsís] m charm, attraction

encisar [ənsizá] vt (embruixar) to charm, bewitch; (captivar) to ravish, delight

enclaustrar [ənkləwstrá] vt tb fg to cloister

enclavament [ənkləβəmén] m (territori) enclave

encolar [ənkulá] vt to glue, gum, paste

encolomar [ənkulumá] vt to palm off (sth on sby)

encomanar [ənkuməná] vt (feina) to assign; (malaltia) to pass on; vp ~-se a to entrust osf to

encongir [ənkunʒí] vtp to shrink; vp fg to get discouraged, get disheartened

encontre [ənkóntrə] m meeting; (desgràcia) mishap

encoratjar [ənkurədʒá] vt to encourage, hearten; vp to take heart, feel encouraged, cheer up

encorbar [ənkurbá] vtp to curve, bend

encreuament [ənkrəwəmén] m crossing; (de carreteres) crossroads; bio cross, crossing

encreuar [ənkrəwá] vt to cross; vp (camins, etc) to cross, intersect; (persones) to pass each other

encunyar [ənkuɲá] vt (moneda) to coin, mint; fg (frase) to coin

encuriosir [ənkuriuzí] vt to arouse (sby's) curiosity

endarrere [əndərérə] av back, backwards; (temps) ago. Dos anys ~, two years ago

endarrerir [əndərərí] vt to delay, put off; vp (restar enrere) to stay behind, fall behind; (endeutar-se) to be in arrears

endavant [əndəβán] av forward, onward, ahead; **d'ara** ~ from now on; **més** ~ (lloc) further on; (temps) later on

endegar [əndəɣá] vt (endreçar) to tidy up, do up; (encaminar) to channel

enderroc [əndərɔ́k] m demolition; (material) debris, rubble

enderrocar [əndəruká] vt (casa) to demolish, pull down; fg to overthrow

endeutar-se [əndəwtársə] vp to get into debt

endevinalla [əndəβináλə] f riddle, conundrum

endevinar [əndəβiná] vt to prophesy; (enigma, solució) to guess, solve

endins [əndíns] av inside

endinsar [əndinzá] vt to insert, drive (in); vp to go into

endintre [əndíntrə] av inside

endiumenjar-se
[əndiwmənʒársə] *vp* to dress up
endívia [əndíβiə] *f* chicory, endive
US
endolcir [əndulsí] *vt* to sweeten;
(*suavitzar*) to soften
endoll [əndóʎ] *m* (*clavilla*) plug;
(*presa*) point, socket
endollar [ənduʎá] *vt* to plug in
endossar [əndusá] *vt com* to
endorse; *fg* to palm off (*sth*
on *sby*)
endrapar [əndrapá] *vt* (*menjar*)
to gobble (up), wolf (down), stuff;
vi to gobble
endreçar [əndrəsá] *vt* to tidy up
endurir [əndurí] *vtp* to harden,
stiffen
endur-se [əndúrsə] *vp* to take
away, carry off, remove
enemic -iga [ənəmík] *aj* hostile,
enemy *atr*; *mf* enemy, foe
energètic -a [ənərʒétik] *aj*
energy *atr*
energia [ənərʒíə] *f tb fg* energy;
fís tcn power, energy
enèrgic -a [ənérʒik] *aj* energetic,
vigorous
energumen -úmena
[ənərgúmən] *mf* nutter, fanatic
enervant [ənərbán] *aj* enervating
enfadar [əmfəðá] *vt* to anger,
annoy, make angry; *vp* to get
angry
enfangar [əmfəŋgá] *vt* to make
muddy; *vp* to get muddy; *fg* to get
involved
enfarfollar-se [əmfərfuʎársə] *vp*
(*parlant*) to stammer, stutter; *fg*
Què t'enfarfolles?, what on earth
are you talking about?

enfarinar [əmfəriná] *vt* to flour
enfeinat -ada [əmfəjnát] *aj* busy,
occupied
enfiladís -issa [əmfiləðís] *aj*
(*plantes*) climber, rambler
enfilar [əmfilá] *vt* (*agulla*) to
thread; (*camí*) to take; *vp tb fg* to
climb. ~-se en un arbre, to climb a
tree, (*d'ira*) to be carried away
enfitar [əmfitá] *vt* to give
indigestion to; *vp* to get
indigestion
enfocar [əmfuká] *vt* to focus; *fg*
to approach, look at
enfollir [əmfuʎí] *vt* to drive mad;
vip to go mad
enfonsar [əmfunzá] *vtp* to sink; *vt*
(*clau, etc*) to drive (in); *vp* (*edifici*)
to collapse
enfora [əmfɔ́rə] *av* out, outside
enfortir [əmfurtí] *vt* to
strengthen; *vp* to become stronger
enfosquir [əmfuskí] *vt* to darken;
vip to grow dark
enfront [əmfrón] *m* façade, front;
~ de opposite (to), facing
enfrontar [əmfruntá] *vt* to face,
confront
enfundar [əmfundá] *vt* to sheathe
enfurismar [əmfurizmá] *vt* to
anger, irritate; *vp* to get angry
engabiar [əŋgaβiá] *vt* to cage
engalanar [əŋgələná] *vt* to
adorn, deck
engalipar [əŋgəlipá] *vt* to fool,
deceive
enganxar [əŋgənʃá] *vt* (*amb un
ganxo*) to hook; (*vagó, etc*) to
hitch up; (*amb cola*) to stick, glue;
vp to stick (to)
enganxós -osa [əŋgəɲʃós] *aj*

sticky, clammy

engany [əŋgáɲ] *m* deception, trick; (*estafa*) swindle; (*error*) mistake

enganyar [əŋgəɲá] *vt* to deceive, fool; (*estafar*) to swindle; *vp* to be mistaken

enganyífa [əŋgəɲífə] *f fm* con

engarjolar [əŋgərʒulá] *vt fm* to put in the nick

engegar [əɲʒəɣá] *vt aut* to start; (*tret*) to fire; (*mentida, etc*) to let fly; (*fer fora*) to show sby the door

engelosir [əɲʒəluzí] *vt* to make jealous; *vp* to become jealous

engendrar [əɲʒəndrá] *vt* to procreate; *fg* to produce, engender

enginy [əɲʒíɲ] *m* wit, inventiveness

enginyar [əɲʒiɲá] *vt* to devise, think up; **~-se-les** *v* to manage (to)

enginyer -a [əɲʒiɲé] *mf* engineer

englobar [əŋglußá] *vt* to encompass, include

engolir [əŋgulí] *vt* to swallow, gulp down

engonal [əŋgunál] *m* groin

engranatge [əŋgrənádʒə] *m* gear, gearing

engrandir [əŋgrəndí] *vt* to enlarge, make larger; *víp* to grow

engrapar [əŋgrəpá] *vt* to grasp, grip, seize; (*papers, etc*) to staple

engreixar [əŋgrəʃá] *vt* to fatten (up); *tcn* to grease, oil; *vp* to get fat, put on weight

engrescar [əŋgrəská] *vt* to encourage, incite; (*entusiasmar*) to delight; *vp* to get excited (about)

engròs [əŋgrós] *m* **a l'~** wholesale

engrossir [əŋgrusí] *vt* to enlarge, increase; *vp* to increase, grow larger

engruna [əŋgrúnə] *f (de pa)* crumb; *fg* morsel, bit, crumb

enguany [əŋgwáɲ] *av* this year

enguixar [əŋgiʃá] *vt* to plaster; *med* to put in plaster

enhorabona [ənɔrəβónə] *f* congratulations *pl*; **donar l'~ a up** to congratulate sby

enigma [əníɣmə] *m* enigma, puzzle

enjogassat -ada [əɲʒuɣəsát] *aj* playful, frisky

enjoiar [əɲʒujá] *vt* to adorn with jewels

enlairar [ənlajrá] *vt* to lift, raise; *vp* to rise; (*avió*) to take off

enlaire [ənlájrə] *av* up, upwards, above; *fg* in suspense, unresolved; **mans ~!** hands up!

enllà [əɲʎá] *av* over there; **el més ~** the hereafter; **fer-se ~** to move away; **més ~** further away

enllaç [əɲʎás] *m* link, connection; (*casament*) wedding; *mf* go-between; **~ sindical** shop steward

enllaçar [əɲʎəsá] *vt* to link, join; *vp* to be linked up; (*casar-se*) to marry

enllaunar [əɲʎəwná] *vt* to plate with sheet metal; (*menjar*) to tin

enllestir [əɲʎəstí] *vt* to finish, end; *vp* to hurry

enlletgir [əɲʎədʒí] *vt* to make ugly, disfigure; *vp* to grow ugly

enlloc [əɲʎɔ́k] *av* nowhere, anywhere

enlluernar [əɲʎuərná] *vt tb fg*

to dazzle, blind; (*fascinar*) to
fascinate

enllumenat [əɲʎumənát] *m*
illumination; *aut* lighting

enllustrar [əɲʎustrá] *vt* to
polish; *vp* (*vesprejar*) to get dark

enmig əmmítʃ] *av prp* in the
middle (of), among(st), amid(st)

ennegrir [ənnəɣrí] *vt* to black,
blacken; *vp* to blacken, go black

ennuegar [ənnuəɣá] *vtp* to choke

ennuvolar-se [ənnuβulársə] *vp* to
become cloudy, cloud over

enorgullir-se [ənorɣuʎírsə] *vp* to
be proud (of), pride oneself (on)

enorme [ənórmə] *aj* enormous,
huge

enquadernar [əŋkwəðərná] *vt* to
bind (a book)

enquesta [əŋkéstə] *f* (opinion)
poll

enrabiar [ənrəβiá] *vt* to annoy,
exasperate; *vp* to get angry

enrajolar [ənrəʒulá] *vt* to tile,
pave with tiles

enrampar [ənrəmpá] *vt* to cause
cramp; *ele* to give a shock to; *vp*
to get cramp (in); *ele* to get a
shock

enraonar [ənrəuná] *vi* to speak,
talk, chat; *vt* to talk about

enrarir [ənrərí] *vt* to rarefy; *vp* to
become rarefied, get thin

enravenar [ənrəβəná] *vtp* to
stiffen

enredar [ənrəðá] *vt* (*animal, etc*)
to net, catch in a net; *fg* to
embroil; (*enganyar*) to deceive,
trick

enregistrar [ənroʒistrá] *vt* to
register; (*disc*) to record; (*cinta*)

to tape

enreixat [ənrəʃát] *m* grating,
grille

enrenou [ənrənɔ́w] *m* bustle;
(*soroll*) racket, uproar

enrere [ənréra] *av* back,
backwards

enretirar [ənrətirá] *vtp* to move
away, move back

enrevessat -ada [ənrəβəsát] *aj*
complicated, complex, intricate

enrinxolar [ənriɲʃulá] *vt* to curl;
vp to curl, be curly

enriquir [ənrikí] *vt* to make rich,
enrich; *vp* to grow rich, become
wealthy

enrogir [ənruʒí] *vt* to make red;
vp (*up*) to blush

enrolar [ənrulá] *vtp* to enrol,
sign on

enroscar [ənruská] *vt* to screw
(in), screw (on)

enrotllar [ənruʎʎá] *vt* to roll (up),
wind (up); (*envoltar*) to surround,
encircle

enrunar [ənruná] *vt* to knock
down, demolish; *vp* to collapse,
fall down

ens [éns] *m* being; (*organisme*)
body, organization

ens [əns] *pr* us

ensabonar [ənsəβuná] *vt* to soap,
lather; *fg fm* to soft-soap

ensacar [ənsəká] *vt* to sack, bag,
put into sacks

ensagnar [ənsəɲná] *vt* to cover
with blood

ensalada [ənsəláðə] *f* salad

ensarronar [ənsəruná] *vt*
(*enganyar*) to fool, trick

ensems [ənséms] *av* (*plegats*)

together; (*alhora*) at the same
time

ensenya [ənséɲə] *f* ensign,
standard

ensenyament [ənsəɲəmén] *m*
education, teaching, training

ensenyar [ənsəɲá] *vt* (*mostrar*) to
show; (*coneixements*) to teach,
instruct, train

ensinistrar [ənsinistrá] *vt* to
train, teach, drill

ensonyar-se [ənsuɲársə] *vp* to
doze, doze off

ensopegar [ənsupəɣá] *vi* to trip,
stumble; *vt* (*endevinar*) to get
right; *vp ~ en* to fall on

ensopit -ida [ənsupít] *aj* (*avorrit*)
boring, dull

ensordir [ənsurdí] *vt* to deafen;
vp to go deaf

ensorrar [ənsurá] *vt* to sink; *fg* to
be ruined; *vp* (*sostre, etc*) to
collapse, tumble down

ensucrar [ənsukrá] *vt* to sugar

ensumar [ənsumá] *vi* (*aspirar*) to
sniff; (*olor*) to smell; *fg* to smell
out

ensurt [ənsúrt] *m* fright, scare,
shock

entabanar [əntəβəná] *vt* to coax
(sby into doing sth), inveigle (sby
into doing sth)

entaforar [əntəfurá] *vt* to hide,
conceal

entatxonar [əntətʃuná] *vt* to
pack tight, stuff, cram

entaular [əntəwlá] *vt* (*conversa,
etc*) to start, strike up; *vp* to sit
down at the table

entelar [əntəlá] *vtp* to mist (up),
steam up

entendre [əntɛ́ndrə] *vt* to
understand; *vp* (*avenir-se*) to get
on together; (*amants*) to have an
affair; *vi* to be good (at), be an
expert (on); *al meu ~* in my
opinion; *~ que* to think (that),
believe (that); **entesos!** agreed!

entendrir [əntəndrí] *vt tb fg* to
soften; *vp* to relent

entenedor -a [əntənəðó] *aj*
intelligible, understandable; *mf*
expert

enteniment [əntənimén] *m*
understanding, comprehension;
(*seny*) judgement

entenimentat -ada
[əntəniməntát] *aj* sensible,
prudent, wise

enter -a [əntér] *aj* complete,
whole, entire; (*persona*) honest,
upright

enterbolir [əntərbulí] *vt* (*aigua*)
to muddy; *vp* to fog, confuse

enterrament [əntərəmén] *m*
burial; (*cerimònia*) funeral

enterramorts [əntɛrəmɔ́rts] *m*
gravedigger, sexton

enterrar [əntərá] *vt* to bury, inter

entès -esa [əntɛ́s] *aj mf* expert

entesa [əntɛ́sə] *f* agreement,
understanding

entestar [əntəstá] *vt* to join end
to end; *vp* to stick to (an opinion)

entitat [əntitát] *f* entity,
(*organisme*) body, organization

entonació [əntunəsió] *f*
intonation

entonar [əntuná] *vt* (*començar a
cantar*) to intone; *vi* (*no desafinar*)
to sing in tune; *vt* (*tonificar*) to
liven up, enliven

entorn [əntórn] *m* (*línia*) outline, contour; *pl* surroundings, environs; **a l'~** around, about

entortolligar [ənturtuʎiɣá] *vtp* to coil (round), twist, wind

entossudir-se [əntusuðírsə] *vp* to persist (in), dig one's heels (in), be stubborn (about)

entrada [əntráðə] *f* (*acció*) entry, (*lloc*) entrance, way in; (*bitllet*) ticket; (*públic*) house; (*pagament*) down-payment; (*en el futbol*) tackle

entranyes [əntráɲəs] *fpl* insides, entrails; *fg* feelings, heart *sg*

entrar [əntrá] *vi* to come in, go in; (*en una entitat*) to join (an organization); (*cabre*) to fit into, go into; *vt* to bring in, take in; *Aquestes sabates no m'entren*, those shoes don't fit

entre [éntrə] *prp* (*dos*) between; (*més de dos*) among(st)

entrebancar [əntrəβəŋká] *vt tb fg* to hinder, trip up; *vp* to stumble (over), to trip (over)

entrecot [əntrəkót] *m* sirloin steak

entrecuix [əntrəkúʃ] *m* crotch, crutch

entregar [əntrəɣá] *vt* to deliver, hand over; *vp* to surrender, devote

entrellaçar [əntrəʎəsá] *vt* to interlace, intertwine

entrellat [əntrəʎát] *m* puzzle, mistery; **treure'n l'~** to get to the bottom of it

entremaliat -ada [əntrəməliát] *aj* naughty, mischievous

entremès [əntrəmés] *m* (*plat*) hors d'oeuvre; *tea* interlude, short farce

entremig [əntrəmítʃ] *av* in the middle (of), among(st); *m* interval

entrenador -a [əntrənəðó] *mf* trainer, coach

entrenar [əntrəná] *vt* to train, coach; *vp* to train

entreobrir [əntrəuβrí] *vt* to half open, open halfway

entrepà [əntrəpá] *m* sandwich

entresol [əntrəsɔl] *m* mezzanine

entretant [əntrətán] *av* in the meantime, meanwhile

entreteniment [əntrətənimén] *m* entertainment, amusement; (*allò que entreté*) pastime, entertainment, distraction

entretenir [əntrətəní] *vt* (*retenir*) to delay, hold up; (*distreure*) to entertain, amuse; *vp* to waste time; (*distreure's*) to amuse osf

entreveure [əntrəβéwrə] *vt* to glimpse, catch a glimpse of, make out sth of

entrevista [əntrəβístə] *f* interview

entristir [əntristí] *vt* to sadden, grieve; *vp* to grow sad, grieve

entusiasmar [əntuziəzmá] *vt* to fill with enthusiasm; (*agradar molt*) to delight; *vp* to get enthusiastic

enuig [ənútʃ] *m* (*irritació*) anger, annoyance; (*molèstia*) annoyance

enumeració [ənumərəsió] *f* enumeration

enumerar [ənumərá] *vt* to enumerate

enunciat [ənunsiát] *m* (*d'un problema*) terms *pl*

envà [əmbá] *m* partition

envair [əmbái] *vt* to invade

envàs [əmbás] *m* container; (*ampolla*) bottle; (*buit*) empty

envasar [əmbəzá] *vt* (*en paquets*) to pack; (*en ampolles*) to bottle

enveja [əmbéʒə] *f* envy; **tenir ~** to envy (sby)

envejar [əmbəʒá] *vt* to envy

envelat [əmbəlát] *m* awning

envellir [əmbəʎí] *vt* to age, make old; *vip* to age, grow old

envergadura [əmbərgəðúrə] *f* mar breadth; *fig* scope, magnitude

enverinar [əmbəriná] *vt tb fig* to poison; *vp* to poison osf, take poison

envernissar [əmbərnisá] *vt* to varnish

envers [əmbérs] *prp* towards

envestida [əmbəstíðə] *f* onrush, onslaught

envestir [əmbəstí] *vt* (*brau*) to charge; (*vehicle*) to hit, crash into; (*emprendre*) to undertake

enviar [əmbiá] *vt* to send; *vp* to swallow

envoltar [əmbultá] *vt* to surround

enxampar [əɲʃəmpá] *vt* to catch

enyor [əɲór] *m* = **enyorança**

enyorança [əɲuránsə] *f* nostalgia

enyorar [əɲurá] *vt* to miss; *vp* to be filled with nostalgia; (*de casa*) to be homesick

enze [énzə] *m* (*ocell*) decoy bird; *fig* simpleton, fool

ep [ép] *inj* hey!

epidèmia [əpiðέmiə] *f* epidemic

epifania [əpifaníə] *f* Epiphany

epíleg [əpílək] *m* epilogue

epilèpsia [əpilέpsiə] *f* epilepsy

episcopat [əpiskupát] *m* bishopric

episodi [əpizɔ́ði] *m* episode

epítet [əpítət] *m* epithet

època [έpukə] *f* time, age, period

equador [əkwəðó] *m* equator

equatorial [əkwəturiál] *aj* equatorial

eqüestre [əkwέstrə] *aj* equestrian

equilàter -a [əkilátər] *aj* equilateral

equilibrar [əkiliβrá] *vt* to balance

equilibri [əkilíβri] *m* balance, equilibrium

equilibrista [əkiliβrístə] *mf* tight-rope walker

equip [əkíp] *m* (*conjunt de coses*) equipment, kit; *esp* team

equipament [əkipəmén] *m* equipment

equipar [əkipá] *vt* to equip, furnish, fit up

equipatge [əkipádʒə] *m* luggage, baggage; *mar* crew

equitació [əkitəsió] *f* riding, horsemanship

equitatiu -iva [əkitətíw] *aj* equitable, fair, just

equivalència [əkiβəlénsiə] *f* equivalence

equivalent [əkiβəlén] *aj m* equivalent

equivaler [əkiβəlé] *vi* to be equivalent (to), be equal (to)

equívoc -a [əkíβuk] *aj* equivocal, ambiguous; (*moralment*) questionable, doubtful

equívoc [əkíβuk] *m* mistake, error

equivocació [əkiβukəsió] *f* mistake, error

equivocar [əkiβuká] *vt* to mistake; *vp* to make a mistake, be mistaken, be wrong

era [ɛ́ɾə] f (*època*) era, age; agr (*on es bat*) threshing floor; (*per a conreu*) bed, plot, patch

erecte -a [əɾɛ́ktə] aj erect

eriçó [əɾisó] m hedgehog; ~ **de mar** sea urchin

erigir [əɾiʒi] vt to erect, raise, build

erm -a [ɛ́rm] aj waste, uncultivated; m wasteland

ermita [ərmitə] f hermitage

erosió [əɾuzió] f erosion; med graze

erosionar [əɾuziuná] vt to erode (away)

erotisme [əɾutizmə] m eroticism

errada [əráðə] f error, mistake

errar [əɾá] vi (*anar a l'atzar*) to wander; (*equivocar-se*) to be mistaken; vt (*tret*) to miss

errata [əɾátə] f misprint, erratum

error [əɾór] m error, mistake

eructe [əɾúktə] m belch

erudit -a [əɾuðít] aj erudite, learned; mf scholar, learned person

eruga [əɾúɣə] f caterpillar

erupció [əɾupsió] f geo eruption; med rash

es [əs] pr ~ *diu que*..., it's said that...; ~ *miren*, they look at each other

esblair [əzbləi] vt to amaze, astonish; vp to be amazed

esbandir [əzbəndi] vt to rinse (out); vp fg fm to get rid of

esbargir [əzbərʒi] vt to dispel; vp to relax, amuse osf

esbarjo [əzbárʒu] m recreation, amusement; (*pausa de relax*) break

esbarriar [əzbəriá] vt to spread, scatter

esbart [əzbárt] m group; (*d'ocells*) flight; (*dansaire*) [Catalan folk dance group]

esbarzer [əzbərzé] m bramble; (*de móres*) blackberry (bush)

esbatanar [əzbətəná] vt (*finestra, ulls*) to open wide

esberlar [əzbərlá] vtp to split; (*ametlló, etc*) to crack

esbirro [əzbiru] m hst bailiff; (*sicari*) hired assassin

esbocinar [əzbusiná] vt to tear into pieces; vp to come to pieces

esbojarrat -ada [əzbuʒərát] aj wild, crazy

esbombar [əzbumbá] vt to spread, make known; vp to spread, become known

esborrador [əzburəðó] m duster

esborrany [əzburáɲ] m first draft, rough draft

esborrar [əzburá] vt to erase, rub out; (*ratllar*) to cross out; vp to become erased

esborronar [əzburuná] vt to terrify, make sby's hair stand on end

esbotzar [əzbudzá] vtp to break open, burst open

esbravar-se [əzbɾəβársə] vp to go flat; fg to let osf go, relieve one's feelings

esbrinar [əzbriná] vt (*planta*) to remove the husks from; fg to find out, discover

esbroncar [əzbɾuŋká] vt to tell off, tick off, scold

esbufegar [əzbufəɣá] vi to pant, gasp for breath

escabellar [əskəβəlá] vt to

tousle, rumple

escabrós -osa [əskaβrós] *aj*
(*terreny*) rough, rugged; *fg* risky,
dangerous; (*indecent*) risqué, blue

escac [əskák] *m* (*casella*) square; *pl*
(*joc*) chess; ~! check!; ~ **i mat**
checkmate; **fer** ~ to check

escadusser -a [əskəðusé] *aj* (*que
sobra*) odd; (*esporàdic*) sporadic

escafandre [əskəfándrə] *m* diving
suit

escaient [əskəjén] *aj* appropriate,
suitable, fitting

escaiola [əskəjɔ́lə] *f* (*guix*) plaster
(cast); *bot* bird-seed

escaire [əskájrə] *m* (*instrument*)
setsquare, triangle US; (*angle
recte*) right angle

escala [əskálə] *f* stairs *pl*,
staircase; *pl* (*esglaons*) steps; ~
de mà ladder; ~ **mecànica**
escalator, moving staircase; (*d'un
mapa*) scale; (*d'un* *parada*)
stopover; (*port*) port of call; *fg*
scale

escalada [əskəláðə] *f* climbing,
climb

escalador -a [əskəlaðó] *mf*
climber, mountaineer

escalar [əskəlá] *vt esp* to climb,
scale; *fg* to climb

escaldar [əskəldá] *vt* to scald;
med to chafe, rub; *vp* to get
scalded

escalè -ena [əskəlé] *aj* scalene

escalfador [əskəlfəðó] *m* heater

escalfapanxes [əskàlfəpáɲʃəs] *m*
fireplace

escalfar [əskəlfá] *vt* to heat (up),
warm (up); *fg* to warm, excite; *vp*
to get hot, warm *osf* (up); *esp* to

warm up

escalfor [əskəlfó] *f* warmth, heat

escalinata [əskəlinátə] *f* outside
staircase

escaló [əskəló] *m* step, stair

escalonar [əskəluná] *vt* to spread
out at intervals

escalopa [əskəlópə] *f* escalope

escama [əskámə] *f* scale

escamarlà [əskəmərlá] *m* Norway
lobster

escamot [əskəmɔ́t] *m* (*de
persones*) band, group; *mil* squad;
(*d'animals*) small herd

escamotejar [əskəmutəʒá] *vt* (*fer
desaparèixer*) to make disappear;
(*pispar*) to lift, swipe

escampar [əskəmpá] *vt tb fg* to
spread, scatter; (*un rumor, etc*) to
spread

escandalitzar [əskəndəlidzá] *vt*
to scandalize, shock; *vp* to be
shocked, be scandalized

escandinau -ava [əskəndináw] *aj
mf* Scandinavian

escàndol [əskándul] *m* scandal;
(*xivarri*) row, uproar

escanyar [əskəɲá] *vt tb fg* to
strangle, throttle; (*estrènyer*) to
narrow; *vp* (*ennuegar-se*) to choke

escanyolit -ida [əskəɲulít] *aj*
very thin, weedy

escapar [əskəpá] *vi* to slip; *vp* to
escape, flee, run away

escaparata [əskəpərátə] *f*
showcase, display case

escapçar [əskəpsá] *vt* to cut off
the top of; (*up*) to behead; (*cartes*)
to cut

escapolir-se [əskəpulírsə] *vp* to
escape, flee, run away; (*fer-se*

fonedís) to vanish

escarabat [əskərəβát] *m* beetle; (*gargot*) scrawl

escarafalls [əskərəfáʎs] *mpl* fuss *sg*, to-do *sg*; **fer ~** to make a great fuss (of)

escaramussa [əskərəmúsə] *f tb fg* skirmish

escarlata [əskərlátə] *aj m iv* scarlet

escarmentar [əskərməntá] *vip* to learn one's lesson; *vt* to teach a lesson to

escarnir [əskərní] *vt* to scoff at; (*imitar*) to ape

escarola [əskəɾɔ́lə] *f* endive

escarpat -ada [əskərpát] *aj* steep, sheer, craggy

escarpí [əskərpí] *m* pump, slipper; (*peúc*) extra sock

escarransit -ida [əskərənsít] *aj* (*mesquí*) mean; (*escanyolit*) puny

escarrassar-se [əskərəsársə] *vp* to slave away, overwork, toil

escarxofa [əskərʃɔ́fə] *f* = **carxofa**

escàs -assa [əskás] *aj* (*insuficient*) scarce; *Anur ~ de diners*, to be short of money; *Té trenta anys escassos*, she is barely thirty

escassejar [əskəsəʒá] *vi* to be scarce, fall short

escassetat [əskəsətát] *f* scarcity, shortage, lack

escata [əskátə] *f* scale

escatainar [əskətəjná] *vi* to cackle

escatar [əskətá] *vt* to scale; (*paret, etc*) to scrape

escatimar [əskətimá] *vt* to skimp (on), stint (on)

escatològic -a [əskətulɔ́ʒik] *aj* scatological; *rlg* eschatological

escaure [əskáwɾə] *vi* to suit, become; *vp* (*trobar-se ocasionalment*) to happen to be; (*data*) to fall (on)

escena [əsέnə] *f tb fg* scene; (*part del teatre*) stage

escenari [əsənári] *m* tea stage; *fg* scene, setting

esclafar [əskləfá] *vt* to flatten, squash; (*nous, ous, etc*) to break (open); *vp* to get flattened; (*ous, etc*) to break

esclafir [əskləfí] *vti* to crack; **~ a riure** to burst out laughing

esclat [əsklát] *m* (*d'una bomba*) explosion, blast; (*de riure, etc*) burst; (*brillantor*) glare

esclatar [əsklətá] *vi* to burst; (*flor*) to open, unfold; *fg* to break out

esclau -ava [əskláw] *mf* slave

escletxa [əsklέtʃə] *f* crack, chink, split; *fg* split

esclop [əsklɔ́p] *m* clog

escó [əskó] *m* = **escon**

escocès -esa [əskusέs] *aj* Scots, Scottish; *m* Scotsman; *f* Scotswoman

escodrinyar [əskuðɾiɲá] *vt* to examine, scrutinize

escola [əskɔ́lə] *f* school; **~ bressol** kindergarten

escolà [əskulá] *m* acolyte

escolar [əskulár] *aj* school *atr*; *m* schoolboy, pupil; *f* schoolgirl, pupil

escolaritat [əskuləɾitát] *f* schooling

escolar-se [əskulársə] *vp* (*un líquid*) to run (out), flow (out)

escollir [əskuʎí] *vt* to choose,

select, pick (out)

escolta [əskɔ́ltə] f (acció) listening; mf (jove) scout

escoltar [əskultá] vt to listen to; (consell, etc) to listen to, pay attention to

escombra [əskómbrə] f broom

escombrar [əskumbrá] vt to sweep

escombraries [əskumbrəríəs] fpl rubbish sg, garbage sg US, refuse sg

escombriaire [əskumbriájrə] mf dustman, garbage collector US

escometre [əskumέtrə] vt (enemic) to set upon, rush on, assail; (sortir a l'encontre) to go up to, approach

escon [əskón] m bench; (de diputat) seat

escopeta [əskupέtə] f shotgun

escopinada [əskupináðə] f spit

escopir [əskupí] vti to spit

escorcollar [əskurkuʎá] vt to scrutinize, examine, scan; (un calaix, etc) to look through

escorça [əskórsə] f (d'arbre) bark; (de fruit) rind; fg surface; ~ terrestre earth's crust

escòria [əskɔ́riə] f slag, dross; fg scum, dregs pl

escorpí [əskurpí] m scorpion; ast Scorpio

escórrer [əskórə] vt to drain; (roba) to wring (out); vp to drain

escorrialles [əskurriáʎəs] fpl dregs, last drops; fg remains

escorta [əskórtə] f escort

escorxador [əskurʃəðó] m (lloc) slaughterhouse, abattoir; (ocell) shrike; mf (d'animals) flayer; (d'arbres) bark-stripper

escorxar [əskurʃá] vt (animal) to flay, skin; (genolls, etc) to bark, rub off; (arbre) to strip the bark from

escot [əskɔ́t] m low neck

escotilla [əskutíʎə] f hatch, hatchway

escridassar [əskriðəsá] vt to cry out against; (en públic) to boo

escriptor -a [əskriptó] mf writer

escriptori [əskriptɔ́ri] m (sala) office; (moble) desk

escriptura [əskriptúrə] f writing; (manera d'escriure) writing, handwriting; (document) deed; **la Sagrada Escriptura** the (Holy) Scripture

escrit [əskrít] m writing

escriure [əskríwrə] vt to write; Com s'escriu?, how do you spell it?; vp (per carta) to correspond (with sby)

escrivent -a [əskriβέn] mf copyist, amanuensis

escrúpol [əskrúpul] m (partícula) pinch, spot; fg scruple

escrupolós -osa [əskrupulós] aj scrupulous

escrutar [əskrutá] vt to scrutinize, examine; (vots) to count (up)

escrutini [əskrutíni] m scrutiny, investigation; (recompte de vots) count, counting

escudella [əskuðέʎə] f (vas) basin, bowl, porringer; (sopa) thick soup

escuder [əskuðé] m squire, page

escull [əskúʎ] m reef; fg pitfall

esculera [əskulέrə] f breakwater, jetty

esculpir [əskulpí] *vt* to sculpture, sculpt, carve

escultor -a [əskultó] *m* sculptor; *f* sculptress

escultura [əskultúrə] *f* sculpture, carving

escultural [əskulturál] *aj* sculptural; *fg* statuesque

escuma [əskúmə] *f* foam, froth; *(de sabó)* lather

escumadora [əskuməðórə] *f* skimmer, skimming ladle

escumejar [əskuməʒá] *vi* to froth, foam

escumós -osa [əskumós] *aj* frothy, foamy; *(vi)* sparkling

escuradents [əskurəðéns] *m* toothpick

escurar [əskurá] *vt (netejar)* to clean (out); *(plat, etc)* to scrape clean; **estar escurat** *fg* to be stony-broke

escura-xemeneies [əskurəʃəmənéjəs] *mf* chimney sweep, sweep

escurçar [əskursá] *vt* to shorten, cut down, reduce

escurçó [əskursó] *m* adder, viper; *fg* viper

escut [əskút] *m tb fg* shield; *(heràldic)* coat of arms; *(moneda)* crown

esdevenidor -a [əzðəβəniðó] *aj* coming, future; *m* future

esdeveniment [əzðəβənimén] *m* event, happening, occurrence

esdevenir [əzðəβəní] *vi* to become; *vp* to happen, occur, take place

esdrúixol -a [əzðrúʃul] *aj* having dactylic stress, accented on the antepenult

esfera [əsférə] *f* sphere; *fg* sphere, scope; *(de rellotge)* face

esfereïdor -a [əsfərəiðó] *aj* frightful, terrifying, dreadful

esfereir [əsfərəí] *vt* to frighten, scare, startle; *vp* to get frightened, get scared

esfèric -a [əsférik] *aj* spherical

esfilagarsar [əsfiləɣərsá] *vtp* to fray

esfínter [əsfíntər] *m* sphincter

esfondrar [əsfundrá] *vtp (vaixell, etc)* to sink; *vt (edifici)* to demolish, pull down; *vp* to collapse, fall (down)

esforç [əsfórs] *m* effort

esforçar-se [əsfursársə] *vp* to try hard, strive, make an effort

esfullar [əsfuʎá] *vt* to strip the leaves off; *vp* to shed its leaves

esgargamellar-se [əzɣərɣəmeʎársə] *vp* to shout osf hoarse

esgarip [əzɣərip] *m* shriek, yell; *(d'ocells)* ululation, hooting

esgarrapada [əzɣərəpáðə] *f* scratch; **amb una ~** in an instant

esgarrapar [əzɣərəpá] *vt* to scratch

esgarrifança [əzɣərifánsə] *f (de febre)* chill; *(de fred o de por)* shiver, shudder

esgarrifar [əzɣərifá] *vt* to shake; *vp (de fred o de por)* to tremble, shiver; *(d'emoció)* to thrill, tremble

esgarrifós -osa [əzɣərifós] *aj* bloodcurdling, hair-raising

esgarrinxada [əzɣəriɲʃáðə] *f* scratch

esgarrinxar [əzɣəriɲʃá] *vt* to

scratch; *vp* to get scratched

esglai [əzglái] *m* fright, scare, terror

esglaiar [əzgləjá] *vt* to frighten, horrify; *vp* to get frightened, be shocked

esglaó [əzgláó] *m* step, stair

esglaonar [əzgləuná] *vt* to space out, spread out at intervals

església [əzglézia] *f* church

esgotar [əzgutá] *vt* to drain, empty; (*exhaurir*) to use up, exhaust; *vp* (*exhaurir-se*) to be used up, run out; (*cansar-se*) to exhaust osf, wear osf out

esgrima [əzgríma] *f* fencing

esgrimir [əzgrimí] *vt* to wield, brandish; *fg* to use

esguard [əzgwárt] *m* (*mirada*) look; (*consideració*) consideration, respect

esgüell [əzgwéʎ] *m* (*de porc*) grunt; (*de rata*) squeak

esguerrar [əzgərá] *vt* (*mutilar*) to cripple, maim; (*fer malbé*) to spoil, ruin

esguerrat -ada [əzgərát] *aj* misshapen; *mf* cripple

eslip [əzlíp] *m* pants *pl*, underpants *pl*

esllomar [əzʎumá] *vt* to break the back of; *vp* to knock osf up, get worn out

eslògan [əzlɔ́ɣən] *m* slogan

esma [ézmə] *f* d'~ mechanically; *No tinc ~ de*, I can't be bothered to

esmalt [əzmál] *m* enamel

esmaperdut -uda [əzməpərðút] *aj* disconcerted, disorientated

esmenar [əzməná] *vt* to rectify,

correct, emend; *vp* to reform, mend one's ways

esment [əzmén] *m* (*coneixença*) knowledge, awareness; (*menció*) mention; (*atenció*) care, attention

esmentar [əzməntá] *vt* to mention, refer to

esmerçar [əzmərsá] *vt tb fg* to invest, spend

esmicolar [əzmikulá] *vtp* to smash, shatter, break into pieces

esmolar [əzmulá] *vt* to sharpen, whet, grind; *vtp* (*roba, etc*) to wear out

esmòquing [əzmɔ́kiŋ] *m* dinner jacket, tuxedo *US*

esmorteir [əzmurtéi] *vt* (*soroll*) to deaden, muffle; (*cop*) to cushion; (*llum*) to dim

esmorzar [əzmurzá] *vi* to breakfast, have breakfast

esmorzar [əzmurzá] *m* breakfast

esmunyir [əzmuɲí] *vtp* to slip

esnob [əznɔ́p] *aj* snobbish, snobby; *mf* snob

esòfag [əzɔ́fək] *m* oesophagus, gullet

esotèric -a [əzutérik] *aj* esoteric

espacial [əspasiál] *aj* spatial, space *atr*

espadat -ada [əspəðát] *aj* steep, sheer, craggy; *m* crag, cliff

espadatxí -ina [əspəðətʃí] *m* swordsman; *f* swordswoman

espagueti [əspəɣéti] *m* spaghetti

espai [əspáj] *m* space, room; *ast* space; (*de temps*) period; (*blanc*) blank; (*TV*) spot

espaiós -osa [əspəjós] *aj* spacious, roomy

espant [əspán] *m* fright, shock,

start

espantall [əspəntáʎ] m scarecrow

espantamosques [əspàntəmóskəs] m fly-swatter

espantaocells [əspàntəuséʎs] m scarecrow

espantar [əspəntá] vt to frighten, scare; (fer fugir) to frighten off; vp to become frightened, get scared

espantós -osa [əspəntós] aj frightful, dreadful

espanyol -a [əspəɲɔ́l] aj Spanish; mf Spaniard; m (llengua) Spanish

espaordir [əspəurðí] vt to frighten, scare; vp to be frightened, be terrified

esparadrap [əspərəðráp] m sticking plaster, adhesive tape US

espardenya [əspərðéɲə] f rope-soled sandal, canvas shoe

espargir [əspərʒí] vtp to spread (out), scatter

esparracar [əspərəká] vt to tear

espàrrec [əspárək] m asparagus

espart [əspárt] m esparto (grass)

esparver [əspərβé] m sparrow-hawk

esparverar [əspərβərá] vt to scare, terrify, frighten

espasa [əspázə] f sword; pl (cartes) spades

espasme [əspázmə] m spasm

espatlla [əspáʎʎə] f shoulder; **arronsar-se d'espatlles** to shrug one's shoulders

espatllar [əspəʎʎá] vt to damage, spoil, ruin; vp to get damaged, spoil

espàtula [əspátulə] f spatula

espavilar [əspəβilá] vt (foc) to stoke (up); fg to wake up; vp to

pull one's socks up; (afanyar-se) to get a move on

espavilat -ada [əspəβilát] aj quick, sharp

espècia [əspésiə] f spice

especial [əspəsiál] aj special

especialista [əspəsiəlístə] mf specialist

especialitzar-se [əspəsiəliðzársə] vp to specialize (in)

espècie [əspésiə] f kind, sort; bio species; **pagar en ~** to pay in kind

específic -a [əspəsifik] aj tb med specific; m patent medicine

especificar [əspəsifiká] vt to specify

espècimen [əspésimən] m specimen

espectacle [əspəktáklə] m spectacle; tea show

espectacular [əspəktəkulár] aj spectacular

espectador -a [əspəktəðó] mf (d'un accident, etc) onlooker; esp spectator; **els ~s** the audience

espectre [əspéktrə] m spectrum; (fantasma) spectre, ghost

especular [əspəkulár] vt to examine, inspect; vi to speculate

espellar [əspəʎá] vt to skin, flay

espellifat -ada [əspəʎifát] aj shabby

espelma [əspélmə] f candle; **aguantar l'~** fg fm to play gooseberry

espenta [əspéntə] f push, shove; fg push, drive, energy

espera [əspérə] f wait, waiting; No té ~, he's no patient; **sala d'~** waiting-room

esperança [əspəránsə] *f* hope, expectation, prospect

esperar [əspərá] *vtp* (*creure*) to expect; *vt* (*diferir una acció*) to wait (for); (*desitjar*) to hope; (*fill*) to expect

esperit [əspərít] *m* spirit; (*ésser incorpori*) spirit, ghost; ~ **de vi** spirits of wine; **Esperit Sant** Holy Ghost

esperitat -ada [əspəritát] *aj* possessed

esperma [əspérmə] *f* sperm

espermatozoide [əspərmətuzɔ́jðə] *m* spermatozoon

esperó [əspəró] *m* (*de muntar*) spur; *fg* spur, incentive; (*de gall*) spur; (*de proa*) stem; (*contrafort*) buttress

esperonar [əspəruná] *vt tb fg* to spur (on)

espès -essa [əspés] *aj tb fg* thick; (*bosc, etc*) dense; (*pasta*) stiff

espesseir [əspəsəí] *vtp* = **espessir**

espessir [əspəsí] *vtp* to thicken

espetec [əspəték] *m* crash, crack; (*de llamp*) clap, burst

espetegar [əspətəɣá] *vi* to crack, crash

espia [əspíə] *mf* spy

espiadimonis [əspiəðimɔ́nis] *m* dragonfly

espiar [əspiá] *vt* to spy on

espieta [əspiétə] *mf* (*espia*) spy; *fm* (*delator*) sneak, stoolpigeon

espiga [əspíɣə] *f* (*de grans*) ear; (*de flor*) spike; *tcn* peg, tenon

espigó [əspiɣó] *m mar* breakwater

espígol [əspíɣul] *m* lavender

espill [əspíʎ] *m* mirror, looking-glass

espina [əspínə] *f bot* thorn, prickle; (*de peix*) bone; ~ **dorsal** spine, backbone; **fer mala ~** to arouse suspicion

espinacs [əspináks] *mpl* spinach *sg*

espinada [əspináðə] *f* spine, backbone

espinal [əspinál] *aj* spinal

espinguet [əspiŋgét] *m* (*so*) screech; (*veu*) shrill voice

espinós -osa [əspinós] *aj tb fg* thorny, prickly

espira [əspírə] *f* (*d'espiral*) turn; (*guspira*) spark

espiral [əspirál] *aj* spiral; *f* spiral, whorl

espirar [əspirá] *vi* to breathe out, exhale

espiritual [əspirituál] *aj* spiritual; ~ **negre** (*Negro*) spiritual

esplai [əspláj] *m* recreation, relaxation

esplaiar [əspləjá] *vt* (*sentiment*) to pour out, release; *vp* to unbosom oneself, pour out one's heart; (*esbargir-se*) to relax, amuse oneself

esplanada [əsplənáðə] *f* levelled area

esplèndid -a [əspléndit] *aj* splendid, magnificent; (*generós*) generous, lavish

esplendor [əspləndó] *f* splendour, splendor *US*; (*esclat*) brightness

esplet [əsplét] *m* (*collita*) crop, harvest, yield; (*abundor*) abundance, heap

espoliar [əspuliá] *vt* to plunder,

rifle, rob

espolsar [əspulsá] *vt* (*de pols*) to dust; (*sacsejar*) to shake; *vp fg* to get rid of, shake off

esponerós -osa [əspunərós] *aj* abundant, luxuriant

esponja [əspɔ́nʒə] *f* sponge

esponjós -osa [əspunʒós] *aj* spongy

espontani -ània [əspuntáni] *aj* spontaneous

espora [əspɔ́rə] *f* spore

esporgar [əspurɣá] *vt* (*arbre*) to prune; *fg* to prune, trim

esport [əspɔ́rt] *m* sport; **roba d'~** sports clothes

esportista [əspurtístə] *m* sportsman; *f* sportswoman

esportiu -iva [əspurtíw] *aj* sports, sporting; (*esperit, etc*) sportsmanlike

esporuguir [əspuruɣí] *vt* to scare, frighten; *vp* to get frightened, get afraid

espòs -osa [əspɔ́s] *m* husband; *f* wife

espremedora [əsprəməðɔ́rə] *f* squeezer

esprémer [əsprémə] *vt* to squeeze; (*roba*) to wring (out); *fg* to exploit

esprint [əsprín] *m* sprint

espuma [əspúmə] *f* foam, froth; (*de sabó*) lather

espurna [əspúrnə] *f* spark; (*petita porció*) touch, bit

esquadra [əskwáðrə] *f mil* squad; *mar* squadron

esquadró [əskwəðró] *m mil* squadron, troop (of cavalry); *aer* squadron

esquarterar [əskwərtərá] *vt* to cut up, carve up

esqueix [əskéʃ] *m agr* slip, cutting; *med* sprain; (*a la roba*) tear

esqueixar [əskéʃá] *vt* to tear, rip

esquela [əskélə] *f* notice, announcement; **~ mortuòria** death notice

esquelet [əskəlét] *m tb fg* skeleton

esquelètic -a [əskəlétik] *aj* skeletal

esquella [əskélə] *f* bell (for cattle)

esquema [əskémə] *m* diagram, plan; (*esbós*) sketch

esquena [əskénə] *f* back; **girar l'~ a up** *fg* to turn one's back on sby; **tirar-s'ho tot a l'~** not to give a damn about anything

esquenadret -a [əskènəðrét] *aj* lazy, idle, slack

esquer [əské] *m tb fg* bait

esquerda [əskérðə] *f* crack, chink

esquerdar [əskərðá] *vtp* to crack, split

esquerp -a [əskérp] *aj* (*persona*) surly, rough; (*animal*) shy

esquerrà -ana [əskərá] *aj* left-handed; (*partit, etc*) leftist, left-wing; *m* leftist, left-winger

esquerre -a [əskérə] *aj* f left; **girar a l'esquerra** to turn (to the) left

esquí [əskí] *m* (*estri*) ski; *esp* skiing

esquiador -a [əskiəðó] *mf* skier

esquiar [əskiá] *vi* to ski

esquifit -ida [əskifít] *aj* undersized

esquilar [əskilá] *vt* (*animal*) to

shear; (*cabells*) to clip, crop

esquimal [əskimál] *aj* mf Eskimo

esquinçar [əskinsá] *vtp* to tear, rip

esquirol [əskiról] *m* squirrel; (*obrer*) blackleg, scab

esquitx [əskítʃ] *m* splash, spatter; (*porció*) bit, fragment

esquitxar [əskitʃá] *vti* to splash, spatter; *vt* (*ruixar*) to sprinkle; (*honor, etc*) to blot, blemish

esquiu -iva [əskíw] *aj* shy, aloof

esquivar [əskiβá] *vt* to avoid, shun, dodge; (*espantar*) to frighten away

esquizofrènia [əskizufréniə] *f* schizophrenia

essencial [əsənsiál] *aj* essential

ésser [ésər] *m* being

ésser [ésə] *vi* to be; *Són les tres,* it's three o'clock; **~ de** (*matèria*) to be made of; **~ de** (*lloc*) to come from; **~ d'up** (*pertànyer*) to belong to sby, be sby's; **no ~-hi tot** to be fool; **o sigui** that's to say; **som-hi!** come on!

est [ést] *aj* east, eastern; *m* east

estable [əstábblə] *m* stable, stalls *pl*

estable [əstábblə] *aj* stable, steady

establiment [əstəbblimén] *m* (*acció*) establishment, setting-up; (*local*) establishment

establir [əstəbblí] *vt* to establish, set up; (*llei*) to provide; *vp* (*residir*) to settle (down); (*posar un negoci*) to set up in business

estabornir [əstəβurní] *vt* to stun, daze

estaca [əstákə] *f* stake, post; *agr*

cutting

estacar [əstəká] *vt* to tie to a post

estació [əstəsió] *f* station; (*de l'any*) season; **~ de servei** service station; **~ termal** spa

estacionament [əstəsiunəmén] *m* stationing, placing; *aut* parking

estacionari -ària [əstəsiunári] *aj* stable

estada [əstáðə] *f* stay, sojourn

estadi [əstáði] *m esp* stadium; (*període*) stage, phase

estadística [əstəðístikə] *f* statistics

estafa [əstáfə] *f* swindle, racket

estafar [əstəfá] *vt* to swindle, defraud

estalvi -àlvia [əstálβi] *aj* safe, unscathed; **sa i ~** safe and sound

estalvi [əstálβi] *m* saving, thrift; *pl* (*de taula*) tablemat *sg*

estalviar [əstəlβiá] *vtp* to save; (*evitar*) to save, avoid

estam [əstám] *m bot* stamen; *txt* worsted

estampa [əstámpə] *f grf* print, engraving; *fg* appearance

estampar [əstəmpá] *vt txt grf* to print; (*deixar marcat*) to stamp

estampat [əstəmpát] *aj m* print

estanc [əstáŋ] *aj* tight, impervious; *m* tobacconist's (shop)

estancat -ada [əstəŋkát] *aj* stagnant

estàndard [əstándər] *aj m iv* standard

estany [əstáɲ] *m geo* small lake, pool, pond; *qm* tin

estar [əstá] *vi* to be; (*tardar*) to take, spend; *Està per fer,* it's to be done; *Ja estic,* I've finished; *vip* *(romandre)* to stay, remain; *vp (abstenir-se)* to refrain (from)

estarrufar [əstərufá] *vtp* to bristle (up); *vp fg* to swell with pride

estat [əstát] *m* state; **estar en ~** to be pregnant; **~ civil** marital status; **~ major** staff

estàtic -a [əstátik] *aj* static

estàtua [əstátuə] *f* statue

estatura [əstətúrə] *f* height

estatut [əstətút] *m* statute

estavellar [əstəβəʎá] *vtp* to smash, shatter

estel [əstél] *m* star; *(juguina)* kite; **~ fugaç** shooting star

estella [əstéʎə] *f* splinter, chip

estenalles [əstənáʎəs] *fpl* pliers, pincers; *med* forceps

estendre [əstέndrə] *vt (desplegar)* to spread (out); *(roba)* to hang out; *(ampliar)* to extend; *(document)* to draw up; *vtp (escampar)* to spread; *vp (ocupar temps o espai)* to extend

estenedor [əstənəðó] *m* clothesline

estepa [əstέpə] *f bot* rockrose; *geo* steppe

estèril [əstέril] *aj* sterile, barren

esternudar [əstərnuðá] *vi* to sneeze

estèrnum [əstέrnum] *m* sternum, breastbone

esternut [əstərnút] *m* sneeze

estès -esa [əstέs] *aj* spread out, extended; *(ajagut)* lying down; *(difós)* widespread

estesa [əstέsə] *f (de roba)* hanging out

estiba [əstíβə] *f mar* stowage;

(pila) heap, pile

estigma [əstíγmə] *m tb fg (senyal)* stigma, mark; *bot* stigma

estil [əstíl] *m (per escriure)* stylus, style; *(manera)* style, manner; **per l'~** of the sort

estima [əstímə] *f* esteem, respect, regard; *(preu)* value

estimació [əstiməsió] *f (avaluació)* estimation; *fg* esteem, regard

estimar [əstimá] *vt (amar)* to love, be fond of; *(avaluar)* to value (at), estimate (at); **~-se més** to prefer

estimbar [əstimbá] *vt* to fling down a precipice, hurl from a height; *vp* to hurl osf down

estímul [əstímul] *m* stimulus, fg incentive

estipular [əstipulá] *vt* to stipulate

estira-i-arronsa [əstírəiərónsə] *m* give-and-take

estirar [əstirá] *vtp* to stretch (out); *vt (ajeure)* to lay down; *vp (ajeure's)* to lie down; **a tot ~** at the most

estiregassar [əstirəγəsá] *vt* to tug, stretch

estisores [əstizórəs] *fpl =* tisores

estiu [əstíw] *m* summer

estiuejant [əstiwəʒán] *mf* holidaymaker, (summer) vacationer US

estiuejar [əstiwəʒá] *vi* to spend the summer holiday

estofat [əstufát] *m* stew, hotpot

estoic -a [əstɔ́jk] *aj* stoic(al); *mf* stoic

estoig [əstɔ́tʃ] *m* box, case

estol [əstɔ́l] *m* troop, band, group; *mar* squadron

estómac

estómac [əstómək] *m* stomach

estomacal [əstuməkál] *aj* stomachic, stomach *atr; m* stomachic

estomacar [əstuməká] *vt* to beat, thrash, wallop

estona [əstónə] *f* (short) time, while; **a estones** at times; **passar l'~** to while away the time

estora [əstórə] *f* mat, matting; (*catifa*) carpet

estossegar [əstusəɣá] *vi* to cough

estossinar [əstusiná] *vt* to beat to death, batter

estovalles [əstuβáʎəs] *fpl* tablecloth

estovar [əstuβá] *vtp tb fg* to soften; *vt* (*apallissar*) to beat

estrada [əstráðə] *f* dais, platform; *pl* courtroom

estrafer [əstrəfé] *vt* (*imitar*) to imitate, mimic, ape; (*canviar*) to disguise, alter

estrafolari -ària [əstrəfulári] *aj* odd, outlandish, eccentric

estragó [əstrəɣó] *m* tarragon

estrall [əstráʎ] *m* ruin, destruction, havoc; **fer ~s** to play havoc

estrambòtic -a [əstrəmbɔ́tik] *aj* odd, outlandish, eccentric

estranger -a [əstrənʒé] *aj* foreign; *mf* foreigner; **a l'~** abroad

estrangular [əstrəŋgulá] *vt* to strangle, choke

estrany -a [əstráɲ] *aj* (*desconegut, aliè*) strange, unfamiliar; (*no usual*) strange, odd, peculiar

estranyar [əstrəɲá] *vt* to banish; *vi* to surprise, puzzle; *vp* to be surprised, be amazed

estrat [əstrát] *m geo* stratum, layer; **~ social** social class, social level

estratagema [əstrətəʒémə] *m* stratagem

estratègia [əstrətɛ́ʒiə] *f* strategy

estrebada [əstrəβáðə] *f* pull, tug, jerk

estrella [əstréʎə] *f* star; **~ de mar** starfish

estrenar [əstrəná] *vt* to use for the first time; *cin* to show for the first time; *vp* to make one's début

estrènyer [əstrɛ́ɲə] *vtp* to narrow; *vt* (*roba*) to take in; (*nus, cinturó*) to tighten; *Les sabates m'estrenyen*, my shoes pinch

estrep [əstrép] *m* stirrup; **perdre els ~s** *fg* to fly off the handle

estrèpit [əstrɛ́pit] *m* noise, din, row

estrès [əstrɛ́s] *m* stress

estret -a [əstrɛ́t] *aj* narrow; (*que estreny*) tight; (*relació, etc*) close; *m* strait, channel

estretor [əstrətó] *f* narrowness, tightness; (*falta d'espai*) lack of room

estri [éstri] *m* tool, implement, utensil

estricte -a [əstríktə] *aj* strict

estrident [əstriðén] *aj* strident, harsh, shrill

estrip [əstríp] *m* tear, slit, rip

estripar [əstripá] *vt* (*animal*) to gut, draw; *vtp* (*esquinçar*) to tear, rip

estrofa [əstrɔ́fə] *f* stanza,

strophe, verse

estroncar [əstruŋká] *vtp* to dry up; *vt* (*hemorràgia*) to staunch, stanch *US*

estruç [əstrús] *m* ostrich

estructura [əstruktúrə] *f* structure

estructurar [əstrukturá] *vt* to construct, structure, organize

estuari [əstuári] *m* estuary

estudi [əstúði] *m* study; (*habitació*) study; (*TV*) studio; *pl* studies, learning *sg*; **fugir d'~** *fg* to skirt the question

estudiant -a [əstuðián] *mf* student

estudiar [əstuðiá] *vt* to study; (*qüestió*) to go into, look into

estufa [əstúfə] *f* stove, heater, fire

estupefacte -a [əstupəfáktə] *aj* astonished, speechless, thunderstruck

estupend -a [əstupén] *aj* wonderful, great, splendid

estúpid -a [əstúpit] *aj* stupid, silly, foolish

estupor [əstupór] *mf* stupor; *fg* astonishment, amazement

esvair [əzbaí] *vt* (*derrotar*) to defeat; (*dissipar*) to dispel; *vp* (*dissipar-se*) to be dispelled

esvalotar [əzbəlutá] *vi* to make a racket; *vt* to disturb, agitate; *vp* to get excited

esvalotat -ada [əzbəlutát] *aj* hasty, rash

esvàstica [əzbástikə] *f* swastika

esvelt -a [əzbél] *aj* slim, slender

esventar [əzbəntá] *vt* to blow away; (*esbombar*) to divulge, disclose; *vp* (*dessecar-se*)

to dry up

esverar [əzbərá] *vt* to frighten, alarm

esvoranc [əzburáŋ] *m* (*a una paret, etc*) breach, opening, gap; (*esquinç*) tear

et [ət] *pr* you

etapa [ətápə] *f* stage

etcètera [ətsétərə] *av* etcetera, and so on

èter [étər] *m* ether

etern -a [ətérn] *aj* eternal, everlasting, endless

ètic -a [étik] *aj* ethical; *f* ethics

etimologia [ətimuluʒíə] *f* etymology

etiqueta [ətikétə] *f* label, tag; (*cerimonial*) etiquette, formality

ètnia [édniə] *f* ethnic group

etzibar [ədziβá] *vt* (*cop, etc*) to give, hit, deal (out); *fg* to let fly

eucaliptus [əwkəlíptus] *m* eucalyptus, gum tree

eucaristia [əwkəristíə] *f* Eucharist

eufòria [əwfóriə] *f* euphoria

euga [éwɣə] *f* mare

europeu -ea [əwrupéw] *aj mf* European

evacuar [əβəkuá] *vt* to evacuate

evadir [əβəðí] *vt* to evade, elude; *vp tb fg* to escape

evangeli [əβəŋʒéli] *m* gospel

evaporació [əβəpurəsió] *f* evaporation

evaporar [əβəpurá] *vtp* to evaporate; *vp fg* to vanish

evident [əβiðén] *aj* obvious, clear, evident. **Es ~ que**, it stands to reason that

evitar [əβitá] *vt* to avoid; (*impedir*) to prevent

evocar [əβuká] *vt* to evoke, call up; (*ànimes*) to invoke

evolució [əβulusió] *f* evolution; (*de tropes, etc*) manoeuvre, maneuver US

evolucionar [əβulusiuná] *vi* to evolve, change, develop; (*tropes, etc*) to manoeuvre, maneuver US

exacerbar [əgzəsərβá] *vtp* (*irritar*) to irritate; (*agreujar*) to exacerbate, aggravate

exacte -a [əgzáktə] *aj* exact, precise, accurate

exactitud [əgzəktitút] *f* exactness, precision, accuracy

exagerar [əgzəʒərá] *vt* to exaggerate

exagerat -ada [əgzəʒərát] *aj* exaggerated, overdone

exaltat -ada [əgzəltát] *aj* exalted, over-excited, worked up

examen [əgzámən] *m* examination, exam *fm*; (*inspecció*) inspection

examinar [əgzəminá] *vt* to test, examine; (*observar*) to examine, inspect; *vp* to take an examination

exasperar [əgzəspərá] *vt* to exasperate, infuriate; *vp* to get exasperated, lose patience

excavació [əkskəβəsió] *f* excavation

excavadora [əkskəβəðórə] *f* excavator, steam shovel US

excavar [əkskəβá] *vt* to excavate, dig (out)

excel·lent [əksəllén] *aj* excellent

excèntric -a [əkséntrik] *aj fm tb fg* eccentric

excepció [əksəpsió] *f* exception; **a ~ de** with the exception of,

except for

excepcional [əksəpsiunál] *aj* exceptional

excepte [əkséptə] *prp* except (for), save

excés [əksés] *m* excess, surplus

excessiu -iva [əksəsíw] *aj* excessive

excitar [əksitá] *vt* to excite, arouse; (*incitar*) to urge; *vp* to get excited

exclamació [əkskləməsió] *f* exclamation

exclamar [əkskləmá] *vt* to exclaim; *vp* to complain

excloure [əksklówrə] *vt* to exclude, shut out; *vp* to be incompatible

exclusiu -iva [əkskluzíw] *aj* exclusive; *f* sole right; (*periodística*) exclusive

excreció [əkskrəsió] *f* excretion

excrement [əkskrəmén] *m* excrement

excretar [əkskrətá] *vt* to excrete

excursió [əkskursió] *f* excursion, outing, trip

excursionista [əkskursiunístə] *mf* rambler, hiker

excusa [əkskúzə] *f* excuse, pretext

excusar [əkskuzá] *vt* to excuse; *vp* to excuse osf

execució [əgzəkusió] *f* execution, performance; (*pena de mort*) execution

executar [əgzəkutá] *vt* to perform, carry out, execute; (*pena de mort*) to execute

executiu -iva [əgzəktíw] *aj mf* executive

exemplar [əgzəmplár] *aj*

exemplary; *m* specimen; *grf* copy
exemple [əgzémplə] *m* example;
(*lliçó*) lesson; **per ~** for example,
for instance
exercici [əgzərsísi] *m* (*escolar,
muscular*) exercise; (*pràctica*)
practice, practise US; (*fiscal*)
financial year
exercir [əgzərsí] *vt* (*influència,
etc*) to exert; (*professió*) to
practice, practise US
exèrcit [əgzérsit] *m* army
exercitar [əgzərsitá] *vtp* to
exercise
exhalar [əgzəlá] *vt* (*olor, gas*) to
give off, emit; (*sospir, crit*) to
heave
exhaurir [əgzəwrí] *vt* to exhaust,
use up, finish; *vp* to be used up,
run out
exhaust -a [əgzáwst] *aj*
exhausted
exhibicionista [əgziβisiunístə] *aj
mf* exhibitionist
exhibir [əgziβí] *vt* to show,
exhibit, display; *vp* to show osf,
show off
exhortar [əgzurtá] *vt* to exhort
exigent [əgziȝén] *aj* exigent,
demanding, exacting
exigir [əgziȝí] *vt* to demand,
require, call for
exili [əgzíli] *m* exile
existència [əgzisténsiə] *f*
existence, being; *pl* stock *sg*,
stocks
existir [əgzistí] *vi* to exist
èxit [égzit] *m* (*resultat*) result,
outcome; (*bon resultat*) success;
tenir ~ to be successful
exòtic -a [əgzɔ́tik] *aj* exotic

expandir [əkspəndí] *vtp* to
expand, enlarge; (*difondre*) to
spread
expansió [əkspənsió] *f* expansion;
(*de sentiments*) expansiveness
expectació [əkspəktəsió] *f*
expectation, expectancy
expedició [əkspəðisió] *f mil*
expedition; *com* shipment,
shipping
expedir [əkspəðí] *vt com* to send,
ship; (*document*) to draw up
experiència [əkspəriénsiə] *f*
experience
experiment [əkspərimén] *m*
experiment
experimentar [əkspəriməntá] *vt*
to try out, experiment with; *vi* to
make tests, experiment
expert -a [əkspért] *aj mf* expert
expiar [əkspiá] *vt* to expiate,
atone for
expirar [əkspirá] *vt* to breathe
out; *vi* (*morir*) to die; (*cessar*) to
expire, run out
explicació [əksplikəsió] *f*
explanation
explicar [əksplíká] *vt* to explain;
vp (*fer-se comprendre*) to explain
osf; (*entendre*) to understand
explicatiu -iva [əksplikətíw] *aj*
explanatory
explícit -a [əksplísit] *aj* explicit
explorar [əksplurá] *vt* to explore;
med to probe
explosió [əkspluzió] *f* explosion,
blast; *fg* explosion, outburst
explosiu -iva [əkspluzíw] *aj m*
explosive
explotació [əksplutəsió] *f*
exploitation; (*de terres*) cultivation

explotar [əksplutá] *vt tb fg* to exploit; *min* to work; (*terra*) to cultivate; *vi* to explode, go off

exponent [əkspunén] *m* exponent

exportar [əkspurtá] *vt* to export

exposar [əkspuzá] *vt* to expose; (*exhibir*) to show, exhibit, display; (*manifestar*) to expound; (*vida, etc*) to risk; *vp* to risk osf

exposició [əkspuzisió] *f* exposure; *com* fair, show; (*de quadres, etc*) showing, exhibition; (*de fets, etc*) statement, exposition

expressament [əksprèsəmén] *av* on purpose, deliberately

expressar [əksprəsá] *vt* to express; *vp* to express osf

expressió [əksprəsió] *f* expression; (*frase*) idiom

expulsar [əkspulsá] *vt* to expel, eject, turn out; *esp* to send off

exquisit -ida [əkskizít] *aj* exquisite, delightful

extens -a [əksténs] *aj* wide, extensive

extensió [əkstənsió] *f* (*acció*) extension; (*dimensions*) extent, size; (*de temps*) length, duration

exterior [əkstəriór] *aj* external, exterior; (*amb l'estranger*) foreign; *m* exterior, outside; (*aspecte*) appearance

extern -a [əkstérn] *aj* external, outside; *mf* day pupil

extinció [əkstinsió] *f* extinction

extingir [əkstinʒí] *vt* (*foc*) to extinguish, put out; *bio* to wipe out; *vp* (*foc*) to go out; *bio* to die out

extintor -a [əkstintó] *aj* extinguishing; *m* fire extinguisher

extirpar [əkstirpá] *vt med* to remove (surgically); *fg* to extirpate, eradicate

extra [ékstra] *aj* high-quality; *m* extra

extracció [əkstraksió] *f* extraction

extraordinari -ària [əkstrəurdinári] *aj* extraordinary, unusual; (*excel·lent*) outstanding; *m* (*extra*) extra; (*de diari*) special issue

extraterrestre [èkstratəréstrə] *aj* extraterrestrial; *mf* extraterrestrial being

extravagant [əkstrəβəɣán] *aj* odd, outlandish, eccentric

extraviar [əkstrəβiá] *vt* to mislead; *vp* (*up*) to lose one's way, get lost; *fg* to go astray

extrem -a [əkstrém] *aj* extreme; (*últim*) last; *m* extreme; (*punta*) end; *esp* wing

extremitat [əkstrəmitát] *f* extremity, end, tip; **~s** *ana* extremities

extreure [əkstréwrə] *vt* to extract, draw out, pull out

F

fàbrica [fáβrika] *f* factory

fabricar [fəβriká] *vt* to manufacture, make, produce; *fg* to fabricate, invent

fabulós -osa [fəβulós] *aj* fabulous, mythical; (*exagerat*) fabulous, extraordinary, fantastic

facècia [fəsésia] *f* jest, joke, witticism

faceta [fəséta] *f* facet, aspect,

fanàtic

feature

facial [fəsiál] *aj* facial

fàcil [fásil] *aj* easy; (*probable*) likely, probable, possible

facilitar [fəsilitá] *vt* to make easier, facilitate; (*proporcionar*) to provide, supply

facilitat [fəsilitát] *f* facility

facinerós -osa [fəsinərós] *aj mf* criminal

factible [fəktíbblə] *aj* feasible, possible

factor [fəktó] *m* factor, element; *mat* factor

factoria [fəkturíə] *f* factory

factura [fəktúrə] *f* invoice, bill; (*manera d'ésser feta uc*) making

facultat [fəkultát] *f* (*poder*) authority, power; (*universitat*) faculty, *pl* (*aptitud*) faculty *sg*, ability *sg*

facultatiu -iva [fəkultətíw] *aj* optional, facultative; *mf* doctor, practitioner

façana [fəsánə] *f* façade

fada [fáðə] *f* fairy

fadrí -ina [fəðrí] *m* youth, lad; *f* young woman; *mf* (*solter*) single person

fageda [fəʒéðə] *f* beech wood

faig [fátʃ] *m* beech (tree)

faisà [fəjzá] *m* pheasant

faisó [fəjzó] *f* way

faixa [fáʃə] *f* girdle; (*amb forma de faixa*) band, strip

falange [fəláŋʒə] *f ana* phalanx

falca [fálkə] *f* wedge

falcó [fəlkó] *m* hawk, falcon

falç [fáls] *f agr* sickle

falda [fáldə] *f* lap; (*d'una muntanya*) slope, side

faldilla [fəldíʎə] *fsg/pl* skirt

falguera [fəlɣérə] *f* fern, bracken

falla [fáʎə] *f geo* fault; (*falta*) lack, shortage

fallar [fəʎá] *vt* to miss; *vi* (*fallir*) to fail, go wrong; (*up*) to let down

fal·lera [fəʎérə] *f* weakness

fallida [fəʎíðə] *f* bankruptcy; **fer ~** to go bankrupt

fals -a [fáls] *aj* false, wrong; (*obra d'art, bitllet*) fake; (*persona*) false, insincere, deceitful

falsificació [fəlsifikəsió] *f* fake, forgery

falta [fáltə] *f* (*mancança*) lack, shortage; (*acció censurable*) offence, offense *US*; (*a classe, a la feina*) absence, non-attendance; (*error*) mistake; *esp* foul; **fer ~** to be necessary, be needed; **sens ~** without fail

faltar [fəltá] *vi* to be lacking, be needed; (*ser absent*) to be absent, be missing; *Falten dues setmanes per a les vacances*, there are two weeks to go to the holidays; **trobar a ~** to miss

fam [fám] *f* starvation, famine; *fg* eagerness, hunger

fama [fámə] *f* fame, reputation

família [fəmíliə] *f* family

familiar [fəmiliár] *aj* familiar; *m* relative

famós -osa [fəmós] *aj* famous, well-known

fan [fán] *mf* fan, supporter

fanal [fənál] *m* (*de l'enllumenat públic*) streetlamp, lamp-post; (*de mà*) lantern, lamp

fanàtic -a [fənátik] *aj* fanatic(al); *mf* fanatic

fanfarró -ona [fəmfəró] aj
blustering, boastful, loudmouthed;
mf loudmouth, boaster

fang [fáŋ] m mud, mire

fantasia [fəntəzíə] f imagination,
fantasy, fancy

fantasma [fəntázmə] m ghost,
phantom, apparition

fantasmagòric -a
[fəntəzməɣɔ́rik] aj
phantasmagoric(al)

fantàstic -a [fəntástik] aj
fantastic, imaginary;
(extraordinari) fantastic,
wonderful, extraordinary

fantotxe [fəntótʃə] m mediocrity,
nonentity

faquir [fəkír] m fakir

far [fár] m lighthouse; (aut)
headlight, headlamp

farcell [fərséʎ] m bundle

farcir [fərsí] vt to stuff; (pastís)
to fill

farga [fárɣə] f forge

farigola [fəriɣɔ́lə] f thyme

farina [fərínə] f flour

farinetes [fərinétəs] fpl baby
food, pap

faringe [fəríŋʒə] f pharynx

faringitis [fəriŋʒítis] f
pharyngitis

faristol [fəristɔ́l] m (partitura)
music stand; (llibres) lectern

farmacèutic -a [fərməséwtik] aj
pharmaceutical; mf pharmacist,
chemist, druggist UK

farmàcia [fərmásiə] f (ciència)
pharmacy; (botiga) pharmacy,
chemist('s), drugstore US

farmaciola [fərməsiɔ́lə] f first-aid
kit, medicine cabinet

farratge [fərádʒə] m forage,
fodder

farsa [fársə] f lit farce; fg sham,
humbug

fart -a [fárt] aj full (up); fg fed up,
tired; mf big eater, (greedy) guts,
glutton; **un ~ de** (un munt)
a lot of

fascicle [fəsíklə] m instalment,
installment US

fascinar [fəsiná] vt to fascinate,
captivate

fase [fázə] f phase, stage

fast [fást] m pomp, pageantry,
magnificence

fàstic [fástik] m disgust, loathing

fastigós -osa [fəstiɣós] aj
disgusting, filthy

fastuós -osa [fəstuós] aj
luxurious, magnificent

fat -ada [fát] aj tasteless, insipid,
bland

fatal [fətál] aj fatal, fateful, fated;
fg awful

fatiga [fətíɣə] f fatigue, weariness

fatigar [fətiɣá] vt to tire (out),
fatigue; vp to get tired, tire, wear
osf out

fatxa [fátʃə] f fm look

fatxenda [fətʃéndə] mf show-off

faula [fáwlə] f fable; (invenció)
invention, story

fauna [fáwnə] f fauna

fava [fáβə] f broad bean; med
bump; mf dummy

favor [fəβór] m favour, favor US;
a ~ de in favour of

favorable [fəβurábblə] aj
favourable, favorable US

favorit -a [fəβurít] aj mf

favourite, favorite *US*

favoritisme [fəβuritízmə] *m* favouritism, favoritism *US*, partiality

fax [fáks] *m* fax

fe [fé] *f* faith; **bona ~** good faith; **donar ~** to testify

feble [fébblə] *aj tb fg* weak, feeble

febrada [fəβɾáðə] *f* attack of fever

febre [féβɾə] *f tb fg* fever

febrer [fəβɾé] *m* February

fècula [fékulə] *f* starch

fecund -a [fəkún] *aj* fertile, fecund

fecundació [fəkundəsió] *f* fertilization

fecundar [fəkundá] *vt* to fertilize

feina [féjnə] *f* job, work; **amb prou feines** hardly, barely, scarcely

feinada [fəjnáðə] *f* a lot of work, hard work

feinejar [fəjnəʒá] *vi* to potter about, do light jobs

feiner -a [fəjné] *aj* (*treballador*) hard-working; **dia ~** working day

feix [féʃ] *m* bundle, bunch

feixa [féʃə] *f* terrace

feixisme [fəʃízmə] *m* fascism

feixista [fəʃíztə] *mf* fascist

feixuc -uga [fəʃúk] *aj* (*que pesa*) heavy; (*mancat d'agilitat*) clumsy, awkward; (*una feina, etc*) tiring

fel [fél] *m* gall, bile

feldspat [fəltspát] *m* feldspar

felí -ina [fəlí] *aj* feline, catlike; *f* meline, cat

feliç [fəlís] *aj* happy; (*oportú*) appropriate; (*despreocupat*) carefree

felicitació [fəlisitəsió] *f*

congratulation

felicitar [fəlisitá] *vt* to congratulate; *vp* to be very glad (about), feel satisfied (with)

felicitat [fəlisitát] *f* happiness

feltre [féltrə] *m* felt

femella [fəméʎə] *f* female; *tcn* nut

femení -ina [fəməní] *aj* feminine, women's; *grm* feminine

femer [fəmé] *m* manure heap, dunghill

feminisme [fəminízmə] *m* feminism

feminista [fəminíztə] *mf* feminist

feminitat [fəminitát] *f* femininity

fems [féms] *m* dung, manure

fèmur [fému r] *m* femur

fenc [féŋ] *m* hay

fenomen [fənɔ́mən] *m* phenomenon

fenomenal [fənumənál] *aj* phenomenal, fantastic, great

fer [fé] *vt* to make, do; (*causar un efecte*) to make, cause; (*mesurar*) to be, measure; (*temps*) to be. *It is cold*, fa fred; *vi* (*obrar*) to do; (*ésser suficient*) to be enough; *vp* (*esdevenir*) to become, to come to be; *Demà farà deu anys*, he will be ten tomorrow; *Fa tres dies*, three days ago; **~ de** to work as; **~ una pregunta** to ask a question; **pel que fa a** as regards, as for; **tant li fa** it doesn't matter

fer -a [fér] *aj* fierce, ferocious; *f* wild animal, beast

feredat [fərəðát] *f* horror; **fer ~** to horrify

feréstec -ega [fəréstək] *aj* wild, fierce

fèretre [fέrətrə] *m* coffin

ferida [fərίðə] *f* injury, wound; *fg* wound

ferir [fərί] *vt tb fg* to wound, injure, hurt; *vp* (*d'apoplexia*) to have a stroke

ferm -a [fέrm] *aj* steady, firm; (*persona*) nice; **en ~** firm

fermar [fərmá] *vt* to tether, tie up

fermentació [fərməntəsió] *f* fermentation

fermentar [fərməntá] *vti* to ferment

feroç [fərɔ́s] *aj* fierce, ferocious; (*cruel*) cruel

ferotge [fərɔ́dʒə] *aj* fierce, ferocious

ferradura [fərəðúrə] *f* horseshoe

ferralla [fəráʎə] *f* scrap (metal)

ferramenta [fərəméntə] *f* ironwork, iron fittings

ferreny -a [fərέɲ] *aj* strong, sturdy, tough

ferrer -a [fərέ] *mf* blacksmith, smith

ferreria [fərərίə] *f* smithy, blacksmith's

ferreteria [fərətərίə] *f* ironmonger('s), hardware store

ferri ferria [fέri] *aj* iron *atr*; *fg* strict

ferri [fέri] *m* ferry

ferro [fέru] *m* iron

ferrocarril [fὲrukərίl] *m* railway, railroad *US*

ferroviari -ària [fəruβiári] *aj* railway *atr*, railroad *atr*, rail *atr*; *mf* railway worker, railroad worker

fèrtil [fέrtil] *aj tb fg* fertile

fertilitzar [fərtilidzá] *vt* to fertilize

ferum [fərúm] *f* stink, stench, smell

fervor [fərβór] *m* fervour, fervor *US*, enthusiasm

fesol [fəzɔ́l] *m* kidney bean

fesomia [fəzumίə] *f* features *pl*, physiognomy, face

festa [fέstə] *f* party; (*dia no feiner*) holiday

festejar [fəstəʒá] *vt* to go out together, be dating *US*; (*celebrar*) to celebrate

festí [fəstί] *m* feast, banquet

festiu -iva [fəstίw] *aj* festive; **dia ~** holiday

festival [fəstiβál] *m* festival

festivitat [fəstiβitát] *f* feast, festivity

fet [fét] *m* fact, act, action; (*esdeveniment*) event; **de ~** in fact, actually

fetge [fédʒə] *m* liver

fètid -a [fέtit] *aj* fetid, foul-smelling, rank

fetitxe [fətίtʃə] *m* fetish

fetus [fétus] *m* foetus, fetus

feudal [fəwdál] *aj* feudal

fi [fί] *m* purpose, aim, objective; *f* end; **a la ~** at last; **en ~** all in all, well

fi fina [fί] *aj* fine, thin; (*distingit*) refined; (*suau*) smooth

fiança [fiánsə] *f* bail

fiar [fiá] *vt* to sell on credit; *vp* to trust, rely (on)

fibló [fibbló] *m* sting; *fg* stimulus, incentive

fibra [fίβrə] *f* fibre, fiber *US*

ficar [fiká] *vt* to put; *vp* (*intervenir*) to interfere, meddle

ficció [fiksió] *f* fiction

fictici -ícia [fiktίsi] *aj* fictitious,

imaginary

fidel [fiðέl] *aj* faithful, loyal; (*exacte*) accurate, exact, faithful; *mf* **rlg** faithful

fidelitat [fiðǝlitát] *f* fidelity, loyalty; **alta ~** high fidelity

fideu [fiðέw] *m* noodle

figa [fíɣǝ] *f* fig; *mf* softy; **fer ~ to** falter; **~ de moro** prickly pear

figa-flor [fiɣǝflɔ́] *f* early fig, black fig; *mf* wimp, weed, drip

figuera [fiɣέrǝ] *f* fig (tree)

figura [fiɣúrǝ] *f* figure, form; (*persona*) figure, star; *art* figure

figurar [fiɣurá] *vt* (*fingir*) to simulate, pretend; *vi* (*formar part*) to appear, be; (*tenir autoritat*) to be prominent; *vp* to imagine, figure *US*

figuratiu -iva [fiɣurǝtíw] *aj* figurative

fil [fil] *m* thread; (*lli*) linen; *tcn* wire

fila [fílǝ] *f* row, line; **en ~** in a row, in a line; **~ índia** single file, Indian file

filagarsa [filǝɣársǝ] *f* loose thread

filament [filǝmén] *m* filament

filar [filá] *vt* to spin; (*endevinar els propòsits*) to suss out, rumble, twig; **~ prim** to split hairs

filatèlia [filǝtέliǝ] *f* philately

filera [filérǝ] *f* row, line

filet [filέt] *m* fillet, steak

filferro [filférru] *m* wire

fill -a [fíʎ] *m* son; *f* daughter

fillol -a [fiʎɔ́l] *m* godson; *f* goddaughter

film [film] *m* film, picture, movie

filmar [filmá] *vt* to film, shoot

filó [filó] *m* seam, vein

filosofia [filuzufíǝ] *f* philosophy

filtrar [filtrá] *vt/vi*: **vi ~ a través** to filter through; *vp* to filter, leak

filtre [fíltrǝ] *m* filter

final [finál] *aj* final, last; *m* end, ending, conclusion; *f* final

finalitat [finǝlitát] *f* purpose, aim, object

finalment [finàlmén] *av* finally, lastly

financer -a [finǝnsé] *aj* financial; *mf* financier

finançar [finǝnsá] *vt* to finance, fund

finca [fíŋkǝ] *f* property, land, estate

finestra [finέstrǝ] *f* window

finestral [finǝstrál] *m* large window

finestreta [finǝstrέtǝ] *f* (*cn un cotxe, etc*) window; (*taquilla*) box office, window

finestró [finǝstró] *m* shutter

fingir [fiɲʒí] *vt* to pretend, simulate, feign

finir [finí] *vt* to finish, end, complete; *vi* to finish, end, come to an end

finlandès -esa [finlǝndέs] *aj* Finnish; *mf* Finn; *m* (*llengua*) Finnish

fins [fins] *prp* (*temps*) until, till; (*espai*) to; (*quantitats*) up to; **~ demà!** see you tomorrow!; **~ i tot** even

fiord [fiɔ́rt] *m* fjord, fiord

fira [fírǝ] *f* fair, market

fireta [firétǝ] *f* toy kitchenware

firma [fírmǝ] *f* signature; (*empresa*) firm, company

firmament [firməmén] *m* sky, firmament

firmar [firmá] *vt* to sign

fiscal [fiskál] *aj* fiscal; *mf* prosecutor

físic -a [fízik] *aj* physical; *m* physicist; *m* physique, figure

fissura [fisúrə] *f* fissure

fit -a [fít] *aj* de ~ a ~ fixedly

fita [fítə] *f* milestone

fitxa [fítʃə] *f* file, index card; (*telèfon, etc*) token; (*jcs*) token, chip, counter

fitxar [fitʃá] *vt* (*criminal*) to put on record; *esp* to sign (up); *vi* (*a la feina, l'entrada*) to clock in; (*la sortida*) to clock out

fitxer [fitʃé] *m* card index; *ifm* file

fix -a [fíks] *aj* fixed; (*feina*) permanent; (*assenyalat concretament*) definite, firm

fixar [fiksá] *vt* (*clavar*) to fix, stick; (*establir*) to establish, settle; *vp* (*dirigir l'atenció*) to pay attention (to), watch; (*adonar-se*) to notice, realize

flabiol [fləβiɔ́l] *m* flageolet

flac -a [flák] *aj* (*magre*) thin; (*sense forces*) weak, feeble; *f* (*debilitat*) weakness

flagrant [fləɣrán] *aj* flagrant, glaring, blatant

flairar [flajrá] *vti* to smell

flaire [flájrə] *f* smell

flaix [fláʃ] *m* flash

flam [flám] *m* cream caramel

flama [flámə] *f* tb *fg* flame

flamarada [fləməráðə] *f* flare-up, sudden blaze; *fg* blaze, flare-up, outburst

flamenc -a [fləméŋ] *aj mf*

flamenco; (*de Flandes*) Flemish; *m* (*ocell*) flamingo

flanc [fláŋ] *m* flank

flascó [fləskó] *m* flask, bottle

flassada [fləsáðə] *f* blanket

flauta [fláwtə] *f* flute

fleca [flékə] *f* baker('s)

flegmó [fləɣmó] *m* gumboil

fletxa [flétʃə] *f* arrow

fleuma [fléwmə] *mf* drip, wimp, weed

flexible [fləksíbblə] *aj tb fg* flexible

flexió [fləksió] *f esp* press-up; *grm* inflection

floc [flɔ́k] *m* (*de cabells*) lock; (*de llana*) tuft; (*de neu*) flake

flonjo -a [flɔ́nʒu] *aj* soft, spongy, fluffy; *fg* weak, feeble

flor [flɔ́] *f* flower; (*elogi*) compliment; **en ~** in flower, in bloom, in blossom

flora [flɔ́rə] *f* flora

florir [fluɾí] *vi* to flower, bloom, blossom; *vp* (*cobrir-se de floridura*) to get mouldy, get moldy US; *fg* to die of boredom

florista [fluɾístə] *mf* florist

floritura [fluɾitúɾə] *f* embellishment, frill

flota [flɔ́tə] *f* fleet

flotador [flutəðó] *m* float

flotar [flutá] *vi* = **surar**

fluctuar [fluktuá] *vi* to fluctuate

fluid -a [flúit] *aj* fluid; (*llenguatge*) fluent; *m* fluid

fluïdesa [fluiðézə] *f* fluidity; *fg* fluency

fluir [fluí] *vi* to flow, run

fluix -a [flúʃ] *aj* (*que no tiba*) loose; (*mediocre*) poor; (*veu*) low;

m flow
fluor [fluór] *m* fluorine
fluorescent [fluorəsén] *aj m* fluorescent
fluvial [fluβiál] *aj* fluvial, river *atr*
flux [flúks] *m* flow
fòbia [fɔ́βiə] *f* phobia
foc [fɔ́k] *m* fire; *(foguera)* bonfire; *(incendi)* fire; *mil* fire; **~s artificials** fireworks
foca [fókə] *f* seal
focus [fókus] *m* focus; *tea* spotlight
fofo -a [fófu] *aj* flabby
fogó [fuɣó] *m* burner
foguera [fuɣérə] *f* bonfire
foie gras [fuàɣrás] *m* foie gras
foli [fɔ́li] *m* folio; sheet
folklore [fulklɔ́rə] *m* folklore
foll -a [fɔ́ʎ] *aj* mad, insane, crazy; *m* madman; *f* madwoman
follar [fuʎá] *vi vlg* to fuck, screw
follet [fuʎét] *m* imp, goblin, elf
follia [fuʎíə] *f med* madness, insanity
folrar [fulrá] *vt* to line, cover; *vp (enriquir-se)* to make a fortune, line one's pocket
folre [fólrə] *m* lining, cover
fomentar [tuməntá] *vt* to promote, encourage, foment
fona [fɔ́nə] *f* sling
fonamental [funəməntál] *aj* fundamental, basic, essential
fonaments [funəméns] *mpl tb fg* foundations
fonda [fóndə] *f* inn, lodging house, guest house
fondalada [fundaláðə] *f* hollow
fondària [fundáriə] *f* depth
fondejar [fundəʒá] *vti* to anchor

fondo -a [fóndu] *aj* deep
fondre [fóndrə] *vtp* to melt; *(dissoldre)* to dissolve; *(unir)* to merge; *(una fortuna)* to blow; *vt (en foneria)* to cast; *vp (una bombeta)* to fuse
fonedís -issa [funəðís] *aj* **fer-se ~** to disappear, vanish
foneria [funəríə] *f* foundry, forge
fonètic -a [funέtik] *aj* phonetic; *f* phonetics
fong [fóŋ] *m* fungus
fonoll [funóʎ] *m* fennel
fons [fóns] *m* bottom; *(fondària)* depth; *(cabal)* fund; *(d'una habitació, d'un carrer)* far end, back, bottom; *(contingut)* content; *(d'un escenari)* content; **a ~** thoroughly
font [fɔ́n] *f* spring; *arq* fountain; *fg* source
fora [fɔ́rə] *av* outside; *(a l'estranger)* abroad; **~ de** out of; *(excepte)* apart from, except for
foradar [furəðá] *vt* to make a hole in, pierce
foragitar [furəʒitá] *vt* to expel, eject, turn out
foraster -a [furəsté] *aj* foreign, alien; *mf* stranger, outsider, foreigner
forat [furát] *m* hole
forca [fórkə] *f agr* pitchfork, hayfork; *(instrument de suplici)* gallows *sg/pl*
força [fórsə] *f* strength; **per ~** by force, against one's will, compulsively; *aj av* quite (a lot), rather
forçar [fursá] *vt* to force; *(violar)* to rape, violate

forçut -uda [fursút] aj strong, tough, brawny

forense [furénsə] aj forensic; mf forensic scientist, forensic surgeon, coroner

forestal [furəstál] aj forest atr

forja [fɔ́rʒə] f forge

forjar [furʒá] vt to forge; fg to build up, create, make

forma [fɔ́rmə] f shape; (mitjà) way, means, method; (tipus, mena) way, form

formació [furməsió] f formation; (educació) training, education

formal [furmál] aj formal; (que té formalitat) reliable, dependable

formar [furmá] vt (crear) to form, make, create; (una idea, etc) to make, form; (educar) to train, educate; vp to form; (educar-se) to be educated

format [furmát] m format

formatge [furmádʒə] m cheese

formidable [furmiðábblə] aj tremendous, fantastic, extraordinary

formiga [furmíɣə] f ant

formigó [furmiɣó] m concrete

formigueig [furmiɣétʃ] m tingling

formiguer [furmiɣé] m ant-hill, ant's nest; fg swarm

formol [furmɔ́l] m formol

formós -osa [furmós] aj beautiful, lovely

fórmula [fɔ́rmulə] f formula

formular [furmulá] vt to formulate, draw up

formulari [furmulári] m form

forn [fórn] m oven; tcn furnace; (fleca) bakery, baker's

forner -a [furné] mf baker

fornir [furní] vt to supply, furnish, provide

forquilla [furkíʎə] f fork

forrellat [furəʎát] m bolt, latch

fort -a [fɔ́rt] aj strong; (veu, soroll) loud; m strong point

fortalesa [furtəlézə] f strength; mil fortress

fortificació [furtifikəsió] f fortification

fortificar [furtifiká] vt to fortify

fortor [furtó] f stink, stench

fortuna [furtúnə] f (riquesa, sort) fortune

fosc -a [fósk] aj dark; fg dark, dubious; f dark, darkness

foscor [fuskó] f dark, darkness

fosforescent [fusfurəsén] aj phosphorescent

fossa [fósə] f ditch, pit; (tomba) grave

fossar [fusá] m cemetery, graveyard

fossat [fusát] m moat

fòssil [fɔ́sil] aj fossilized; m fossil

fotesa [futézə] f trifle, triviality

fotimer [futimé] m fm lots pl, loads pl

foto [fótu] f photo, picture

fotocòpia [futukɔ́piə] f photocopy

fotocopiar [futukupiá] vt to photocopy

fotogènic -a [futuʒénik] aj photogenic

fotògraf -a [futɔ́ɣrəf] mf photographer

fotografia [futuɣrəfiə] f photography; (foto) photograph, picture

fotografiar [futuɣrəfiá] vt to

frisar

photograph, take a photograph of, take a picture of

fotogràfic -a [futuɣráfik] *aj* photographic

fotosíntesi [fòtusíntəzi] *f* photosynthesis

fotre [fótrə] *vt vlg (fer)* to do, make; *(posar)* to put; *(robar)* to pinch, swipe; *(molestar)* to bug; *vp (riure's)* to take the mickey out of, make fun of; **fes-te ~!** though shit!; **fot el camp!** get lost!; **tant me fot!** I don't give a shit!, I don't give a bugger!

fotut -uda [futút] *aj (maleït)* damn, bloody; *(espatllat)* bust; *(deprimit)* down; *(malalt)* not well

fracàs [frəkás] *m* failure, disaster

fracassar [frəkəsá] *vi* to fail, be unsuccessful

fracció [frəksió] *f* fraction, part, fragment; *mat* fraction

fractura [frəktúrə] *f* fracture, break

fragata [frəɣátə] *f* frigate

fràgil [frázil] *aj* fragile, frail

fragment [frəɣmén] *m* fragment, piece, bit

franc -a [frán] *aj* frank, open; *(exempt)* free; *mf hst* Frank; *m (unitat monetària)* franc

francès -esa [frənsés] *aj* French; *m* Frenchman. *Dos francesos, two Frenchmen. Els francesos, the French; f* Frenchwoman; *m (llengua)* French

franel·la [frənέllə] *f* flannel

franja [fránʒə] *f* strip, band

franqueig [frəŋkéʧ] *m* postage

franquesa [frəŋkέzə] *f* frankness, openness

frare [fráɾə] *m* monk, friar

frase [frázə] *f* sentence

fratern -a [frətέrn] *aj* brotherly, fraternal

frau [fráw] *m* fraud

fre [fɾέ] *m* brake; *fg* stop, curb

frec [frέk] *m* rub, rubbing; *tcn* friction

fred -a [frέt] *aj* cold; *fg* cold, cool, indifferent; *m* cold. *Fa fred, it's cold*

fredor [frəðó] *f tb fg* coldness

frega [frέɣə] *f* massage, rub

fregadís [frəɣəðís] *m* rub, rubbing

fregall [frəɣáλ] *m* scourer, scrubber

fregar [frəɣá] *vt* to rub; *(tocar lleugerament)* to graze, brush; *(el paviment)* to mop, wash, scrub; *vp* to rub

fregir [frəʒí] *vt* to fry

frenar [frəná] *vt* to brake; *fg* to slow down, restrain, curb

frenètic -a [frənέtik] *aj* frenzied, frenetic

freqüència [frəkwέnsiə] *f* frequency; **amb ~** frequently, often

freqüent [frəkwén] *aj* frequent, usual

fresc -a [frέsk] *aj* cool, fresh, cold; *(no passat, recent)* fresh; *(descarat)* shameless, brazen; *f* fresh air; *m art* fresco; *mf (despreocupat)* cheeky person

fressa [frέsə] *f* noise, murmur

fricció [friksió] *f tb fg* friction

frígid -a [fríʒit] *aj* frigid

frigorífic -a [friɣurífik] *aj* refrigerating; *m* refrigerator, fridge

frisar [frizá] *vi* to get impatient,

get exasperated
frívol -a [fríβul] *aj* frivolous, flippant
fronda [frónd$\ni$] *f* foliage
frondós -osa [frundós] *aj (arbre)* leafy; *(vegetació)* luxuriant
front [frón] *m* forehead; *mil* front
frontera [fruntér$\ni$] *f* border, frontier
frontissa [fruntís$\ni$] *f* hinge
frontó [fruntó] *m arq* pediment; *esp* pelota court
fructuós -osa [fruktuós] *aj* fruitful
frugal [fruγál] *aj* frugal
fruir [frui] *vi* to enjoy osf, have a good time, have fun
fruit [frújt] *m tb fg* fruit
fruita [frújt$\ni$] *f* fruit
fruiter -a [frujté] *aj* fruit *atr*; **arbre ~** fruit tree; *mf (que ven fruita)* fruit seller, greengrocer; *f (recipient)* fruit bowl, fruit dish
fruiteria [frujt$\ni$rí$\ni$] *f* green grocer('s)
frustrar [frustrá] *vt* to frustrate, thwart
fuel [fuél] *m* fuel oil
fuet [fuét] *m* whip; *gst* kind of sausage
fuetejar [fuet$\ni$$\ni$á] *vt* to whip, flog, lash
fuga [fú$\gamma$$\ni$] *f* = **fugida**
fugaç [fuγás] *aj* brief, fleeting
fugida [fu$\eth$í$\eth$$\ni$] *f* flight, escape
fugir [fu$\ni$í] *vi* to flee, escape; *(evitar)* to avoid (sth)
fugisser -a [fu$\ni$isé] *aj* fleeting, brief
fugitiu -iva [fu$\ni$itíw] *aj mf* fugitive

fuita [fújt$\ni$] *f tcn* leak; *(fugida)* flight, escape
fulgurar [fulyurá] *vi* to shine
full [fúʎ] *m* sheet; *(pàgina)* page, leaf; *(làmina)* sheet
fulla [fúʎ$\ni$] *f* leaf; *(d'una eina)* blade
fullam [fuʎám] *m* foliage
fullaraca [fuʎ$\ni$rák$\ni$] *f* dead leaves, fallen leaves
fullatge [fuʎád$\ni$$\ni$] *m* foliage
fum [fúm] *m* smoke, fumes *pl*; *(vapor)* steam; *pl (altivesa)* airs
fumador [fum$\ni$$\eth$ó] *mf* smoker
fumar [fumá] *vti* to smoke
fumat -ada [fumát] *aj* smoked
fumejar [fum$\ni$$\ni$á] *vi* to smoke; *(vapor)* to steam
fúmer [fúm$\ni$] *vtip [eufemisme]* **= fotre**
fumigar [fumiyá] *vt* to fumigate
funàmbul -a [funámbul] *mf* tightrope walker
funció [funsió] *f* function; *(tasca)* duty; *(espectacle)* performance, show
funcionament [funsiun$\ni$mén] *m* operation, working, running
funcionar [funsiuná] *vi* to work
funcionari -ària [funsiunári] *mf* civil servant, government employee, functionary
funda [fúnd$\ni$] *f* case, cover, sheath
fundar [fundá] *vt* to found, establish, set up; *vp* to be based (on), be founded (on)
fúnebre [fún$\ni$$\beta$r$\ni$] *aj* funereal, mournful
funeral [fun$\ni$rál] *m* funeral, burial
funest -a [funést] *aj* fatal, terrible,

disastrous

funicular [funikulár] *aj* funicular; *m* funicular (railway)

fura [fúrə] *f* ferret; *fg* busybody

furgar [furɣá] *vt* to rummage, poke around, rake; (*tafanejar*) to snoop, pry into

furgó [furɣó] *m* van, truck

furgoneta [furɣunétə] *f* van

fúria [fúriə] *f* fury

furiós -osa [furiós] *aj* furious

furor [furór] *m* enthusiasm, passion; **fer ~** to be all the rage

furt [fúrt] *m* theft, robbery

furtar [furtá] *vt* to steal

fus [fús] *m* spindle; **~os horaris** time zones

fusell [fuzéʎ] *m* rifle

fusible [fuzíbblə] *m* fuse

fusió [fuzió] *f* fusion; (*d'empreses*) merger, amalgamation

fusta [fústə] *f* wood

fuster -a [fusté] *m/f* carpenter, joiner

fusteria [fustəríə] *f* carpentry, joinery work; (*botiga*) carpenter's shop

futbol [fubbɔ́l] *m* football, soccer US

futbolista [fubbulístə] *mf* footballer, football player

futur -a [futúr] *aj m* future

G

gàbia [gáβiə] *f* cage

gabinet [gəβinét] *m* (*ministerial*) cabinet; (*d'un advocat, etc*) office

gafet [gəfét] *m* hook and eye

gai [gáj] *aj mf* gay, homosexual

gaire [gájrə] *aj av* much. *No en queda gaire*, there isn't much left; very. *No és gaire gran*, it's not very big

gairebé [gàjrəβé] *av* almost, nearly

gaita [gájtə] *f* bagpipe

gal gal·la [gál] *aj* Gallic; *mf* Gaul

gala [gálə] *f* gala; **fer ~ de** to display, show off; **vestit de ~** full dress

galà -ana [gəlá] *aj* charming

galant [gəlán] *aj* gallant, attentive; *m cin* hero, lead

galàpet [gəlápət] *m* toad

galàxia [gəláksiə] *f* galaxy

galera [gəlérə] *f* galley; *zoo* squilla

galeria [gələríə] *f* gallery, balcony; *art* gallery; *com* arcade, mall US

galet [gəlét] *m* spout; **beure a ~** to swallow

galeta [gəlétə] *f* biscuit, cookie US; (*bufetada*) slap

galimaties [gəlimatíəs] *m* mess, mix-up, muddle

galió [gəlió] *m* galleon

galipàndria [gəlipándriə] *f* cold

gall [gáʎ] *m* cock, rooster, cockerel; *mús* false note; *fg* rowdy, yob

gallard -a [gəʎárt] *aj* (*ben plantat*) good-looking, elegant; (*valent*) brave, courageous

gallec -ega [gəʎék] *aj mf* Galician

galleda [gəʎédə] *f* bucket, pail

gallejar [gəʎəʒá] *vi* to give osf on airs, strut

gal·lès -esa [gəʎés] *aj m* Welsh; *m* Welshman; *f* Welshwoman

gallet [gəʌɛt] *m* trigger

gallina [gəʌínə] *f* hen; *mf fg* chicken

galliner [gəʌiné] *m* henhouse; *fg* babel, hubbub; *teo* gods, gallery

galop [gəʌóp] *m* gallop

galopar [gəʌupá] *vi* to gallop

galta [gáltə] *f* cheek; **tenir galtes** to be cheeky, have a nerve

gamarús [gəmərús] *m* (*ocell*) tawny owl; *fg* dolt, clot, nitwit

gamba [gámbə] *f* shrimp, prawn

gambada [gəmbáðə] *f* stride

gamma [gámmə] *f* (*lletra*) gamma; *fg* range, scale, gamut

gana [gánə] *f* hunger. *Tinc ~,* I'm hungry; *pl* (*desig*) desire *sg*, wish *sg*; *No en tinc ganes,* I don't feel like it; **de mala ~** unwillingly, reluctantly

gandul -a [gəndúl] *aj* lazy, idle; *mf* idler, loafer

ganduleria [gənduləríə] *f* idleness, laziness

ganga [gáŋgə] *f* bargain

gangli [gáŋgli] *m* ganglion

gangrena [gəŋgrénə] *f* gangrene

gàngster [gáŋstər] *m* gangster

ganivet [gəniβɛ́t] *m* knife

ganiveta [gəniβɛ́tə] *f* knife, blade

gansoner -a [gənsuné] *aj* idle

ganxet [gəɲʃɛ́t] *m* crochet; **fer ~** to crochet

ganxo [gáɲʃu] *m* hook

ganya [gáɲə] *f* gill

ganyot [gəɲɔ́t] *m* throat

ganyota [gəɲɔ́tə] *f* (wry) face, grimace; **fer ganyotes** to make faces

garantia [gərəntíə] *f* guarantee, warranty

garantir [gərəntí] *vt* to guarantee, warrant

garatge [gərádʒə] *m* garage

garba [gárbə] *f* sheaf

garbell [gərbéʎ] *m* sieve

garbellar [gərbəʎá] *vt* to sieve, sift

garbí [gərbí] *m* southwest wind

garbuix [gərbúʃ] *m* tangle, mess, muddle

gardènia [gərdéniə] *f* gardenia

garfi [gárfi] *m* hook

gargall [gərgáʎ] *m* phlegm, spit

gargamella [gərgəméʎə] *f* throat

gargot [gərgɔ́t] *m* scribble, scrawl

garita [gərítə] *f* hut; *mil* sentry box

garjola [gərʒɔ́lə] *f fm* clink, nick, jail

garlanda [gərlándə] *f* garland

garlar [gərlá] *vi* to chat, chatter

garrafa [gərráfə] *f* demijohn

garranyic [gərrəɲík] *m* squeak, screech, squeal

garratibat -ada [gàrrətiβát] *aj* stiff; *fg* stunned, astounded

garrell -a [gərréʎ] *aj* bow-legged, bandy-legged

garrepa [gərrépə] *aj* mean, stingy; *mf* miser, skinflint

garrí -ina [gərrí] *mf* piglet, sucking-pig

garric [gərrík] *m* kermes oak

garriga [gərríɣə] *f* scrub

garrofa [gərrɔ́fə] *f* carob (bean)

garrot [gərrɔ́t] *m* stick, club, cudgel; *dr* gar(r)otte

garrotada [gərutáðə] *f* blow

garsa [gársə] *f* magpie

gas [gás] *m* gas; *pl* (*a l'estómac*) wind *sg*, flatulence *sg*

gasa [gázə] f gauze

gasela [gəzέlə] f gazelle

gasiu -iva [gəzíw] aj mean, stingy; mf miser, skinflint

gasoli [gəzɔ́li] m diesel (oil)

gasolina [gəzulínə] f petrol, gasoline, gas US

gasolinera [gəzulinéɾə] f aut petrol station, filling station, gas station US

gasós -osa [gəzós] aj gaseous; (beguda) sparkling, fizzy, carbonated; f lemonade

gastar [gəstá] vtp (consumir) to wear out; (desprendre) to spend; vt (un aparell) to use

gàstric -a [gástrik] aj gastric

gastritis [gəstɾítis] f gastritis

gastronomia [gəstɾunumíə] f gastronomy

gat -a [gát] m cat, pussy(cat) fm; (mascle) tomcat; f she-cat; m tcn jack

gatejar [gətəʒá] vi to crawl, go on all fours

gatera [gətéɾə] f cat-hole

gatosa [gətózə] f gorse

gatzara [gədzáɾə] f clamour, uproar

gaudir [gəwðí] vi to enjoy (sth); (posseir) to enjoy (sth), have (sth)

gavardina [gəβəɾðínə] f raincoat

gavina [gəβínə] f seagull

gebre [ʒέβɾə] m frost

gec [ʒέk] m jacket

gegant -a [ʒəɣán] aj giant, gigantic; m giant; f giantess

gegantí -ina [ʒəɣəntí] aj gigantic, giant atr, huge

gel [ʒέl] m = glaç

gelada [ʒəláðə] f = glaçada

gelar [ʒəlá] vtip = glaçar

gelat -ada [ʒəlát] aj freezing, frozen; m ice cream

gelatina [ʒəlatínə] f gelatine

gelea [ʒəléə] f jelly

gelera [ʒəléɾə] f glacier

gèlid -a [ʒέlit] aj chilled, icy, cold

gelós -osa [ʒəlós] aj jealous

gelosia [ʒəluzíə] f jealousy

gemec [ʒəmék] m groan, moan

gemegar [ʒəməɣá] vi to groan, moan

gemma [ʒémmə] f bot bud; (joia) gem

gendarme [ʒəndármə] m gendarme

gendre [ʒéndɾə] m son-in-law

gener [ʒəné] m January

generació [ʒənəɾəsió] f generation

generador -a [ʒənəɾəðó] aj generating; m generator

general -a [ʒənəɾál] aj general; m mil general; **en** n generally as a general rule, in general

generalitat [ʒənəɾəlitát] f generality, majority; [en majúscula] autonomous government of Catalonia and Valencia

generalment [ʒənəɾəlmén] av generally

generar [ʒənəɾá] vt to generate, create

gènere [ʒénəɾə] m kind, type, class; grm gender; com merchandise, goods pl

genèric -a [ʒənéɾik] aj generic

generós -osa [ʒənəɾós] aj generous

gènesi [ʒénəzi] f genesis, origin,

beginning

genet -a [ʒənét] *m* horseman; *f* horsewoman

geni [ʒéni] *m* (ésser sobrenatural) genie; (persona) genius; (mal caràcter) bad temper

genital [ʒənitál] *aj* genital; *mpl* genitals, genital organs

geniüt -üda [ʒəniút] *aj* irascible, bad-tempered

geniva [ʒəníβə] *f* gum

genocidi [ʒənusíði] *m* genocide

genoll [ʒənóʎ] *m* knee

genollera [ʒənuʎérə] *f* kneepad

gens [ʒéns] *av* not at all. *No m'agrada gens,* I do not like it at all; any. *Tens gens de sucre?,* do you have any sugar?

gent [ʒén] *f* people *pl*

gentada [ʒəntáðə] *f* crowd, throng, mass

gentil [ʒəntíl] *aj* kind; *aj m rlg* gentile

genuí -ïna [ʒənuí] *aj* genuine, authentic, true

geografia [ʒəuɣrəfíə] *f* geography

geogràfic -a [ʒəuɣráfik] *aj* geographic(al)

geologia [ʒəuluʒíə] *f* geology

geometria [ʒəumətríə] *f* geometry

geomètric -a [ʒəumétrik] *aj* geometric(al)

gep [ʒép] *m* hump

gepa [ʒépə] *f* = **gep**

geperut -uda [ʒəpərút] *aj* hunchbacked; *mf* hunchback

gerani [ʒəráni] *m* geranium

gerd [ʒért] *m* raspberry

gerent [ʒərén] *mf* manager, director

geriatria [ʒəriətríə] *f* geriatrics

germà -ana [ʒərmá] *m* brother; *f* sister

germanastre -a [ʒərmənástrə] *m* stepbrother; *f* stepsister

germandat [ʒərməndát] *f* fraternity, brotherhood

germànic -a [ʒərmánik] *aj* Germanic

germanor [ʒərmənó] *f* brotherhood, companionship, fraternity

germen [ʒérmən] *m* germ; *fg* origin, source, germ

germinar [ʒərminá] *vi* to germinate

gerra [ʒérə] *f* jar, jug, pitcher

gerro [ʒéru] *m* vase

gerundi [ʒərúndi] *m* gerund

gespa [ʒéspə] *f* grass, lawn; *esp* pitch

gessamí [ʒəsəmí] *m* jasmine

gest [ʒést] *m tb fg* gesture

gesta [ʒéstə] *f* heroic deed, epic achievement

gestació [ʒəstəsió] *f* gestation

gesticular [ʒəstikulá] *vi* to gesticulate, gesture

gestió [ʒəstió] *f* management, running; (diligència) step, action

gestor -a [ʒəstó] *aj* managing, administrative; *mf* agent

gibrell [ʒiβréʎ] *m* bowl, basin

gibrelleta [ʒiβrəʎétə] *f* chamber pot, potty

gimcana [ʒimkánə] *f* gymkhana

gimnàs [ʒimnás] *m* gymnasium, gym

gimnàstic -a [ʒimnástik] *aj* gymnastic; *f* gymnastics

ginebra [ʒinéβrə] f gin

ginebre [ʒinéβrə] m juniper

ginecologia [ʒinəkuluʒíə] f gyn(a)ecology

ginesta [ʒinéstə] f broom

gingebre [ʒinʒéβrə] m ginger

ginjol [ʒinʒul] m jujube

gir [ʒir] m turn, rotation; grm expression; ~ **postal** giro, money order

gira [ʒírə] f turndown

girafa [ʒiráfə] f giraffe

giragonsa [ʒirəɣónsə] f curve, bend

girar [ʒirá] vi to turn, go round, revolve; (canviar de direcció) to turn; vt to turn; com to draw, transfer; vp to turn round; (el peu) to twist; fg to change one's ideas

giravolt [ʒirəβɔ́l] m somersault

giravoltar [ʒirəβultá] vi to spin

gitano -a [ʒitánu] ai mf gypsy

gitar [ʒitá] vt to throw, fling, hurl; (vomitar) to bring up, throw up, vomit; vp (ficar-se al llit) to go to bed, lie down

gla [ɡlà] f acorn

glacial [ɡləsiál] aj glacial, icy

glaç [ɡlás] m ice

glaçada [ɡləsáðə] f frost

glaçar [ɡləsá] vtip to freeze

glaçó [ɡləsó] m ice cube

gladiador [ɡləðiəðó] m gladiator

gladiol [ɡləðiɔ́l] m gladiolus

glàndula [ɡlándulə] f gland; pl (amígdales) tonsils

glatir [ɡləti] vti = **gruar**

glicerina [ɡlisərínə] f glycerine, glycerin US

global [ɡluβál] aj global, total

glòbul [ɡlɔ́βul] m globule

globus [ɡlɔ́βus] m globe, sphere; jcs balloon; (aerostàtic) balloon

glop [ɡlɔ́p] m sip, gulp

glopada [ɡlupáðə] f mouthful, swallow; (de fum, vent) puff

glopejar [ɡlupəʒá] vt to rinse (out)

glòria [ɡlɔ́riə] f glory

glucosa [ɡlukózə] f glucose

goig [ɡɔ́tʃ] m joy; **fer ~** to look nice

gol [ɡɔ́l] m goal

gola [ɡólə] f ana throat; (d'un riu) gorge; (apetit desordenat) greed, gluttony

golafre [ɡuláfrə] aj gluttonous, greedy; mf glutton

golf [ɡɔ́lf] m gulf, bay

golf [ɡɔ́lf] m esp golf

golfes [ɡólfəs] fpl loft sg

golut -uda [ɡulút] aj mf = **golafre**

goma [ɡómə] f (cautxú) rubber; (d'esborrar) rubber, eraser US; (d'enganxar) glue, gum; (banda elàstica) rubber band, elastic band

góndola [ɡóndulə] f gondola

gorg [ɡórk] m pool

gorga [ɡórɡə] f (remoli) eddy, whirlpool; (gorg) pool

goril·la [ɡurílə] m gorilla

gorja [ɡórʒə] f (gola) throat; (pas estret) gorge; (gorg) pool

gorra [ɡórə] f cap; **de ~** for free, without paying

gos gossa [ɡós] m dog; f bitch

gosar [ɡuzá] vi to dare

got [ɡɔ́t] m glass

got goda [ɡɔ́t] aj Gothic; mf Goth

gota [ɡótə] f drop; (malaltia) gout; av at all; ~ **a ~** med drip

gotejar [gutəʒá] *vi* to drip; *(pluja)* to sprinkle

gotera [gutéɾə] *f* leak

gòtic -a [ɡɔ́tik] *aj m* Gothic

gotim [ɡutím] *m* bunch of grapes

govern [ɡuβérn] *m* government

governador -a [ɡuβəɾnəðó] *mf* governor

governar -a [ɡuβəɾná] *vt* to govern, rule; *mar* to steer

gra [ɡɾá] *m (blat, etc)* grain; *(de cafè)* bean; *(partícula)* particle, grain; *(a la pell)* spot, pimple

gràcia [ɡɾásiə] *f (allò que diverteix)* fun; *(atractiu)* charm, grace; *(concessió)* grace; **fer ~** *(ésser divertit)* to be funny; **fer ~** *(agradar)* to please; **gràcies!** thanks!, thank you!; **gràcies a** thanks to

graciós -osa [ɡɾəsiós] *aj* funny, amusing

grada [ɡɾáðə] *f (graderia)* stand; *(esglaó)* step

graduar [ɡɾəðuá] *vt* to adjust, regulate; *vp (a la universitat)* to graduate, get one's degree

graella [ɡɾəéʎə] *f* grill, broiler US

grafia [ɡɾəfíə] *f* spelling

gràfic -a [ɡɾáfik] *aj* graphic; *m* graph, chart

grafit [ɡɾəfít] *m* graphite; *(inscripció)* graffiti

gralla [ɡɾáʎə] *f* crow; *mús* kind of flageolet

gram [ɡɾám] *m* gram, gramme

gramàtica [ɡɾəmátikə] *f* grammar

gramòfon [ɡɾəmɔ́fun] *m* gramophone

gran [ɡɾán] *aj* big, large; *(d'edat)* old, older; *(en mèrits, dignitat)*

great; *m (grandària)* size; *mpl* adults, grown-ups

grana [ɡɾánə] *f* seed; *(carmí)* carmine

granada [ɡɾənáðə] *f* grenade

grandària [ɡɾəndáɾiə] *f* size

grandiós -osa [ɡɾəndiós] *aj* grand, impressive, magnificent

graner -a [ɡɾəné] *mf* grain dealer; *m* granary, barn; *f* broom

granger -a [ɡɾəŋʒé] *mf* farmer

granit [ɡɾənít] *m* granite

granja [ɡɾáɲʒə] *f* farm

granota [ɡɾənɔ́tə] *f* frog; *(vestit)* overalls *pl*, boiler suit

graó [ɡɾəó] *m* step, stair

grapa [ɡɾápə] *f zoo* claw; *(per a subjectar papers)* staple; **de quatre grapes** on all fours

grapat [ɡɾəpát] *m* handful

gras -assa [ɡɾás] *aj* fat; *(abundant)* abundant, plentiful

grat -a [ɡɾát] *aj* pleasant, agreeable; *m* liking; **de ~** willingly, readily

gratacel [ɡɾətəsél] *m* skyscraper

gratar [ɡɾətá] *vt* to scratch; *vp* to scratch *(osf)*

gratificació [ɡɾətifikəsió] *f* reward, recompense

gratinar [ɡɾətiná] *vt* to cook au gratin

gratis [ɡɾátis] *av* free (of charge), gratis

gratitud [ɡɾətitút] *f* gratitude, gratefulness

gratuït -a [ɡɾətuít] *aj* free (of charge), gratis

grau [ɡɾáw] *m* degree

grava [ɡɾáβə] *f* gravel

gravar [ɡɾəβá] *vt (enregistrar)* to

record; (un dibuix, una figura) to
engrave, carve, etch; (amb un
impost) to tax; fg to engrave, etch

gravetat [grəβətát] f seriousness,
gravity; fís gravity

grec grega [grɛ́k] aj Greek,
Grecian; mf Greek

gregal [grəɣál] m north-east wind

greix [grɛ́ʃ] m fat; tcn grease;
(brutícia) grease

greixós -osa [grəʃós] aj greasy,
oily

gremi [grɛ́mi] m guild,
corporation

grenya [grɛ́ɲə] f untidy hair,
matted hair

gres [grɛ́s] m potter's clay

gresca [grɛ́skə] f revelry,
merriment

greu [grɛ́w] aj serious, grave; mús
low, deep

greuge [grɛ́wʒə] m affront,
wrong

grèvol [grɛ́βul] m holly (tree)

grill [grí⅄] m cricket; (d'una
patata, etc) shoot, sprout; (d'una
fruita) segment

grimpar [grimpá] vi to climb,
clamber up

grinyol [griɲɔ́l] m creak, squeak;
(crit d'animal) yelp, howl

grinyolar [griɲulá] vi to creak,
grate, squeak; (un animal) to yelp,
howl

grip [gríp] f/m influenza, flu

gripau [gripáw] m toad

gris -a [grís] aj m grey, gray US

grisor [grizó] f greyness, grayness
US

groc groga [grɔ́k] aj m yellow

grogós -osa [gruɣós] aj

= **groguenc**

groguenc -a [gruɣéɲ] aj
yellowish, yellowy

groller -a [gru⅄é] aj rude, vulgar

gronxador [grunʃəðó] m swing

gronxar [grunʃá] vt to swing,
rock; vp to swing, rock, sway

gropa [grópə] f hindquarters,
rump

gros grossa [grɔ́s] aj big, large;
m main part, main body, mass; f
first prize; **dit** ~ thumb

grosella [gruzé⅄ə] f redcurrant

grosser -a [grusé] aj rude, vulgar

grotesc -a [grutésk] aj grotesque,
bizarre

grua [grúə] f (ocell) crane; tcn
crane, derrick

gruar [gruá] vi to yearn for sth;
vt to sweat for

gruix [grúʃ] m thickness

gruixut -uda [gruʃút] aj thick;
(greu) serious; (ofensiu) offensive,
insulting

grum [grúm] m bellboy, bellhop
US

grumet [grumét] m cabin boy

grumoll [grumɔ́⅄] m lump

gruny [grúɲ] m grunt

grunyir [gruɲí] vi (el porc) to
grunt; (altres animals) to growl,
snarl; (up) to grumble, moan

grup [grúp] m group

gruta [grútə] f cave, cavern,
grotto

guaita [gwájtə] f (vigilància)
watch; m (persona) watchman,
sentinel, lookout

guaitar [gwajtá] vt to look at

gual [gwál] m (d'un riu) ford; ~
permanent keep entrance clear

guant [gwán] *m* glove

guany [gwáɲ] *m* profit, gain, benefit

guanyador -a [gwəɲəðó] *aj* winning; *mf* winner

guanyar [gwəɲá] *vt* to win; (*un sou*) to earn; (*obtenir un avantatge*) to gain, attain; *vi* (*millorar*) to improve; *vp* to win, earn

guarda [gwárðə] *f* (*tutela*) custody, protection; *mf* guard, keeper

guardabarrera [gwàrðəβərérə] *mf* crossing keeper

guardabosc [gwàrðəβósk] *m* ranger, forester; (*dels animals*) gamekeeper, game warden

guardacostes [gwàrðəkóstəs] *m* coastguard vessel

guardaespatlles [gwàrðəspáʎʎəs] *mf* bodyguard

guardar [gwərðá] *vt* (*reservar*) to save, keep; (*vigilar*) to defend, protect; *vp* (*quedar-se*) to keep

guarderia [gwərðəríə] *f* crèche, day nursery

guàrdia [gwárðiə] *mf* guard; *m* policeman; *f* policewoman; (*cos de gent armada*) guard; **estar de ~** to be on duty

guàrdia -ana [gwərðiá] *mf* (security) guard

guardiola [gwərðiólə] *f* moneybox, piggy bank

guardó [gwərðó] *m* recompense, reward, prize

guaret [gwərét] *m* fallow

guarir [gwərí] *vt* to cure; *vp* to recover, get better

guarnició [gwərnisió] *f* mil garrison; (*menjar*) side-dish

guarnir [gwərní] *vt* to decorate, adorn, ornament

guatlla [gwáʎʎə] *f* quail

guenyo -a [gɛ́ɲu] *aj* cross-eyed; *mf* cross-eyed person

guepard [gəpárt] *m* cheetah

guerra [gέrrə] *f* war; **~ freda** cold war

guerrer -a [gəré] *aj* warlike, war *atr*; *mf* warrior

guerxo -a [gέrʃu] *aj* warped, bent, crooked; (*estràbic*) cross-eyed

guia [gíə] *f* guide; (*llibre*) guide (book); *mf* guide

guiar [giá] *vt* to guide, lead

guilla [gíʎə] *f* **= guineu**

guineu [ginέw] *f* fox; (*femella*) vixen

guió [gió] *m* script; (*signe ortogràfic*) dash

guionet [giunét] *m* hyphen

guipar [gipá] *vt* to peep at, peek at; **~-hi** to see

guirigall [giriɣáʎ] *m* hubbub, uproar

guisar [gizá] *vt* to stew

guitarra [gitárə] *f* guitar

guitza [gídzə] *f* kick; **fer la ~** to annoy, pester

guix [gíʃ] *m* min gypsum; (*per a escriure*) chalk; *arq* plaster

guixar [giʃá] *vt* to scrawl, scribble; *vt* to write

guspira [guspírə] *f* spark

gust [gúst] *m* taste, flavour, flavor US; (*plaer*) pleasure, delight; **amb molt de ~** with pleasure; **de ~** comfortable, at ease; **molt de ~ de conèixer-vos** nice to

meet you
gustós -osa [gustós] *aj* tasty

H

hàbil [áβil] *aj* skilful
habilitar [əβilitá] *vt* to enable; (*casa, etc*) to equip, set up
habilitat [əβilitát] *f* skill, ability
hàbit [áβit] *m* habit, custom; *rlg* habit
habitació [əβitəsió] *f* room; (*dormitori*) bedroom
habitacle [əβitáklə] *m* dwelling (place), residence, abode
habitant [əβitán] *mf* inhabitant, resident
habitar [əβitá] *vt* to inhabit, live in; (*ocupar*) to occupy; *vi* to live
hàbitat [áβitət] *m* habitat
habitatge [əβitádʒə] *m* housing; (*casa*) dwelling, house; (*pis*) flat, apartment *US*
habitual [əβituál] *aj* habitual, usual
habituar [əβituá] *vt* to accustom; *vp* to become accustomed (to), get used (to)
habitud [əβitút] *f* habit, custom
haca [ákə] *f* pony, small horse
haixix [əʃíʃ] *m* hashish
hala [álə] *inj* (*per a encoratjar*) come on!, let's go!; (*donar pressa*) get on with it!, hurry up!
halterofília [əltərufíliə] *f* weightlifting
ham [ám] *m* fish hook
hamaca [əmákə] *f* hammock
hamburguesa [əmburɣézə] *f* hamburger

hàmster [ámstər] *m* hamster
handbol [ənbɔl] *m* handball
hangar [əngár] *m* hangar
harmonia [ərmuniə] *f* harmony
havanera [əβənérə] *f* habanera
haver [əβé] *vi* to have. *He menjat*, I have eaten; *Haig de parlar amb el teu pare*, I have to speak to your father; *Hi ha molts cotxes*, there are a lot of cars
haver [əβé] *m* property, estate; *com* credit (side), assets *pl*
hebreu -ea [əβréw] *aj m* Hebrew
hegemonia [əʒəmuniə] *f* hegemony
hèlice [élisə] *f* spiral; *tcn* propeller
helicòpter [əlikóptər] *m* helicopter
hèlix [éliks] *f* = **hèlice**
hematoma [əmətómə] *m* bruise
hemisferi [əmisféri] *m* hemisphere
hemorràgia [əmuráʒiə] *f* haemorrhage
heptàgon [əptáɣun] *m* heptagon
herba [érbə] *f* grass; *med* herb, medicinal plant
herbaci -àcia [ərbási] *aj* herbaceous
herbari [ərbári] *m* herbarium, plant collection
herbei [ərbéj] *m* lawn, (short) grass
herbicida [ərbisíðə] *m* herbicide, weed-killer
herbívor -a [ərbíβur] *aj m* herbivorous
herbolari -ària [ərbulári] *mf* herbalist
hereditari -ària [ərəðitári] *aj* hereditary

herència [ərénsiə] f inheritance

heretar [ərətá] vt to inherit

heretgia [ərədʒiə] f heresy

hereu -eva [ərɛ́w] m heir; f heiress

hermètic -a [ərmétik] aj hermetic, airtight

hèrnia [ɛ́rniə] f hernia, rupture

heroi -oïna [ərɔ́j] m hero; f heroine

heroïna [əruínə] f gm heroin

heterogeni -ènia [ətəruʒéni] aj heterogeneous

heterosexual [ɛtərusəksuál] aj mf heterosexual

heura [ɛ́wrə] f bot ivy

hexàedre [əgzáeðrə] m hexahedron

hexàgon [əgzáɣun] m mat hexagon

hi [i] pr ~ vaig cada dia, I go there every day; Ja ~ pensaré, I'll think about it

híbrid -a [íβrit] aj m hybrid

hidràulic -a [iðráwlik] aj hydraulic, water atr; f hydraulics

hidrogen [iðrɔ́ʒən] m hydrogen

hidrografia [iðruɣrəfíə] f hydrography

hiena [jénə] f hyena

higiene [iʒiénə] f hygiene

himne [ímnə] m hymn; ~ **nacional** national anthem

hipermercat [ipərmərkát] m hypermarket

hipnotitzar [imnutidzá] vt to hypnotize

hipòcrita [ipɔ́kritə] aj hypocritical; mf hypocrite

hipòdrom [ipɔ́ðrum] m racecourse, racetrack

hipopòtam [ipupɔ́təm] m hippopotamus

hipoteca [iputékə] f mortgage

hipòtesi [ipɔ́təzi] f hypothesis

hisenda [izéndə] f property; (finca) country estate; ~ **pública** public finance

hispànic -a [ispánik] aj Hispanic, Spanish

hispanoamericà -ana [ispánəmərikà] aj mf Latin American

hissar [isá] vt to hoist, pull up

histèria [istériə] f hysteria

història [istɔ́riə] f story, tale; hst history

historiador -a [isturiəðó] mf historian

històric -a [istɔ́rik] aj historical

historieta [isturiétə] f short story, tale; ~ **il·lustrada** comic strip, strip cartoon

hivern [iβɛ́rn] m winter

hivernacle [iβərnáklə] m greenhouse

hivernal [iβərnál] aj wintry, winter atr

ho [u] pr it; No ~ és, she isn't

hola [ɔ́lə] inj hello, hi

holandès -esa [uləndɛ́s] aj m Dutch; m Dutchman; f Dutchwoman

hom [ɔ́m] pr Hom diu que..., it is said that..., people say that...

home [ɔ́mə] m man; (ésser humà) man(kind); (marit) husband

homenatge [umənádʒə] m homage

homicida [umisíðə] aj homicidal, murderous; mf homicide

homogeni -ènia [umuʒéni] aj

homogeneous
homòleg -òloga [umɔ̆lək] *aj* homologous
homònim -a [umɔ̆nim] *aj* homonymous; *m* homonym; *mf* namesake
homosexual [ɔmusəksuál] *aj mf* homosexual
honest -a [unést] *aj* honest, honourable, upright
hongarès -esa [uŋgərés] *aj mf* Hungarian
honor [unór] *m* honour, honor US
honorari -ària [unurári] *aj* honorary; *mpl* fees, charges
honrat -ada [unrát] *aj* honest, honourable, upright
hoquei [ukέj] *m* hockey
hora [ɔ̆rə] *f* hour; (*temps*) time; *Quina ~ és?*, what time is it?; *d'~* early
horari -ària [urári] *aj* hourly, hour *atr*; *m* timetable, schedule
horitzó [uridzó] *m* horizon
horitzontal [uridzuntál] *aj* horizontal
horòscop [urɔ̆skup] *m* horoscope
horrible [uríbbləʔ] *aj* horrible, dreadful, ghastly
horror [urór] *m* horror, dread, terror; *quin ~!* how ghastly!
hort [ɔ̆rt] *m* kitchen garden; (*de fruiters*) orchard
horta [ɔ̆rtə] *f* irrigated region
hortalissa [urtəlísə] *f* vegetable
hortènsia [urténsiə] *f* hydrangea
hortolà -ana [urtulá] *mf* (market) gardener
hospital [uspitál] *m* hospital
hospitalitat [uspitəlitát] *f* hospitality

host [ɔ̆st] *f* host
hostal [ustál] *m* small hotel, inn
hostaler -a [ustəlé] *mf* innkeeper, landlord
hoste -essa [ɔ̆stə] *mf* (*convidat*) guest; *m* (*amfitrió*) host; *f* hostess; *f* (*congrés, avió, etc*) air hostess, stewardess
hòstia [ɔ̆stiə] *f rlg* host; *vlg* blow, bash
hostil [ustíl] *aj* hostile
hostilitat [ustilitát] *f* hostility
hotel [utέl] *m* hotel
humà -ana [umá] *aj* human; (*caràcter, acte, etc*) humane; *m* human (being)
humanitat [umənitát] *f* humanity, humankind, mankind
húmer [úmər] *m* humerus
humil [umíl] *aj* humble; (*classe*) low, modest
humiliar [umiliá] *vt* to humiliate; *vp* to humble osf
humit -ida [umít] *aj* humid, damp, wet
humitat [umitát] *f* humidity, dampness
humitejar [umitəʒá] *vt* to moisten, damp, wet, humidify
humor [umór] *m* mood, humour, temper; *sentit de l'~* sense of humour
humus [úmus] *m* humus
huracà [urəká] *m* hurricane

I

i [i] *cnj* and
iaia [jájə] *f* grandma, granny
ibèric -a [iβέrik] *aj* Iberian

iceberg [isəβérk] *m* iceberg
idea [iðéə] *f* idea; (*intenció*) idea, intention
ideal [iðeál] *aj* ideal; *m* ideal
idealitzar [iðeəlidzá] *vt* to idealize
idear [iðeá] *vt* to think up, devise; (*un viatge, etc*) to plan, design
idèntic -a [iðéntik] *aj* identical
identificar [iðəntifiká] *vt* to identify; *vp* to identify (with)
identitat [iðəntitát] *f* identity
ideologia [iðeuluʒiə] *f* ideology
idil·li [iðílli] *m* idyll; (*amor*) love affair
idioma [iðiómə] *m* language
idiosincràsia [iðiusiŋkráziə] *f* idiosyncrasy
idiota [iðiótə] *aj* idiotic, stupid; *mf* idiot
ídol [íðul] *m* idol
idoni -ònia [iðóni] *aj* suitable, fit, fitting
ignomínia [iŋnuminiə] *f* ignominy, shame, disgrace
ignorant [iŋnurán] *aj* ignorant; *mf* ignoramus
ignorar [iŋnurá] *vt* not to know, be ignorant of; (*no fer cas*) to ignore
igual [iɣwál] *aj* equal, (the) same; (*similar*) alike, similar; *m* equal; *mat* equal sign; **és ~** it makes no difference. *M'és ~*, I don't mind; **~ que** like, the same as
igualar [iɣwəlá] *vt* to equalize, make equal; *mat* to equate; (*allisar*) to level (off)
igualment [iɣwálmén] *av* equally; (*també*) likewise, also; *inj* the same to you

igualtat [iɣwəltát] *f* equality
illa [íʎə] *f* island, isle; (*de cases*) block
il·legal [illəɣál] *aj* illegal
il·legítim -a [illəʒítim] *aj* illegitimate
il·lès -esa [illés] *aj* unhurt, unharmed
il·limitat -ada [illimitát] *aj* unlimited
il·lògic -a [illɔ́ʒik] *aj* illogical
illot [iʎɔ́t] *m* small island, islet
il·luminació [illuminəsió] *f* illumination, lighting
il·luminar [illuminá] *vt* to illuminate, light (up)
il·lusió [illuzió] *f* illusion; (*esperança*) hope, dream; **fer-se il·lusions** to build up (false) hopes
il·lusionista [illuziunístə] *mf* illusionist, conjurer
il·lustració [illustrəsió] *f* illustration; (*erudició*) learning, enlightenment
il·lustrar [illustrá] *vt* to illustrate; (*instruir*) to instruct, enlighten; *vp* to acquire knowledge
il·lustre [illústrə] *aj* illustrious, famous
imaginació [iməʒinəsió] *f* imagination
imaginar [iməʒiná] *vt* to imagine; (*idear*) to think up, invent; *vp* to imagine, suppose
imaginari -ària [iməʒinári] *aj* imaginary
imant [imán] *m* magnet
imatge [imádʒə] *f* image; (*idea mental*) picture; (*TV*) picture
imbècil [imbésil] *aj* silly, stupid;

mf imbecile, idiot

imitar [imitá] *vt* to imitate

immediat -a [immədiát] *aj* immediate

immediatament [imməðiàtəmén] *av* immediately, at once

immens -a [imméns] *aj* immense, vast, huge

immersió [immərsió] *f* immersion

immigració [immiɣrəsió] *f* immigration

immigrant [immiɣrán] *aj mf* immigrant

immigrar [immiɣrá] *vi* to immigrate

imminent [imminén] *aj* imminent

immòbil [immɔβil] *aj* immobile, motionless

immobilitzar [immuβilidzá] *vt* to immobilize

immortal [immurtál] *aj* immortal

immune [immúnə] *aj* immune

impaciència [impəsiénsiə] *f* impatience

impacient [impəsién] *aj* impatient; (*nerviós*) anxious, fretful

impacte [impáktə] *m* impact

impecable [impəkábblə] *aj* impeccable, faultless

impedir [impəðí] *vt* to impede, obstruct

imperar [impərá] *vi* to rule, reign; (*dominar*) to prevail, reign

imperatiu -iva [impərətíw] *aj m* imperative

imperdible [impərdíbblə] *aj f* safety pin

imperfecte -a [impərféktə] *aj* imperfect

imperfet -a [impərfét] *aj* unfinished, incomplete; *m* imperfect (tense)

imperi [impéri] *m* empire; (*autoritat*) rule, authority

imperial [impəriál] *aj* imperial

impermeable [impərmeábblə] *aj* waterproof; *m* raincoat, mackintosh

impertinent [impərtinén] *aj* irrelevant, not pertinent; (*comportament*) impertinent

ímpetu [impətu] *m* impetus, impulse

implantar [impləntá] *vt* to implant; (*costum, etc*) to introduce

implicar [impliká] *vt* to implicate, involve; (*significar*) to imply

implorar [implurá] *vt* to implore, beg

import [impórt] *m* amount; (*cost*) value, cost

importància [impurtánsiə] *f* importance

important [impurtán] *aj* important

importar [impurtá] *vi* to be important, matter; *vt com* to import

imposar [impuzá] *vt* to impose; *vp* to assert osf, get one's way; (*prevaler*) to prevail

impossible [impusíbblə] *aj m* impossible

impost [impóst] *m* tax

impostor -a [impustó] *mf* impostor, fraud

impregnar [imprəɣná] *vt* to impregnate

impremta [imprémtə] *f* printing; (*màquina*) press; **lletra d'~** print

imprès

imprès -esa [imprés] *aj* printed; *m* form, printed paper

imprescindible [imprəsindíbblə] *aj* essential, indispensable

impressió [imprəsió] *f* impression; *grf* printing, edition; *fot* print, exposure

impressionant [imprəsiunán] *aj* impressive

impressionar [imprəsiuná] *vt* to impress, move, affect; *fot* to expose; *vp* to be impressed, be moved

impressionisme [imprəsiunízmə] *m* impressionism

impressor -a [imprəsó] *mf* printer; *f* printer

imprevist -a [imprəbíst] *aj* unforeseen, unexpected

imprimir [imprimí] *vt* to imprint, impress, stamp; *grf* to print

improvisar [impruβizá] *vt* to improvise

imprudent [impruðén] *aj* imprudent, unwise

impuls [impúls] *m* impulse; *fg* impulse, urge

impulsar [impulsá] *vt fís* to drive, propel; *fg* to drive, impel, urge

impuresa [impurézə] *f* impurity

inacabable [inəkəbábblə] *aj* endless, interminable

inaugurar [inəwɣurá] *vt* to inaugurate

incandescent [iŋkəndəsén] *aj* incandescent

incansable [iŋkənsábblə] *aj* tireless, untiring

incapaç [iŋkəpás] *aj* incapable (of), unable (to)

incendi [inséndi] *m* fire

incendiar [insəndiá] *vt* to set on fire, set fire to; *vp* to catch fire

incert -a [insért] *aj* uncertain, doubtful

incest [insést] *m* incest

incident [insidén] *aj* incidental; *m* incident

incidir [insidí] *vi* to fall (upon)

incinerar [insinərá] *vt* to incinerate, burn; (*cadáver*) to cremate

incisiu -iva [insiziw] *aj* sharp, cutting; *fg* incisive; *f* incisor

incitar [insitá] *vt* to incite, rouse, spur on

inclinació [iŋklinəsió] *f* inclination; (*pendent*) slope, incline; *fg* leaning, propensity

inclinar [iŋkliná] *vt* to incline, bend; *fg* to induce, persuade; *vp* to be inclined

incloure [iŋklówrə] *vt* to include; (*en una carta*) to enclose

incoherent [iŋkuərén] *aj* incoherent

incomplet -a [iŋkumplét] *aj* incomplete, unfinished

inconvenient [iŋkumbənién] *aj* unsuitable, inappropriate; *m* obstacle, difficulty

incorporar [iŋkurpurá] *vt* to incorporate; *vp* to sit up

incrèdul -a [iŋkrèðul] *aj* incredulous, unbelieving, sceptical; *mf* unbeliever, sceptic

increïble [iŋkrəíbblə] *aj* incredible, unbelievable

increment [iŋkrəmén] *m* increment; (*augment*) increase, rise

incrementar [iŋkrəməntá] *vt* to

increase

incursió [iŋkursió] f raid,
incursion, attack

indecís -isa [indəsís] aj hesitant,
irresolute; (resultat) indecisive

indefens -a [indəféns] aj
defenceless

indefinit -ida [indəfinít] aj
indefinite

indemnització [indəmnidzəsió] f
indemnity, compensation

independència [indəpəndénsiə] f
independence

independent [indəpəndén] aj
independent; (persona) self-
sufficient

indeterminat -ada
[indətərminát] aj indeterminate,
indefinite

índex [índəks] m index;
(coeficient) ratio, rating; ana
index finger, forefinger

indi índia [índi] aj mf Indian

indicació [indikəsió] f indication,
sign; med prescription

indicador [indikəðó] m indicator;
tcn gauge, meter

indicar [indiká] vt to indicate,
show, point out; (suggerir) to
suggest, hint

indicatiu -iva [indikətíw] aj m
indicative

indici [indísi] m indication, sign

indiferència [indifərénsiə] f
indifference

indiferent [indifərén] aj
indifferent

indígena [indíʒənə] aj indigenous,
native; mf native

indigent [indiʒén] aj mf indigent
(person)

indignar [indiŋná] vt to anger,
make indignant; vp to get angry,
get indignant

indigne -a [indíŋnə] aj unworthy

indirecte -a [indiréktə] aj
indirect; f insinuation, hint,
allusion

indispensable [indispənsábblə] aj
indispensable, essential

individu -ídua [indiβíðu] aj
individual; mf fm individual,
fellow, chap; (d'un club) member

individual [indiβiðuál] aj
individual; **habitació ~** single
room

indret [indrét] m place, spot

indultar [indultá] vt dr to pardon;
(d'una obligació) to exempt,
excuse

indumentària [induməntáriə] f
clothing, dress

indústria [indústriə] f industry

industrial [industriál] aj
industrial; mf industrialist

inepte -a [inéptə] aj inept,
incompetent

inert -a [inέrt] aj inert

inesperat -ada [inəspərát] aj
unexpected, unforeseen

inexistent [inəgzistén] aj non-
existent

infàmia [imfámiə] f infamy;
(deshonra) disgrace

infància [imfánsiə] f infancy,
childhood

infant [imfán] m infant, little child

infanteria [imfəntəriə] f infantry

infantesa [imfəntézə] f
= **infància**

infantil [imfəntíl] aj infantile;
(roba, jocs, etc) child's, children's;

(*comportament*) childish, infantile

infecció [iɱfəksió] f infection

infectar [iɱfəktá] vt to infect; fg to corrupt

inferior [iɱfəriór] aj lower; fg inferior; m inferior, subordinate

infermer -a [iɱfərmé] m male nurse; f nurse

infern [iɱfέrn] m hell

ínfim -a [íɱim] aj lowest

infinit -a [iɱinít] aj m infinite

infinitat [iɱinitát] f infinity

infinitiu [iɱinitíw] m infinitive

inflamable [iɱləmábblə] aj inflammable

inflar [iɱlá] vt to inflate, blow up; fg to exaggerate; vp med to swell

inflexible [iɱləksíbblə] aj inflexible

influència [iɱluénsiə] f influence

influir [iɱluí] vt to influence; vi to have influence

informació [iɱurməsió] f information; (*notícia*) news

informar [iɱurmá] vt to inform, tell; (*TV*) to report; vp to inform osf, find out

informàtica [iɱurmátikə] f computer science

informatiu -iva [iɱurmətíw] aj informative

informe [iɱórmə] aj shapeless; m report; pl references, particulars

infracció [iɱrəksió] f infraction, infringement; aut offence

infractor -a [iɱrəktó] mf offender

infraestructura [iɱrəstruktúrə] f infrastructure

infusió [iɱuzió] f infusion

ingenu -ènua [iɲɛ́nu] aj ingenuous, naive; mf naive person

ingerir [iɲʒərí] vt to ingest, consume; (*empassar-se*) to swallow

ingrat -a [iŋgrát] aj ungrateful; (*gust, etc*) unpleasant; (*feina*) thankless; mf ungrateful person

ingredient [iŋgrədién] m ingredient

ingrés [iŋgrés] m entrance; (*escola, etc*) admission; com deposit; pl income sg

ingressar [iŋgrəsá] vt to deposit, pay in; vi to be admitted; ~ a l'hospital, to go into hospital

inhalar [inəlá] vt to inhale

inici [inísi] m beginning

inicial [inisiál] aj f initial

iniciar [inisiá] vt to initiate; (*començar*) to begin, start

injecció [iɲʒəksió] f injection

injectar [iɲʒəktá] vt to inject

injúria [iɲʒúriə] f affront, offence, offense US

injust -a [iɲʒúst] aj unjust, unfair

injustícia [iɲʒustísiə] f injustice, unfairness

innocència [innusénsiə] f innocence

innocent [innusén] aj innocent, harmless; mf innocent (person)

innombrable [innumbrábblə] aj innumerable, countless

innovació [innuβəsió] f innovation

inoblidable [inuβliðábblə] aj unforgettable

inofensiu -iva [inufənsíw] aj inoffensive, harmless

inorgànic -a [inurgánik] aj

inorganic

inoxidable [inuksiðáðbblə] aj rustless; (acer) stainless

inquiet -a [iŋkiét] aj restless; (preocupat) anxious, worried

inquietud [iŋkiətút] f restlessness; (preocupació) anxiety, worry

inquilí -ina [iŋkilí] mf tenant

inscripció [inskripsió] f inscription; (registre) enrolment, registration

inscriure [inskríwrə] vt to inscribe, (en una llista, etc) to register, enrol

insecte [insɛ́ktə] m insect

insecticida [insəktisíðə] aj m insecticide

insectívor -a [insəktíβur] aj insectivorous; m insectivore

insegur -a [insəɣú] aj unsafe; (de si mateix) unsecure; (incert) uncertain

insensible [insənsíbblə] aj insensitive, unfeeling; (imperceptible) imperceptible; (membre) numb

insígnia [insíɲiə] f badge

insinuar [insinuá] vt to insinuate, hint at

insípid -a [insípit] aj insipid, tasteless

insistència [insisténsiə] f insistence

insistir [insistí] vi to insist

insolació [insuləsió] f sunstroke

insolent [insulén] aj insolent, rude; mf insolent person

insòlit -a [insɔ́lit] aj unusual, unaccustomed

insomni [insɔ́mni] m

sleeplessness, insomnia

inspeccionar [inspəksiuná] vt to inspect, examine

inspector -a [inspəktó] mf inspector

inspiració [inspirəsió] f inspiration

inspirar [inspirá] vt to inspire; (aire) to breathe in; vp to be inspired, find inspiration

instal·lació [instəlləsió] f installation

instal·lar [instəllá] vt to install, set up; vp to install osf, establish osf

instància [instánsiə] f request, petition; (sol·licitud) application form; dr instance

instant [instán] m instant, moment; a l'~ instantly, at once

instantani -ània [instəntáni] aj instantaneous; f snap(shot)

instint [instín] m instinct

institució [institusió] f institution, establishment

institut [institút] m institute, institution; (centre d'estudis) state secondary school

instrucció [instruksió] f instruction

instrument [instrumén] m instrument; (eina) tool, instrument

insuficient [insufisién] aj insufficient, inadequate

insular [insulár] aj insular

insuls -a [insúls] aj tasteless, insipid; fg dull, flat

insult [insúl] m insult

insultar [insultá] vt to insult

insuportable [insupurtáðbblə] aj unbearable, intolerable

integral [intəɣrál] *aj* complete; (*pa*) wholemeal; *f mat* integral

integrar [intəɣrá] *vt* to compose, make up; *mat* to integrate

íntegre -a [íntəɣrə] *aj* whole, entire, complete; (*versió*) unabridged

intel·lectual [intəlləktuál] *mf* intellectual

intel·ligència [intəlliʒénsiə] *f* intelligence; (*comunicació*) understanding

intel·ligent [intəlliʒén] *aj* intelligent

intempèrie [intəmpériə] *f* inclemency; **estar a la ~** to be out in the open

intenció [intənsió] *f* intention, purpose, plan

intens -a [inténs] *aj* intense; *ele* strong

intensitat [intənsitát] *f* intensity; *ele* strength

intensiu -iva [intənsíw] *aj* intensive

intent [intén] *m* attempt

intentar [intəntá] *vt* to attempt, try

intercalar [intərkəlá] *vt* to intercalate, insert

intercanvi [intərkámbi] *m* interchange, exchange, swap

intercanviar [intərkəmbiá] *vt* to interchange, exchange, swap

interceptar [intərsəptá] *vt* to intercept

interès [intərέs] *m* interest

interessar [intərəsá] *vi* to interest, concern, be of interest; *vp* to be interested, take an interest

interior [intərió] *aj* interior, inside, inner; *com* domestic, internal; *m* interior, inside; *fg* mind, soul

interlocutor -a [intərlukutó] *mf* speaker

intermedi -èdia [intərmέði] *aj* intermediate; *m* interval

intermediari -ària [intərməðiári] *aj* *mf* intermediary

interminable [intərminábblə] *aj* endless, interminable

intermitent [intərmitén] *aj* intermittent; *m aut* indicator

intern -a [intérn] *aj* internal, interior; *mf* (*alumne*) boarder

internacional [intərnəsiunál] *aj* international

internar [intərná] *vt* to intern; (*en un manicomi*) to commit; *vp* to penetrate

intèrpret [intέrprət] *mf* interpreter

interpretar [intərprətá] *vt* to interpret; *tea mús* to perform

interrogació [intəruɣəsió] *f* interrogation, question

interrogant [intəruɣán] *m* question mark

interrogar [intəruɣá] *vt* to interrogate, question

interrogatori [intəruɣətóri] *m* interrogation, questioning

interrompre [intərómprə] *vt* to interrupt

interrupció [intərupsió] *f* interruption

interruptor -a [intəruptó] *m* switch

intersecció [intərsəksió] *f* intersection

interval [intərbál] *m* (*temps*) interval; (*espai*) distance, gap

intervenció [intərbənsió] *f* intervention; participation

intervenir [intərbəní] *vi* to intervene; (*prendre part*) to participate, take part; *vt* (*controlar*) to control, supervise; *med* to operate on

intestí -ina [intəstí] *aj* internal, intestine; *m* intestine

intestinal [intəstinál] *aj* intestinal

íntim -a [íntim] *aj* intimate; (*amic*) close

intolerable [intulərábblə] *aj* intolerable

intoxicació [intuksikəsió] *f* poisoning

intrèpid -a [intrέpit] *aj* intrepid, fearless, bold

intriga [intríɣə] *f* intrigue

introduir [intruðuí] *vt* to introduce, insert; *vp* to get in, slip in

intrús -usa [intrús] *aj* intrusive; *mf* intruder

intuïció [intuisió] *f* intuition

intuir [intuí] *vt* to know by intuition

inundació [inundəsió] *f* flood(ing)

inundar [inundá] *vt* to flood; *fg* to swamp, inundate; *vp* to be flooded

inútil [inútil] *aj* useless; (*esforç*) vain, fruitless

invàlid -a [imbálit] *aj* invalid; *mf* invalid, disabled person

invariable [imbəriábblə] *aj* invariable

invasió [imbəzió] *f* invasion

invenció [imbənsió] *f* invention

invent [imbén] *m* invention

inventar [imbəntá] *vt* to invent; (*mentides*) to make up

inventor -a [imbəntó] *mf* inventor

invers -a [imbérs] *aj* inverted; inverse, reverse; opposite

inversió [imbərsió] *f* inversion; *com* investment

invertebrat -ada [imbərtəβrát] *aj m* invertebrate

invertir [imbərtí] *vt* to invert, turn upside down; *com* to invest

investigació [imbəstɣəsió] *f* investigation, enquiry; (*universitat, etc*) research

investigar [imbəstiɣá] *vt* to investigate, enquire into; (*científics*) to do research into

invisible [imbizíbblə] *aj* invisible

invitar [imbitá] *vt* to invite

involuntari -ària [imbuluntári] *aj* involuntary; (*ofensa*) unintentional

invulnerable [imbulnərábblə] *aj* invulnerable

iode [ióðə] *m* iodine

iogurt [juɣúrt] *m* yoghurt

iot [jɔt] *m* yacht

ira [írə] *f* anger, rage

iris [íris] *m* rainbow; *ana* iris

irlandès -esa [irləndέs] *aj m* Irish; *m* Irishman; *f* Irishwoman

ironia [irunía] *f* irony

irradiar [irəðiá] *vt* to irradiate, radiate

irreal [irreál] *aj* unreal

irregular [irrəɣulár] *aj* irregular; (*anormal*) abnormal

irrespirable [irrəspirábblə] *aj* irrespirable, unbreatheable

irritació [iritəsió] *f* irritation

irritar

irritar [iritá] *vt* to irritate, anger, exasperate; *vp* to get angry

irrompre [irómprə] *vi* to burst

isard [izárt] *m* izard, pyrenean chamois

islàmic -a [izlámik] *aj* Islamic

islandès -esa [izləndés] *aj m* Icelandic; *mf* Icelander

istme [izmə] *m* isthmus

italià -ana [itəliá] *aj mf* Italian

itinerari [itinərári] *m* itinerary, route

iugoslau -ava [juɣuzláw] *aj* Yugoslavian, Yugoslav; *mf* Yugoslav

ixent [iʃén] *aj* (*sol*) rising

J

ja [ʒá] *av* already; (*ara, de seguida*) now, at once; *inj* yes, yes!, I see!; ~ **que** *cnj* as, since; ~ **vinc!** I'm coming!

jaç [ʒás] *m* bed

jaciment [ʒəsimén] *m* bed, deposit

jacint [ʒəsín] *m bot* hyacinth

jade [ʒáðə] *m* jade

jaguar [ʒəɣwár] *m* jaguar

japonès -esa [ʒəpunés] *aj mf* Japanese

jaqué [ʒəké] *m* tailcoat, morning coat

jaqueta [ʒəkétə] *f* jacket

jardí [ʒərðí] *m* garden; ~ **d'infants** kindergarten

jardiner -a [ʒərðiné] *aj* garden *atr*; *mf* gardener; *f* window-box

jardineria [ʒərðinəríə] *f* gardening

jaure [ʒáwrə] *vi* = **jeure**

javelina [ʒəβəlínə] *f* javelin

jerarquia [ʒərərkíə] *f* hierarchy

jeràrquic -a [ʒərárkik] *aj* hierarchical

jeroglífic -a [ʒəruɣlífik] *aj* hieroglyphic; *m* hieroglyphic, hieroglyph

jersei [ʒərséj] *m* jersey, pullover, jumper

jesuïta [ʒəzuítə] *m* Jesuit

jeure [ʒéwrə] *vi* to lie down; (*fer llit*) to be in bed

jo [ʒɔ́] *pr* I; *Sóc* ~, it's me

joc [ʒɔ́k] *m* play, game; (*amb diners*) gambling; **fora de** ~ offside; ~ **de paraules** pun, play on words; **Jocs Olímpics** Olympic Games

joglar [ʒugglá] *m* minstrel

joguina [ʒuɣínə] *f* toy

joia [ʒɔ́jə] *f* jewel, piece of jewelry; (*alegria*) joy

joier -a [ʒujé] *mf* jeweller

joieria [ʒujəríə] *f* jewellery; (*botiga*) jeweller's (shop)

jolós -osa [ʒujós] *aj* joyful

joliu -a [ʒulíw] *aj* pretty, nice, lovely

jonc [ʒóŋ] *m* rush, reed

jònec [ʒɔ́nək] *m* young bull, bullock

jorn [ʒórn] *m* day

jornada [ʒurnáðə] *f* day. *Tota la* ~, all day long; (*hores de feina*) working day; (*camí fet en un dia*) day's journey; ~ **plena** full-time; **mitja** ~ part-time

jornal [ʒurnál] *m* (day's) wage

jornaler -a [ʒurnəlé] *mf* day labourer

laborable

jou [ʒów] *m tb fg* yoke

jove [ʒóβə] *aj* young; (*aspecte, etc*) youthful; *mf* young person; *f* daughter-in-law

jovent [ʒuβén] *m* young people *pl*, youth

joventut [ʒuβəntút] *f* youth; (*joves*) young people *pl*

jubilar [ʒuβilá] *vt* to retire, pension off; *vp* to retire

jubilat -ada [ʒuβilát] *aj* retired; *mf* pensioner, retired person

judicar [ʒuðiká] *vt* = **jutjar**

judici [ʒuðísi] *m* (*facultat*) judgement, reason; *dr* trial

judo [ʒúðo] *m* judo

jueu -eva [ʒuéw] *aj* Jewish; *mf* Jew

jugada [ʒuɣáðə] *f* (piece of) play; (*escacs, dames*) move; (*tennis, golf*) stroke; (*billar*) shot; *fg* dirty trick

jugador -a [ʒuɣəðó] *mf* player; (*de casa de joc*) gambler

juganer -a [ʒuɣəné] *aj* playful

jugar [ʒuɣá] *vti* to play; (*en una casa de joc*) to gamble; *vp* to risk gamble

juguesca [ʒuɣéskə] *f* bet, wager

jugular [ʒuɣulár] *aj* jugular

juliol [ʒuliɔ́l] *m* July

julivert [ʒuliβért] *m* parsley

jungla [ʒúŋɡlə] *f* jungle

junt -a [ʒún] *aj* joined, united; (*en companyia*) together; *f* meeting, assembly; (*de direcció*) board, council, committee; *m* joint; *av* together

juntura [ʒuntúrə] *f* joint, junction

juny [ʒúɲ] *m* June

jura [ʒúrə] *f* oath, pledge

jurament [ʒurəmén] *m* oath

jurar [ʒurá] *vt* to swear, take an oath

jurat [ʒurát] *m* jury; (*en un concurs*) panel of judges

jurídic -a [ʒuríðik] *aj* juridical, legal

just -a [ʒúst] *aj* fair, just, right; (*quantitat, etc*) exact, correct; (*vestit, etc*) tight; *av* just, exactly

justícia [ʒustísiə] *f* justice; (*virtut moral*) fairness, equity

justificar [ʒustifiká] *vt* to justify

jutge [ʒúdʒə] *m* judge

jutjar [ʒudʒá] *vt* to judge; (*opinar*) to judge, consider, deem

jutjat [ʒudʒát] *m* court, tribunal

juvenil [ʒuβəníl] *aj* youthful

K

kàiser [kájzər] *m* Kaiser

karate [kəɾáte] *m* karate

kiwi [kíwi] *m* kiwi

kurd -a [kúrt] *aj mf* Kurd

kuwaitià -ana [kuβəjtiá] *aj mf* Kuwaiti

L

la [lə] *ar f* the

la [lə] *pr* (*persona*) her; (*cosa*) it; (*vostè*) you

laberint [ləβəɾín] *m* labyrinth, maze

labor [ləβór] *f* labour, work; (*de costura*) needlework, sewing

laborable [ləβuɾábblə] *aj* workable; **dia ~** working day

laboral [ləβurál] *aj* labour *atr*
laboratori [laβurətɔ́ri] *m* laboratory, lab *fm*
laca [lákə] *f* lacquer
lactant [ləktán] *aj* nursing; *mf* unweaned baby
lacti làctia [lákti] *aj* lactic, milk *atr*; **Via Làctia** Milky Way
làctic -a [láktik] *aj* lactic
laic -a [lájk] *aj* lay; *m* layman; *f* laywoman
lament [ləmén] *m* lament
lamentar [ləməntá] *vt* to lament, mourn; (*sentir*) to regret, be sorry about; *vp* to complain
làmina [láminə] *f* lamina, sheet; *grf* plate
lampista [ləmpístə] *mf* plumber
làpida [lápiðə] *f* (*llosa commemorativa*) memorial stone; (*llosa sepulcral*) gravestone, tombstone
laringe [ləríŋʒə] *f* larynx
larinx [ləríŋs] *f* = **laringe**
larva [lárβə] *f* larva
latent [lətén] *aj* latent
lateral [lətərál] *aj* lateral, side *atr*
latitud [lətitút] *f* latitude
lava [láβə] *f* lava
lavabo [ləβáβu] *m* washbasin, washstand; (*comuna*) toilet, lavatory
lax -a [láks] *aj* lax, slack
laxant [ləksán] *aj m* laxative
lector -a [ləktó] *mf* reader
lectura [ləktúrə] *f* reading
legal [ləɣál] *aj* legal, lawful
legió [ləʒió] *f* legion
legislació [ləʒizləsió] *f* legislation
legislar [ləʒizlá] *vi* to legislate
legislatiu -iva [ləʒizlətíw] *aj* legislative

legítim -a [ləʒítim] *aj* legitimate; (*autèntic*) genuine, authentic, real
lema [lémə] *m* motto
lent [lén] *aj* slow
lent [lén] *f* lens; **~s de contacte** contact lenses
lentitud [ləntitút] *m* slowness; **amb ~** slowly
lepra [léprə] *f* leprosy
les [ləs] *ar fpl* the
les [ləs] *pr* them; (*vostès*) you
lesbià -ana [ləzbiá] *aj f* lesbian
lesió [ləzió] *f* wound, lesion, injury
lesionar [ləziuná] *vt* to hurt, injure, wound
letal [lətál] *aj* deadly, lethal
letargia [lətərʒíə] *f* lethargy
lèxic -a [léksik] *aj* lexical; *m* vocabulary
li [li] *pr* (*a ell*) him; (*a ella*) her; (*a vostè*) you
liana [liánə] *f* liana
libèl·lula [liβéllulə] *f* dragonfly
liberal [liβərál] *aj* mf liberal
licor [likór] *m* liqueur
líder [líðər] *mf* leader
lignit [liŋnít] *m* lignite
lila [lílə] *f* lilac; *aj m* (*color*) lilac
lilà [lilá] *m* bot lilac
límit [límit] *m* limit; (*frontera*) border
limitar [limitá] *vt* to limit; *fg* to cut down, reduce; *vi* to border (on)
lineal [lineál] *aj* lineal, linear; **dibuix ~** line drawing
línia [líniə] *f* line
liniment [linimén] *m* liniment

linx [líɲs] *m* lynx

líquid -a [líkit] *aj* m liquid

liquidar [likiðá] *vt* to liquidate; (*deute*) to settle, pay off; (*negoci*) to wind up; *qm* to liquefy

lira [líɾə] *f* lyre; (*moneda italiana*) lira

liró [liɾó] *m* dormouse

literal [litəɾál] *aj* literal

literari -ària [litəɾáɾi] *aj* literary

literatura [litəɾətúɾə] *f* literature

litigi [litíʒi] *m* litigation, lawsuit; *fg* dispute

litoral [lituɾál] *aj* coastal, seaboard *atr*; *m* coast *atr*

litre [lítɾə] *m* litre, liter US

litúrgia [litúrʒiə] *f* liturgy

lívid -a [líβit] *aj* livid

llac [ʎák] *m* lake

llaç [ʎás] *m* bow, knot; *fg* tie, bond

llacuna [ʎəkúnə] *f* small lake, tarn; *fg* gap, lacuna

lladrar [ʎəðɾá] *vi* to bark

lladre [ʎáðɾə] *mf* robber, thief; *m* ele multiple socket, adapter

lladruc [ʎəðɾúk] *m* bark

llàgrima [ʎáɣɾimə] *f* tear; **llàgrimes de cocodril** crocodile tears

llagut [ʎəɣút] *m* catboat

llamàntol [ʎəmántul] *m* lobster

llamborda [ʎəmbórðə] *f* paving stone

llambregar [ʎəmbɾəɣá] *vt* to glance at, have a look at

llaminadura [ʎəminəðúɾə] *f* titbit, delicacy

llaminer -a [ʎəminé] *aj* sweet-toothed, fond of sweets

llamp [ʎám] *m* lightning

llampant [ʎəmpán] *aj* bright, vivid, strident

llampec [ʎəmpék] *m* flash of lightning

llampegar [ʎəmpəɣá] *vi* to lighten

llana [ʎánə] *f* wool; **tenir ~ al clatell** to be very ignorant

llança [ʎánsə] *f* lance, spear

llançament [ʎənsəmén] *m* throwing; (*d'un producte*) launching

llançar [ʎənsá] *vt* to throw; (*pilota*) to bowl; (*fer conèixer*) to launch; *vp* to throw osf

llanda [ʎándə] *f* rim; (*de roda de carruatge*) iron hoop

llangardaix [ʎəŋgəɾðáʃ] *m* lizard

llanta [ʎántə] *f* = **llanda**

llanterna [ʎəntérnə] *f* lantern; (*de butxaca*) torch

llàntia [ʎántiə] *f* lamp; (*taca*) *fm* grease stain, oil stain

llanxa [ʎáɲʃə] *f* launch

llapis [ʎápis] *m* pencil

llar [ʎáɾ] *f* (*de foc*) fireplace; (*casa*) home

llard [ʎáɾt] *m* lard

llarg -a [ʎáɾk] *aj* long; *m* length; **a la ~a** in the long run; **al ~ de** along; **anar per ~** to drag on; **passar de ~** to pass by; **saber-la ~a** to be shrewd

llargada [ʎəɾɣáðə] *f* length

llargària [ʎəɾɣáɾiə] *f* = **llargada**

llargarut -uda [ʎəɾɣəɾút] *aj* gangling, lanky

llast [ʎást] *m* ballast

llàstima [ʎástimə] f pity, shame

llatí -ina [ʎətí] aj mf Latin

llauna [ʎáwnə] f tinplate; (de sardines, etc) tin, can

llauner -a [ʎəwné] mf tinsmith; (lampista) plumber

llaurador -a [ʎəwrəðó] m ploughman; f ploughwoman

llaurar [ʎəwrá] vt to plough, work, till

llaüt [ʎəút] m lute

llautó [ʎəwtó] m brass; **veure-se-li el ~ a up** fm to see through sby

llavi [ʎáβi] m lip

llavor [ʎəβó] m tb fg seed

llavors [ʎəβós] av then

llebeig [ʎəβétʃ] m south-west wind

llebre [ʎéβrə] f hare

llefiscós -osa [ʎəfiskós] aj sticky, gummy, gluey

lleganya [ʎəɣáɲə] f sleep

llegar [ʎəɣá] vt to bequeath, legate; fg to leave

llegenda [ʎəʒéndə] f legend

llegir [ʎəʒí] vt to read

llegua [ʎéɣwə] f league

llegum [ʎəɣúm] m legume, pod vegetable

llei [ʎéj] f law

lleial [ʎəjál] aj loyal, faithful, trustworthy

lleig lletja [ʎétʃ] aj ugly; fg foul, nasty

lleixa [ʎéʃə] f shelf; (de campana de llar) mantelpiece

lleixiu [ʎəʃíw] m bleach

llenca [ʎéŋkə] f (de cansalada) rasher; (de pernil, etc) slice; (de paper, roba) strip

llenceria [ʎənsəríə] f linen shop, draper's; (gèneres de llenc) linen

llençar [ʎənsá] vt to throw; (rebutjar) to throw away

llençol [ʎənsɔ́l] m sheet

llengota [ʎəŋɡɔ́tə] f **fer una ~ a up** to stick out one's tongue at sby

llengua [ʎéŋɡwə] f tongue; (llenguatge) language; **tenir a la punta de la ~** to have on the tip of one's tongue

llenguado [ʎəŋɡwáðu] m sole

llenguatge [ʎəŋɡwádʒə] m language

llengüeta [ʎəŋɡwétə] f tongue, flap

llentia [ʎəntíə] f = **llentilla**

llentilla [ʎəntíʎə] f lentil

llenya [ʎéɲə] f wood, firewood; **tirar ~ al foc** fg to add fuel to the flames

llenyataire [ʎəɲətájrə] mf woodcutter

llenyós -osa [ʎəɲós] aj woody

lleó [ʎəó] m lion; ast Leo

lleona [ʎəónə] f lioness

lleopard [ʎəupárt] m leopard

llepafils [ʎèpəfíls] aj (persona) choosy, fussy, finicky; mf choosy eater, fussy eater

llepar [ʎəpá] vt to lick

llépol -a [ʎépul] aj sweet-toothed, fond of sweets

llepolia [ʎəpulíə] f titbit, delicacy

llesca [ʎéskə] f slice

llessamí [ʎəsəmí] m jasmine

llest -a [ʎést] aj clever, bright, smart; (a punt) ready, finished

llet [ʎét] f milk; **~ descremada** skimmed milk; **tenir mala ~** vlg to be in a foul mood

lleter -a [ʎətɛ́] aj milk; mf
milkman, milk seller; f (recipient)
churn, milk can US

lleteria [ʎətəɾíə] f dairy, creamery

lletra [ʎɛ́tɾə] f letter; (escriptura)
handwriting; (d'una cançó) words
pl, lyrics pl; (d'estudis) arts; ~ **de
canvi** bill of exchange

lletrat -ada [ʎətɾát] aj lettered,
learned; mf lawyer

lletuga [ʎətúɣə] f lettuce

lleu [ʎéw] aj light; fg slight

lleuger -a [ʎəwʒɛ́] aj light; (àgil)
àgile, quick; **a la ~a** lightly,
superficially

lleure [ʎɛ́wɾə] m leisure, spare
time

llevadís -issa [ʎəβəðís] aj that
can be raised; **pont** ~ drawbridge

llevadora [ʎəβəðóɾə] f midwife

llevant [ʎəβán] m East, Orient

llevar [ʎəβá] vt to remove, take
out, (del llit) to take sby out of
bed; vp to get up

llevat [ʎəβát] m leaven; (de
cervesa) yeast; prp save, but,
except

llevataps [ʎèβətáps] m iv
corkscrew

llevataques [ʎèβətákəs] m iv
stain remover

lli [ʎí] m flax; (teixit) linen

llibertat [ʎiβəɾtát] f freedom,
liberty; ~ **condicional** probation

llibre [ʎíβɾə] m book

llibreria [ʎiβɾəɾíə] f bookshop;
(moble) bookcase, bookshelf

llibreta [ʎiβɾɛ́tə] f notebook;
~ **d'estalvis** savings book

llibreter -a [ʎiβɾəté] mf

bookseller

llicència [ʎisɛ́nsiə] f licence,
permission

llicenciat -ada [ʎisənsiát] mf
bachelor (of)

lliçó [ʎisó] f lesson

lligacama [ʎiɣəkámə] f garter

lligam [ʎiɣám] m tie, bond

lligament [ʎiɣəmén] m ana
ligament

lligar [ʎiɣá] vt to tie, bind, fasten;
(unir) to join, link, unite; vi to get
on (well); (dos colors) to match

llim [ʎím] m mud, slime

llima [ʎímə] f file

llimac [ʎimák] m slug

llimar [ʎimá] vt to file (down); fg
to smooth, polish

llimona [ʎimónə] f lemon

llimonada [ʎimunáðə] f
lemonade

llinatge [ʎinádʒə] m lineage,
family

llindar [ʎindá] m tb fg threshold

lliri [ʎíɾi] m iris

llis -a [ʎís] aj smooth, even;
(cabells) straight; (terreny) flat

lliscar [ʎiská] vi to slide, slip

llista [ʎístə] f list; (d'alumnes)
register

llistó [ʎistó] m slat, lath

llit [ʎít] m bed

llitera [ʎitéɾə] f litter; (en un
vaixell o un tren) berth, bunk;
(moble) bunk (bed)

lliura [ʎiwɾə] f pound

lliurament [ʎiwɾəmén] m
delivery

lliurar [ʎiwɾá] vt to deliver, hand
over; vp to surrender; (donar-se
sense reserva) to devote osf

lliure [ʎíwrə] aj free; (no ocupat) vacant; **dia** ~ day off

lloança [ʎuánsə] f praise

lloar [ʎuá] vt to praise

lloba [ʎóβə] f she-wolf

llobarro [ʎuβáru] m (peix) (sea) bass

llòbrec -ega [ʎóβrək] aj gloomy, dark, murky

lloc [ʎók] m place; (espai) room, space; **en ~ de** instead of; **fer ~** to make room; **tenir ~** to take place

lloca [ʎókə] f broody hen

llogar [ʎuɣá] vt (donar a lloguer) to hire out, rent out, let; (prendre a lloguer) to rent, hire; (up) to engage

llogater -a [ʎuɣəté] mf tenant

lloguer [ʎuɣé] m rent, rental; **de ~ for rent**, for hire

llom [ʎóm] m back; (de carn) loin; (d'un llibre) back, spine; geo loin

llombrígol [ʎumbríɣul] m navel

llonganissa [ʎuŋɡənísə] f (kind of) sausage

llonguet [ʎuŋɡét] m (kind of) bread roll

llop [ʎóp] m wolf; ~ **de mar** fg sea dog

llorer [ʎuré] m laurel

lloro [ʎóru] m parrot

llosa [ʎózə] f (stone) slab; (per a cuina) tile

llot [ʎót] m mud, mire

llotja [ʎódʒə] f tea box; (de mercaders) exchange, market

lluç [ʎús] m hake

llucar [ʎuká] vi to sprout, shoot; vt to look at; (veure) to see; fg to see through

llúdria [ʎúðriə] f otter

lluent [ʎuén] aj shining, bright; (ulls) sparkling

lluentor [ʎuəntó] f brilliance, shine, brightness; (dels ulls) sparkle

lluerna [ʎuérnə] f dormer window, skylight; zoo (insecte) glow-worm

llufa [ʎúfə] f silent fart; **fer ~** fg to fail, fall through

lluir [ʎuí] vi to shine, gleam, sparkle; vt to show off; vp to succeed; fg to make a fool of osf

lluïssor [ʎuïsó] f brilliance, shine, brightness; (dels ulls) sparkle

lluita [ʎújtə] f fight, struggle

lluitar [ʎujtá] vi to fight, struggle

llum [ʎúm] f light; m lamp, light

llumí [ʎumí] m match

lluminària [ʎumináriə] f illuminations pl

lluminós -osa [ʎuminós] aj luminous, bright; (senyal) illuminated

lluna [ʎúnə] f moon. La Lluna, the moon; ~ **de mel** honeymoon; **tenir bona** ~ to be in a good mood; **tenir mala** ~ to be in a bad mood

lluny [ʎúɲ] av far (away); **al** ~ in the distance; ~ **de** far from; **més ~** further (off)

llunyà -ana [ʎuɲá] aj distant, remote, far-off

llur [ʎúr] aj pr their

llustrós -osa [ʎustrós] aj glossy, bright, shining

local [lukál] aj local; m place, site; (edificis) premises pl

localitat [lukəlitát] f locality; (en

localitzar [lukəlidzá] vt to find, locate; (circumscriure) to localize

loció [lusió] f lotion, wash

locomoció [lukumusió] f locomotion

locomotor -motriu [lukumutór] aj locomotive

locomotora [lukumutórə] f locomotive, engine

locució [lukusió] f expression, idiom; grm phrase

locutor -a [lukutó] mf commentator, announcer

lògic -a [lɔ́ʒik] aj logical; f logic

lona [lónə] f canvas, sailcloth

longitud [luŋʒitút] f length

loquaç [lukwás] aj loquacious, talkative

lot [lɔ́t] f torch

lot [lɔ́t] m portion, share, lot

loteria [lutəríə] f lottery

lubrificant [luβrifikán] aj lubricant, lubricating; m lubricant

lúcid -a [lúsit] aj lucid, clear

lúgubre [lúɣuβrə] aj lugubrious, dismal

lunar [lunár] aj lunar

lupa [lúpə] f lens, magnifying glass

lustre [lústrə] m lustrum

luxe [lúksə] m luxury

luxós -osa [luksós] aj luxurious

M

mà [má] f hand; zoo paw, foot, hand; (de morter) pestle; (de pintura) coat; (de segona mà) second-hand; ~ **d'obra** labour, labor US, manpower

maça [másə] f mil mace; tcn hammer; esp Indian club

macabre -a [məkáβrə] aj macabre

macarró [məkaró] m macaroni pl

macedònia [məsəðɔ̀niə] f fruit salad

macerar [məsərá] vt to soak, soften, macerate

maco -a [máku] aj nice

madeixa [məðéʃə] f hank, skein

madrastra [məðrástrə] f stepmother

maduixa [məðúʃə] f strawberry

maduixot [məðuʃɔ́t] m (bigger) strawberry

madur -a [məðú] aj ripe; (sensat) mature; (d'edat) of mature years, middle-aged

madurar [məðurá] vti to ripen; vi fg to mature; vt fg to develop, think out

màfia [máfiə] f mafia, criminal gang

mag -a [mák] mf magician, wizard

magatzem [məɣədzém] m store, warehouse; **grans ~s** department store

magdalena [məɣðəlénə] f muffin

màgia [máʒiə] f magic

màgic -a [máʒik] aj magic(al); mf magician, wizard

magisteri [məʒistéri] m teaching

magistral [məʒistrál] aj masterly

magistrat -ada [məʒistrát] mf judge, magistrate

magma [máɣmə] m magma

magnat [məŋnát] m magnate, baron

magne -a [máŋnə] aj great

magnètic -a [məŋnétik] aj tb fg

magnetic
magnetisme [məɲnətízmə] *m tb*
fg magnetism
magnetòfon [məɲnətɔ́fun] *m*
tape recorder
magnífic -a [məɲnífik] *aj*
splendid, magnificent, wonderful
magnitud [məɲnitút] *f*
magnitude
magnòlia [məɲnɔ́liə] *f* magnolia
magrana [məɣránə] *f*
pomegranate
magre -a [máɣrə] *aj* lean; *fg* poor
mahometà -ana [məumətá] *aj*
Mahometan, Islamic, Muslim;
mf Muslim, Mahometan
mai [máj] *av* never; (*alguna
vegada*) ever
maia [májə] *aj* Mayan; *mf* Maya(n)
maig [mátʃ] *m* May
mainada [məjnáðə] *f* children *pl*,
kids *pl*
mainadera [məjnəðérə] *f* nanny,
nursemaid
maionesa [məjunézə] *f*
mayonnaise
majestat [məʒəstát] *f* majesty
majestuós -osa [məʒəstuós] *aj*
majestic
major [məʒó] *aj* (*més gran*) main,
larger; (*més important*) main,
principal; **ser ~ d'edat** to be of
age
majordom -a [məʒurdóm] *mf*
housekeeper; *m* butler
majordona [məʒurdónə] *f* priest's
housekeeper
majoria [məʒuríə] *f* majority,
larger part; **~ absoluta** absolute
majority; **~ d'edat** age of
majority

majorista [məʒurístə] *mf*
wholesaler
majúscul -a [məʒúskul] *aj*
enormous, terrible; *aj f* (*lletra*)
capital (letter), upper-case (letter)
mal [mál] *aj* bad; *av* badly;
(*incorrectament*) wrong(ly); *m*
(*dany material o moral*) harm,
wrong, damage; (*desgràcia*)
misfortune, adversity; (*aspecte
dolent*) evil, harm; (*dolor*) pain,
ache; (*negació del bé*) evil; **fer-se
~** to hurt osf; **~ de cap**
headache; **~ de queixal**
toothache
malagradós -osa [màləɣrəðós]
aj surly, unsociable
malagraït -ïda [màləɣrəít] *aj*
ungrateful; *mf* ungrateful person
malaguanyat -ada
[màləɣwəɲát] *aj* ill-fated; (*no
aprofitat*) wasted
malalt -a [məlál] *aj* ill, sick,
unwell; *mf* ill person, sick person
malaltia [məlaltíə] *f* illness,
disease
malaltís -issa [məlaltís] *aj*
unhealthy, sickly, weak
malament [màləmén] *av* badly;
(*incorrectament*) wrong(ly); *Em
cau ~*, I don't like him; *No està ~*,
it's not bad; **tractar ~** to
mistreat
malària [məláriə] *f* malaria
malastruc -uga [màləstrúk] *aj*
unlucky, unfortunate
malastrugança [màləstruɣánsə]
f misfortune, ill luck
malaurat -ada [màləwrát] *aj*
unfortunate, unhappy
malbaratar [màlβərətá] *vt* to

squander, waste

malbé, fer [màlßé] vt to spoil, ruin, damage; vp to go wrong, break down

malcarat -ada [màlkərát] aj surly, churlish, bad-tempered

malcriat -ada [màlkriát] aj spoilt, bad-mannered

maldar [məldá] vi to strive, toil

maldat [məldát] f evilness, wickedness; (acció dolenta) wicked thing, evil deed

maldecap [màldəkáp] m worry, problem, headache

maleir [məléi] vt to curse

maleït -ïda [məléit] aj damned, wretched; **~ siga!** damn it!

malenconia [mələŋkuníə] f melancholy, sadness

malentès [màləntés] m misunderstanding

malesa [məlézə] f evilness, wickedness; (acció) mischief, lark

malestar [mələstá] m discomfort, indisposition; fg unease, malaise

maleta [məlétə] f (suit)case

maleter -a [məlété] mf (camàlic) porter; m (del cotxe) boot, trunk US

maletí [mələtí] m small case; (per a documents) briefcase

malfactor -a [malfəktó] mf criminal, delinquent, malefactor

malgastar [màlɣəstá] vt to waste, squander

malgirbat -ada [màlʒirßát] aj untidy, scruffy, shabby

malgrat [məlɣrát] prp despite, in spite of; **~ tot** after all, in spite of everything

malhumorat -ada [màlumurát]

aj bad-tempered, cross

malícia [məlísiə] f (malignitat) malice, malevolence; (picardia) mischief, craftiness, slyness; **fer ~** to annoy, irritate

malifeta [məlifétə] f misdeed, mischief

maligne -a [məlíɲɲə] aj evil, harmful, malignant; med malignant

mall [máʎ] m sledgehammer

malla [máʎə] f chain mail

mallerenga [məʎəréŋɡə] f tit

mallorquí -ina [məʎurkí] aj mf Majorcan

mallot [məʎɔ́t] m leotard

malmetre [màlmétrə] vt to damage, spoil, ruin

malnom [màlnóm] m nickname

malparlar [màlpərlá] vi to speak ill (of), rave (against)

malparlat -ada [màlpərlát] aj coarse, foul-mouthed

malpensat -ada [màlpənsát] aj evil-minded, nasty

malsà -ana [màlsá] aj unhealthy

malson [màlsón] m tb fg nightmare

malt [mál] m malt

maltractar [màltrəktá] vt to mistreat, ill-treat, abuse

maluc [məlúk] m hip

malura [məlúrə] f epidemic illness

malva [málßə] f mallow; aj m (color) mauve

malvat -ada [məlßát] aj wicked, evil

malvestat [màlßəstát] f wicked thing, evil deed

malviure [màlßíwrə] vi to live

poorly; *m* dissolute life

mama [máma] *f* (*mare*) mummy, mum, mom US; (*mamella*) mammary gland; (*de dona*) breast

mamar [mamá] *vt* to suck; (*beure*) to drink

mamella [maméʎa] *f* mammary gland; (*de dona*) breast

mamífer [mamífər] *m* mammal

mampara [mampára] *f* screen, partition

manament [manamén] *m* order; *rlg* commandment

manar [maná] *vt* to order, tell; (*exercir autoritat*) to be in charge of, be in control of

manat [manát] *m* bunch, bundle

manc -a [máŋ] *aj* one-handed, one-armed; *mf* one-handed person, one-armed person

mancar [maŋká] *vi* to be lacking

mandarina [mandarína] *f* tangerine, mandarin

mandíbula [mandíβula] *f* jaw

mandioca [mandióka] *f* cassava

mandonguilla [manduŋgíʎa] *f* meatball

mandra [mándra] *f* laziness, idleness

mandrejar [mandraʒá] *vi* to laze (about), loaf (about)

mandrós -osa [mandrós] *aj* lazy, idle; *mf* lazibones

manduca [mandúka] *m fm* grub, nosh

mànec [mánək] *m* handle

mànega [mánəɣa] *f* hose

manegar [manəɣá] *vt* to fix, sort out; *vp* to manage

maneig [mənétʃ] *m* use, handling; management

manejar [mənəʒá] *vt* to handle, use, operate; *fg* to use; (*dirigir*) to manage; *vp* to get by, manage

manera [mənéra] *f* way; *pl* (*comportament correcte*) manners; **de cap ~** no way, certainly not; **de ~ que** so that; **de tota ~** anyway, anyhow

manescal [mənəskál] *m* veterinary surgeon, vet, veterinarian US

maneta [mənéta] *f* handle; (*manovella*) crank; (*d'un rellotge*) hand

mania [manía] *f* mania; (*afecció exagerada*) craze, obsession; (*aversió*) dislike, spite

maníatic -a [məniátik] *aj* fussy, picky

manicomi [mənikómi] *m* mental hospital

manicura [mənikúra] *f* manicure

manifestació [mənifəstasió] *f* manifestation, show; (*declaració*) statement, declaration; (*de gent*) demonstration

manifestar [mənifəstá] *vt* (*posar de manifest*) to show, manifest, demonstrate; (*fer saber*) to declare, state, express; *vp* (*en una manifestació pública*) to demonstrate

màniga [máŋiɣa] *f* sleeve

manillar [mənɪʎá] *m* handlebars *pl*

manilles [məníʎəs] *fpl* (hand)cuffs, manacles

maniobra [məniɔ́βra] *f tb fg* manoeuvre, maneuver US

maniobrar [məniuβrá] *vt* to operate, manoeuvre, maneuver US

manipular [mənipulá] *vt* to

manipulate, handle; *fg* to manipulate

maniquí [mənikí] *m* dummy; *mf* (*persona*) model, mannequin

manllevar [məɲʎəβá] *vt* to borrow

manobre -a [mənɔ́βrə] *mf* building labourer, building laborer *US*

mans -a [máns] *aj* tame, docile

mansió [mənsió] *f* mansion

manta [mántə] *f* blanket

mantega [məntέɣə] *f* butter

mantell [məntέʎ] *m* cloak; *geo* layer, stratum

mantellina [məntəʎínə] *f* mantilla

manteniment [məntənimén] *m* maintenance

mantenir [məntəní] *vt* to keep, maintain; (*afirmar amb persistència*) to mantain, claim; (*sostenir econòmicament*) to maintain, support

manual [mənuál] *aj* manual, hand *atr*; *m* manual, handbook

manufactura [mənufəktúrə] *f* manufacture

manuscrit -a [mənuskrít] *aj* handwritten; *m* manuscript

manxa [máɲʃə] *f* bellows *pl*; (*per a pneumàtics*) pump

manya [máɲə] *f* dexterity, skill

manyà -ana [məɲá] *mf* locksmith

manyac -aga [məɲák] *aj* gentle, docile; *f* caress

manyopla [məɲɔ́plə] *f* mitten; (*per a rentar-se*) flannel, face cloth

maó [məó] *m* brick

mapa [mápə] *m* map

mapamundi [màpəmúndi] *m* world map

maqueta [məkέtə] *f* model

maquillar [məkiʎá] *vtp* to make up

màquina [mákinə] *f* machine; ~ **d'afaitar** electric razor, shaver; ~ **de cosir** sewing machine; ~ **de rentar** washing machine; ~ **de rentar plats** dishwasher; ~ **d'escriure** typewriter

maquinar [məkiná] *vt* to machinate, plot

maquinari [məkinári] *m* hardware

maquinària [məkináriə] *f* machinery

maquineta [məkinέtə] *f* ~ **de fer punta** pencil sharpener

maquinista [məkinístə] *mf* machinist, operator; *frr* engine driver, engineer *US*

mar [már] *f/m* sea; (*gran quantitat*) sea; **alta** ~ high sea

maragda [məráɣðə] *f* emerald

marató [mərətó] *f* marathon

marbre [márbrə] *m* marble

marc [márk] *m* (*moneda*) mark; (*de porta, quadre, etc*) frame; *fg* framework, setting, atmosphere

març [márs] *m* March

marca [márkə] *f* mark; *com* make, brand, trademark

marcador [mərkəðó] *m* scoreboard

marcar [mərká] *vt* to mark; (*assenyalar*) to mark, point to, indicate; *esp* to score; (*un número de telèfon*) to dial; *fg* to mark

marcial [mərsiál] *aj* martial; **arts** ~**s** martial arts; **llei** ~ martial law

marcir [mərsí] vtp to wither

marduix [mərdúʃ] m marjoram

mare [máɾə] f mother; (causa, origen) mother, root, origin

marea [məɾéə] f tide

maregassa [məɾəɣásə] f heavy sea

mareig [məɾétʃ] m sickness, dizziness; fg confusion

marejar [məɾəʒá] vt to make feel sick, make feel dizzy; fg to annoy, disturb; vp to feel sick, feel dizzy

marejol [məɾəʒɔ́l] m slight swell

maresme [məɾézmə] m marsh, swamp; (marina) coast

màrfega [márfəɣə] f straw mattress

marfil [mərfíl] m ivory

margalló [məɾɣəʎó] m palm heart

margarida [məɾɣəɾíðə] f daisy

margarina [məɾɣəɾínə] f margarine

marge [márʒə] m border, edge; (d'una pàgina) margin; com margin; fg margin, room

marginal [məɾʒinál] aj marginal

marginar [məɾʒiná] vt to exclude, leave out; vp to exclude osf

marí -ina [məɾí] aj marine, sea atr; mf sailor, seaman; (oficial) Navy officer

marialluïsa [məɾiəʎuízə] f verbena

marieta [məɾiétə] f ladybird, ladybug US; m dsp pansy, poof

marihuana [məɾiwánə] f marijuana, cannabis

marina [məɾínə] f navy; (regió prop del mar) coast

mariner -a [məɾiné] aj marine, sea atr; mf sailor, seaman

marisc [məɾísk] m shellfish pl, seafood

marit [məɾít] m husband

marítim -a [məɾítim] aj maritime, sea atr

marmota [mərmótə] f marmot

maror [məɾó] f high sea; fg tension, disagreement

marquès -esa [məɾkés] m marquis, marquess; f marchioness

marquesina [mərkəzínə] f canopy

marrà -ana [məɾá] m (mascle de l'ovella) ram; aj (brut) dirty, filthy, grimy

marrameu [mərəméw] m mew, miaow

marrec [məɾék] m child

marró [məɾó] aj m brown

marroquí -ina [məɾukí] aj mf Moroccan

mart [márt] m marten

martell [mərtéʎ] m hammer

màrtir [mártir] mf martyr

marxa [márʃə] f march; aut gear; (acció de partir) departure; (funcionament) working, running

marxar [mərʃá] vi to leave, go; mil to march; (funcionar) to work, run, go

mas [más] m farm, country house

màscara [máskəɾə] f tb fg mask

mascle -a [másklə] m male; tcn male part

mascota [məskótə] f mascot

masculí -ina [məskulí] aj masculine, male, men's; grm masculine

masegar [məzəɣá] vt to crush, bruise

masia [məziə] f farm, country house

masmorra [məzmórə] f dungeon

masover -a [məzuβé] mf (tenant) farmer

massa [másə] f mass; (pasta) dough, pastry; pl masses

massa [másə] aj too much, too many; av too

massatge [məsádʒə] m massage

massís -issa [məsis] aj solid; m geo massif

mastegar [məstəyá] vt to chew, masticate

mastegot [məstəyɔ́t] m slap, smack

masticació [məstikəsió] f mastication, chewing

masturbar [məsturbá] vtp to masturbate

mat [mát] aj matt, dull; m (escacs) mate, checkmate

mata [mátə] f bush, shrub

mata-segells [màtəsəʒéʎs] m postmark

matalàs [mətəlás] m mattress

matança [mətánsə] f killing, slaughter

matar [mətá] vt to kill; vp to die, get killed, be killed; (suïcidar-se) to kill osf, commit suicide; (escorxar-se) to kill osf

mateix -a [mətéʃ] aj same; **això ~!** that's it!; **aquí ~** right here; **el ~** the same (thing)

matemàtic -a [mətəmátik] aj mathematical; mf mathematician; fsg/pl mathematics, maths

matèria [mətériə] f matter; (tema) subject, matter

material [mətəriál] aj material, physical; m materials pl, equipment; pl material sg

matern -a [mətérn] aj mother('s), maternal

matí [məti] m morning; **de bon ~** early in the morning

matinada [mətináðə] f dawn, daybreak, early morning; (passada la mitjanit) morning

matiner -a [mətiné] aj early riser

matís [mətis] m shade, hue; fg nuance, shade

mató [mətó] m cottage cheese

matoll [mətóʎ] m thicket, scrub

matrícula [mətríkulə] f (inscripció) registration, matriculation; (del cotxe) number plate, license plate US

matricular [mətrikulá] vtp to register, enrol

matrimoni [mətrimɔ́ni] m marriage, matrimony; (parella) (married) couple

matriu [mətriw] f (úter) womb, uterus; tcn mould, mold US; (de talonari, etc) counterfoil

matusser -a [mətusé] aj sloppy, slapdash

matutí -ina [mətutí] aj morning atr

matxet [mətʃét] m machete

mausoleu [məwzuléw] m mausoleum

maxil·lar [məksilár] aj maxillar(y); m jawbone, maxilla

màxim -a [máksim] aj m maximum, top; f (sentència) maxim; **com a ~** at (the) most

meandre [meándrə] m meander

mecànic -a [məkánik] aj tb fg

mechanical; *mf* (*de cotxes*)
mechanic; *f* (*ciència*) mechanics;
(*mecanisme*) mechanism
mecanisme [məkənízmə] *m*
mechanism
mecanitzar [məkənidzá] *vt* to
mechanize
mecanografiar [məkənuɣrəfiá]
vt to type
medalla [məðáʎə] *f* medal
medalló [məðəʎó] *m* medallion
medecina [məðəsínə] *f fm* =
medicament
medi [méði] *m* environment
mediatriu [məðiətríw] *f*
perpendicular bisector
mèdic -a [méðik] *aj* medical
medicament [məðikəmén] *m*
medicine, drug
medicina [məðisínə] *f* medicine;
(*medicament*) medicine, drug
medicinal [məðisinál] *aj*
medicinal
medieval [məðiəβál] *aj* medieval
mediocre [məðiɔ́krə] *aj*
mediocre, poor, second-rate
meditar [məðitá] *vt* to ponder,
think over, meditate on; *vi* to
meditate
mediterrani -ània [məðitəráni]
aj Mediterranean
medul·la [məðúʎə] *f* marrow,
medulla; ~ **espinal** spinal cord; ~
òssia bone marrow
medusa [məðúzə] *f* jellyfish,
medusa
megàfon [məɣáfun] *m*
megaphone
meitat [məjtát] *f* half; (*punt en
l'espai o el temps*) middle; ~ **i** ~
half-and-half

mel [mél] *f* honey
melangia [mələnʒíə] *f* melancholy
melangiós -osa [mələnʒiós] *aj*
melancholy, gloom
melic [məlík] *m* = **llombrígol**
melindro [məlíndru] *m* iced bun
melindrós -osa [məlindrós] *aj*
affected
melmelada [məlməláðə] *f* jam,
marmalade
meló [məló] *m* melon
melodia [məluðíə] *f* melody, tune
melodrama [məluðrámə] *m*
melodrama
melós -osa [məlós] *aj* (*de dolçor
afectada*) sugary; *gst* tender
melsa [mélsə] *f* spleen
membrana [məmbránə] *f*
membrane
membre [mémbrə] *m* (*extremitat*)
limb, member; (*penis*) penis,
member; (*d'una comunitat*)
member
memòria [məmɔ́riə] *f* (*facultat de
recordar, record*) memory; *pl* lit
memoirs; **de** ~ by heart; **fer** ~
to remember
memoritzar [məmuridzá] *vt* to
memorize
mena [ménə] *f* kind, sort, type
menar [məná] *vt* to lead, take
menció [mənsió] *f* mention
menester [mənəsté] *m* need;
haver de ~ to need, require
menisc [mənísk] *m* meniscus
menja [ménʒə] *f* delicacy
menjador -a [mənʒəðó] *mf* (*que
menja molt*) big eater; *aj* with a
big appetite; *m* dining room; *f*
(*d'animals*) trough, manger
menjar [mənʒá] *vt* to eat; *vp* to

mesclar

eat; (*consumir*) to eat up, consume, devour; *jcs* to take; *m* food

menopausa [mənupáwzə] *f* menopause

menor [mənór] *aj* smaller; lower; younger; *mf* (*d'edat*) minor

menorquí -ina [mənurkí] *aj mf* Minorcan

menovell [mənuβέλ] *m* little finger

menstruació [mənstruəsió] *f* menstruation, period

mensual [mənsuál] *aj* monthly

ment [mén] *f* mind

menta [méntə] *f* mint

mental [məntál] *aj* mental, intellectual

mentalitat [məntəlitát] *f* mind, ideas *pl*, mentality

mentida [məntíðə] *f* lie

mentider -a [məntiðé] *mf* liar

mentir [məntí] *vi* to lie, tell a lie; (*induir a error*) to mislead, deceive

mentó [məntó] *m* chin

mentre [méntrə] *cnj* while, as long as; ~ **que** whereas, while

mentrestant [mèntrəstán] *av* meanwhile, in the meantime

menú [mənú] *m* menu

menut -uda [mənút] *aj* small, minute, tiny; *fg* insignificant, petty

menys [méɲs] *aj av* less; *prp* except, but; *m mat* minus

menysprear [mèɲsspreá] *vt* to despise, scorn, lock down on; (*estimar en menys*) to undervalue, underrate, underestimate

menyspreu [mèɲspréw] *m* scorn, contempt

meravella [mərəβέλə] *f* wonder, marvel

meravellar [mərəβəλá] *vt* to amaze, astonish; *vp* to be amazed, be astonished

meravellós -osa [mərəβəλós] *aj* wonderful, marvellous, splendid

mercadejar [mərkəðəʒá] *vi* to deal, buy and sell, trade

mercader -a [mərkəðé] *mf* merchant

mercaderia [mərkəðəríə] *f* commodity, merchandise, goods *pl*

mercat [mərkát] *m* market

mercè [mərsέ] *f* favour, favor *pl*

merceria [mərsəríə] *f* haberdashery, notions store *US*

mercuri [mərkúri] *m* mercury

merda [mérðə] *f vlg* shit; (*bruticia*) shit, filth, dirt; (*cosa dolenta*) rubbish, crap

merder [mərðé] *m* pigsty, dump; *fg* chaos, hubbub

merèixer [mərέʃə] *vtp* to deserve, merit, be worthy of

meridià -ana [məriðiá] *aj m* meridian

mèrit [mérit] *m* merit, worth, value

merla [mérlə] *f* blackbird

mes [més] *cnj* but, however

mes [més] *m* month

més [més] *aj av* more. *És més alt que jo*, he is taller than me. *Corre més que jo*, he runs faster than me; *m mat* plus; **a ~ a ~** besides, moreover, furthermore; **a ~ de** in addition to, besides; **~ o menys** more or less

mescla [mésklə] *f* mixture, blend

mesclar [məsklá] *vtp* to mix,

blend, merge

mesquí -ina [məski] aj (gasiu) mean, stingy; (menyspreable) miserable, mean

mesquita [məskitə] f mosque

mestís -issa [məstís] aj mixed, half-caste; mf half-caste

mestral [məstrál] m north-west; north-west wind

mestre -a [méstrə] aj (magistral) masterly, expert; (principal) main; mf teacher; (expert) master, authority, expert

mestressa [məstrésə] f owner, landlady, mistress

mesura [məzúrə] f measurement, measuring; (unitat) measure; (disposició) measure, step; (moderació) moderation; **a ~ que** as

mesurar [məzurá] vt to measure; (moderar) to moderate

meta [métə] f finishing line; fg aim, objective

metabolisme [mətəβulízmə] m metabolism

metàfora [mətáfurə] f metaphor

metall [mətáλ] m metal; mús brass

metàl·lic -a [mətállik] aj metallic, metal atr; **en ~** cash

metamorfosi [mətəmurfɔ́zi] f metamorphosis

meteor [mətəór] m meteor

meteorit [mətəorít] m meteorite

meteorologia [mətəurulujiə] f meteorology

meteorològic -a [mətəurulɔ́ʒik] aj meteorologic(al), weather atr

metge [médʒə] m doctor

metgessa [mədʒésə] f (woman) doctor

meticulós -osa [mətikulós] aj meticulous

mètode [mótuðə] m method

metralla [mətráλə] f shrapnel

metralleta [mətrəλétə] f machine gun

metre [métrə] m metre, meter US; ~ **cúbic** cubic metre; ~ **quadrat** square metre

mètric -a [métrik] aj metric(al)

metro [métru] m underground, tube, subway US

metròpoli [mətrɔ́puli] f metropolis

metxa [métʃə] f fuse

metzina [mədzínə] f poison

meu [méw] aj my. El meu cotxe, my car; pr mine

mexicà -ana [məksiká] aj mf Mexican

mi [mí] pr me

mica [míkə] f una ~ a little, a bit, slightly. Estic un mica cansat, I am a bit tired; **de ~ en ~** little by little, bit by bit

mico [míku] m monkey

microbi [mikrɔ́βi] m microbe, micro-organism

microbús [mikruβús] m minibus

micròfon [mikrɔ́fun] m microphone

microorganisme [mikrurgənizmə] m micro-organism, microbe

microscopi [mikruskɔ́pi] m microscope

microscòpic -a [mikruskɔ́pik] aj microscopic

mida [míðə] f measure; (dimensió) size; **a ~** made-to-measure

midó [miðó] *m* starch

mig mitja [mitʃ] *aj m av* half; *m* (*centre*) middle

migdia [midʒðíə] *m* midday, noon; (*sud*) south

migdiada [midʒðíáðə] *f* siesta, nap

migjorn [midʒórn] *m* south; south wind

migració [miɣrəsió] *f* migration

migranya [miɣráɲə] *f* migraine

migrar [miɣrá] *vi* to migrate

migratori -òria [miɣrətóri] *aj* migratory

mil [mil] *aj m* a thousand, one thousand

miler [milé] *m* thousand

milhomes [milómes] *m* cocky man

milió [milió] *m* million. *Dos milions d'habitants*, two million inhabitants

militar [militá] *aj* military; *mf* soldier

militar [militá] *vi* to belong to a party

mill [miʎ] *m* millet

milla [míʎə] *f* mile

mil·lenni [millénni] *m* millennium

mil·lèsim -a [millézim] *aj m* thousandth

mil·límetre [millímetrə] *m* millimetre, millimeter *US*

millor [miʎó] *aj av* better

millora [miʎórə] *f* improvement; (*d'un malalt*) improvement, recovery

millorar [miʎurá] *vt* to improve, make better; *vi* to improve, get better

mim [mim] *m* mime; *mf* (*persona*)

mime

mimetisme [mimətízmə] *m* mimicry, mimesis

mímic -a [mímik] *aj* mimic; *f* mime, mimicry

mimosa [mimózə] *f* mimosa

mina [mínə] *f* mine; (*de llapis*) lead; (*explosiu*) mine

minaire [minájrə] *mf* miner

miner -a [miné] *aj* mining; *mf* miner

mineral [minorál] *aj m* mineral

mineria [minoríə] *f* mining

miniatura [miniatúrə] *f* miniature

mínim -a [mínim] *aj m* minimum; **com a ~** at least

ministeri [ministéri] *m* ministry, department *US*

ministre -a [ministrə] *mf* minister

minoria [minuríə] *f* minority

minso -a [mínsu] *aj* scarce, meagre, meager *US*

minuend [minuén] *m* minuend

minúscul -a [minúskul] *aj* tiny, minute, minuscule; *aj f* (*lletra*) lower-case (letter)

minusvàlid -a [minuzbálit] *aj* handicapped; *mf* handicapped person

minut [minút] *m* minute

minutera [minutérə] *f* minute hand

minvar [mimbá] *vi* to diminish, decrease, dwindle

minyó -ona [miɲó] *m* boy; *f* girl; *f* (*criada*) maid

miolar [miulá] *vi* to mew, miaow

miop [mióp] *aj* short-sighted, near-sighted, myopic; *mf* short-sighted person

miopia [miupíə] *f* short-

sightedness, myopia
miracle [miráklə] m miracle; fg miracle, marvel, wonder
mirada [miráðə] f look
mirador -a [miraðó] m balcony, bay window
mirall [miráʎ] m tb fg mirror
mirament [mirəmén] m consideration
mirar [mirá] vt to look at; (televisió) to watch; (fer els possibles) to try; vi to look; (estar situat de cara a) to face, look onto; vp (un mateix) to look osf; (l'un a l'altre) to look at each other
miratge [mirádʒə] m mirage; fg mirage, illusion
miserable [mizərábblə] aj (digne de compassió) wretched, pitiable; (d'ínfim valor) miserable, paltry; (gasiu) mean, stingy; (menyspreable) miserable, contemptible, nasty; (molt pobre) poverty-stricken, impoverished
misèria [mizériə] f misery; (pobresa) misery, poverty
misericòrdia [mizərikórðiə] f pity, compassion, mercy
missa [mísə] f Mass
missatge [misádʒə] m tb fg message
missatger -a [misədʒé] mf messenger
míssil [mísil] m missile
missió [misió] f mission
missioner -a [misiuné] mf missionary
misteri [mistéri] m mystery; (secret) secrecy
misteriós -osa [mistəriós] aj

mysterious
misto [místu] m = **llumí**
mite [mítə] m myth
mitja [mídʒə] f stocking; pl (pantis) tights, panty hose; **fer ~** to knit
mitjà -ana [midʒá] aj medium; (normal) average, medium; (regular) mediocre; m (procediment) means, way, method; mpl (recursos econòmics) means, resources; f mean
mitjançant [midʒənsán] prp by, through, by means of
mitjanit [midʒənít] f midnight
mitjó [midʒó] m sock
mitologia [mituluʒíə] f mythology
mix -a [míʃ] mf fm pussy(cat)
mixt -a [míkst] aj mixed; (escola) mixed, coeducational
mòbil [mɔ́βil] aj mobile, movable; m motive; (objecte de decoració) mobile
mobiliari -ària [muβiliári] m furniture, furnishings pl
mobilitat [muβilitát] f mobility
mobilitzar [muβilidzá] vtp to mobilize
moble [mɔ́bblə] m piece of furniture; pl furniture pl
moc [mók] m mucus, snot; (miquel) snort
mocador [mukəðó] m handkerchief; (per al coll, al cap) scarf
mocar [muká] vt to blow sby's nose; vp to blow one's nose
moda [mɔ́ðə] f fashion; **de ~** fashionable; **passat de ~** old-fashioned

mode [móðə] *m* way, manner
model [muðέl] *m* model; *mf* model
modelar [muðəlá] *vt* to model
moderar [muðərá] *vt* to moderate, restrain, control; *vp* to restrain osf, calm down
modern -a [muðέrn] *aj* modern
modest -a [muðέst] *aj* modest, humble; (*poc considerable*) modest
mòdic -a [mɔ́ðik] *aj* moderate, reasonable, modest
modificació [muðifikəsió] *f* modification, change, alteration
modificar [muðifiká] *vt* to modify, change, alter; *grm* to modify
modista [muðistə] *mf* couturier, fashion designer
mòdul [mɔ́ðul] *m* module
mofar-se [mufársə] *vp* = **burlar-se**
moix -a [mɔ́ʃ] *aj* downcast, crestfallen, dejected; *m* (*gat*) cat
moixaina [muʃájnə] *f* caress
molxó [muʃó] *m* bird
mola [mɔ́lə] *f* (*d'un molí*) millstone; (*cosa massissa i voluminosa*) mass, bulk
molar [mulár] *f* molar (tooth)
moldre [mɔ́ldrə] *vt* (*cafè, etc*) to grind; (*blat, etc*) to grind, mill
molest -a [mulέst] *aj* annoying, troublesome, unpleasant
molestar [muləstá] *vt* to annoy, bother, inconvenience
molèstia [mulέstiə] *f* bother, nuisance, trouble
molí [mulí] *m* mill
moliner -a [muliné] *mf* miller
molinet [mulinét] *m* grinder, mill;

~ **de cafè** coffee mill, coffee grinder
moll -a [mɔ́ʎ] *aj* wet; (*tou*) soft; *m* (*medul·la*) marrow, medulla; (*part més substanciosa*) heart; (*d'un port*) pier, wharf, quay; (*peix*) red mullet
molla [mɔ́ʎə] *f* crumb; *tcn* spring
mol·lusc [mulɫúsk] *m* mollusc, mollusk US
molsa [mólsə] *f* moss
molt -a [mól] *aj* a lot of, many, much; *av* much, a lot; *pr a* lot; *pl* (*molta gent*) a lot of people
moltó [multó] *m* ram
moment [mumén] *m* (*temps curt*) moment, minute; (*ocasió de fer uc*) moment; **de** ~ for the moment; **un ~!** just a moment!, just a minute!
momentani -ània [muməntáni] *aj* momentary, temporary
mòmia [mɔ́miə] *f* mummy
mon ma [mun] *aj* my. *Mon pare*, my father. *Ma mare*, my mother
món [món] *m* world
mona [mɔ́nə] *f* monkey; (*pastís*) cake; **agafar una** ~ to get plastered
monarca [munárkə] *m* monarch
monarquia [munərkíə] *f* monarchy
moneda [munéðə] *f* coin; (*d'un país*) currency
monestir [munəstí] *m* monastery
monetari -ària [munətári] *aj* monetary, financial
mongeta [muɲʒέtə] *f* bean; ~ **tendra** green bean
moniato [muniátu] *m* sweet potato

monitor -a [munitó] *mf* instructor; *m tcn* monitor

monjo -a [mɔ́nʒu] *m* monk; *f* nun

monòleg [munɔ́lak] *m* monologue

monòlit [munɔ́lit] *m* monolith

monopoli [munupɔ́li] *m* monopoly

monorail [munurájl] *m* monorail

monòton -a [munɔ́tun] *aj* monotonous, boring, tedious

monsó [munsó] *m* monsoon

monstre [mɔ́nstrə] *m* monster

monstruós -osa [munstruós] *aj* monstrous, atrocious

monument [munumén] *m* monument

monyó [muɲó] *m* stump

moqueta [mukétə] *f* fitted carpet, wall-to-wall carpet

móra [mɔ́rə] *f* (*de l'esbarzer*) blackberry; (*de la morera*) mulberry

moral [murál] *aj* moral; *f* morals *pl*; (*ànim*) morale, spirits *pl*

moralitat [murəlitát] *f* morality

morat -ada [murát] *aj m* (*color*) purple; *m* (*blau a la pell*) bruise

morbós -osa [murbós] *aj* morbid; *fg* morbid, unhealthy, diseased

mordaç [murdás] *aj* biting, incisive, scathing

morè -ena [muré] *aj* dark, swarthy; (*del sol*) brown, (sun)tanned

moreno -ena [murénu] *aj* = **morè**

morera [murérə] *f* white mulberry (tree)

morfologia [murfuluʒíə] *f* morphology

morfològic -a [murfulɔ́ʒik] *aj* morphologic(al)

moribund -a [muriβún] *aj* dying, moribund; *mf* dying person

morir [murí] *vip* to die; *vp fg* to be dying (for)

mormolar [murmulá] *vi* to murmur, whisper

moro -a [mɔ́ru] *aj* Moorish; *mf* Moor

morro [mɔ́ru] *m* snout; (*d'un cotxe*) nose; **fer ~s** to be in a bad mood

mort -a [mɔ́rt] *aj* dead; (*exhaust*) dead tired; (*final*) death, end; *mf* dead person; *m* (*cadàver humà*) corpse; **de mala ~** grotty, awful

mortal [murtál] *aj mf* mortal; *aj* mortal, lethal, fatal

mortalitat [murtəlitát] *f* mortality

morter [murté] *m* (*vas, arma, argamassa*) mortar

mos [mós] *m* bite

mosaic [muzájk] *m* mosaic

mosca [mɔ́skə] *f* fly

mosquit [muskít] *m* mosquito

mosquitera [muskitérə] *f* mosquito net

mossegada [musəɣáðə] *f* bite

mossegar [musəɣá] *vt* to bite; (*atacar de paraula*) to snap at; *vp* to bite

mossèn [musén] *m* father

mosso -a [mósu] *m* boy; *f* girl; *mf* servant

most [mós] *m* bite

mostassa [mustásə] *f* mustard

mostela [mustélə] *f* weasel

mostra [mɔ́strə] *f* indication, sign, demonstration; (*porció*) sample

mostrar [mustrá] *vt* to show; *vp*

muntanyenc

to show osf, be

mot [mót] *m* word; **~s encreuats** crossword (puzzle)

motí [mutí] *m* mutiny, riot, rebellion

motiu [mutíw] *m* reason, motive, cause; *art* motif

motivar [mutiβá] *vt* to motivate, cause

motlle [móλλə] *m* cast, mould, mold *US*

motllo [móλλu] *m* = **motlle**

motllura [muλλúrə] *f* moulding, molding *US*

moto [mótu] *m* motorbike

motocicleta [mutusiklétə] *f* motorcycle

motociclisme [mutusiklízmə] *m* motorcycling

motor motriu [mutór] *aj* motor; *m* engine, motor

motorista [muturístə] *mf* motorcyclist

motxilla [mutʃíλə] *f* rucksack

moure [mówrə] *vt* to move; *fg* to move, prompt; *vp* to move; (*sortir*) to move, go out

movedís -issa [muβəðís] *aj* restless

moviment [muβimén] *m* movement, motion; *art* movement; (*activitat*) movement, activity

muda [múðə] *f* change; (*roba*) change of clothes; *zoo* moult, molt *US*

mudar [muðá] *vtip* to change; *vtp* (*amb roba més bona*) to dress up; *vt zoo* to moult, molt *US*; *vp* (*de casa*) to move

mudat -ada [muðát] *aj* (*ben vestit*) dressed up

mugir [muʒí] *vi* to moo, bellow

mugró [muɣró] *m* nipple

mul [múl] *m* mule

mula [múlə] *f* mule

mullar [muλá] *vt* to wet, moisten, drench; *vp* to get wet

mullena [muλénə] *f* damp

muller [muλé] *f* wife

multa [múltə] *f* fine

múltiple [múltiplə] *aj m* multiple

multiplicació [multiplikəsió] *f* multiplication

multiplicar [multipliká] *vtp* to multiply

multitud [multitút] *f* multitude, mass, host; (*de gent*) crow, multitude

mundial [mundiál] *m* world *atr*

munició [munisió] *f* munitions *pl*, ammunition

municipal [munisipál] *aj* local, municipal; *m* policeman; *f* policewoman

municipi [munisípi] *m* municipality, town; (*ajuntament*) town council

munió [munió] *f* multitude, host, mass

munt [mún] *m* pile, heap; **un ~ de** a lot of

muntacàrregues [mùntəkárəɣəs] *m* service lift, service elevator *US*

muntant [muntán] *m tcn* upright, post; *arq* mullion, transom

muntanya [muntáɲə] *f* mountain; (*zona muntanyosa*) mountains *pl*; (*pila*) pile, heap; **muntanyes russes** big dipper, roller coaster *US*

muntanyenc -a [muntəɲéɲ] *aj* mountain *atr*, highland *atr*; *mf*

highlander; (*excursionista*)
mountaineer, climber

muntanyós -osa [muntəɲós] *aj*
mountainous

muntar [muntá] *vt* (*un cavall*) to
ride; (*armar*) to assemble, put up;
(*un negoci, etc*) to set up; *vi* to
ride a horse

muntatge [muntádʒə] *m*
assembly; *tea* staging; *cin* editing

munyir [muɲí] *vt* to milk

mur [múr] *m* wall

mural [murál] *aj* mural, wall *atr*;
m mural

muralla [murálə] *f* wall(s),
rampart

murga [múrɣə] *f* drag, bind, pain

murmurar [murmurá] *vi* to
mutter, murmur; (*l'aigua, etc*) to
murmur, rustle; (*criticar*) to
gossip; *vt* to murmur

murmuri [murmúri] *m* murmur

murri múrria [múri] *aj* shrewd,
astute

muscle [músklə] *m* shoulder

musclo [músklu] *m* mussel

múscul [múskul] *m* muscle

muscular [muskulár] *aj* muscular

musell [muzéʎ] *m* snout, muzzle

museu [muzéw] *m* museum

músic -a [múzik] *aj* musical; *mf*
musician; *f* music

musical [muzikál] *aj* musical

mussol [musɔ́l] *m* little owl; *med*
stye; *fg* dummy

musti mústia [músti] *aj*
withered; *fg* down, depressed

musulmà -ana [muzulmá] *aj*
Islamic, Muslim, Moslem; *mf*
Muslim, Moslem

mut muda [mút] *aj* dumb; *fg*

mute, dumb; *mf* dumb person

mutació [mutəsió] *f* mutation

mutilar [mutilá] *vt tb fg* to
mutilate

mutilat -ada [mutilát] *aj*
disabled, crippled; *mf* disabled
person, crippled person

mutu mútua [mútu] *aj* mutual

N

nació [nəsió] *f* nation

nacional [nəsiunál] *aj* national,
local, home *atr*

nacionalitat [nəsiunəlitát] *f*
nationality

nacre [nákrə] *m* mother-of-pearl,
nacre

Nadal [nəðál] *m* Christmas

nadalenc -a [nəðəléŋ] *aj*
Christmas *atr*

nadiu -a [nəðíw] *aj* native, home
atr; *mf* native

nadó [nəðó] *m* newborn baby

nafra [náfrə] *f* wound

naip [nájp] *m* card

naixement [nəʃəmén] *m* birth;
fg birth, origin, beginning

naixença [nəʃénsə] *f* =
naixement

nàixer [náʃə] *vi* = **néixer**

nan -a [nán] *aj mf* dwarf

nansa [nánsə] *f* handle

nap [náp] *m* turnip

napa [nápə] *f* nappa

narcís -isa [nərsís] *m* daffodil; *mf*
(*narcisista*) narcissist

narcòtic [nərkɔ́tik] *aj* narcotic

nariu [nəríw] *m* nostril

narració [nərəsió] *f* story

negació

narrador -a [nərəðó] *mf* narrator, storyteller

narrar [nərá] *vt* to tell, relate, narrate

nas [nás] *m* nose; (*olfacte*) nose, sense of smell; **ficar el ~ a** to poke one's nose into

nasal [nəzál] *aj* nasal

nat nada [nát] *aj* born

nata [nátə] *f* cream; (*bufetada*) slap

natació [nətəsió] *f* swimming

natalici -ícia [nətəlíʃil *m* birthday/anniversary

natalitat [nətəlitát] *f* birth rate

natiu -iva [nətíw] *aj* (*innat*) innate, inborn; (*nadiu*) native, home *atr*; *mf* native

natja [nádʒə] *f* buttock

natura [nətúrə] *f* nature; (*manera d'ésser*) nature

natural [nəturál] *aj* natural; (*nadiu*) native

naturalesa [nəturəlézə] *f* = **natura**

naturalitat [nəturəlitát] *f* naturalness

naturalment [nəturàlmén] *av* naturally, of course

nau [náw] *f* ship; *arq* nave

nàufrag -a [náwfrək] *aj* shipwrecked; *mf* shipwrecked person

naufragar [nəwfrəγá] *vi* (*una embarcació*) to be wrecked; (*up*) to be shipwrecked; *fg* to fail

naufragi [nəwfráʒi] *m* shipwreck; *fg* failure

nàusees [náwzeəs] *fpl* nausea *sg*, sickness *sg*

nauseabund -a [nəwzeəβún] *aj* nauseating, sickening

nàutic -a [náwtik] *aj* nautical; *f* art of navigation

naval [nəβál] *aj* ship *atr*, navigation *atr*

navalla [nəβáʎə] *f* jack-knife; (*per a afaitar*) razor; *zoo* razor shell, razor clam *US*

navegable [nəβəγábblə] *aj* navigable

navegació [nəβəγəsió] *f* navigation

navegant [nəβəγán] *aj* seafaring; *mf* sailor

navegar [nəβəγá] *vi* to sail

navili [nəβíli] *m* ship

nebot -oda [nəβót] *m* nephew; *f* niece

nebulós -osa [nəβulós] *aj* misty, foggy; (*gebulous, hazy*); *f* nebula

necessari ària [nəsəsári] *aj* necessary

necesser [nəsəsé] *m* toilet case, toilet bag

necessitar [nəsəsitá] *vt* to need

necessitat [nəsəsitát] *f* need, necessity; (*pobresa*) poverty, need; **fer les seves ~** to relieve osf

neci nècia [nési] *aj* stupid, silly; *mf* fool, idiot

necrologia [nəkrulujíə] *f* obituary

necròpoli [nəkrópuli] *f* necropolis

nèctar [néktər] *m* nectar

nedador -a [nəðəðó] *mf* swimmer

nedar [nəðá] *vi* to swim

nefast -a [nəfást] *aj* disastrous, dreadful, terrible

negació [nəγəsió] *f* negation, denial; (*cosa contrària*) negation, antithesis

negar [nəɣá] *vt* to deny; (*no concedir*) to refuse; (*ofegar*) to drown; (*inundar*) to flood, inundate; *vp* to refuse; (*ofegar-se*) to drown; (*inundar-se*) to be flooded

negatiu -iva [nəɣatíw] *aj* negative; *f* denial, refusal; *m fot* negative

negligent [nəʎliʒén] *aj* negligent, neglectful, careless

negoci [nəɣɔ́si] *m* business; (*irònicament*) bargain

negociant [nəɣusián] *m* businessman; *f* businesswoman; *mf* dealer, trader

negre [néɣrə] *aj* black; (*brut*) dirty; (*fosc*) dark; (*de raça negra*) black; *m* black; *mf* black person

negror [nəɣró] *f* blackness

negrós -osa [nəɣrós] *aj* blackish

neguit [nəɣít] *m* anxiety, worry

neguitejar [nəɣitəʒá] *vt* to worry, disturb; *vip* to worry, get worried

neguitós -osa [nəɣitós] *aj* worried, anxious, uneasy

néixer [néʃə] *vi* to be born; (*un planta*) to sprout; (*pèl, plomes*) to grow; *fg* to begin, originate

nen -a [nέn] *mf* child; baby; *m* boy; *f* girl

nenúfar [nənúfar] *m* waterlily

nervi [nέrbi] *m* nerve; (*vigor*) energy; **tenir ~s** to be nervous

nerviós -osa [nərbiós] *aj* nervous, agitated

nespla [nésplə] *f* = **nespra**

nespra [nésprə] *f* medlar; loquat, Japan plum

nesprer [nəspré] *m* medlar;

loquat

net -a [nét] *aj* clean, tidy, neat; *com* net

nét -a [nét] *mf* grandchild; *m* grandson; *f* granddaughter

netedat [nətəðát] *f* cleanliness

neteja [nətέʒə] *f* cleaning

netejar [nətəʒá] *vt* to clean; *fg* to clear

neu [néw] *f* snow

neula [néwlə] *f* wafer

neutral [nəwtrál] *aj* neutral

neutre -a [néwtrə] *aj* neutral; *grm* neuter

nevada [nəβáðə] *f* snowfall

nevar [nəβá] *vi* to snow

nevera [nəβérə] *f* refrigerator, fridge, ice-box *US*

nexe [néksə] *m* link

ni [ni] *cnj* ~ *l'un* ~ *l'altre*, (neither) one (n)or the other; ~ *que plogui*, even if it rains; ~ *un*, not one

niar [niá] *vi* to nest

nicaragüenc -a [nikərəɣwέŋ] *aj mf* Nicaraguan

nicotina [nikutínə] *f* nicotine

niló [niló] *m* nylon

nimfa [nímfə] *f* nymph; *zoo* nymph

nina [nínə] *f* (*joguina*) doll

nineta [ninétə] *f* (*dels ulls*) pupil

ningú [niŋgú] *pr* nobody, no-one, anybody, anyone

ninot [ninɔ́t] *m* doll; *fg* puppet

nínxol [níɲʃul] *m* niche

nissaga [nisáɣə] *f* lineage, descent

nit [nit] *f* night; **bona ~!** good night! good evening!

nítid -a [nítit] *aj* clear, sharp

nitrogen [nitrɔ́ʒən] *m* nitrogen

niu [níw] *m tb fg* nest

nou

nivell [niβéʎ] m level; ~ **de vida** standard of living

no [nó] av not; (resposta) no; m no

noble [nɔ́bblə] aj tb fg noble; m nobleman; f noblewoman

noblesa [nubblézə] f nobility; (conjunt de nobles) nobility

noces [nɔ́səs] fpl wedding sg

noció [nusió] f notion, idea

nociu -iva [nusíw] aj harmful, damaging

noctàmbul -a [nuktámbul] mf night bird

nocturn -a [nuktúrn] aj nocturnal, evening atr, night atr; m mús nocturne

nodriment [nuðrimén] m nourishment

nodrir [nuðrí] vt to nourish, feed; fg to feed, encourage

noguera [nuɣéɾə] f walnut (tree)

noi -a [nɔ́j] m boy; f girl

nom [nɔ́m] m name; fg name, reputation

nòmada [nɔ́məðə] aj nomadic; mf nomad

nomadisme [numəðízmə] m nomadism

nombre [nómbɾə] m number; (quantitat) amount; ~ **parell** even number; ~ **senar** odd number

nombrós -osa [numbɾós] aj numerous

nomenar [numəná] vt to appoint

només [numés] av only, just

nòmina [nɔ́minə] f payroll

nominal [numinál] aj nominal, noun atr

nora [nɔ́ɾə] f daughter-in-law

noranta [nuɾántə] aj m ninety

nord [nɔ́rt] m north; aj northern, northerly

nord-americà -ana [nɔ̀rtəməɾiká] aj mf North American

nord-est [nɔ̀rtést] m north-east; aj north-eastern, north-easterly

nord-oest [nɔ̀rtuést] m north-west; aj north-western, north-westerly

no-res [nɔɾés] m nothingness

norma [nɔ́rmə] f rule, regulation

normal [nurmál] aj normal, common, ordinary

normalment [nurmálmén] av normally, usually

normatiu -iva [nurmətiw] aj normative, prescriptive; f rules pl, regulations pl

noruec -ega [nuɾuék] aj mf Norwegian

nos [nus] pr us

nosa [nɔ́zə] f hindrance, nuisance, impediment; **fer ~** to get in the way, be a nuisance

nosaltres [nuzáltɾəs] pr we; [amb preposició] us

nostàlgia [nustálʒiə] f nostalgia

nostre -a [nɔ́stɾə] aj our; pr ours

nota [nɔ́tə] f note; (escrit breu) note; (qualificació acadèmica) mark, grade US; pl notes

notable [nutábblə] aj notable, noteworthy, remarkable

notar [nutá] vt to notice, feel, be aware of

notari -ària [nutári] mf notary (public)

notícia [nutísiə] f news

nou [nów] aj m nine

nou [nɔ́w] f walnut; ~ **del coll** Adam's apple

nou -**va** [nɔ́w] aj new; **de** ~ (novament) again; (recentment) recently; **venir de** ~ to surprise, amaze

noucasat -**da** [nɔ̀wkəzát] m recently married man; f recently married woman; mpl newlyweds

nounat -**ada** [nɔ̀wnát] aj newborn; f newborn baby

nouvingut -**uda** [nɔ̀wβiŋgút] mf newly arrived; mf newcomer, latecomer

novament [nɔ̀βəmén] av again

novè -**ena** [nuβέ] aj mf ninth

noveli -**a** [nuβέli] aj new; (vi) young

novel·la [nuβέl·lə] f novel; ~ **policíaca** detective story, detective novel; ~ **rosa** romantic novel

novel·lista [nuβəl·listə] mf novelist

novembre [nuβémbrə] m November

novetat [nuβətát] f (qualitat de nou) novelty, newness; (cosa nova) innovation

nu [nú] aj naked, nude, in the nude; (una part del cos) bare; fg bare; m nude

nuar [nuá] vtp to tie

nuca [núkə] f back of the neck

nuclear [nukleár] aj nuclear

nucli [núkli] m nucleus; fg heart, core

nudisme [nuðízmə] m nudism

nul nul·la [núl] aj (no vàlid) null and void, void, invalid; (no existent) non-existent; (inepte) useless

numeració [numərəsió] f numbering; (sistema) numerals pl

numerador [numərəðó] m numerator

numeral [numərál] aj m numeral

numerar [numərá] vt to number

numèric -**a** [numέrik] aj numerical

número [núməru] m number; (espectacle) act

nupcial [nupsiál] aj nuptial, wedding atr, marriage atr

nus [nús] m knot, tie; (vincle) tie, link; mar knot

nutrició [nutrisió] f nutrition

nutritiu -**iva** [nutritíw] aj nutritious, nourishing, nutritional

nuvi núvia [núβi] m (bride)groom; f bride

núvol [núβul] aj cloudy, overcast; m tb fg cloud; **estar als** ~**s** to be daydreaming

nyanyo [ɲáɲu] m bump

nyap [ɲáp] m mess, botch(-up)

O

o [ɔ́] cnj or

oasi [uázi] m tb fg oasis

obac -**aga** [uβák] aj shady; mf shady slope of a mountain

obcecar [upsəká] vt to blind

obeir [uβəí] vt to obey; vi to obey; (ésser degut) to be due (to)

obelisc [uβəlísk] m obelisk

obert -**a** [uβέrt] aj tb fg open

obertura [uβərtúrə] f opening; mús overture

obès -**esa** [uβέs] aj obese; mf

obese person

objecció [ubʒəksió] f objection; ~ **de consciència** conscientious objection

objecte [ubʒéktə] m object; (fi) object, aim

objectiu -iva [ubʒəktíw] aj objective; m (fi) aim, objective; fot lens

oblic -iqua [uƀlík] aj oblique

oblidar [uƀliðá] vt to forget; (en un lloc) to forget, leave; vp to forget

obligació [uƀliɣəsió] f obligation, duty; dr (títol) bond, liability, security

obligar [uƀliɣá] vt to compel, force, oblige; (una llei) to bind; vp (comprometre's) to undertake

obligatori -òria [uƀliɣətóri] aj compulsory, obligatory

oblit [uƀlít] m obscurity, oblivion

oboè [uƀué] m oboe

òbol [ɔ́ƀul] m obol

obra [ɔ́ƀrə] f work; (acció) deed, work; arq building work; ~ **de teatre** play; ~ **mestra** masterpiece; **obres públiques** public works

obrellaunes [ɔ́ƀrəláwnəs] m tin opener, can opener

obrer -a [uƀré] aj working; mf worker; **classe ~a** working class

obrir [uƀrí] vtip tb fg to open

obscè -ena [upsé] aj obscene

obscur -a [upskúr] aj dark; fg obscure

obscuritat [upskuritát] f dark(ness); fg obscurity

obsequi [upséki] m gift, present

obsequiar [upsəkiá] vt to present

observació [upsərƀəsió] f observation; (advertiment) observation, remark

observador -a [upsərƀəðó] aj observant; mf observer

observar [upsərƀá] vt to observe, watch; (una norma, etc) to observe, honour, honor US

observatori [upsərƀətóri] m observatory

obsessió [upsəsió] f obsession

obsessionar [upsəsiuná] vt to obsess

obsolet -a [upsulét] aj obsolete

obstacle [upstáklə] m obstacle; fg obstacle, hindrance

obstruir [upstruí] vt to obstruct

obtenció [uptənsió] f obtaining

obtenir [uptəní] vt to obtain, get, achieve

obtús -usa [uptús] aj (no agut) blunt; mnt obtuse; fg obtuse, thick, slow

obvi òbvia [ɔ́ƀƀi] aj obvious

oca [ɔ́kə] f goose

ocàs [ukás] m sunset, sundown US; fg decline, fall

ocasió [ukəzió] f opportunity, chance, occasion; (vegada) occasion, time

ocasionar [ukəziuná] vt to cause, produce

occident [uksiðén] m west

occidental [uksiðəntál] aj western, occidental; mf westerner

oceà [uséá] m ocean

ocell [uséʎ] m bird

ocellaire [usəʎájrə] mf bird breeder; (caçador) bird hunter

oci [ɔ́si] m free time, leisure time, spare time

ocórrer [ukórə] *vi* to happen,
occur; (*venir al pensament*)
to come into one's head,
occur

ocre [ɔkrə] *aj m* ochre, ocher *US*

octubre [uktúβrə] *m* October

ocular [ukulár] *aj* ocular, eye *atr*;
m eyepiece, ocular

oculista [ukulístə] *mf* oculist

ocult -a [ukúl] *aj* hidden; *fg*
secret, occult, mysterious

ocupació [ukupəsió] *f* occupation,
activity; (*feina*) occupation, job;
(*d'una ciutat, d'un país*)
occupation

ocupar [ukupá] *vt* to occupy,
inhabit; *mil* to occupy; (*omplir un
lloc*) to occupy, fill, take up; (*en
una feina*) to employ; *vp* to take
care (of), look after

ocurrència [ukurénsiə] *f*
occurrence

odi [ɔði] *m* hate, hatred

oest [uést] *m* west; *aj* western,
westerly

ofec [ufék] *m* breathlessness

ofegar [ufəɣá] *vtp* to choke; (*a
l'aigua*) to drown

ofendre [uféndrə] *vt* to offend;
vp to take offence, take offense
US

ofensa [ufénsə] *f* insult, offence,
offense *US*

ofensiu -iva [ufənsiw] *aj*
offensive, insulting; (*per atacar*)
offensive; *f* offensive

oferir [ufəri] *vtp* to offer

oferta [ufértə] *f* offer; (*article
rebaixat*) offer, bargain

ofici [ufísi] *m* trade, craft, job;
(*comunicació*) official letter;
(*litúrgic*) service

oficial [ufisiál] *aj* official; *mf*
officer

oficina [ufisínə] *f* office

oficinista [ufisinístə] *mf* office
worker, office clerk

ofrena [ufrénə] *f* offering

ogre [ɔɣrə] *m* ogre

oh [ɔ] *inj* oh!

oi [ɔj] *inj* isn't it?

oïda [uíðə] *f* hearing

oient [ujén] *mf* (*alumne*) auditor
US; (*de ràdio*) listener

oir [ui] *vt* to listen; **~ missa** to
attend Mass, go to Mass

olfacte [ulfáktə] *m* smell

oli [ɔli] *m* oil

òliba [ɔliβə] *f* owl

olimpíada [ulimpíəðə] *f*
Olympiad; (*jocs olímpics*) Olympic
Games, Olympics

oliva [uliβə] *f* olive

olivera [uliβérə] *f* olive (tree)

olla [ɔʎə] *f* pot; **~ de pressió**
pressure cooker

olor [uló] *f* smell; **fer ~ de** to
smell of

olorar [ulurá] *vt* to smell; *fg* to
smell, suspect

olorós -osa [ulurós] *aj* fragrant

om [ɔm] *m* elm (tree)

ombra [ɔmbrə] *f* shadow, shade;
fer ~ to cast a shadow, give
shade

ombrejar [umbrəʒá] *vt* to shade;
art to shade (in)

ombrel·la [umbréllə] *f* parasol

ombrívol [umbríβul] *aj* shady

ometre [umétrə] *vt* to omit, leave
out

omís -isa [umís] *aj* **fer cas ~** to

ignore, pass over, take no notice of

òmnibus [ɔ́mniβus] *m* omnibus

omnívor -a [umníβur] *aj* omnivorous

omòplat [umɔ́plət] *m* shoulder blade, scapula

omplir [umplí] *vt* to fill; (*un formulari*) to fill in, fill out, complete; (*satisfer*) to fulfil, satisfy; to fill

on [ón] *av* where. ~ *vas?*, where are you going? *D'on véniu?*, where have you come from?; *No sé ~ som*, I don't know where we are; *La ciutat ~ van néixer*, the city where they were born; *No sabria per ~ començar*, I wouldn't know where to start

ona [ónə] *f* wave; *fís* wave

onada [unáðə] *f* wave; *fg* wave, spate

onatge [unádʒə] *m* swell

oncle [óŋklə] *m* uncle

onda [óndə] *f* wave

ondulació [unduləsió] *f* undulation, wave

ondular [undulá] *vt* to wave; *vi* to undulate

onze [ónzə] *aj m* eleven

opac -a [upák] *aj* opaque

opció [upsió] *f* option, choice

òpera [ɔ́pərə] *f* opera

operació [upərəsió] *f mat med* operation; *com* transaction, deal

operador -a [upərəðó] *mf* operator; *med* surgeon

operar [upərá] *vt* to produce; *med* to operate on; *vi med* to operate

operari -ària [upərári] *mf* (*treballador manual*) operative

opi [ɔ́pi] *m* opium

opinar [upiná] *vi* to express one's opinion; *vt* to think

opinió [upinió] *f* opinion; ~ **pública** public opinion

oportú -una [upurtú] *aj* appropriate, opportune, timely

oportunitat [upurtunitát] *f* opportunity, chance; (*qualitat d'oportú*) opportuneness

oposar [upuzá] *vt* to oppose; *vp* to oppose, be opposed (to), obj\ect (to)

oposició [upuzisió] *f* opposition; (*examen*) public examination

opressió [uprəsió] *f* (*al pit*) tightness; *fg* oppression

oprimir [uprimí] *vt* to press; *fg* to oppress

optar [uptá] *vi* to choose, opt (for)

optatiu -iva [uptətíw] *aj* optional

òptic -a [ɔ́ptik] *aj* optic(al); *mf* optician; *f* optics; (*establiment*) optician's; (*punt de vista*) point of view

òptim -a [ɔ́ptim] *aj* optimum, ideal

optimista [uptimístə] *aj* optimistic; *mf* optimist

or [ɔ́r] *m* gold

oració [urəsió] *f* prayer; *grm* sentence

oral [urál] *aj* oral

orangutan [urəŋgután] *m* orang-outang

oratge [urádʒə] *m* breeze; (*temps*) weather

òrbita [ɔ́rbitə] *f* orbit; (*de l'ull*) (eye) socket, orbit; *fg* orbit, field

ordenació [urdənəsió] *f* organization, distribution; *rlg* ordination, ordainment

ordenar [urðəná] vt to tidy; (prescriure) to order; rlg to ordain

ordi [ɔ́rdi] m barley

ordinador [urðinəðó] m computer

ordinal [urðinál] m ordinal (number)

ordinari -ària [urðinári] aj ordinary, usual, normal; (vulgar) vulgar, common

ordit [urðít] m warp

ordre [ɔ́rdrə] f order; dr order, warrant; m order; ~ **del dia** agenda; ~ **públic** public order

oreig [urétʃ] m breeze

orella [uréʎə] f ear. Dir uc a l'~, to whisper sth in sby's ear; (oïda) hearing. Ésser dur d'~, to be hard of hearing

oreneta [urənέtə] f swallow

orenga [urέŋgə] f oregano

orfe òrfena [ɔ́rfə] aj mf orphan

orfebre [urféβrə] mf goldsmith, silversmith

orfeó [urfəó] m choral society

òrgan [ɔ́rgən] m organ; (instrument, mitjà) organ, means

orgànic -a [urgánik] aj organic

organisme [urgənízmə] m organization; bio organism

organització [urgənidzəsió] f organization

organitzador -a [urgənidzəðó] aj organizing; mf organizer

organitzar [urgənidzá] vt to organize, arrange; vp to organize osf

orgasme [urgázmə] m orgasm

orgue [ɔ́rgə] m organ

orgull [urgúʎ] m pride, arrogance, haughtiness; (sentiment legítim) pride

orgullós -osa [urgulós] aj proud, arrogant, haughty; (sentiment legítim) proud

orient [uriέn] m east; **Orient Llunyà** Far East; **Orient Mitjà** Middle East; **Pròxim Orient** Near East

orientació [uriəntəsió] f orientation

oriental [uriəntál] aj Eastern, oriental

orientar [uriəntá] vt to orient; fg to guide; vp to orientate osf

orifici [urifísi] m orifice

origen [uríʒən] m origin

original [uriʒinál] aj original; aj m art original

originar [uriʒiná] vt to originate, cause, start; vp to originate, start

orina [urínə] f urine

orinal [urinál] m chamber pot, potty

orinar [uriná] vti to urinate; vp (al damunt) to wet osf

orlünd -a [uriún] aj native

ormeig [urmétʃ] m tackle

ornament [urnəmén] m ornament, adornment

ornamental [urnəməntál] aj ornamental, decorative

orquestra [urkέstrə] f orchestra

orquídia [urkíðiə] f orchid

ortiga [urtíɣə] f (stinging) nettle

ortografia [urtuɣrəfíə] f spelling, orthography

orxata [urʃátə] f drink made from chufas

os [ɔ́s] m bone

ós [ós] m bear; ~ **polar** polar bear

osca [ɔ́skə] f notch, nick

oscil·lar [usil·lá] vi tb fg to oscillate

ostatge [ustádʒə] m hostage

ostentar [ustəntá] vt to flaunt

ostra [ɔ́strə] f oyster

ou [ɔ́w] m egg; vlg (testicle) ball; ~ **dur** hard-boiled egg; ~ **ferrat** fried egg

ovalat -ada [uβəlát] aj oval

ovari [uβári] m ovary

ovella [uβéʎə] f sheep

oví -ina [uβí] aj ovine, sheep attr

ovni [ɔ́vni] m UFO

òvul [ɔ́βul] m ovule

oxidar [uksiðá] vtp to oxidize, oxidise

oxigen [uksíʒən] m oxygen

P

pa [pá] m bread; (peça) loaf; fg (daily) bread; **ésser un tros de ~** fg to have a heart of gold; ~ **de pessic** sponge cake

paciència [pəsiénsiə] f patience, forbearance

pacient [pəsién] aj patient, long-suffering; mf patient

pacífic -a [pəsífik] aj pacific, peaceful, peace-loving

pactar [pəktá] vi to come to an agreement; vt to agree on

pacte [páktə] m agreement, pact

padrastre [pəðrástrə] m stepfather

padrí -ina [pəðrí] m godfather; (de boda) best man; (avi) grandfather; f godmother; (àvia) grandmother

paella [pəéʎə] f frying pan, skillet US; (arròs) paella

paga [páɣə] f (salari) pay; ~ **i senyal** earnest, deposit

pagà -ana [pəɣá] aj mf pagan, heathen

pagament [pəɣəmén] m payment

pagar [pəɣá] vt to pay; (compres, crim) to pay for; (deute) to pay, repay

pagès -esa [pəʒés] aj mf peasant; m countryman; f countrywoman; **fer el ~** fg to turn a deaf ear

pagesia [pəʒəzíə] f peasantry

pàgina [páʒinə] f page

pagoda [pəɣɔ́ðə] f pagoda

pair [pəí] vt to digest; **no el puc ~** fg I can't stand him

pairal [pəirál] aj ancestral

país [pəís] m country; (terra) land

paisà -ana [pəizá] m (fellow) countryman; f (fellow) countrywoman; **anar de ~** to be in plain clothes

paisatge [pəizádʒə] m countryside, landscape, scenery

pal [pál] m stick; ele post, pole; esp post; mar mast

pala [pálə] f spade, shovel; (d'hèlix, rem, etc) blade

paladar [pələðá] m palate; fg palate, taste

paladejar [pələðəʒá] vt to taste

palanca [pəláŋkə] f fís lever, crowbar; esp springboard

palangana [pələŋgánə] f washing-up basin, washbowl US

palangre [pəláŋgrə] m trawl line

palau [pəláw] m palace

palès -esa [pəlés] aj evident, obvious, clear

palestí -ina [pəlǝstí] *aj mf*
Palestinian
paleta [pǝlɛ́tǝ] *f* trowel; (*de pintor*) palette; *mf* (*ofici*) bricklayer
palissandre [pǝlisándrǝ] *m* rosewood
palla [páλǝ] *f* straw; *fg* waffle, padding
pallasso -a [pǝλásu] *m* clown
paller [pǝλέ] *m* (*munt*) haystack, haycock; (*lloc*) hayloft
pal·liar [pǝλiá] *vt* to mitigate, palliate, alleviate
pàl·lid [pálit] *aj* pale, pallid
pallissa [pǝλísǝ] *f* (*paller*) hayloft; (*cops*) beating, thrashing
palma [pálmǝ] *f* (*arbre*) palm tree; (*fulla*) palm leaf; (*palmell*) palm; **endur-se'n la ~** *fg* to carry off the palm
palmell [pǝlmέλ] *m* palm
palmera [pǝlmέrǝ] *f* palm, palm tree; **~ datilera** date palm
palpar [pǝlpá] *vt* to touch, feel; *fg* to feel, perceive
palpentes, a les [pǝlpéntǝs] *av* groping one's way, by groping
palpitar [pǝlpitá] *vi* to throb, palpitate
palplantat -ada [pǝlplǝntát] *aj* dead still, rooted to the ground
pam [pám] *m* span; **fer ~ i pipa** to cock a snook at sby; **~ a ~** inch by inch
pamela [pǝmέlǝ] *f* [broad-brimmed hat]
pamflet [pǝmflέt] *m* pamphlet
pampallugues [pǝmpǝλúɣǝs] *fpl* twinkling *sg*, flickering *sg*, blinking *sg*

pàmpol [pámpul] *m* vine leaf; (*de llum*) lampshade
pana [pánǝ] *f* corduroy
pancarta [pǝŋkártǝ] *f* placard, banner
pancreàtic -a [pǝŋkreátik] *aj* pancreatic
pàncrees [páŋkreǝs] *m* pancreas
pandereta [pǝndǝrέtǝ] *f* tambourine
panellet [pǝnǝλέt] *m* small, round cake made with marzipan
panera [pǝnέrǝ] *f* bread basket
panet [pǝnέt] *m* roll
pànic [pánik] *m* panic
panorama [pǝnurámǝ] *m* panorama, vista, view
panotxa [pǝnótʃǝ] *f* (*de blat de moro*) corncob; (*de cacau*) cacao pod
pansa [pánsǝ] *f* raisin; *med* fever sore on the lip
pansir [pǝnsí] *vtp* to shrivel (up), wither
pantà [pǝntá] *m* (*natural*) marsh, swamp; (*artificial*) reservoir
pantalla [pǝntáλǝ] *f* cin fot screen; (*de llum*) shade, lampshade
pantalons [pǝntǝlóns] *mpl* trousers; **~ curts** shorts
pantanós -osa [pǝntǝnós] *aj* marshy, swampy
panteixar [pǝntǝʒá] *vi* to pant, gasp
panteó [pǝntǝó] *m* pantheon; **~ familiar** family vault
pantera [pǝntέrǝ] *f* panther
panxa [pánʃǝ] *f* (*d'up, d'uc*) belly; (*ventre voluminós*) paunch, pot
panxacontent -a [pànʃǝkuntén] *aj* carefree

paraulota

panxell [pəɲʃéʎ] m calf

panxut -uda [pəɲʃút] aj pot-bellied, paunchy

pany [páɲ] m lock, bolt; **~ de paret** piece of bare wall

paó [páó] m peacock

paorós -osa [pəurós] aj dreadful, frightful

pap [páp] m (d'ocell) crop, craw; (estómac) belly

papa [pápə] m (d'ocell) crop, craw; (estómac) belly

papa [pápə] m (pare) dad, daddy, poppa US, pop US; rlg pope

papada [pəpáðə] f (d'up) double chin; (d'un animal) dewlap

papallona [pəpəʎónə] f butterfly

paper [pəpé] m paper; (tros) piece of paper, sheet; cin tea fg role, part; **~ d'alumini** tinfoil; **~ de vidre** sandpaper; **~ higiènic** toilet paper

paperassa [pəpərásə] f mass of documents

paperera [pəpərérə] f wastepaper basket, wastebasket

papereria [pəpərəríə] f stationery, stationer's

papereta [pəpərétə] f slip (of paper); **~ de vot** voting paper

paperina [pəpərínə] f paper cone; fm drunk

papir [pəpír] m papyrus

paquet [pəkét] m parcel, packet, package

paràbola [pəráβulə] f mat parabola; (relat) parable

parabrisa [pərəβrízə] m windscreen, windshield US

paracaiguda [pàrəkəjɣúðə] m parachute

parada [pəráðə] f (acció) stop, halt, stopping; (d'autobús, etc)

stop; (de mercat) stand, stall; esp save

paradís [pərəðís] m paradise

parador [pərəðó] m whereabouts

paradoxa [pərəðóksə] f paradox

parafang [pərəfáŋ] m (de bicicleta) mudguard; (de cotxe) wing, fender US

paràgraf [pəráɣrəf] m paragraph

paraigua [pərájɣwə] m umbrella

paràlisi [pərálizi] f paralysis

paralític -a [pərəlítik] aj mf paralytic

paralitzar [pərəlidzá] vt tb fg to paralyse, paralyze US

parallamps [pàrəʎáms] m lightning conductor

paral·lel [pərəlːέl] aj m parallel; f parallel (line); pl esp parallel bars

parany [pəráɲ] m trap, snare; fg trap, trick

paraplègia [pərəpléʒiə] f paraplegia

parar [pərá] vtip to stop, halt; vt (cop, etc) to ward off; (tornar) to endure, bear; **anar a ~** to end up; **~ la mà** to hold out one's hand; **~ la taula** to lay the table

paràsit -a [pərázit] aj parasitic(al); m parasite

para-sol [pərəsɔl] m parasol, sunshade

parat -ada [pərát] aj slow, dull; **quedar ~** to be struck dumb

paratge [pərádʒə] m spot, place

paraula [pəráwlə] f (mot, prometença) word; (facultat) speech; pl (d'una cançó) words, lyrics; **de ~** orally; **tenir la ~** to have the floor

paraulota [pərəwlɔtə] f

swearword

paravent [pàrəβén] m (finestró) shutter; (moble) folding screen

para-xocs [pàrəʃɔ́ks] m bumper

parc [párk] m park; (per nens) playground; **~ d'atraccions** funfair; **~ zoològic** zoological gardens, zoo

parc -a [párk] aj sparing, frugal, moderate

parcel·la [pərsέl·lə] f plot (of land)

parcial [pərsiál] aj partial; (injust) partial, biased

pardal [pərdál] m sparrow

pare [párə] m father; pl parents; **sant ~** Pope

parell -a [pərέl] aj similar; (nombre) even; m (par) f couple

parent -a [pərén] mf relative, relation

parèntesi [pərέntəzi] m parenthesis; (signe) bracket; fg pause, break

parer [pəré] m opinion, view

paret [pərέt] f wall; **~ mestra** main wall

parietal [pariətál] aj parietal

parir [pərí] vt to give birth to, bring forth

parla [párlə] f language, speech

parlament [pərləmén] m parliament; (discurs) speech, talk

parlamentari -ària [pərləməntári] aj parliamentary; mf parliamentarian

parlar [pərlá] vi to speak, talk; vt (un idioma) to speak; to speak (about), speak (of): No es parlen, they are not on speaking terms

parlar [pərlá] m talk; (dialecte) dialect, speech

paròdia [pərɔ́ðiə] f parody

parpella [pərpέlə] f eyelid

parpellejar [pərpəλəʒá] vi tb fg to blink

pàrquing [párkiŋ] m car park, parking lot US

parra [párə] f vine, grapevine

parrac [pərák] m rag

parricidi [pərisíði] m parricide

parròquia [pərɔ́kiə] f rlg parish; (església) parish church; com customers pl

parsimònia [pərsimɔ́niə] f parsimony, sparingness; (calma) calmness

part [párt] m birth, delivery, labour; **anar de ~** to be in labour

part [párt] f part; (d'un repartiment) part, share; dr party; **a ~** aside; **de ~ d'up** on sby's behalf; **prendre ~** to take part

partició [pərtisió] f partition, division

participació [pərtisipəsió] f participation; (notificació) announcement

participar [pərtisipá] vi to take part; vt to announce

participi [pərtisípi] m participle

partícula [pərtíkulə] f particle

particular [pərtikulár] aj particular; (privat) private; (peculiar) peculiar; m (persona) individual; (assumpte) particular, point

particularitat [pərtikuləritát] f particularity

partida [pərtíðə] f (joc) game, match; (de naixement, etc) certificate; (de pressupost) item

partidari -ària [pərtiðári] aj mf

ésser ~ de to be in favour of

partir [pərtí] vt to divide; (obrir) to split (up); vp to share; vi (anar-se'n) to set off; fg to start; **a ~ de** (starting) from

partit [pərtít] m esp match, game; (polític) party; (resolució) decision; **treure ~ de** to profit from

partitura [pərtitúrə] f score

parvulari [pərßulári] m nursery school, kindergarten

parxís [pərʃís] m Parcheesi

pas [nás] m fg step, pace, (manera de caminar) walk; (petjada) footprint; (acció, lloc) passage; **~ a nivell** level crossing, grade crossing US; **~ de vianants** pedestrian crossing

Pasqua [páskwə] f Easter

passa [pásə] f step, pace; (epidèmia) epidemic

passada [pəsáðə] f passing, passage; (d'apat) course; **de ~ in** passing; **mala ~** dirty trick

passadís [pəsəðís] m corridor, passage, passageway

passaport [pəsəpórt] m passport

passar [pəsá] vi to pass; (ocórrer) to happen, occur; (entrar) to come in; **~ per lladre**, to be taken for a thief; vt (travessar) to cross; (temps, etc) to spend; (examen) to pass; vp to go off; **passi-ho bé** goodbye

passarel·la [pəsərél·lə] f footbridge

passat -ada [pəsát] aj last; (llet, etc) off; (fruita) over ripe; m past; pl ancestors, forebears

passatemps [pàsətéms] m hobby, pastime

passatge [pəsádʒə] m (carrer) passageway, alleyway; lit passage; (preu) fare; (passatgers) passengers

passatger -a [pəsədʒé] aj fleeting, short-lived; mf passenger

passeig [pəsétʃ] m (acció) walk, stroll; (avinguda) avenue, boulevard

passejar [pəsəʒá] vi to stroll, go for a walk; vt to take for a walk; vp (burlar-se) to pull sby's leg

passi [pási] m pass

passió [pəsió] f passion

passiu -iva [pəsíw] aj passive; m liabilities pl

pasta [pástə] f paste; (fideus, etc) pasta; (pastís) cake; fm (diners) dough; **~ de les dents** toothpaste

pastanaga [pəstənáɣə] f carrot

pastar [pəstá] vt to mix into dough; fg to concoct, brew

pastera [pəstérə] f kneading trough

pastilla [pəstíʎə] f med tablet; (de sabó, xocolata) bar

pastís [pəstís] m cake, pie

pastisser -a [pəstisé] mf pastrycook, confectioner

pastisseria [pəstisəría] f confectioner's, cake shop, pastry shop

pastor -a [pəstó] m shepherd; f shepherdess; mf (protestant) minister, pastor

pastoral [pəsturál] aj f pastoral

pastós -osa [pəstós] aj pasty, doughy; (veu) mellow; (boca) furry, woolly

pastura [pəstúrə] f pasture

pasturar [pəsturá] *vti* to pasture, graze

pasturatge [pəsturádʒə] *m* pasturing, grazing; (*lloc*) pasture

patacada [pətəkáðə] *f* knock, whack

patata [pətátə] *f* potato; **patates fregides** chips, French fries *US*

patatera [pətətérə] *f* potato plant

paté [pəté] *m* pâté

patern -a [pətérn] *aj* paternal

patètic -a [pətétik] *aj* pathetic, moving

patge [pádʒə] *m* page, pageboy

pati [páti] *m* court, courtyard, patio

patí [pətí] *m* skate; *aer* skid; *mar* catamaran; ~ **de pedals** pedal boat

patilla [pətíʎə] *f* sideboard, sideburn *US*

patinar [pətiná] *vi* to skate; (*cotxe, etc*) to skid, slide

patinatge [pətinádʒə] *m* skating

patinet [pətinét] *m* scooter

patir [pətí] *vt* to suffer, endure; *vi* (*preocupar-se*) to be worried; to suffer (from)

pàtria [pátriə] *f* mother country, fatherland

patriarca [pətriárkə] *m* patriarch

patrimoni [pətrimóni] *m* inheritance; *fg* heritage

patró -ona [pətró] *mf* (*d'empresa*) boss, employer; (*sant*) patron saint; *mar* skipper; *m* (*model*) pattern

patrulla [pətrúʎə] *f* patrol

patxoca [pətʃókə] *f* **fer** ~ to cut a dash

pau [páw] *f* peace; **estar en ~s** to be even; **fer les ~s** to make peace

pausa [páwzə] *f* pause, break; *mús* rest; (*lentitud*) slowness

pauta [páwtə] *f* (*línia*) guideline; *mús* staff; *fg* standard, guide

pavelló [pəβəʎó] *m* pavilion; (*bandera*) flag

paviment [pəβimén] *m* pavement, paving; (*interior*) flooring

pavimentar [pəβiməntá] *vt* (*habitació*) to floor; (*carretera*) to pave

peanya [peáɲə] *f* pedestal, stand

peatge [peádʒə] *m* toll

pebre [péβrə] *m* pepper

pebrot [pəβrót] *m* pimento, pepper; *pl vlg* balls

peça [pésə] *f* piece; *tcn* part; (*de vestir*) garment; (*habitació*) room; **fer** ~ to please the eye, suit; ~ **de recanvi** spare piece

pecar [pəká] *vi* to sin; *Peca de llarg*, it is too long

pecat [pəkát] *m* sin; ~ **capital** deadly sin

pectoral [pəkturál] *aj* pectoral; *m* pectoral cross

peculiar [pəkuliár] *aj* peculiar, special

pecuniari -ària [pəkuniári] *aj* pecuniary, money *atr*

pedaç [pəðás] *m* patch

pedal [pəðál] *m* pedal

pedalar [pəðəlá] *vi* to pedal

pedalejar [pəðələʒá] *vi* to pedal

pedestal [pəðəstál] *m* pedestal, stand

pediatre -a [pəðiátrə] *mf* pediatrician

　　　　　　　　　　　　　　penell

pedicura [pəðikúrə] f chiropody, pedicure

pedra [péðrə] f stone; (calamarsa) hail, hailstone; ~ **foguera** flint; ~ **preciosa** precious stone, jewel

pedrada [pəðráðə] f (acció) throw of a stone; (cop) hit from a stone

pedregada [pəðrəɣáðə] f hailstorm

pedregar [pəðrəɣá] m stony ground, rocky ground

pedregar [pəðrəɣá] vi to hail; vp to get stones

pedregós -osa [pəðrəɣós] aj stony, rocky, pebbly

pedrer -a [pəðré] mf stonecutter; m (d'ocell) gizzard

pedrera [pəðrérə] f quarry

pedreria [pəðrəríə] f precious stones

pedrís [pəðrís] m stone bench

pega [péɣə] f pitch, tar; (mala sort) bad luck; ~ **dolça** liquorice, licorice

pegar [pəɣá] vi to beat; vt to hit, slap, beat

peix [péʃ] m fish; pl ast Pisces; ~ **espasa** swordfish; ~ **gros** fg bigwig, VIP

peixateria [pəʃətəríə] f fish-shop, fishmonger's

péixer [péʃə] vt to feed; vi to graze

peixera [pəʃérə] f fish bowl, fish tank

pejoratiu -iva [pəʒurətíw] aj pejorative

pel [pəl] = **per** + **el**

pèl [pέl] m hair; (d'animal) hair, fur, coat; (de vellut, etc) pile; (bri)

bit, jot; **amb tots els ~s i senyals** with chapter and verse; **en ~** naked, in the buff

pela [pέlə] f peel, skin, peelings pl; vlg peseta

pelacanyes [pɛləkáɲəs] mf down-and-out, wretch

pelar [pəlá] vt to peel, skin; fm (matar) to bump off; **Fa un fred que pela**, it's bitterly cold

pelatge [pəláddʒə] m fur, coat, hair

pelegrí -ina [pələɣrí] mf pilgrim

pelfa [pέlfə] f plush

pell [pέʎ] f skin; bot peel, skin; txt skin, fur, leather; ~ **de gallina** fg gooseflesh

pelleteria [pəʎətəríə] f furrier's, fur shop

pel·lícula [pəllíkulə] f film; cin film, movie US

pellofa [pəʎɔ́fə] f (de llegum) pod; (d'ametlla, etc) shell

peluix [pəlúʃ] m felt

pelut -uda [pəlút] aj hairy, shaggy; fg tricky; m mat

pelvis [pέlβis] f pelvis

pena [pénə] f dr penalty, punishment; (dolor) grief, sorrow; **a penes** hardly; **fer** ~ to arouse pity; ~ **de mort** death penalty; **valer la** ~ to be worth it

pencar [pəŋká] vi fm to graft

pendent [pəndén] aj (per resoldre) pending, outstanding; (inclinat) sloping; m slope, gradient

pendís [pəndís] m slope, gradient

pèndol [péndul] m pendulum

penedir-se [pənəðírsə] vp to regret (sth), be sorry (for sth)

penell [pənέʎ] m weathercock,

weathervane
penelló [pənəló] m chilblain
penetració [pənətrəsió] f penetration
penetrar [pənətrá] vti to penetrate
península [pəninsulə] f peninsula
peninsular [pəninsulár] aj peninsular
penis [pénis] m penis
penitència [pəniténsiə] f penitence, penance
penjador [pənʒəðó] m hanger
penjar [pənʒá] vt to hang (up); (el telèfon) to hang up; (matar) to hang; (imputar) to impute; vi to be hanging (up)
penja-robes [pèⁿʒərɔ́βəs] m hanger, coat hanger
penjoll [pənʒɔ́ʎ] m bot bunch; (adorn) pendant
penombra [pənómbrə] f half-light, semi-darkness
penós -osa [pənós] aj sorrowful; (difícil) arduous, hard
pensa [pénsə] f thought
pensament [pənsəmén] m thought, mind; (propòsit) intention; bot pansy; **canviar de** ~ to change one's mind; **fer un** ~ to make a decision
pensar [pənsá] vi to think (about); vt to think over; (tenir el propòsit) to intend; vp to think, believe
pensatiu -iva [pənsətíw] aj pensive, thoughtful
pensió [pənsió] f dr pension; (fonda) boarding house; **mitja** ~ half board; ~ **completa** full board
pentàgon [pəntáɣun] m pentagon

pentagrama [pəntəɣrámə] m staff
pentinar [pəntiná] vt to comb; vp to comb one's hair
pentinat [pəntinát] m haircut, hairstyle
penúltim -a [pənúltim] aj penultimate, last but one
penya [péɲə] f (roca) rock; (colla) circle, group
penyal [pəɲál] m large rock, boulder
penya-segat [pèɲəsəɣát] m cliff
penyora [pəɲɔ́rə] f pledge; (en un joc) forfeit
peó [peó] m (d'escacs) pawn; (obrer) unskilled worker; (manobre) bricklayer's mate
per [pər] prp (lloc) through, by. Per la porta, through the door; (causa) because of; (agent) by. Destruït per la tempesta, destroyed by the storm; (finalitat) to, in order to. Hem vingut per veure'l, we've come to see him; ~ **a** (destinació, objecte) for. Una carta per a tu, a letter for you; (direcció) towards, for. Un tren per a Tarragona, a train for Tarragona
pera [pérə] f pear
percebe [pərséβə] m barnacle
percebre [pərséβrə] vt to perceive, notice
percentatge [pərsəntádʒə] m percentage
percepció [pərsəpsió] f perception; (cobrament) receipt
percussió [pərkusió] f percussion
perdició [pərdisió] f rlg perdition; (causa) undoing, downfall
perdigó [pərdiɣó] m pellet; zoo

young partridge
perdiu [pərdíw] f partridge
perdó [pərdó] m pardon,
forgiveness; **~!** sorry!, I beg your
pardon!
perdonar [pərðuná] vt to forgive;
(excusar) to excuse; **perdoneu,
però...** excuse me, but...
perdre [pérðrə] vti to lose; vt
(temps, etc) to waste; (tren, etc) to
miss; vp to get lost; (desaparèixer)
to disappear; vi (roba) to fade
pèrdua [pérðuə] f loss; (de temps,
etc) waste
perdurar [pərðurá] vi to endure,
last
peregrí -ina [pərəɣrí] aj unusual,
rare, uncommon
peregrinar [pərəɣriná] vi to
travel widely abroad
peremptori -òria [pərəmtɔ́ri] aj
peremptory, urgent
perenne [pərénnə] aj everlasting,
perennial; bot perennial, evergreen
perera [pərérə] f pear tree
peresa [pərézə] f sloth, laziness,
idleness
perfecció [pərfəksió] f perfection
perfeccionar [pərfəksiuná] vt
(millorar) to improve; (fer
perfecte) to perfect
perfecte -a [pərféktə] aj perfect
perfet -a [pərfét] aj complete,
perfect; grm perfect
perfil [pərfíl] m profile; (dibuix)
(cross) section; **de ~** in profile
perforació [pərfurəsió] f
perforation, drilling, boring
perforar [pərfurá] vt to perforate,
drill, bore
perfum [pərfúm] m perfume,

scent
perfumar [pərfumá] vt to
perfume, scent
perfumeria [pərfuməríə] f
perfume shop
pergamí [pərɣəmí] m parchment
perifèria [pərifériə] f periphery
perill [pəríʎ] m danger, peril;
(risc) risk
perillós -osa [pəriʎós] aj
dangerous, risky, perilous
perímetre [pərímətrə] m
perimeter
període [pəríuðə] m period
periòdic -a [pəriɔ́ðik] aj
periodic(al); m periodical; (diari)
newspaper
periodista [pəriuðístə] mf
journalist, reporter
peripècia [pəripɛ́siə] f vicissitude,
incident
periscopi [pəriskɔ́pi] m periscope
perit -a [pərít] aj mf expert; mf
(tècnic) technician
perjudicar [pərʒuðiká] vt to
damage, harm, impair
perjudici [pərʒuðísi] m damage,
harm; **sense ~ de** without
prejudice to
perjudicial [pərʒuðisiál] aj
harmful, damaging
perla [pérlə] f pearl; fg treasure
perllongar [pərʎuŋgá] vt to
lengthen, extend; (ajornar) to
postpone; adjourn
permanent [pərmənén] aj
permanent, lasting; f perm,
permanent US
permeable [pərmeábblə] aj
permeable
permetre [pərmétrə] vt to allow,

permit; *vp* to take the liberty (of)
permís [pərmís] *m* permission; (*document*) permit, licence; *mil* leave
perniciós -osa [pərnisiós] *aj* pernicious
pernil [pərníl] *m* ham; ~ **dolç** boiled ham
pernoctar [pərnuktá] *vi* to stay for the night
però [pərɔ́] *cnj* but; *av* (*no obstant això*) however; *m* objection
peroné [pəroné] *m* fibula
perpendicular [pərpəndikulár] *aj* perpendicular, at right angles; *f* perpendicular
perpetrar [pərpətrá] *vt* to perpetrate, commit
perpetu -ètua [pərpétu] *aj* perpetual, everlasting
perpetuïtat [pərpətuitát] *f* perpetuity; **a ~** in perpetuity
perplex -a [pərpléks] *aj* perplexed, bewildered, puzzled
perquè [pərké] *cnj* (*causal*) because; (*final*) so that, in order that; *m* reason
perruca [pərúkə] *f* wig
perruquer -a [pəruké] *mf* hairdresser
perruqueria [pərukəríə] *f* hairdresser's
persecució [pərsəkusió] *f* pursuit, chase
perseguir [pərsəɣí] *vt* to pursue, chase
persiana [pərsiánə] *f* blind
persistir [pərsistí] *vi* to persist
persona [pərsɔ́nə] *f* person. *Quatre persones*, four people; **en ~** in person

personal [pərsunál] *aj* personal; *m* staff, personnel
personalitat [pərsunəlitát] *f* personality
personatge [pərsunádʒə] *m* personage, celebrity; (*de ficció*) character
perspicaç [pərspikás] *aj* perspicacious, discerning, clear-sighted
persuadir [pərsuəðí] *vt* to persuade, convince
pertànyer [pərtáɲə] *vi* to belong
pertinaç [pərtinás] *aj* obstinate, stubborn
pertinença [pərtinénsə] *f* ownership, possession
pertinent [pərtinén] *aj* pertinent, relevant
pertocar [pərtuká] *vi* to be the share of; *No us pertoca de fer això*, it isn't your job to do it
pertorbar [pərturbá] *vt* to disturb, perturb
pertot [pərtót] *av* everywhere
pervers -a [pərbérs] *aj* perverse, wicked, evil
perxa [pérʃə] *f* (*pal*) pole; (*penjador*) hanger
pes [pés] *m* tb *fg* weight; *No em fa el ~*, I don't like it; **llançament de ~** *esp* shot put
pesant [pəzán] *aj* heavy, weighty
pesar [pəzá] *m* sorrow, grief, regret; **a ~ de** in spite of, despite, although
pesar [pəzá] *vti* tb *fg* to weigh; *Li pesa d'haver-ho fet*, he's sorry he did it
pesat -ada [pəzát] *aj* heavy, weighty; (*feina*) hard; (*persona*)

boring, tedious

pesca [péskə] *f* fishing; (*peix pescat*) catch

pescador -a [pəskəðó] *aj* fishing; *m* fisherman; *f* fisherwoman

pescar [pəská] *vt* to fish; (*amb canya*) to angle; *fg* to catch

pèsol [pézul] *m* pea

pesquer -a [pəské] *aj* fishing; *m* fishing boat, trawler

pessebre [pəséβrə] *m* crib, crèche *US*

pesseta [pəsétə] *f* peseta

pessic [pəsík] *m* pinch, nip; *fg* pinch, bit

pessigada [pəsiɣáðə] *f* (*pessic*) pinch, nip; (*d'animal*) bite, sting

pessigar [pəsiɣá] *vt* to pinch; (*animal*) to sting, bite

pessigolles [pəsiɣóʎəs] *fpl* tickling *sg*, ticklishness *sg*; **fer ~** to tickle; **tenir ~** to be ticklish

pèssim -a [pésim] *aj* abominable, vile

pessimista [pəsimístə] *aj* pessimistic; *mf* pessimist

pesta [péstə] *f* plague, epidemic; (*pudor*) stink, stench; *fg* plague, pest

pestanya [pəstáɲə] *f* eyelash

pet [pét] *m* bang, crack, crash; (*gas*) fart; **de ~** straight

pètal [pétəl] *m* petal

petar [pətá] *vi* to crack, bang, crackle; *vtp* (*trencar*) to break; **fer-la ~** to have a chat; **peti qui peti** come what may

petard [pətárt] *m* firecracker

petició [pətisió] *f* request, demand

petit -a [pətít] *aj* small, little; (*de poca edat*) young; *mf* child

petjada [pədʒáðə] *f* footprint, track

petó [pətó] *m* kiss; **fer un ~ to** kiss

petroli [pətrɔ́li] *m* oil, petroleum, mineral oil

petúnia [pətúniə] *f* petunia

petxina [pətʃínə] *f* shell

peu [péw] *m* foot; (*d'objecte*) foot, base; (*de document*) end; **a ~** on foot; **al ~ de la lletra** literally; **donar ~ a** *fg* to give cause for

peüc [pəúk] *m* bed sock

pi [pi] *m* pine, pine tree

piano [piánu] *m* piano; **~ de cua** grand piano

pic [pík] *m* (*eina*) pick, pickaxe; (*de muntanya*) peak; **Al ~ de l'estiu**, in the peak of summer

pica [píkə] *f* sink; (*arma*) pike

picada [pikáðə] *f* (*d'insecte*) bite, sting; (*d'ocell*) peck; *gst* minced meat

picant [pikán] *aj* hot, spicy

picar [piká] *vi* (*insecte*) to bite, sting; (*serp*) to bite; *vt* (*ocell*) to peck (at); (*donar cops*) to hit, knock; (*amb una punxa*) to prick, pierce; *vi* to bite; (*ser picant*) to burn; (*fer picor*) to itch; *vp* (*les dents*) to go bad, decay; *fg* to get narked; **~ de mans** to clap

picardia [pikərðíə] *f* craftiness, slyness

picarol [pikərɔ́l] *m* small bell

picolar [pikulá] *vt* to mince, chop, hash

picor [pikó] *f* itch, stinging

picotejar [pikutəʒá] *vi* to peck

pidolar [piðulá] *vt* to beg (for)

pietat [piǝtát] f pity, compassion;
rlg piety

piga [píɣǝ] f freckle

pigment [pigmén] m pigment

pijama [piʒámǝ] m pyjamas pl,
pajamas pl US

pila [pílǝ] f pile, heap; *ele* battery,
cell; (*recipient*) sink; (*baptismal*)
font; **una ~ de** (*gran quantitat*)
loads of, heaps of

pilar [pilá] m tb fg pillar

pillatge [piʎádʒǝ] m plunder,
pillage

pilot [pilɔ́t] m (*munt de coses*) pile,
heap; *mf mar aer* pilot; *aut* driver;
projecte ~ pilot scheme

pilota [pilɔ́tǝ] f ball; *gst* meatball

pilotar [pilutá] vt mar aer to pilot;
aut to drive

pinassa [pinásǝ] f pine needles

pinça [pínsǝ] f txt dart;
(*d'estendre*) peg; pl tongs,
tweezers, pincers

píndola [píndulǝ] f pill

pineda [pinéðǝ] f pine grove,
pinewood

ping-pong [piŋpɔ́ŋ] m table
tennis, ping-pong

pingüí [piŋgwí] m penguin

pinsà [pinsá] m chaffinch

pinso [pínsu] m feed, fodder

pinta [píntǝ] f comb; (*aspecte*)
appearance, look; **fer mala ~** to
look bad

pintada [pintáðǝ] f graffiti; (*ocell*)
guinea fowl

pintallavis [pintǝʎáβis] m lipstick

pintar [pintá] vt to paint; vp to
make osf up; **no ~-hi res** not to
have a say in sth

pintor -a [pintó] mf art painter; ~

de parets house painter

pintoresc -a [pinturésk] aj
picturesque

pintura [pintúrǝ] f (*art*) painting;
(*làmina, etc*) painting, picture;
(*material*) paint

pinya [pípǝ] f (*de pi*) pinecone;
(*cop de puny*) punch, blow;
(*accident*) crash; **~ tropical**
pineapple

pinyó [pipó] m pine seed, pine
nut; *tcn* pinion

pinyol [pipɔ́l] m stone, seed,
pit US

pinzell [pinzéʎ] m paintbrush,
brush

pinzellada [pinzǝʎáðǝ] f brush-
stroke, stroke

pipa [pípǝ] f pipe; **fer ~** to suck
one's thumb

pipí [pipí] m wee, wee-wee

piragua [piráɣwǝ] f canoe

piràmide [pirámiðǝ] f pyramid

piranya [pirápǝ] f piranha

pirata [pirátǝ] aj pirate atr;
(*edició, etc*) pirated; mf pirate

pirinenc -a [pirinéŋk] aj Pyrenean

pirueta [piruétǝ] f pirouette;
(*cabriola*) caper

piruleta [pirulétǝ] f lollipop,
sucker US

pis [pís] m (*planta*) floor, storey;
(*habitatge*) flat, apartment US; (*de
pastís, etc*) layer

piscina [pisínǝ] f swimming pool

pispar [pispá] vt fm to posh, nick

pissarra [pisárǝ] f blackboard; *min*
slate

pista [pístǝ] f track, trail; *fg* clue;
aer runway; (*de tennis, etc*) court;
~ de ball dance floor; **~ d'esquí**

ski-run

pistatxo [pistátʃu] *m* pistachio

pistil [pistíl] *m* pistil

pistola [pistólə] *f* pistol

pistoler -a [pistulé] *mf* gangster, gunman; *f* holster

pit [pít] *m* chest; (*de dona*) breast, bust, bosom; (*d'animal*) breast; **prendre's uc a ~** to take sth to heart

pitet [pitét] *m* bib

pitjar [pidʒá] *vt* to press, squeeze

pitjor [pidʒó] *aj av* (*comparatiu*) worse, (*superlatiu*) worst

pitxer [pitʃé] *m* flower vase

piu [píw] *m tcn* pin, peg; (*d'ocell*) chirping, cheeping; **no dir ni ~** not to say a word

piuladissa [piwləðísə] *f* chirping, cheeping

piular [piwlá] *vi* to cheep, chirp, peep; (*parlar*) to speak

pixar [piʃá] *vi* to piss, pee

pla plana [plá] *aj* even, flat, level; *m* flat surface; (*d'una ciutat*) street plan; *mat* plane; *arq* draught, draft *US*; (*projecte*) plan; *fot cin* shot

placa [plákə] *f* plate; ~ **de matrícula** number plate, license plate *US*

plaça [plásə] *f* square; (*mercat*) marketplace, market; (*població*) town, city; (*a un cotxe, etc*) seat; (*lloc de treball*) job, post

plàcid -a [plásit] *aj* calm, peaceful, placid

plaent [pláén] *aj* agreeable, nice, pleasant

plaer [pláé] *m* pleasure, enjoyment, delight

plafó [pləfó] *m* panel; ~ **publicitari** hoarding, billboard *US*

plaga [pláɣə] *f agr med* plague

plagi [pláʒi] *m* plagiarism

plana [plánə] *f* (*terreny*) plain; (*pàgina*) page; ~ **major** *mil* staff

planar [pləná] *vi* (*ocell*) to soar; (*avió*) to glide

plançó [plənsó] *m* (*arbre jove*) sapling, shoot; (*branca*) cutting

plàncton [pláŋtun] *m* plankton

planejar [plənəʒá] *vt* (*aplanar*) to level, flatten; (*idear*) to plan; *vi* to be flat

planell [plənéʎ] *m* plateau, tableland; (*de ganivet*) back

planer -a [pləné] *aj* flat, level, even; *fg* simple, easy

planeta [plənétə] *m* planet; *f* fate, destiny

planificar [plənifiká] *vt* to plan

plànol [plánul] *m* map, plan; (*de ciutat*) map, street plan

planta [plántə] *f* plant; (*aspecte*) appearance, bearing; (*de sabata*) sole; (*pis*) floor, storey; (*gràfic*) ground plan; ~ **del peu** sole

plantació [pləntəsió] *f* plantation; (*acció*) planting

plantar [pləntá] *vt* to plant; (*pal, etc*) to put in; *fm* (*posar*) to place, put; *fm* (*up*) to leave; *vp* to stand; *jcs* to stick; (*arribar*) to get (to), reach

plantejament [pləntəʒəmén] *m* statement; raising

plantejar [pləntəʒá] *vt* to pose, state; (*qüestió*) to raise

planter [plənté] *m* (*lloc*) seedbed, nursery; (*planta*) seedling; *fg*

seedbed
plantilla [pləntíʎə] f (de sabata)
insole; (d'una empresa) personnel,
staff; esp team; (per dibuixar)
stencil
plantofada [pləntufáðə] f blow,
slap
planura [plənúrə] f plain
planxa [pláɲʃə] f (làmina) plate,
sheet; (estri) iron; fg bloomer,
blunder
planxar [pləɲʃá] vt to iron, press
plany [pláɲ] m lament, complaint,
moaning
plànyer [pláɲə] vt (compadir) to
pity, feel sorry for; vp to complain,
moan
plaqueta [pləkétə] f (blood)
platelet
plasma [plázmə] m plasma
plasmar [pləzmá] vt (donar forma)
to mould, shape; (representar) to
represent
plàstic -a [plástik] aj m plastic;
arts plàstiques plastic arts;
f plastic art, modelling
plastilina [pləstilínə] f plasticine,
play dough US
plat [plát] m plate, dish; (menjar)
dish; (part d'un àpat) course
plata [plátə] f silver; (per a servir)
dish, serving dish, platter US
plataforma [plətəfórmə] f
platform, stage; fg stepping stone
plàtan [plátən] m plane tree;
(bananer) banana tree; (banana)
banana
platea [plətéə] f stalls pl
platejar [plətəʒá] vt to silver
plàtera [plátərə] f dish, serving
dish, platter US

platerets [plətəréts] mpl cymbals
platí [plətí] m platinum
platja [pládʒə] f beach; (zona
costanera) seaside
plató [plətó] m set
plaure [pláwrə] vi to please; **si us
plau** please
plausible [pləwzíbblə] aj (lloable)
commendable, laudable;
(versemblant) plausible
ple plena [plé] aj full; (complet)
complete; (gras) plump, rounded;
m (reunió) plenary session
plebeu -ea [pləβéw] aj mf
plebeian
plebiscit [pləβisít] m plebiscite
plec [plék] m fold, crease; (a la
roba) pleat; (document tancat)
sealed letter
plegar [pləɣá] vt to fold, bend; (de
treballar) to stop working, knock
off fm
plegat -ada [pləɣát] aj pl
together; m folding, bending; **tot
d'un** ~ suddenly, all at once; **tot
~** finally, in short
plenamar [plɛnəmár] f high tide,
high water
plenitud [plənitút] f plenitude,
fullness
plet [plét] m dispute, controversy,
quarrel; dr lawsuit, case
pleta [plétə] f fold, pen
pleura [pléwrə] f pleura
plom [plóm] m lead; arq mar
plumb line; ele fuse
ploma [plómə] f feather; (ploma
d'ocell per escriure) quill; ~
estilogràfica fountain pen
plomall [plumáʎ] m plumage; (de
casc, etc) plume, crest; (per a la

pols) feather duster

plomar [plumá] *vt (posar ploms)* to put lead weights; *(arrencar les plomes)* to pluck; *vi* to grow feathers

plomatge [plumádʒə] *m* plumage, feathers *pl*

plor [plɔ́] *m* crying, weeping

ploramiques [plɔrəmíkəs] *mf* cry-baby

ploraner -a [plurəné] *aj* tearful, snivelling; *mf* hired mourner

plorar [plurá] *vt* to cry, weep; *vt (lamentar)* to be sorry for, mourn (for)

ploriquejar [plurikəʒá] *vi* to snivel, whine, whimper

ploure [plɔ́wrə] *vi* to rain

plovisquejar [pluβiskəʒá] *vi* to drizzle

plugim [pluʒím] *m* drizzle

pluja [plúʒə] *f (fina) (lleu)* shower, *fg* rain, shower

plujós -osa [pluʒós] *aj* rainy, wet

plural [plurál] *aj m* plural

pneumàtic -a [nəwmátik] *aj* pneumatic; *m* tyre, tire US

poal [puál] *m (galleda)* bucket, pail

població [pubbləsió] *f (habitants)* population; *(ciutat)* city, town; *(poble)* village

poblador -a [pubbləðó] *mf* inhabitant; *(nou)* settler, colonist

poblament [pubbləmén] *m* peopling, populating

poblar [pubblá] *vt* to people, populate, inhabit

poblat [pubblát] *m* village, town

poble [pɔ́bblə] *m* people, nation; *(població petita)* village, small town

pobre -a [pɔ́βrə] *aj tb fg* poor; *mf* poor person; *(avar) (captaire)* beggar

pobresa [puβrézə] *f (de diners)* poverty, need; *(escassetat)* poorness, lack, scarcity

poc -a [pɔ́k] *aj* little, not much; *pl* not many, (a) few; *av* not much, little; not very; **a ~ a ~** bit by bit, slowly; **un ~ de** a little

poca-solta [pɔkəsɔ́ltə] *mf* scatterbrain, crackpot

poca-vergonya [nɔkəβərɣɔ́ɲə] *mf* cheeky person, shameless person

podar [puðá] *vt* to prune, trim

poder [puðé] *vt (ésser capaç)* to be able to, can; *(tenir dret)* may, might; *(ésser possible)* may, might, could; **no puc més!** I'm all in!

poder [puðér] *m* power; **en ~ de** in the hands of

poderós -osa [puðərós] *aj* powerful

podi [pɔ́ði] *m* podium

pòdium [pɔ́ðium] *m* podium

podrir [puðrí] *vtp* to rot, putrefy, decay

poema [puémə] *m* poem

poesia [puəzíə] *f* poetry; *(poema)* poem

poeta -essa [puétə] *mf* poet

poètic -a [puétik] *aj* poetic(al)

pol [pɔ́l] *m* pole

polaina [pulájnə] *f* gaiter, legging

polar [pulár] *aj* polar

polèmic -a [pulémik] *aj* polemic(al); *f* polemic, controversy

policia [pulisíə] *m* policeman; *f (cos)* police; *(agent)* policewoman

poliesportiu [pɔlispurtíw] *m* sports hall, sports centre

polígon [pulíɣun] *m* polygon; ~ **industrial** industrial estate

poliol [puliɔ́l] *m* pennyroyal

polir [puli] *vt* to polish, smooth; *fg* to polish up, touch up; *fm (robar)* to pinch; *vp (gastar-se)* to squander

pòlissa [pɔ́lisə] *f (segell)* tax stamp; ~ **d'assegurances** insurance policy

polissó -ona [pulisó] *m* stowaway

polit -ida [pulit] *aj (endreçat)* neat, trim, smart; *(bell)* lovely; *m* curlew

polític -a [pulítik] *aj* political; *(discret)* tactful; *(parent)* in-law. *Pare polític,* father-in-law; *mf* politician; *f* politics; *(fg)* policy

politja [pulídʒə] *f* pulley

poll [pɔ́ʎ] *m (pollet)* chick; *(insecte)* louse; *(pollancre)* poplar

pollancre [puʎáŋkrə] *m* poplar

pollastre [puʎástrə] *m* chicken

polleguera [puʎəɣéɾə] *f* pin, pivot; **fer sortir de** ~ *fg* to get on sby's nerves

pol·len [pɔ́llən] *m* pollen

pollet [puʎέt] *m* chick

pollí -ina [puʎí] *mf* young donkey, young ass

pollinar [puʎiná] *vi* to foal

pol·lució [pullusió] pollution

polonès -esa [pulunέs] *aj m* Polish; *mf* Pole

polpa [pólpə] *f* pulp

pols [póls] *m* pulse; *(templa)* temple; *f* dust; *fpl* powder *sg*; **tenir bon** ~ to have a steady hand

polseguera [pulsəɣéɾə] *f* dust cloud, cloud of dust

polsera [pulséɾə] *f* bracelet

polsós -osa [pulsós] *aj* dusty

poltre -a [póltɾə] *m zoo* colt, foal; *esp* vaulting horse; *f zoo* filly, foal

pólvora [pólβuɾə] *f* gunpowder, powder; *pl* powder *sg*

polze [pólzə] *m* thumb

pom [póm] *m* knob; *(de flors)* bunch, bouquet

poma [pómə] *f* apple

pomada [pumáðə] *f* ointment

pomelo [pumέlu] *m* grapefruit

pomer [pumέ] *m* apple tree

pomera [pumέɾə] *f* apple tree

pompa [pómpə] *f* pomp; **pompes fúnebres** funeral. *Servei de pompes fúnebres,* undertaker's

pòmul [pɔ́mul] *m* cheekbone

poncella [punsέʎə] *f (verge)* virgin, maiden; *bot* bud

pondre [póndɾə] *vt* to lay (eggs); *vp* to set, go down

ponència [punέnsiə] *f (comunicació)* report, communication; *(persones)* rapporteur

ponent [punέn] *m* west; *mf* rapporteur

poni [pɔ́ni] *m* pony

pont [pɔ́n] *m* bridge; *mar* upper deck; ~ **aeri** (air) shuttle, airlift; **fer** ~ to have a long weekend

pop [pɔ́p] *m* octopus

popa [pópə] *f* poop, stern

popular [pupulá] *aj* popular; *(cançons, etc)* folk

por [pó] *f* fear, fright, dread; **per** ~ **de** for fear of; **tenir** ~ **de** to be afraid of

porc -a [pɔ́rk] *m* pig, hog; *(carn)* pork; *f* sow; *mf (persona)* pig,

swine; *aj* dirty, filthy; **~ espí**
porcupine; **~ senglar** wild boar

porcellana [pursəʎánə] *f*
porcelain, china

porcí -ina [pursí] *aj* porcine, pig
atr

porció [pursió] *f* portion, share,
part

porqueria [purkəríə] *f* filth,
muck; (*acció bruta*) dirty trick;
(*cosa de poc valor*) trifle

porquerol -a [purkərɔ́l] *mf* pig
keeper, swineherd

porra [pórə] *f* truncheon, club,
cudgel; **vés a la ~!** *vlg* get lost!,
go to hell!

porro [póru] *m bot* leek; *fm* (*per a
fumar*) joint

porró [puró] *m* [glass wine jar
with a long spout]

port [pɔ́rt] *m* port, harbour, harbor
US; *pl* ~ **de transport**, porterage,
~ de muntanya pass

porta [pɔ́rtə] *f* door; (*obertura*)
doorway, door, entrance; (*de jardí,
etc*) gate

portada [purtáðə] *f* front, façade;
(*de revista, etc*) cover

portaequipatge [pɔ̀rtəkipádʒə]
m boot, trunk *US*

portal [purtál] *m* main door, main
entrance

portamonedes [pɔ̀rtəmunéðəs]
m purse, change purse *US*

portar [purtá] *vt* (*a sobre*) to
carry, have; (*a algun lloc*) to bring,
lead, carry; (*roba*) to wear, have
on; (*dirigir*) to lead, run; *vp* to
behave

portàtil [purtátil] *aj* portable

portella [purtéʎə] *f* little door;

(*de vehicle*) door

porter -a [purté] *mf* porter,
doorkeeper; *esp* goalkeeper

porteria [purtəríə] *f* porter's
lodge; *esp* goal

pòrtic [pɔ́rtik] *m* portico; (*porxo*)
porch

portuguès -esa [purtuɣés] *aj mf*
Portuguese

poruc -uga [purúk] *aj* fearful,
faint-hearted

porus [pɔ́rus] *m* pore

porxada [purʃáðə] *f* porches *pl*,
arcade

porxo [pɔ́rʃu] *m* porch

posada [puzáðə] *f* inn, lodging
house; **~ en escena** staging; **~
en marxa** starting-up

posar [puzá] *vt* to put, place, set;
(*suposar*) to suppose; *vp* to get,
become; (*roba*) to put on; *vi*
(*ocell*) to alight, settle; (*model*) to
pose, sit; (*començar*) to start

posició [puzisió] *f* location,
position, place; (*postura*) position,
posture; *fg* position

positiu -iva [puzitíw] *aj m*
positive

positura [puzitúrə] *f* posture,
pose

posposar [puspuzá] *vt* to put
after, put behind

posseïdor -a [pusəiðó] *aj* owning;
mf owner, possessor

posseir [pusəí] *vt* to possess, own,
have; (*títol, etc*) to hold; **posseït
pel diable** possessed by the devil

possessió [pusəsió] *f* possession;
(*d'un càrrec*) tenure, occupation;
pl (*cosa posseïda*) possession,
property, ownership

possessiu -iva [pusǝsíw] *aj*
possessive

possibilitat [pusiβilitát] *f*
possibility

possible [pusíbblǝ] *aj* possible;
mpl means, assets, funds; **fer
tots els ~s** to do one's best

possiblement [pusibblǝmén] *av*
possibly

post [pɔ́st] *f* board, plank; **~ de
planxar** ironing board

post [pɔ́st] *m* mil post

posta [pɔ́stǝ] *f* (*d'un astre*) setting;
(*de diners*) bet; (*d'ous*) laying;
(*període*) egg-laying time; *mil*
post, station; **a ~** on purpose

postal [pustál] *aj* postal; *f*
postcard

pòster [pɔ́stǝr] *m* poster

postergar [pustǝrɣá] *vt* to
postpone, delay; to pass over

posterior [pustǝriɔ́r] *aj* (*en
l'espai*) rear, back; (*en el temps*)
later, posterior

posteriorment [pustǝriòrmén] *av*
later, afterwards

postís -issa [pustís] *aj* false,
artificial; *m* hairpiece, switch

postres [pɔ́strǝs] *fpl* dessert *sg*

pòstum -a [pɔ́stum] *aj*
posthumous

postura [pustúrǝ] *f* posture, pose;
(*preu*) bid

pot [pɔ́t] *m* pot, jar

pota [pɔ́tǝ] *f* (*d'animal*) foot, paw,
leg; (*de moble*) leg; **ficar la ~** to
put one's foot in it, make a
blunder

potable [putábblǝ] *aj* drinkable; *fg*
passable, acceptable

potassa [putásǝ] *f* potash

potència [puténsiǝ] *f* power;
(*estat poderós*) powerful nation;
(*sexual*) potency; **en ~** potential,
in the making

potent [putén] *aj* powerful, potent

potser [putsé] *av* maybe, perhaps,
possibly

pou [pów] *m* well; *min* shaft, pit

pràctic -a [práktik] *aj* practical;
(*estri, etc*) useful, handy; *f*
practice; *pl* training *sg*; **a la ~a** in
practice; **~ de port** pilot

practicar [prǝktiká] *vti* to
practise, practice *US*

prada [prádǝ] *f* meadow,
grassland

prat [prát] *m* meadow, grassland

preàmbul [preámbul] *m*
preamble, prelude, introduction

prec [prék] *m* request; (*adreçat a
Déu*) prayer

precari -ària [prǝkári] *aj*
precarious

precaució [prǝkǝwsió] *f*
precaution

precedent [prǝsǝðén] *aj*
preceding, foregoing; *m* precedent

precedir [prǝsǝðí] *vt* to precede,
go before

precepte [prǝséptǝ] *m* precept

preciós -osa [prǝsiós] *aj* (*de gran
valor*) precious, valuable; *fg*
delightful, beautiful, wonderful

precipici [prǝsipísi] *m* cliff,
precipice

precipitació [prǝsipitǝsió] *f*
precipitation

precipitar [prǝsipitá] *vt* (*fer
caure*) to hurl down, throw;
(*apressar*) to precipitate, hasten;
vp to act rashly, be rash; *vtip qm*

presagi

to precipitate

precís -isa [prəsís] *aj* precise, exact

precisament [prəsizəmén] *av* precisely. ~ **ara en parlàvem**, we were just talking about that

precisar [prəsizá] *vt* to specify, state precisely

precisió [prəsizió] *f* precision, accuracy

precoç [prəkós] *aj* (*fruita*) early; (*persona*) precocious

predicador -a [prəðikəðó] *m* preacher; (*pregadéu*) praying mantis

predicar [prəðiká] *vt* to preach; *fg* to sermonize, lecture

predicat [prəðikát] *m* predicate

predicció [prəðiksió] *f* prediction, forecast

predir [prəði] *vt* to predict, foretell, forecast

predominar [prəðuminá] *vi* to predominate, prevail

pre-escolar [prèəskulár] *aj* **educació** ~ nursery education, preschool education

preferència [prəfərénsiə] *f* preference

preferir [prəfəri] *vt* to prefer

prefix [prəfíks] *m* prefix

pregadéu [prèɣəðéw] *m* praying mantis

pregar [prəɣá] *vt* to request, beg, ask; *rlg* to pray

pregó [prəɣó] *m* proclamation, announcement; (*discurs*) speech

pregon -a [prəɣón] *aj* deep; *fg* profound, thorough

pregunta [prəɣúntə] *f* question

preguntar [prəɣuntá] *vt* to ask

prehistòria [prəistɔ́riə] *f* prehistory

prehistòric -a [prəistɔ́rik] *aj* prehistoric

prémer [prémə] *vt* to squeeze, press

premi [prémi] *m* (*recompensa*) reward; (*allò que hom guanya*) prize, award

premiar [prəmiá] *vt* to reward, recompense; to give a prize to

premsa [prémsə] *f* press

premsar [prəmsá] *vt* to press, squeeze

prendre [péndrə] *vt* to take; (*robar*) to steal; (*menjar, beguda*) to have; *vi* (*arrelar*) to take (root); (*el foc*) to take, catch; ~ **el sol** to sunbathe; ~ **per un altre** to mistake (sby) for sby else

preocupació [prəukupəsió] *f* worry, concern

preocupar [prəukupá] *vt* to worry, concern; *vp* to worry

preparació [prəpərəsió] *f* preparation; *esp* training

preparar [prəpərá] *vt* to prepare, get ready; (*instruir, entrenar*) to teach, train; *vp* to prepare osf, get ready

preposició [prəpuzisió] *f* preposition

pres -a [prés] *aj* imprisoned; *mf* prisoner

presa [prézə] *f* (*acció*) taking, capture; (*de caça*) prey; *med* dose; (*en un riu*) dam; ~ **de corrent** socket; ~ **de possessió** taking over; ~ **de xocolata** chocolate bar

presagi [prəzáʒi] *m* omen,

presage, portent

presagiar [prəzaʒiá] vt to foreshadow, presage, forebode

prescindir [prəskindí] vi to do (without), go (without)

presència [prəzɛ́nsiə] f presence; (aspecte) bearing

presenciar [prəzənsiá] vt to witness, see

present [prəzén] aj m present; mpl those present; **tenir ~ to** bear in mind

presentació [prəzəntəsió] f presentation; (de persones) introduction

presentar [prəzəntá] vt to present, show; (TV) to present, host; (up) to introduce; vp to appear, turn up; ~-se a un examen, to sit for an examination

president -a [prəziðén] mf president; (d'una assemblea, etc) chairperson

presidir [prəziðí] vt (dirigir) to preside; (ser el cap) to be the chairperson of

presó [prəzó] f (lloc) prison, jail; (pena) imprisonment

presoner -a [prəzuné] aj imprisoned; mf prisoner

pressa [présə] f haste, hurry; **córrer ~ to** be urgent; **de ~** hastily, quickly; **tenir ~ to** be in a hurry

préssec [prέsək] m peach

presseguer [prəsəɣé] m peach tree

pressentiment [prəsəntimén] m presentiment, foreboding, premonition

pressentir [prəsəntí] vt to have a

presentiment of, have a foreboding of

pressió [prəsió] f tb fg pressure

pressupost [prəsupɔ́st] m budget

prestar [prəstá] vt to lend; vp (oferir-se) to offer, lend osf; (donar peu) to lend itself (to)

prestatge [prəstádʒə] m shelf

prestatgeria [prəstədʒəriə] f shelving, shelves pl; (de llibres) bookcase

préstec [préstək] m loan

prestigi [prəstíʒi] m prestige

presumir [prəzumí] vt to presume, suppose; vi to show off

presumit -ida [prəzumít] aj presumptuous, conceited

presumpció [prəzumsió] f (vanitat) conceit, vanity; (suposició) presumption

presumpte -a [prəzumtə] aj presumed, presumptive

presumptuós -osa [prəzumtuós] aj presumptuous, conceited

pretendent -a [prətəndén] mf applicant; (a la corona) pretender; m (a una dona) suitor

pretendre [prəténdrə] vt to seek, be after; (com a cert) to claim, pretend; vi to aspire (to)

pretensió [prətənsió] f pretension, claim; (vanitat) pretentiousness

pretèrit -a [prətérit] aj m past

pretext [prətékst] m pretext, excuse

preu [préw] m price, cost; **treballar a ~ fet** to do piecework

prevenció [prəβənsió] f prevention, foresight

prevenir [prəβəní] vt (advertir) to warn, forewarn; (impedir) to prevent; (predisposar) to predispose

preveure [prəβéwrə] vt to foresee, anticipate

previ prèvia [préβi] aj previous

prim -a [prim] aj thin; (persona) slim, slender; **filar ~** to split hairs

prima [prímə] f premium; (gratificació) bounty

primari -ària [primári] aj primary; f thinness

primavera [primǝβérǝ] f spring

primaveral [primǝβǝrál] aj spring atr

primer [primé] aj mf first; (millor) best, leading; f (grossa) first prize; av first; **de ~a** excellent, first-class

primerament [primǝràmén] av firstly, first

primeria [primǝría] f start, beginning

primícia [primísiǝ] f novelty

primitiu -iva [primitíw] aj primitive; (original) first, original

primmirat -ada [primmirát] aj finicky, fussy

primordial [primurdiál] aj basic, fundamental

príncep [prínsǝp] m prince

princesa [prinsézǝ] f princess

principal [prinsipál] aj main, chief; m first floor, second floor US

principalment [prinsipálmén] av principally

principat [prinsipát] m principality, princedom

principi [prinsípi] m

(començament) start, beginning; (moral, etc) principle; **al ~** at first, in the beginning

prior [prió] m prior

prisma [prízmǝ] m prism

prismàtics [prizmátiks] mpl binoculars

privar [priβá] vt to deprive; vp to go (without), do (without)

privat -ada [priβát] aj private; m favourite

privilegi [priβiléʒi] m privilege

pro [prɔ] prp in favour of, for; m **el ~ i el contra** the pro and con

proa [próǝ] f prow, bow

probable [pruβábblǝ] aj probable, likely

probablement [pruβábblǝmén] av probably

problema [pruβlémǝ] m problem

procedència [prusǝðénsiǝ] f origin, source

procediment [prusǝðimén] m method, procedure; dr procedure

procedir [prusǝðí] vi (actuar) to act; (executar) to proceed (to); (provenir) to come (from), originate (in)

procés [prusés] m process; dr proceedings pl, lawsuit

processionària [prusǝsiunáriǝ] f processionary caterpillar

processó [prusǝsó] f procession

proclamar [pruklǝmá] vt to proclaim

procurar [prukurá] vt to try; (proporcionar) to procure

pròdig -a [próðik] aj prodigal

prodigi [pruðíʒi] m (cosa) wonder, miracle; (persona) prodigy

prodigiós -osa [pruðiʒiós] aj

prodigious

producció [pruðuksió] f
production; (allò produït)
production, output

producte [pruðúktə] m product;
agr produce

productiu -iva [pruðuktíw] aj
productive

productor -a [pruðuktó] aj
producing; mf producer

produir [pruðuí] vt to produce,
bear; (causar) to cause, bring
about

proesa [pruézə] f feat, exploit

profà -ana [prufá] aj profane,
secular; mf layperson

professió [prufəsió] f profession

professor -a [prufəsó] mf teacher

profeta [prufétə] m prophet

profit [prufít] m profit, advantage,
benefit; **bon ~!** enjoy your meal!

profitós -osa [prufitós] aj
profitable, advantageous

pròfug -a [prɔ́fuk] aj mf fugitive;
mil deserter

profund -a [prufún] aj deep; fg
profound, thorough

profundament [prufundəmén]
av deeply, profoundly

profunditat [prufunditát] f
depth; fg profundity

programa [pruɣrámə] m
programme, program US

progrés [pruɣrés] m progress

progressar [pruɣrəsá] vi to
progress

prohibició [pruiβisió] f
prohibition, ban

prohibir [pruiβí] vt to prohibit,
ban, forbid

prohibit [pruiβít] aj forbidden.

~ **de fumar**, no smoking

prohom [pruóm] m outstanding
man, leader

proïsme [pruízmə] m fellow being

projecció [pruʒəksió] f projection;
cin showing

projectar [pruʒəktá] vt to
project; (llançar) to hurl, throw,
project; (fer el projecte) to plan

projecte [pruʒɛ́ktə] m project,
plan, scheme; ~ **de llei** bill

projectil [pruʒəktíl] m projectile,
missile

projector [pruʒəktó] m projector

pròleg [prɔ́lək] m prologue,
preface

proletari -ària [prulətári] aj mf
proletarian

proliferació [prulifərəsió] f
proliferation

proliferar [prulifərá] vi to
proliferate

prolongar [prulungá] vt to
prolong, extend

promès -esa [prumés] m fiancé;
f fiancée; (prometença) promise

prometre [prumétrə] vt to
promise; vp to get engaged

promoció [prumusió] f
promotion; (d'estudiants) class

promoure [prumɔ́wrə] vt to
promote; (provocar) to provoke,
cause

prompte [prɔ́mtə] aj (disposat)
ready; (ràpid) prompt, quick, ready

pronom [prunɔ́m] m pronoun

pronòstic [prunɔ́stik] m
prediction, forecast; ~ **del temps**
weather forecast

pronúncia [prunúnsiə] f
pronunciation

pronunciar [prununsiá] vt to pronounce; (*discurs*) to make, deliver; vp (*declarar*) to declare osf

prop [próp] av near, nearby, close; ~ **de** near (to), close to; (*quantitat*) nearly, about, close to

propagació [prupaɣəsió] f propagation, spreading

propaganda [prupaɣándə] f advertising, publicity

propagar [prupaɣá] vtp to propagate; (*difondre*) to spread, propagate

propens -a [prupéns] aj inclined, prone

proper -a [prupé] aj near, close, neighbouring; (*següent*) next; (*parent*) close

propi pròpia [própi] aj (*d'un mateix*) own, of one's own; (*característic*) characteristic, typical; m messenger

propietari àri a [prupiətári] m owner, proprietor, landlord; f owner, proprietress, landlady

propietat [prupiətát] f property

propina [prupínə] f tip

proporció [prupursió] f proportion; mat ratio; pl (*dimensions*) size sg

proporcional [prupursiunál] aj proportional

proporcionar [prupursiuná] vt (*fer proporcionat*) to proportion; (*donar*) to procure

proposar [prupuzá] vt to propose, put forward, suggest; vp to propose, intend

proposició [prupuzisió] f suggestion, proposition, proposal

propòsit [prupózit] m intention, aim, purpose

proposta [prupóstə] f proposal, proposition, suggestion

pròrroga [prórruɣə] f extension, prorogation; esp extra time; mil deferment

prosa [prózə] f prose

prospecte [pruspéktə] m prospectus, leaflet

pròsper -a [próspər] aj prosperous, thriving, flourishing

prosperar [pruspərá] vt to prosper; vi to prosper, thrive

prosperitat [pruspəritát] f prosperity, success

prosseguir [prusəɣí] vt to carry on (with), continue, go on

prostíbul [prustíβul] m brothel

prostitut -a [prustitút] f prostitute; m male prostitute

protagonista [prutəɣunístə] mf protagonist, main character

protecció [prutəksió] f protection

protector -a [prutəktó] aj protective, protecting; mf protector

protegir [prutəʒí] vt to protect

proteïna [prutəínə] f protein

protestar [prutəstá] vti to protest

protocol [prutukɔ́l] m protocol

prou [prów] av enough. És *prou gran per a entendre-ho*, he's old enough to understand it; (*certament*) certainly; (*sí*) yes; (*d'acord*) sure; aj iv enough, sufficient; pr enough; ~! inj (that's) enough!, stop!

prova [prɔ́βə] f proof; (*assaig*) test, trial; (*examen*) test; esp event; **a ~ on** trial; **posar a ~ to**

put to the test
provar [pruβá] vt (*experimentar*)
to test, try (out); (*intentar*) to try
(to, and *fm*), attempt (to);
(*emprovar*) to try on; (*demostrar*)
to prove; vi (*fer profit*) to do good
provatura [pruβatúrə] f test,
trial, attempt
proveir [pruβəí] vt to provide (sby
with), supply (sby with); vp to
provide (osf with)
provenir [pruβəní] vi to come
from, arise from
proverbi [pruβérβi] m proverb
proveta [pruβétə] f test tube
província [pruβínsiə] f province
provisió [pruβizió] f provision
provisional [pruβiziunál] aj
provisional, temporary
provocar [pruβuká] vt (*excitar*)
to provoke, rouse; (*sexualment*)
to rouse, stir; (*causar*) to cause, bring
about
pròxim -a [prɔ́ksim] aj near,
close, neighbouring; (*següent*)
next; (*parent*) close
proximitat [pruksimitát] f
nearness, closeness, proximity
prudència [prudɛ́nsiə] f
prudence, caution
prudent [prudén] aj prudent,
cautious, wise
pruna [prúnə] f plum; ~ **de**
confitar prune
prunera [prunérə] f plum tree
pseudònim -a [psəwðɔ́nim] aj
pseudonymous; m pseudonym, pen
name
psicòleg -òloga [psikɔ́lək] mf
psychologist
psicologia [psikuluʒíə] f

psychology
pua [púə] f sharp point; (*d'una
pinta*) tooth
pubilla [puβíʎə] f heiress
pubis [púβis] m pubis
públic -a [púbblik] aj public;
(*notori*) well-known; m public;
(*d'un espectacle*) audience
publicació [pubblikəsió] f
publication
publicar [pubbliká] vt (*fer públic*)
to publish, publicize; (*editar*)
to publish
publicitat [pubblisitát] f publicity;
com advertising
puça [púsə] f flea
pudent [pudén] aj stinking, smelly
pudir [pudí] vi to stink, reek, smell
pudor [puðór] m modesty;
(*timidesa*) shame
pudor [puðó] f stink, stench, reek;
fer ~ to stink, smell bad
pugó [puɣó] m plant louse,
greenfly
puig [pútʃ] m hill, mountain
puix [púʃ] cnj ~ **que** since, as
puja [púʒə] f rise, rising, increase
pujada [puʒáðə] f rise, rising; (*de
muntanya, etc*) climb, ascent;
(*indret rost*) slope, hill
pujar [puʒá] vi to go up, come up.
~ al cotxe, to get into the car.
~ al tren, a l'autobús, to get on
the train, bus; (*preu, temperatura*)
to rise, go up; vt to go up;
(*muntanya*) to climb; (*objecte*)
to raise, lift up; (*fill*) to raise,
bring up
pujol [puʒɔ́l] m hillock, mound
pulcre -a [púlkrə] aj neat, tidy,
clean

pulmó [pulmó] *m* lung

pulmonar [pulmunár] *aj* pulmonary, lung *atr*

pulmonia [pulmuniə] *f* pneumonia

punt [pún] *m* point; (*taqueta*) dot, speck; *med txt* stitch; (*ortogràfic*) full stop, period *US*; **dos ~s** colon; **en ~** (*hora*) sharp; **estar a ~ de** to be about to; **~ de vista** point of view; **i coma** semi-colon

punta [púntə] *f* tip, point, sharp end; **a ~ de dia** at daybreak; **estar de ~** to be at odds; **hora ~** rush hour

puntada [puntáðə] *f* stitch; **~ de peu** kick

puntal [puntál] *m tb fg* prop

puntejar [puntəʒá] *vt* to dot, fleck; *mús* to pluck; *vi* (*el dia*) to break

punteria [puntəriə] *f* aim, aiming; **tenir bona ~** to be a good shot

puntuació [puntuəsió] *f* punctuation; *esp* score

puntual [puntuál] *aj* punctual

puntualitat [puntuəlitát] *f* punctuality

puntuar [puntuá] *vt* (*text*) to punctuate; (*examen*) to mark; *vi esp* to score

punxa [púnʃə] *f* point, tip; *agr* prickle, thorn

punxada [punʃáðə] *f* puncture, prick; (*dolor*) prick, twinge

punxar [punʃá] *vt* to puncture, prick, pierce; (*incitar*) to goad, prod

punxegut -uda [punʃəɣút] *aj* pointed, sharp

punxó [punʃó] *m* punch

puny [púɲ] *m* (*canell*) wrist; (*mà closa*) fist; *txt* cuff; **cop de ~** punch

punyal [puɲál] *m* dagger

punyeta [puɲétə] *f vlg* drag, bore; **fer la ~ a up** to muck sby about; **vés a fer punyetes** go to hell!, get lost!

pupil·la [pupillə] *f* pupil

pupitre [pupitrə] *m* desk

pur -a [púr] *aj* pure; *fg* pure, sheer, simple; **de ~a sang** thoroughbred

puré [puré] *m* purée; **~ de patates** mashed potatoes

purgant [purɣán] *aj m* purgative

purificar [purifiká] *vt* to purify, cleanse; *vp* to become purified

pus [pús] *m* pus, matter

puta [pútə] *aj vlg* bloody; *f vlg* whore

putxinel·li [putʃinélli] *m* puppet, marionette; *fg* puppet

Q

quadern [kwəðérn] *m* notebook

quadra [kwáðrə] *f* (*estable*) stable; (*compartiment*) bay

quadrangular [kwəðrəngulár] *aj* quadrangular

quadrant [kwəðrán] *m* quadrant

quadrat -ada [kwəðrát] *aj m* square

quadre [kwáðrə] *m* square; *art* picture, painting; (*diagrama*) chart

quadrícula [kwəðrikulə] *f* criss-cross pattern

quadriculat -ada [kwəðrikulát] *aj* squared

quadrilàter -a [kwəðrilátər] aj m quadrilateral

quadrilla [kwəðríʎə] f squad, gang, group

quadro [kwáðru] m = quadre

qual [kwál] pr **del** ~ (possessiu) whose; **el** ~ (uc) which; (up, subjecte) who; (up, objecte) whom; **la** ~ **cosa** which

qualificació [kwəlifikəsió] f qualification; (d'un examen) mark, grade US

qualificar [kwəlifiká] vt (un examen) to mark, grade; (caracteritzar) to describe (as); vp to qualify

qualitat [kwəlitát] f quality; **en** ~ **de** as, in the capacity of

quall [kwáʎ] m rennet; (de la llet) curd

qualque [kwálkə] aj some, any

qualsevol [kwálsəβɔl] aj any, whichever, whatever; (pr (up, vulgar) ordinary; pr (up) anybody, anyone, whoever; (uc) whichever, anything

quan [kwán] av cnj when; cnj (si) if; (ja que) as, since; **cada** ~...? how often...?; **fins** ~...? how long...?

quant [kwán] av how; ~ **a** as to, as for, with regard to

quant -a [kwán] aj pr how many, how much. ~ val?, how much (is it)? av how; ~ **a** as to, as for, with regard to; **uns** ~**s** some, a few, several

quantitat [kwəntitát] f quantity, amount; (de diners) amount, sum

quantitatiu -iva [kwəntitətíw] aj quantitative

quaranta [kwərántə] aj m forty; **cantar les** ~ to give (sby) a piece of one's mind

quarantena [kwərənténə] f (aïllament) quarantine

quaresma [kwərézmə] f Lent

quars [kwárs] m quartz

quart -a [kwárt] aj fourth; m quarter; Un ~ de cinc, a quarter past four. Dos ~s de cinc, half past four. Tres ~s de cinc, a quarter to five

quarter [kwərté] m quarter; (caserna) barracks pl

quasi [kwázi] av almost, nearly

quatre [kwátrə] aj m four

que [kə] pr (up, subjecte) who, that; (up, acusatiu) whom, that, [no es tradueix]; (uc) that, which, [no es tradueix]; (temps) that, [no es tradueix]. L'any ~ em vaig casar, the year (that) I got married; cnj that, [no es tradueix]; (comparació) than. És més gran ~ tu, he's older than you; av how. ~ bonic!, how lovely!; **el** ~ what, whatever

què [kɛ́] pr (relatiu) which, [no es tradueix]. El llibre de ~ parlàvem, the book we were talking about; (interrogatiu) what; **per** ~? why?

quec -a [kɛ́k] aj stuttering; mf stutterer

quedar [kəðá] vi (restar) to remain, be left. Em queden dues pomes, I've two apples left; (estar situat) to be; (convenir) to agree; vp (restar) to stay, remain; (apoderar-se) to keep

quefer [kəfɛ́r] m job, task, affair

queixa [kéʃə] f (acció) complaint;

(de dolor, etc) moan, groan

queixal [kəʃál] m molar, back tooth; ~ **del seny** wisdom tooth

queixalada [kəʃəláðə] f bite

queixar-se [kəʃársə] vp to complain, grumble; (de dolor) to moan, groan

quelcom [kəlkóm] pr something, anything; av a bit, rather

qüestió [kwəstió] f (pregunta) question; (punt) matter, question, issue; (renyina) quarrel

qüestionari [kwəstiunári] m questionnaire; (exàmen) question paper

queviures [kəβiwrəs] mpl provisions, food sg

qui [kí] pr (subjecte) who; (acusatiu) whom; whoever; **el** ~ he who; **els** ~ those who; **la** ~ she who

quiet -a [kiét] aj still, motionless; (caràcter) calm

quietud [kiətút] f stillness, calmness, quietude

quilla [kíʎə] f keel

quilo [kílu] m kilo

quilogram [kiluγrám] m kilogram, kilogramme

quilòmetre [kilɔmətrə] m kilometre, kilometer US

quimera [kiméɾə] f tb fg chimera

químic -a [kímik] aj chemical; mf chemist

química [kímikə] f chemistry

quin -a [kín] aj (interrogatiu) which, what; (exclamatiu) what. ~ **arbre més alt!**, what a tall tree!; pr which (one)

quincalla [kiŋkáʎə] f trinkets pl

quiniela [kiniélə] f pools pl

quinqué [kiŋkέ] m oil lamp

quint -a [kín] aj fifth; f mús fifth; mil class, call-up

quintar [kintá] vt to call up, conscript, draft US

quinto [kíntu] m conscript

quinze [kínzə] aj m fifteen; **a tres quarts de** ~ at the wrong time

quinzena [kinzénə] f (quinze dies) fortnight

quiosc [kiósk] m kiosk, newsstand

quiquiriquic [kikirikík] m cock-a-doodle doo

quirat [kirát] m carat

quiròfan [kirɔfən] m operating theatre

quist [kist] m cyst

quitrà [kitrá] m tar

quitxalla [kitʃáʎə] f children pl

quocient [kwosiént] m quotient

quota [kwɔtə] f fee

quotidià -ana [kwutiðiá] aj daily, quotidian, everyday

R

rabassut -uda [rəβəsút] aj plump, chubby, tubby

rabent [rəβέn] aj rapid, quick, swift

ràbia [ráβiə] f fury, rage, anger; med rabies; **fer** ~ to make furious, infuriate

rabiós -osa [rəβiós] aj furious; med rabid

rabiüt -üda [rəβiút] aj irascible, irritable

rabosa [rəβózə] f = **guineu**

raça [rásə] f race; (d'animals) breed, strain

ració [rəsió] *f* ration, portion

racional [rəsiunál] *aj* rational

racisme [rəsízmə] *m* racialism, racism

racó [rəkó] *m* corner; *fg* corner, nook, remote place

radar [rəðár] *m* radar

radi [ráði] *m* mat ana radius; *qm* radium; (*d'una roda*) spoke

radiació [rəðiəsió] *f* radiation

radiador [rəðiəðó] *m* radiator

radial [rəðiál] *aj* radial

radiant [rəðián] *aj* radiant

radical [rəðikál] *aj mf* radical; *m* grm mat radical, root

ràdio [ráðiu] *f* radio, wireless; (*aparell*) radio (set), wireless (set)

radioactivitat [ràðiuktißitát] *f* radioactivity

radiodifusió [ràðiuðifuzió] *f* broadcasting

radiografia [ràðiuɣrəfíə] *f* radiography; (*imatge*) radiograph, X-ray

radioteràpia [ràðiutərápiə] *f* radiotherapy

rai [ráj] *m* raft; **això ~** no problem, that's easily done

raier -a [rəjé] *m* raftman; *f* raftwoman

raig [rátʃ] *m* ray, beam; (*de roda*) spoke; (*de líquid*) jet, squirt; **~ de sol** sunbeam, ray of sunlight

rail [rájl] *m* rail

raïm [rəím] *m* grape; (*inflorescència*) bunch, cluster

rajar [rəʒá] *vi* to flow, run; *fg* to pour out, flow

rajola [rəʒɔlə] *f* tile; **~ de xocolata** block of chocolate

rajolí [rəʒulí] *m* thin stream, trickle

ral [rál] *m* (coin of) a quarter of a peseta; **camí ~** highroad; **no tenir un ~** not to have a penny

ram [rám] *m tb fg* branch; (*de flors*) bouquet, bunch; *com* section, department

rama [rámə] *f* small branch; (*conjunt de branques*) branches

ramader -a [rəməðé] *aj* cattle atr, stock atr; *mf* cattle raiser, stockbreeder, rancher US

ramaderia [rəməðəríə] *f* cattle raising, stockbreeding

ramat [rəmát] *m* herd, flock

rambla [rámblə] *f* intermittent watercourse; (*passeig*) avenue

ramell [rəmélː] *m* (*de flors*) bouquet, bunch; (*de fruites*) bunch

rampa [rámpə] *f* ramp, incline, slope; *med* cramp

rampell [rəmpélː] *m* impulse, whim

rampí [rəmpí] *m* rake

rampinyar [rəmpiɲá] *vt fm* to pinch, steal

ran [rán] *av* = **arran**

ranci rància [ránsi] *aj* rank, stale; (*antiquat*) old-fashioned; (*avar*) miserly; **vi** ~ mellow wine

rancor [rəŋkó] *m/f* rancour, rancor US, resentment

rancúnia [rəŋkúniə] *f* = **rancor**

randa [rándə] *f* lace (trimming); **fil per ~** in detail

rang [ráŋ] *m* rank, standing

ranura [rənúrə] *f* groove; (*de telèfon, etc*) slot

raó [rəó] *f* reason, sense; (*arguments*) reason, motive; (*veritat*) right; **tenir ~** to be right

raonable [rəunábblə] *aj*
reasonable

raonament [rəunəmén] *m*
reasoning

raonar [rəuná] *vti* to reason,
argue; *vt* (*problema, etc*) to reason
out

rap [ráp] *m* angler

rapaç [rəpás] *aj* rapacious; *zoo*
predatory; (*ocell*) raptorial, of
prey; *mf* rapacious person

rapar [rəpá] *vt* to crop, give a
close haircut

rapè [rəpέ] *m* snuff

ràpid -a [rápit] *aj* rapid, quick,
fast, swift; *m frr* express

rapidesa [rəpiδέzə] *f* rapidity,
speed

rapinya [rəpíɲə] *f* robbery,
stealing; **ocell de ~** bird of prey

rapinyaire [rəpiɲájrə] *mf* thief,
robber

raptar [rəptá] *vt* to kidnap, abduct

rapte [ráptə] *m* kidnapping,
abduction

raqueta [rəkέtə] *f* racket, racquet

raquitisme [rəkitízmə] *m* rickets,
rachitis

rar -a [rár] *aj* rare, scarce;
(*estrany*) strange, odd, peculiar;
(*excepcional*) remarkable

rarament [ràrəmén] *av* rarely,
seldom

ras -a [rás] *aj* close-cropped, short;
(*llis i pla*) flat, level; *m* open
country; **al ~ de** level with

rascada [rəskáðə] *f* scratch

rascar [rəská] *vt* to scratch; *vp* to
scratch (osf)

raspall [rəspáʎ] *m* brush; **~ de
dents** toothbrush

raspallar [rəspəʎá] *vt* to brush;
fg to butter up

raspós -osa [rəspós] *aj* rough,
sharp

rastre [rástrə] *m* track, trail;
(*vestigi*) trace

rasurar [rəzurá] *vt* to shave

rata [rátə] *f* rat

rata-pinyada [rátəpiɲáðə] *f* bat

ratera [rətέrə] *f* mousetrap

ratificar [rətifiká] *vt* to ratify

ratlla [ráʎʎə] *f* line; (*marca*)
scratch; (*del cabell*) parting, part
US; *txt* stripe; (*límit*) limit,
boundary

ratllar [rəʎʎá] *vt* to line, rule lines
on; (*pedra, etc*) to scratch;
(*menjar*) to grate

ratolí [rətulí] *m* mouse

rat-penat [rátpənát] *m* = **rata-
pinyada**

ratxa [rátʃə] *f* gust of wind;
(*successió d'estats, d'actes, etc*)
spell

raucar [rəwká] *vi* to croak

raure [ráwrə] *vi* to be, lie; **anar a
~** to end up, finish up, come to

rauxa [ráwʃə] *f* impulse,
(emotional) outburst

raval [rəβál] *m* suburb

rave [ráβə] *m* radish

re [ré] *pr* = **res**

reacció [rəəksió] *f* reaction

reaccionar [rəəksiuná] *vi* to react

reactor [rəəktó] *m* reactor; *aer* jet,
jet plane

real [reál] *aj* real

realçar [rəəlsá] *vt* (*art*) to
highlight; *fg* to enhance, add to

realitat [rəəlitát] *f* reality;
(*veritat*) truth; **en ~** in fact,

actually

realització [rəəlidzəsió] f fulfilment, carrying out; *cin* production

realitzar [rəəlidzá] vt (*objectiu*) to achieve, realize; (*projecte*) to carry out; (*promesa*) to fulfil; (*viatge, compra, etc*) to make; *cin* to produce; vp to come true, materialize

realment [rəàlmén] av really, actually

reaparèixer [rəəpərέʃə] vi to reappear, recur

rebaixa [rəβáʃə] f flowering, reduction; (*descompte*) discount; pl sale sg

rebaixar [rəβəʃá] vt to lower; (*preu*) to reduce, cut (down); (*intensitat*) to lessen, diminish; (*up*) to humble

rebava [rəβáβə] f rough edge

rebedor [rəβəðó] m entrance hall

rebel [rəβέl] aj rebellious; (*persona*) unruly; mf rebel

rebel·lar-se [rəβəllársə] vp to rebel, revolt

rebentar [rəβəntá] vti to burst, explode; vt (*up*) to exhaust; (*fastiguejar*) to annoy, rile

rebolcar [rəβulká] vt to knock down, knock over; vp to roll about

rebombori [rəβumbóri] m din, racket, row; (*enrenou*) uproar, fuss

rebost [rəβóst] m pantry, larder; (*comestibles*) food supply, stock of food

rebotar [rəβutá] vt to bounce, rebound; (*bala*) to ricochet

rebotre [rəβótrə] vi = rebotar

rebre [rέβrə] vt to receive; (*donar la benvinguda*) to welcome, greet

rebregar [rəβrəɣá] vt to squeeze, crumple, crush

rebuig [rəβútʃ] m refusal, rejection; (*residus*) refuse, waste, rubbish

rebut [rəβút] m receipt

rebutjar [rəβudʒá] vt to refuse, reject, turn down

rec [rέk] m irrigation ditch, irrigation channel

recalcar [rəkəlká] vt to stress, emphasize, underline; vi to lean

recança [rəkánsə] f regret; (*pena*) grief, sorrow

recanvi [rəkámbi] m spare; (*de ploma*) refill; **roda de ~** spare wheel

recaptar [rəkəptá] vt to collect, take; (*aconseguir*) to obtain, get

recar [rəká] vi to regret, be sorry

recargolar [rəkərɣulá] vt to twist; (*roba, mans*) to wring; **~-se de riure** to double up with laughter

recàrrec [rəkárək] m extra charge, surcharge; (*d'impostos, preus*) increase

recaure [rəkáwrə] vi med to suffer a relapse; (*criminal*) to backslide, fall back; (*responsabilitats*) to fall to

recel [rəsέl] m suspicion, mistrust

recent [rəsén] aj recent

recepcionista [rəsəpsiunistə] mf receptionist

recepta [rəsέptə] f recipe; *med* prescription

receptar [rəsəptá] vt to prescribe

receptor -a [rəsəptó] aj receiving; m receiver

recer [rəsé] m shelter, refuge; **a ~**

de sheltered from, protected from

recerca [rəsɛ́rkə] f search, investigation; (a la universitat, etc) research (work)

reciclar [rəsiklá] vt to recycle. Paper reciclat, recycled paper

recinte [rəsíntə] m enclosure

recipient [rəsipién] m container, receptacle

recíproc -a [rəsípruk] aj reciprocal, mutual

recital [rəsitál] m recital

recitar [rəsitá] vt to recite

reclam [rəklám] m call; com advertisement

reclamar [rəkləmá] vt to claim, demand; vi to complain, protest

reclús -usa [rəklús] aj imprisoned; mf prisoner

recluta [rəklútə] mf recruit

recobrar [rəkuβrá] vt to recover, get back

recobrir [rəkuβrí] vt to cover

recol·lecció [rəkulːɛksió] f collection, gathering; agr harvest, crop

recollir [rəkuʎí] vt to collect, gather; (anar a buscar) to pick up, come for; (acollir) to take in, shelter; vp to withdraw

recolzar [rəkulzá] vt to lean, rest; fg to support, back; vi to rest (on), be supported (by); vp to lean (on)

recomanació [rəkumənəsió] f recommendation, suggestion; (escrita) reference

recomanar [rəkuməná] vt to recommend, suggest, advise

recomençar [rəkumənsá] vt to recommence, begin again, start again

recompensa [rəkumpénsə] f reward, recompense

recompensar [rəkumpənsá] vt to reward, recompense

recomptar [rəkumtá] vt to recount, count again

reconciliar [rəkunsiliá] vt to reconcile; vp to be reconciled

reconèixer [rəkunɛ́ʃə] vt to recognize; (favor, etc) to be grateful for; (examinar) to examine

reconfortar [rəkumfurtá] vt to comfort, cheer

reconstruir [rəkunstruí] vt to reconstruct, rebuild

recopilació [rəkupiləsió] f compilation, collection

recopilar [rəkupilá] vt to compile, collect

record [rəkɔ́rt] m memory, recollection; (objecte) souvenir; pl regards

rècord [rékɔr] m record

recordar [rəkurdá] vtp to remember, recall; (fer present) to remind

recorregut [rəkurəɣút] m run, journey

recórrer [rəkórə] vt to go through, travel, cross; vi to resort (to), to turn (to); dr to appeal

recreatiu -iva [rəkreatíw] aj recreational

recriminar [rəkriminá] vt (reprotxar) reproach

rectangle [rəktáŋglə] m rectangle

rectangular [rəktəŋgulár] aj rectangular

recte -a [réktə] aj straight; (angle) right; (persona) honest, upright; m rectum; f straight line

rectificar [rəktifiká] vt to rectify, correct; (fer recte) to straighten

rectilini -ínia [rəktilíni] aj rectilinear

rector -a [rəktó] aj governing; mf rector, vice-chancellor; m rector, parish priest

rectoria [rəkturíə] f rectory

recular [rəkulá] vi to back, go back

recull [rəkúʎ] m collection

recuperació [rəkupərəsió] f recuperation, recovery

recuperar [rəkupərá] vt to recuperate, recover; (temps) to make up

recurs [rəkúrs] m recourse, resort; pl means, resources

redacció [rəðəksió] f writing, composition, essay; (oficina) editorial office; (persones) editorial staff

redactar [rəðəktá] vt to draft, draw up, compose; (diari) to edit

redempció [rəðəmsió] f redemption

redimir [rəðimí] vt to redeem

redós [rəðós] m = recer

redreçar [rəðrəsá] vt to straighten (out, up); fg to put right, redress

reducció [rəðuksió] f reduction

reduir [rəðuí] vt to reduce; (disminuir) diminish, lessen, cut down

reeixir [rəəʃí] vi to succeed, be successful

refer [rəfé] vt to redo, do again; (reparar) to mend, repair; vp to recover

referència [rəfərénsiə] f reference; fer ~ a to refer to

referèndum [rəfəréndum] m referendum

referent [rəfərén] aj concerning, relating (to)

referir [rəfərí] vt to tell, recount; (atribuir) to refer, relate; vp to refer to

refiar-se [rəfiársə] vp to trust, rely (on)

refilar [rəfilá] vi to chirp, twitter, warble

refinar [rəfiná] vt to refine

refineria [rəfinəríə] f refinery

reflectir [rəfləktí] vt to reflect; fg to reflect, mirror

reflector -a [rəfləktó] aj reflecting; m reflector; ele spotlight

reflex -a [rəfléks] aj reflected; (acció) reflex; m tb fg reflection; ana reflex

reflexió [rəfləksió] f reflection

reflexionar [rəfləksiuná] vt to reflect on, think about

reforçar [rəfursá] vt to reinforce, strengthen

reforma [rəfórmə] f reform; arq alteration, repair

refracció [rəfrəksió] f refraction

refrany [rəfráɲ] m proverb, saying

refredar [rəfrəðá] vt to cool, chill; vp to cool; med to catch a cold

refredat [rəfrəðát] m cold

refresc [rəfrésk] m soft drink, cool drink, refreshing drink

refrescar [rəfrəská] vt to refresh, cool; vi to cool down

reixat

refrigerar [rəfriʒərá] vt to cool, refrigerate

refrigeri [rəfriʒéri] m snack, refreshments pl

refugi [rəfúʒi] m refuge, shelter

refugiar [rəfuʒiá] vt to shelter, give shelter to; vp to take refuge

refusar [rəfuzá] vt to refuse, decline

reg [rék] m irrigation; (al jardí) watering

regadiu [rəɣəðíw] m irrigated land, irrigable land

regadora [rəɣəðórə] f watering can

regal [rəɣál] m gift, present

regalar [rəɣəlá] vt to give, present; vi to drip, trickle

regalèssia [rəɣəléssiə] f liquorice, licorice

regallmar [rəɣəʎmá] vi to drip, trickle

regar [rəɣá] vt (planta) to water; (terra) to water, irrigate

regata [rəɣátə] f groove; esp regatta

regatejar [rəɣətəʒá] vt to haggle over, bargain over; fg to skimp

regent [rəʒén] aj mf regent

regidor -a [rəʒiðó-ə] aj ruling, governing; mf town councillor

règim [rɛ́ʒim] m régime, rule; med diet

regiment [rəʒimén] m administration, government; mil regiment

regió [rəʒió] f region

regional [rəʒiunál] aj regional

regir [rəʒí] vt to rule, govern; (empresa, etc) to run, manage, control

regirar [rəʒirá] vt to move about, turn over, turn upside down

registrar [rəʒistrá] vt to register, record

regla [régglə] f rule, regulation; med period, menstruation

reglament [rəggləmén] m rules pl, regulations pl

reglamentari -ària [rəggləməntári] aj regulation atr, set

regle [régglə] m ruler, rule

regna [régnə] f rein

regnar [rəgná] vi to reign, rule; fg to reign, prevail

regne [régnə] m kingdom

regueró [rəɣəró] m irrigation channel; arq guttering

reguitzell [rəɣidzéʎ] m string, series

regulador [rəɣuləðó] m regulator; (de ràdio, etc) control, knob

regular [rəɣulár] aj regular; (normal) normal, usual; (mitjà) average, medium

regular [rəɣulá] vt to regulate, control

regularitat [rəɣuləritát] f regularity

regularment [rəɣulàrmén] av regularly

regust [rəɣúst] m aftertaste

rei [réj] m king

reial [rəjál] aj royal

reialme [rəjálmə] m kingdom

reina [réjnə] f queen

reivindicar [rəjßindiká] vt to claim (the right to)

reixa [réʃə] f grating; (d'una finestra) grille, bars pl

reixat -ada [rəʃát] aj barred; m

railing, iron gate; *txt* openwork

rel [rél] *f* = **arrel**

relació [rələsió] *f* relation, relationship; (*relat*) account, report; *pl* (*coneixences*) acquaintances

relacionar [rələsiuná] *vt* to relate, connect; *vp* to be connected

relat [rəlát] *m* report, account; *lit* story, tale

relatiu -iva [rəlatíw] *aj m* relative

relativament [rələtiβəmén] *av* relatively

relaxar [rələksá] *vt* to relax; (*afluixar*) to slacken, loosen

relegar [rələyá] *vt* to relegate; (*desterrar*) to exile, banish

religió [rəliżió] *f* religion

religiós -osa [rəliżiós] *aj* religious; *mf* religious; *m* monk; *f* nun

relíquia [rəlíkiə] *f* relic

rella [réλə] *f* ploughshare

rellegir [rəλəżí] *vt* to reread

relleu [rəλéw] *m* relief; *fg* importance, prominence

rellevant [rəλəβán] *aj* outstanding

rellevar [rəλəβá] *vt* to relieve, take over from

relliscar [rəλiská] *vi* to slip (up); *aut* to skid

rellotge [rəλódʒə] *m* (*gran*) clock; (*de pulsera, etc*) watch

rellotger -a [rəλudʒé] *mf* watchmaker, clockmaker

rellotgeria [rəλudʒəríə] *f* watchmaker's shop

relluir [rəλuí] *vi* to shine

rem [rém] *m* oar; *esp* rowing

remar [rəmá] *vi* to row

remarcar [rəmərká] *vt* to note, remark, observe, comment

rematar [rəmətá] *vt* to finish off; (*feina*) to complete, bring to a conclusion

remei [rəméj] *m* remedy

remenar [rəməná] *vt* to stir (round), shake

remitent [rəmitén] *mf* sender

remolatxa [rəmulátʃə] *f* beet, beetroot

remolc [rəmólk] *m* (*acció*) towing; (*vehicle*) tow, trailer; (*cable*) towrope

remolcar [rəmulká] *vt* to tow (along)

remolí [rəmulí] *m* eddy; (*d'aigua*) whirlpool; (*d'aire*) whirlwind

remor [rəmó] *f* murmur; (*de fulles*) rustle; (*de veus*) buzz

remordiment [rəmurdimén] *m* remorse, regret

remorejar [rəmuɾəʒá] *vi* to murmur, rustle

remot -a [rəmót] *aj* remote

remoure [rəmówɾə] *vt* to move round; (*terra*) to turn over

remugant [rəmuɣán] *aj m* ruminant

remugar [rəmuɣá] *vt* to ruminate, chew the cud; *fg* to grunt, growl

remull [rəmúλ] *m* steeping, soaking

remullar [rəmuλá] *vt* to steep, soak; (*refrescar*) to celebrate with a drink

remuntar [rəmuntá] *vt* (*un riu*) to go up; (*el vol*) to soar (up); *vp* to go back (to)

ren [rén] *m* reindeer

renal [rənál] *aj* renal, kidney *atr*

repoblar

renda [réndə] f income; (de capital, etc) interest, return, yield; **viure de ~** to live on one's income

rendible [rəndíbblə] aj profitable

rendiment [rəndimén] m exhaustion; (renda) profit, return, yield; tcn efficiency

rendir [rəndí] vt to exhaust; (benefici) to produce, yield; vp mil to surrender

renegar [rənəɣá] vt to renounce, give up, vi (blasfemar) to blaspheme; (dir renecs) to swear

renéixer [rənéʃə] vi to be reborn; fg to revive

rengle [réŋglə] m = **renglera**

renglera [rəŋgléɾə] f row, line

renill [rəníʎ] m neigh(ing), whinny(ing)

renillar [rəniʎá] vi to neigh, whinny

renoi [rənój] inj well!, good gracious!

renou [rənów] m bustle; (soroll) racket, uproar

renovar [rənuβá] vt to renew; arq to renovate

rentadora [rəntəðóɾə] f washing machine

rentamans [rèntəmáns] m washing-up basin, washbowl US

rentaplats [rèntəpláts] mf dishwasher

rentar [rəntá] vt to wash; vp to wash, have a wash

renunciar [rənunsiá] vt to renounce, give up; vi to abandon, give up

renyar [rəɲá] vt to scold, tell off

renyina [rəɲínə] f quarrel, argument

renyir [rəɲí] vi to quarrel, fall out

reparació [rəpəɾəsió] f repairing, mending; tcn repair

reparar [rəpəɾá] vt to repair, mend; (observar) to observe, notice; **~ en** to pay attention to

repartir [rəpəɾtí] vt to distribute; (dividir) to divide up, share out; (diaris, pa, etc) to deliver

repàs [rəpás] m review, revision; (àpat) meal

repassar [rəpəsá] vt to revise, go over again

repel·lir [rəpəllí] vt to repel

repensar [rəpənsá] vt to reconsider; **~-s'hi** to change one's mind

repercussió [rəpəɾkusió] f tb fg repercussion, rebound

repercutir [rəpəɾkutí] vi tb fg to have repercussions (on), rebound

repertori [rəpəɾtɔ́ɾi] m list, index; tea repertoire

repetició [rəpətisió] f repetition

repetir [rəpətí] vt to repeat

repic [rəpík] m pealing, ringing

repicar [rəpiká] vt to ring, peal

replà [rəplá] m landing

replec [rəplék] m fold, crease

replegar [rəpləɣá] vt to gather, collect; (una malaltia) to pick up, catch; (enxampar) to catch; vp to pile up; vtp mil to withdraw

replicar [rəpliká] vt to retort, answer (back)

repoblació [rəpubbləsió] f repopulation; **~ forestal** reafforestation

repoblar [rəpubblá] vt to

repopulate; *bot* to reafforest, plant trees on

reportatge [rəpurtádʒə] *m* report, article

repòrter [rapórtar] *mf* reporter

repòs [rəpós] *m* rest, repose

reposar [rəpuzá] *vt* to replace, put back; *vi* to rest, repose; (*líquid*) to settle

reposició [rəpuzisió] *f* replacement; *tea* revival

reprendre [rəpéndrə] *vt* to start again, renew; (*renyar*) to rebuke, censure; (*un aliment*) to cause indigestion

represàlia [rəprəzáliə] *f* reprisal, retaliation

representació [rəprəzəntəsió] *f* representation; *tea* performance

representant [rəprəzəntán] *aj* representative

representar [rəprəzəntá] *vt* to represent; *tea* to perform

repressió [rəprəsió] *f* repression

reprimenda [rəpriméndə] *f* reprimand, rebuke

reprimir [rəprimí] *vt* to repress; *vp* to contain osf

reproducció [rəpruðuksió] *f* reproduction

reproductor -a [rəpruðuktó] *aj* reproductive; *mf* reproducer

reproduir [rəpruðuí] *vtp* to reproduce

reptar [rəptá] *vt* to reprimand, tell off; (*desafiar*) to challenge; *vi* to slither, snake, crawl

repte [réptə] *m* challenge

rèptil [réptil] *aj* reptilian; *m* reptile

república [rəpúbblikə] *f* republic

repugnància [rəpuŋnánsiə] *f* disgust, loathing, repugnance

repugnar [rəpuŋná] *vi* to disgust, revolt

repulsa [rəpúlsə] *f* severe reprimand

repulsió [rəpulsió] *f tb fis* repulsion; *fg* aversion

reputació [rəputəsió] *f* reputation

requerir [rəkərí] *vt* to require, need; (*demanar*) to ask, request

requisit [rəkizít] *m* requirement, requisite; (*plat exquisit*) delicacy, titbit

rere [rérə] *av* = **darrere**

reraguarda [rèrəɣwárðə] *f* rearguard

res [rés] *pr* [*en frases negatives*] nothing, not...anything. No m'ha donat ~, he hasn't given me anything; [*en frases interrogatives*] anything, something. Vols ~?, do you want something?; **de** ~ not at all

resar [rəzá] *vt* to pray

rescat [rəskát] *m* rescue; (*preu del rescat*) ransom

rescatar [rəskatá] *vt* to save, rescue; (*captiu*) to ransom

resclosa [rəskló̞zə] *f* dam; (*en un canal entre dues mars*) weir, barrage

reserva [rəzérbə] *f* reservation, booking; (*cosa reservada*) reserve

reservar [rəzərbá] *vt* to reserve, book; (*guardar*) to keep

resguardar [rəzgwərðá] *vt* to protect, shield

residència [rəziðénsiə] *f* residence

residencial [rəziðənsiál] *aj*

residential

residir [rəziði] vi to reside, live, dwell

residu [rəziðu] m residue; mat remainder

residual [rəziðuál] aj residual

resignar-se [rəziɲnársə] vp to resign osf

resina [rəzínə] f resin

resistència [rəzisténsiə] f resistance; (capacitat) endurance, strength

resistent [rəzistén] aj resistant

resistir [rəzistí] vi to resist; vt to bear, support; (aguantar) to put up with; vp to resist, refuse

resoldre [rəzóldrə] vt to solve, resolve; (decidir) to decide, settle

resolució [rəzulusió] f decision; (d'un problema) solution; dr resolution

respatller [rəspəʎʎé] m (seat) back

respectar [rəspəktá] vt to respect; **pel que respecta a** as for, with regard to

respecte [rəspéktə] m respect, regard; **~ a** with regard to

respectiu -iva [rəspəktíw] aj respective

respectivament [rəspəktiβəmén] av respectively

respir [rəspír] m breathing; fg respite

respiració [rəspirəsió] f breathing, respiration; (una respiració) breath

respirar [rəspirá] vti to breathe

respiratori -òria [rəspirətóri] aj respiratory

resplendir [rəspləndí] vi to shine

resplendor [rəspləndó] f brilliance, brightness, radiance

respondre [rəspóndrə] vti to answer, reply; vi fg to respond; (correspondre) to correspond

responsabilitat [rəspunsəβilitát] f responsibility

responsable [rəspunsábblə] aj responsible

resposta [rəspóstə] f answer, reply, response

ressaca [rəsákə] f undercurrent, undercurrent

ressaltar [rəsəltá] vi to jut out, project; fg to stand out

ressec -a [rəsék] aj very dry; (molt prim) skinny

resseguir [rəseɣí] vt to go across, go through; (escorcollar) to look over, search

ressò [rəsɔ́] m echo; fg widespread effect

ressonància [rəsunánsiə] f resonance; fg widespread effect

ressonar [rəsuná] vi to resound, ring, echo

ressort [rəsɔ́rt] m spring; fg means pl

ressuscitar [rəsusitá] vt to resuscitate, revive; fg to revive

resta [réstə] f rest, remainder; mat (residu) remainder; (subtracció) subtraction; pl remains

restant [rəstán] aj remaining; m rest, remainder

restar [rəstá] vi to stay, remain; (quedar) to be left; vt mat to subtract

restaurant [rəstəwrán] m restaurant

restaurar [rəstəwrá] vt to restore

restituir [rəstitwí] vt to return, give back, restore

restrenyiment [rəstrəɲimén] m constipation

restringir [rəstriɲʒí] vt to restrict, limit

resultar [rəzultá] vi to be, to prove, turn out; (ésser bo) to turn out well

resultat [rəzultát] m result; (conclusió) outcome

resum [rəzúm] m summary, résumé; **en ~** in short

resumir [rəzumí] vt to summarize; (abreujar) to abridge, shorten

resurrecció [rəzurəksió] f resurrection

retall [rətáʎ] m remnant, piece left over; (de diari) cutting, clipping

retallar [rətəʎá] vt to cut out

retard [rətárt] m delay; ~ **mental** mental deficiency

retardar [rətərdá] vt to delay, put off, postpone; (alentir) to slow down; vi (rellotge) to be slow; vp to be late

retaule [rətáwlə] m reredos, altarpiece

retenir [rətəní] vt to retain; com to deduct, withhold

retina [rətínə] f retina

retir [rətír] m retirement; (sou) pension; (lloc) retreat

retirar [rətirá] vt to withdraw; (apartar) to move away, move back; vp to retire; (d'un lloc) to leave

rètol [rétul] m sign, notice; (etiqueta) label

retolador [rətuləðó] m felt-tip pen

retòrica [rətórikə] f rhetoric; dsp affectedness

retorn [rətórn] m return

retornar [rəturná] vt to return, give back; vi to return, come back

retrat [rətrát] m portrait; fg likeness

retratar [rətrətá] vt to portray; fg to portray, describe, depict

retre [rétrə] vt to return, give back; (donar profit) to produce, yield; ~ **homenatge** to pay homage to

retret [rətrét] aj reserved, shy; m reproach

retreure [rətréwrə] vt to reproach

retribuir [rətriβuí] vt to pay; (recompensar) to reward, compensate

retrobar [rətruβá] vt to meet again, see again

retrocedir [rətrusəðí] vi to move back, go backwards

retrovisor [rətruβizó] m driving mirror

retrunyir [rətruɲí] vi to boom, resound, echo, reverberate

reu rea [réw] mf culprit, offender; dr accused, defendant

reuma [réwmə] m rheumatism

reunió [rəunió] f meeting

reunir [rəuní] vt to join, gather, assemble; vp to meet, get together

revelar [rəβəlá] vt to reveal; fot to develop

reverència [rəβərénsiə] f reverence; (inclinació) bow, curtsy

revers [rəβérs] m back, other side;

(d'una moneda) reverse

revés [rəβés] m back, other side, wrong side; fg reverse, setback; (cop) backhand; **al ~** the other way round

revestir [rəβəstí] vt to coat, face, cover; fg to invest

revetlla [rəβéʎʎə] f open-air celebration on the eve of a saint's day

reveure [rəβéwrə] vt to see again; **a ~** see you!

revifar [rəβifá] vt to revive; vp to revive, liven up again

revisar [rəβizá] vt to revise, look over; (comprovar) to check, review

revisor -a [rəβizó] mf ticket collector, inspector

revista [rəβístə] f magazine; (inspecció) inspection, review; tea revue

reviure [rəβíwrə] vi to revive

revolada [rəβuláðə] f second flight; **d'una ~** with a jolt, with a jerk

revolt [rəβɔ́l] aj mixed up, confused; m change of direction; (d'un camí) bend, turn

revolta [rəβɔ́ltə] f revolt, rebellion

revoltar [rəβultá] vt to rouse to revolt; fg to upset, anger; vp to revolt, rise up

revolució [rəβulusió] f revolution

revòlver [rəβɔ́lβər] m revolver

rialla [riáʎə] f laugh, laughter

riallada [riəʎáðə] f guffaw, loud laugh

rialler -a [riəʎé] aj cheerful, laughing

riba [ríβə] f bank; (del mar) beach, shore

ribera [riβérə] f = **riba**; (vall, conca) valley

ribot [riβɔ́t] m plane

ric -a [rík] aj rich, wealthy; mf rich person

ridícul -a [riðíkul] aj ridiculous; m ridicule

ridiculitzar [riðikulidzá] vt to ridicule, deride, mock

riera [riérə] f stream

rierol [riərɔ́l] m brook, stream

rifa [rífə] f raffle, lottery

rifar [rifá] vt to rattle (lott); vp to mock, make fun of

rifle [ríflə] m rifle

rígid -a [ríʒit] aj rigid, stiff; fg strict, rigorous

rigor [riɣór] m rigour, rigor US, severity; (exactitud extrema) precision; **de ~** essential

rima [rímə] f rhyme

rimar [rimá] vi to rhyme

rinoceront [rinusərɔ́n] m rhinoceros

rínxol [ríɲʃul] m curl, ringlet

riota [riɔ́tə] f guffaw, loud laugh; (up o uc) laughing stock

riquesa [rikézə] f wealth, riches pl

risc [rísk] m risk, danger

ritme [rídmə] m rhythm

ritu [rítu] m rite, ceremony

riu [ríw] m river

riuada [riwáðə] f flood

riure [ríwrə] m laugh, laughter

riure [ríwrə] vi to laugh; vp to laugh at, make fun of

rival [riβál] aj mf rival

rizoma [rizómə] m rhizome

roba [rɔ́βə] f clothes pl, clothing; **~ interior** underwear

robar [ruβá] vt to steal, rob

(*casa*) to break into; (*joc de cartes*) to draw

robatori [ruβətɔ́ɾi] *m* robbery, theft

robí [ruβí] *m* ruby

robot [ruβɔ́t] *m* robot

robust -a [ruβúst] *aj* robust, strong

roc [rɔ́k] *m* stone

roca [rɔ́kə] *f* rock

rocós -osa [rukɔ́s] *aj* rocky

roda [rɔ́ðə] *f* wheel

rodalia [ruðəlíə] *f* surroundings *pl*, environs *pl*

rodamón [rðəmón] *m* globetrotter

rodanxa [ruðáɲʃə] *f* slice

rodanxó -ona [ruðəɲʃó] *aj* tubby, plump, chubby

rodar [ruðá] *vi* to go round, turn, roll; (*up*) to drift around; *vt* to turn, roll; (*recórrer*) to travel

rodatge [ruðáʤə] *m cin* shooting, filming; *aut* running-in

rodejar [ruðəʒá] *vt* to surround, encircle

rodera [ruðéɾə] *f rut*, tyre-mark

rodet [ruðɛ́t] *m* roller; (*de fil*) bobbin; *fot* spool

rodó -ona [ruðó] *aj* round; *fg* perfect; *fg* circle; *mús semibreve*

rodolar [ruðulá] *vi* to roll, tumble

rodolí [ruðulí] *m* couplet

roent [ruén] *aj* red-hot, white-hot

rogenc -a [ruʒéŋ] *aj* reddish

roger [ruʒé] *m* red mullet

roí -ïna [ruí] *aj* mean, contemptible

roig roja [rɔ́tʃ] *aj* red, ruddy; *mf* red

rom -a [rɔ́m] *aj* blunt; *m* rum

romà -ana [rumá] *aj mf* Roman

romana [rumánə] *f* steelyard

romanç [rumáns] *m* Romance; *lit* romance (story)

romanços [rumánsus] *mpl* excuses, pretexts

romandre [rumándɾə] *vi* to remain, stay

romanès -esa [rumənés] *aj mf* Romanian

romaní [ruməní] *m* rosemary

romànic -a [rumánik] *aj* Romanic; *m* Romanesque; **llengües romàniques** Romance languages

rombe [rómbə] *m* rhombus

romboide [rumbójðə] *m* rhomboid

romeguera [rumɣéɾə] *f* bramble; (*de móres*) blackberry (bush)

romeria [rumaríə] *f* pilgrimage

rompre [rómpɾə] *vt* to break, smash, shatter; (*barrera*) to break down, break through; *vi* to break

ronc [róŋ] *aj* hoarse, raucous; *m* snore, snoring

roncar [ruŋká] *vi* to snore

ronda [róndə] *f* round; (*patrulla*) patrol; (*circumval·lació*) ring road, bypass

rondalla [rundáʎə] *f* tale, story

rondar [rundá] *vi* to patrol; (*passejar*) to wander, walk up and down; *vt* to go around

rondinaire [rundinájɾə] *aj* grumbling; *mf* grumbler, moaner

rondinar [rundiná] *vi* to grumble, moan

ronyó [ruɲó] *m* kidney

ros [rós] *aj* blond(e), fair-haired; *mf* blond(e)

rosa [rɔ́zə] *f* rose; *med* German

measles, rubella; *aj m* pink

rosada [ruzáðə] *f* dew

rosari [ruzári] *m* rosary

rosat -ada [ruzát] *aj* pink; *vi* ~ rosé

rosca [róskə] *f* thread; *gst* ring-shaped roll

rosegador [ruzəɣəðó] *m* rodent

rosegar [ruzəɣá] *vt* to gnaw, nibble; *fg* to gnaw

rosegó [ruzəɣó] *m* crust (of bread)

rosella [ruzéʎə] *f* poppy

roser [ruzé] *m* rosebush

rosquilla [ruskíʎə] *f* ring-shaped pastry

ròssec [rósək] *m* train; *fg* consequence; (*d'una malaltia*) after-effect; (*paga*) arrears *pl/sg*

rossinyol [rusiɲɔ́l] *m* nightingale; *tcn* picklock

rossolar [rusulá] *vi* to slide down, slip down

rost -a [róst] *aj* steep; *m* slope, incline

rostir [rustí] *vt* to roast; *fg* to toast, burn

rostit [rustít] *m* roast (meat)

rostoll [rustóʎ] *m* stubble

rostre [róstrə] *m* face; (*bec*) beak

rot [rót] *m fm* belch, burp

rotació [rutəsió] *f* rotation

rotllana [ruʎánə] *f* circle, ring

rotlle [róʎʎə] *m* roll; (*de persones*) circle, ring

ròtula [rótulə] *f* kneecap

rotund -a [rutún] *aj* flat, round, forthright; (*emfàtic*) emphatic

roure [rówrə] *m* oak (tree)

roureda [rowréðə] *f* oakwood

rovell [ruβéʎ] *m* rust; (*d'ou*) yolk

rovellar [ruβəʎá] *vt* to rust; *vp* to

go rusty

rovelló [ruβəʎó] *m* lactarius

rubor [ruβór] *m* blush, flush

ruboritzar-se [ruβuridzársə] *vp* to blush, turn red

ruc [rúk] *m* ass; *fg* ass, stupid, idiot

rude [rúðə] *aj* rough, coarse, uncultured; (*temps*) rough

rudimentari -ària [ruðiməntári] *aj* rudimentary

rúfol -a [rúful] *aj* cloudy, stormy

rugir [ruʒí] *vi* to roar; *fg* to shout, bellow

rugós -osa [ruɣós] *aj* wrinkled; (*aspre*) rough

ruïna [ruínə] *f* ruin; *fg* ruin, downfall; *pl* ruins, remains

ruïnós -osa [ruinós] *aj* ruinous

ruixar [ruʃá] *vt* to spray, sprinkle

ruixat [ruʃát] *m* shower, downpour

ruixim [ruʃím] *m* drizzle

ruleta [rulétə] *f* roulette

rulot [rulɔ́t] *f* caravan

rumb [rúm] *m* route, direction; *aer* course

rumiar [rumiá] *vt* to ruminate, think over

rumor [rumór] *m* rumour, rumor US

runa [rúnə] *f* debris, rubble

ruptura [ruptúrə] *f* breaking; *fg* rupture, break, split

rural [rurál] *aj* rural, country *atr*

rus russa [rús] *aj mf* Russian

rusc [rúsk] *m* beehive

ruta [rútə] *f* route, itinerary

rutina [rutínə] *f* routine

rutllar [ruʎʎá] *vi* to run, go, work, function

S

sa sana [sá] aj healthy; ~ **i estalvi** safe and sound

saba [sáβə] f sap

sabana [səβánə] f savannah

sabata [səβátə] f shoe; (persona) dimwit, twit

sabater -a [səβəté] mf shoemaker

sabateria [səβətəríə] f shoeshop

sabatilla [səβətíλə] f slipper

saber [səβé] vt to know; Saps cuinar?, can you cook?; Em sap greu, I'm sorry, I'm upset, I regret; vp to be known; **fer ~ to** tell, communicate; m knowledge

saberut -uda [səβərút] mf know-all

sabó [səβó] m soap

sabor [səβór] m taste, flavour, flavor US

saborós -osa [səβurós] aj tasty, delicious

sabotatge [səβutádʒə] m sabotage

sabre [sáβrə] m sabre, saber US

sac [sák] m sack

saca [sákə] f sack

sacada [səkáðə] f (tennis) service; (futbol) throw-in, kick

sacar [səká] vi (tennis) to serve; (futbol) to throw in

sacarina [səkarínə] f saccharin

sacerdot -essa [səsərðót] m priest; f priestess

saciar [səsiá] vt to satisfy

sacrificar [səkrifiká] vt to sacrifice; vp to make sacrifices, sacrifice osf

sacsejar [səksəʒá] vt to shake

sàdic -a [sáðik] aj sadistic; mf sadist

safareig [səfərétʃ] m sink; (habitació) utility room; **fer ~ to** gossip

safari [səfári] m safari

safata [səfátə] f tray

safir [səfír] m sapphire

safrà [səfrá] m saffron

sagaç [səɣás] aj shrewd, astute

sageta [səʒétə] f arrow

sagí [səʒí] m animal fat, lard

sagnar [səŋná] vti to bleed

sagrament [səɣrəmén] m sacrament

sagrat -ada [səɣrát] aj holy, sacred; fg sacred, sacrosanct, inviolable

saïm [səím] m animal fat, lard

sajolida [səʒulíðə] f savory

sal [sál] f salt; (gràcia) salt, wit, charm

sala [sálə] f room, hall; (d'una casa) living, sitting room, lounge; (d'un tribunal) court(room)

salamandra [sələmándrə] f salamander

salari [səlári] m wage, salary

salat -ada [səlát] aj salty; fg amusing, witty; **fer ~ to** be late

saldo [sáldu] m balance

saler [səlé] m salt cellar

salina [səlínə] f saltern; (mina) salt mine

saliva [səlíβə] f saliva

salival [səlíβál] aj salivary

salivera [səlíβérə] f salivation; **fer venir ~ to** make one's mouth water

salmó [səlmó] m salmon; aj m (color) salmon(-pink)

sarró

salnitre [sàlnítrə] *m* nitre, niter US

saló [səló] *m* lounge, sitting room, living; (*exposició*) show, exhibition; **~ de bellesa** beauty parlour; **~ de te** tearoom

salpar [səlpá] *vi* to set sail, weigh anchor

salsa [sálsə] *f* sauce; (*del rostit*) gravy

salsitxa [səlsítʃə] *f* sausage

salt [sál] *m* jump, leap, bound; (*d'aigua*) waterfall; *esp* vault, jump; **fer el ~ a** to cheat on

saltador -a [səltəðó] *mf* jumper

saltamartí [səltəmərtí] *m* grasshopper

saltar [səltá] *vi* to jump, leap; (*desprendre's*) to come off, pop off; *fg* to jump; *vt* to jump (over), vault (over), leap (over); (*passar per alt*) to skip, miss out

saltiró [səltiró] *m* skip

saltironar [səltiruná] *vi* to skip

saludable [səluðábblə] *aj* healthy

saludar [səluðá] *vt* to greet, say hello to, welcome

salut [səlút] *m* greeting; *f* health

salutació [səlutəsió] *f* greeting

salvació [səlβəsió] *f* salvation

salvador -a [səlβəðó] *mf* saviour, savior US

salvament [səlβəmén] *m* rescue

salvar [səlβá] *vt* to save; (*un obstacle*) to overcome; *vp* to survive, escape alive

salvatge [səlβádʒə] *aj* wild; *fg* savage, brutal; *aj mf* (*individu d'una civilització primitiva*) savage

salvavides [səlβəβíðəs] *m* lifebelt; (*bot*) lifeboat

sàlvia [sálβiə] *f* sage

salze [sálzə] *m* willow

samarreta [səmərétə] *f* T-shirt; (*interior*) vest, undershirt US

samfaina [səmfájnə] *f* ratatouille; *fg* mess, shambles US

sanció [sənsió] *f* sanction, penalty; (*autorització*) sanction

sandàlia [səndáliə] *f* sandal

sandvitx [sənbítʃ] *m* sandwich

sanefa [sənéfə] *f* border, frieze

sang [sáŋ] *f* blood; (*llinatge*) blood; **a ~ freda** in cold blood; **pura ~** thoroughbred; **~ freda** sang-froid

sanglot [səŋglót] *m* sob

sanglotar [səŋglutá] *vi* to sob

sanguini -ínia [səŋɡíni] *aj* blood atr

sanitari -ària [sənitári] *aj* health; *mf* health worker; *mpl* (*peces*) bathroom fittings

sanitat [sənitát] *f* health

sant -a [sán] *aj* holy, sacred; *mf* saint; *fg* saint, angel; *m* (*onomàstica*) saint's day, name day; **~ i senya** password

sarau [səráw] *m* party; (*baralles*) row, fight

sarcasme [sərkázmə] *m* sarcasm

sarcòfag [sərkɔ́fək] *m* sarcophagus

sard -a [sárt] *aj mf* Sardinian

sardana [sərdánə] *f* Catalan folk dance

sardina [sərdínə] *f* sardine

sargantana [sərɡəntánə] *f* lizard

sargir [sərʒí] *vt* to darn

sarment [sərmén] *f* vine shoot

sarraí -ïna [sərəí] *aj mf* Saracen

sarró [sərró] *m* bag, haversack

sastre [sástrə] *m* tailor

sastreria [səstrəríə] *f* tailor's shop

sastressa [səstrésə] *f* (woman) tailor

satèl·lit [sətéllit] *m* satellite

sàtira [sátirə] *f* satire

satisfacció [sətisfəksió] *f* satisfaction

satisfer [sətisfé] *vt* to satisfy, fulfil, fulfill *US*; (*fer content*) to please

saturar [səturá] *vt* to saturate

saüc [səúk] *m* elder

sauna [sáwnə] *f* sauna

savi sàvia [sáβi] *aj* learned, wise; (*prudent*) sensible, wise; *mf* wise person, learned person, sage

saviesa [səβiézə] *f* knowledge, wisdom; (*prudència*) wisdom

saxòfon [səksófun] *m* saxophone

sec [sék] *aj* dry; (*molt prim*) skinny, scrawny; (*vi*) dry; (*brusc*) brusque, curt, abrupt; *mpl* (*mongetes*) beans; **en ~** (*sobtosament*) suddenly, all of a sudden

séc [sék] *m* fold, crease, pleat

secà [səká] *aj* **de ~** dry, unirrigated

secada [səkáðə] *f* drought; (*del camp*) dryness

secció [səksió] *f* section; (*d'una empresa*) department, section

secret -a [səkrét] *aj* *m* secret; **en ~** secretly, in secret, in secrecy

secretari -ària [səkrətári] *mf* secretary

secta [séktə] *f* sect

sector [səktó] *m* sector, group, area

secundari -ària [səkundári] *aj* secondary, incidental

seda [séðə] *f* silk

sedant [səðán] *aj* *m* sedative

sedàs [səðás] *m* sieve

sedentari -ària [səðəntári] *aj* sedentary

sediment [səðimén] *m* sediment

seduir [səðuí] *vt* to seduce; (*captivar*) to captivate

segador -a [səɣəðó] *mf* harvester, reaper; *f* (*màquina*) harvester, reaper, mower; **~a-batedora** (*combine*) harvester

segar [səɣá] *vt* to harvest, reap, mow; *fg* to shatter, destroy, ruin

segell [səʒéʎ] *m* stamp; (*precinte*) seal

segle [séggla] *m* century

segment [səɣmén] *m* segment

sègol [séɣul] *m* rye

segon [səɣón] *aj* second; *m* (*unitat de temps*) second

segons [səɣóns] *prp* according to; (*depèn*) depending on

segregar [səɣrəɣá] *vt* to segregate, separate; (*secretar*) to secrete

segrest [səɣrést] *m* kidnapping; (*d'un avió*) hijacking

segrestar [səɣrəstá] *vt* to kidnap; (*un avió*) to hijack; (*una publicació*) to seize

següent [səɣwén] *aj* next, following

seguici [səɣísi] *m* retinue

seguida [səɣíðə] *f* **de ~** immediately, right away, at once

seguir [səɣí] *vt* to follow; (*un camí*) to follow, take, go along; (*una conducta*) to follow; *vp* to follow

segur -a [səɣú] *aj* certain, assured, sure; (*exempt de risc*) safe; (*fermament establert*) secure, steady, firm; (*up*) sure. *Estic segur que vindrà*, I am sure he will come

segurament [səɣúrəmén] *av* probably, possibly

seguretat [səɣurətát] *f* safety, security; (*certesa*) certainty; (*en un mateix*) (self-)confidence; ~ **social** social security

selent [səjén] *m* seat; (*d'una bicicleta*) saddle

seltó [səjtó] *m* anchovy

seixanta [səʃántə] *aj m* sixty; *Això sembla can ~, this place is a real mess*

selecció [sələksió] *f* selection

seleccionar [sələksiuná] *vt* to select, choose, pick

selecte -a [səléktə] *aj* select, exclusive

sella [séʎə] *f* saddle

selló [səʎó] *m* saddle

selva [sélβə] *f* bot geo (rain)forest, woods *pl*

semàfor [səmáfur] *m* aut traffic lights *pl*

semblança [səmblánsə] *f* similarity, resemblance; (*aparença*) appearance, aspect

semblant [səmblán] *aj* similar; *m* (*cara*) face

semblar [səmblá] *vi* to seem, look; (*ésser semblant*) to look like, resemble; (*opinió*) to think, seem. *Les seves respostes em van semblar molt assenyades*, I thought their answers were very sensible, their answers seemed very sensible to me

sembra [sémbrə] *f* sowing season

sembrador -a [səmbrəðó] *mf* sower; *f* (*màquina*) sower

sembrar [səmbrá] *vt* (*tb fg*) to sow

sembrat -ada [səmbrát] *m* sown field

semen [sémən] *m* semen

semestre [səméstrə] *m* term, semester *US*

semicercle [səmisérklə] *m* semicircle

sèmola [sémulə] *f* semolina

sempre [sémprə] *av* always; **per ~** for ever; **~ que** (*si*) if; (*cada vegada que*) whenever

senar [səná] *aj* odd

senat [sənát] *m* senate

sencer -a [sənsé] *aj* whole, complete, entire; (*sense encetar*) intact

senda [séndə] *f* path, track

senglar [səŋglá] *m* wild boar

sènia [séniə] *f* waterwheel

sens [séns] *prp* = **sense**

sensació [sənsəsió] *f* feeling; *fg* sensation

sensat -a [sənsát] *aj* sensible

sense [sénsə] *prp* without

sensibilitat [sənsiβilitát] *f* sensitivity, feeling

sensible [sənsíbblə] *aj* sensitive; (*important*) noticeable, appreciable

sentència [sənténsiə] *f* sentence; (*màxima*) saying, maxim, motto

sentenciar [səntənsiá] *vt* to sentence

sentiment [səntimén] *m* feeling

sentinella [səntinéʎə] *mf* sentry, guard

sentir [sən̩tí] vt to feel; (oir) to hear; (escoltar) to listen to; (lamentar) to be sorry; vp to feel

sentit [sən̩tít] m sense; (direcció) direction; aj sensitive, touchy; ~ **comú** common sense

seny [séɲ] m wisdom, good sense

senya [séɲə] f sign, mark

senyal [səɲál] m sign, mark; (gest) sign, gesture, signal; (indici) sign

senyalar [səɲəlá] vt to mark

senyar-se [səɲársə] vp to cross osf

senyor -a [səɲó] aj gentleman; El senyor X, Mr X; Sí, senyor, yes, sir; f lady; (muller) wife; La senyora X, Mrs X, Ms X; Sí, senyora, yes, Madam

senyorial [səɲuriál] aj noble

senzill -a [sən̩zíʎ] aj simple, easy; (persona) natural, modest

senzillament [sən̩ziʎəmén] av simply

sèpal [sépəl] m sepal

separació [səpərəsió] f separation, division; (matrimoni) separation

separar [səpərá] vt to separate, divide, split up; vp (matrimoni) to separate

sépia [sépiə] f cuttlefish; aj m (color) sepia

sepulcre [səpúlkrə] m grave, tomb

sepultar [səpultá] vt to bury

sequedat [səkəðát] f dryness; fg curtness, abruptness

sequència [səkwénsiə] f sequence, series

sequera [səkérə] f drought

sèquia [sékiə] f irrigation channel

ser [sér] m = **ésser**

ser [sé] vi = **ésser**

serè -ena [səɾɛ́] aj serene, calm; (temps) clear; f night dew; **a la serena** in the open

serenitat [səɾənitát] f calmness, serenity

sergent -a [səɾʒén] mf sergeant

sèrie [sɛ́ɾiə] f series, sequence, succession

seriós -osa [səɾiós] aj serious; (responsable) responsible, reliable

sermó [səɾmó] m sermon; fg sermon, lecture

serp [sérp] f snake

serpent [səɾpén] mf = **serp**

serra [sɛ́ɾə] f tcn saw; geo mountain range

serralada [səɾəláðə] f mountain range

serraller [səɾəʎé] m locksmith

serrar [səɾá] vt to saw

serrell [səɾɛ́ʎ] m fringe

servei [səɾbéj] m service; (favor) service, favour, favor US; (conjunt de treballs) service; (criats) servants pl, domestic help, domestic service; ~ **militar** military service

servent -a [səɾbén] mf servant

servidor -a [səɾbiðó] mf servant

servir [səɾbí] vt to serve; (complir els deures) to serve; (en una botiga) to serve, attend to; vi (ésser útil) to be useful, be of use; vp to help osf; (fer ús) to use; **fer ~** to use

sèsam [sézəm] m sesame

sessió [səsió] f session, meeting; cin showing, performance

set [sɛ́t] aj m seven; m (estrip) tear

set [sét] f tb fg thirst

síndria

set [sét] *m* (*tennis*) set

setanta [sətántə] *aj m* seventy

setè -ena [səté] *aj m* seventh

setembre [sətémbrə] *m* September

setge [sédʒə] *m* siege

setmana [səmmánə] *f* week; **cap de ~** weekend

setmanal [səmmənál] *aj* weekly

setmanari [səmmənári] *m* weekly

setmesó -ona [sɛdməzó] *aj* premature; *mf* premature baby

setrill [sətríʎ] *m* small oil bottle, cruet

setrilleres [sətriʎérəs] *fpl* cruet *sg*

setze [sédzə] *aj m* sixteen

seu [séw] *aj pr* (*d'ell*) his; (*d'ella*) her; (*d'ells, d'elles*) their

seu [séw] *f* seat, headquarters; (*església*) cathedral

seure [séwrə] *vi* to sit (down); (*estar assegut*) to be seated

sexe [séksə] *m* sex

sexual [səksuál] *aj* sexual

si [si] *cnj* (*condicional*) if; (*Interrogativa*) whether; **~ de cas** in case, if; **~ més no** at least

si [si] *m* (*part interna*) heart

sí [sí] *av m* yes

siderúrgia [siðərúrʒiə] *f* iron and steel industry

sidra [síðrə] *f* cider

sifó [sifó] *m* soda (water); *tcn* U-bend, siphon

sigla [síɣlə] *f* acronym

signar [siɲɲá] *vt* to sign

signatura [siɲɲatúrə] *f* signature; (*dels llibres d'una biblioteca*) call number, catalogue number

signe [síɲɲə] *m* sign; **~ del zodíac** sign of the zodiac;

~ d'exclamació exclamation mark

significar [siɲɲifiká] *vt* to mean, signify

significat [siɲɲifikát] *m* meaning

silenci [silénsi] *m* silence; **en ~** silently

silenciós -osa [silənsiós] *aj* silent, quiet

síl·laba [sílːəβə] *f* syllable

silueta [siluétə] *f* outline, silhouette; (*d'up*) figure

silvestre [silβéstrə] *aj* wild

símbol [símbul] *m* symbol

simetria [simətríə] *f* symmetry

simètric -a [simétrik] *aj* symmetric(al)

simfonia [simfuníə] *f* symphony

simi [sími] *m* ape, simian

similar [similár] *aj* similar

simpatia [simpatíə] *f* friendliness, charm; (*inclinació*) affection, liking

simpàtic -a [simpátik] *aj* nice, kind, friendly

simple [símplə] *aj* simple

simplement [simpləmén] *av* simply

simplificar [simplifiká] *vt* to simplify

simposi [simpózi] *m* symposium

símptoma [simtumə] *m* symptom; *fg* symptom, sign, indication

simular [simulá] *vt* to simulate

simultani -ània [simultáni] *aj* simultaneous

sinagoga [sinəɣóɣə] *f* synagogue

sincer -a [sinsé] *aj* sincere

sindicat [sindikát] *m* trade union, labor union *US*

síndria [síndriə] *f* watermelon

síndrome [síndrumə] f syndrome;
~ **d'abstinència** withdrawal
symptoms

singlot [siŋglót] m hiccup(s)

singular [siŋgulár] aj m singular;
aj (inusitat) odd, peculiar

sínia [síniə] f waterwheel

sinistre -a [sinístrə] aj left; fg
sinister, ominous; m accident

sinó [sinó] cnj but

sinònim -a [sinɔ́nim] aj m
synonymous

sintagma [sintáɣmə] m phrase

síntesi [síntəzi] f synthesis;
(resum) summary

sintètic -a [sintɛ́tik] aj synthetic

sintetitzar [sintətidzá] vt to
synthesize; (resumir) to summarize

sintonia [sintuníə] f tunning;
(música) signature tune

sinuós -osa [sinuós] aj winding,
sinuous

sípia [sípiə] f cuttlefish

sirena [sirénə] f mermaid, siren;
tcn siren

sis [sís] aj m six

sisè -ena [sizɛ́] aj m sixth

sisme [sízmə] m earthquake,
tremor

sistema [sistémə] m system;
~ **monetari** monetary system;
~ **nerviós** nervous system

sitja [sídʒə] f silo

situació [situəsió] f situation,
position

situar [situá] vt to place, put;
(determinar la ubicació) to situate,
locate; vp to get a position,
establish osf

sivella [siβɛ́lə] f buckle, clasp

so [sɔ́] m sound

sobirà -ana [suβirá] aj mf
sovereign

sobrar [suβrá] vi to be left

sobrassada [suβrəsáðə] f
Majorcan sausage

sobre [sɔ́βrə] prp on; (damunt) on
top of, on, above, over; (a més) in
addition (to), besides; (tocant a)
about, on; av above, over, at top;
m envelope; (part superior) top

sobreeixir [sɔβrəʃí] vi (líquid) to
brim over, overflow, spill;
(recipient) to brim over, overflow

sobrepassar [sɔβrəpəsá] vt to
exceed, surpass

sobrer -a [suβrɛ́] aj remaining,
spare

sobresaltar [sɔβrəsəltá] vt to
startle; vp to be startled

sobresortir [sɔβrəsurtí] vi to
stick out; (excel·lir) to stand out,
excel

sobretot [sɔ̀βrətɔ́t] av mainly,
above all, especially; m (abric)
overcoat

sobreviure [sɔ̀βrəβíwrə] vi to
survive

sobri sòbria [sɔ́βri] aj sober,
restrained, simple; (no begut)
sober

sobtadament [suptəðəmén] av
suddenly, unexpectedly, all of
a sudden

sobtar [suptá] vt to surprise

sobte, de [sóptə] av suddenly,
unexpectedly, all of a sudden

soc [sɔ́k] m log; (esclop) clog

soca [sókə] f log

socarrar [sukərá] vtp to burn

socarrimar [sukərimá] vt to burn

soci sòcia [sɔ́si] mf member;

somera

com partner; fm (individu) mate, buddy US
social [susiál] aj social
societat [susiatát] f society; ~ **anònima** public limited company, public corporation US
sòcol [sɔ́kul] m skirting board, baseboard
socórrer [sukórə] vt to help
socors [sukɔ́rs] m help; **demanar** ~ to ask for help
soda [sɔ́ðə] f soda (water)
sofà [sufá] m couch, sofa, settee
sofert -a [sufért] aj uncomplaining, long-suffering, patient
sofre [sófrə] m sulphur, sulfur US
sofregir [sufrəʒí] vt to fry lightly
sofriment [sufrimén] m suffering
sofrir [sufrí] vt (tolerar) to bear, tolerate; vti (patir) to suffer
sogre -a [sɔ́γrə] m father-in-law; f mother-in-law
sojornar [suʒurná] vi to stay
sol [sɔ́l] m sun. **Fa** ~, it's sunny; **El Sol**, the sun
sol [sɔ́l] aj alone. **Sentir-se** ~, to feel lonely; (únic) unique, one, sole
sòl [sɔ́l] m ground
sola [sɔ́lə] f sole
solaç [sulás] m recreation, leisure
solament [suləmén] av only, just; **no** ~... **sinó** not only... but also
solapa [sulápə] f lapel; (d'un llibre) flap
solar [sulá] aj solar; m site, plot, lot US
solc [sɔ́lk] m furrow; (d'un disc) groove; (a l'aigua) wake
solcar [sulká] vt agr to plough, plow US

soldà [suldá] m sultan; f sultana
soldar [suldá] vt to solder, weld; vp (els ossos) to knit
soldat -ada [suldát] mf soldier
soledat [suləðát] f = **solitud**
solell [suléʎ] m sunny slope of a mountain
solemne [sulémnə] aj solemn, formal
soler [sulé] vi **Sol fer fred a la nit**, it's usually cold at night
solfa [sɔ́lfə] f musical notation
sòlid -a [sɔ́lit] aj solid; fg solid, sound, firm; m solid
solidari -ària [suliðári] aj supportive
solidaritat [suliðəritát] f solidarity
solidificació [suliðifikəsió] f solidification
solitari -ària [sulitári] aj lonely, solitary; mf loner; m (cartes) patience, solitaire US; (diamant) solitaire
solitud [sulitút] f loneliness, solitude; (lloc solitari) solitude
sol·licitar [sullisitá] vt to ask for, request
sols [sɔ́ls] av only, just
solt -a [sɔ́lt] aj loose; (desparió) odd
solter -a [sultέ] aj single; mf single person
solució [sulusió] f solution; qm solution
solucionar [sulusiuná] vt to solve, resolve, settle
somera [sumέrə] f she-ass, she-donkey

somiar [sumiá] *vt tb fg* to dream (about); *vi* to dream

somicar [sumiká] *vi* to whimper

sòmines [sɔ́minəs] *m* halfwit, dope, dummy

somni [sɔ́mni] *m tb fg* dream

somniar [sumniá] *vti* = **somiar**

somort -a [sumɔ́rt] *aj* weak; (*so*) muffled

somrient [sumrién] *aj* smiling

somrís [sumrís] *m* smile

somriure [sumriwrə] *vi* to smile; *m* smile

son [sɔ́n] *m* sleep; **tenir ~** to be sleepy

son sa [sun] *aj* (*d'ell*) his; (*d'ella*) her; (*d'ells*) their

sonar [suná] *vi* to sound; (*telèfon*) to ring; (*ser conegut*) to sound familiar, know

sonata [sunátə] *f* sonata

sonda [sɔ́ndə] *f med* catheter, probe; (*aparell radioelèctric*) sounder; *min* drill

sonor -a [sunɔ́r] *aj* sonorous, high-sounding; (*en fonètica*) voiced

sopa [sɔ́pə] *f* soup; **xop com una ~** soaking wet

sopar [supá] *vi* to have dinner; *m* dinner, evening meal

sopera [supérə] *f* soup tureen

sorbet [surβét] *m gst* sorbet, sherbet *US*

sord -a [sɔ́rt] *aj tb fg* deaf; (*en fonètica*) voiceless; *mf* deaf person

sordesa [surðézə] *f* deafness

sord-mut sorda-muda [sɔ̀rtmút] *aj mf* deaf-mute

sorgir [surʒí] *vi* to emerge, come up, arise

sorneguer -a [surnəɣé] *aj* sarcastic, snide

soroll [surɔ́λ] *m* noise; (*avalot*) fuss, row

sorollós -osa [suruλós] *aj* noisy

sorprendre [surpéndrə] *vt* to surprise, amaze; (*descobrir*) to surprise, catch unawares, take by surprise

sorprenent [surprənén] *aj* surprising, amazing

sorpresa [surprézə] *f* surprise

sorra [sɔ́rə] *f* sand; **sorres movedisses** quicksand(s)

sorrenc -a [suréŋ] *aj* sandy

sorrut -uda [surút] *aj* surly, sullen, churlish

sort [sɔ́rt] *f* chance; (*fortuna*) fortune; **bona ~** good luck; **mala ~** bad luck

sorteig [surtét∫] *m* draw

sortida [surtíðə] *f* way out; (*d'un tren, d'un avió*) departure; (*lloc*) exit; (*acudit*) funny remark, witticism; (*solució*) solution, way out

sortidor [surtiðó] *m* fountain

sortir [surtí] *vi* to go out; (*anar-se'n*) to leave, go; (*aparèixer, brollar*) come out, come, appear; (*el sol*) to rise; (*una publicació*) to come out, be published; **~-se'n** to do well, get on

sospesar [suspazá] *vt* to weigh

sospir [suspír] *m* sigh

sospirar [suspirá] *vi* to sigh; *fg* to yearn (for), long (for)

sospitar [suspitá] *vt* to suspect; *vi* to suspect, have one's suspicions (about), be suspicious (of)

sostenidors [sustəniðós] *mpl* bra

sg, brassiere *sg*

sostenir [sustəní] *vt* to hold up, support; *fg* to mantain, support, stand by; *vp* to stand up

sostre [sɔ́strə] *m* ceiling

sot [sɔ́t] *m* hole; (*en un camí, etc*) pothole; (*fossa*) grave

sota [sɔ́tə] *prp* under, underneath, beneath; *fg* under; *av* underneath, below

sotabosc [sɔtəβɔ́sk] *m* undergrowth

soterrani -ània [sutəráni] *aj* subterranean, underground; *m* basement, cellar

soterrar [sutərá] *vt* to bury

sotmetre [sudmɛ́trə] *vt* to subject; (*un poble, etc*) to conquer, subjugate, subdue; (*un informe, una llei, etc*) to present, submit; *vp* to give in, submit

sotrac [sutrák] *m* shake, shaking; *fg* shock

sotragada [sutraɣáðə] *f* = **sotrac**

sotsobrar [sutsuβrá] *vi* to founder

sou [sɔ́w] *m* wage, salary

soviètic -a [suβiétik] *aj mf* Soviet

sovint [suβín] *aj* often

sovintejar [suβintəʒá] *vi* to be frequent, happen frequently; *vt* to do frequently

suar [suá] *vi* to sweat; *fg* to work hard; *vt* to sweat; (*mullar de suor*) to make sweaty

suara [suárə] *av* right now, just a moment ago

suau [suáw] *aj* soft, mild, gentle; (*al tacte*) smooth

suavitat [suəβitát] *f* softness,

mildness, gentleness; (*al tacte*) smoothness

suavitzar [suəβidzá] *vt* to soften

subconjunt [supkunʒún] *m* subset

súbdit -a [súbdit] *aj mf* subject

subdividir [subdiβiði] *vt* to subdivide

subdivisió [subdiβizió] *f* subdivision

subhasta [suβástə] *f* auction

subjectar [subʒəktá] *vt* to hold

subjecte -a [subʒɛ́ktə] *aj* subject; *m* (*assumpte*) subject, matter; (*persona*) individual, character; *grm* subject

subjuntiu -iva [subʒuntíw] *m* subjunctive

sublim [suβlím] *aj m* sublime

submarí -ina [summərí] *aj m* submarine

submarinista [summərinístə] *mf* diver

submergir [summərʒí] *vt* to submerge, immerse; (*inundar*) to flood; *vp* to dive

subministrar [sumministrá] *vt* to supply, provide

subnormal [sumnurmál] *aj* mentally handicapped, subnormal, retarded; *mf* mentally handicapped person

subornar [suβurná] *vt* to bribe

subratllar [subrəʎá] *vt* to underline; *fg* to underline, emphasize, stress

subscriure [supskríwrə] *vt* to sign; (*adherir-se*) to subscribe to, endorse; *vp* (*a una revista, etc*) to subscribe

subsidi [supsíði] *m* subsidy,

benefit, pension

subsistència [supsisténsiə] f subsistence, survival

subsistir [supsistí] vi to subsist, survive

subsòl [supsɔ́l] m subsoil

substància [supstánsiə] f substance; fg substance, essence

substantiu -iva [supstəntíw] aj substantive; m grm noun, substantive

substituir [supstituí] vt to substitute, replace

substitut -a [supstitút] mf substitute

subterrani -ània [suptəráni] aj subterranean, underground

subtil [suptíl] aj subtle; (agut) sharp, acute

subtítol [suptítul] m subtitle

subtracció [suptrəksió] f subtraction

subtrahend [suptrəén] m subtrahend

suburbi [suβúrβi] m slum quarter

suc [súk] m juice; fg substance, essence

sucar [suká] vt to dip

succedani -ània [suksəðáni] aj substitute, ersatz; m substitute

succeir [suksəí] vti (en un càrrec, etc) to succeed, follow; vi (ocórrer) to happen, occur

successió [suksəsió] f succession; (descendència) issue, heirs pl

successiu -iva [suksəsíw] aj successive, consecutive

successivament [suksəsiβəmén] av successively

successor -a [suksəsó] aj succeeding; mf successor;

(hereu) heir

sucós -osa [sukós] aj juicy

sucre [súkrə] m sugar

sucrera [sukré] f sugar bowl, sugar basin

suculent -a [sukulén] aj succulent

sucumbir [sukumbí] vi to succumb

sucursal [sukursál] f branch (office)

sud [sút] aj m south; **en direcció** ~ in a southerly direction

sud-americà -ana [sùtəməriká] aj mf South American

sud-est [sùtést] aj m south-east

sud-oest [sùtuést] aj m south-west

suec -a [suék] aj m Swedish; mf Swede

suèter [suétər] m sweater

suficient [sufisién] aj sufficient, enough; fg self-important, smug

sufix [sufíks] m suffix

sufocar [sufuká] vt to stifle; (foc) to put out; (fer avergonyir) to make blush

suggeriment [sudʒərimén] m suggestion

suggerir [sudʒərí] vt to suggest

suïcida [suisíðə] aj tb fg suicidal; mf suicide

suïcidar-se [suisiðársə] vp to commit suicide, kill osf

suïcidi [suisíði] m suicide

suís -ïssa [suís] aj mf Swiss; m gst cup of chocolate with whipped cream on top

sultà -ana [sultá] mf sultan -a

suma [súmə] f addition; (resultat) sum; (de diners) sum, amount

sumar [sumá] vt to add (up);

(*donar un resultat*) to add up to, amount to

sumptuós -osa [sumtuós] *aj* sumptuous

suor [suó] *f* sweat, perspiration

supeditar [supəðitá] *vt* to subordinate

superar [supərá] *vt* to surpass; (*obstacle*) to overcome; *vp* to excel osf

superb -a [supérp] *aj* superb; (*arrogant*) arrogant, haughty

superficial [supərfisiál] *aj* superficial; *fg* superficial, shallow

superfície [supərfisiə] *f* surface; (*extensió*) area

superflu -èrflua [supérflu] *aj* superfluous, excessive

superior [supəriól] *aj* higher; upper; (*millor*) superior, better; *mf* superior

superiora [supəriórə] *f* mother superior

superlatiu -iva [supərlətíw] *aj m* superlative

supermercat [sùpərmərkát] *m* supermarket

superposar [sùpərpuzá] *vt* to superimpose

supervivent [sùpərβiβén] *aj* surviving; *mf* survivor

suplantar [suplantá] *vt* to supplant

suplement [supləmén] *m* supplement; (*de diners*) extra charge

suplementari -ària [supləməntári] *aj* supplementary

suplent [suplén] *aj mf* substitute; *mf esp* reserve

suplicar [supliká] *vt* to implore, beg (for)

suplir [suplí] *vt* to replace, substitute

suport [supórt] *m* support

suportar [supurtá] *vt* (*un pes*) to support, bear; *fg* to bear, put up with

suposar [supuzá] *vt* to suppose, assume

supositori [supuzitóri] *m* suppository

supremacia [suprəməsíə] *f* supremacy

supressió [suprəsió] *f* suppression, elimination

suprimir [suprimí] *vt* to suppress, eliminate, cut out

surar [surá] *vi* to float

surera [surérə] *f* cork oak

suro [súru] *m* cork

surra [súrə] *f* spanking, smacking

suspendre [suspéndrə] *vt* (*penjar*) to hang; (*interrompre*) to stop, suspend; (*examen*) to fail

suspens [suspéns] *m* fail, failure; *cin* suspense

suspensió [suspənsió] *f* suspension; (*d'una reunió*) adjournment

suspicaç [suspikás] *aj* suspicious, distrustful

sustentar [sustəntá] *vt* to sustain, nourish; (*idea, etc*) to maintain, uphold

sutge [súdʒə] *m* soot

T

tabac [təβák] *m* tobacco; **~ ros** Virginia tobacco

tabal [təβál] *m* drum

tabalot [təβəlót] *m* scatterbrain

tabarra [təβárə] *f* long, tedious conversation; *mf* nuisance, bore, annoying (person)

tabola [təβɔ́lə] *f* rave, spree, binge; **fer ~** to make a racket

taca [tákə] *f* stain, spot, mark; (*pell*) spot

tacar [təká] *vt* to stain, spot, mark

taciturn -a [təsitúrn] *aj* taciturn, silent

tacó [təkó] *m* heel

tacte [táktə] *m* touch; (*qualitat*) feel; *fg* tact

tafanejar [təfənəʒá] *vt* to snoop, pry

tafaner -a [təfəné] *aj* curious, nosy; *mf* snooper, nosyparker

tal [tál] *aj* such (a); (*supleix el nom d'up*) so-and-so. *El senyor ~*, Mr So-and-so; *av* as, in such a way; **per ~ de** to, in order to; **per ~ que** so that

talaia [təlájə] *f* watchtower

talar [təlá] *vt* to fell, cut down; *fg* to devastate, lay waste

talc [tálk] *m* talc; **pólvores de ~** talcum powder

talent [təlén] *m* talent

tall [táʎ] *m* cutting; (*incisió*) cut; (*porció*) piece, bit, slice; (*la carn o el peix*) meat, fish

talla [táʎə] *f* size; (*d'up*) height, stature; *art* sculpture, carving

tallafoc [táʎəfɔ́k] *m* firebreak

tallar [təʎá] *vt* to cut, chop; (*arbre*) to cut down, fell; (*subministrament*) to cut off; *vp* (*la llet*) to curdle; *fg* to become embarrassed; **~-se els cabells**, to

have one's hair cut

tallarina [təʎərínə] *f* noodle

tallat -ada [təʎát] *aj* cut; *m* (small) white coffee; *f* cut, cutting

taller [təʎé] *m* workshop; *aut* repair shop, garage

talment [tàlmén] *av* so, in such a way; (*exactament*) exactly

taló [təló] *m* heel; *com* cheque, check *US*

talonari [təlunári] *m* chequebook, checkbook *US*

talòs -ossa [təlɔ́s] *aj* thick, dim, slow

talp [tálp] *m* mole

també [təmbé] *av* too, also, as well

tambor [təmbó] *m* drum

tamboret [təmburét] *m* stool

tampó [təmpó] *m* plug; *med* tampon; (*d'oficina*) ink pad

tampoc [təmpɔ́k] *av* neither, nor either. *Jo tampoc no hi vaig*, I'm not going either

tan [tán] *av* so, such (a); (*comparació*) as

tanc [táŋ] *m* tank

tanca [táŋkə] *f* fence, wall; (*de porta*) latch, bolt; (*d'una bossa, etc*) fastener, clasp

tancar [təŋká] *vti* to close, shut; *vt* (*obertura*) to block (up); (*aigua, gas, etc*) to turn off; (*fàbrica*) to close (down); **~ amb clau** to lock (up)

tanda [tándə] *f* series; (*torn*) shift; (*ordre establert*) turn

tàndem [tándəm] *m* tandem

tangent [təŋʒén] *aj* tangent

tangible [təŋʒíbblə] *aj* tangible

tanmateix [tàmmətéʃ] *av*

however, nevertheless; (sens dubte) no doubt, naturally

tanoca [tənɔ́kə] aj silly; mf fool, idiot

tant [tán] aj pr so much, as much; (plural) so many, as many; av so much, as much; (temps) so long; m certain amount, so much; **de ~ en ~** from time to time; **per ~** so; **~ se val** it doesn't matter; **~ per cent** percentage

tap [táp] m stopper, cap, top; (de suro) cork; (obstrucció) obstruction

tapa [tápə] f lid; (d'un llibre) cover; (d'una sabata) heelplate; gst snack, delicacy

tapadora [təpəðórə] f lid, cover

tapar [təpá] vt to cover; (pot) to put the lid on; (forat) to plug; (vista) to obstruct, block; (al llit) to wrap up; fg to conceal

tàpera [tápərə] f caper

tàpia [tápiə] f garden wall; **ésser sord com una ~** to be as deaf as a post

tapís [təpís] m tapestry

tapisseria [təpisəríə] f tapestry; (d'un cotxe) upholstery

taquigrafia [təkiɣrəfíə] f shorthand, stenography

taquilla [təkíʎə] f booking office, ticket office, tea box office

tara [tárə] f tare; fg defect

tarannà [tərənná] m character

taràntula [tərántulə] f tarantula

tard [tárt] av late; **cap al ~** at dusk; **fer ~** to be late

tarda [tárðə] f afternoon, (early) evening

tardà -ana [tərðá] aj late,

belated; (persona) slow

tardar [tərðá] vi to take a long time, be long; (venir tard) to be late; Tardarà cinc dies a fer-ho, it will take him five days to do it

tardor [tərðó] f autumn, fall US

targeta [tərʒétə] f card

tarifa [tərífə] f tariff, rate; (de transports) fare

tarima [tərímə] f platform, stand

tarja [tárʒə] f card

taronger [tərunʒé] m orange tree

taronja [tərɔ́nʒə] f orange

taronjada [tərunʒáðə] f orange juice, orangeade

tars [társ] m tarsus

tartamut -uda [tərtəmút] aj stuttering, stammering; mf stutterer, stammerer

tartana [tərtánə] f light cart

tasca [táskə] f task

tascó [təskó] m wedge

tassa [tásə] f cup, (wáter) bowl

tastar [təstá] vt to taste, sample, try

tatuar [tətuá] vt to tattoo

tatuatge [tətuádʒə] m tattoo; (acció) tattooing

taula [táwlə] f table; (d'oficina) desk; (peça de fusta, etc) board, plank; (llista) table, index

taulell [təwlέʎ] m counter; (de bar) bar

tauler [təwlέ] m board, plank; **~ d'anuncis** noticeboard; **~ d'escacs** chessboard

tauleta [təwlέtə] f small, table, side table; **~ de nit** bedside table

tauló [təwló] m plank, beam

tauró [təwró] m shark

taüt [táut] m coffin

tavella [təβéʎə] f bot pod, husk

taverna [təβέrnə] f tavern

taxa [táksə] f fixed price, standard rate

taxi [táksi] m taxi, cab US

taxista [taksístə] mf taxi driver, cab driver US

te [té] m tea

te [tə] pr (to) you

teatral [teətrál] aj theatre, drama atr; fg theatrical, dramatic

teatre [teátrə] m theatre, theater US; lit drama, plays pl

tebi tèbia [téβi] aj lukewarm, tepid

teca [tέkə] f food

tecla [tέklə] f key; fg subject

tècnic -a [tέɣnik] aj technical; mf technician, expert; f technique

tecnologia [təɣnuluʒíə] f technology

tedi [tέði] m boredom, tedium

teia [tέjə] f small firewood, firelighter

teixidor -a [təʃiðó] mf weaver

teixir [təʃí] vt to weave; (les aranyes) to spin

teixit [təʃít] m weave, woven material; (tela) fabric; ana tissue

teixó [təʃó] m badger

tel [tέl] m membrane, thin skin; (en un líquid) skin, film

tela [tέlə] f cloth, fabric, material

telecomunicació [tὲləkumunikəsió] f telecommunication

teledirigit -ida [tὲləðiriʒít] aj remote-controlled, guided

teleespectador -a [tὲləspəktəðó] mf viewer, televiewer

telefèric [tələfέrik] m cable car

telèfon [tələfun] m telephone, phone

telefonada [tələfunáðə] f telephone call

telefonar [tələfuná] vt to telephone, phone

telefònic -a [tələfɔ́nik] aj telephonic, telephone atr

telefonista [tələfunístə] mf telephonist

telègraf [tələɣraf] m telegraph

telegrama [tələɣrámə] m telegram

teler [təlέ] m loom

telescopi [tələskɔ́pi] m telescope

telesella [tὲləséʎə] f chairlift

televisió [tələβizió] f television

televisor [tələβizó] m television set

teli [tέʎ] m lime tree

teló [təló] m curtain

tema [tέmə] m theme, subject, topic

temença [təménsə] f = **temor**

témer [tέmə] vt to fear, be afraid of; vi to be afraid

temerari -ària [təmərári] aj rash, reckless, hasty

temible [təmíbblə] aj fearsome, dreadful, frightful

temor [təmór] m fear, dread

temperament [təmpərəmén] m temperament, disposition

temperat -ada [təmpərát] aj temperate, moderate; (aigua) lukewarm; (clima) mild

temperatura [təmpərətúrə] f temperature

tempesta [təmpέstə] f = **tempestat**

terme

tempestat [təmpəstát] f storm, tempest; fg storm

tempestuós -osa [təmpəstuós] aj stormy, tempestuous; fg stormy

templa [témplə] f ana temple

temple [témplə] m temple; (església) church, chapel

temporada [təmpuráðə] f season; (un cert temps) time, period, spell

temporal [təmpurál] aj temporary; rlg temporal; m storm, rainy weather

temps [téms] m iv time; (meteorològic) weather; (estació) season; grm tense; **al mateix ~** at the same time; **perdre el ~** to waste time

temptació [təmtəsió] f temptation

temptar [təmtá] vt to test, try (out); (atreure) to tempt, attract

tempteig [təmtétʃ] m test(ing), trial

temptejar [təmtəʒá] vt to test, try out; (intencions) to sound out

tenaç [tənás] aj tough; (persona) tenacious

tenalles [tənáʎəs] fpl pliers, pincers; med forceps

tenda [téndə] f tent; (botiga) shop

tendal [təndál] m awning

tendència [təndénsiə] f tendency

tendir [təndí] vi to tend, have a tendency

tendó [təndó] m tendon

tendre -a [téndrə] aj tender; (pa, etc) new, fresh

tendresa [təndrézə] f tenderness

tendrum [təndrúm] m cartilage

tenebra [tənéβrə] f darkness, dark, gloom

tenebrós -osa [tənəβrós] aj dark, gloomy

tènia [téniə] f tapeworm

tenir [təní] vt to have; (objecte) to hold (up); **Què tens?**, what's the matter with you? **~ lloc** to take place

tennis [ténnis] m tennis; **~ de taula** table tennis

tennista [ténnistə] mf tennis player

tenor [tənór] m tenor

tens -a [téns] aj tense, taut

tensió [tənsió] f tension; tcn stress; fg tension, tenseness; **~ arterial** blood pressure

tentacle [təntáklə] m tentacle

tentines [təntínəs] fpl fer **~** to stagger, totter

tènue [ténuə] aj thin, slight, (boira) thin, light, (so, llum) faint, weak

tenyir [təɲí] vt to dye; fg to tinge

teologia [teuluʒíə] f theology

teoria [teuríə] f theory

teranyina [tərəɲínə] f spider's web, cobweb

teràpia [tərápiə] f therapy

tèrbol -a [térbul] aj cloudy, turbid, muddy; fg unclear, obscure

terç -a [térs] aj m third

tercer -a [tərsé] aj mf third; mf mediator; m dr third party, third person

terciari -ària [tərsiári] aj m tertiary

tergiversar [tərʒiβərsá] vt to distort, twist, misrepresent

termal [tərmál] aj thermal

terme [térmə] m end, finish,

conclusion; (*límit*) boundary; *grm* term; **dur a ~** to carry out; **~ mitjà** average

tèrmic -a [tɛ́rmik] *aj* thermic, heat *atr*

terminació [tərminəsió] *f* ending, termination

terminal [tərminál] *aj mf* terminal

termini [tərmíni] *m* time, period; (*pagament*) instalment; **a ~s** on hire purchase

tèrmit [tɛ́rmit] *m* termite

termòmetre [tərmɔ́mətrə] *m* thermometer

termos [tɛ́rmus] *m* thermos (bottle)

terra [tɛ́rə] *f* earth; **La Terra**, the earth; (*de conreu*) land; *Terra, mar i aire*, land, sea and air; *m* (*sòl*) ground; (*d'una casa*) floor; **sota ~** *av* underground

terrabastall [tərəβəstáʎ] *m* din, row; (*daltabaix*) racket, fuss

terraplè [tərəplɛ́] *m* embankment; *agr* terrace

terraqui -àquia [tərákwi] *aj* terraqueous

terrari [tərári] *m* terrarium

terrassa [tərásə] *f* terrace

terrat [tərát] *m* flat roof

terratinent [tɛrətinén] *mf* landowner

terratrèmol [tɛrətrémul] *m* earthquake

terreny [tərɛ́ɲ] *m* terrain, ground, land; (*sòl*) soil, earth; (*solar*) site, plot; *fg* field

terrestre [tərɛ́strə] *aj* terrestrial, earthly

terrible [təríbblə] *aj* terrible, awful

terrina [tərínə] *f* earthenware pot

terrissa [tərísə] *f* pottery, ceramics; (*material*) clay

terrissaire [tərisájrə] *mf* potter

territori [təritɔ́ri] *m* territory

territorial [tərituriál] *aj* territorial

terror [tərór] *m* terror

terrorífic -a [tərurífik] *aj* terrifying, frightening

terrorisme [tərurízmə] *m* terrorism

terròs [tərɔ́s] *m* (*de terra*) clod; (*de sucre, etc*) lump

terrós -osa [tərós] *aj* earthy; (*color*) earth-coloured

tertúlia [tərtúliə] *f* social gathering; (*grup*) group, circle

tes -a [tɛ́s] *aj* taut, tight

tesar [təzá] *vt* to tauten, tighten up

tesi [tézi] *f* thesis

test [tɛ́st] *m* flowerpot

test [tɛ́st] *m* (*prova*) test

testa [tɛ́stə] *f* head

testament [təstəmén] *m* will, testament

testar [təstá] *vi* to make one's will

testicle [təstíklə] *m* testicle

testificar [təstifiká] *vt* to attest, testify

testimoni [təstimɔ́ni] *m* testimony, evidence; *mf* witness

tetera [tətérə] *f* teapot

tetina [tətínə] *f* teat, nipple

tètric -a [tɛ́trik] *aj* gloomy, dismal

teu teva [téw] *aj* your. *El teu cotxe*, your car; *pr* yours

teula [téwlə] *f* tile

teulada [təwláðə] *f* (tiled) roof

teulat [təwlát] *m* = **teulada**

text [tɛ́kst] *m* text

tèxtil [tékstil] *aj m* textile

textura [təkstúrə] *f tb fg* texture

tia [tíə] *f* aunt

tibant [tiβán] *aj* tight, taut, tensed

tibar [tiβá] *vt* to tighten, tauten; *vi* to be tight

tibat -ada [tiβát] *aj* tight, taut; *fg* stiff, proud

tiberi [tiβéri] *m* slap-up meal, spread

tíbia [tíβiə] *f* tibia

tic [tík] *m* tic

tic-tac [tikták] *m* tick tock

tifus [tífus] *m* typhus

tigre [tíɣrə] *m* tiger

tija [tíʒə] *f* steam, stalk

lli-la [tíllə] *f* (infusion of) lime-tree leaves

til-ler [tillé] *m* lime tree

timbal [timbál] *m* drum

timbre [tímbrə] *m* bell; (*segell*) stamp; *mús* timbre

tímid -a [tímit] *aj* timid, shy

timidesa [timiðézə] *f* timidity, shyness

timó [timó] *m* rudder, helm; *bot* thyme

timoner -a [timuné] *m* steersman, helmsman

timpà [timpá] *m* tympanum, eardrum

tina [tínə] *f* vat, tub, tank

tinent [tinén] *mf* lieutenant

tint [tín] *m* dye; (*acció*) dyeing

tinta [tíntə] *f* ink; *tcn* dye

tinter [tinté] *m* inkwell

tintorer -a [tinturé] *mf* dyer, dry cleaner

tintoreria [tinturəríə] *f* dry cleaner's

tintura [tintúrə] *f* dye; (*acció*) dyeing

tió [tió] *m* log for burning; (*de Nadal*) log that yields presents when beaten by children

tip -a [típ] *aj* full, satiated; *m* repletion; **estar ~ de** to be fed up with

típic -a [típik] *aj* typical

tipografia [tipuɣrəfíə] *f* typography, printing

tipus [típus] *m* type, (*classe*) kind, sort, class, (*d'interès*) rate

tiquet [tikét] *m* ticket

tir [tír] *m* shooting, firing; (*tret*) shot; *esp* target practice

tira [tírə] *f* strip, band

tirà -ana [tirá] *mf* tyrant

tirabuixó [tiraβuʃó] *m* corkscrew

tirada [tiráðə] *f* throw, cast; (*distància*) distance · (*tirolació*) appeal, tendency; *grf* printing, edition; **d'una ~** at one go

tirania [tiraníə] *f* tyranny

tirar [tirá] *vt* to throw, cast; (*fer caure*) to drop, knock down; (*atraure*) to draw, attract; (*canonada*) to fire, shoot; (*moure*) to move; *vi* to go, turn; (*tendir*) to tend

tireta [tirétə] *f* plaster, bandaid US

tirotejar [tirutəʒá] *vt* to shoot at, fire on

tírria [tíriə] *f* dislike

tisana [tizánə] *f* tisane

tisores [tizórəs] *fpl* scissors

tita [títə] *f* turkey hen; *fm* willy

tità [titá] *m* titan

titànic -a [titánik] *aj* titanic

titella [titéλə] *m* puppet,

marionette

títol [títul] *m* title; (*d'un capítol*) heading; (*universitari*) degree

titola [titɔ́lə] *f* cock, prick

titubejar [tituβəʒá] *vi* to hesitate

titular [titulár] *aj* titular; *mf* occupant, holder; *m* headline

titular [titulá] *vt* to title, entitle

to [tɔ́] *m* tone, key; (*de color*) tone, shade, hue

tobogan [tuβuɣán] *m* toboggan

toc [tɔ́k] *m* touch; (*de campana*) peal; (*de tambor*) beat

tocadiscs [tɔkədísks] *m* record player

tocador [tukəðó] *m* dressing table

tocar [tuká] *vt* to touch; *mús* to play; (*campana*) to ring; (*un tema*) to touch on, refer to; (*correspondre*) to be one's turn; (*guanyar*) to win; (*impressionar*) to touch, move

tocatardà -ana [tɔkətərdá] *aj* late-riser; (*lent*) slow

tofa [tɔ́fə] *f* tuft, thicket; (*de cabells*) head of hair

tòfona [tɔ́funə] *f* truffle, earthnut

toia [tɔ́jə] *f* bouquet, bunch

toix -a [tɔ́ʃ] *aj* blunt; *fg* dull, weak-minded

tolerant [tulərán] *aj* tolerant

tolerar [tulərá] *vt* to tolerate, bear, put up with

toll [tɔ́ʎ] *m* pool, puddle

tom [tóm] *m* volume

tomaquera [tuməkérə] *f* tomato plant

tomàquet [tumákət] *m* tomato

tomata [tumátə] *f* = **tomàquet**

tomb [tóm] *m* turn; (*passejada*) walk, stroll; *fg* turn, twist

tomba [tómbə] *f* grave, tomb

tombar [tumbá] *vt* to turn; (*fer caure*) to knock down; *vi* to turn, change

tombarella [tumbərélə] *f* somersault

tómbola [tómbulə] *f* tombola

ton ta [tun] *aj* your. ~ *pare*, your father. *Ta mare*, your mother

tona [tónə] *f* barrel; (*unitat de pes*) ton

tonada [tunáðə] *f* tune

tonalitat [tunəlitát] *f* tonality, key; *art* colour scheme

tongada [tuŋgáðə] *f* series, succession, spell

tònic -a [tɔ́nik] *aj m* tonic

tonyina [tuɲínə] *f* tuna (fish)

topada [tupáðə] *f* impact, bump; *aut frr* crash, collision

topar [tupá] *vt* to run into, bump into; (*objecte*) to find, come across; *vi* to crash, collide

topazi [tupázi] *m* topaz

topí [tupí] *m* (cooking) pot

tòpic -a [tɔ́pik] *aj* topical, local; *m* commonplace, cliché

topògraf -a [tupɔ́ɣrəf] *mf* topographer

topografia [tupuɣrəfíə] *f* topography

topogràfic -a [tupuɣráfik] *aj* topographic(al)

topònim [tupɔ́nim] *m* place name

toràcic -a [turásik] *aj* thoracic

tòrax [tɔ́rəks] *m* thorax

torb [tɔ́rp] *m* blizzard, snowstorm

torbar [turbá] *vt* to disturb; (*up*) to distract; *vp* to lose one's self-possession

torcar [turká] *vt* to wipe

torçar [tursá] *vt* = **tòrcer**

tòrcer [tɔ́rsə] *vtp* to twist, bend; (*turmell*) to sprain; *vi* (*girar*) to turn

tord [tórt] *m* thrush

torn [tórn] *m* winch; (*per a la fusta*) lathe; (*tanda*) turn, shift

tornada [turnáðə] *f* return; *lit* refrain

tornar [turná] *vt* to return, give back; *vi* to return, go back, come back; ~ *a fer uc*, to do sth again; *vp* to become, go, turn

tornavís [tòrnəβís] *m* screwdriver

torneig [turnétʃ] *m* tournament, competition

torner -a [turné] *mf* turner, lathe operator

torniquet [turnikét] *m* turnstile; *med* tourniquet

toro [tɔ́ru] *m* bull

torrada [turáðə] *f* (*piece of*) toast

torrar [turá] *vt* to toast; (*cafè*) to roast; (*la pell*) to tan; *vp* to get brown; *fm* to get drunk

torratxa [turátʃə] *f* small tower

torre [tɔ́rə] *f* tower; (*casa amb jardí*) villa; (*escacs*) rook, castle

torrencial [turənsiál] *aj* torrential

torrent [turén] *m* rushing stream, torrent

torrentada [turəntáðə] *f* flood, torrent

tòrrid -a [tɔ́rit] *aj* torrid

torró [turó] *m* (*kind of*) nougat

tors [tɔ́rs] *m* torso

tort -a [tɔ́rt] *aj* twisted, bent; (*de biaix*) askew

tortell [turtéʎ] *m* ring-shaped cake

tórtora [tórturə] *f* turtledove

tortuga [turtúɣə] *f* tortoise; ~ **de mar** turtle

tortuós -osa [turtuós] *aj* tortuous, winding

torturar [turturá] *vt* to torture

torxa [tɔ́rʃə] *f* torch

tos [tós] *f* cough

tosc -a [tósk] *aj* rough, coarse

tossal [tusál] *m* hill

tossir [tusí] *vi* to cough

tossut -uda [tusút] *aj* obstinate, stubborn

tot -a [tɔ́t] *aj* all, the whole, every. *Tota la nit*, all night. *Tots els dies*, every day; *av* all, completely; *m* whole; *pr* all, everything; **del ~** completely; ~ **d'una** suddenly; ~ **i això** even so

total [tutál] *aj* total, whole, complete; *m* total, whole; *av* in short, to sum up

totalitat [tutalitát] *f* whole, totality

totalment [tutalmén] *av* totally, completely

tothom [tutɔ́m] *pr* everybody, everyone

tòtil -a [tɔ́til] *mf* fool, idiot

totxana [tutʃánə] *f* hollow brick

totxo -a [tótʃu] *aj* dull, slow; *m* brick

tou tova [tɔ́w] *aj* soft, smooth; (*caràcter*) weak; *m* soft part; (*abundància*) lot, plenty

tovalles [tuβáʎəs] *fpl* tablecloth

tovalló [tuβəʎó] *m* serviette, napkin

tovallola [tuβəʎɔ́lə] *f* towel

tòxic -a [tɔ́ksik] *aj* toxic, poisonous; *m* poison

toxina [tuksínə] *f* toxin

trabuc [trəβúk] *m* blunderbuss; (*carro*) tip-up lorry, dump truck *US*

trabucar [trəβuká] *vt* to tip over, upset; *fg* to mix up, confuse

traç [trás] *m* line, stroke

traca [trákə] *f* string of fireworks

traça [trásə] *f* skill, ability; (*senyal*) trace, trail

traçar [trəsá] *vt* to draw, trace; (*plànols, etc*) to plan, design

tracció [trəksió] *f* traction; (*d'un cotxe*) drive

tractament [trəktəmén] *m* treatment

tractar [trəktá] *vt* to treat, handle; (*relacionar-se*) to have dealings with, have to do with; (*adreçar-se*) to address; *vi* (*parlar sobre*) to deal with, discuss; (*intentar*) to try

tractat [trəktát] *m* treaty, agreement

tracte [tráktə] *m* dealings *pl*; (*relació*) relationship; (*comportament*) manner; *com* agreement, deal

tractor [trəktó] *m* tractor

traçut -uda [trəsút] *aj* skilful, ingenious, clever

tradició [trəðisió] *f* tradition

tradicional [trəðisiunál] *aj* traditional

traducció [trəðuksió] *f* translation

traductor -a [trəðuktó] *mf* translator

traduir [trəðuí] *vt* to translate

tràfec [tráfək] *m* bustle, hustle

tràfic [tráfik] *m* trade, business; *dsp* traffic

traficar [trəfiká] *vi* to trade; deal;

dsp to traffic

tragar [trəɣá] *vt* to swallow, gulp down

tragèdia [trəʒéðiə] *f* tragedy

tragí [trəʒí] *m* transport, haulage

tràgic -a [tráʒik] *aj* tragic(al); *mf* tragedian

traginar [trəʒiná] *vt* to carry, transport

traginer -a [trəʒiné] *m* carrier

trago [tráɣu] *m* drink, draught

traïció [trəisió] *f* treachery, betrayal; *dr* treason

traïdor -a [trəiðó] *aj* treacherous; *m* traitor, betrayer; *f* traitress, betrayer

traïdoria [trəiðuríə] *f* treachery

trair [trəí] *vt* to betray

trajecte [trəʒéktə] *m* route, way; (*camí recorregut*) journey

trajectòria [trəʒəktòriə] *f* trajectory, path; *fg* development

tralla [tráʎə] *f* whiplash, lash

tram [trám] *m* section, stretch; (*d'un pont*) span; (*d'una escala*) flight

trama [trámə] *f* weft, woof; *fg* plot, scheme

tramar [trəmá] *vt* to weave; *fg* to plan, plot

tramesa [trəmézə] *f* sending, dispatch; (*de mercaderies*) consignment, shipment; (*de diners*) remittance

trametre [trəmétrə] *vt* to send, dispatch

tràmit [trámit] *m* step; *pl* procedure *sg*

tramoia [trəmòjə] *f* piece of stage machinery; *fg* scheme, plot

tramoista [trəmuístə] *mf* scene-

tràquea

shifter

trampa [trámpə] *f* trap, snare; (*engany*) trick; **fer trampes** to cheat

trampolí [trəmpulí] *m* trampoline, springboard

tramuntana [trəmuntánə] *f* north wind

tramvia [trəmbíə] *m* tram(car), streetcar US

tràngol [tráŋgul] *m* swell, heavy sea; *fg* difficult situation

tranquil -il·la [trəŋkíl] *aj* calm, tranquil, peaceful, quiet

tranquil·litat [trəŋkillitát] *f* calmness, tranquility, peacefulness, quietness

tranquil·litzar [trəŋkillidzá] *vt* to tranquillize, calm (down); *vp* to calm down

transatlàntic -a [trənzəllántik] *aj* transatlantic; *m* liner

transbord [trənzbórt] *m* (*de tren*) change

transcórrer [trənskúrə] *vi* to pass, go by

transcurs [trənskúrs] *m* course, passing

transeünt [trənzəún] *aj* transitory; *mf* passer-by

transferència [trənsfərénsiə] *f* transference

transferir [trənsfərí] *vt* to transfer

transformació [trənsfurməsió] *f* transformation

transformar [trənsfurmá] *vt* to transform

transfusió [trənsfuzió] *f* transfusion

transhumant [trənsumán] *aj* migrating

transició [trənzisió] *f* transition

transistor [trənzistó] *m* transistor

trànsit [tránzit] *m* transit, movement; *aut* traffic

transitar [trənzitá] *vi* to go along, travel along

transmetre [trənzmétrə] *vt* to transmit; (*TV*) to broadcast

transmissió [trənzmisió] *f* transmission; (*TV*) broadcast(ing)

transparència [trənspərénsiə] *f* transparency; (*claredat*) clarity, clearness

transparent [trənspərén] *aj* transparent; (*clar*) clear

transpiració [trənspirəsió] *f* transpiration; (*suor*) perspiration

transpirar [trənspirá] *vi* to transpire; (*suar*) to perspire

transport [trənspórt] *m* transport; *com* haulage, removal

transportador [trənspurtəðó] *m* transporter, conveyor; *mat* protractor

transportar [trənspurtá] *vt* to transport, haul, carry

transportista [trənspurtístə] *mf* transporter, carrier

transversal [trənzbərsál] *aj* transverse, cross

transvestit -ida [trənzbəstít] *aj mf* transvestite

trapella [trəpéʎə] *mf* cheat, swindler

trapezi [trəpézi] *m* trapeze; *mat* trapezium

trapezista [trəpəzístə] *mf* trapeze artist

tràquea [trákeə] *f* trachea, windpipe

trasbals [trəzbáls] *m* moving; *fg* upheaval, confusion

traslladar [trəsʎəðá] *vt* to move; (*up*) to transfer; (*ajornar*) to postpone

trasllat [trəsʎát] *m* move, transfer; (*de mobles*) removal

traspàs [trəspás] *m* crossing over; *com* transfer, sale; (*mort*) death, decease

traspassar [trəspəsá] *vt* to cross over; (*foradar*) to go through, pierce; *com* to transfer, sell

traspuar [trəspuá] *vt* to ooze, exude

trasto [trástu] *m fm* piece of junk

trastorn [trəstórn] *m* disturbance, upheaval, confusion; *med* upset, disorder

trau [tráw] *m* buttonhole; (*incisió*) incision, gash

trauma [tráwmə] *m* trauma

traure [tráwɾə] *vt* = **treure**

trava [tráβə] *f* bond, tie; *fg* obstacle, hindrance

través [trəβés] *m* width, breadth; **a ~ de** across, through; **de ~** crossways, sideways

travessa [trəβésə] *f* crossbeam; *frr* sleeper; (*d'apostes*) football pools *pl*

travessar [trəβəsá] *vt* to cross (over), go across, pass through; (*traspassar*) to pierce, go through

travesser -a [trəβəsé] *aj* cross, transverse; *m* crosspiece; *f* road which crosses a town

travessia [trəβəsíə] *f* cross-roads; (*viatge per mar*) crossing, voyage

treball [trəβáʎ] *m* work; (*feina*) job, task; *pl fg* troubles,

difficulties, hardships

treballador -a [trəβəʎəðó] *aj* hard-working, industrious; *mf* worker

treballar [trəβəʎá] *vti* to work; *vt* (*pasta*) to knead; (*millorar*) to elaborate on, improve

tremolar [tɾəmulá] *vi* to shake, tremble; (*de fred*) to shiver

tremolor [tɾəmuló] *m/f* shaking, trembling; (*de fred*) shiver, shivering

tremolós -osa [tɾəmulós] *aj* trembling, tremulous, shaking

trempar [tɾəmpá] *vt* to temper; *fm* to get an erection

trempat -ada [tɾəmpát] *aj* cheerful, genial, frank, open

trèmul -a [tɾémul] *aj* = **tremolós**

tren [tɾén] *m* train

trena [tɾénə] *f* plait, pigtail, braid US

trenc [tɾéŋ] *m* fissure, crack; (*ferida*) head injury, head wound; **a ~ d'alba** at dawn, at daybreak

trencaclosques [tɾəŋkəklɔ́skəs] *m* riddle, puzzle; (*joc*) puzzle

trencacolls [tɾəŋkəkɔ́ʎs] *m* precipice, cliff; *fg* pitfall, dangerous affair

trencadís -issa [tɾəŋkəðís] *aj* fragile, brittle; *f* breakage

trencanous [tɾəŋkənɔ́ws] *m* nutcracker

trencar [tɾəŋká] *vtp* to break, smash, shatter; (*conversa*) to interrupt; (*llei*) to violate, break; *vi* (*camí, etc*) to turn; **~ amb up** to break off; **~-se de riure** to split one's sides laughing

trenta [tréntə] aj m thirty

trepa [trépə] f rabble, mob

trepidar [trəpiðá] vi to shake, vibrate

trepig [trəpít∫] m treading; (soroll) (foot)step

trepitjada [trəpidʒáðə] f treading; (senyal) footprint, track

trepitjar [trəpidʒá] vt to walk on, tread on; (sense voler) to step on

tres [trés] aj m three; **en un ~ i no res** in the twinkling of an eye

trescar [trəská] vi to work, toil; (caminar) to rush

tresor [trəzór] m treasure; com treasury

trespol [trəspól] m ceiling; (teulada) roof

tret [trét] m shot; ana feature; **a grans ~s** in outline, broadly

tret [trét] prp = **de** except for

tretze [trédzə] aj m thirteen

treure [tɾéwɾə] vt to take out; (fer desaparèixer) to remove, get out; (fer sortir) to bring out; (obtenir) to obtain, get; (roba) to take off

treva [tɾéβə] f truce; fg lull, respite, let-up

trèvol [tɾéβul] m clover, trefoil

triangle [tɾiáŋglə] m triangle

triangular [tɾiəŋgulár] aj triangular

triar [tɾiá] vt to choose, pick (out), select

tribu [tɾíβu] f tribe

tribulació [tɾiβuləsió] f tribulation

tribuna [tɾiβúnə] f platform, rostrum; esp grandstand

tribunal [tɾiβunál] m court;

(ensenyament) board of examiners

tribut [tɾiβút] m tribute; (impost) tax

tricicle [tɾisiklə] m tricycle

trifulga [tɾifúlɣə] f fix, jam, difficulty, tight spot

trigar [tɾiɣá] vi = **tardar**

trimestre [tɾiméstɾə] m quarter; (ensenyament) term

trineu [tɾinéw] m sledge, sleigh

trinitat [tɾinitát] f Trinity

trinxar [tɾinʃá] vt to carve, cut

trinxera [tɾinʃéɾə] f trench

triomf [tɾiómf] m triumph, victory

triomfar [tɾiumfá] vi to triumph, win; fg to succeed

tripa [tɾípə] f intestine, gut

tripijoc [tɾipiʒɔ́k] m fm mess, tangle

triple [tɾíplə] aj m triple

trípode [tɾípoðə] m tripod

tríptic [tɾíptik] m triptych

tripulació [tɾipuləsió] f crew

tripular [tɾipulá] vt to man

trist -a [tɾíst] aj sad, unhappy; (caràcter) gloomy, melancholy

tristesa [tɾistézə] f sadness

tristor [tɾistó] m = **tristesa**

trituradora [tɾituɾəðóɾə] f grinder, crushing machine

triturar [tɾituɾá] vt to triturate, grind, crush

trivial [tɾiβiál] aj trivial, banal

tro [tɾɔ́] m thunder

trobada [tɾuβáðə] f meeting, encounter

trobador [tɾuβəðó] m troubadour

troballa [tɾuβáʎə] f find, discovery

trobar [tɾuβá] vt to find, discover; fg to meet, encounter, run into;

vp to meet (each other); (*salut*) to feel, be; (*ser en un lloc*) to be, find osf

troca [trókə] *f* skein, hank

trofeu [truféw] *m* trophy

tromba [trómbə] *f* whirlwind

trompa [trómpə] *f* horn; (*d'elefant*) trunk; **agafar una ~** to get drunk

trompada [trumpáðə] *f fm* bump, bang, bash

trompeta [trumpétə] *f* trumpet

tron [trɔ́n] *m* throne; *fg* crown

trona [trɔ́nə] *f* pulpit; (*de criatura*) high chair

tronar [truná] *vi* to thunder

tronat -ada [trunát] *aj* old, broken-down, worn-out

tronc [trɔ́ŋ] *m* trunk; (*tros de tronc*) log; **dormir com un ~** to sleep like a log

trontollar [truntuʎá] *vi* to stagger, totter; *vt* to shake, jolt, jerk

tropa [trópə] *f* troop

tròpic [trɔ́pik] *m* tropic

tropical [trupikál] *aj* tropical

tros [trɔ́s] *m* piece, bit, fragment; *agr* plot

trossejar [trusəʒá] *vt* to cut up, cut into pieces

trot [trɔ́t] *m* trot

trotar [trutá] *vi* to trot; *fg* to rush, chase about

truà -ana [truá] *mf* rogue, trickster

truc [trúk] *m* call; (*a la porta*) knock, ring; (*recurs enginyós*) trick

trucada [trukáðə] *f* call

trucar [truká] *vi* to knock, ring; (*telèfon*) to call

truculent -a [trukulén] *aj* truculent, cruel, horrifying, terrifying

trufa [trúfə] *f* (*rum*) truffle; *bot* = **tòfona**

truita [trújtə] *f gst* omelette, omelet *US*; (*peix*) trout

truja [trúʒə] *f* sow

truncar [truŋká] *vt* to truncate, shorten; *fg* to cut short

tsar [tsár] *m* tsar, tzar, czar

tub [túp] *m* tube; (*de canonada*) pipe

tubercle [tuβérklə] *m* tuber, tubercle

tu [tú] *pr* you

tuf [túf] *m* bad smell, stink

tuguri [tuɣúri] *m* hovel, slum, shack; (*habitació*) small room

tulipa [tulípə] *f* tulip

tumor [tumór] *m* tumour, tumor *US*

tumult [tumúl] *m* tumult, turmoil, commotion; *fg* uproar

túnel [túnəl] *m* tunnel

túnica [túnikə] *f* tunic

tupí [tupí] *m* = **topí**

turbant [turbán] *m* turban

turbina [turbínə] *f* turbine

turbulent -a [turbulén] *aj* turbulent; *fg* restless, unruly, disorderly

turc -a [túrk] *aj* Turkish; *mf* Turk

turisme [turízmə] *m* tourism

turista [turístə] *mf* tourist

turístic -a [turístik] *aj* tourist *atr*

turmell [turméʎ] *m* ankle

turment [turmén] *m* torture, torment; *fg* torment, anguish, agony

turó [turó] *m* hill

tustar [tustá] vt to hit, strike, knock

tutejar [tutəʒá] vt to address sby as «tu»

tutela [tutέlə] f guardianship; fg protection, tutelage

tutor -a [tutó] mf dr guardian; (ensenyament) tutor

txec -a [tʃέk] aj mf Czech

txecoslovac -a [tʃὲkuzluβák] aj mf Czechoslovak

U

u [ú] aj mf one, first; m (number) one; **cada** ~ each one

udol [uðól] m tb fg howl, howling

udolar [uðulá] vi tb fg to howl

ufana [ufánə] f ostentation, pomp; bot lushness, luxuriance

ufanós -osa [ufanós] aj haughty, proud; bot lush, luxuriant

uixer [uʃέ] m usher

úlcera [úlsərə] f ulcer

ull [úʎ] m eye, bot heart; **cop d'~** glance; **fer els ~s grossos** to turn a blind eye, overlook; ~ **de poll** corn; ~ **de vellut** black eye

ullada [uʎáðə] f look, glance, glimpse

ullal [uʎál] m eye tooth, canine (tooth); (d'elefant) tusk

ullera [uʎέrə] f ~ **de llarga vista** telescope

ulleres [uʎέrəs] fpl glasses, spectacles; (taca sota els ulls) rings under the eyes

ullet [uʎέt] m txt eyelet; **fer l'~ a up** to wink at sby

últim -a [últim] aj last

ultra [últrə] prp besides, in addition to; aj extreme; mf extremist

ultramar [últrəmár] m overseas country; **d'~** overseas

ultratge [ultrádʒə] m outrage

ultratomba [últrətómbə] f what lies beyond the grave

umbilical [umbilikál] aj umbilical

un una [ún] aj pr ar a, an; pl some, a few; **Unes dues hores**, about two hours; (nombre) one; **he ~a** (hora) one (o'clock); **l'~ a l'altre** (recíprocament) each other; **tot d'~** (de sobte) all of a sudden, suddenly

unànime [unánimə] aj unanimous

unça [únsə] f ounce

unció [unsió] f med anointing; rlg unction

ungla [úŋglə] f nail, fingernail; (dels peus) nail, toenail, (ù un cavall etc) hoof

unglada [uŋgláðə] f nail mark, scratch

unglot [uŋglót] m hoof

ungüent [uŋgwén] m ointment

únic -a [únik] aj only, sole; (incomparable) unique

únicament [únikəmén] av only, solely

uniforme [unifórmə] aj m uniform

unió [unió] f union; (acció) union, joining; ana joint

unir [uní] vtp to join, unite

unitat [unitát] f unity; unit

univers [uniβέrs] m universe

universal [uniβərsál] aj universal; (mundial) world atr; tcn all-purpose

universitat [uniβərsitát] f university

untar [untá] *vt* to grease, smear; (*subornar*) to bribe

urani [uráni] *m* uranium

urbà -ana [urbá] *aj* urban, city *atr*, town *atr*; *mf* municipal policeman

urbanisme [urbánizmə] *m* town planning

urbanització [urbənidzəsió] *f* urban development; (*barri*) housing estate

urbanitzar [urbənidzá] *vt* to develop, build on

urea [uréə] *f* urea

urèter [urétər] *m* ureter

uretra [urétrə] *f* urethra

urgència [urʒénsiə] *f* urgency; (*emergència*) emergency; *pl med* casualty department

urgent [urʒén] *aj* urgent, pressing; (*carta*) express

urgir [urʒí] *vi* to be urgent, be pressing

urinari -ària [urinári] *aj* urinary; *m* urinal

urna [úrnə] *f* urn; (*electoral*) ballot box

urpa [úrpə] *f* claw, talon

us [us] *pr* you

ús [ús] *m* use; **fer ~ de** to make use of

usar [uzá] *vt* to use, employ

userda [uzérdə] *f* lucerne, alfalfa

usual [uzuál] *aj* usual, customary

usuari -ària [uzuári] *mf* user

usurpar [uzurpá] *vt* to usurp

utensili [utənsíli] *m* tool, implement

úter [útər] *m* womb, uterus

útil [útil] *aj* useful

utilitat [utilitát] *f* usefulness,

utility; (*profit*) benefit

utilització [utilidzəsió] *f* use, utilization

utilitzar [utilidzá] *vt* to use, utilize

utillatge [utiʎádʒə] *m* tools *pl*, equipment

utopia [utupíə] *f* utopia

úvula [úβulə] *f* vula

V

va vana [bá] *aj* unreal, vain; (*inútil*) useless, vain; **en ~** in vain

vaca [bákə] *f* cow

vacances [bəkánsəs] *fpl* holiday(s); **fer ~** to be on holiday

vacant [bəkán] *aj* vacant, empty; *f* vacancy, post

vacil·lar [bəsiʎá] *vi* to totter; (*flama*) to waver, flicker; (*dubtar*) to waver, vacillate

vacuna [bəkúnə] *f* vaccine

vacunar [bəkuná] *vt* to vaccinate

vaga [báɣə] *f* strike; **fer ~** to be on strike

vagabund -a [bəɣəβún] *aj* wandering; *mf* tramp, vagrant

vagància [bəɣánsiə] *f* idleness, laziness

vagar [bəɣá] *vi* to wander (about), roam; *Et vaga d'ajudar-me?*, have you got time to help me?

vagarejar [bəɣərəʒá] *vi* to wander (about); (*estar ociós*) to loaf, idle

vagina [bəʒínə] *f* vagina

vagó [bəɣó] *m* (*de passatgers*) carriage, car *US*; (*de mercaderies*) wagon, truck

veïnat

vagoneta [bəɣunέtə] f light truck
vague vaga [báɣə] aj vague, ill-defined
vailet [bəjlέt] m lad, youth, boy
vainilla [bəjníʎə] f vanilla
vaivé [bàjβέ] m to-and-fro movement; fg up-and-down
vaixell [bəʃέʎ] m ship, vessel
vaixella [bəʃέʎə] f set of dishes, table service, crockery
val [bál] m voucher
valent -a [bəlέn] aj brave, courageous; **de ~** with a vengeance, a lot
valentia [bələntíə] f bravery, courage
valer [bəlέ] vi to be worth; (ser útil) to be useful; (scr vàlid) to count; vt (diners) to cost; vp to make use (of); **no s'hi val!** that's not fair; **~ la pena** to be worth; **~-se per sí mateix** to help osf
valeriana [bələriánə] f valerian
valerós -osa [bələrós] aj brave, courageous
vàlid -a [bálit] aj valid
vall [báʎ] f valley; m ditch, trench
valor [bəlór] m value, worth; (coratge) bravery, courage
valorar [bəlurá] vt (avaluar) to estimate, appraise; (atribuir valor) to appreciate, value
vals [báls] m waltz
vàlua [báluə] f value, worth
valuós -osa [bəluós] aj valuable
vàlvula [bálβuɫə] f valve
vampir [bəmpír] m vampire
vanitat [bənitát] f vanity
vanitós -osa [bənitós] aj vain, conceited, smug
vànova [bánuβə] f bedspread, counterpane

vapor [bəpór] m vapour; tcn steam
vaquer -a [bəkέ] mf cowherd; **pantalons ~s** jeans
vara [bárə] f stick; wand
vareta [bərέtə] f **~ màgica** magic wand
vari vària [bári] aj (mudable) variable; (divers) varied, diverse
variable [bəriábblə] aj variable, changeable; f variable
variació [bəriəsió] f variation, change; mús variation
variar [bəriá] vti to change, vary
varietat [bəriətát] f variety, diversity; pl tea variety show
vas [bás] m glass; ana vessel
vassall -a [bəsáʎ] mf vassal
vast -a [bást] aj vast, huge, immense
veça [bέsə] f vetch
veda [bέðə] f close season
vedat [bəðát] m preserve
vedell -a [bəðέʎ] mf (bull) calf; f (carn) veal
vegada [bəɣáðə] f time, occasion; **a la ~** at the same time; **de vegades** sometimes; **tal ~** perhaps; **una altra ~** again; **una ~** once
vegetació [bəʒətəsió] f vegetation
vegetal [bəʒətál] aj m vegetable
vegetarià -ana [bəʒətəriá] mf vegetarian
vehicle [bəíklə] m vehicle
veí -ïna [bəí] aj neighbouring, nearby; mf neighbour; (resident) resident, inhabitant
veïnat [bəinát] m neighbourhood

vel [bέl] *m tb fg* veil; **~ del paladar** velum

vela [bέlə] *f* sail; *(d'una botiga)* awning

velam [bəlám] *m* sails *pl*

velar [bəlá] *vt tb fg* to veil; *vtp fot* to fog

veler -a [bəlé] *vi* sailing; *m* sailing boat, sailboat *US*

vell -a [bέλ, a] *aj* old; *m* old man; *f* old woman; **fer-se ~** to grow old

vellesa [bəλέzə] *f* old age

vellut [bəλút] *m* velvet

veloç [bəlɔ́s] *aj* fast, quick, swift

velocitat [bəlusitát] *f* speed, velocity

velòdrom [bəlɔ́ðrum] *m* cycle track

vena [bέnə] *f ana bot* vein; *min* seam, vein; *(a la fusta)* grain; *fg* vein, mood

venal [bənál] *aj ana* venous; *(jutge, etc)* venal

vèncer [bέnsə] *vt (enemic)* to defeat, beat; *(partit)* to win; *(passió)* to master, control; *vi (termini)* to expire, end; *(pagament)* to fall due

venda [bέndə] *f* sale, selling; **en ~** for sale

vendre [bέndrə] *vt* to sell; *vp (producte)* to sell; *(up)* to sell osf

venedor -a [bənəðó] *mf* seller; *(en una botiga)* shop assistant, salesperson

venerar [bənərá] *vt* to venerate, revere

venir [bəní] *vi* to come; *La setmana que ve,* next week; *Les sabates em vénen petites,* the shoes are too small for me; **~ bé** to suit; **vinga!** come on!

venjança [bəɲʒánsə] *f* vengeance, revenge

venjar [bəɲʒá] *vt* to avenge, revenge; *vp* to revenge osf (on sby)

vent [bén] *m* wind; *geo* cardinal point; *(d'una tenda)* guy-rope; **fer ~** to be windy

ventada [bəntáðə] *f* gust of wind

ventall [bəntáλ] *m* fan; *fg* range

ventar [bəntá] *vi* to be windy; *vt (foc)* to fan; *(bufetada)* to strike, deal; *vp* to fan osf

ventejar [bəntəʒá] *vt* to air; *vi* to be windy

ventilador [bəntiləðó] *m* ventilator

ventilar [bəntilá] *vt* to air, ventilate; *fg* to air, discuss

ventre [bέntrə] *m* belly; **anar de ~** to move one's bowels, defecate

ventricle [bəntríklə] *m* ventricle

ventura [bəntúrə] *f* fortune, luck; **a la ~** at random

veraç [bərás] *aj* truthful, veracious

verat [bərát] *m* mackerel

verb [bέrp] *m* verb; *rlg* Word

verbal [bərbál] *aj* verbal, oral

verd [bέrt] *aj m* green; *aj (fruita)* green, unripe; *(fusta)* unseasoned; *(obscè)* blue, dirty

verdejar [bərdəʒá] *vi* to be greenish, to show green

verdor [bərdó] *f* greenness

verdós -osa [bərdós] *aj* greenish

verdum [bərdúm] *m* greenfinch

verdura [bərdúrə] *f* greens *pl*, green vegetables *pl*

veredicte [bərəðíktə] *m* verdict

verema [bərέmə] *f* grape harvest

veremar [bərəmá] *vt* to harvest, pick (grapes)

verge [bérʒə] *aj f tb fg* virgin; *f ast* Virgo

vergonya [bərɣóɲə] *f* shame; (*deshonor*) shame, disgrace; *Em fa ~ cantar*, I feel too shy to sing

vergonyós -osa [bərɣuɲós] *aj* (*acte, acció*) shameful, disgraceful; (*persona*) bashful, shy

verí [bərí] *m* poison, venom; *fg* poison

verídic -a [bəríðik] *aj* true, truthful

verificar [bərifiká] *vt* to check; (*corroborar*) to verify

verinós -osa [bərinós] *aj tb fg* poisonous, venomous

veritable [bəritábblə] *aj* true, truthful; (*autèntic*) authentic, real

veritablement [bəritábbləmén] *av* really, truly

veritat [bəritát] *f* truth; **de ~** *aj* real; *av* really

vermell [bərméʎ] *aj m* red; **tornar-se ~** to blush, turn red

vermellor [bərməʎó] *f* redness

vermellós -osa [bərməʎós] *aj* reddish

vermut [bərmút] *m* vermouth; (*aperitiu*) snack, appetizer

vern [bέrn] *m* alder

vernacle -a [bərnáklə] *aj m* vernacular

vernís [bərnís] *m* varnish; (*per a ceràmica*) glaze; *fg* gloss, veneer

vers [bέrs] *m* verse; *fm* poem; (*ratlla*) line

vers [bέrs] *prp* (*en direcció a*) towards, to; (*al voltant de*) (at) about

versió [bərsió] *f* version

vertader -a [bərtəðé] *aj* = **veritable**

vèrtebra [bέrtəβrə] *f* vertebra

vertebral [bərtəβrál] *aj* vertebral

vertebrat -ada [bərtəβrát] *aj m* vertebrate

vèrtex [bέrtəks] *m* vertex, apex

vertical [bərtikál] *aj f* vertical; *aj* (*dret*) upright

vertigen [bərtíʒən] *m* giddiness, dizziness, vertigo

vescomte [bəskómtə] *m* viscount

vesícula [bəzíkulə] *f* vesicle; (*bufeta*) bladder

vespa [béspə] *f* wasp

vespertí -ina [bəspərtí] *aj* evening *atr*

vesprada [bəspráðə] *f* evening, dusk, late afternoon

vespre [bésprə] *m* evening, dusk, late afternoon

vesprejar [bəsprəʒá] *vi* to get dark

vessant [bəsán] *m* slope; *fg* viewpoint

vessar [bəsá] *vi* (*líquid*) to overflow, pour (out), spill; (*un recipient*) to leak; *vtp* to spill

vestíbul [bəstíβul] *m* hall, vestibule, lobby

vestidor [bəstiðó] *m* changing room; *tea* dressing room

vestir [bəstí] *vt* to dress; (*portar*) to wear; *vp* to get dressed; *vi* to dress; *fg* to be dressy

vestit [bəstít] *m* (*de dona*) dress; (*d'home*) suit; **~ de bany** bathing costume

vestuari [bəstuári] *m* clothes *pl*, wardrobe; (*lloc*) dressing room

vet [bét] *m* veto

veta [bétə] *f* ribbon; *min* seam, vein; *gst* noodle

veterà -ana [bətərá] *aj mf* veteran

veterinari -ària [bətərinári] *mf* veterinary surgeon, veterinarian *US*, vet *fm*; *f* veterinary science

vetlla [bέλλə] *f* (*acció*) staying up; (*vespre*) evening; (*d'un mort*) funeral wake

vetllada [bəλλáðə] *f* (*acció*) staying up; (*reunió*) evening party

vetllar [bəλλá] *vi* to stay awake; *vt* to sit up with; **~ per** to watch over

veto [bétu] *m* = **vet**

veu [béw] *f* voice; (*mot*) word; *Corre la ~ que...*, rumour has it that...; **en ~ alta** aloud; **en ~ baixa** softly; **portar la ~ cantant** to have the chief say

veure [béwɾə] *vt* to see; (*comprendre*) to see, understand; (*examinar*) to consider; *No hi veu*, he's blind; **fer-se ~** to draw attention; **fer ~** to pretend; **no tenir res a ~ amb** to have nothing to do with; **ves per on...!** just imagine...!

vi [bí] *m* wine; **~ blanc** white wine; **~ negre** red wine; **~ rosat** rosé

via [bíə] *f* way, path; *frr* track, line; *fg* way; **fer ~** *fg* to hasten, hurry; *prp* via, by way of

vial [biál] *m* lane, avenue

vianant [biánán] *mf* pedestrian

vianda [biándə] *f* food, viands *pl*

viarany [biəráɲ] *m* path

viatge [biádʒə] *m* trip, journey.

Emprendre un ~, to go on a journey; **~ de nuvis** honeymoon

viatger -a [biədʒé] *mf* traveller; passenger

viatjant -a [biədʒán] *mf* commercial traveller, salesperson

viatjar [biədʒá] *vi* to travel, journey

vibració [biβɾəsió] *f* vibration, shaking

vibrar [biβɾá] *vi* to vibrate, shake

vicari -ària [bikári] *mf* deputy; *m* vicar, curate

viceversa [bisəβέrsə] *av* vice versa

vici [bísi] *m* bad habit; vice

víctima [bíktimə] *f* victim; *fg* prey

victòria [biktɔ́riə] *f* victory, triumph

victoriós -osa [bikturiós] *aj* victorious

vida [bíðə] *f* life. *En ma ~*, never in my life; (*durada*) lifetime; (*manera de viure*) way of life; **guanyar-se la ~** to earn one's living

vídeo [bíðeo] *m* video; (*cinta*) videotape

vidre [bíðɾə] *m* glass

vidu vídua [bíðu] *aj mf* = **viudo**

vigent [biʒén] *aj* valid, in force

vigilància [biʒilánsiə] *f* vigilance, watchfulness

vigilant [biʒilán] *aj* vigilant, watchful; *mf* watchman, caretaker

vigilar [biʒilá] *vt* to watch (over), keep an eye (on), look after, be watchful

vigília [biʒíliə] *f* (*d'una festa*) eve; (*insomni*) wakefulness

vigor [biɣór] *m* vigour, vigor *US*, energy; **estar en ~** to be in force

vigorós -osa [biɣurós] *aj* vigorous

víking [bíkiŋ] *aj* Viking *atr*; *mf* Viking

vil [bíl] *aj* vile, mean, low

vila [bílə] *f* town, village

vilatà -ana [bilətá] *aj* town *atr*; *mf* villager

vímet [bímət] *m* bot osier, willow; (*material*) wicker

vinagre [bináɣrə] *m* vinegar

vinent [binén] *aj* next, coming

vinícola [binikulə] *aj* wine *atr*

vint [bín] *aj m* twenty

vinya [bíɲə] *f* (*planta*) vine; (*camp*) vineyard

viola [biólə] *f* bot violet; *mús* viola

violar [biulá] *vt* to violate; (*una dona*) to rape

violència [biulénsjə] *f* violence, force

violent -a [biulén] *aj* violent; (*situació*) embarrassing, awkward; **sentir-se** to feel embarrassed

violeta [biulétə] *aj m iv* (*color*) violet; *f* violet

violí [biulí] *m* violin; *mf* (*música*) violinist

violoncel [biulunsél] *m* cello, violoncello; *mf* (*músic*) cellist, violoncellist

virar [birá] *vti mar* to put about, veer; *aut* to turn; *vi fot* to tone

viril [biríl] *aj* virile, manly

virolat -ada [birulát] *aj* variegated, many-coloured, many-colored US

virrei [biréj] *m* viceroy

virtut [birtút] *f* virtue; **en ~ de** by virtue of, by reason of

virus [bírus] *m* virus

visat [bizát] *m* visa

visca [bískə] *inj* long live!, hurrah!; *m* cheer

vísceres [bísərəs] *fpl* viscera

viscós -osa [biskós] *aj* viscous, sticky; *f* viscose

visera [bizérə] *f* visor; (*d'una gorra*) peak

visibilitat [bizibilitát] *f* visibility

visible [bizíbblə] *aj* visible; *fg* clear, evident

visió [bizió] *f* vision, sight; (*il·lusió*) vision, illusion; **veure visions** to see things

visita [bizítə] *f* visit, call; **fer una ~ visit**, pay a visit, call on

visitant [bizitán] *mf* visitor

visitar [bizitá] *vt* to visit, call on

vista [bístə] *f* sight; (*panoràmica*) view; **a primera ~** at first sight, **conèixer de ~** to know by sight, **curt de ~** short-sighted; **en ~ de** in view of; **perdre de ~** to lose sight of (sby)

vista [bístə] *mf* customs inspector

vistós -osa [bistós] *aj* gay, showy, lively

visual [bizuál] *aj* visual; **camp ~** field of vision; *f* line of sight

vital [bitál] *aj* life *atr*; (*essencial*) vital, essential

vitamina [bitəmínə] *f* vitamin

vitrall [bitrák] *m* stained-glass window

vitrina [bitrínə] *f* showcase, glass case

viu viva [bíw] *aj* (*amb vida*) alive, living; (*sentiment*) strong, deep; (*color*) bright, vivid; (*persona*) clever, smart; (*ulls, ritme*) lively

viudo -a [bíwðu] *aj* widowed; *m* widower; *f* widow

viure [bíwrə] *vti* to live; *(guanyar-se la vida)* to live (on), live (by)

vivaç [biβás] *aj* vivacious, lively; *bot* perennial

vivència [biβénsiə] *f* (personal) experience

vivent [biβén] *aj* living. Els ~s, the living

viver [biβé] *m (de plantes)* nursery; *(de peixos)* hatchery, fish nursery

vivípar -a [biβípar] *aj* viviparous

vivor [biβó] *f* brightness, sharpness

vocable [bukábblə] *m* word, term

vocabulari [bukəβulári] *m* vocabulary

vocació [bukəsió] *f* vocation, calling

vocal [bukál] *aj* vocal; *f (lletra, so)* vowel; *mf* member (of a committee, etc)

vogar [buɣá] *vti* to row; *vt (bressol)* to rock; *(campanes)* to ring

vol [bɔl] *m* flight, flying; *(d'una faldilla)* spread, swirl; *(conjunt d'ocells)* flock (of birds)

volada [buláðə] *f* flight; **d'alta ~** *fg* grandiose, ambitious

volador -a [bulaðó] *aj* flying; *(lleuger)* light

volant [bulán] *m aut* steering wheel; *txt* frill, flounce, ruffle; *(full)* handbill, leaflet

volar [bulá] *vi tb fg* to fly; *(anar de pressa)* to fly, hurry; *(desaparèixer)* to fly, disappear; *vt* to blow up

volcà [bulká] *m* volcano

volcànic -a [bulkánik] *aj* volcanic

voleibol [bɔlɛjβɔl] *m* volleyball

voler [bulé] *vt* to want, wish; *(requerir)* to need, require; Ho vaig

fer sense ~, I didn't mean it, I did it by mistake; Vol ploure, it's about to rain; ~ **dir** to mean

volt [bɔl] *m* edge, surround; *pl* environs, neighbourhood *sg*; **fer un ~** to take a walk; Pels ~s de les tres, about three o'clock

volt [bɔl] *m* ele volt

volta [bɔltə] *f* turn; *ast tcn* revolution; *(a un circuit)* lap; *(vegada)* time, turn, *arq* vault; **fer ~** to go a long way round

voltant [bultán] *m* surround; *pl* environs, neighbourhood; **al ~** *av prp* around

voltar [bultá] *vi* to turn (round); *ast* to revolve; *fis* to spin; *(per volta)* to go round; *(per un lloc)* to walk about; *vt* to surround

voltor [bultó] *m* vulture

volum [bulúm] *m* volume

voluntari -ària [buluntári] *aj* voluntary; *mf* volunteer

voluntat [buluntát] *f* will, desire, wish; *(capacitat d'esforç)* willpower; *(intenció)* intention

volva [bɔlβə] *f (de pols)* speck; *(de neu)* flake

vòmit [bɔ́mit] *m (acció)* vomiting, being sick; *(vomitada)* vomit

vomitar [bumitá] *vt* to vomit, bring up, throw up

vomitiu -iva [bumitíw] *aj m* emetic

vora [bɔ́rə] *f* edge; *(d'un riu)* bank; *(d'un vestit)* hem; **a la ~** *av prp* near

voraç [burás] *aj* voracious, *(foc)* all-devouring, fierce

voravia [bɔrəβíə] *f* pavement, sidewalk *US*

vorejar [burəʒá] *vt* to skirt, go round; (*perill, etc*) to skirt round

vorera [burérə] *f* pavement, sidewalk *US*

vori [bɔ́ri] *m* ivory

vos [bus] *pr* you

vós [bós] *pr* you

vosaltres [buzáltrəs] *pr* you

vostè [busté] *pr* you

vostre -a [bɔ́strə] *aj* your. *El ~ llibre*, your book. *El llibre és ~*, the book is yours; *pr* yours

vot [bɔ́t] *m* vote; *rlg* vow

votació [butəsió] *f* voting, vote, ballot

votar [butá] *vi* to vote (for); *vt* to vote for; (*llei*) to pass by vote; *rlg* to vow, promise

vuit [bujt] *aj m* eight; **d'avui en ~ a** week (ago) today

vuitanta [bujtántə] *aj m* eighty

vulgar [bulɣár] *aj* vulgar; (*paraula*) common, ordinary; (*gestos, etc*) coarse; *m* common people

vulnerar [bulnərá] *vt tb fg* to hurt, wound; (*una llei*) to break, infringe

vulva [búlβə] *f* vulva

W

wàter [bátər] *m* toilet, WC

waterpolo [bàtərpólu] *m* waterpolo

whisky [wíski] *m* whisky, Scotch (whisky); (*irlandès o americà*) whiskey

X

xacal [ʃəkál] *m* jackal

xafar [ʃəfá] *vt* to crush, flatten, squash; *fg* to crush

xafardejar [ʃəfərdəʒá] *vi* to gossip; (*tafanejar*) to pry, snoop

xafarder -a [ʃəfərdé] *aj* gossiping; (*tafaner*) nosey; *mf* gossip; (*tafaner*) prier, pryer

xafarderia [ʃəfərdəríə] *f* piece of gossip, (*tafaneria*) prying, snooping

xàfec [ʃáfək] *m* (heavy) shower, downpour

xafogor [ʃəfuɣó] *f* sultriness, stifling atmosphere

xai -a [ʃáj] *mf* yearling lamb; *fg* meek and mild person

xal [ʃál] *m* shawl

xalar [ʃəlá] *vip* to enjoy osf, have a good time

xalet [ʃəlét] *m* chalet; (*torre fora de la ciutat*) villa

xaloc [ʃəlɔ́k] *m* sirocco, south-east wind

xamós -osa [ʃəmós] *aj* charming, pretty

xampany [ʃəmpáɲ] *m* champagne

xampinyó [ʃəmpiɲó] *m* mushroom

xampú [ʃəmpú] *m* shampoo

xampurrejar [ʃəmpurəʒá] *vt* to speak badly (a foreign language)

xanca [ʃáɲkə] *f* stilt

xancleta [ʃəŋklétə] *f* mule

xandall [ʃəndáʎ] *m* tracksuit

xanguet [ʃəŋgét] *m* whitebait

xano-xano [ʃanuʃánu] av slowly, gently

xarampió [ʃərəmpió] m measles

xarbotar [ʃərbutá] vi to splash, spatter

xarcuteria [ʃərkutəríə] f cooked pork products; (botiga) delicatessen

xarlatà -ana [ʃərlatá] mf smooth-tongued salesman

xarol [ʃəɾɔ́l] m (vernís) varnish; (cuir) patent leather

xarop [ʃəɾɔ́p] m syrup

xarranca [ʃəɾáŋkə] f hopscotch

xarrupar [ʃəɾupá] vt to suck; to sip

xarxa [ʃárʃə] f (de pesca) net; esp net; (altres usos) mesh; fg network

xassís [ʃəsís] m chassis

xato -a [ʃátu] aj (nas) snub, flat; (persona) snub-nosed, flat-nosed

xaval -a [ʃəβál] m lad, boy; f girl, lass

xavalla [ʃəβáʎə] f small change, coppers pl

xec [ʃék] m cheque, check US

xeixa [ʃéʃə] f bread wheat

xemeneia [ʃəmənéjə] f chimney; (llar de foc) fireplace, hearth

xenofòbia [ʃənufɔ́βiə] f xenophobia

xerès [ʃəɾɛ́s] m sherry

xèrif -a [ʃɛ́rif] m sheriff

xerigot [ʃəɾiɣɔ́t] m whey

xeringa [ʃəɾíŋɡə] f syringe

xerinola [ʃəɾinɔ́lə] f revelry, merriment

xerrac [ʃəɾák] m saw, handsaw; mús rattle

xerrada [ʃəɾáðə] f chat, talk; **fer petar la ~** to have a chat (with)

xerraire [ʃəɾájɾə] aj talkative; (indiscret) chatty, gossipy; mf gasbag; (indiscret) gossip

xerrameca [ʃəɾəmékə] f chatter, prattling

xerrar [ʃəɾá] vi to chat, talk; to chatter, prattle; vt to tell, babble

xerrotejar [ʃəɾutəʒá] vi (criatures) to gurgle, crow; (ocells) to twitter, chirp

xic -a [ʃík] aj small, little; **un ~** a little, a bit, slightly

xiclet [ʃiklét] m chewing gum

xicot -a [ʃikɔ́t] m lad, boy; (promès) fiancé; f girl, lass; (promesa) fiancée

xicra [ʃíkɾə] f small cup (for drinking chocolate)

xifra [ʃífɾə] f number, numeral, figure; (secreta) code

xilòfon [ʃilɔ́fun] m xylophone

ximpanzé [ʃimpənzé] m chimpanzee

ximple [ʃímplə] aj simple, simple-minded

ximpleria [ʃimpləríə] f silliness, foolishness, piece of nonsense

xim-xim [ʃimʃím] m drizzle, fine rain

xinel·la [ʃinéllə] f slipper, mule

xinès -esa [ʃinés] aj mf Chinese

xino-xano [ʃinuʃánu] av slowly, gently

xinxeta [ʃinʃétə] f drawing pin, thumbtack US

xipollejar [ʃipuləʒá] vi to splash (about)

xiprer [ʃipɾé] m cypress

xiquet -a [ʃikét] aj small, little; mf child, kid

xiscladissa [ʃiskləðísə] f yells pl,

shrieks pl, screams pl

xisclar [ʃisklá] vi to yell, shriek, scream; (ocell) to squawk

xiscle [ʃísklə] m yell, shriek, scream; (d'ocell) squawk

xiular [ʃiwlá] vi to whistle; vt (per mostrar desaprovació) to hiss

xiulet [ʃiwlét] m (so) whistle, whistling; (instrument) whistle

xiuxiuejar [ʃiwʃiwəʒá] vti to whisper; (vent, riu) to murmur

xivarri [ʃiβári] m racket, row, uproar

xoc [ʃɔk] m impact, jolt, jar; aut crash; med shock

xocant [ʃukán] aj startling, striking, shocking

xocar [ʃuká] vi to crash, collide; (sorprendre) to startle, surprise

xocolata [ʃukuláta] f chocolate; ~ **desfeta** drinking chocolate

xofer -**a** [ʃufé] m chauffeur, driver; f chauffeuse, driver

xop [ʃóp] m poplar

xop -**a** [ʃóp] aj soaked, saturated, drenched

xopar [ʃupá] vt to soak, saturate, drench

xoriço [ʃurísu] m a kind of Spanish sausage

xot [ʃɔt] m horned owl

xuclador [ʃukləðó] m (al mar, en un riu) whirlpool, eddy, vortex; bot sucker

xuclar [ʃuklá] vt to suck; (beguda) to sip

xufla [ʃúflə] f chufa

xumar [ʃumá] vt to drink from the bottle; (mamar) to suck; (beure vi) to booze

xumet [ʃumét] m dummy, pacifier US

xup-xup [ʃupʃúp] m **fer** ~ to simmer

xurro [ʃúru] m a kind of fritter

xusma [ʃúzmə] f riffraff, rabble, mob

xut [ʃút] m esp shot; (ocell) owl

xutar [ʃutá] vi to shoot, kick the ball

Z

zebra [zéβrə] f zebra

zel [zέl] m zeal; zoo rut, **Femella en** ~, female on heat

zenit [zənít] m tb fg zenith

zero [zéru] m nought, naught US, zero, o fm; **ésser un** ~ **a l'esquerra** to be a nobody, be a nonentity

zinc [zíŋ] m zinc

ziga-zaga [zíɣəzáɣə] f zigzag

zitzània [zidzániə] f darnel; fg discord

zodíac [zuðíak] m zodiac

zona [zónə] f zone, area

zoo [zóo] m zóo

zoològic -**a** [zuulɔ̀ʒik] aj zoological; m zoo

zumzeig [zumzétʃ] m up and down movement

Noms de lloc i de persona

Afganistan [əvɣənistán] m Afghanistan

Àfrica [áfrikə] f Africa

Albània [əlβániə] f Albania

Alemanya [ələmáɲə] f Germany

Alger [ʌlʒé] Algiers

Algèria [əlʒériə] f Algeria

Amèrica [əmérikə] f America; **~ del Nord** North America; **~ del Sud** South America; **~ Llatina** Latin America

Andorra [əndórə] f Andorra

Anglaterra [əŋɡlətérə] f England

Antilles [əntíʎəs] fpl Antilles

Aràbia Saudita [əràβiəsəwðítə] f Saudi Arabia

Argentina [ərʒəntínə] f Argentina

Aristòtil [əristɔ́til] m Aristotle

Armènia [ərméniə] f Armenia

Àsia [áziə] f Asia

Atenes [əténəs] Athens

Austràlia [əwstráliə] f Australia

Azerbaidjan [əzərbəjdʒán] m Azerbaidjan

Babilònia [bəβilóniə] f Babylon

Balcans [bəlkáns] mpl Balkans

Balears [bəleárs] fpl Balearic Islands

Bàltica, mar [báltikə] f Baltic Sea

Barcelona [bərsəlónə] f Barcelona

Baviera [bəβiérə] f Bavaria

Beirut [bəjrút] Beirut, Beyrouth

Bèlgica [bɛ́lʒikə] f Belgium

Belgrad [bəlɣrát] Belgrade

Berlín [bərlín] Berlin

Berna [bɛ́rnə] Bern

Bielorússia [bialurúsiə] f Byelorussia, Belorussia

Birmània [birmániə] f Burma

Bolívia [bulíβiə] f Bolivia

Bombai [bumbáj] Bombay

Ròsnia [bózniə] f Bosnia

Brasil [brəzíl] m Brazil

Bretanya [brətáɲə] f Brittany

Brussel·les [brusél·ləs] Brussels

Bucarest [bukərést] Bucharest

Buda [búðə] m Buddha

Budapest [buðəpést] Budapest

Bulgària [bulɣáriə] f Bulgaria

Caire, el [əlkájrə] Cairo

Califòrnia [kəlifórniə] f California

Cambodja [kəmbɔ́dʒə] f Cambodia

Camerun [kəmərún] m Cameroon

Canadà [kənəðá] m Canada

Canàries [kənáriəs] f Canary Islands, Canaries

Cap, Ciutat del [siwtáddəlkáp] f Cape Town

Carib, mar [kəríp] Caribbean Sea

Càspia, mar [káspiə] f Caspian Sea

Castella [kəstéʎə] f Castile

Catalunya [kətəlúɲə] f Catalonia

Caucas [káwkəs] m Caucasus

Ceilan [səjlán] Ceylon, Sri Lanka

Ciceró [sisəró] m Cicero

Cleòpatra [kleɔ́pətrə] f Cleopatra

Colom [kulóm] m Columbus

Colòmbia [kulómbiə] f Colombia
Congo [kóŋgu] m Congo
Constantinoble
  [kunstəntinóbblə] Constantinople
Copenhaguen [kupənáɣən]
  Copenhagen
Copèrnic [kupérnik] m Copernicus
Corea [kuréə] f Korea
Cornualla [kurnuálə] f Cornwall
Costa d'Ivori [kòstəðíβóri] f Côte
  d'Ivoire, Ivory Coast
Cracòvia [krəkóβiə] Cracow
Creta [krétə] f Crete
Crist [kríst] m Christ
Croàcia [kruásiə] f Croatia
Cuba [kúβə] f Cuba

Damasc [dəmásk] Damascus
Dant [dán] m Dante
Danubi [dənúβi] m Danube
Dinamarca [dinəmárkə] f
  Denmark
Djakarta [dʒəkártə] Jakarta,
  Djakarta
Dublín [duβlín] Dublin

Edimburg [əðimbúrk] Edinburgh
Egea, mar [əʒéə] Aegean Sea
Egipte [əʒíptə] m Egypt
Eivissa [əjβísə] f Ibiza, Iviza
Eritrea [əritréə] f Eritrea
Escandinàvia [əskəndináβiə] f
  Scandinavia
Escòcia [əskósiə] f Scotland
Eslovàquia [əzluβákiə] f Slovakia
Eslovènia [əzluβéniə] f Slovenia
Espanya [əspáɲə] f Spain
Esparta [əspártə] Sparta
Estats Units [əstádzuníts] mpl
  United States of America
Estocolm [əstukólm] Stockholm

Estònia [əstóniə] f Esthonia
Etiòpia [ətiópiə] f Ethiopia
Europa [əwrópə] f Europe

Fèroe [férue] fpl Faeroe Islands
Filadèlfia [filəðélfiə] Philadelphia
Filipines [filipínəs] f the
  Philippines
Finlàndia [finlándiə] Finland
Flandes [fándəs] m Flanders
Florència [flurénsiə] Florence
Formosa [furmózə] f Taiwan,
  Formosa
França [fránsə] f France
Frísia [fríziə] f Friesland

Galícia [gəlísiə] f Galicia
Galileu [gəliléw] m Galileo
Gal·les [gáləs] Wales
Ganges [gánʒəs] m Ganges
Geòrgia [ʒeórʒiə] f Georgia
Ginebra [ʒinéβrə] Geneva
Gran Bretanya [gràmbrətáɲə] f
  Great Britain
Grècia [grésiə] f Greece
Grenlàndia [grənlándiə] f
  Greenland
Guinea [ginéə] f Guinea
Guyana [gujánə] Guyana

Haia, l' [lájə] f The Hague
Haití [əití] Haiti
Hamburg [əmbúrk] Hamburg
Hannover [ənnóβər] Hanover
Havana, l' [ləβánə] f Havana
Hawaii [əwáj] fpl Hawaii
Hèlsinki [élsiŋki] Helsinki
Himàlaia [imáləjə] m Himalayas
  pl
Hindustan [industán] m
  Hindustan

Holanda [ulándə] f Holland
Homer [umér] m Homer
Hondures [undúrəs] Honduras
Hongria [uŋgríə] f Hungary

Iemen [jémən] m Yemen
Indonèsia [indunéziə] f Indonesia
Indo-xina [induʃínə] f Indochina, Indo-China
Iran [irán] m Iran, Persia
Iraq [irák] m Iraq
Irlanda [irlándə] f Ireland; ~ **del Nord** Northern Ireland, Ulster
Islàndia [izlándiə] f Iceland
Israel [irəél] m Israel
Istanbul [istəmbúl] Istanbul
Itàlia [itáliə] f Italy
Iugoslàvia [juɣuzláβiə] f Yugoslavia, Jugoslavia

Jamaica [ʒəmájkə] f Jamaica
Japó [ʒəpó] m Japan
Jerusalem [ʒəruzəlém] Jerusalem
Jesucrist [ʒəzukríst] m Jesus Christ
Jordània [ʒurdániə] f Jordan
Júpiter [ʒúpitər] m Jupiter

Kazakhstan [kəzəkstán] m Kazakhstan, Kazakstan
Kenya [kéɲə] Kenya
Kíev [kíəf] Kiev
Kurdistan [kurdistán] m Kurdistan, Kurdestan, Kordestan

Lapònia [ləpóniə] f Lapland
Lausana [lawzánə] Lausanne
Letònia [lətóniə] f Latvia
Líban [líβən] m Lebanon
Libèria [liβériə] f Liberia
Líbia [líβiə] f Libya

Lisboa [lizbóə] Lisbon
Lituània [lituániə] f Lithuania
Londres [lóndrəs] London
Luter [lutér] m Luther
Luxemburg [luksəmbúrk] m Luxembourg

Macedònia [məsəðóniə] f Macedonia
Madagascar [məðəɣəskár] Madagascar
Madrid [məðrít] Madrid
Mahoma [məómə] m Mahomet
Mallorca [məʎórkə] f Majorca
Marroc [mərók] m Morocco
Mauritània [məwritániə] f Mauritania
Meca, la [lamékə] f Mecca, Mekka
Mediterrània, mar [məðitəJániə] Mediterranean Sea
Menorca [mənórkə] f Minorca
Mèxic [méksik] m Mexico
Milà [milá] Milan
Moçambic [musəmbík] f Mozambique
Moisès [mujzés] m Moses
Moldàvia [muldáβiə] f Moldavia
Mongòlia [muŋgóliə] f Mongolia
Moscou [musków] Moscow

Nàpols [nápuls] Naples
Nepal [nəpál] m Nepal
Nigèria [niʒériə] f Nigeria
Nil [níl] m Nile
Normandia [nurməndíə] f Normandy
Noruega [nuruéɣə] f Norway
Nova Delhi [nòβəðéli] f New Delhi
Nova Guinea [nòβəɣinéə] f New Guinea

Nova York [nɔ̀βəjórk] f New York
Nova Zelanda [nɔ̀βəzəlándə] f New Zealand

Oceania [useəníə] f Oceania

Pacífic, oceà [pəsífik] m Pacific Ocean
Països Baixos [pəìzuzbáʃus] mpl (The) Netherlands
Pakistan [pəkistán] m Pakistan
Palestina [pələstínə] f Palestine
Panamà [pənəmá] m Panama
Paraguai [pərəɣwáj] m Paraguay
París [pəris] Paris
Pequín [pəkín] Peking, Beijing
Pèrsia [pérsiə] f Persia
Perú [pərú] m Peru
Pirineus [pirinéws] mpl Pyrenees
Pitàgores [pitáɣurəs] m Pythagoras
Plató [plətó] m Plato
Polinèsia [pulinéziə] f Polynesia
Polònia [pulóniə] f Poland
Portugal [purtuɣál] m Portugal
Praga [práɣə] f Prague
Prússia [prúsiə] f Prussia
Puerto Rico [puèrturíku] f Puerto Rico

Quebec [kəβék] m Quebec

Regne Unit [rèŋnunít] m United Kingdom
Rhodèsia [ruðéziə] f Rhodesia
Roma [rómə] f Rome
Romania [ruməníə] f Rumania
Rússia [rúsiə] f Russia

Sàhara [sáərə] m Sahara
Sant Petersburg

Saragossa [sərəɣósə] Saragossa
Sardenya [sərðéɲə] f Sardinia
Sèrbia [sérbiə] f Serbia
Sevilla [səβíʎə] Seville
Sibèria [siβériə] f Siberia
Singapur [siŋgəpúr] Singapore
Síria [síriə] f Syria
Sòcrates [sɔ́krətəs] m Socrates
Sofia [sufíə] Sofia
Somàlia [sumáliə] f Somalia
Sud-àfrica [sùtáfrikə] f South Africa
Sudan [suðán] m Sudan
Suècia [suɛ́siə] f Sweden
Suïssa [suisə] f Switzerland

Tailàndia [təjlándiə] f Thailand
Tàmesi [táməzi] m Thames
Teheran [teərán] m Tehran, Teheran
Tòquio [tɔ́kiu] Tokyo
Torí [turí] Turin
Toscana [tuskánə] f Tuscany
Tunísia [tuníziə] f Tunisia
Turquia [turkíə] f Turkey
Txad [tʃát] m Chad
Txeca, República [tʃékə] f Czech Republic
Txecoslovàquia [tʃɛkuzluβákiə] f Czechoslovakia

Ucraïna [ukráinə] f Ukraine
Uganda [uɣándə] f Uganda
Ulisses [ulísəs] m Ulysses
Urals [uráls] mpl Urals
Uruguai [uruɣwáj] m Uruguay

València [bəlénsiə] Valencia
Varsòvia [bərsɔ́biə] Warsaw
Vaticà [bətiká] m Vatican City
Venècia [bənésiə] Venice

Veneçuela [bənəsuέlə] *f*
  Venezuela
Viena [biέnə] Vienna
Vietnam [biədnám] *m* Vietnam

Xangai [ʃəŋgáj] Shanghai

Xile [ʃílə] *m* Chile
Xina [ʃínə] *f* China
Xipre [ʃíprə] Cyprus

Zaire [zájɾə] *m* Zaïre
Zuric [zuɾík] Zürich

Vocabulari de gastronomia

àcid [ásit] *aj* acid, sour

adob [əðóp] *m* seasoning

adobar [əðuβá] *vt* to dress

agradar [əɣɾəðá] *vi* to like, enjoy.
M'agrada el cafè, I like coffee

agre [áɣɾə] *aj* sour, tart, bitter

agredolç [àɣɾəðóls] *aj* bitter-
sweet

aiguardent [àjɣwəɾðén] *m*
brandy, liquor

albercoc [əlβəɾkɔ́k] *m* apricot

albergínia [əlβəɾʒíniə] *f*
aubergine, eggplant *US*

all [áʎ] *m* garlic; **cabeça d'~s**
bulb of garlic

allioli [àʎiɔ́li] *m* kind of garlic
mayonnaise

alvocat [əlβukát] *m* avocado
(pear)

amanida [əmənídə] *f* salad

amaniment [əmənimén] *m*
dressing

amanir [əməní] *vt* to dress,
season

ametlles [əmmэ́λλəs] *fpl* almonds

anxova [ənʃóβə] *f* anchovy

àpat [ápət] *m* meal

aperitiu [əpəɾitíw] *m (beguda)*
aperitif; *(menjar)* snack, appetizer

apetit [əpətít] *m* appetite

apetitós [əpətitós] *aj* tempting

api [ápi] *m* celery

aranja [əɾáɲʒə] *f* grapefruit

arengada [əɾəŋgáðə] *f* herring

aroma [əɾómə] *f* aroma, scent,
perfume

arrebossar [ərəβusá] *vt* to coat
in batter

arròs [ərɔ́s] *m* rice

assaonar [əsəuná] *vt* to season,
flavour, cure

avellanes [əβəʎánəs] *fpl*
hazelnuts

bacallà [bəkəʎá] *m* cod

bacó [bəkó] *m* bacon

bar [bár] *m* bar, snackbar; *(de
l'estació)* buffet

barbacoa [bərbəkóə] *f* barbecue

batedora [bətəðóɾə] *f* beater,
whisk

batre [bátɾə] *vt (ous)* tu beat (up),
whisk; *(nata)* to whip; *(per fer
mantega)* churn

batut [bətút] *m (beguda)* whip

beguda [bəɣúðə] *f* drink, beverage

bistec [bisték] *m* steak, beefsteak.
Un ~ poc fet, massa cru, an
underdone steak. *Un ~ massa cuit*,
an overdone steak

bitxo [bítʃu] *m* chilli pepper

blat [blát] *m* wheat; **~ de moro**
maize, sweetcorn, (Indian) corn *US*

bledes [bléðəs] *fpl* chard *sg*, Swiss
chard *sg*

bol [bɔ́l] *m* bowl, basin

bolets [bulэ́ts] *mpl* mushrooms

bombons [bumbóns] *mpl*
chocolate *sg*, bonbons, sweets *UK*,
candy *sg US*

botifarra [butifárə] *f* sausage,
pudding; **~ negra** black pudding

brindar [bɾindá] *vi* to drink a
toast (to), drink (to)

brindis [bríndis] *m* toast
brioix [brióʃ] *m* brioche
bromera [bruméɾə] *f (de la cerveza)* froth
bròquil [brɔ́kil] *m* broccoli
brou [brɔ́w] *m* stock, broth, bouillon
bufet [bufét] *m* buffet
bunyols [buɲɔ́ls] *m* fritters

cacau [kəkáw] *m* cacao
cafè [kəfɛ́] *m (beguda)* coffee; *(cafeteria)* café; ~ **amb llet** white coffee; ~ **sol** black coffee
cafetera [kəfətéɾə] *f* coffee pot
cafeteria [kəfətəɾíə] *f* café
calamars [kələmárs] *mpl* squids
calamarsos [kələmársus] *mpl* = **calamars**
calçotada [kəlsutáðə] *f* meal with onions and a special sauce
calçots [kəlsɔ́ts] *mpl* young onions
caldera [kəldéɾə] *f* boiling-pot
caldo [káldu] *m* = **brou**
camamilla [kəməmíʎə] *f (infusió)* camomile tea
canapès [kənəpɛ́s] *mpl* canapés
candi [kándi] *aj* **sucre ~** (sugar) candy
canelons [kənəlóns] *mpl* cannelloni *sg*
cansalada [kənsəláðə] *f* bacon; ~ **fumada** smoked bacon; ~ **viada** streaky bacon
cantina [kəntínə] *f* canteen; *(d'estació)* buffet
canyella [kəɲéʎə] *f* cinnamon
capó [kəpó] *m* capon
caqui [káki] *m* persimmon
carabassa [kəɾəβásə] *f* = **carbassa**

caragols [kəɾəɣɔ́ls] *mpl* = **cargols**
caramel [kəɾəmél] *m* sweet, candy *US*; *(sucre fos)* caramel
carbassa [kəɾβásə] *f* pumpkin, gourd
carbassó [kəɾβəsó] *m* courgette, zucchini *US*; marrow
cargols [kəɾɣɔ́ls] *mpl* escargots, snails
carn [kárn] *f* meat; ~ **de bou** beef; ~ **de porc** pork; ~ **de vedella** veal; ~ **d'olla** stew; ~ **picada** minced meat
carta [kártə] *f* menu; ~ **del dia** menu for the day; ~ **de vins** wine-list; **dinar, sopar a la ~** to eat, dine à la carte
carxofes [kəɾʃɔ́fəs] *fpl* artichokes
casserola [kəsəɾɔ́lə] *f* = **cassola**
cassó [kəsó] *m* saucepan
cassola [kəsɔ́lə] *f* pan, casserole
cava [káβə] *f* champagne made in Catalonia
caviar [kəβiár] *m* caviar, caviare
ceba [séβə] *f* onion
cervesa [sərβézə] *f* beer
cigrons [siɣróns] *mpl* chickpeas
cireres [siɾéɾəs] *fpl* cherries
cloïsses [kluísəs] *fpl* clams
cobert [kuβért] *m (menjar)* meal (at a fixed charge); *pl* cutlery *sg*
coca [kókə] *f* plain cake, flat cake
cocció [kuksió] *f* cooking, baking
coco [kóku] *m* coconut
còctel [kɔ́ktəl] *m* cocktail
codony [kuðóɲ] *m* quince
codonyat [kuðuɲát] *m* quince jelly
cogombre [kuɣómbɾə] *m* cucumber

col [kɔ́l] f cabbage; ~s de
Brussel·les Brussels sprouts
colador [kuláðó] m (per a te, etc)
strainer; (per a verdura, etc)
colander
colar [kulá] vt to strain
col-i-flor [kɔ̀liflɔ́] f cauliflower
colomí [kulumí] m pigeon
condiment [kundimén] m
seasoning, condiment
confitar [kumfitá] vt to preserve
(in syrup), candy
confits [kumfíts] mpl sweets,
candy sg US
confitura [kumfitúra] f preserves,
jam; crystallized fruit
congelador [kuŋʒəlaðó] m
freezer
congelar [kuŋʒəlá] vt to freeze
conill [kuníʎ] m rabbit
conyac [kuɲák] m brandy, cognac
copa [kópə] f glass
crema [krémə] f (de llet) cream;
(plat dolç) custard
crespells [krəspéʎs] mpl fritters
croquetes [krukétəs] fpl
croquettes, rissoles
cuina [kújnə] f kitchen; (aparell)
cooker, stove; (art) cooking,
cookery; ~ catalana Catalan
cuisine
cuiner -a [kujné] mf cook
cuixa [kúʃə] f (de pollastre) leg
cuixot [kuʃɔt] m (de porc) leg
of ham
cullera [kuʎérə] f spoon
cullereta [kuʎərétə] f teaspoon
cullerot [kuʎərɔt] m ladle

debatre [dəβátrə] vt (batre) to
beat (up), whisk

degustació [dəɣustəsió] f tasting
deixatar [dəʃətá] vt to dissolve,
dilute
desdejuni [dəzdəʒúni] m light
breakfast
dinar [diná] vi to have lunch; m
lunch
dolç [dóls] aj sweet; **vi** ~ sweet
wine; pl sweets, candy sg Us

empanada [əmpənáðə] f pie,
patty
empedrat [əmpəðrát] m (truita
de mongetes) omelette with
beans; (truita de botifarru i pernil)
omelette with sausage and ham;
(arròs amb llegums) rice with
legumes; (amanida de mongetes)
salad with beans, tomatoes, etc
enciam [ənsiám] m lettuce
endívia [əndíβiə] f chicory, endive
US
endolcir [əndulsí] vt to sweeten
enfarinar [əmfəriná] vt to flour
ensaïmada [ənsəimáðə] f spiral-
shaped bun made with lard
ensalada [ənsəláðə] f =
amanida
entrecot [əntrəkɔ́t] m sirloin
steak, entrecôte
entremès [əntrəmés] m (plat)
hors d'oeuvre
entrepà [əntrəpá] m sandwich
escalivada [əskəliβáðə] f dish of
aubergines, red peppers, etc,
cooked on embers
escarola [əskərɔ́lə] f endive
escarxofes [əskərʃɔ́fəs] fpl =
carxofes
escórrer [əskɔ́rə] vt to strain
escudella [əskuðéʎə] f (vas)

basin, bowl, porringer; (**brou amb pasta**) thick soup

esmorzar [əzmurzá] m breakfast

espaguetis [əspəɣétis] mpl spaghetti sg

espàrrecs [əspárəks] mpl asparagus sg

espècies [əspέsiəs] fpl spices

espinacs [əspináks] mpl spinach sg

esprémer [əsprémə] vt to squeeze. ~ **una taronja**, to squeeze an orange

esqueixada [əskəʃáðə] f salad made of salted cod strips with olives, tomato, and onion

estofat [əstufát] m stew, hotpot

farciment [fərsimén] m stuffing

farcir [fərsí] vt to stuff

farcit [fərsít] aj stuffed

farígola [fəríɣələ] f thyme

farina [fərínə] f flour; ~ **de galeta** breadcrumbs pl

faves [fáβəs] fpl broad beans

fècula [fékulə] f starch

fesols [fəzɔ́ls] mpl kidney beans

fetge [fédʒə] m liver

fideus [fiðéws] mpl noodles. **Caldo de pollastre amb ~**, chicken noodle soup

figues [fíɣəs] fpl figs; ~ **de moro** prickly pears

filet [filét] m fillet, fillet steak

fleca [flékə] f bakery

formatge [furmádʒə] m cheese

forn [fórn] m oven; = **fleca**

forquilla [furkíʎə] f fork

fregir [frəʒí] vt to fry

fricandó [frikandó] m fricandeau

fruita [frújtə] f fruit; ~ **seca** nuts

pl, dry fruits

fuet [fuét] m kind of sausage

fumat [fumát] aj smoked

galets [gəléts] mpl kind of pasta

galetes [gəlétəs] fpl biscuits, cookies US

gall dindi [gàʎdíndi] m turkey

gambes [gámbəs] fpl shrimps, prawns

gana [gánə] f hunger. **Tinc ~**, I'm hungry

ganivet [gəniβét] m knife

gasosa [gəzózə] f lemonade

gelat [ʒəlát] m ice cream

gerds [ʒérts] mpl raspberries

ginebra [ʒinéβrə] f gin

gingebre [ʒinʒéβrə] m ginger

gotim [gutím] m bunch of grapes

graella [grəéʎə] f grill, broiler US

grana [gránə] f seed

granissat [grənisát] m iced drink. ~ **de cafè**, iced coffee

granja [gránʒə] f (**cafè**) milk bar

gratinar [grətiná] vt to cook au gratin

grumoll [grumɔ́ʎ] m lump

guarnició [gwərnisió] f (**acompanyament**) side-dish

guatlles [gwáʎʎəs] fpl quail

gust [gúst] m taste, flavour, flavor US; (**plaer**) pleasure, delight

hamburguesa [əmburgézə] f hamburger

herbes fines [èrbəsfínəs] fpl fines herbes

hostal [ustál] m small hotel, inn

ingredients [iŋgrəðiéns] mpl ingredients

melmelada

infusió [imfuzió] f tea; tealike beverage

insípid -a [insípit] aj insipid, tasteless

insuls -a [insúls] aj = **insípid**

iogurt [juɣúrt] m yoghurt

julivert [ʒuliβért] m parsley

licor [likór] m liqueur

llagosta [ʎəɣóstə] f (spiny) lobster

llagostí [ʎəɣustí] m prawn

llamàntol [ʎəmántul] m lobster

llaminadures [ʎəminəðúrəs] fpl titbits, tidbits US, delicacies

llard [ʎárt] m lard

llavor [ʎəβó] f seed

llebre [ʎéβrə] f hare

llegum [ʎəɣúm] m legume, pod vegetable

llenca [ʎéŋkə] f (de cansalada) rasher; (de pernil, etc) slice

llenguado [ʎəŋgwáðu] m sole

llenties [ʎəntiəs] fpl = **llentilles**

llentilles [ʎəntíʎəs] fpl lentils

llepolies [ʎəpulíəs] fpl = **llaminadures**

llesca [ʎéskə] f slice. Una ~ de pa, a slice of bread

llet [ʎét] f milk; ~ **condensada** condensed milk; ~ **descremada** skimmed milk

lletera [ʎətérə] f (recipient) churn, milk can US

llevat [ʎəβát] m leaven; (de la cervesa) yeast

llimona [ʎimónə] f lemon

llimonada [ʎimunáðə] f lemonade

llom [ʎóm] m (carn) loin

llonganissa [ʎuŋɣənísə] f (kind of) sausage

llonguet [ʎuŋgét] m (kind of) bread roll

llorer [ʎuɾé] m laurel

llosa [ʎóza] f (per a cuinar) tile

lluç [ʎús] m hake

llúpol [ʎúpul] m hops pl

macarrons [məkəróns] mpl macaroni sg

macedònia [məsəðóniə] f fruit salad

macerar [məsərá] vt to soak, soften, macerate

maduixes [məðúʃəs] fpl strawberries

maduixots [məðuʃóts] mpl (bigger) strawberries

magrana [məɣránə] f pomegranate

maionesa [məjunézə] f mayonnaise

mandarina [məndərínə] f tangerine, mandarin

mandioca [məndiókə] f cassava

mandonguilla [mənduŋgíʎə] f meatball

mantega [məntéɣə] f butter

manteguera [məntəɣérə] f (on s'elabora) churn; (on se serveix) butter dish

mariallusa [məriəlúizə] f verbena

marisc [mərísk] m shellfish pl, seafood

massa [másə] f (pasta) dough, pastry

mel [mél] f honey

melindro [məlíndru] m iced bun

melmelada [məlməláðə] f jam, marmalade

meló [məló] m melon
melós -osa [məlós] aj tender
menú [mənú] m menu
mona [mónə] f (pastís) Easter cake
mongeta [muŋʒétə] f bean; ~ **tendra** green beans pl, French beans pl; **mongetes seques** kidney beans
moniato [muniátu] m sweet potato
móres [mórəs] fpl (d'esbarzer) blackberries; (de morera) mulberries
most [móst] m must
mostassa [mustásə] f mustard
musclos [músklus] mpl mussels

nap [náp] m turnip
nata [nátə] f cream
nous [nɔ́ws] fpl walnuts

oli [ɔ́li] m oil
oliva [ulíβə] f olive
olla [ɔ́ʎə] f pot; ~ **de pressió** pressure cooker
orenga [uréŋgə] f oregano
orxata [urʃátə] f drink made from chufas
ostres [ɔ́strəs] fpl oysters
ou [ɔ́w] m egg; ~ **dur** hard-boiled egg; ~ **ferrat** fried egg; ~**s remenats** scrambled eggs

pa [pá] m bread; (peça) loaf; ~ **de pagès** cottage loaf; ~ **de pessic** sponge cake; ~ **ratllat** = **farina de galeta**
paella [pəéʎə] f frying pan, skillet US; (arròs) paella
panada [pənáðə] f = **empanada**
panet [pənét] m roll

panís [pənís] m = **blat de moro**
panotxa [pənɔ́tʃə] f (de blat de moro) corncob; (de cacau) cacao pod
panses [pánsəs] fpl raisins
pasta [pástə] f paste; (fideus, etc) pasta; (pastís) cake; ~ **fullada** puff pastry, puff paste US
pastanaga [pəstənáɣə] f carrot
pastar [pəstá] vt to mix into dough
pastís [pəstís] m cake, pie
patata [pətátə] f potato; **patates fregides** chips, French fries US
paté [pəté] m pâté
pebre [péβrə] m pepper; ~ **blanc** white pepper; ~ **de Jamaica** allspice; ~ **negre** black pepper; ~ **vermell** red pepper, Cayenne pepper
pebrot [pəβrɔ́t] m pepper, pimento, pimiento
peix [péʃ] m fish; ~ **espasa** swordfish
pela [pélə] f peel, skin, peelings pl
pell [péʎ] f (de la fruita) = **pela**
pera [pérə] f pear
perca [pérkə] f perch
percebes [pərséβəs] mpl barnacles
perdiu [pərðíw] f partridge
pernil [pərníl] m ham; ~ **dolç** boiled ham; ~ **salat** cured ham
pèsols [pézuls] mpl peas
petxines [pətʃínəs] fpl shells (of molluscs)
picada [pikáðə] f minced meat
picant [pikán] aj hot, spicy
picar-se [pikársə] vp (la fruita) to spot, go rotten; (la beguda) to turn sour

pilota [piɫɔ́tə] f meatball

pinya [píɲə] f (de pi) pinecone; ~ **tropical** pineapple

pinyol [piɲɔ́l] m stone, seed, pit US

pinyons [piɲóns] mpl pine seeds, pine nuts

piruleta [pirulétə] f lollipop, sucker US

pirulí [pirulí] m = **piruleta**

piscolabis [piskoláβis] m snack

pistatxo [pistátʃu] m pistachio

planxa [pláɲʃə] f a la ~ grilled, on the grill

plat [plát] m plate, dish; (menjar) dish; (part d'un àpat) course. Menú de tres ~s, a three-course menu; ~ **del dia** today's special, dish of the day; ~ **fort** main course

plata [plátə] f (per a servir) = **plàtera**

plàtan [plátən] m banana

plàtera [plátərə] f dish, serving dish, platter US

poliol [puliɔ́l] m pennyroyal

pollastre [puʎástrə] m chicken

poma [pómə] f apple

pomelo [pumélu] m grapefruit

porro [póru] m leek

porró [puró] m glass wine jar with a long spout

postres [póstrəs] fpl dessert sg

pot [pɔ́t] m pot, jar

premsar [prəmsá] vt (raïm) to press

preparar [prəpará] vt (aviram, peix) to dress

préssec [présək] m peach

prunes [prúnəs] fpl plums; ~ **de confitar** prunes

púding [púðiŋ] m pudding

puré [puré] m purée; ~ **de patates** mashed potatoes

quall [kwáʎ] m rennet; (de la llet) curd

quallada [kwəʎáðə] f curd

raïm [rəím] m grape

rajola [rəʒɔ́lə] f ~ **de xocolata** block of chocolate

rap [ráp] m angler fish

ratllar [rəʎʎá] to grate

raves [ráβəs] mpl radishes

rebosteria [rəβustəríə] f pastries pl

refresc [rəfrésk] m soft drink, cool drink, refreshing drink

refrigeri [rəfriʒéri] m snack, refreshments pl

remenar [rəməná] vt to stir (round), shake; (per fer mantega) churn

remolatxa [rəmulátʃə] f beet, beetroot

requisit [rəkizít] m (plat exquisit) delicacy, titbit

restaurant [rəstəwrán] m restaurant; **cotxe, vagó** ~ buffet

rodanxa [ruðáɲʃə] f slice

rom [róm] m rum

romaní [rumaní] m rosemary

romesco [rumésku] m hot sauce made of almonds, garlic, parsley, chilli and Cayenne pepper, etc

ronyons [ruɲóns] mpl kidneys

rosca [róskə] f ring-shaped roll

rostir [rustí] vt to roast

rostit [rustít] m roast (meat)

rovell [ruβéʎ] m (d'ou) yolk

rovellons [ruβəʎóns] mpl

lactarius (kind of mushrooms)

saborós -osa [səβurós] *aj* tasty, delicious

safrà [səfɾá] *m* saffron

sagí [səʒí] *m* animal fat, lard

saïm [səím] *m* = **sagí**

sal [sál] *f* salt

salat [səlát] *aj* (too) salty

salmó [səlmó] *m* salmon

salsa [sálsə] *f* sauce; (*amaniment*) dressing; (*del rostit*) gravy

salsitxa [səlsítʃə] *f* sausage

samfaina [səmfájnə] *f* ratatouille

sandvitx [səmbítʃ] *m* sandwich

sardines [sərðínəs] *fpl* sardines

seitons [səjtóns] *mpl* anchovies

sèmola [sémulə] *f* semolina

senglar [səŋglá] *m* wild boar

sépia [sépiə] *f* cuttlefish

setrilleres [sətɾiʎéɾəs] *fpl* cruet *sg*

sidra [síðɾə] *f* cider

sidral [siðɾál] *m* sherbet

sifó [sifó] *m* soda (water)

síndria [síndɾiə] *f* watermelon

sípia [sípiə] *f* = **sépia**

sobralles [suβɾáʎəs] *fpl* leftovers

sobrassada [suβɾəsáðə] *f* Majorcan sausage

sofregit [sufɾəʒít] *m* fried onion, garlic and tomato sauce

sopa [sópə] *f* soup; ~ **de ceba** onion soup; *pl* pieces of bread soaked in a bouillon

sopar [supá] *vi* to have dinner; *m* dinner, evening meal

sopera [supéɾə] *f* soup tureen

sorbet [surbét] *m* sorbet, sherbet US

suc [súk] *m* sauce, gravy; (*de fruita*) juice. ~ **de taronja**, orange juice. ~ **de tomàquet**, tomato juice. ~ **de pinya**, pineapple juice

sucre [súkɾə] *m* sugar; **canya de ~** sugar cane; ~ **de canya** cane sugar

sucrera [sukɾé] *f* sugar bowl, sugar basin

suculent -a [sukulén] *aj* succulent

suflé [suflé] *m* souffle

suís [suís] *m* cup of chocolate with whipped cream on top

tall [táʎ] *m* piece, bit, slice; (*la carn o el peix*) meat, fish

tallar-se [təʎársə] *vp* (*la llet*) to curdle

tallarines [təʎəɾínəs] *fpl* kind of noodles

tallat [təʎát] *m* (small) white coffee

tàperes [tápəɾəs] *fpl* capers

tapes [tápəs] *fpl* snacks, delicacies

tapioca [təpiókə] *f* tapioca

taronja [təɾɔ́nʒə] *f* orange

taronjada [təɾuɲʒáðə] *f* orange juice, orangeade

tassa [tásə] *f* cup; ~ **de cafè** coffee cup; (*contingut*) cup of coffee

tastar [təstá] *vt* to taste, sample, try

taulell [təwléʎ] *m* counter; (*de bar*) bar

te [té] *m* tea

tendre -a [téndɾə] *aj* tender; (*pa, etc*) new, fresh

terrina [tərínə] *f* terrine, earthenware pot

terròs [tərɔ́s] *m* (*de sucre, etc*)

lump
til·la [tilːə] f (infusion of) lime-tree leaves
timó [timó] m = **farigola**
tòfones [tɔ́funəs] fpl truffles, earthnuts
tomata [tumátə] f = **tomàquet**
tomàquet [tumákət] m tomato
tonyina [tuɲínə] f tuna, tunny
topí [tupí] m (cooking) pot
torrada [turáðə] f (piece of) toast
torrar [turá] vt to toast; (cafè) to roast
torrons [turóns] mpl (kind of) nougat
trencanous [trɛŋkənɔ́ws] m nutcracker
trufes [trúfəs] fpl (rum) truffles; = **tòfones**
truita [trújtə] f (d'ou) omelette, omelet US; (peix) trout
tupí [tupí] m = **topí**

untar [untá] vt to smear; (amb mantega) to butter

vedella [bəðéʎə] f veal
verat [bərát] m mackerel
verdura [bərðúrə] f greens pl, green vegetables pl
vetes [bétəs] fpl noodles
vi [bí] m wine; ~ **blanc** white wine; ~ **dolç** sweet wine; ~ **escumós** sparkling wine; ~ **negre** red wine; ~ **ranci** mellow

wine; ~ **rosat** rosé; ~ **sec** dry wine
vinagre [bináɣrə] m vinegar

xai [ʃáj] m lamb
xampany [ʃəmpáɲ] m champagne
xampinyons [ʃəmpiɲóns] mpl champignons
xanguet [ʃəŋgét] m whitebait
xarcuteria [ʃərkutəríə] f cooked pork products
xató [ʃətú] m endive and codfish salad with a sauce made of pepper, chilli, garlic, oil, and vinegar
xef [ʃéf] mf chef
xerès [ʃərɛ́s] m sherry
xerigot [ʃəriɣɔ́t] m whey
xicoira [ʃikójrə] f chicory
xicra [ʃíkrə] f small cup (for drinking chocolate)
xips [ʃíps] fpl (potato) chips US, (potato) crisps UK
xirlmoia [ʃirimɔ́jə] f custard apple
xirivia [ʃiribíə] f parsnip
xocolata [ʃukulátə] f chocolate; ~ **desfeta** drinking chocolate
xoriç [ʃurís] m kind of Catalan sausage
xoriço [ʃurísu] m kind of Spanish sausage
xufla [ʃúflə] f chufa
xurros [ʃúrus] mpl kind of fritters

ENGLISH-CATALAN

A

a [ei, ə] *ar* un *m*, una *f*. *A man*, un home. *A woman*, una dona; (*rate; price, etc*) a, per. *Three times a week*, tres vegades per setmana. *Thirty pounds a month*, trenta lliures el mes

abacus ['æbəkəs] *n* àbac *m*

abandon [ə'bændən] *vt* abandonar; (*give up*) renunciar a | ~ osf abandonar-se | *n* abandó *m*

abandonment [ə'bændənmənt] *n* abandó *m*

abate [ə'beit] *vt* disminuir, reduir; *dr* abolir | *vi* (*wind, rain, etc*) amainar, minvar, calmar-se

abattoir ['æbətwɑ:'] *n* (*place*) escorxador *m*

abbess ['æbis] *n* abadessa *f*

abbey ['æbi] *n* abadia *f*

abbot ['æbət] *n* abat *m*

abbreviate [ə'bri:vieit] *vt* abreujar

abbreviation [ə,bri:vi'eiʃən] *n* abreviatura *f*

abdicate ['æbdikeit] *vt* abdicar

abdomen ['æbdəmən] *n* ana abdomen *m*

abdominal [æb'dɒminl] *aj* abdominal

abduct [æb'dʌkt] *vt* raptar

abduction [æb'dʌkʃən] *n* rapte *m*

ability [ə'biliti] *n* capacitat *f*, aptitud *f*; (*skill*) habilitat *f*; (*talent*) talent *m*

able ['eibl] *aj* capaç, apte -a; **be ~ to do sth** ésser capaç de fer uc, poder fer uc

abnormal [æb'nɔ:məl] *aj* anormal

abode [ə'bəud] *n* habitacle *m*, domicili *m*

abolish [ə'bɒliʃ] *vt* abolir, suprimir

abominable [ə'bɒminəbl] *aj* pèssim -a

abort [ə'bɔ:t] *vi* avortar

abortion [ə'bɔ:ʃən] *n med* avortament *m*

abound [ə'baund] *vi* ~ **in** (or ~ **with**) abundar en (o de)

about [ə'baut] *av* aproximadament, cap allà, entorn de. *He came about six*, va venir cap allà a les sis; gairebé, al voltant de. *About two hundred* *people,* al voltant de dues-centes persones | *prp* al voltant de, prop de. *Somewhere about Barcelona,* al voltant de Barcelona; *(relating to)* sobre, quant a. *What's that book about?,* de què tracta aquest llibre?; **be ~ to** estar a punt de

above [ə'bʌv] *av* (a) dalt, (al) damunt | *prp* dalt (de), damunt (de), sobre; **~ all** sobretot | *aj* (in text) esmentat més amunt

abridge [ə'brɪdʒ] *vt* abreujar, resumir

abroad [ə'brɔːd] *av* fora, a l'estranger

abrupt [ə'brʌpt] *aj* abrupte -a; *(terrain)* rost; *(character)* brusc

abruptness [ə'brʌptnɪs] *n* brusquedat *f*

absence ['æbsəns] *n* absència *f*; *(lack)* falta *f*, manca *f*

absent ['æbsənt] *aj* absent; **~-minded** *aj* distret -a, encantat -ada

absolute ['æbsəluːt] *aj* absolut -a

absolutely ['æbsəluːtlɪ] *av* absolutament

absolve [əb'zɒlv] *vt* absoldre

absorb [əb'zɔːb] *vt* absorbir; **be ~ed in** estar absort en

absorbent [əb'zɔːbənt] *aj* absorbent

absorbing [əb'zɔːbɪŋ] *aj* absorbent, interessant

absorption [əb'zɔːpʃən] *n* absorció *f*

abstract ['æbstrækt] *aj* abstracte -a; *n* extracte *m*, resum *m*

absurd [əb'sɜːd] *aj* absurd -a

absurdity [əb'sɜːdɪtɪ] *n* absurditat *f*, absurd *m*

abundance [ə'bʌndəns] *n* abundància *f*, abundor *f*

abundant [ə'bʌndənt] *aj* abundant, abundós -osa

abuse [ə'bjuːs] *n* abús *m*; *(mistreatment)* maltractament *m*; *(insult)* insult *m* | *vt* abusar de *vi*; *(mistreat)* maltractar; *(insult)* insultar

abyss [ə'bɪs] *n* abisme *m*

acacia [ə'keɪʃə] *n* acàcia *f*

academy [ə'kædəmɪ] *n* acadèmia *f*

accelerate [æk'sɛləreɪt] *vt* accelerar; *vi* accelerar-se

accelerator [æk'sɛləreɪtə'] *n* accelerador *m*

accent ['æksənt] *n* accent *m*; *vt* accentuar

accentuate [æk'sɛntjʊeɪt] *vt* accentuar; *fg* recalcar

accept [ək'sɛpt] *vt* acceptar; *(admit)* admetre

acceptable [ək'sɛptəbl] *aj* acceptable; *(appropriate)* adequat -ada

access ['æksɛs] *n* accés *m*

accessible [æk'sɛsəbl] *aj* *(place, person)* accessible; *(knowledge, etc)* assequible

accessory [æk'sɛsərɪ] *aj* accessori -òria; *n tb aut* accessori *m*, complement *m*

accident ['æksɪdənt] *n* accident *m*; **by ~** per casualitat *f*.

accidental [ˌæksɪ'dɛntl] *aj* accidental, fortuït -a

acclaim [ə'kleɪm] *vt* aclamar

accommodation [əˌkɒmə'deɪʃən] *n* allotjament *m*

accompany [ə'kʌmpənɪ] *vt* acompanyar

accomplish [əˈkʌmplɪʃ] vt
acomplir, dur a terme; (purpose)
aconseguir

accomplished [əˈkʌmplɪʃt] aj
hàbil, destre -a

accomplishment
[əˈkʌmplɪʃmənt] n realització f,
execució f; (completion)
acompliment m

accord [əˈkɔːd] n acord m, pacte
m; vt acordar, concedir

according to [əˈkɔːdɪŋ tuː] prp
segons

accordion [əˈkɔːdiən] n acordió m

account [əˈkaʊnt] n compte m;
(report) informe m, relació f; **of
no** ~ sense importància; **on** ~ a
compte; **take into** ~ tenir en
compte | vt considerar; ~ **for** vi
explicar, justificar

accountancy [əˈkaʊntənsɪ] n
comptabilitat f

accountant [əˈkaʊntənt] n
comptable mf

accounting [əˈkaʊntɪŋ] n
= **accountancy**

accumulate [əˈkjuːmjʊleɪt] vt
acumular; vi acumular-se

accumulation [əˌkjuːmjʊˈleɪʃən]
n acumulació f

accuracy [ˈækjʊrəsɪ] n exactitud f,
precisió f

accurate [ˈækjʊrət] aj exacte -a,
precís -isa

accuse [əˈkjuːz] vt acusar

accused [əˈkjuːzd] n acusat -ada
mf

accustom [əˈkʌstəm] vt
acostumar, habituar; ~ **osf** to
acostumar-se a

ace [eɪs] n as m

ache [eɪk] n mal m, dolor m; vi fer
mal, tenir mal de

achieve [əˈtʃiːv] vt aconseguir;
(carry out) realitzar, dur a terme

acid [ˈæsɪd] aj àcid -a; n àcid m

acolyte [ˈækəlaɪt] n escolà m

acorn [ˈeɪkɔːn] n aglà m/f, gla f

acquaintance [əˈkweɪntəns] n
coneixença f; (person) conegut
-uda mf

acquire [əˈkwaɪə˞] vt adquirir;
(manage to get) aconseguir,
obtenir

acquit [əˈkwɪt] vt absoldre

acrobat [ˈækrəbæt] n acròbata
mf

acronym [ˈækrənɪm] n acrònim m,
sigla f

across [əˈkrɒs] prp a través de; (on
the other side) a l'altre costat | av
de través; (from side to side) d'un
costat a l'altre

act [ækt] n acte m, fet m, acció f;
tea acte m; (espectacle) número
m; dr llei f, decret m | vi actuar,
obrar; vt (part) representar, fer

action [ˈækʃən] n acció f; mil
acció f, batalla f; dr acció f,
demanda f

activate [ˈæktɪveɪt] vt activar

active [ˈæktɪv] aj actiu -iva; (of
personality) enèrgic -a, vigorós
-osa

activity [ækˈtɪvɪtɪ] n activitat f

actor [ˈæktə˞] n actor m

actress [ˈæktrɪs] n actriu f

actually [ˈæktjʊəlɪ] av de fet, en
realitat, realment

acupuncture [ˈækjʊpʌŋktʃə˞] n
acupuntura f

acute [əˈkjuːt] aj agut -uda

Adam's apple [,ædəmz'æpl] n nou f del coll

adapt [ə'dæpt] vt adaptar; vi adaptar-se

adaptation [,ædæp'teɪʃən] n adaptació f

adapter [ə'dæptə'] n ele adaptador m, lladre m

add [æd] vt afegir, agregar; ~ **(to)** vi augmentar, engrandir vt; ~ **(up)** sumar; **it doesn't ~ up** no té sentit

adder [ædə'] n escurçó m

addict [ædɪkt] n addicte -a mf; (fanatic) partidari -ària mf, entusiasta m

addition [ə'dɪʃən] n addició f; mat suma f; **in ~ to** a més a més de

additive [ædɪtɪv] n additiu m

address [ə'dres] n adreça f; (speech) discurs m | vt adreçar-se, dirigir-se; (letter) trametre, enviar

adequate [ædɪkwɪt] aj adequat -ada

adherence [əd'hɪərəns] n adherència f

adhesive [əd'hiːzɪv] aj adhesiu -iva; ~ **tape** (UK) cinta f adhesiva, (US) esparadrap m

adjacent [ə'dʒeɪsənt] aj adjacent

adjective [ædʒektɪv] n adjectiu m

adjoining [ə'dʒɔɪnɪŋ] aj contigu -a, veí -ïna

adjourn [ə'dʒɜːn] vt ajornar; (suspend) suspendre

adjournment [ə'dʒɜːnmənt] n ajornament m; (of a meeting) suspensió f

adjust [ə'dʒʌst] vt ajustar; (adapt) adaptar; (arrange) arranjar

administer [əd'mɪnɪstə'] vt administrar

administration [əd,mɪnɪs'treɪʃən] n administració f

administrative [əd'mɪnɪstrətɪv] aj administratiu -iva

admiral [ædmərəl] n almirall m

admiration [,ædmə'reɪʃən] n admiració f

admire [əd'maɪə'] vt admirar

admission [əd'mɪʃən] n admissió f, entrada f; (school, etc) ingrés m; (acknowledgment of the truth) reconeixement m

admit [əd'mɪt] vt admetre; (acknowledge) reconèixer, confessar

admittance [əd'mɪtəns] n admissió f, entrada f

adolescence [,ædəʊ'lɛsns] n adolescència f

adopt [ə'dɒpt] vt adoptar

adorable [ə'dɔːrəbl] aj adorable

adoration [,ædɔː'reɪʃən] n adoració f

adore [ə'dɔː'] vt adorar

adorn [ə'dɔːn] vt adornar, guarnir

adornment [ə'dɔːnmənt] n adorn m, adornament m

adult [ædʌlt] aj n adult -a aj mf

adulterate [ə'dʌltəreɪt] vt adulterar

adulterer -eress [ə'dʌltərə'] mf adúlter

adulterous [ə'dʌltərəs] aj dr adúlter -a

adultery [ə'dʌltəri] n dr adulteri m

advance [əd'vɑːns] n avanç m, avançament m; com pagament m anticipat | vt avançar; (idea, *theory*) proposar, exposar; (*money*) anticipar

advantage [əd'vɑ:ntɪdʒ] *n* avantatge *m*; **take ~ of** aprofitar-se de

advantageous [,ædvən'teɪdʒəs] *aj* avantatjós -osa

adventitious [,ædven'tɪʃəs] *aj* adventici -ícia

adventure [əd'ventʃə'] *n* aventura *f*

adventurer [əd'ventʃərə'] *n* aventurer *m*

adventuress [əd'ventʃərɪs] *n* aventurera *f*

adventurous [əd'ventʃərəs] *aj* aventurer -a

adverb ['ædvɜ:b] *n* adverbi *m*

adversary [,ædvəsəri] *n* adversari -ària *mf*

adversity [əd'vɜ:sɪti] *n* adversitat *f*

advertise [,ædvətaɪz] *vt* anunciar; *vi* fer publicitat, fer propaganda

advertisement [əd'vɜ:tɪsmənt] *n* anunci *m*

advertising [,ædvətaɪzɪŋ] *n* publicitat *f*, propaganda *f*

advice [əd'vaɪs] *n* consell *m*

advise [əd'vaɪz] *vt* aconsellar, recomanar; (*inform*) informar, avisar; **~ against** desaconsellar

adviser [əd'vaɪzə'] *n* conseller -a *mf*

aerial ['eərɪəl] *aj* aeri aèria *n* antena *f*

aerodrome ['eərədrəum] *n* aeròdrom *m*

aerodynamic ['eərədaɪ'næmɪk] *aj* aerodinàmic -a; **~s** *pl fis* aerodinàmica *fsg*

aeroplane ['eərəpleɪn] *n* avió *m*

affable ['æfəbl] *aj* afable

affair [ə'feə'] *n* afer *m*, assumpte *m*; (*event*) esdeveniment; (*love*) aventura *f*; **~s** *pl* negocis *m*

affect [ə'fekt] *vt* afectar; (*move*) commoure, impressionar; (*pretend*) afectar, simular

affected [ə'fektɪd] *aj* afectat -ada, cursi

affection [ə'fekʃən] *n* afecte *m*; (*fondness*) afecció *f*

affectionate [ə'fekʃənɪt] *aj* afectuós -osa

affirm [ə'fɜ:m] *vt* afirmar

affirmation [,æfə'meɪʃən] *n* afirmació *f*

affirmative [ə'fɜ:mətɪv] *aj* afirmatiu -iva

afflict [ə'flɪkt] *vt* afligir

affliction [ə'flɪkʃən] *n* aflicció *f*; (*bodily*) mal *m*, dolor *m*

affluent ['æfluənt] *aj* opulent -a, acabalat -ada; *n* afluent *m*

afford [ə'fɔ:d] *vt* permetre's; (*provide*) donar, proporcionar

affront [ə'frʌnt] *n* afront *m*, insult *m*, ofensa *f*

afraid [ə'freɪd] *aj* espantat -ada; **be ~** tenir por; **don't be ~** no tinguis por; **I'm ~ I'm late** ho sento, arribo tard; **I was very ~** em vaig espantar molt

afresh [ə'freʃ] *av* una altra vegada, de nou

African ['æfrɪkən] *aj n* africà -ana *aj mf*

after ['ɑ:ftə'] *prp* després de; (*place, order*) després de, darrere de; **~ all** després de tot, al cap i a la fi; **time ~ time** molt sovint | *av* després; **long ~** molt després |

cnj després que | ~-**effect** *n* conseqüència *f*, efecte *m* secundari

afternoon [ˈɑːftəˈnuːn] *n* tarda *f*

aftertaste [ˈɑːftəteɪst] *n* regust *m*

afterwards [ˈɑːftəwədz] *av* després, més tard

again [əˈgen] *av* una altra vegada, novament; ~ **and** ~ una i altra vegada; **do sth** ~ tornar a fer uc; **never** ~ mai més; **now and** ~ de tant en tant

against [əˈgenst] *prp* contra. *To lean sth against the wall*, recolzar uc contra la paret; en contra de, contra. *I was against him*, estava en contra d'ell

agape [əˈgeɪp] *aj* bocabadat -ada

age [eɪdʒ] *n* edat *f*; (*period*) època *f*, temps *m*, era *f*; **come of** ~ arribar a la majoria d'edat; **old** ~ vellesa *f*; **under** ~ menor d'edat | *vt* envellir | *vi* envellir-se

agency [ˈeɪdʒənsɪ] *n* agència *f*

agenda [əˈdʒendə] *n* ordre *m* del dia

agent [ˈeɪdʒənt] *n* agent *mf*; com representant *mf*; *qm* agent *m*

agglomerate [əˈglɒməreɪt] *vt* aglomerar; *vi* aglomerar-se

aggravate [ˈægrəveɪt] *vt* agreujar; *fm* irritar, exacerbar

aggressive [əˈgresɪv] *aj* agressiu -iva; (*forceful, etc*) enèrgic -a, dinàmic -a

aggressiveness [əˈgresɪvnɪs] *n* agressivitat *f*

agile [ˈædʒaɪl] *aj* àgil

agitate [ˈædʒɪteɪt] *vt* agitar; (*perturb*) inquietar, pertorbar | ~ **for** fer campanya a favor de

ago [əˈgəʊ] *av* long ~ fa molt de temps; **how long** ~ **was it?** quant de temps fa?; **two years** ~ fa dos anys

agony [ˈægənɪ] *n* dolor *m*; (*mental suffering*) angoixa *f*

agrarian [əˈgreərɪən] *aj* agrari -ària

agree [əˈgriː] *vt* acordar; *vi* estar d'acord; (*correspond*) coincidir, concordar; (*consent*) consentir; **I** ~ **with you** estic d'acord amb tu

agreeable [əˈgriːəbl] *aj* agradable; (*person*) simpàtic -a; (*willing*) conforme, d'acord

agreed! [əˈgriːd] *inj* d'acord!, entesos!

agreement [əˈgriːmənt] *n* acord *m*; (*treaty*) tracte *m*, conveni *m*; *grm* concordança *f*; **come to an** ~ arribar a un acord, pactar

agricultural [ˌægrɪˈkʌltʃərəl] *aj* agrícola

agriculture [ˈægrɪkʌltʃə] *n* agricultura *f*

ah! [ɑː] *inj* ah!

ahead [əˈhed] *av* davant; **go** ~! endavant! | ~ **of** *prp* davant de

aid [eɪd] *n* ajuda *f*, ajut *m*, auxili *m*; *vt* ajudar, auxiliar

aim [eɪm] *vt* (*gun, camera*) apuntar; (*remark*) dirigir | ~ **at** aspirar a | *n* punteria *f*; *fg* objectiu *m*, propòsit *m*

air [eə] *n* aire *m*; (*appearance*) aire *m*, aspecte *m*; **by** ~ en avió | *atr* aeri aèria; ~-**conditioning** *n* aire *m* condicionat; ~ **force** *n* mil aviació *f*; ~ **hostess** *n* hostessa *f* | *vt* airejar, ventilar

aircraft [ˈeəkrɑːft] *n* avió *m*

along

airfield ['ɛəfiːld] n camp m d'aviació, aeròdrom m

airlift ['ɛəlift] n pont m aeri

airplane ['ɛəpleɪn] n avió m

airport ['ɛəpɔːt] n aeroport m

airtight ['ɛətaɪt] aj hermètic m

alarm [ə'lɑːm] n alarma f, (anxiety) inquietud f; ~ **clock** despertador m | vt alarmar, espantar

Albanian [æl'beɪnɪən] aj n albanès -esa aj mf

albino [æl'biːnəʊ] aj n albí -ina aj mf

album ['ælbəm] n àlbum m

alcohol ['ælkəhɒl] n alcohol m

alcoholic [ˌælkə'hɒlɪk] aj n alcohòlic -a aj mf

alder ['ɔːldə] n vern m

aleatory ['eɪlɪətɔri] aj aleatori -òria

alert [ə'lɜːt] aj atent -a; n alerta f, alarma f; vt alertar, avisar

alfalfa [æl'fælfə] n alfals m, userda f

Algerian [æl'dʒɪərɪən] aj n algerià -ana aj mf

alibi ['ælɪbaɪ] n coartada f; fm excusa

alien ['eɪlɪən] aj aliè -ena, estrany -a; aj n estranger -a aj mf

alight [ə'laɪt] aj encès; vi (a person) baixar; (a bird) aterrar, posar

align [ə'laɪn] vt alinear; vi alinear-se

alike [ə'laɪk] aj iguals, semblants; av igualment, de la mateixa manera

alive [ə'laɪv] aj viu viva; fg enèrgic -a, actiu -iva

all [ɔːl] aj tot -a. All night, tota la nit; ~ **people** tothom | pr tot. All decided to go, tots van decidir anar-hi; ~ **in** = en definitiva; ~ **of us** tots nosaltres; **not at** ~ en absolut; **not at** ~ (answer to thanks) de res | av del tot, completament. She was all covered in mud, estava completament coberta de fang; ~ **at once** tot d'un plegat, de sobte; ~ **over** arreu; ~ **right** d'acord

allergy ['ælədʒɪ] n al·lèrgia f

alleviate [ə'liːvɪeɪt] vt alleujar, pal·liar

alley ['ælɪ] n carreró m; (in a park) camí m, passatge m

alleyway ['ælɪweɪ] n carreró m

alliance [ə'laɪəns] n aliança f

allow [ə'laʊ] vt permetre, deixar; (a grant) concedir, donar; (a claim) admetre; ~ **for** tenir en compte

allowance [ə'laʊəns] n pensió f, subsidi m; com descompte m; **make ~s for** tenir en compte

alloy ['ælɔɪ] n aliatge m

allusion [ə'luːʒən] n al·lusió f

alluvium [ə'luːvɪəm] n geo al·luvió m

ally ['ælaɪ] n aliat -ada mf; ~ **osf with** vt aliar-se amb

almond ['ɑːmənd] n ametlla f; ~ (or ~ **tree**) ametller m

almost ['ɔːlməʊst] av gairebé, quasi

alone [ə'ləʊn] aj sol -a; **leave** (or **let**) ~ deixar en pau; av només, únicament

along [ə'lɒŋ] prp al llarg de, per; ~ **all** = av des del començament; ~ **with** amb; **come ~!** vine!

aloof [ə'lu:f] aj (character)
reservat -ada, fred -a; av a part;
keep ~ from mantenir-se
apartat de

aloud [ə'laud] av en veu alta

alphabet ['ælfəbɛt] n alfabet m

alphabetic [,ælfə'bɛtɪk] (or
alphabetical) aj alfabètic -a

alphabetize ['ælfəbətaɪz] vt
alfabetitzar

already [ɔ:l'rɛdɪ] av ja

alright [,ɔ:l'raɪt] = **all right**

also ['ɔːlsəu] av també, a més a
més

altar ['ɔltə'] n altar m

altarpiece ['ɔltəpi:s] n retaule m

alter ['ɔltə'] vt alterar, canviar,
modificar; arq reformar; vi canviar

alteration [,ɔltə'reɪʃən] n
alteració f, canvi m, modificació f;
arq reforma f

alternate [ɔl'tɜːnət] aj altern -a;
vti alternar

alternative [ɔl'tɜːnətɪv] aj
alternatiu -iva; n alternativa f

although [ɔːl'ðəu] cnj encara
que, a pesar que

altitude ['ætɪtjuːd] n altitud f

aluminium [,æljʊ'mɪnɪəm] n
alumini m

alveolus [æl'vɪələs] n alvèol m

always ['ɔːlweɪz] av sempre

amalgamation [ə,mælgə'meɪʃən]
n amalgamació f

amanuensis [ə,mænjʊ'ɛnsɪs] n
amanuense mf, escrivent -a f

amateur ['æmətə'] n amateur
aj mf, aficionat -ada aj mf

amaze [ə'meɪz] vt sorprendre,
meravellar, esbalair; **be ~d at**
admirar-se de

amazement [ə'meɪzmənt] n
sorpresa f, admiració f,
esbalaïment m

amazing [ə'meɪzɪŋ] aj sorprenent,
admirable

ambassador [æm'bæsədə'] n
ambaixador m

ambassadress [æm'bæsədrɪs] n
ambaixadora f

ambiguous [æm'bɪgjʊəs] aj
ambigu -a

ambition [æm'bɪʃən] n ambició f

ambitious [æm'bɪʃəs] aj ambiciós
-osa

ambulance ['æmbjʊləns] n
ambulància f

ambush ['æmbʊʃ] n emboscada f

American [ə'mɛrɪkən] aj n
americà -ana aj mf

amicable ['æmɪkəbl] aj amistós
-osa

ammunition [,æmjʊ'nɪʃən] n
munició f, municions fpl

amnesia [æm'niːzɪə] n amnèsia f

amnesty ['æmnɪstɪ] n amnistia f

amorphous [ə'mɔːfəs] aj tb qm
amorf -a

amount [ə'maunt] n quantitat f;
(of money) suma f; com import m;
| ~ to vi sumar

amphibian [æm'fɪbɪən] aj amfibi
-íbia; n amfibi m

amphibious [æm'fɪbɪəs] aj amfibi
-íbia

amphora ['æmfərə] n àmfora f

amplifier ['æmplɪfaɪə'] n
amplificador m

amplitude ['æmplɪtjuːd] n
amplitud f

amputate ['æmpjʊteɪt] vt
amputar

amulet ['æmjulit] *n* amulet *m*

amuse [ə'mju:z] *vt* divertir, entretenir, distreure; ~ **osf** divertir-se, distreure's

amusement [ə'mju:zmənt] *n* diversió *f*, entreteniment *m*, distracció *f*

amusing [ə'mju:zɪŋ] *aj* divertit -ida, graciós -osa; (*entertaining*) entretingut -uda

an [æn, ən, n] *ar* un *m*, una *f*. An *aeroplane*, un avió. An *anchor*, una àncora

anachronistic [ə,nækrə'nistik] *aj* anacrònic -a

anaemia [ə'ni:miə] *n* anèmia *f*

anaesthesia [,ænis'θi:ziə] *n* anestèsia *f*

analgesic [,ænəl'dʒi:sik] *aj* analgèsic -a; *n* analgèsic *m*

analyse ['ænəlaiz] *vt* analitzar

analysis [ə'næləsis] *n* anàlisi *f*

anarchism ['ænəkizəm] *n* anarquisme *m*

anatomy [ə'nætəmi] *n* anatomia *f*

ancestor ['ænsestə] *n* avantpassat *m*

ancestral [æn'sestrəl] *aj* ancestral; ~ **home** casa *f* pairal

anchor ['æŋkə] *n* àncora *f*; *vti* ancorar, fondejar

anchovy ['æntʃəvi] *n* seitó *m*; (*salted, in tins*) anxova *f*

ancient ['einʃənt] *aj* antic -iga

and [ænd, ənd, nd, ən] *cnj* i; ~ **so on** etcètera

Andorran [æn'dɔ:rən] *aj n* andorrà -ana *aj mf*

anecdote ['ænikdəut] *n* (*short account*) anècdota *f*

angel ['eindʒəl] *n* àngel *m*

anger ['æŋgə] *n* còlera *f*, ira *f*; *vt* enutjar, enfurismar, fer enfadar

angle ['æŋgl] *n* angle *m*; *fg* punt *m* de vista | *vi* pescar amb canya

angler ['æŋglə] *n* pescador *m* de canya; (*fish*) rap *m*

angry ['æŋgri] *aj* enfadat -ada

anguish ['æŋgwiʃ] *n* angoixa *f*, angúnia *f*; (*bodily*) dolor *m* agut

angular ['æŋgjulə] *aj* angular; (*features*) angulós -osa

animal ['æniməl] *aj* animal; *n* animal *m*

animate ['ænimit] *aj* animat -ada; ['ænimeit] *vt* animar

anise ['ænis] *n* bot anís *m*

anisette [,æni'zet] *n* (*spirits*) anís *m* (beguda)

ankle ['æŋkl] *n* turmell *m*

ankylose ['æŋkilauz] *vt* anquilosar; *vi* anquilosar-se

annihilate [ə'naiileit] *vt* anihilar

anniversary [,æni'vɜ:səri] *n* aniversari *m*

annotate ['ænəuteit] *vt* anotar

announce [ə'nauns] *vt* anunciar, fer saber

announcement [ə'naunsmənt] *n* anunci *m*, avís *m*

announcer [ə'naunsə] *n* locutor -a *mf*

annoy [ə'nɔi] *vt* molestar, fer enfadar

annoyance [ə'nɔiəns] *n* molèstia *f*, enuig *m*

annoying [ə'nɔiɪŋ] *aj* molest -a, pesat -ada

annual ['ænjuəl] *aj* anual, anyal

annul [ə'nʌl] *vt* anul·lar

anoint [ə'nɔint] *vt* untar, ungir

anomaly [ə'nɔməli] *n* anomalia *f*

anonymous [əˈnɒnɪməs] aj anònim -a

anorak [ˈænəræk] n anorac m

anorexia [ˌænəˈreksɪə] n med anorèxia f

another [əˈnʌðə] aj pr un altre m, una altra f. Another person, una altra persona

answer [ˈɑːnsə] n resposta f, contesta f; (to a problem) solució f | vti respondre, contestar | vt (problem) solucionar, resoldre; ~ **back** vi replicar; ~ **for** respondre de

ant [ænt] n formiga f; --**hill** formiguer m

antagonism [ænˈtægənɪzəm] n antagonisme m

Antarctic [æntˈɑːktɪk] aj antàrtic -a; **the** ~ n l'Antàrtic

antecedent [ˌæntɪˈsiːdənt] aj antecedent; n antecedent m

antenna [ænˈtenə] n antena f

antepenultimate [ˈæntɪpɪˈnʌltɪmɪt] aj (third from last) antepenúltim -a

anterior [ænˈtɪərɪə] aj anterior

anthology [ænˈθɒlədʒɪ] n antologia f

antibiotic [ˌæntɪbaɪˈɒtɪk] aj antibiòtic -a; n antibiòtic m

anticipate [ænˈtɪsɪpeɪt] vt anticipar-se; (expect) esperar, comptar amb; (foresee) preveure; (use in advance) gastar per endavant

antidote [ˈæntɪdəʊt] n antídot m

antipathy [ænˈtɪpəθɪ] n antipatia f; hostilitat f

antiquarian [ˌæntɪˈkweərɪən] n = **antiquary**

antiquary [ˈæntɪkwərɪ] n antiquari -ària mf

antique [ænˈtiːk] aj antic; n antiguitat f, antigalla f

antiquity [ænˈtɪkwɪtɪ] n tb hst antiguitat f

antithesis [ænˈtɪθɪsɪs] n antítesi f

antonym [ˈæntənɪm] n antònim m

anus [ˈeɪnəs] n anus m

anxiety [æŋˈzaɪətɪ] n ansietat f, preocupació f, inquietud f

anxious [ˈæŋkʃəs] aj preocupat -ada, inquiet -a, ansiós -osa; (desirous) desitjós -osa

any [ˈenɪ] aj algun -a, qualsevol. In ~ village, en algun poble; (interrogative) algun -a. Is there any problem?, hi ha algun problema?; (negative) cap. There isn't any problem, no hi ha cap problema; **at ~ rate** de totes maneres; **in ~ case** en qualsevol cas | pr algú, algun -a | av una mica. Are you any better?, estàs una mica millor?; (negative) gens. It doesn't help us any, això no ens ajuda gens

anybody [ˈenɪbɒdɪ] pr qualsevol, tothom; (in interrogative sentences) algú; (in negative sentences) ningú

anyhow [ˈenɪhaʊ] av de qualsevol manera; (in any case) de tota manera

anyone [ˈenɪwʌn] pr = **anybody**

anything [ˈenɪθɪŋ] pr (in questions, etc) quelcom, alguna cosa; (no matter what) qualsevol cosa, tot; [in negative sentences] res

anyway [ˈenɪweɪ] av = **anyhow**

inj en fi

anywhere ['ɛnɪweə'] av a qualsevol lloc; (everywhere) per tot arreu; (in negative sentences) enlloc

aorta [eɪˈɔːtə] n aorta f

Apache [əˈpætʃi] n apatxe mf

apart [əˈpaːt] av a part; ~ (or - from) separat per; ~ from a part de, fora de

apartment [əˈpaːtmənt] n pis m, apartament m; (room) cambra f; ~ **house** bloc m de pisos

apathy ['æpəθɪ] n apatia f

ape [eɪp] n simi m; vt imitar

aperitif [əˈperɪtɪf] n aperitiu m

apex ['eɪpeks] n àpex m; fg cim m

aphrodisiac [ˌæfrəʊˈdɪzɪæk] aj afrodisíac -a; n afrodisíac m

aplomb [əˈplɒm] n aplom m

apolitical [ˌeɪpəˈlɪtɪkəl] aj pol apolític -a

apologize [əˈpɒlədʒaɪz] vi disculpar-se

apostrophe [əˈpɒstrəfɪ] n apòstrof m; lit apòstrofe m

appalling [əˈpɔːlɪŋ] aj espantós -osa, horrorós -osa

apparatus [ˌæpəˈreɪtəs] n ana tcn aparell m

apparent [əˈpærənt] aj aparent; (clear) clar -a, evident

apparition [ˌæpəˈrɪʃən] n aparició f; fantasma m

appeal [əˈpiːl] vi apel·lar, recórrer; ~ **for** reclamar; ~ **to** atreure | n apel·lació f; (request) crida f; (petition) demanda f, petició f; (charm) atractiu m

appealing [əˈpiːlɪŋ] aj atractiu -iva

appear [əˈpɪə'] vi aparèixer, presentar-se; dr comparèixer; (book, etc) publicar-se; tea sortir, actuar; (seem) semblar

appearance [əˈpɪərəns] n aparició f; dr comparèixença f; (look) aspecte m, aparença f; ~**s** pl aparences fpl

appendage [əˈpendɪdʒ] n apèndix m, afegitó m

appendicitis [əˌpendɪˈsaɪtɪs] n apendicitis f

appendix [əˈpendɪks] n apèndix m

appetite ['æpɪtaɪt] n apetit m, gana f

appetizer ['æpɪtaɪzə'] n gst aperitiu m

applaud [əˈplɔːd] vti aplaudir

applause [əˈplɔːz] n tea mús aplaudiment m

apple ['æpl] n poma f; ~ **pie** pastís m de poma; ~ **tree** pomer m, pomera f

appliance [əˈplaɪəns] n aparell m; **domestic** ~ (or household ~) electrodomèstic m

applicant ['æplɪkənt] n aspirant mf, sol·licitant mf

application [ˌæplɪˈkeɪʃən] n aplicació f; (request) sol·licitud f, petició f; ~ **form** imprès m de sol·licitud

apply [əˈplaɪ] vt aplicar; ~ **for** vi sol·licitar vt, demanar vt; ~ **osf to** aplicar-se a, dedicar-se a; ~ **to** adreçar-se a

appoint [əˈpɔɪnt] vt fixar, assenyalar; (to a post) nomenar, designar

appointment [əˈpɔɪntmənt] n cita f, compromís m; (post) lloc m de treball; **have an ~** tenir hora

appraisal [ə'preizəl] n avaluació f, valoració f

appraise [ə'preiz] vt avaluar, valorar

appreciable [ə'pri:ʃəbl] aj apreciable, sensible

appreciate [ə'pri:ʃieit] vt apreciar, valorar; (understand) comprendre; (be grateful for) agrair | vi augmentar de valor

apprehension [,æpri'henʃən] n aprensió f, temor m

apprentice [ə'prentis] n aprenent -a mf

apprenticeship [ə'prentiʃip] n aprenentatge m

approach [ə'prəutʃ] vti acostar-se, aproximar-se; fg enfocar; (question, problem) abordar | n aproximació f, acostament m; (access) accés m; fg enfocament m, plantejament m

appropriate [ə'prəupriit] aj apropiat -ada, adient, convenient; vt apropiar-se; (funds) destinar, assignar

approval [ə'pru:vəl] n aprovació f

approve [ə'pru:v] vt aprovar

approximately [ə'prɒksimətli] av aproximadament

approximation [ə,prɒksi'meiʃən] n aproximació f

apricot ['eiprikɒt] n albercoc m; **~ tree** albercoquer m

April ['eiprəl] n abril m

apron ['eiprən] n davantal m

aptitude ['æptitju:d] n aptitud f

aquarium [ə'kweəriəm] n aquari m, aquàrium m

Aquarius [ə'kweəriəs] n Aquari m

aquatic [ə'kwætik] aj aquàtic -a

aqueduct ['ækwidʌkt] n aqüeducte m

Arab ['ærəb] aj n àrab aj mf

Arabic ['ærəbik] aj aràbic -iga, àrab; n (language) àrab m

arbiter ['ɑ:bitə] n àrbitre -a mf

arbitrate ['ɑ:bitreit] vti arbitrar

arbitrator ['ɑ:bitreitə] n àrbitre -a mf

arcade [ɑ:'keid] n arcada f; (round a square) porxada f, porxos mpl

arch [ɑ:tʃ] n arc m; vt arquejar

archaic [ɑ:'keiik] aj arcaic -a

archbishop [ɑ:tʃ'biʃəp] n arquebisbe m

archipelago [,ɑ:ki'peligəu] n arxipèlag m

architect ['ɑ:kitekt] n arquitecte mf

architecture ['ɑ:kitektʃə] n arquitectura f

archive ['ɑ:kaiv] n arxiu m

ardent ['ɑ:dənt] aj ardent; (supporter) apassionat -ada

arduous ['ɑ:djuəs] aj ardu àrdua, penós -osa; (task) difícil, laboriós -osa

area ['eəriə] n mat àrea f, superfície f; geo àrea f, regió f, zona f

arena [ə'ri:nə] n arena f, cercle m; (of circus) pista

Argentinian [,ɑ:dʒən'tiniən] aj n argentí -ina aj mf

argot ['ɑ:gəu] n argot m

argue ['ɑ:gju:] vti raonar, argumentar; vi discutir, barallar-se

argument ['ɑ:gjumənt] n argument m; (quarrel) discussió f, disputa f

arid ['ærɪd] aj àrid -a

Aries ['ɛəriːz] n ast Àries

arise [ə'raɪz] [pt **arose**, pp **arisen**] vi sorgir, aparèixer, presentar-se

arisen [ə'rɪzn] pp → **arise**

aristocracy [,ærɪs'tɒkrəsi] n aristocràcia f

aristocrat ['ærɪstəkræt] n aristòcrata mf

arithmetic [ə'rɪθmətɪk] n aritmètica f

arm [ɑːm] n braç m; mil arma f | vt armar; vi armar-se

armchair ['ɑːmtʃɛə] n cadira f de braços, butaca f

armistice ['ɑːmɪstɪs] n armistici m

armour (or **armor** US) ['ɑːmə] n armadura f, (tanks) blindatge m, cuirassa f; **~-plated** aj blindat -ada

armoured (or **armored** US) ['ɑːməd] aj blindat -ada

armpit ['ɑːmpɪt] n aixella f

army ['ɑːmi] n exèrcit m

aroma [ə'rəʊmə] n aroma f

arose [ə'rəʊz] pt → **arise**

around [ə'raʊnd] av al voltant, a l'entorn; (near) a prop | prp al voltant de, a l'entorn de, a l'entorn de

arouse [ə'raʊz] vt despertar, desvetllar; fg excitar, estimular

arrange [ə'reɪndʒ] vt arreglar, ordenar; (organize) organitzar; mús arranjar, adaptar | vi posar-se d'acord, quedar en

arrangement [ə'reɪndʒmənt] n arranjament m, ordre m; mús arranjament m, adaptació f; (agreement) acord m

arrears [ə'rɪəz] pl endarreriments

mpl, ròssec msg

arrest [ə'rest] vt arrestar, detenir; (attention) cridar | n arrest m, detenció f

arris ['ærɪs] n aresta f

arrive [ə'raɪv] vi arribar

arrogant ['ærəgənt] aj arrogant

arrow ['ærəʊ] n fletxa f, sageta f

arse [ɑːs] n fm cul m

arsenal ['ɑːsɪnl] n arsenal m

art [ɑːt] n art m; (skill) habilitat f; **~s** pl lletres fpl, **~s and crafts** arts i oficis

artery ['ɑːtəri] n artèria f

artichoke ['ɑːtɪtʃəʊk] n carxofa f

article ['ɑːtɪkl] n article m

articulation [ɑː,tɪkjʊ'leɪʃən] n articulació f

artificial [ɑːtɪ'fɪʃəl] aj artificial; (teeth, hair, etc) postís -issa

artisan ['ɑːtɪzæn] n artesà -ana mf

artist ['ɑːtɪst] n artista mf

artistic [ɑː'tɪstɪk] aj artístic -a

as [æz, əz] cnj av com; (while) mentre, quan; (because) ja que, com que; **~ ... ~** tan... com; **~ for** (or **~ to**) pel que fa a, quant a; **~ from** a partir de; **~ well** també | prp com, en qualitat de

ascend [ə'send] vt pujar; vi pujar, ascendir

ascribe [ə'skraɪb] vt atribuir

ash [æʃ] n cendra f

ashamed [ə'ʃeɪmd] aj avergonyit -ida; **be ~ of** avergonyir-se de

ashtray ['æʃtreɪ] n cendrer m

Asian ['eɪʃn] aj n asiàtic -a aj mf

Asiatic [,eɪsɪ'ætɪk] aj n asiàtic -a aj mf

aside [ə'saɪd] av a part, de costat,

de banda; n tea apart

ask [ɑːsk] vt preguntar; (request) demanar; (invite) invitar; ~ a question fer una pregunta; ~ for demanar, sol·licitar

askew [əˈskjuː] av de biaix, de costat

asleep [əˈsliːp] aj adormit -ida; **fall** ~ adormir-se

asparagus [əsˈpærəgəs] n bot gst espàrrec m

aspect [ˈæspɛkt] n aspecte m; (of a house) orientació f

asphalt [ˈæsfælt] n asfalt m; vt asfaltar

asphyxiate [æsˈfiksɪeɪt] vt asfixiar

aspirate [ˈæspəreɪt] vt aspirar

aspiration [ˌæspəˈreɪʃən] n aspiració f; fg anhel m, desig m

aspire [əsˈpaɪə] vi ~ (or ~ to) aspirar a

aspirin [ˈæsprɪn] n aspirina f

ass [æs] n ase m, ruc m; fg ruc m; US fm cul m

assail [əˈseɪl] vt assaltar, escometre; (task) emprendre

assault [əˈsɔːlt] n assalt m; vt assaltar

assemble [əˈsɛmbl] vt ajuntar, reunir; tcn muntar; vi ajuntar-se, reunir-se

assembly [əˈsɛmblɪ] n assemblea f, reunió f; tcn muntatge m

assert [əˈsɜːt] vt afirmar; (rights) fer valer

assess [əˈsɛs] vt avaluar, valorar

asset [ˈæsɛt] n avantatge m | ~s pl béns mpl; com actiu msg, haver msg

assign [əˈsaɪn] vt assignar; (attribute) atribuir; (property)

cedir; (date) fixar

assimilate [əˈsɪmɪleɪt] vt assimilar

assist [əˈsɪst] vt ajudar, assistir; vi (be present) assistir | n ajuda f, assistència f

assistance [əˈsɪstəns] n assistència f, ajuda f

assistant [əˈsɪstənt] aj auxiliar, ajudant; n ajudant -a mf

associate [əˈsəʊʃɪeɪt] vt associar; (ideas) relacionar | vi associar-se

association [əˌsəʊsɪˈeɪʃən] n associació f; com societat f

assume [əˈsjuːm] vt assumir; (suppose) suposar; (attitude) adoptar, prendre

assure [əˈʃʊə] vt assegurar

asthma [ˈæsmə] n asma f

astigmatism [æsˈtɪgmətɪzəm] n astigmatisme m

astonish [əˈstɒnɪʃ] vt sorprendre, deixar parat

astonished [əˈstɒnɪʃt] aj estupefacte -a

astonishment [əˈstɒnɪʃmənt] n sorpresa f, estupefacció f

astound [əˈstaʊnd] vt esbalair, deixar estupefacte

astrology [əsˈtrɒlədʒɪ] n astrologia f

astronaut [ˈæstrənɔːt] n astronauta mf

astronomer [əsˈtrɒnəmə] n astrònom -a mf

astronomic [ˌæstrəˈnɒmɪk] (or **astronomical**) aj astronòmic -a

astronomy [əsˈtrɒnəmɪ] n astronomia f

astute [əsˈtjuːt] aj astut -a

astuteness [əsˈtjuːtnɪs] n astúcia f

asylum [əˈsaɪləm] n (refuge) asil

m; (mental hospital) manicomi *m*

at [æt] *prp* a. *At home,* a casa; *(time)* a, per. *At ten o'clock,* les deu. *At Christmas,* per Nadal; *(manner, etc)* be good ~ sth ésser bo en uc

ate [eɪt] *pt* → eat

atheism ['eɪθɪɪzəm] *n* ateisme *m*

atheist ['eɪθɪɪst] *n* ateu -ea

atheistic [ˌeɪθɪ'ɪstɪk] *aj* ateu -ea

athlete ['æθliːt] *n* atleta *mf*

athletics [æθ'letɪks] *n* atletisme *m*

Atlantic [ət'læntɪk] *aj* atlàntic -a

atlas ['ætləs] *n* atles *m*

atmosphere ['ætməsfɪə] *n* atmosfera *f; fg* ambient *m*

atmospheric [ˌætməs'ferɪk] *aj* atmosfèric -a

atom ['ætəm] *n* àtom *m;* ~ bomb bomba *f* atòmica

atomic [ə'tɒmɪk] *aj* atòmic -a

atone [ə'təʊn] *vi* ~ for expiar *vt*

atrocious [ə'trəʊʃəs] *aj* atroç; *fg* monstruós -osa, espantós -osa

atrocity [ə'trɒsɪtɪ] *n* atrocitat *f*

atrophy ['ætrəfɪ] *vt* atrofiar; *vi* atrofiar-se

attach [ə'tætʃ] *vt* subjectar; *(stick)* enganxar; *(tie)* lligar; *(document)* incloure, adjuntar; *(importance)* donar

attachment [ə'tætʃmənt] *n* col·locació *f*, fixació *f; (attached object)* accessori *m; (affection)* afecte *m*, estimació *f*

attack [ə'tæk] *vt* atacar; *n* atac *m*

attain [ə'teɪn] *vt* atènyer, aconseguir; ~ to *vi* arribar a

attempt [ə'tempt] *n* temptativa *f*, intent *m; (attack)* atemptat *m | vt* intentar, provar

attend [ə'tend] *vt* assistir a *vi,* anar a *vi; med* assistir, atendre | *vi (pay attention)* atendre, estar per

attendance [ə'tendəns] *n* assistència *f*

attention [ə'tenʃən] *n* atenció *f;* ~! *mil* ferms!; ~s *pl* atencions *f*, cortesia *fsg*

attentive [ə'tentɪv] *aj* atent -a

attest [ə'test] *vt* testificar

attitude ['ætɪtjuːd] *n* actitud *f*

attract [ə'trækt] *vt* atreure

attraction [ə'trækʃən] *n* atracció *f; (of a person)* atractiu *m*

attractive [ə'træktɪv] *aj* atractiu -iva

attribute ['ætrɪbjuːt] *n* atribut *m; vt* [ə'trɪbjuːt] atribuir

aubergine ['əʊbəʒiːn] *n* alberginia *f*

auction ['ɔːkʃən] *n* subhasta *f; vt* subhastar

audacious [ɔː'deɪʃəs] *aj* audaç

audience ['ɔːdɪəns] *n* audiència *f*, públic *m; (of books)* lectors *mpl; (hearing)* audiència *f*

auditor ['ɔːdɪtə] *n* auditor -a *mf*, interventor -a *mf; (student)* oient *mf*

auditory ['ɔːdɪtərɪ] *aj* auditiu -iva

August ['ɔːgəst] *n* agost *m*

aunt [ɑːnt] *n* tia *f*

auricular [ɔː'rɪkjʊlə] *aj* auricular

Australian [ɒs'treɪlɪən] *aj n* australià -ana *aj mf*

Austrian [ɒs'trɪən] *aj n* austríac -a *aj mf*

authentic [ɔː'θentɪk] *aj* autèntic -a, veritable

author ['ɔːθə] *n* autor -a *mf*

authoritarian [ˌɔːθɒrɪ'teərɪən] *aj*

autoritari -ària

authority [ɔ:'θɔrɪtɪ] n autoritat f;
the authorities pl les autoritats
fpl

authorize ['ɔ:θəraɪz] vt autoritzar

autocycle ['ɔ:təʊsaɪkl] n
ciclomotor m

automatic [,ɔ:tə'mætɪk] aj
automàtic -a

automobile ['ɔ:təməbi:l] n
automòbil m

autonomous [ɔ:'tɒnəməs] aj
autònom -a

autonomy [ɔ:'tɒnəmɪ] n
autonomia f

autopsy ['ɔ:tɒpsɪ] n autòpsia f

autumn ['ɔ:təm] n tardor f

auxiliary [ɔ:g'zɪljərɪ] aj auxiliar

available [ə'veɪləbl] aj disponible;
(obtainable) assequible; (ticket)
vàlid -a

avalanche ['ævəlɑ:nʃ] n allau f

avant-garde [,ævɑ:ŋ'gɑ:d] n
avantguarda f

avarice ['ævərɪs] n avarícia f

avaricious [,ævə'rɪʃəs] aj avar -a

avenge [ə'vendʒ] vt venjar; vi
venjar-se

avenue ['ævənju:] n avinguda f

average ['ævərɪdʒ] n mitjana f,
terme m mitjà; aj mitjà -ana,
normal

aversion [ə'və:ʃən] n aversió f,
repugnància f

aviation [,eɪvɪ'eɪʃən] n aviació f

avid ['ævɪd] aj àvid -a

avocado [ævə'kɑ:dəʊ] n bot
alvocat m

avoid [ə'vɔɪd] vt evitar, eludir;
(blow) esquivar

awake [ə'weɪk] aj despert -a | vt

despertar | vi despertar-se

awaken [ə'weɪkən] vt despertar;
fg espavilar | vi despertar-se; fg
espavilar-se

award [ə'wɔ:d] n premi m; dr
sentència f | vt concedir; dr
adjudicar

awareness [ə'wɛənɪs] n
consciència f, coneixement m

away [ə'weɪ] av lluny. Far away,
molt lluny; fora. He's away from
home, és fora de casa

awful ['ɔ:fəl] aj espantós -osa,
terrible; fm lleig lletja, horrorós
-osa

awkward ['ɔ:kwəd] aj difícil,
delicat; (job) desagradable; (time)
inoportú -una; **~ situation**
situació f crítica

awning ['ɔ:nɪŋ] n vela f, tendal m

axe (or **ax** US) [æks] n destral f

axis ['æksɪs] n eix m

axle ['æksl] n eix m, arbre m

B

baa [bɑ:] vi belar; n bel m

babble ['bæbl] vi xerrar; n
xerrameca f

babel ['beɪbl] n fg galliner m

baby ['beɪbɪ] n bebè m; nen -a mf,
criatura f; **~ carriage** n cotxet
m; **~ food** n farinetes fpl;
~-sitter cangur m

bachelor ['bætʃələr] n llicenciat
-ada mf; dr (unmarried man)
solter m

back [bæk] n darrere m, dors m;
(of person) esquena f; (of book, of
animal) llom m; (of room, of

street) fons m; *(of knife)* planell m
| vi recular; vt donar suport a | *av*
darrere, endarrere, enrere | *aj*
dorsal, posterior; *(payment)*
endarrerit -ida; **~bone** n columna
f vertebral, espina f dorsal;
~ground n antecedents mpl,
rerefons m; *(education)* educació
f; **~hand** n revés m; **~pack** n
motxilla f; **~side** n fm cul m,
darrere m; **~tooth** n queixal m;
~yard n pati m del darrere

backslide ['bæk'slaid] vi recaure,
reincidir

backwards ['bækwədz] av arrere,
endarrere, enrere

bacon ['beikən] n cansalada f,
bacó m

bacterium [bæk'tiəriəm] n bio
bacteri m

bad [bæd] aj dolent -a, mal
[*prenominal*]; **~ habit** n vici m;
~ luck n mala sort f, pega f;
~~mannered aj mal educat -ada,
malcarat -ada; **~ manners** n
mala educació f; **~ smell** n tuf m;
~ temper n (mal) geni m, mal
caràcter m; **~~tempered** aj
malcarat -ada, malhumorat -ada

badge [bædʒ] n insígnia f,
distintiu m

badger ['bædʒə'] n teixó m; vt
empaitar, perseguir

badly ['bædli] av malament

bag [bæg] n bossa f; **~pipes** pl
gaita fsg | vt embossar, ensacar

baggage ['bægidʒ] n equipatge m

bail [beil] n fiança f; vt pagar la
fiança de

bailiff ['beilif] n esbirro m,
algutzir m

bait [beit] n esquer m

bake [beik] vt coure al forn; **~d
potato** n patata f al forn

baker ['beikə'] n forner -a mf; **~'s**
n forn m, fleca f

bakery ['beikəri] n forn m, fleca f

baking ['beikiŋ] n cocció f

balance ['bæləns] n equilibri m;
(scales) balança f; *com* balanç m,
saldo m | vi balancejar; vt
equilibrar, compensar; **~ out** vt
anivellar, equilibrar, compensar

balcony ['bælkəni] n balcó m; *tea*
galeria f

bald [bɔːld] aj calb -a. *He went
bald*, es va quedar calb; **~ patch**
n calba f

bale [beil] n bala f

ball [bɔːl] n pilota f, bola f, baló
m; *(dance)* ball m; *(of wool)*
cabdell m; **~s** pl vlg *(testicles)*
collons m, ous m, pebrots m

ballast ['bæləst] n llast m

ballet ['bælei] n ballet m

balloon [bə'luːn] n globus m

ballot ['bælət] n votació f; **~ box**
n urna f

ballpoint ['bɔːlpɔint] (or
ballpoint pen) n bolígraf m

balustrade [,bæləs'treid] n
balustrada f

bamboo [bæm'buː] n bambú m

ban [bæn] n ban m, prohibició f; vt
prohibir

banal [bə'naːl] aj banal, trivial

banana [bə'naːnə] n plàtan m;
(bananer) plàtan m; **~ tree**
plàtan m

band [bænd] n banda f, tira f,
franja f; *(ribbon)* cinta f; *mús*
banda f; *(of people)* grup m,

colla f

bandage ['bændɪdʒ] n bena f; vt embenar

bandaid ['bændeɪd] n tireta f

bandit ['bændɪt] n bandit m, bandoler -a mf

bang [bæŋ] n pet m; (blow) trompada f, cop m | vi petar | ~! inj bum!

banish ['bænɪʃ] vt desterrar, relegar, estranyar

banjo ['bændʒəʊ] n banjo m

bank [bæŋk] n banc m; (of river, lake) vora f, riba f; **~note** n bitllet m; **savings ~** n caixa f d'estalvis

banker ['bæŋkə] n banquer -a mf

bankruptcy ['bæŋkrəptsɪ] n bancarrota f, fallida f

banner ['bænə] n pancarta f

banquet ['bæŋkɔɪt] n banquet m

baptism ['bæptɪzəm] n baptisme m; bateig m

baptize [bæptaɪz] vt batejar

bar [bɑ:] n barra f; (pub) bar m; (counter) taulell m; (of soap) pastilla f; (of chocolate) rajola f; (of door) barra f | prp tret de, excepte

barbarity [bɑ:'bærɪtɪ] n barbaritat f, brutalitat f

barbecue ['bɑ:bɪkju:] n barbacoa f

barber ['bɑ:bə] n barber -a mf; **~'s shop** n barberia f

bare [beə] aj nu -a; **~foot** aj descalç -a

barely ['beəlɪ] av amb prou feines, a penes

bargain ['bɑ:gɪn] n tracte m, negoci m; (good buy) oferta f, ganga f | vi negociar; vt (haggle) regatejar

bark [bɑ:k] n lladruc m; (of tree) escorça, corfa f | vi bordar, lladrar; **~-stripper** n escorxador m d'arbres

barley ['bɑ:lɪ] n ordi m

barn [bɑ:n] n graner m

barnacle ['bɑ:nəkl] n percebe m

barometer [bə'rɒmɪtə] n baròmetre m

baron ['bærən] n baró m; (magnate) magnat m

baroque [bə'rɒk] aj barroc -a

barracks ['bærəks] n caserna f, quarter m

barrage ['bærɑ:ʒ] n resclosa f

barrel ['bærəl] n barril m, tona f, bóta f; (of gun) canó m

barren ['bærən] aj estèril

barricades [,bærɪ'keɪdz] pl barricades f

barrier ['bærɪə] n barrera f

barter ['bɑ:tə] vt baratar

basalt ['bæsɔ:lt] n basalt m

base [beɪs] n base f; **~board** n sòcol m | vt basar

basement ['beɪsmənt] n arq soterrani m; fonaments mpl

bash [bæʃ] n fm trompada f; vt pegar contra

bashful ['bæʃfʊl] aj vergonyós -osa, tímid -a

basic ['beɪsɪk] aj bàsic -a, fonamental, primordial; **~s** pl elements m, rudiments m

basilica [bə'zɪlɪkə] n basílica f

basin ['beɪsn] n bol m; (washbasin) pica f; (of river) conca f

basis ['beɪsɪs] n base f

basket ['bɑ:skɪt] n cistell m, cistella f, cabàs m; esp cistella f; **~ball** n bàsquet m

beaver

bass [beɪs] *aj* baix; **~ drum** *n* bombo *m*; [bæs] *n* zoo (*fish*) llobarro *m*

bastard ['bɑːstəd] *n* bastard -a *mf*, bord -a *mf*

bastion ['bæstɪən] *n* baluard *m*

bat [bæt] *n* rat-penat *m*, ratapinyada *f*

bath [bɑːθ] *n* bany *m*; (or **bathroom**) *n* (cambra *f* de) bany *m*; (or **bathtub**) *n* banyera *f*; **~robe** *n* barnús *m*; **~room fittings** *pl* sanitaris *m* | *vt* banyar

bathe [beɪð] *vt* banyar; *vi* banyar-se

bathing costume ['beɪðɪŋˌkɒstjuːm] *n* vestit *m* de bany

baton ['bætən] *n* batuta *f*

batter ['bætə'] *vt* estossinar; arrebossar | *n* (baseball, cricket) batedor

battery ['bætərɪ] *n* bateria *f*; (dry) pila *f*; mil bateria *f*

battle ['bætl] *n* batalla *f*, combat *m*; **~field** *n* camp *m* de batalla

bawl [bɔːl] *vi* baladrejar

bay [beɪ] *n* badia *f*, golf *m*; (bot) llorer *m*; **~ window** *n* mirador *m* | *n* batec *m*

bayonet ['beɪənɪt] *n* baioneta *f*

bazaar [bə'zɑː] *n* basar *m*

be [biː] *pt* **was**, *pp* **been**] *vi* ésser, ser, estar; (pertànyer) ésser, ser. *It's mine*, és meu; (weather) fer. *It is cold*, fa fred; (measure) fer. *It's ten meters long*, fa deu metres de llargada; (age) tenir. *He's eight years old*, té vuit anys; (feel) tenir. *I'm cold*, tinc fred; **~ about to** estar a punt de, anar a; **~ enough** haver-n'hi prou, bastar; **there is,**

there are hi ha. *There are a lot of books*, hi ha molts llibres; [forming passives] *He was expelled*, el van expulsar; [forming continuous tenses] *He was reading*, estava llegint

beach [biːtʃ] *n* platja *f*

beak [biːk] *n* bec *m*

beam [biːm] *n* raig *m*; (of wood, metal) biga *f* | *vi* somriure

bean [biːn] *n* mongeta *f*, fesol *m*; (of coffee) gra *m*

bear [bɛə'] *n* ós *m* | *vt* resistir, aguantar, suportar; (weight) carregar, aguantar; (yield) produir; (children) parir, deslliurar; (responsibility) tenir; **~ in mind** tenir present

beard [bɪəd] *n* barba *f*

bearded ['bɪədɪd] *aj* barbut -uda

bearing ['bɛərɪŋ] *n* aspecte *m*, presència *f*, planta *f*

beast [biːst] *n* bèstia *f*, fera *f*; *fg* bèstia *f*

beastly ['biːstlɪ] *aj* brutal, bestial

beat [biːt] [*pt* **beat**, *pp* **beaten**] *vi* bategar; *vt* apallissar, estomacar, estovar; (eggs, etc) batre, debatre; (wings, record) batre; (enemy) vèncer, batre; **~ about the bush** anar amb embuts | *n* batec *m*

beaten [biːtn] *pp* → **beaten**

beater ['biːtə'] *n* batedora *f*

beating ['biːtɪŋ] *n* pallissa *f*.

beautiful ['bjuːtɪfʊl] *aj* bell -a, bonic -a, preciós -osa

beautify ['bjuːtɪfaɪ] *vt* embellir

beauty ['bjuːtɪ] *n* bellesa *f*; **~ parlour** *n* saló *m* de bellesa

beaver ['biːvə'] *n* castor *m*

became [bɪˈkeɪm] pt → become
because [bɪˈkɒz] cnj perquè; ~ of a causa de, per
become [bɪˈkʌm] [pt **became**, pp **become**] vi esdevenir, tornar-se, fer-se; (suit) escaure
bed [bed] n llit m; agr bancal m; ~**head** n capçalera f; ~**room** n dormitori m, cambra f, habitació f; ~**side** n capçalera f; ~**side table** n tauleta f de nit; ~**sock** n peúc m; ~**spread** n cobrellit m, vànova f
bee [bi:] n zoo abella f; ~**hive** n rusc m
beech [bi:tʃ] (or ~ **tree**) n faig m; ~ **wood** n fageda f
beef [bi:f] n bou m; ~**steak** n bistec m
been [bi:n] pp → be
beer [bɪə] n cervesa f
beet [bi:t] n remolatxa f
beetle [ˈbi:tl] n escarabat m
beetroot [ˈbi:tru:t] n (of time) abans, anteriorment; (of space) davant | prp abans de; davant de | cnj abans que
before [bɪˈfɔ:] av (of time) abans, anteriorment; (of space) davant | prp abans de; davant de | cnj abans que
beg [beg] vi demanar almoina, captar; ~ **for** suplicar, pregar, implorar
began [bɪˈgæn] pt → begin
beggar [ˈbegə] n captaire mf
begin [bɪˈgɪn] [pt **began**, pp **begun**] vt començar, iniciar, emprendre; vi començar, iniciar-se
beginner [bɪˈgɪnə] n aprenent -a mf
beginning [bɪˈgɪnɪŋ] n inici m, començament m, principi m, primeria f

begun [bɪˈgʌn] pp → begin
behave [bɪˈheɪv] vi comportar-se, portar-se
behaviour (or **behavior** US) [bɪˈheɪvjə] n comportament m, conducta f
behead [bɪˈhed] vt decapitar, escapçar
behind [bɪˈhaɪnd] av prp darrere
beige [beɪʒ] aj n beix aj m
being [ˈbi:ɪŋ] n ens m, ésser m
belated [bɪˈleɪtɪd] aj tardà -ana, endarrerit -ida
belch [beltʃ] vi eructar, rotar, fer rots; n eructe m, rot m
belfry [ˈbelfrɪ] n campanar m
Belgian [ˈbeldʒən] aj n belga n mf
belief [bɪˈli:f] n creença f
believe [bɪˈli:v] vt pensar, creure; vi creure
believer [bɪˈli:və] n creient mf
bell [bel] n campana f; (device) timbre m; ~**boy** (or ~**hop**) n grum m; ~ **flower** campaneta f; ~ **tower** n campanar m
bellow [ˈbeləʊ] vi mugir, bramar, bramular | n bram m, bramul m; ~**s** pl manxa fsg
belly [ˈbelɪ] n panxa f, ventre m
belong [bɪˈlɒŋ] vi pertànyer, correspondre
belongings [bɪˈlɒŋɪŋz] pl pertinences f
below [bɪˈləʊ] av sota, davall, dessota; prp sota
belt [belt] n cinturó m
bench [bentʃ] n banc m, escon m
bend [bend] [pt, pp **bent**] vt corbar, tòrcer, doblegar; vi inclinar-se, doblegar-se, corbar-se

| n revolt m, corba f

beneath [bɪˈniːθ] av sota, davall, dessota; prp sota

benediction [ˌbenɪˈdɪkʃən] n benedicció f

benefactor [ˈbenɪfæktə] n benefactor -a mf

benefactress [ˈbenɪfæktrɪs] n benefactora f

beneficent [bɪˈnefɪsənt] aj benefactor -a

beneficial [ˌbenɪˈfɪʃəl] aj beneficiós -osa

benefit [ˈbenɪfɪt] n benefici m, guany m, profit m; (payment) subsidi m | vt beneficiar; vi beneficiar-se

benevolent [bɪˈnevələnt] aj benèvol -a

benign [bɪˈnaɪn] aj benigne -a

bent [bent] pp pt → bend

bequeath [bɪˈkwiːð] vt llegar, deixar

bereft [bɪˈreft] aj desproveït -ïda

beret [ˈbereɪ] n boina f

bermudas [bɜːˈmjuːdəz] pl bermudes f

berth [bɜːθ] n llitera f; vt atracar

beside [bɪˈsaɪd] prp al costat de, a prop de

besides [bɪˈsaɪdz] av a més a més, d'altra banda; prp a més a més de, a més de

besiege [bɪˈsiːdʒ] vt assetjar

best [best] aj av millor; ~ **man** n padrí m; **the ~ part of** la major part de

bet [bet] vti apostar; n aposta f, juguesca f

betray [bɪˈtreɪ] vt trair

betrayal [bɪˈtreɪəl] n traïció f

betrayer [bɪˈtreɪə] n traïdor -a

better [ˈbetə] aj av millor

between [bɪˈtwiːn] prp entre; av al mig

beverage [ˈbevərɪdʒ] n beguda f

bewilder [bɪˈwɪldə] vt atordir

bewitch [bɪˈwɪtʃ] vt encantar, encisar, embruixar

biannual [baɪˈænjʊəl] aj bianual

bias [ˈbaɪəs] n biaix m; (tendency) prejudici m

biased [ˈbaɪəst] aj parcial

bib [bɪb] n pitet m

Bible [ˈbaɪbl] n Bíblia f

biceps [ˈbaɪseps] n bíceps m

bicycle [ˈbaɪsɪkl] n bicicleta f

bid [bɪd] vt licitar, oferir; n oferta f, postura f

bidet [ˈbiːdeɪ] n bidet m

big [bɪg] aj gran, gros -ossa; ~ **dipper** n muntanyes fpl russes; ~ **game** n caça f major; ~ **mouth** aj bocamoll -a

bigamy [ˈbɪɡəmɪ] n bigàmia f

bigwig [ˈbɪɡwɪɡ] n peix m gros

bike [baɪk] n bicicleta f

bikini [bɪˈkiːnɪ] n bikini m

bile [baɪl] n fel mf, bilis f

bilingual [baɪˈlɪŋɡwəl] aj bilingüe

bilingualism [baɪˈlɪŋɡwəlɪzəm] n bilingüisme m

bill [bɪl] n factura f, compte m; (of show) cartell m; (banknote) bitllet m; ~**board** n plafó m publicitari

billiards [ˈbɪliədz] n billar m

billion [ˈbɪljən] n bilió m; (US) mil milions mpl

bimonthly [ˌbaɪˈmʌnθlɪ] aj bimensual

bind [baɪnd] vt lligar; (a book) enquadernar; (a law) obligar | n *fm* murga *f*

binge [bɪndʒ] *n* tabola *f*

binoculars [bɪˈnɒkjələ's] *pl* prismàtics *m*

biography [baɪˈɒɡrəfi] *n* lit biografia *f*

biologist [baɪˈɒlədʒɪst] *n* biòleg -òloga *mf*

biology [baɪˈɒlədʒi] *n* biologia *f*

biosphere [ˈbaɪəˌsfɪə'] *n* biosfera *f*

birch [bɜːtʃ] *n* bedoll *m*

bird [bɜːd] *n* ocell *m*; ~ **of prey** *n* ocell *m* de rapinya

biro [ˈbaɪrəʊ] *n* boligraf *m*

birth [bɜːθ] *n* naixement *m*; ~ **rate** *n* natalitat *f*

birthday [ˈbɜːθdeɪ] *n* aniversari *m*, natalici *m*

biscuit [ˈbɪskɪt] *n* galeta *f*

bishop [ˈbɪʃəp] *n* bisbe *m*; (*chess*) alfil *m*

bishopric [ˈbɪʃəprɪk] *n* bisbat *m*, episcopat *m*

bison [ˈbaɪsən] *n* bisó *m*

bit [bɪt] *n* mica *f*, tros *m*, bocí *m*; **a ~** una mica, un xic; **~ by ~** a poc a poc, de mica en mica. *I am a bit tired,* estic una mica cansat

bit [bɪt] *pt → bite*

bitch [bɪtʃ] *n* gossa *f*; *vlg* bruixa *f*; **son of a ~** *n* *vlg* fill *m* de puta

bite [baɪt] [*pt* **bit**, *pp* **bitten**] *vti* mossegar; (*insect*) picar | *n* mossegada *f*, queixalada *f*; (*of insect*) picada *f*; (*food*) mos *m*

bitten [bɪtn] *pp → bite*

biting [ˈbaɪtɪŋ] *adj* mordaç

bitter [ˈbɪtə'] *aj* amarg -a, amargant; agre; **~-sweet** *aj* agredolç -a

bitumen [ˈbɪtjʊmɪn] *n* betum *m*

bivouac [ˈbɪvʊæk] *n* bivac *m*

biweekly [ˌbaɪˈwiːklɪ] *aj* bisetmanal

bizarre [bɪˈzɑː'] *aj* estrany -a, rar -a

black [blæk] *aj* negre -a; **~berry** *n* móra *f*, romeguera *f*; (*bush*) esbarzer *m*; **~bird** *n* merla *f*; **~board** *n* pissarra *f*; ~ **coffee** *n* cafè *m* sol; ~ **eye** *n* ull *m* de vellut; **~leg** *n* esquirol *m*; **magic** *n* bruixeria *f*, màgia *f* negra; **~smith** *n* ferrer -a *mf*; **~smith's** *n* ferreria *f* | *vt* ennegrir

blacken [ˈblækən] *vt* emmascarar, ennegrir

blackish [ˈblækɪʃ] *aj* negrós -osa

blackness [ˈblæknɪs] *n* negror *f*

bladder [ˈblædə'] *n* bufeta *f*, vesícula *f*

blade [bleɪd] *n* ganiveta *f*, fulla *f*

bland [blænd] *aj* fat -ada

blank [blæŋk] *aj* en blanc; *n* espai *m*, blanc *m*

blanket [ˈblæŋkɪt] *n* flassada *f*, manta *f*

blaspheme [blæsˈfiːm] *vti* blasfemar

blasphemy [ˈblæsfɪmi] *n* blasfèmia *f*

blast [blɑːst] *n* explosió *f*; *vt* barrinar

blatant [ˈbleɪtənt] *aj* flagrant

blaze [bleɪz] *n* flamarada *f* | *vi* cremar; (*shine*) resplendir

bleach [bliːtʃ] *vt* blanquejar, descolorir; *vi* descolorir-se | *n* lleixiu *m*

bleat [bliːt] *vi* belar; *n* bel *m*

bleed [bliːd] *vti* sagnar

blemish [ˈblemɪʃ] *n* defecte *m*; *vt*

fer malbé, tacar

blend [blɛnd] vt barrejar, mesclar; vi barrejar-se, mesclar-se | n barreja f, mescla f

bless [blɛs] vt beneir

blessing ['blɛsɪŋ] n benedicció f

blew [blu:] pt → **blow**

blind [blaɪnd] aj cec cega | vt encegar; fg obcecar, encegar | n persiana f

blindly ['blaɪndlɪ] av a cegues

blindness ['blaɪndnɪs] n ceguesa f

blink [blɪŋk] vti parpellejar

blister ['blɪstə'] n butllofa f, bófega f

blizzard ['blɪzəd] n torb m, rufaga f

block [blɒk] n bloc; (of buildings) illa f; ~ **of flats** casa de pisos | vt bloquejar, blocar, obstruir

blockade [blɒ'keɪd] vt bloquejar, blocar; n bloqueig m, blocatge m

blockage ['blɒkɪdʒ] n obstrucció f, embús m

blond (or **blonde**) [blɒnd] aj i n ros rossa aj i mf

blood [blʌd] n sang f; ~**curdling** aj esgarrifós -osa; ~ **pressure** n tensió f arterial; ~**thirsty** aj carnisser -a

bloody ['blʌdɪ] aj sangonós -osa, sagnant; vlg fotut -uda, maleït -ida

bloom [blu:m] n flor f; vi florir

blossom ['blɒsəm] n flor f; vi florir

blot [blɒt] n esborrall m, taca f; vt esquixar, tacar

blouse [blaʊz] n brusa f, camisa f

blow [bləʊ] [pt **blew**, pp **blown**] vti bufar; (fortune) fondre; ~ **out**

vt bufar, apagar; vi rebentar-se; ~ **sby's nose** vt mocar; ~ **up** vt inflar; vi volar | n buf m, bufada f; (hit) cop m, garrotada f, pinya f

blown [bləʊn] pp → **blow**

blue [blu:] aj blau -ava; (depressed) deprimit -da, trist -a; (obscene) verd -a | n blau m

blueness ['blu:nɪs] n blavor f

bluish ['blu:ɪʃ] aj blavós -osa

blunder ['blʌndə'] n planxa f

blunderbuss ['blʌndəbʌs] n trabuc m

blunt [blʌnt] aj esmussat -ada, rom -a; (person) brusc -a

blurred [blɜ:d] aj borrós -osa

blush [blʌʃ] vi tornar-se vermell, ruboritzar -se, enrogir | n rubor m

bluster ['blʌstə'] vi fanfarronejar

boa ['bəʊə] n boa f

board [bɔ:d] n post f, tauler m, taula f; (management) junta f | vt entarimar; vi (ship, train) embarcar-se; (a person) allotjar-se, estar a dispesa

boarder ['bɔ:də'] n intern -a mf

boarding house ['bɔ:dɪŋhaʊs] n dispesa f, fonda f, pensió f

boast [bəʊst] vi fanfarronejar, presumir

boastful ['bəʊstful] aj fanfarró -ona, faroner -a

boasting ['bəʊstɪŋ] n fanfaronada f, bravata f

boat [bəʊt] n vaixell m, barca f, embarcació f; ~**man** n barquer -a mf

bobbin ['bɒbɪn] n txt bobina f, rodet m

bodily ['bɒdɪlɪ] aj corporal

body ['bɒdɪ] n cos m; (*corpse*)
cadàver m; *aut* carrosseria f;
(*organisation*) ens m, organisme
m, entitat f; **~guard** n
guardaespatlles mf; **~work** n
carrosseria f

bog [bɒg] n aiguamoll m

bohemian [bəʊ'hi:mɪən] aj n
bohemi -èmia aj mf

boil [bɔɪl] vti bullir | n bull m,
ebullició f

boiler ['bɔɪlə] n caldera f; **~ suit**
granota f

boiling ['bɔɪlɪŋ] n bull m, ebullició
f; aj bullent

bold [bəʊld] aj agosarat -ada,
audaç, intrèpid -a

boldness ['bəʊldnɪs] n atreviment
m, gosadia f

Bolshevik ['bɒlʃəvɪk] aj n bolxevic
aj mf

bolt [bəʊlt] n balda f, forrellat m;
vt tancar amb pany i forrellat

bomb [bɒm] n bomba f; vt
bombardejar

bomber ['bɒmbə] n bombarder m

bond [bɒnd] n lligam m, llaç m;
ecn obligació f

bone [bəʊn] n os m; (*of fish*)
espina f; **~ marrow** n medul·la f
òssia | vt desossar

bonfire ['bɒnfaɪə] n foguera f, foc
m

bonnet ['bɒnɪt] n capot m

bonsai ['bɒnsaɪ] n bonsai m

boo [bu:] vt escridassar

book [bʊk] n llibre m; **~case** (or
~shelf) n prestatgeria f,
biblioteca f, llibreria f; **~keeper** n
comptador -a m, comptable mf;
~keeping n comptabilitat f;
~seller n llibreter -a mf; **~shop**
n llibreria f | vt reservar

booking ['bʊkɪŋ] n reserva f;
~ office n taquilla f

boom [bu:m] vi retrunyir | **~!** inj
bum!

boor [bʊə] n bèstia f

boot [bu:t] n bota f; (*of car*)
portaequipatge m, maleter m

booty ['bu:tɪ] n botí m

booze [bu:z] vi xumar, beure

border ['bɔ:də] n frontera f, límit
m | vt fer frontera amb, limitar
amb; (*road*) vorejar

bore [bɔ:] vt avorrir, cansar,
molestar; (*make holes*) fer forats
a, barrinar, perforar | n tabarra f,
avorriment m; (*person*) corcó m,
cataplasma mf

boredom ['bɔ:dəm] n avorriment
m, tedi m

boring ['bɔ:rɪŋ] aj avorrit -ida,
ensopit -ida, pesat -ada

born [bɔ:n] aj nat nada; **be ~**
néixer

borrow ['bɒrəʊ] vt manllevar

bosom ['bʊzəm] n pit m

boss [bɒs] n cap mf, patró -ona
mf, amo m

botanic [bə'tænɪk] (or **botanical**)
aj botànic -a

botanist ['bɒtənɪst] n botànic -a
mf

botany ['bɒtənɪ] n botànica f

botch [bɒtʃ] n bunyol m, nyap m

both [bəʊθ] aj pr pl ambdós m,
ambdues f

bother ['bɒðə] vt amoïnar,
preocupar; (*disturb*) molestar,
cansar, empipar | n molèstia f

bottle ['bɒtl] n ampolla f, botella f;

bottom ['bɒtəm] n fons m

bouillon ['buːjɔːŋ] n brou m

bought [bɔːt] pp pt → **buy**

boulder ['bəʊldə'] n penyal m

boulevard ['buːləvɑː'] n avinguda f, passeig m

bounce [baʊns] vi rebotar, botar; vt botar; n bot m

bound [baʊnd] vi saltar, botar; n salt m, bot m

boundary ['baʊndərɪ] n límit m, terme m

bounty ['baʊntɪ] n generositat f; (reward) prima f

bouquet ['bʊkeɪ] n toia f, pom m de flors, ram m de flors

bourgeois ['bʊəʒwɑː] aj mf burgès -esa aj mf

bourgeoisie [ˌbʊəʒwɑːˈziː] n burgesia f

bovine ['bəʊvaɪn] aj bovi -ina

bow [baʊ] n llaç m; mús arquet m; (of the head) reverència f; mar proa f | vi ajupir; vi humiliar-se, ajupir-se

bowel [baʊəl] n budell m

bowl [bəʊl] n bol m, tassa f; vt llançar

bowler ['bəʊlə'] (or ~ **hat**) n barret m fort, bolet m

bowling ['bəʊlɪŋ] n joc m de bitlles

box [bɒks] n caixa f, capsa f; tea llotja f; ~ **office** taquilla f, finestreta f | vt encaixar; vi esp boxar, boxejar

boxer ['bɒksə'] n boxejador -a mf, boxador -a m

boxing ['bɒksɪŋ] n boxa f

boy [bɔɪ] n nen m, noi m, xicot m

boycott ['bɔɪkɒt] n boicot m

bra [brɑː] n sostenidors mpl

bracelet ['breɪslɪt] n braçalet m, polsera f

braces ['breɪsɪz] n abraçadora f; (tool) filaberquí m; ~s pl (for teeth) aparells m d'ortodòncia, ferros m; (to hold up trousers) elàstics m

bracken ['brækən] n falguera f

bracket ['brækɪt] n parèntesi m

brag [bræg] n bravata f

braid [breɪd] n trena f; mil galó m

brain [breɪn] n cervell m

brake [breɪk] n frc m; vti frenar

bramble ['bræmbl] n bardissa f, esbarzer m, romeguera f

branch [brɑːntʃ] n branca f; vi ramificar-se

brand [brænd] n marca f; (of animals) marca f, senyal m | vt marcar

brandish ['brændɪʃ] vt brandar, brandejar

brandy ['brændɪ] n aiguardent m, conyac m

brass [brɑːs] n llautó m; mús metall m; vlg (money) pasta f, calés mpl

brassiere ['bræsɪə'] n sostenidors mpl

bravado [brəˈvɑːdəʊ] n bravata f

brave [breɪv] aj valent -a, valerós -osa, brau -ava; vt desafiar, afrontar

bravery ['breɪvərɪ] n coratge m, valentia f, valor m

bravo! [ˌbrɑːˈvəʊ] inj bravo!

brawny ['brɔːnɪ] aj forçut -uda, fort -a, musculat -da

bray [breɪ] vi bramar; n bram m

brazen ['breɪzn] *aj* descarat -ada, fresc -a

brazier ['breɪzɪə] *n* braser *m*

Brazilian [brə'sɪlɪən] *aj n* brasiler -a *aj mf*

breach [briːtʃ] *n* incompliment *m*, ruptura *f*; (*break*) bretxa *f*, esvoranc *m* | *vt* trencar; obrir una bretxa a

bread [brɛd] *n* pa *m*; *vlg* pasta *f*, calés *mpl*; **~ basket** *n* panera *f*; **~ roll** *n* llonguet *m*, panet *m*

breadth [brɛdθ] *n* amplada *f*, amplària *f*, ample *m*

break [breɪk] [*pt* **broke**, *pp* **broken**] *vt* trencar, rompre; (*machine*) avariar, espatllar; (*news*) divulgar, comunicar; (*law*) violar, vulnerar, trencar; (*record*) batre; *vi* trencar-se, rompre's; (*machine*) trencar-se, espatllar-se; **~ down** *vt* descompondre, analitzar; *vi* espatllar-se, avariar-se, fer-se malbé; **~ into** *vt* (*a house*) robar, violar; **~ out** *vi* esclatar; **~ up** *vt* desarticular, desfer, dissoldre | *n* trencament *m*, ruptura *f*; (*rest*) descans *m*, pausa *f*; **~down** *n* avaria *f*; **~water** *n* escullera *f*, espigó *m*, dic *m*

breakage ['breɪkɪdʒ] *n* trencadissa *f*, trencament *m*, ruptura *f*

breakfast ['brɛkfəst] *n* esmorzar *m*, desdejuni *m*

breast [brɛst] *n* pit *m*; mama *f*, mamella *f*; **~bone** *n* estèrnum *m*; **~stroke** *n* braça *f*

breath [brɛθ] *n* alè *m*, respiració *f*

breathe [briːð] *vti* respirar, alenar; **~ in** *vt* inspirar; **~ out** *vt* expirar

breathing ['briːðɪŋ] *n* respiració *f*

breathless ['brɛθlɪs] *aj* sense alè

breech [briːtʃ] *n* recambra (d'una arma) *f*

breed [briːd] *vt* criar; (*children*) criar, educar; *vi* reproduir-se, criar | *n* casta *f*, raça *f*

breeding ['briːdɪŋ] *n* cria *f*; (*of people*) educació *f*

breeze [briːz] *n* brisa *f*, oratge *m*, oreig *m*

brew [bruː] *vt* (*tea*) deixar reposar; (*beer*) elaborar

bribe [braɪb] *n* suborn *m*; *vt* subornar, untar

brick [brɪk] *n* maó *m*, totxo *m*

bricklayer ['brɪkleɪə] *n* paleta *f*

bride [braɪd] *n* núvia *f*

bridge [brɪdʒ] *n* pont *m*

bridle ['braɪdl] *n* brida *f*

brief [briːf] *aj* breu; (*fleeting*) fugaç, fugisser -a | *n* expedient *m*; **~case** *n* cartera *f*; **~s** *pl* (*for men*) calçotets *mpl*; (*for women*) calces *fpl* | *vt* donar ordres a, donar instruccions a

briefly ['briːflɪ] *av* breument

brig [brɪg] *n* bergantí *m*

brigade [brɪ'geɪd] *n* brigada *f*

brigand ['brɪgənd] *n* bandoler -a *mf*, bandit *m*

bright [braɪt] *aj* brillant, lluminós -osa; (*person*) despert -a, llest -a; (*colour*) llampant, viu viva

brighten ['braɪtn] (*or* **~ up**) *vt* abrillantar; *fg* alegrar, animar; *vi* animar-se, alegrar-se; (*weather*) aclarir-se

brightness ['braɪtnɪs] *n* claror *f*, lluentor *f*, resplendor *f*

brilliance ['brɪljəns] *n* lluentor *f*, lluïssor *f*, resplendor *f*

brilliant ['brɪljənt] *aj* brillant

brilliantine [,brɪljən'ti:n] *n* brillantina *f*

brim [brɪm] *n* vora *f*; (of hat) ala *f* | *vi* estar ple; **~ over** *vi* sobreixir, vessar

bring [brɪŋ] (*pt, pp* **brought**) *vt* portar; **~ about** *vt* causar, produir, provocar; **~ back** *vt* tornar; **~ forward** *vt* anticipar, avançar; (proposal) proposar, presentar; **~ in** *vt* portar, fer entrar; **~ out** *vt* treure; (book) publicar, editar; **~ up** *vt* criar, educar; *fm* (vomit) vomitar, gitar

bristle ['brɪsl] *n* cerra *f* | *vi* eriçar-se, estarrufar-se; (with anger) irritar-se, enfurismar-se

British ['brɪtɪʃ] *aj* britànic -a. The British, els britànics

Briton ['brɪtən] *n* britànic -a *mf*

brittle ['brɪtl] *aj* trencadís -issa, fràgil

broach [brəʊtʃ] *vt* encetar

broad [brɔːd] *aj* ample -a; *fg* ampli àmplia, extens -a

broadcast ['brɔːdkɑːst] *n* emissió *f*; *vt* emetre, transmetre

broadcasting ['brɔːdkɑːstɪŋ] *n* radiodifusió *f*

broadly ['brɔːdlɪ] *av* a grans trets, en general

broccoli ['brɒkəlɪ] *n* bròquil *m*

broke [brəʊk] *pt* → **break**

broken ['brəʊkən] *pp* → **break**

broker ['brəʊkə] *n* corredor -a *mf*

bronchi *pl* → **bronchus**

bronchitis [brɒŋ'kaɪtɪs] *n* med bronquitis *f*

bronchus ['brɒŋkəs] [*pl* **bronchi**] *n* bronqui *m*

bronze [brɒnz] *n* bronze *m*; *aj* de bronze; *vt* bronzejar

brood [bruːd] *n* llocada *f*, niuada *f*; (children) prole *f*, fillada *f* | *vi* capficar-se, encaparrar-se

broody ['bruːdɪ] *aj* capficat -da; **~ hen** *n* lloca *f*

brook [brʊk] *n* rierol *m*

broom [brʊm] *n* escombra *f*, granera *f*, bot ginesta *f*

broth [brɒθ] *n* brou *m*

brothel ['brɒθl] *n* prostíbul *m*

brother ['brʌðə] *n* germà *m*; **~-in-law** *n* cunyat *m*

brotherhood ['brʌðəhʊd] *n* germanor *f*, fraternitat *f*; (association) germandat *f*

brotherly ['brʌðəlɪ] *aj* fratern -a

brought [brɔːt] *pp pt* → **bring**

brown [braʊn] *aj* marró; (tanned) morè -ena, morено -a; (hair) castany -a, morè -ena, moreno -a | *n* marró *m* | *vt* torrar; (food) daurar; *vi* torrar-se; (food) daurar-se

bruise [bruːz] *n* blau *m*, contusió *f*, hematoma *m* | *vt* masegar

brush [brʌʃ] *n* raspall *m*; (for painting) pinzell *m*, brotxa *f* | *vt* raspallar; (touch lightly) fregar, acariciar

brusque [bruːsk] *aj* brusc -a, sec -a

Brussels sprouts ['brʌslz,spraʊts] *pl* cols *f* de Brussel·les

brutal ['bruːtl] *aj* brutal, salvatge

brute [bruːt] *n* brut *m*, bèstia *f*; *aj* brut -a

brutish ['bruːtɪʃ] *aj* brutal

bubble ['bʌbl] *n* bombolla *f*; **~ gum** *n* xiclet *m* | *vi* bombollejar, bombollar

bucket ['bʌkɪt] n cubell m, galleda f, poal m

buckle ['bʌkl] n sivella f | vt cordar, ensivellar; vi guerxar-se, corbar-se

bucolic [bju:'kɒlɪk] aj bucòlic -a

bud [bʌd] n brot m, gemma f, botó; vi brotar

Buddhism ['budɪzəm] n rlg budisme m

Buddhist ['budɪst] aj n rlg budista aj mf

buddy ['bʌdi] n soci sòcia mf, company -a mf

budget ['bʌdʒɪt] n pressupost m | vi fer pressupost; ~ **for** vt pressupostar

buffalo ['bʌfələu] n búfal m

buffet ['bufeɪ] n bufet m; (of station) cantina f, bar m, cafeteria f; (of train) vagó restaurant m, cotxe restaurant m

bug [bʌg] n cuca f; ifm error m; (microphone) micròfon m ocult | vt vlg molestar, emprenyar, fotre

bugle ['bju:gl] n corneta f

build [bɪld] (pt, pp built) vt construir; (organisation) fundar; ~ **on** vt fundar, fonamentar; ~ **up** vt forjar, formar; vi forjar-se, formar-se

building ['bɪldɪŋ] n arq edifici m, casa f

built [bɪld] pp pt → **built**

bulb [bʌlb] n bulb m, cabeça f; (or **light** ~) bombeta f

Bulgarian [bʌl'geəriən] aj n búlgar -a aj mf; n (language) búlgar m

bulge [bʌldʒ] n bony m | vi sobresortir; ~ **with** estar ple de, estar farcit de

bulk [bʌlk] n mola f; (majority) majoria f; **in** ~ a l'engròs

bull [bul] n toro m, bou m, brau m; ~'s **eye** n diana f; **to take the** ~ **by the horns** fg agafar el bou per les banyes

bulldog ['buldɒg] n buldog m

bulldozer ['buldəuzə'] n mil buldòzer m

bullet ['bulɪt] n bala f

bulletin ['bulɪtɪn] n butlletí m

bullock ['bulək] n bou m

bumblebee ['bʌmblbi:] n borinot m, abellot m

bump [bʌmp] n cop m, topada f, trompada f; (uneven part) bony m; (in body) bony m, nyanyo m | vt donar-se un cop, topar amb; ~ **into** vt trobar, topar

bumper ['bʌmpə'] n para-xocs m; ~ **cars** pl autos m de xoc

bumpy ['bʌmpɪ] aj bonyegut -uda

bunch [bʌntʃ] n manat m, manoll m; (of people) grup m, colla f; (of flowers) pom m, ram m, ramell m; (of grapes) gotim m | vt agrupar, ajuntar; vi agrupar-se, ajuntar-se

bundle ['bʌndl] n farcell m, feix m; ~ **up** vt lligar

bungalow ['bʌŋgələu] n bungalou m

bungle ['bʌŋgl] n nyap m, bunyol m; vt espatllar, fer malament

bungler ['bʌŋglə'] n barroer -a mf, potiner -a mf

bunk [bʌŋk] n llitera f; ~ **bed** llitera f

buoy [bɔɪ] n boia f; ~ **up** vt animar

bye!

burden ['bɜːdn] n càrrega f, pes m; vt carregar

bureaucracy [bjuə'rɒkrəsi] n burocràcia f

bureaucrat ['bjuərəukræt] n buròcrata mf

bureaucratic [,bjuərəu'krætɪk] aj burocràtic

burial ['berɪəl] n enterrament m, funeral m

burn [bɜːn] (pt, pp **burnt**) vt cremar, abrasar, socarrimar; vi (be hot) cremar; (be destroyed) cremar-se, abrasar-se | n cremada f

burner ['bɜːnə] n fogó m

burning ['bɜːnɪŋ] aj ardent, bullent

burnish ['bɜːnɪʃ] vt brunyir

burnt [bɜːnt] pp pt → **burn**

burp [bɜːp] n rot m, eructe m; vi rotar, eructar

burst [bɜːst] vi esclatar, rebentar; vt rebentar, fer esclatar; ~ **out laughing** esclafir de riure | n esclat, espetec

bury ['beri] vt soterrar, enterrar, sepultar

bus [bʌs] n autobús m, bus m

bush [buʃ] n arbust m, mata f

business ['bɪznɪs] n afer m, assumpte m; (trading) comerç m, negocis mpl; (company) empresa f, negoci m, companyia f; (job) feina f, ofici m; ~**man** n empresari m, negociant m; ~**woman** n empresària f, negociant f

bust [bʌst] n pit m; (statue) bust m | aj espatllat -ada, trencat -ada; **go** ~ fer fallida

bustle ['bʌsl] n enrenou m, renou

busy ['bɪzi] aj atrafegat -ada, enfeinat -ada, ocupat -ada; (place) ple -na; ~**body** n fura f, manefla mf

but [bʌt] cnj sinó; però, mes, emperò | prp excepte, llevat de

butane [bju:'teɪn] n butà m

butcher ['butʃə] n tb fg carnisser -a mf; ~**'s** carnisseria f | vt matar, (people) fer una carnisseria amb

butler ['bʌtlə] n majordom m

butt [bʌt] n culata f; (of cigarette) burilla f, llosca f

butter ['bʌtə] n mantega f | vt untar amb mantega; ~ **up** raspallar

butterfly ['bʌtəflaɪ] n papallona f

buttock ['bʌtək] n natja f

button ['bʌtn] n botó m; ~**hole** n trau m | (or ~ **up**) vt cordar, abotonar

buttress ['bʌtrɪs] n esperó m, contrafort m

buy [baɪ] (pt, pp **bought**) vt comprar | n compra f, adquisició f

buyer ['baɪə] n comprador -a mf

buying ['baɪɪŋ] n compra f, adquisició f; ~ **power** poder m adquisitiu

buzz [bʌz] n brunzit m; (voices) remor f | vi brunzir

buzzard ['bʌzəd] n aligot m

by [baɪ] prp (agent) per. Destroyed by the storm, destruït per la tempesta; (place) per. By the window, per la finestra; (vehicle) amb. She went there by car, hi va anar amb cotxe; ~ **chance** per casualitat; ~ **heart** de memòria

bye! [baɪ] inj adéu! adéu-siau!

bypass ['baɪpɑːs] n circumval·lació f, cinturó m de ronda, ronda f

C

cab [kæb] n (taxi) taxi m; (of lorry, etc) cabina f

cabbage ['kæbɪdʒ] n gst col f

cabin ['kæbɪn] n barraca f, cabanya f; (of plane, ship) cabina f; ~ **boy** n grumet m

cabinet ['kæbɪnɪt] n (cupboard) armari m; pol gabinet m; **~maker** n ebenista mf

cable ['keɪbl] n cable m; ~ **car** n telefèric m

cacao [kə'kɑːəʊ] n gst cacau m

cackle ['kækl] vi escatainar, cloquejar

cactus ['kæktəs] n cactus m

cadaver [kə'deɪvə] n cadàver m

café ['kæfeɪ] n gst cafè m

cafeteria [ˌkæfɪ'tɪərɪə] n gst autoservei m (restaurant)

caffeine ['kæfiːn] n cafeïna f

cage [keɪdʒ] n gàbia f; vt engabiar

cajole [kə'dʒəʊl] vt entabanar

cake [keɪk] n pastís m; (of soap) pastilla f; ~ **shop** n pastisseria f

calamitous [kə'læmɪtəs] aj desastrós -osa

calamity [kə'læmɪtɪ] n calamitat f, desastre m

calcareous [kæl'kɛərɪəs] aj calcari -ària

calcium ['kælsɪəm] n calci m

calculate ['kælkjuleɪt] vt calcular

calculation [ˌkælkju'leɪʃən] n càlcul m

calculator ['kælkjuleɪtə] n calculadora f

calculus ['kælkjʊləs] n càlcul m

calendar ['kælɪndə] n calendari m

calf [kɑːf] n vedell -a mf; ana panxell m, tou m de la cama

call [kɔːl] vt cridar; (name) anomenar, dir; (wake up) despertar; (or ~ **on**) visitar, fer una visita; (or ~ **up**) (telephone) trucar vi (per telèfon); ~ **for** vt demanar; ~ **off** vt suspendre; ~ **together** vt convocar; mil cridar al servei; fg evocar; **he is ~ed David** es diu David | n (shout) crit m; (telephone) trucada f; (visit) visita f (curta); (used by hunters) reclam m; (appeal) crida f; ~ **box** n cabina f telefònica

calling ['kɔːlɪŋ] n vocació f

calm [kɑːm] aj tranquil -il·la, serè -ena, plàcid -a; (of weather, sea) encalmat -ada | n calma f | vt (or ~ **down**) calmar, tranquil·litzar; vi (or ~ **down**) calmar-se, tranquil·litzar-se

calmness ['kɑːmnɪs] n calma f, tranquil·litat f, quietud f

calumny ['kæləmnɪ] n calúmnia f

calyx ['keɪlɪks] n calze m

camaraderie [ˌkæmə'rɑːdərɪ] n companyonia f

came [keɪm] pt → **come**

camel ['kæməl] n camell m

camera ['kæmərə] n càmera f; **in ~** en secret, en privat

camomile [ˌkæməʊmaɪl] n camamilla f

camp [kæmp] n campament m, camp m; vi acampar

campaign [kæm'peɪn] n campanya f

campsite ['kæmpsaɪt] (or **camping site** ['kæmpɪŋsaɪt]) n càmping m

can [kæn] vi poder; (know how to) saber. Can you drive?, saps conduir? | n bidó m; (tin) llauna f; ~ **opener** n obrellaunes m

Canadian [kə'neɪdiən] aj n canadenc -a aj mf

canal [kə'næl] n canal m

canary [kə'neəri] n canari m

cancel ['kænsəl] vt cancel·lar, anul·lar; (cross out) ratllar, passar ratlla; (stamp) matar

cancer ['kænsə] n med càncer m; **Cancer** ast Càncer, Cranc

candelabra [ˌkændɪ'lɑːbrə] (or **candelabrum** [ˌkændɪ'lɑːbrəm]) n canelobre m

candid ['kændɪd] aj franc -a, sincer -a

candidate ['kændɪdeɪt] n candidat -a mf

candle ['kændl] n espelma f, candela f; ~**stick** n candeler m

candy ['kændi] n (sweet) caramel m, dolç m; (sugar) candi

cane [keɪn] n canya f

canine ['kæneɪn] aj zoo caní -ina; ~ **tooth** n ana ullal m

cannabis ['kænəbɪs] n bot marihuana f

canned ['kænd] aj enllaunat, de llauna

cannelloni [ˌkæni'ləʊni] pl gst canelons m

cannon ['kænən] n canó m

canoe [kə'nuː] n canoa f

canopy ['kænəpi] n (carried) pal·li m; (fixed) dosser m

canteen [kæn'tiːn] n (eating place)

cantina f; (bottle) cantimplora f

canvas ['kænvəs] n lona f; (painting) tela f, llenç m

canyon ['kænjən] n congost m, canyó m

cap [kæp] n (hat) gorra f; (of bottle or pen) tap m

capable ['keɪpəbl] aj capaç

capacious [kə'peɪʃəs] aj gran, espaiós -osa

capacity [kə'pæsɪti] n (ability to contain) capacitat f, cabuda f; (ability) capacitat f, aptitud f; (status) qualitat f

cape [keɪp] n geo cap m; (coat) capa f

caper ['keɪpə] n gst tàpera f; (frisky jump) cabriola f, pirueta f

capital ['kæpɪtl] n (city) ciutat f; ecn capital m; (of column) capitell m; ~ **(letter)** n majúscula f; ~ **punishment** n pena f capital

capitalism ['kæpɪtəlɪzəm] n capitalisme m

capitulate [kə'pɪtjʊleɪt] vi capitular, rendir-se

capon ['keɪpən] n gst capó m

caprice [kə'priːs] n capritx m, caprici m

capricious [kə'prɪʃəs] aj capritxós -osa, capriciós -osa

capsize [kæp'saɪz] vt bolcar, trabucar, tombar; vi bolcar-se, trabucar-se, tombar-se

captain ['kæptɪn] n capità -ana mf

caption ['kæpʃən] n (heading) encapçalament m, títol m; (under a picture) peu m de fotografia

captivate ['kæptɪveɪt] vt captivar, fascinar, corprendre

captive ['kæptɪv] aj n captiu

-iva *aj mf*

capture ['kæptʃə] *vt* (*prisoner*)
capturar; (*city*) prendre, conquerir

car [kɑ:'] *n* cotxe *m*, automòbil *m*;
(*railway carriage*) vagó *m*, cotxe
m; (*of lift*) caixa *f*; ~ **park** *n*
aparcament *m*, pàrquing *m*

carafe [kə'ræf] *n* gerro *m*,
pitxell *m*

caramel ['kærəməl] *n* caramel *m*

carapace ['kærəpeɪs] *n* closca *f*

carat ['kærət] *n* quirat *m*

caravan ['kærəvæn] *n* (*vehicle*)
caravana *f*, rulot *f*; (*group*)
caravana *f*

carbon ['kɑ:bən] *n* carboni *m*;
~ **paper** *n* paper *m* carbó

carbonated ['kɑ:bəneɪtɪd] *aj*
(*drink*) gasós -osa

carboy ['kɑ:bɔɪ] *n* bombona *f*

carbuncle ['kɑ:bʌŋkl] *n med*
carboncle *m*; (*jewel*) carboncle *m*,
robí *m*

carburettor (or **carburetor** *US*)
[,kɑ:bjʊəretə'] *n* carburador *m*

card [kɑ:d] *n* (*permission*) carnet
m; (*postcard*) postal *f*; ~ **index**
n fitxer *m*; (or **playing** ~) carta *f*,
naip *m*; (or **visiting** ~) targeta *f*,
tarja *f* | *vt* cardar

cardboard ['kɑ:dbɔ:d] *n* cartó *m*

cardinal ['kɑ:dɪnl] *aj* cardinal; *n*
cardenal *m*

care [kɛə] *n* (*attention*) compte *m*,
esment *m*, cura *f*; (*worry*)
preocupació *f*, inquietud *f*;
(*charge*) càrrec *m*, custòdia *f* |
take ~ anar amb compte; **take** ~
of tenir cura de, encarregar-se de
| *vi* preocupar-se, inquietar-se; ~
about sth interessar-se per uc;

I don't ~ m'és igual

career [kə'rɪə'] *n* carrera *f*

carefree ['kɛəfri:] *aj* despreocupat
-ada, tranquil -il·la

careful ['kɛəful] *aj* (*acting with
care*) prudent, cautelós -osa;
(*done with care*) acurat -ada,
pulcre -a; **be ~!** vés amb compte!

careless ['kɛəlɪs] *aj* negligent;
(*thoughtless*) irreflexiu -iva,
imprudent; (*done without care*)
descurat -ada

caress [kə'res] *n* carícia *f*,
moixaina *f*; *vt* acariciar,
amanyagar, acaronar

caretaker ['kɛə,teɪkə'] *n* conserge
mf, porter -a *mf*

cargo ['kɑ:gəʊ] *n* càrrega *f*,
carregament *m*

caricature ['kærɪkətjʊə'] *n*
caricatura *f*; *vt* caricaturar

caries ['kɛəriːz] *n* càries *f*

carmine ['kɑ:maɪn] *aj n* carmí
aj m

carnage ['kɑ:nɪdʒ] *n* carnisseria *f*,
carnatge *m*, matança *f*

carnation [kɑ:'neɪʃən] *n* (*flower*)
clavell *m*; (*plant*) clavell *m*,
clavellina *f*

carnival ['kɑ:nɪvəl] *n* carnaval *m*,
carnestoltes *m*

carnivore ['kɑ:nɪvɔ:'] *n* carnívor *m*

carob ['kærəb] *n* garrofa *f*

carol ['kærəl] *n* nadala *f*

carp [kɑ:p] *n* carpa *f*; ~ **at** *vi*
rondinar per

carpenter ['kɑ:pɪntə'] *n* fuster -a
mf

carpentry ['kɑ:pɪntrɪ] *n* fusteria *f*

carpet ['kɑ:pɪt] *n* catifa *f*, estora *f*

carriage ['kærɪdʒ] *n* (*horse-drawn*)

carruatge m; rail cotxe m, vagó m; (transport) transport m; (cost) ports mpl

carrier ['kærɪə] n transportista mf; (company) empresa f de transports; aircraft ~ n portaavions m; ~ **bag** n bossa f; ~ **pigeon** n colom m missatger

carrion ['kærɪən] n carronya f

carrot ['kærət] n pastanaga f

carry ['kærɪ] vt (transport) transportar; (have with you) portar, dur; (have) tenir, contenir; (approve) aprovar; (win) guanyar; ~ **off** vt (prize) emportar-se, endur-se, guanyar; ~ **off the palm** fg endur-se'n la palma; ~ **on** vti continuar, prosseguir; ~ **out** vt dur a terme, executar, complir; **get carried away** exaltar-se

cart [kɑːt] n carreta f, carro m; vt carretejar

cartilage ['kɑːtɪlɪdʒ] n cartílag m; tendrum m

cartoon [kɑːˈtuːn] n (humorous drawing) caricatura f; (comic strip) tira f còmica; cin dibuixos mpl animats

cartridge ['kɑːtrɪdʒ] n cartutx m; ~ **belt** n cartutxera f, canana f

carve [kɑːv] vt esculpir; (meat) trinxar, tallar; ~ **up** vt dividir, repartir

carving ['kɑːvɪŋ] n escultura f, talla f

cascade [kæsˈkeɪd] n cascada f

case [keɪs] n cas m; (container) caixa f; (for jewels) estoig m; dr causa f, plet m; **in any** ~ en tot cas; **in** ~ **of** en cas de | vt encaixar

cash [kæʃ] n diners mpl comptants; ~-**desk** n caixa f; ~ **register** n caixa f (enregistradora); **in** ~ en efectiu; **pay** ~ **down** pagar al comptat | vt cobrar, fer efectiu

cashier [kæˈʃɪə] n caixer -a mf

cashmere [kæʃˈmɪə] n caixmir m

cask [kɑːsk] n bóta f, barril m

cassava [kəˈsɑːvə] n mandioca f

casserole [ˈkæsərəʊl] n cassola f

cassette [kæˈset] n casset f

cassock [ˈkæsək] n sotana f

cast [kɑːst] vt llançar, tirar; (eyes) dirigir, girar; (metal) fondre; ~ **a shadow** fer ombra; ~ **a spell on sby** encantar up; ~ **off** vt (boat) desfermar; ~ **one's vote** votar; ~ **sby as** tea donar a up el paper de | n llançament m, tirada f; (mould) motlle m; tea repartiment m; (type) tipus m

castanets [ˌkæstəˈnets] pl mús castanyoles f

castaway [ˈkɑːstəweɪ] n nàufrag -a mf

caste [kɑːst] n casta f

Castilian [kæsˈtɪlɪən] aj n castellà -ana aj mf; (language) castellà m, espanyol m

casting vote [ˈkɑːstɪŋ] n vot m decisiu

castle [ˈkɑːsl] n castell m; (chess piece) torre f

casual [ˈkæʒjʊəl] aj (happening by chance) casual, fortuït -a; (offhand) despreocupat -ada; ~ **clothes** pl roba fsg d'esport; ~ **worker** n treballador -a mf eventual

casualty ['kæʒjʊəltɪ] n víctima f;
mil baixa f; ~ **(department)** n
urgències f

cat [kæt] n gat m, moix m; **she-~**
gata f, moixa f

catacombs ['kætəku:mz] pl
catacumbes f

Catalan ['kætəlæn] aj n català
-ana aj mf; n (language) català m

catalogue (or **catalog** US)
['kætəlɒg] n catàleg m; ~
number (in library books) n
signatura f

Catalonian [,kætə'ləʊnɪən] aj n
català -ana aj mf

catapult ['kætəpʌlt] n catapulta
f; (children's) tirador m

cataract ['kætərækt] n geo
cascada f; med cataracta f

catarrh [kə'tɑː] n catarro m

catastrophe [kə'tæstrəfɪ] n
catàstrofe f

catcall ['kætkɔːl] n xiulada f

catch [kætʃ] (pt, pp caught) vt
agafar, atrapar; (by surprise)
enxampar, atrapar; (train, bus)
agafar; (illness) agafar, arreplegar;
~ **a glimpse of sby** entreveure
up; ~ **fire** encendre's; ~ **on** vi
(grow popular) fer-se popular;
(understand) adonar-se; ~ **one's
breath** contenir la respiració | n
agafada f; (fish) pesca f; (on door)
balda f, baldó m

catching ['kætʃɪŋ] aj contagiós
-osa

catchphrase ['kætʃfreɪz] n
eslògan m

catechism ['kætɪkɪzəm] n
catecisme m

categorize ['kætɪgəraɪz] vt

classificar

category ['kætɪgən] n categoria f,
classe f

cater ['keɪtə] vi subministrar
queviures

caterpillar [kætəpɪlə] n eruga f

cathedral [kə'θiːdrəl] n catedral f,
seu f

catheter ['kæθɪtə] n catèter m,
sonda f

Catholic ['kæθəlɪk] aj n catòlic -a
aj mf

catnap ['kætnæp] n becaina f

cattle ['kætl] n bestiar m boví;
~ **raiser** n ramader -a mf;
~ **raising** n ramaderia f

caught [kɔːt] pp pt → **catch**

cauliflower ['kɒlɪflaʊə] n col-i-
flor f

cause [kɔːz] n causa f; (reason for
an action) motiu m; **give ~ for**
donar peu a | vt causar, provocar,
ocasionar

caustic ['kɔːstɪk] aj tb fg càustic -a

cauterize ['kɔːtəraɪz] vt
cauteritzar

caution ['kɔːʃən] n prudència f,
cautela f, precaució f; (warning)
advertència f, avís m | vt advertir

cautious ['kɔːʃəs] aj prudent, caut
-a, cautelós -osa

cave [keɪv] n caverna f, cova f,
gruta f; ~ **in** vi enfonsar-se,
ensorrar-se

cavern ['kævən] n caverna f

caviar(e) ['kævɪɑː] n caviar m

cavity ['kævɪtɪ] n cavitat f, buit m

cayman ['keɪmən] n caiman m

cease [siːs] vi ~ **(from)** (or ~ **to**)
parar de, deixar de; vt cessar,
aturar

ceasefire [,si:s'faɪə'] n alto-el-foc m iv

cedar ['si:də'] n cedre m

ceiling ['si:lɪŋ] n sostre m, trespol m; fig límit m, màxim m

celebrate ['selɪbreɪt] vt celebrar; (have a party) festejar

celebrated ['selɪbreɪtɪd] aj cèlebre, famós -osa

celebration [,selɪ'breɪʃən] n celebració f; (party) festa f

celebrity [sɪ'lebrɪti] n celebritat f, fama f; (person) celebritat f, personatge m

celery ['seləri] n api m

celibacy ['selɪbəsɪ] n celibat m

cell [sel] n (in prisons, convents, etc) cel·la f; bio cèl·lula f; (of honeycomb) cel·la f, alvèol m; ele cel·la f

cellar ['selə'] n celler m, soterrani m; (for wine) celler m, cava f

cellist ['tʃelɪst] n violoncel·lista mf, violoncel m

cello ['tʃeləu] n violoncel m

cellophane ['seləfeɪn] n cel·lofana f

cellulitis [,selju'laɪtɪs] n cel·lulitis f

cellulose ['seljuləus] n cel·lulosa f

Celt [kelt, selt] n celta mf

Celtic ['keltɪk, 'seltɪk] aj celta, cèltic -a

cement [sə'ment] n ciment m | vt cimentar; fig consolidar, afermar

cemetery ['semɪtrɪ] n cementiri m, fossar m

censor ['sensə'] n censor -a mf; ~ship n censura f | vt censurar

censure ['senʃə'] n censura f; vt censurar, reprendre

census ['sensəs] n cens m;

padró m

cent [sent] n cèntim m; **per ~** per cent

centenary [sen'ti:nərɪ] n centenari m

center ['sentə'] n (US) = **centre**

centigrade [sentɪgreɪd] aj centígrad -a; n grau m centígrad

centimetre (or **centimeter** US) ['sentɪ,mi:tə'] n centímetre m

centipede ['sentɪpi:d] n zoo centpeus m

central ['sentrəl] aj central; (near the centre of a town) cèntric -a; ~ **heating** n calefacció f central

centralize ['sentrəlaɪz] vt centralitzar

centre ['sentə'] n centre m; vt centrar

centrifuge ['sentrɪfju:ʒ] n centrifugadora f, centrifuga f

century ['sentʃərɪ] n segle m, centúria f

ceramic [sɪ'ræmɪk] aj ceràmic -a; ~**s** n ceràmica f, terrissa f

cereal ['sɪərɪəl] n cereal m

cerebellum [,serɪ'beləm] n ana cerebel m

cerebrum ['serəbrəm] n cervell m

ceremony ['serɪmənɪ] n cerimònia f; **stand on ~** fer compliments

certain ['sɜːtən] aj (feeling sure) segur -a; (of things) cert -a, segur -a, indubtable; (particular) cert -a; **for ~** sens dubte, segur; **make ~ of** assegurar-se de

certainly ['sɜːtənlɪ] av certament, sens dubte, prou; ~ **not** de cap manera

certainty ['sɜːtəntɪ] n seguretat f, convenciment m; **it's a ~ that**

segur que

certificate [sə'tıfıkıt] n certificat m; (of birth, etc) partida f; (academic) títol m, diploma m

certified [sɜː'tıfaıd] aj (mail) certificat -ada; (in profession) titulat -ada

certify ['sɜːtıfaı] vt certificar

cessation [se'seıʃən] n suspensió f, aturada f, cessació f

cetacean [sı'teıʃən] n cetaci m

cesspit ['sɛspıt] (or **cesspool** ['sɛspuːl]) n pou m mort, pou m negre

chafe [tʃeıf] vt (rub) fregar; (make sore) encetar, irritar; vi encetar-se, irritar-se

chaffinch ['tʃæfıntʃ] n pinsà m, fringilla f

chagrin ['ʃægrın] n disgust m, pena f

chain [tʃeın] n cadena f; ~ **mail** n malla f; ~ **store** n botiga f (d'una cadena); **in** ~s captiu -iva aj, pres -a aj | vt encadenar

chair [tʃeə'] n cadira f; (professor's post) càtedra f; (person) president -a mf; **be in the** ~ **at** presidir; ~**lift** n telesella f, telecadira f; ~**person** n president -a mf | vt presidir

chalet ['ʃæleı] n xalet m

chalk [tʃɔːk] n guix m; min creta f | vt escriure amb guix, guixar

challenge ['tʃælındʒ] n repte m, desafiament m | vt reptar, desafiar; dr recusar; ~ **sby** mil demanar el sant i senya a up

chamber ['tʃeımbə'] n cambra f, sala f; ~**maid** n cambrera f; ~ **music** n música f de cambra;

~ **pot** n gibrella f, orinal m

chameleon [kə'miːlıən] n zoo camaleó m

chamois ['ʃæmwɑː] n isard m, camussa f

champagne [ʃæm'peın] n xampany m; (made in Catalonia) cava m

champion ['tʃæmpıən] n campió -ona mf; (of a cause) defensor -a mf; ~**ship** n campionat m | vt defensar, advocar per

chance [tʃɑːns] n atzar m, sort f; (likelihood) probabilitat f, possibilitat f; (opportunity) oportunitat f, ocasió f; (risk) risc m; **by** ~ per casualitat; **take the** ~ córrer el risc, arriscar-se f arriscar; ~ **on** vi trobar

chancellor ['tʃɑːnsələ'] n canceller m

chandelier [ˌʃændə'lıə'] n aranya f (llum)

change [tʃeındʒ] vti canviar; vt (colour, gear, etc) canviar de; (into small coins) descanviar; (trains, etc) fer transbord de; vi (clothes) canviar-se; ~ **one's mind** canviar d'idea, repensar-s'hi | n canvi m; (de tren) transbord m; (coins of low value) monedes fpl, xavalla f; ~ **of clothes** muda f

changeable ['tʃeındʒəbl] aj variable, canviant

changing room ['tʃeındʒıŋrʊm] n vestidor m

channel ['tʃænl] n canal m; (of a river) llit m; (of sea) estret m | vt dirigir, encaminar; (water) canalitzar

chaos ['keıɒs] n caos m, desordre

m, desgavell *m*

chap [tʃæp] *n* tipus *m* | *vt* tallar; *vi* tallar-se

chapel ['tʃæpəl] *n* capella *f*

chaplain ['tʃæplɪn] *n* capellà *m*

chapter ['tʃæptə] *n* capítol *m*

char [tʃɑ:'] *vt* carbonitzar; *vi* carbonitzar-se

character ['kærɪktə] *n* caràcter *m*, tarannà *m*; (*in a novel, etc*) personatge *m*; (*reputation*) reputació *f*, fama *f*

characteristic [ˌkærɪktə'rɪstɪk] *aj* característic -a; *n* característica *f*

characterize (or **characterise** *UK*) ['kærɪktəraɪz] *vt* caracteritzar

charcoal ['tʃɑ:kəʊl] *n* carbó *m* vegetal; *art* carbonet *m*

chard [tʃɑ:d] *n* bleda *f*

charge [tʃɑ:dʒ] *n* ele mil càrrega *f*, (*price*) preu *m*, cost *m*; (*task*) encàrrec *m*; *dr* càrrec *m*; **be in ~ of** ser l'encarregat de; **~s** *pl* honoraris *m*; **free of ~** gratis; **take ~ of** fer-se càrrec de | *vt* ele mil carregar; (*attack*) envestir, carregar contra; (*customer*) cobrar; (*entrust*) encarregar, *dr* acusar

charitable ['tʃærɪtəbl] *aj* caritatiu -iva, benèfic -a

charity ['tʃærɪtɪ] *n* caritat *f*; (*sympathy*) comprensió *f*, compassió *f*, (*institution*) institució *f* benèfica

charm [tʃɑ:m] *n* encant *m*, gràcia *f*, atractiu *m*; (*spell*) encant *m*, encís *m*; (*trinket*) amulet *m* | *vt* captivar, encisar, corprendre

charming ['tʃɑ:mɪŋ] *aj* encantador -a, encisador -a

chart [tʃɑ:t] *n* gràfic *m*, diagrama *m*, quadre *m*; (*map*) carta *f* nàutica

charter ['tʃɑ:tə] *n* (*document*) carta *f*, fur *m*; (*plane*) llogar; (*ship*) noliejar; **~ flight** *n* vol *m* xàrter

chase [tʃeɪs] *vt* empaitar, perseguir; (*hunt*) caçar; *vi* córrer, precipitar-se | *n* persecució *f*; caça *f*

chasm ['kæzəm] *n* avenc *m*, esquerda *f*, *fg* abisme *m*

chassis ['ʃæsɪ] *n* xassís *m*

chaste [tʃeɪst] *aj* cast -a; (*simple*) simple, senzill -a, sobri sòbria

chat [tʃæt] *vi* xerrar, fer-la petar, garlar; *n* xerrada *f*, conversa *f*

chatter ['tʃætə] *vi* xerrar, fer-la petar, garlar; (*of teeth*) petar, batre | *n* xerrameca *f*; **~box** *n* xerraire *mf*, cotorra *f*

chatty ['tʃætɪ] *aj* xerraire; (*style*) informal

chauffeur ['ʃəʊfə] *n* xòfer *m*

chauffeuse [ʃəʊ'fɜːz] *n* xofera *f*

cheap [tʃi:p] *aj* barat -a, econòmic -a; (*poor in quality*) de mala qualitat

cheapen ['tʃi:pən] *vt* abaratir; *vi* abaratir-se

cheat [tʃi:t] *vi* fer trampes; *vt* estafar; **~ on sby** el saltar a up | *n* trampa *f*; (*person*) trampós -osa *mf*, trapella *mf*

check [tʃek] *vt* (*examine*) examinar, revisar; (*facts*) comprovar, verificar; (*halt*) aturar, frenar; (*in chess*) fer escac; **~ in** *vt* (*luggage*) facturar, consignar | *n* (*inspection*) control *m*, inspecció *f*;

(*halt*) frenada *f*, aturada *f*;
(*cheque*) xec *m*, taló *m*; (*bill*) nota
f, compte *m*; (*obstacle*)
impediment *m*, destorb *m*; ~! (*in
chess*) escac!; ~**mate** *n* escac *m* i
mat *m*

checkers ['tʃɛkəʳz] *pl* dames *f*

checking ['tʃɛkiŋ] *n* control *m*,
comprovació *f*; ~ **account** *n*
compte *m* corrent

cheek [tʃi:k] *n* galta *f*;
(*impudence*) barra *f*, galtes *fpl*,
penques *fpl*; ~**bone** *n* pòmul *m*

cheeky ['tʃi:ki] *aj* barrut -uda,
fresc -a, descarat -ada

cheep [tʃi:p] *vi* piular, piuar

cheer [tʃiəʳ] *vt* aclamar, victorejar;
(*gladden*) alegrar, animar; *vi* cridar
visques; ~ **up** *vt* animar, alegrar;
~ **up!** ànim!, anima't!; *vi* animar-
se, alegrar-se | *n* (*shout*) visca *f*,
víctor *m*; (*gladness*) alegria *f*; ~**s!**
salut!

cheerful ['tʃiəful] *aj* alegre, rialler
-a, trempat -ada

cheese [tʃi:z] *n* formatge *m*

cheetah ['tʃi:tə] *n* guepard *m*

chemical ['kɛmikəl] *aj* químic -a;
n producte *m* químic

chemist ['kɛmist] *n* químic -a *mf*;
(*pharmacist*) farmacèutic -a *mf*,
apotecari -ària *mf*; ~**'s** (or ~**'s
shop**) *n* farmàcia *f*

chemistry ['kɛmistri] *n* química *f*

cheque [tʃɛk] *n* xec *m*, taló *m*

cherish ['tʃɛriʃ] *vt tb fg* acariciar

cherry ['tʃɛri] *n* cirera *f*; (*tree*)
cirerer *m*

chess [tʃɛs] *n* escacs *mpl*;
~**board** *n* tauler *m* d'escacs,
escaquer *m*; ~**man** *n* escac *m*,

peça *f*

chest [tʃɛst] *n* pit *m*; (*box*) cofre
m, arca *f*; ~ **of drawers** *n*
calaixera *f*

chestnut ['tʃɛsnʌt] *n* castanya *f*;
~ (or ~ **tree**) *n* castanyer *m*

chew [tʃu:] *vt* mastegar; ~ **the
cud** (or ~ **over**) *vt* rumiar,
meditar; ~**ing gum** *n* xiclet *m*

chick [tʃik] *n* pollet *m*, poll *m*; *fm*
(*girl*) mossa *f*

chicken ['tʃikin] *n* (*male*) pollastre
m; (*female*) gallina *f*, *fg* gallina *f* |
~ **out** *vi* desdir-se, fer-se enrere

chickenpox ['tʃikinpɒks] *n*
varicel·la *f*

chickpea ['tʃikpi:] *n* cigró *m*

chicory ['tʃikəri] *n* xicoira *f*; (*with
white leaves*) endívia *f*; (*for coffee*)
xicoira *f*

chief [tʃi:f] *n* cap *m*; ~**in-**~ *n* cap
| *aj* principal

chiffon ['ʃifɒn] *n* gasa *f*

chilblain ['tʃilblein] *n* penelló *m*

child [tʃaild] *n* [*pl* ~**ren**] nen -a
mf; (*offspring*) fill -a *mf*; ~**birth**
n part *m*

childhood ['tʃaildhud] *n* infància
f, infantesa *f*

childish ['tʃaildiʃ] *aj* infantil

children ['tʃildrən] *pl* [→ **child**]
nens *m*, mainada *fsg*, canalla *fsg*;
~**'s** (*clothes, games, etc*) infantil *aj*

chill [tʃil] *vt* refredar; (*set*)
glaçar, esgarrifar; *vi* refredar-se | *n*
(*illness*) refredat *m*, constipat *m*;
(*collness*) fred *m*; (*from fear*)
esgarrifança *f*, calfred *m*

chilli ['tʃili] *n* bitxo *m*

chime [tʃaim] *n* carilló *m*, joc *m*
de campanes; (*sound*) campaneig

m | *vt* fer sonar; (*time*) tocar; *vi* tocar

chimera [kaɪ'mɪərə] *n tb fg* quimera *f*

chimney ['tʃɪmnɪ] *n* xemeneia *f*; ~ **sweep** *n* escura-xemeneies *mf*

chimpanzee [,tʃɪmpæn'ziː] *n* ximpanzé *m*

chin [tʃɪn] *n* barbeta *f*, barba *f*, mentó *m*

china ['tʃaɪnə] *n* porcellana *f*

Chinese [tʃaɪ'niːz] *aj n* xinès -esa *aj n*f; (*language*) xinès *m*

chink [tʃɪŋk] *n* escletxa *f*, esquerda *f*; (*sound*) dring *m*, trinc *m* | *vt* sonar, fer dringar; *vi* dringar

chip [tʃɪp] *n* tros *m*; (*of wood*) estella *f*; (*mark*) escantell *m*; (*in games*) fitxa *f*; ~**s** *pl* patates *f* fregides | *vt* esberlar, escantellar; *vi* esberlar-se, escantellar-se

chiropody [kɪ'rɒpədɪ] *n* pedicura *f*

chirp [tʃɜːp] *vi* (*birds*) refilar, piular, cantar; (*insects*) cantar, ratxar

chisel ['tʃɪzl] *n* (*for wood*) enformador *m*; (*for stone*) cisell *m*

chivalrous ['ʃɪvəlrəs] *aj* cavallerós -osa

chivalry ['ʃɪvlrɪ] *n* (*medieval system*) cavalleria *f*; (*courtesy*) cavallerositat *f*

chive [tʃaɪv] *n* cebollí *m*, caramuixa *f*

chlorophyll ['klɒrəfɪl] *n bot* clorofil·la *f*

chock [tʃɒk] *n* falca *f*, tascó *m*

chocolate ['tʃɒklɪt] *n* (*substance*) xocolata *f*; (*small sweet*) bombó *m*; **drinking** ~ *n* xocolata *f* desfeta

choice [tʃɔɪs] *n* elecció *f*, tria *f*; (*option*) alternativa *f*, opció *f*; (*variety*) varietat *f*, assortiment *m* | *aj* selecte -a, escollit -ida

choir ['kwaɪə] *n mús* cor *m*, coral *f*; (*of a church*) cor *m*

choke [tʃəʊk] *vt* escanyar, ofegar; *vi* escanyar-se, ennuegar-se; ~ **up** *vt* embussar, obturar | *n aut* estàrter *m*

cholera ['kɒlərə] *n* còlera *m*

cholesterol [kə'lɛstərɒl] *n* colesterol *m*

choose [tʃuːz] (*pt* **chose**, *pp* **chosen**) *vti* triar, escollir, elegir; ~ **to** *vt* decidir, optar *vi* per

choosy ['tʃuːzɪ] *aj* delicat -ada, primmirat -ada, difícil; ~ **eater** *n* llepafils *mf*

chop [tʃɒp] *vt* tallar; (*meat*) picar, picolar, tallar | *n* (*blow*) cop *m* tallant; (*meat*) costella *f*

choral ['kɔːrəl] *aj* coral; ~ **society** *n* cor *m*, coral *f*, orfeó *m*

chorale [kɒ'rɑːl] *n* coral *m*

chord [kɔːd] *n mús* acord *m*; *mat* corda *f*

chore [tʃɔː] *n* feina *f*, tasca *f*; ~**s** *pl* (*at home*) feines *f* de la casa

choreography [,kɒrɪ'ɒgrəfɪ] *n* coreografia *f*

chorus ['kɔːrəs] *n* cor *m*, coral *f*; (*of a song*) tornada *f* | *vt* cantar a cor; (*answer*) contestar a la vegada

chose [tʃəʊz] *pt* → **choose**

chosen ['tʃəʊzn] *pp* → **choose**

christen ['krɪsn] *vt* batejar

christening ['krɪsnɪŋ] *n* bateig *m*

Christian ['krɪstʃən] *n* cristià -ana *aj mf*

Christianity [ˌkrɪstɪ'ænɪtɪ] n
cristianisme m

Christmas ['krɪsməs] n Nadal m; ~
card n nadala f; ~ **Eve** n nit f
de Nadal

chronic ['krɒnɪk] aj crònic -a

chronicle ['krɒnɪkl] n crònica f

chronometer [krə'nɒmɪtə'] n
cronòmetre m

chubby ['tʃʌbɪ] aj rodanxó -ona,
grassonet -a

chuck [tʃʌk] vt llançar, llençar,
tirar; ~ **out** vt expulsar, foragitar

chuckle ['tʃʌkl] vi riure per sota
el nas

chunk [tʃʌŋk] n tros m, boci m

church [tʃɜːtʃ] n església f;
~**yard** n cementiri m (al costat
d'una església)

churlish [tʃɜːlɪʃ] aj malcarat
-ada, sorrut -uda

churn [tʃɜːn] n (for milk) lletera f;
(for butter) manteguera f | vt
(milk) batre; vti (swirl) remenar,
agitar, sacsejar

cicada [sɪ'kɑːdə] n cigala f

cicatrice ['sɪkətrɪs] n cicatriu f

cider ['saɪdə'] n sidra f

cigar [sɪ'gɑː'] n cigar m

cigarette [ˌsɪgə'ret] n cigarret m;
~ **case** n portacigarrets m iv;
~ **holder** n broquet m

cinema ['sɪnəmə] n cinema m,
cine m fm

cinnamon ['sɪnəmən] n canyella f

cipher ['saɪfə'] n (zero) zero m;
(secret writing) codi m, xifra m

circle ['sɜːkl] n cercle m; (ring of
people or things) rotllana f, rotlle
m, rodona f; tea amfiteatre m | vt
(surround) encerclar, envoltar;

(move around) fer voltes al voltant
de, giravoltar; vi fer voltes

circuit ['sɜːkɪt] n circuit m; (track)
circuit m, pista f; (lap) volta f (of
cinemas, etc) cadena f

circular ['sɜːkjʊlə'] aj n circular
aj f

circulate ['sɜːkjʊleɪt] vi circular;
(news) divulgar-se, difondre's; vt
posar en circulació, fer circular;
(news) divulgar, difondre

circulation [ˌsɜːkjʊ'leɪʃən] n
circulació f; (of a newspaper, etc)
tirada f

circumference [sə'kʌmfərəns] n
circumferència f

circumstance ['sɜːkəmstəns] n
circumstància f; **under no ~s** en
cap cas

circus ['sɜːkəs] n circ m

cirrhosis [sɪ'rəʊsɪs] n cirrosi f

cistern ['sɪstən] n cisterna f,
dipòsit m

cite [saɪt] vt (quote) citar, al·legar,
esmentar; dr citar

citizen ['sɪtɪzn] n ciutadà -ana mf

citric ['sɪtrɪk] aj cítric -a

citrus ['sɪtrəs] aj cítric -a; n
cítric m

city ['sɪtɪ] n ciutat f

civic ['sɪvɪk] aj cívic -a, ciutadà
-ana; ~**s** n educació f cívica

civil ['sɪvl] aj civil; (polite) cortès
-esa, ben educat -ada, civil; ~
engineer n enginyer -a mf de
camins, canals i ports; ~ **servant**
n funcionari -ària mf; ~ **service** n
administració f pública

civilian [sɪ'vɪljən] aj civil | n paisà
-ana mf; **be in ~ clothes** anar
de paisà

cleanse

civilization [ˌsɪvɪlaɪˈzeɪʃən] *n* civilització *f*

claim [kleɪm] *vt* reclamar, exigir, reivindicar; (*assert*) pretendre, sostenir, mantenir; *vi* presentar una reclamació | *n* reclamació *f*, reivindicació *f*; (*assertion*) afirmació *f*

clairvoyance [kleəˈvɔɪəns] *n* clarividència *f*

clam [klæm] *n* cloïssa *f*

clamber [ˈklæmbə] *vi* enfilar-se, grimpar

clammy [ˈklæmɪ] *aj* (*hands, weather*) fred –a i humit –ida; (*sticky*) enganxós –osa

clamour (or **clamor** US) [ˈklæmə] *n* cridòria *f*, clamor *m* | *vi* cridar, vociferar; ~ **for** clamar *vt*

clamp [klæmp] *n* gafa *f*; (*carpenter's*) serjant *m*, congreny *m*; (*for a parked car*) cep *m*

clan [klæn] *n* clan *m*

clandestine [klænˈdestɪn] *aj* clandestí –ina

clang [klæŋ] *vt* fer sonar, tocar; *vi* sonar, tocar

clap [klæp] *vi* aplaudir; *vt* (*sby on the back*) copejar; ~ **one's hands** picar de mans, aplaudir | *n* (*of the hands*) aplaudiment *m*, picament *m* de mans; (*of thunder*) espetec *m*, tro *m*

clapper [ˈklæpə] *n* batall *m*

clarification [ˌklærɪfɪˈkeɪʃən] *n* aclariment *m*, explicació *f*

clarify [ˈklærɪfaɪ] *vt* aclarir, dilucidar

clarinet [ˌklærɪˈnet] *n* clarinet *m*

clarity [ˈklærɪtɪ] *n* claredat *f*, transparència *f*

clash [klæʃ] *vi* xocar, topar; (*colours*) desentonar | *n* (*conflict*) conflicte *m*, desacord *m*; (*noise*) estrèpit *m*

clasp [klɑːsp] *n* (*on bags, jewels, etc*) tanca *f*; (*on belts*) sivella *f*; (*handshake*) encaixada *f* | *vt* (*grasp*) agafar, aferrar; (*embrace*) abraçar; (*fasten*) cordar

class [klɑːs] *n* classe *f*; (*rank*) classe *f*, categoria *f*; (*style*) estil *m*, distinció *f* | *vt* classificar

classic [ˈklæsɪk] *aj* clàssic –a; *n* clàssic *m*

classical [ˈklæsɪkəl] *aj* clàssic –a

classification [ˌklæsɪfɪˈkeɪʃən] *n* classificació *f*

classify [ˈklæsɪfaɪ] *vt* classificar

classroom [ˈklɑːsrʊm] *n* aula *f*, classe *f*

clatter [ˈklætə] *n* martelleig *m*; (*of people*) guirigall *m* | *vt* fer sonar; *vi* sonar, fer soroll

clause [klɔːz] *n* clàusula *f*; *grm* oració *f*

claustrophobia [ˌklɔːstrəˈfəʊbɪə] *n* claustrofòbia *f*

clavicle [ˈklævɪkl] *n* clavícula *f*

claw [klɔː] *n* urpa *f*; (*of cats*) arpa *f*; (*of crabs*) pinces *fpl*; *tcn* garfi *m*, ganxo *m*

clay [kleɪ] *n* argila *f*

clean [kliːn] *aj* net –a | *vt* netejar, rentar; ~ **one's teeth** rentar-se les dents; ~ **out a box** buidar una caixa i netejar-la; ~ **up** *vt* endreçar, netejar

cleaning [ˈkliːnɪŋ] *n* neteja *f*

cleanliness [ˈklenlɪnɪs] *n* netedat *f*

cleanse [klenz] *vt* netejar, rentar;

~ **of** netejar de

clean-up ['kli:nʌp] n **have a good ~** fer dissabte

clear [klɪə] aj clar -a; *(transparent)* transparent; *(head)* clar -a, lúcid -a; **be ~ about** estar segur -a de; **be ~ of** estar lliure de, estar net -a de | vt netejar; *(table)* desparar; *(pipe)* desembussar; *(mistery)* aclarir, resoldre; *(suspect)* absoldre; *(get past or over)* salvar; *(debt)* liquidar, pagar; vi aclarir-se; **~ away** vt treure; **~ up** vt *(mistery)* aclarir, resoldre; vi *(weather)* aclarir-se

clearance ['klɪərəns] n *(in a forest)* clariana f; *(permission)* acreditació f; *(distance between)* espai m lliure; **~ sale** n liquidació f

clearing ['klɪərɪŋ] n clariana f

clear-sighted [,klɪə'saɪtɪd] aj perspicaç, lúcid -a

cleave [kli:v] vt esberlar, esquerdar; vi esberlar-se, esquerdar-se

clef [klef] n clau f

cleft [kleft] aj clivellat -ada; n escletxa f, clivella f

clemency ['klemənsɪ] n *(mercy)* clemència f

clement ['klemənt] aj clement

clench [klentʃ] vt *(teeth, fists)* estrènyer

clergyman ['klɜ:dʒɪmən] n clergue m

clerk [klɑ:k, US klɜ:rk] n administratiu -iva mf; *(US, in a shop)* dependent -a mf, venedor -a mf

clever ['klevə] aj llest -a,

intel·ligent, espavilat -ada; *(skilful)* hàbil, traçut -uda, destre

cliché ['kli:ʃeɪ] n clixé m, tòpic m

client ['klaɪənt] n client -a mf

cliff [klɪf] n penya-segat m, espadat m, cingle m

climate ['klaɪmɪt] n clima m; fg clima f, ambient m

climb [klaɪm] vti pujar; *(mountain)* escalar; **~ a tree** enfilar-se en un arbre; **~ down** vti baixar; vi fg fer-se enrere, desdir-se | n pujada f; esp escalada f, ascensió f

climber ['klaɪmə] n alpinista mf, escalador -a mf

climbing ['klaɪmɪŋ] n escalada f, alpinisme m

clinch [klɪntʃ] vt *(deal)* concloure, cloure; *(nail)* reblar; vi lluitar cos a cos

cling [klɪŋ] vi **~ to** *(hold tightly)* aferrar-se a, arrapar-se a; *(stick firmly)* adherir-se a, quedar-se enganxat a

clinic ['klɪnɪk] n clínica f

clink [klɪŋk] vt fer dringar, fer sonar; vi dringar | n vlg garjola f

clip [klɪp] n clip m | vti *(fasten)* subjectar amb un clip; vt *(cut)* tallar, retallar; *(sheep)* esquilar; **~ sby's wings** eixalar up, fer la guitza a up

clipping ['klɪpɪŋ] n retall m

clique [kli:k] n colla f

cloak [kləʊk] n capa f, mantell m; fg tapadora f, pretext m | vt cobrir; fg encobrir, dissimular

cloakroom ['kləʊkrʊm] n guarda-roba m

clock [klɒk] n rellotge m; **around the ~** dia i nit | vt cronometrar; **~**

coach

in vi fitxar (quan s'entra a treballar); ~ **out** vi fitxar (quan es plega)

clod [klɒd] n terròs m

clog [klɒg] n esclop m, soc m | vt embussar, obstruir; vi embussar-se

cloister ['klɒɪstə] n claustre m | vt enclaustrar; vi enclaustrar-se

close [kləʊs] aj pròxim -a, proper -a; (friend) íntim -a; (dense) compacte -a; (stuffy) carregat -ada; (examination) detallat -ada, minuciós -osa; ~ **season** n veda f | av a prop; ~ **by** molt a prop; ~ **to** prop de; (before numbers) prop de | [kləʊz] vt (shut) tancar, cloure; (end) cloure, acabar; (eyes) aclucar, tancar, cloure; vi tancar-se, cloure's; (shop) tancar; (end) acabar-se; ~ (**down**) vt (factory) tancar | n final m, fi f

closeness ['kləʊsnɪs] n proximitat f; (of a relationship) intimitat f; (of weather) xafogor f

closet ['klɒzɪt] n armari m

closing ['kləʊzɪŋ] (or **closure** ['kləʊʒə]) n tancament f, clausura f

clot [klɒt] n coàgul m; fm beneit -a mf, babau -a mf | vt coagular; vi coagular-se

cloth [klɒθ] n roba f, tela f; (for cleaning) drap m; **table~** n estovalles fpl

clothe [kləʊð] vt vestir | **~s** pl roba fsg; **~ line** n estenedor m; **~ moth** n arna f; **~ peg** (or **~ pin**) n agulla f d'estendre, pinça f

clothing ['kləʊðɪŋ] n roba f; **article of ~** peça f de vestir; **~ industry** indústria f tèxtil

cloud [klaʊd] n tb fg núvol m; (of dust) polseguera f; **~burst** n xàfec m, aiguat m | vt ennuvolar; ~ (**over**) vi ennuvolar-se

cloudy ['klaʊdɪ] aj núvol, nuvolós -osa, rúfol -a; (of liquids) tèrbol -a

clove [kləʊv] n clau m d'espècia; (of garlic) gra m

clover ['kləʊvə] n trèvol m

clown [klaʊn] n pallasso -a mf; ~ **about** vi fer el pallasso

cloying ['klɔɪɪŋ] aj embafador -a

club [klʌb] n (group) club m; (stick) porra f, garrot m; (card) trèvol m; **golf ~** n bastó m de golf

clue [klu:] n pista f; (of a mistery) clau f; **I haven't a ~** no en tinc ni idea

clump [klʌmp] n (of trees) grup m, mata f

clumsy ['klʌmzɪ] aj (person) maldestre -a, barroer -a; (tool) difícil de manejar

cluster ['klʌstə] n grup m; (of fruits) penjoll m, carràs m; (of grapes) raïm m | vi apinyar-se, ajuntar-se

clutch [klʌtʃ] n aut embragatge m; (eggs, chickens) niuada f; **fall into sby's ~es** caure a les urpes d'up | vt agafar fort; ~ **at** vi aferrar-se a, agafar-se fort a

coach [kəʊtʃ] n (bus) autocar m; frr cotxe m, vagó m de passatgers; (horse-drawn) carrossa f; esp entrenador -a mf; (tutor) professor -a mf particular | vt (team) entrenar; ~ **sby** for preparar up per a; **she ~es me in French** m'ensenya francès

coal [kəʊl] n carbó m; ~ **merchant** n carboner -a mf

coarse [kɔːs] aj (sand) gruixut -uda; (rough in texture) bast -a, tosc -a; (rude) rude, groller -a, barroer -a

coast [kəʊst] n costa f, litoral m, marina f; atr litoral aj; ~**guard** n guardacostes m

coastal ['kəʊstəl] aj costaner -a, litoral

coat [kəʊt] n abric m; (US, jacket) jaqueta f; (animal's) pèl m, pelatge m; (covering layer) capa f; (of paint) capa f, mà f; ~ **hanger** n penja-robes m; ~ **of arms** n escut m [sing] (o ~ **with**) vt cobrir de; ~ **in batter** arrebossar

coating ['kəʊtɪŋ] n capa f, bany m

coax [kəʊks] vt ~ **sby into doing sth** entabanar up perquè faci uc

cobra ['kəʊbrə] n cobra f

cobweb [kɒbweb] n teranyina f

cocaine [kəˈkeɪn] n cocaïna f

cock [kɒk] n (male chicken) gall m; (male bird) mascle m; (tap) clau f, aixeta f; fm titola f | vt alçar, dreçar; (gun) parar, muntar; ~ **a snook at sby** fer pam i pipa a up

cock-a-doodle-doo [ˌkɒkəduːdlˈduː] n quiquiriquic m

cockatoo [ˌkɒkəˈtuː] n cacatua f

cockerel ['kɒkrəl] n gall m jove, gallet m

cockpit ['kɒkpɪt] n aer cabina f

cockroach ['kɒkrəʊtʃ] n escarabat m de cuina

cocktail ['kɒkteɪl] n còctel m

cocky ['kɒkɪ] aj fm fatxenda, fanfarró -ona; ~ **man** n milhomes m, fatxenda mf

cocoa ['kəʊkəʊ] n cacau m; (drink) xocolata f desfeta

coconut ['kəʊkənʌt] n coco m

cocoon [kəˈkuːn] n capoll m

cod [kɒd] n bacallà m

code [kəʊd] n codi m, xifra f; dr codi m

coeducational [ˌkəʊedʒʊˈkeɪʃənəl] aj mixt -a

coefficient [ˌkəʊɪˈfɪʃənt] n coeficient m

coffee n ['kɒfɪ] cafè m; **black** ~ n cafè m sol; ~ **mill** n molinet m de cafè; ~ **pot** n cafetera f; **white** ~ n cafè m amb llet

coffer ['kɒfə'] n cofre m

coffin ['kɒfɪn] n fèretre m, taüt m, caixa f (de morts)

cog [kɒg] n dent m (d'un engranatge)

cognac ['kɒnjæk] n conyac m

cohabit [kəʊˈhæbɪt] vi cohabitar

coherence [kəʊˈhɪərəns] n coherència f

cohesion [kəʊˈhiːʒən] n cohesió f

coif [kɔɪf] n còfia f

coil [kɔɪl] n rotlle m; ele bobina f | vt (o ~ **up**) cargolar, enrotllar, entortolligar; vi cargolar-se, enrotllar-se, entortolligar-se

coin [kɔɪn] n moneda f; vt encunyar

coincide [ˌkəʊɪnˈsaɪd] vi coincidir

coincidence [kəʊˈɪnsɪdəns] n coincidència f; (at the same place) concurrència f; (chance) casualitat f, coincidència f

coitus ['kəʊɪtəs] n coit m

col [kɒl] n coll m, collada f

combustible

colander ['kʌləndə] *n* colador *m*

cold [kəuld] *aj* fred -a. *It's cold, fa
fred. I'm cold,* tinc fred; (*not
friendly*) fred -a, eixut -a,
indiferent; ~ **cream** *n* (*cosmetic*)
crema *f*; ~ **war** *n* guerra *f* freda |
n fred *m*; (*illness*) refredat *m*,
constipat *m*, catarro *m*; **catch a
~** refredar-se, constipar-se, agafar
un refredat; **have a ~** estar
refredat, estar constipat

coldness ['kəuldnis] *n* fredor *f*

colic ['kɒlik] *n* còlic *m*

collaborate [kə'læbəreit] *vi*
col·laborar

collapse [kə'læps] *vi* esfondrar-se,
ensorrar-se; *fg* fracassar; (*fold*)
plegar-se; *vt* (*fold*) plegar | *n*
esfondrament *m*, ensorrament *m*;
fg fracàs *m*, ruïna *f*; (*sudden loss
of strength*) col·lapse *m*

collar ['kɒlə] *n* (*of shirt, dress*) coll
m; (*of animal*) collar *m*; ~ **bone** *n*
clavícula *f*

colleague ['kɒli:g] *n* company -a
mf, col·lega *mf*, camarada *mf*

collect [kə'lekt] *vt* recollir,
arreplegar, replegar; (*as a hobby*)
col·leccionar; (*come to take away*)
anar a buscar; (*money*) recaptar;
~ **osf** asserenar-se

collection [kə'lekʃən] *n* (*pile*)
munt *m*, pila *f*; (*act*) recollida *f*;
(*of stamps, etc*) col·lecció *f*; (*for
charity*) col·lecta *f*; (*of taxes*)
recaptació *f*

collective [kə'lektiv] *aj* col·lectiu
-iva

collector [kə'lektə] *n* com
recaptador -a *mf*, cobrador -a *mf*;
(*of stamps, etc*) col·leccionista *mf*

college ['kɒlidʒ] *n* col·legi *m*

collide [kə'laid] *vi* xocar, topar

colliery ['kɒljəri] *n* mina *f* de carbó

collision [kə'liʒən] *n* tb fg col·lisió
f, xoc *m*, topada *f*

colloquial [kə'ləukwiəl] *aj*
col·loquial

colloquy ['kɒləkwi] *n* col·loqui *m*

collusion [kə'lu:ʒən] *n*
confabulació *f*, col·lusió *f*

cologne [kə'ləun] *n* colònia *f*,
aigua *f* de colònia

colon ['kəulən] *n* *ana* còlon *m*;
(*sign*) dos punts

colonel ['kɜ:nl] *n* coronel *m*

colonist ['kɒlənist] *n* colon -a *mf*

colony ['kɒləni] *n* colònia *f*

colour (or **color** *US*) ['kʌlə] *n*
color *m*; ~ **photography** *n*
fotografia *f* en color; ~**s** *pl* (*flag*)
colors *m*; ~ **scheme** *n*
combinació *f* de colors | *vt*
acolorir; (*with pencils*) pintar;
(*dye*) tenyir; *vi* (*change colour*)
canviar de color; (*blush*) posar-se
vermell -a, enrojolar-se

colt [kəult] *n* poltre -a *m*

column ['kɒləm] *n* columna *f*

coma ['kəumə] *n* coma *f*

comb [kəum] *n* pinta *f*; (*of cock*)
cresta *f* | *vt* (*person*) pentinar; (*wool*)
cardar; ~ **one's hair** pentinar-se;
~ **out** *vt* desfer-se de

combat ['kɒmbæt] *n* combat *m*,
lluita *f*; *vt* combatre, lluitar *vi*
contra

combine ['kɒmbain] *vt* combinar;
(*join together*) unir, fusionar; *vi*
combinar-se; (*join together*) unir-
se, ajuntar-se

combustible [kəm'bʌstəbl] *aj*

combustible
combustion [kəm'bʌstʃən] n
combustió f
come [kʌm] [pt **came**, pp **come**]
vi venir; (arrive) arribar; (originate)
provenir, procedir; (happen)
passar; (change) tornar-se,
esdevenir; ~ **about** vi passar,
succeir; ~ **across** vt trobar, topar;
~ **back** vi tornar; ~ **by** vt
aconseguir, obtenir; ~ **down** vi
baixar, davallar; ~ **in** vi entrar;
(train) arribar; **coming!** ja vinc!;
~ **into** vt heretar; ~ **off** vi
desprendre's, desenganxar-se;
(succeed) tenir èxit, anar bé; ~
on! vinga!, som-hi!, au!; ~ **out** vi
sortir, aparèixer; (mark)
desaparèixer; ~ **out with** vt
despenjar-se amb; ~ **round** vi
tornar en si; ~ **to** vi anar a raure
a; (bill) pujar a; ~ **to be** fer-se,
esdevenir; ~ **to osf** tornar en si;
~ **together** vi ajuntar-se; ~
undone desslligar-se, descordar-
se; ~ **up** vi sorgir; ~ **what may**
peti qui peti
comedian [kə'miːdiən] n
comediant -a mf, còmic -a mf
comedienne [kə,miːdi'en] n
comedianta f, còmica f
comedy ['kɒmidi] n comèdia f
comet ['kɒmit] n cometa m
comfort ['kʌmfət] n comoditat f,
confort m, benestar m; (solace)
consol m; **take ~ from** consolar-
se amb | vt consolar
comfortable ['kʌmfətəbl] aj
(providing comfort) còmode -a,
confortable; **feel ~** trobar-se a

gust; **make yourself ~!** poseu-
vos-hi bé!
comic ['kɒmik] aj còmic -a,
graciós -osa | n còmic -a mf;
(magazine) còmic m; ~ **strip** n
historieta f il·lustrada
coming ['kʌmiŋ] n arribada f | aj
vinent, esdevenidor -a; **the ~
year** l'any que ve
comma ['kɒmə] n coma f
command [kə'mɑːnd] n (order)
ordre f, mandat m; mil
comandament m | vt manar
commandant [,kɒmən'dænt] (or
commander [kə'mɑːndə'] n
comandant -a m
commandment [kə'mɑːndmənt]
n manament m; **the Ten
Commandments** els deu
manaments
commando [kə'mɑːndəʊ] n
comando m
commemorate [kə'meməreit] vt
commemorar
commend [kə'mend] vt (praise)
lloar, alabar, elogiar; (recommend)
recomanar; (entrust) encomanar
commendable [kə'mendəbl] aj
lloable, encomiable, plausible
comment ['kɒment] n comentari
m | vi comentar, remarcar; ~ **on**
vi opinar sobre, comentar vt; **no
~!** sense comentaris!
commentary ['kɒməntəri] n (on
TV, etc) reportatge m
commentator ['kɒmənteitə'] n
locutor -a mf
commerce ['kɒmɜːs] n comerç m
commercial [kə'mɜːʃəl] aj
comercial | n (on TV, radio) anunci
m; ~ **traveller** n viatjant -a mf

commiserate [kə'mɪzəreɪt] *vt* ~
with sby compadir-se d'up,
apiadar-se d'up

commiseration [kə,mɪzə'reɪʃən]
n commiseració *f*, compassió *f*,
pietat *f*

commissary ['kɒmɪsəri] *n*
comissari -ària *mf*

commission [kə'mɪʃən] *n*
comissió *f*; (*arrangement*)
comissió *f*, encàrrec *m*; *mil*
nomenament *m*; **out of ~** fora de
servei

commit [kə'mɪt] *vt* cometre,
perpetrar; (*entrust*) confiar; (*to
prison*) tancar, empresonar; (*to a
mental hospital*) tancar, internar;
~ **osf to** comprometre's a

committee [kə'mɪti] *n* comitè *m*,
comissió *f*

commodity [kə'mɒdɪti] *n*
mercaderia *f*

common ['kɒmən] *aj* (*usual*)
comú -una, normal; (*vulgar*)
ordinari -ària, vulgar; (*shared*)
comú -una; ~ **sense** *n* sentit *m*
comú; **in ~** en comú

commonplace ['kɒmənpleɪs] *aj*
comú -una, normal; *m* tòpic *m*

commotion [kə'məʊʃən] *n*
rebombori *m*, xivarri *m*

commune ['kɒmjuːn] *n* comuna *f*

communicate [kə'mjuːnɪkeɪt] *vt*
comunicar, fer saber; *vi*
comunicar-se

communication
[kə,mjuːnɪ'keɪʃən] *n* comunicació
f; (*in a congress*) ponència *f*

communion [kə'mjuːnjən] *n*
comunió *f*; **to take
Communion** combregar

communism ['kɒmjunɪzəm] *n*
comunisme *m*

communist ['kɒmjunɪst] *aj n*
comunista *af mf*

community [kə'mjuːnɪti] *n*
comunitat *f*; ~ **centre** *n* local *m*
social, centre *m*

commutation ticket
[,kɒmjuː'teɪʃən] *n* abonament *m*

commute [kə'mjuːt] *vi* viatjar
diàriament de casa a la feina; *vt*
commutar

compact [kəm'pækt] *aj* compacte
-a; (*concise*) concís -isa, breu;
~ **disc** *n* disc *m* compacte | *vt*
comprimir | ['kɒmpækt] *n* (*for face
powder*) polvorera *f*; (*pact*) pacte
m, conveni *m*

companion [kəm'pænjən] *n*
company -a *mf*; (*book*) manual *m*;
~**ship** *n* companyonia *f*, germanor
f, fraternitat *f*

company ['kʌmpəni] *n* companyia
f; (*firm*) empresa *f*, firma *f*,
societat *f*; (*guests*) convidats *mpl*;
keep sby ~ acompanyar up

comparative [kəm'pærətɪv] *aj*
relatiu -iva; *grm* comparatiu -iva

compare [kəm'peə'] *vt* comparar;
vi poder-se comparar; ~**d to** (or
~**d with**) en comparació de

comparison [kəm'pærɪsən] *n*
comparació *f*; **in ~ with** en
comparació de

compartment [kəm'pɑːtmənt] *n*
casella *f*; *frr* compartiment *m*

compass ['kʌmpəs] *n* brúixola *f*;
(*range*) abast *m*, extensió *f*; ~**es** *pl*
compàs *msg*

compassion [kəm'pæʃən] *n*
compassió *f*, misericòrdia *f*, pietat *f*

compatriot [kəm'pætrɪət] n
compatriota mf
compel [kəm'pɛl] vt obligar
compensate ['kɒmpənseɪt] vt
(person) compensar; (for loss)
indemnitzar; ~ **for** vi compensar
vt
compensation [ˌkɒmpən'seɪʃən]
n compensació f; (for loss)
indemnització f
compete [kəm'piːt] vi competir
competence ['kɒmpɪtəns] n
competència f, capacitat f, aptitud
f; dr competència f
competent ['kɒmpɪtənt] aj
competent; (adequate) adequat
-ada, idoni -ònia
competition [ˌkɒmpɪ'tɪʃən] n
(test) competició f, concurs m,
torneig m; (rivalry) competència f
compilation [ˌkɒmpɪ'leɪʃən] n
recopilació f
compile [kəm'paɪl] vt recopilar
complain [kəm'pleɪn] vi queixar-
se, exclamar-se, lamentar-se
complaint [kəm'pleɪnt] n queixa
f; (illness) mal m
complement ['kɒmplɪmənt] n
complement m; grm atribut m | vt
complementar
complementary
[ˌkɒmplɪ'mɛntəri] aj
complementari -ària
complete [kəm'pliːt] aj complet
-a; (finished) acabat -ada; (total)
total, absolut -a, complet -a | vt
completar; (finish) acabar
completely [kəm'pliːtli] av
totalment, del tot, per complet
complex ['kɒmplɛks] aj complex
-a, complicat -ada, enrevessat

-ada; n complex m
complexion [kəm'plɛkʃən] n
cutis m, color m de la cara; fg
aspecte
complicate ['kɒmplɪkeɪt] vt
complicar
complicated ['kɒmplɪkeɪtɪd] aj
complicat -ada, complex -a,
enrevessat -ada
compliment ['kɒmplɪmənt] n
compliment m; ~ **sby on sth**
[ˌkɒmplɪ'mɛnt] vt felicitar up
per uc
comply [kəm'plaɪ] vi ~ **with**
complir vt, obeir vt, ajustar-se a
component [kəm'pəʊnənt] n
component m
compose [kəm'pəʊz] vti (music,
poetry) compondre; ~ **osf** vt
calmar-se, tranquil·litzar-se;
be ~d of constar de, ésser
compost de
composer [kəm'pəʊzə'] n
compositor -a mf
composition [ˌkɒmpə'zɪʃən] n
tb mús lit grf composició f;
(at school) redacció f
compost ['kɒmpɒst] n compost m,
adob m (vegetal)
composure [kəm'pəʊʒə'] n calma
f, serenitat f
compote ['kɒmpəʊt] n compota f
compound ['kɒmpaʊnd] aj
compost -a | n (substance)
compost m; (enclosure) recinte m | vt
combinar, barrejar
comprehensible
[ˌkɒmprɪ'hɛnsəbl] aj comprensible
comprehension [ˌkɒmprɪ'hɛnʃən]
n comprensió f
compress [kəm'prɛs] vt

comprimir, atapeir; ['kɒmprɛs] n compresa f

comprise [kəm'praiz] vt (include) constar de, comprendre; (form) constituir

compromise ['kɒmprəmaiz] n acord m, avinença f | **on** vt arribar a l'acord de; (expose to danger) comprometre; **~ osf** comprometre's

compulsion [kəm'pʌlʃən] n obligació f

compulsory [kəm'pʌlsəri] aj obligatori -òria

compute [kəm'pju:t] vt calcular

computer [kəm'pju:tə'] n ordinador m; **~ science** n informàtica f

computing [kəm'pju:tiŋ] n informàtica f

comrade ['kɒmrid] n company -a mf, camarada mf; **~ship** n companyonia f

con [kɒn] vt estafar; (persuade) entabanar, ensibornar | n fm estafa f, enganyifa f; (disadvantage) contra m. The pros and cons els pros i els contres

concave ['kɒn'keiv] aj còncau -ava

conceal [kən'si:l] vt amagar, encobrir, ocultar; (feelings, etc) dissimular

concede [kən'si:d] vt admetre, reconèixer; (give as a right) concedir, atorgar

conceit [kən'si:t] n presumpció f, vanitat f

conceited [kən'si:tid] aj presumptuós -osa, vanitós -osa, presumit -ida

conceive [kən'si:v] vt concebre;

~ of imaginar-se; **I can't ~...** no puc entendre...

concentrate ['kɒnsəntreit] vi concentrar-se; (come together) concentrar-se, aplegar-se; vt concentrar

concentric [kən'sentrik] aj concèntric -a

concept ['kɒnsept] n concepte m

conception [kən'sepʃən] n (idea) concepte m; (forming an idea) concepció f; bio (of a baby) concepció f

concern [kən'sɜ:n] n assumpte m, cosa f. It is no concern of mine això no és cosa meva; (worry) preocupació f, inquietud f; (business) negoci m, empresa f | vt (be about) tenir (uc) a veure amb; (be important to) concernir, afectar; **~ osf** (worry) preocupar-se, amoïnar-se

concerning [kən'sɜ:niŋ] prp referent a, pel que fa a

concert ['kɒnsət] n concert m

concession [kən'seʃən] n concessió f

concise [kən'sais] aj concís -isa

concisely [kən'saisli] av concisament, breument

conclude [kən'klu:d] vt (end) acabar; (reach an opinion, an agreement, etc) concloure; vi (end) acabar(-se)

conclusion [kən'klu:ʒən] n (opinion reached) conclusió f; (end) final m, conclusió f, cloenda f

conclusive [kən'klu:siv] aj decisiu -iva, definitiu -iva

concoct [kən'kɒkt] vt

confeccionar, fer; (*invent*) ordir, tramar

concord [ˈkɒŋkɔːd] *n* concòrdia *f*, harmonia *f*; *grm* concordança *f*

concordance [kənˈkɔːdəns] *n* concordança *f*

concrete [ˈkɒŋkriːt] *n* formigó *m*, ciment *m*; *aj* concret -a

concubine [ˈkɒŋkjubain] *n* concubina *f*

concurrence [kənˈkʌrəns] *n* concurrència *f*

condemn [kənˈdɛm] *vt* (*criticize*) condemnar, censurar; (*punish*) condemnar; (*building*) declarar en estat ruïnós

condense [kənˈdɛns] *vt* condensar; *vi* condensar-se; **~d milk** *n* llet *f* condensada

condiment [ˈkɒndimənt] *n* condiment *m*

condition [kənˈdiʃən] *n* condició *f*; *med* afecció *f*; **on ~ (that)** a condició que; **on no ~** de cap manera *|* *vt* condicionar; **be ~ed by** dependre de

condolence [kənˈdəuləns] *n* condol *m*

conduct [ˈkɒndʌkt] *n* comportament *m*, conducta *f*; (*of business*) direcció *f* *|* [kənˈdʌkt] *vt* (*lead*) conduir, guiar; (*transmit*) conduir; (*orchestra*) dirigir; (*business*) portar, dirigir; **~ osf** comportar-se

conductive [kənˈdʌktiv] *aj* conductor -a

conductor [kənˈdʌktə] *n* (*of orchestra*) director -a *mf*; (*for electricity, etc*) conductor *m*; (*on bus, etc*) cobrador *m*; (*guard on a train*) revisor -a *mf*

conductress [kənˈdʌktris] *n* cobradora *f*

conduit [ˈkɒndit] *n* conducte *m*

cone [kəun] *n* con *m*

confectioner [kənˈfɛkʃənə] *n* pastisser -a *mf*; **~'s (or ~'s shop)** *n* pastisseria *f*

confer [kənˈfɜː] *vi* conferenciar; **~ sth on sby** *vt* concedir uc a up

conference [ˈkɒnfərəns] *n* reunió *f*, conferència *f*

confess [kənˈfɛs] *vt* confessar; *vi* confessar-se

confession [kənˈfɛʃən] *n* confessió *f*

confessional [kənˈfɛʃənl] *n* confessionari *m*

confetti [kənˈfɛti] *n* confeti *m*

confide [kənˈfaid] *vt* (*secrets*) confiar; **~ in sby** confiar en up, fiar-se d'up

confidence [ˈkɒnfidəns] *n* (*self-assurance*) confiança *f*, seguretat *f*; (*trust*) confiança *f*; (*secret*) confidència *f*; **~ trick** *n* enganyifa *f*, estafa *f*

confident [ˈkɒnfidənt] *aj* segur -a (de si mateix -a), confiat -ada

confine [kənˈfain] *vt* (*restrict*) limitar, restringir; (*shut*) tancar, confinar

confirm [kənˈfɜːm] *vt* confirmar, corroborar, ratificar

confiscate [ˈkɒnfiskeit] *vt* confiscar

conflict [ˈkɒnflikt] *n* conflicte *m*; **~ with** [kənˈflikt] *vi* contradir *vt*

conform [kənˈfɔːm] *vi* **~ to** adaptar-se a, emmotllar-se a

confound [kənˈfaund] *vt*

confondre, desconcertar

confront [kən'frʌnt] vt afrontar, encarar-se amb, fer cara a

confuse [kən'fju:z] vt (bewilder) atabalar, atordir, confondre; (make unclear) embolicar, embrollar; ~ **A and B** (or ~ **A with B**) confondre A amb B

confused [kən'fju:zd] aj (person) atabalat -ada, desconcertat -ada; (situation) confús -usa

confusion [kən'fju:ʒən] n confusió f; (great disorder) desgavell m, desordre m, confusió f, garbuix m

congenial [kən'dʒi:nɪəl] aj agradable

conglomerate [kən'glɒmərɪt] n conglomerat m

congratulate [kən'grætjʊleɪt] vt felicitar, donar l'enhorabona a

congratulations
[kən,grætjʊ'leɪʒənz] pl felicitacions f; ~! felicitats!, enhorabona!

congregate ['kɒŋgrɪgeɪt] vi congregar-se, aplegar-se, reunir-se

congress ['kɒŋgres] n congrés m

conic ['kɒnɪk] (or **conical** ['kɒnɪkəl]) aj cònic -a

conjecture [kən'dʒektʃə'] n conjectura f, suposició f, presumpció f; vt conjecturar, suposar

conjugation [,kɒndʒʊ'geɪʃən] n conjugació f

conjunction [kən'dʒʌŋkʃən] n conjunció f

conjurer ['kʌndʒərə'] n il·lusionista mf

connect [kə'nekt] vt (join) unir, ajuntar, connectar; (associate) relacionar, associar; (or ~ **up**) ele connectar

connection [kə'nekʃən] n connexió f; (relationship) relació f; (link by phone) comunicació f; (train, etc) enllaç m

conquer ['kɒŋkə'] vt conquerir; (gain control over) vèncer, superar

conquest ['kɒŋkwest] n tb fg conquesta f

conscience ['kɒnʃəns] n consciència f; **have a clear ~** tenir la consciència tranquil·la

conscientious [,kɒnʃi'enʃəs] aj conscienciós -osa; ~ **objection** objecció f de consciència; ~ **objector** n objector m de consciència

conscious ['kɒnʃəs] aj conscient

consciousness ['kɒnʃəsnɪs] n consciència f; med coneixement m

conscript ['kɒnskrɪpt] n recluta m, quinto m; [kən'skrɪpt] vt reclutar

consecutive [kən'sekjʊtɪv] aj consecutiu -iva, successiu -iva; **five ~ days** cinc dies seguits

consent [kən'sent] n consentiment m; ~ **to sth** vi consentir a uc

consequence ['kɒnsɪkwəns] n conseqüència f, ròssec m; **as** (or **in**) **a ~ of** a conseqüència de; **in ~** en conseqüència

conservation [,kɒnsə'veɪʃən] n conservació f (de la natura, etc); atr ecologista aj

conservationist
[,kɒnsə'veɪʃənɪst] aj ecologista

conserve [kən'sɜːv] vt conservar, mantenir, preservar; n conserva f, confitura f

consider [kən'sɪdə'] vt considerar; (take into account) considerar, tenir en compte

consideration [kən,sɪdə'reɪʃən] n mirament m, consideració f, esguard m; **take into** ~ tenir en compte

consignment [kən'saɪnmənt] n com tramesa f, remesa f

consist [kən'sɪst] vi consistir; ~ **of** constar de

consistent [kən'sɪstənt] aj (not varying) constant; (agreeing) conseqüent

consolation [,kɒnsə'leɪʃən] n consol m

console [kən'səʊl] vt consolar

consonant ['kɒnsənənt] aj conseqüent; n consonant f

conspicuous [kən'spɪkjʊəs] aj **be** ~ destacar(-se); **make osf** ~ fer-se notar

conspiracy [kən'spɪrəsɪ] n conspiració f, complot m

constant ['kɒnstənt] aj constant; (faithful) lleial

constellation [,kɒnstə'leɪʃən] n constel·lació f

constipation [,kɒnstɪ'peɪʃən] n restrenyiment m

constituent [kən'stɪtjʊənt] n component m, constituent m; (voter) elector -a mf

constitute ['kɒnstɪtjuːt] vt constituir

constitution [,kɒnstɪ'tjuːʃən] n constitució f

constrain [kən'streɪn] vt obligar, constrènyer

construct [kən'strʌkt] vt construir

construction [kən'strʌkʃən] n construcció f; (interpretation) interpretació f, explicació f

construe [kən'struː] vt interpretar

consul ['kɒnsəl] n cònsol mf

consult [kən'sʌlt] vt consultar; ~ **with** entrevistar-se amb, parlar amb

consultant [kən'sʌltənt] n assessor -a mf; med especialista mf

consultation [,kɒnsəl'teɪʃən] n consulta f

consume [kən'sjuːm] vt consumir; (eat) menjar-se, ingerir; (drink up) beure's, ingerir; **be ~d with envy** morir-se d'enveja

consumer [kən'sjuːmə'] n consumidor -a mf

consumerism [kən'sjuːmərɪzəm] n consumisme m

consumption [kən'sʌmpʃən] n consum m

contact ['kɒntækt] n contacte m; ~ **lens** n lent f de contacte

contagious [kən'teɪdʒəs] aj contagiós -osa

contain [kən'teɪn] vt contenir; (control) contenir, reprimir; ~ **osf** contenir-se, reprimir-se, aguantar-se

container [kən'teɪnə'] n recipient m, contenidor m, envàs m

contaminate [kən'tæmɪneɪt] vt contaminar

contemplate ['kɒntɛmpleɪt] vt (gaze at) contemplar; (intend) intentar; (meditate) considerar

contemporary [kən'tɛmprərɪ] aj n contemporani -ània; aj mf, coetani -ània aj; (modern)

contemporani -ània *aj mf*
contempt [kən'tempt] *n*
menyspreu *m*, desdeny *m*
contemptible [kən'temptəbl] *aj*
menyspreable, miserable, roí -ïna
contemptuous [kən'temptjuəs]
aj despectiu -iva
contend [kən'tend] *vt* afirmar,
mantenir; *vi* lluitar, pugnar
content [kən'tent] *aj* content -a,
satisfet -a | *vt* acontentar, satisfer
| *n* (*satisfaction*) satisfacció *f*;
['kɒntent] contingut *m*
contention [kən'tenʃən] *n*
disputa *f*, baralla *f*, (*assertion*)
argument *m*
contest ['kɒntest] *n* (*struggle*)
lluita *f*, disputa *f*; (*competition*)
concurs *m* | [kən'test] *vt* disputar-
se; *pol* ser candidat -a a
contestant [kən'testənt] *n*
contrincant *mf*, participant *m*
context ['kɒntekst] *n* context *m*
continent ['kɒntinənt] *n*
continent *m*
continuation [kən,tinju'eiʃən] *n*
continuació *f*
continue [kən'tinju:] *vti* continuar,
prosseguir; *vt* (*after break*)
reprendre
continuous [kən'tinjuəs] *aj*
continu -ínua
contort [kən'tɔ:t] *vt* deformar; *vi*
deformar-se
contortion [kən'tɔ:ʃən] *n*
contorsió *f*
contour ['kɒntuə] *n* contorn *m*,
entorn *m*; ~ **line** *n* corba *f* de
nivell
contraband ['kɒntrəbænd] *n*
contraban *m*; *atr* de contraban

contraceptive [,kɒntrə'septiv] *aj*
anticonceptiu -iva, contraceptiu
-iva; *m* anticonceptiu *m*,
contraceptiu *m*
contract ['kɒntrækt] *n* contracte
m | [kən'trækt] *vt* (*shorten*)
contreure, encongir; (*illness*)
contreure; *vi* contreure's,
encongir-se; ~ **to** comprometre's
(per contracte) a
contraction [kən'trækʃən] *n*
contracció *f*
contradict [,kɒntrə'dikt] *vt*
contradir; (*deny*) desmentir,
contradir
contrary ['kɒntrəri] *aj* contrari
-ària; (*obstinate*) tossut -uda;
~ **to** contrari -ària a | *n* contrari
m; **on the** ~ al contrari, al revés;
to the ~ en contra
contrast ['kɒntrɑ:st] *n* contrast *m*
| [kən'trɑ:st] *vt* comparar; *vi*
contrastar
contribute [kən'tribju:t] *vt*
contribuir, col·laborar; *vt* aportar
contribution [,kɒntri'bju:ʃən] *n*
contribució *f*; (*charity*) donatiu *m*;
(*to newspaper*) col·laboració *f*,
article *m*
control [kən'trəul] *vt* (*regulate*)
controlar, regular; (*rule*) controlar,
manar; (*emotion*) vèncer, contenir;
~ **osf** controlar-se, dominar-se | *n*
control *m*; *tb pl aer* governall *m*;
be in ~ **of** dur el control de
controversy ['kɒntrəvɜ:si,
kən'trɒvəsi] *n* controvèrsia *f*,
polèmica *f*
contusion [kən'tju:ʒən] *n*
contusió *f*
conundrum [kə'nʌndrəm] *n*

endenvinalla f

convalescent [ˌkɒnvəˈlesənt] aj n
convalescent aj mf

convenience [kənˈviːniəns] n
conveniència f; (comfort)
comoditat f

convenient [kənˈviːniənt] aj
convenient; **be ~ for** (be near)
ser a prop de

convent [ˈkɒnvənt] n convent m

conversation [ˌkɒnvəˈseɪʃən] n
conversa f

converse [kənˈvɜːs] vi conversar,
dialogar | [ˈkɒnvɜːs] aj contrari
-ària; n contrari m

convert [kənˈvɜːt] vt convertir,
transformar; rlg convertir; vi
convertir-se, transformar-se; rlg
convertir-se

convertible [kənˈvɜːtəbl] aj
convertible; (of car) descapotable

convex [ˌkɒnˈveks] aj convex -a

convey [kənˈveɪ] vt transportar,
portar; (news, ideas) comunicar,
transmetre

conveyor [kənˈveɪə] n
transportador m

convict [kənˈvɪkt] vt condemnar; ~
sby of declarar up culpable de |
[ˈkɒnvɪkt] n convicte -a mf

convince [kənˈvɪns] vt convèncer,
persuadir

convoke [kənˈvəʊk] vt convocar

convoy [ˈkɒnvɔɪ] n comboi m

convulsion [kənˈvʌlʃən] n
convulsió f

cook [kʊk] vt cuinar, coure; fg
falsificar; vi coure; (person) cuinar,
guisar | n cuiner -a mf

cooker [ˈkʊkə] n cuina f

cookery [ˈkʊkəri] n cuina f

cookie [ˈkʊki] n galeta f

cooking [ˈkʊkɪŋ] n cuina f; **do
the ~** cuinar

cool [kuːl] aj fresc -a; fg fred -a |
vt refrescar, refredar; fg refredar;
vi refrescar-se, refredar-se; **~
down** vt fg calmar; vi calmar-se |
n fresca f, frescor m

cooperate [kəʊˈɒpəreɪt] vi
cooperar, col·laborar

cooperative [kəʊˈɒpərətɪv] n
cooperativa f; **~ store** n
economat m

coordinate [kəʊˈɔːdɪneɪt] vt
coordinar; [kəʊˈɔːdɪnɪt] n
coordenada f

cope [kəʊp] vi sortir-se'n,
apanyar-se; **~ (with)** fer front a

copper [ˈkɒpə] n coure m; fm
bòfia mf

copulative [ˈkɒpjʊlətɪv] aj
copulatiu -iva

copy [ˈkɒpi] n còpia f; (of book,
etc) exemplar m; (written
material) original m | vt copiar;
(imitate) copiar, imitar, calcar

copyright [ˈkɒpiraɪt] n drets mpl
d'autor

coral [ˈkɒrəl] n corall m

cord [kɔːd] n cordill m; ele ana
cordó m; (corduroy) pana f | vt
cordar, lligar amb una corda

cordial [ˈkɔːdiəl] aj cordial

cordon [ˈkɔːdn] n cordó m; **~ off**
vt acordonar

corduroy [ˈkɔːdərɔɪ] n pana f

core [kɔː] n (of fruit) cor m; fg cor
m, nucli m, ànima f

cork [kɔːk] n suro m; (of bottle)
tap m; **~oak** n alzina f surera,
surera f; **~screw** n llevataps m iv,

tirabuixó m

corn [kɔ:n] n (UK) blat m;
(Indian) ~ (US) blat m de moro,
panís m; med ull m de poll, durícia
f; **~cob** n panotxa f

cornea ['kɔ:nɪə] n còrnia f

corner ['kɔ:nə'] n cantó m;
(inside) racó m; (of street)
cantonada f; (of road) corba f,
revolt m; (distant place) racó m,
esp córner m; **~stone** n pedra f
angular | vt acorralar; com
acaparar; vi girar una cantonada,
agafar un revolt

cornet ['kɔ:nɪt] n (for ice cream)
cucurutxo m

cornflakes ['kɔ:nfleɪks] pl flocs m
de blat de moro

cornice ['kɔ:nɪs] n cornisa f

corporal ['kɔ:pərəl] aj corporal; n
caporal -a mf

corporation [,kɔ:pə'reɪʃən] n
corporació f; (town council)
ajuntament m

corpse [kɔ:ps] n cadàver m, cos m

corral [kə'ra:l] n corral m; vt
acorralar

correct [kə'rekt] aj correcte -a; (of
quantity) just -a, correcte -a | vt
corregir, esmenar

correction [kə'rekʃən] n correcció
f, esmena f

correspond [,kɔrɪs'pɔnd] vi **~
with** (or **~ to**) correspondre a,
concordar amb; **~ with sby**
(exchange letters) escriure's amb
up

correspondence [,kɔrɪs'pɔndəns]
n correspondència f

correspondent [,kɔrɪs'pɔndənt] n
corresponsal mf

corridor ['kɔrɪdɔ:'] n passadís m,
corredor m

corrupt [kə'rʌpt] aj corrupte -a,
corromput -uda; (text) poc fiable,
alterat -ada | vt corrompre

corruption [kə'rʌpʃən] n
corrupció f

corsair [kɔ:'seə'] n corsari -ària
mf

cosmetic [kɒz'metɪk] aj n
cosmètic aj m

cost [kɒst] n tb fg preu m, cost m;
(for transporting sth) ports mpl |
(pt, pp **cost**) vi costar, valer. How
much does it cost?, quant val?

costly ['kɒstlɪ] aj car -a, costós
-osa

costume ['kɒstju:m] n vestit m

cosy ['kəuzɪ] aj acollidor -a

cot [kɒt] n (UK) bressol m; (US)
catre m, llit m plegable

cottage ['kɒtɪdʒ] n casa f de
pagès; **~ cheese** n mató m

cotton ['kɒtn] n cotó m; (plant)
cotoner m; (thread) fil m; **~ wool**
n cotó m fluix | **~ on** vi adonar-se

couch [kautʃ] n sofà m

cough [kɒf] vi estossegar, tossir;
n tos f

could [kud] pt → **can**

council ['kaunsl] n consell m; (of
town) consistori m, ajuntament m,
consell m municipal

councillor ['kaunsɪlə'] n conseller
-a mf

counsel ['kaunsəl] n consell m;
(barrister) advocat -ada mf;
prosecuting ~ n fiscal mf

count [kaunt] vti comptar; vt
(include) incloure, comptar;
(regard as) considerar; vi (be

important) comptar, valer; ~ **on**
vt comptar amb | n compte m;
(*nobleman*) comte m

counter ['kaʊntə'] n taulell m; (*of
game*) fitxa f; tcn comptador m |
aj contrari -ària; **run ~ to**
oposar-se a

counteract [,kaʊntə'rækt] vt
contrarestar

counterfeit ['kaʊntəfi:t] vt
falsificar; aj falsificat -ada, fals -a f

counterpane ['kaʊntəpeɪn] n
cobrellit m, vànova f

countless ['kaʊntlɪs] aj
innombrable, incomptable

country ['kʌntrɪ] n país m;
(*outside city*) camp m; (*region*)
regió f, comarca f; atr rural aj, del
camp; ~ **house** n casa f de pagès;
~**man** n (*compatriot*) paisà m,
compatriota m; (*from the
countryside*) pagès m, camperol
m; ~**side** n camp m; ~**woman**
n (*compatriot*) paisana f,
compatriota f; (*from the
countryside*) pagesa f, camperola f

county ['kaʊntɪ] n comtat m

coup [ku:] n èxit m; (or ~ **d'état**)
cop m d'estat

couple ['kʌpl] n parell m; (*of
people*) parella f; **married ~**
matrimoni m | vt ajuntar, unir,
connectar; vi copular, acoblar-se

courage ['kʌrɪdʒ] n coratge m,
valentia f, valor m

courageous [kə'reɪdʒəs] aj valent
-a, coratjós -osa, atrevit -ida

courier ['kʊərɪə'] n correu m,
missatger -a mf; (*on a tour*) guia
mf

course [kɔ:s] n (*process, set of
lessons*) curs m; aer rumb m; esp
camp m; (*of meal*) plat m; **of ~!**
és clar!, i tant!

court [kɔ:t] n (*royal*) cort f; dr
tribunal m, jutjat m; esp pista f;
(*courtyard*) pati m | vt fer la cort a

courtyard ['kɔ:tjɑ:d] n pati m,
eixida f

cousin ['kʌzn] n cosí -ina mf

cove [kəʊv] n cala f

cover ['kʌvə'] vt tapar, cobrir;
(*completely*) cobrir, recobrir;
(*distance*) recórrer; (*include*)
abarcar, abastar; (*coat*) revestir,
folrar; ~ **up** vt amagar, camuflar;
~ **up for** vt encobrir | n coberta
f; (*lid*) tapadora f, tapa f; (*of book*)
coberta f, tapa f; (*of magazine*)
portada f; (*at table*) cobert m; fg
protecció f, empara f; **take ~**
arrecerar-se, posar-se a cobert

coverlet ['kʌvəlɪt] n cobrellit m,
vànova f

cow [kaʊ] n vaca f; ~**boy** n vaquer
-a mf

coward ['kaʊəd] n covard -a mf

cowl [kaʊl] n caputxa f

crab [kræb] n cranc m

crack [kræk] n (*fissure*) esquerda f,
escletxa f; (*sharp noise*) pet m,
espetec m, esclat m; (*blow*) cop m;
fm acudit m | vt esquerdar; (*nuts*)
esberlar, trencar; (*hit*) esclafir, fer
petar; vi esquerdar-se; (*sharp
noise*) espetegar, petar

crackle ['krækl] vi crepitar, petar

cradle ['kreɪdl] n bressol m

craft [krɑ:ft] n ofici m, art m;
(*guile*) astúcia f, picardia f; (*boat*)
embarcació f, barca f; atr
artesanal aj, artesà -ana aj;

~sman n artesà m; **~swoman** n artesana f

crafty ['krɑːftɪ] aj astut -a, enginyós -osa

crag [kræg] n cingle m, espadat m

cram [kræm] vt atapeir, entaixonar, apinyar; vi estudiar de valent

cramp [kræmp] n med rampa f; tcn grapa f | vt dificultar, obstaculitzar

crane [kreɪn] n zoo tcn grua f

cranium ['kreɪnɪəm] n crani m

crank [kræŋk] n manovella f, maneta f

crap [kræp] n vlg merda f

crash [kræʃ] n (of cars) xoc m, accident m, pinya f fm; (noise) estrèpit m, terrabastall m; com fallida f | vi estavellar-se, xocar; (make noise) espetegar, petar, retrunyir; com fer fallida

crater ['kreɪtə] n cràter m

crawl [krɔːl] vi gatejar, anar de quatre grapes; n crol m

crayfish ['kreɪfɪʃ] n cranc m de riu

crazy ['kreɪzɪ] aj boig boja, foll -a, esbojarrat -ada

creak [kriːk] vi grinyolar | n grinyol m; (of wood) cruixit m

cream [kriːm] n crema f; (on milk) crema f, nata f; (best part) crema f, nata f

crease [kriːs] n plec m, replec m, séc m; (wrinkle) arruga f | vt plegar, doblegar; (wrinkle) arrugar; vi arrugar-se

create [kriː'eɪt] vt crear

creature ['kriːtʃə] n criatura f

credit ['kredɪt] n crèdit m | vt creure; com abonar

creek [kriːk] n cala f

cremate [krɪ'meɪt] vt incinerar

crest [krest] n (of bird) cresta f, plomall m; (of hill) cresta f, carena f; **~-fallen** aj moix -a, abatut -uda

crevice ['krevɪs] n escletxa f, esquerda f

crew [kruː] n tripulació f

crib [krɪb] n (US) bressol m; (UK) pessebre m

cricket ['krɪkɪt] n (animal) grill m; (game) criquet m

crime [kraɪm] n crim m, delicte m; (illegal activity) delinqüència f; fg crim f

criminal ['krɪmɪnl] aj criminal; n criminal mf, delinqüent mf, malfactor -a mf

crimson ['krɪmzən] aj carmesí -ína; n carmesí m

cripple ['krɪpl] n esguerrat -ada mf, mutilat -ada mf; vt mutilar, esguerrar

crisis ['kraɪsɪs] n crisi f

criterion [kraɪ'tɪərɪən] n criteri m

criticism ['krɪtɪsɪzəm] n crítica f

criticize ['krɪtɪsaɪz] vt criticar

crochet ['krəʊʃeɪ] n ganxet m; vi fer ganxet

crockery ['krɒkərɪ] n vaixella f

crocodile ['krɒkədaɪl] n cocodril m

crooked ['krʊkɪd] aj torçat -ada, guerxo -a; (street) tortuós -osa

crop [krɒp] n agr cultiu m; (amount produced) collita f, esplet m; (of bird) pap m | vt tallar, retallar; (hair) esquilar, rapar

cross [krɒs] n creu f; (mixture) encreuament m; fg creu f, calvari m; bio encreuament m; **~-eyed** aj guenyo -a | vt (street) creuar, travessar, traspassar; (*plants, animals*) creuar; *vi* (*letters, trains*) encreuar-se; ~ **osf** *rlg* senyar-se; ~ **out** *vt* ratllar, guixar | *aj* enfadat -ada, malhumorat -ada; **get** ~ emprenyar-se

crossing ['krɒsɪŋ] *n* encreuament *m*, cruïlla *f*; (*for pedestrians*) pas *m* de vianants; (*journey*) creuer *m*, travessia *f*

cross-roads ['krɒsrəʊdz] *n* encreuament *m*, cruïlla *f*

crossword ['krɒswɜːd] *n* mots *mpl* encreuats

crotch [krɒtʃ] *n* entrecuix *m*

crouch [kraʊtʃ] *vi* ajupir-se, arraulir-se

crow [krəʊ] *n* corb *m*, gralla *f* | *vi* (*cock*) cantar; (*baby*) xerrotejar; *fg* presumir

crowbar ['krəʊbaː] *n* palanca *f*

crowd [kraʊd] *n* gentada *f*, multitud *f*; (*of things*) pila *f*, munt *m* | *vt* amuntegar, apilar; *vi* aplegar-se, reunir-se, apinyar-se

crown [kraʊn] *n* corona *f*; *fg* corona *f*, tron *m*; (*coin*) escut *m*; (*of head*) coroneta *f*, clepsa *f fm* | *vt* coronar

crude [kruːd] *aj* cru crua, brut -a; (*vulgar*) vulgar, ordinari -ària | *n* petroli *m* cru

cruel ['kruəl] *aj* cruel

cruelty ['kruəlti] *n* crueltat *f*, atrocitat *f*

cruet ['kruːɪt] *n* setrilleres *fpl*

cruise [kruːz] *n* creuer *m*, travessia *f*; *vi* fer un creuer

crumb [krʌm] *n* molla *f*, engruna *f*

crumple ['krʌmpl] *vt* rebregar, arrugar; *vi* rebregar-se, arrugar-se

crush [krʌʃ] *n* aglomeració *f*, atapeïment *m* | *vt* aixafar, esclafar; (*paper, clothes*) rebregar; (*break into powder*) triturar; (*fruit*) esprémer

crust [krʌst] *n* crosta *f*, corfa *f*; (*piece*) crostó *m*, cantell *m*

crustacean [krʌsˈteɪʃən] *n* crustaci *m*

crutch [krʌtʃ] *n* crossa *f*; *ana* entrecuix *m*

cry [kraɪ] *vti* (*shed tears*) plorar; *vi* (*or ~ out*) cridar, fer un crit; ~ **off** *vt* tirar-se enrere | *n* crit *m*; (*tears*) plor *m*

crystal ['krɪstl] *n* cristall *m*

cub [kʌb] *n* cadell *m*

cube [kjuːb] *n* cub *m*; (*of sugar*) terròs *m*

cuckoo ['kʊkuː] *n* cucut *m*

cucumber ['kjuːkʌmbə] *n* cogombre *m*

cuff [kʌf] *n* puny *m*; *vt* bufetejar, clavar una bufetada a

cufflinks ['kʌflɪŋks] *n* botons *mpl* de puny

culprit ['kʌlprɪt] *n* culpable *mf*

cult [kʌlt] *n* culte *m*

cultivate ['kʌltɪveɪt] *vt tb fg* conrear, cultivar

cultivated ['kʌltɪveɪtɪd] *aj* culte

cultivation [ˌkʌltɪˈveɪʃən] *n* conreu *m*, cultiu *m*

cultural ['kʌltʃərəl] *aj* cultural

culture ['kʌltʃə] *n* cultura *f*

cunt [kʌnt] *n vlg* cony *m*

cup [kʌp] *n* tassa *f*; *esp* copa *f*

cupboard ['kʌbəd] *n* armari *m*

cupola ['kjuːpələ] *n* cúpula *f*

curb [kɜːb] *vt* refrenar, frenar, reprimir | *n* fre *m*; (*kerb*) vorada *f*

curd [kɜːd] n quallada f, quall m

curdle ['kɜːdl] vt quallar-se, coagular-se

cure [kjuə'] vt guarir, curar; gst assaonar | n remei m, cura f

curiosity [ˌkjuərɪ'ɒsɪtɪ] n curiositat f, raresa f

curious ['kjuərɪəs] aj curiós -osa, tafaner -a

curl [kɜːl] n rínxol m | vt arrissar, enrinxolar, cargolar; vi arrissar-se, enrinxolar-se, cargolar-se; **~ up** vi arronsar-se, arraulir-se

currency ['kʌrənsɪ] n moneda f

current ['kʌrənt] aj actual, corrent | n corrent m; fg curs m

curse [kɜːs] vt maleir | n maledicció f; (oath) renec m

curt [kɜːt] aj sec -a, brusc -a

curtain ['kɜːtn] n cortina f; tea teló m

curtsy ['kɜːtsɪ] n reverència f

curve [kɜːv] n corba f | vt corbar, encorbar; vi corbar, encorbar-se; (road) girar, tombar

cushion ['kuʃən] n coixí m; vt esmortir

custard ['kʌstəd] n crema f

custom ['kʌstəm] n costum m, hàbit m; (of a shop) clientela f; **~s** pl duana fsg

customary ['kʌstəmərɪ] aj usual, habitual

customer ['kʌstəmə'] n client -a mf

cut [kʌt] (pt, pp **cut**) vt tallar; (tree) talar, tallar; (reduce) reduir; (price) rebaixar; (cards) escapçar; **~ back** vt podar; **~ down** vt retallar, reduir; (tree) tallar; (garment) escurçar; **~ off** vt ele

tallar; (sever) amputar; **~ out** vt retallar; (delete) suprimir; **~ short** interrompre, truncar; **~ up** vt trossejar, trinxar | n tall m; (reduction) retallada f; **short ~** drecera f

cute [kjuːt] aj bufó -ona

cutlery ['kʌtlərɪ] n coberts mpl

cutting ['kʌtɪŋ] aj incisiu -iva | n agr esqueix m, estaca f; (from a newspaper) retall m

cuttlefish ['kʌtlfɪʃ] n zoo sépia f, sípia f

cyanide ['saɪənaɪd] n cianur m

cycle ['saɪkl] n cicle m; (bicycle) bicicleta f | vi anar amb bicicleta; **~ track** n velòdrom m

cyclist ['saɪklɪst] n ciclista mf

cyclone ['saɪkləun] n cicló m

cylinder ['sɪlɪndə'] n cilindre m; (gas container) bombona f

cymbals ['sɪmbəlz] n platerets mpl

cynic ['sɪnɪk] aj cínic -a

cypress ['saɪprɪs] n xiprer m

cyst [sɪst] n quist m

czar [zɑː'] n tsar m

Czech [tʃek] aj n txec -a aj mf

Czechoslovak ['tʃekəu'sləuvæk] aj n txecoslovac -a aj mf

D

dab [dæb] n copet m; fm (small amount) mica f, esquitx m

dabble ['dæbl] vi **~ in** aficionar-se a; **~ one's feet in** vt xipollejar amb els peus dins

dad [dæd] (or **daddy** ['dædɪ]) n papa m

daffodil ['dæfədɪl] n narcís m

daft [dɑ:ft] *aj* fm sonat -ada, beneit -a

dagger ['dægə'] *n* daga *f*, punyal *m*

dahlia ['deiliə] *n* dàlia *f*

daily ['deili] *aj* diari -ària; *av* diàriament, cada dia; *n* diari *m*

dainty ['deinti] *aj* bufó -ona; (*eater*) llepafils, delicat -ada

dairy ['dɛəri] *n* lleteria *f*

dais ['deiis] *n* tarima *f*, estrada *f*

daisy ['deizi] *n* margarida *f*

dam [dæm] *n* presa *f*, resclosa *f*, embassament *m* | *vt* estancar, embassar

damage ['dæmidʒ] *n* dany *m*, perjudici *m*, mal *m*; ~**s** *pl* danys *m* i perjudicis | *vt* fer malbé, espatllar, malmetre; **be ~d** (or **get ~d**) fer-se malbé, espatllar-se, malmetre's

damaging ['dæmidʒiŋ] *aj* nociu -iva, perjudicial

damn [dæm] *vt* condemnar; ~ **it!** maleït sigal, carai! | *n* fm rave *m*. *I don't care a* ~, m'importa un rave | *aj* maleït -ïda | *inj* merda!

damned [dæmd] *aj* maleït -ïda

damp [dæmp] *aj* humit -ida; *n* humitat *f*; *vt* humitejar

dampness ['dæmpnis] *n* humitat *f*

dance [dɑ:ns] *n* ball *m*, *vti* ballar; ~ **floor** *n* pista *f* de ball

dancer ['dɑ:nsə'] *n* ballarí -ina *mf*, dansaire *mf*

dandelion ['dændilaiən] *n* lletsó *m*, dent *m* de lleó

dandruff ['dændrəf] *n* caspa *f*

dandy ['dændi] *n* dandi *m*

Dane [dein] *n* danès -esa *mf*

danger ['deindʒə'] *n* perill *m*;

(*risk*) risc *m*; **out of** ~ fora de perill

dangerous ['deindʒrəs] *aj* perillós -osa, escabrós -osa

dangle ['dæŋgl] *vi* penjar

Danish ['deiniʃ] *aj n* danès -esa *aj mf*; *n* (*language*) danès *m*

dare [dɛə'] *vi* atrevir-se, gosar; *vt* desafiar | *n* desafiament *m*

daring ['dɛəriŋ] *aj* agosarat -ada, audaç, atrevit -ida; *n* gosadia *f*, atreviment *m*

dark [dɑ:k] *aj* fosc -a; (*hair, skin*) negre -gra, morè -ena; (*sad*) trist -a, negre -a; (*secret*) amagat -ada, secret -a; **get** ~ fer-se fosc, fosquejar | *n* foscor *f*, obscuritat *f*, tenebra *f*; **before** ~ abans que es faci fosc; **keep sby in the** ~ amagar uc a algú

darken ['dɑ:kən] *vt* enfosquir; *vi* enfosquir-se

darkness ['dɑ:knis] *n* foscor *f*, obscuritat *f*, tenebra *f*

darling ['dɑ:liŋ] *aj* estimat -ada

darn [dɑ:n] *vt* sargir

dart [dɑ:t] *n* dard *m*; *cst* pinça *f*; (*movement*) moviment *m* brusc | *vt* llançar; *vi* llançar-se

dash [dæʃ] *n* (*run*) correguda *f*; (*small amount*) mica *f*; (-) guió *m* | *vi* anar de pressa, precipitar-se; *vt* estavellar, llançar; (*hope*) frustrar

dashboard ['dæʃbɔ:d] *n aut* davantal *m*

dashing ['dæʃiŋ] *aj* (*man*) gallard, ben plantat

data ['deitə] *n* dades *fpl*

date [deit] *n* data *f*; *bot* dàtil *m*; fm (*meeting*) cita *f*; ~ **palm**

debunk

palmera *f* datilera; **out of ~**
passat -ada de moda; **up to ~** al
dia, actualitzat -ada | *vt* datar;
(*become out of date*) passar de
moda; **be dating sby** *fm* sortir
amb up

dated ['deɪtɪd] *aj* passat -ada de
moda, antiquat -ada

daub [dɔ:b] *vt* empastifar

daughter ['dɔ:tə] *n* filla *f*; **~-in-
law** *n* jove *f*, nora *f*

dawdle ['dɔ:dl] *vi* romancejar, fer
el romancer; (*go slowly*) anar
xino-xano

dawn [dɔ:n] *n* alba *f*, aurora *f*,
matinada *f*; **at ~** a trenc d'alba |
vi clarejar; **it ~ed on me that**
em vaig adonar que

day [deɪ] *n* dia *m*; (*period of work*)
jornada *f*; **all ~ long** tot el dia;
~break *n* alba *f*, matinada *f*;
~dream *vi* estar als núvols,
somiar despert -a; **~ nursery** *n*
guarderia *f*; **~ off** *n* dia *m* lliure;
~-to- *aj* quotidià -ana

daze [deɪz] *vt* atordir, estabornir

dazzle ['dæzl] *vt* enlluernar,
encegar

dead [dɛd] *aj* mort -a; (*numb*)
insensible; (*battery*) esgotat -ada;
~ end *n* cul-de-sac *m*, carreró *m*
sense sortida; **~line** *n* termini *m*;
~lock *n* punt *m* mort; **go ~**
(*phone call*) tallar-se; **shoot sby
~** matar up d'un tret | *av*
totalment; **stop ~** aturar-se en
sec

deaden ['dɛdn] *vt* (*noise*)
esmorteir, (*pain*) alleujar, calmar

deadly ['dɛdlɪ] *aj* mortal, letal; **~
sin** *n* pecat *m* capital

deaf [dɛf] *aj n* sord -a *aj mf*; **turn
a ~ ear** fer-se el sord; **~-mute** *aj
n* sord-mut sorda-muda *aj mf*

deafen ['dɛfn] *vt* eixordar,
ensordir

deafening ['dɛfnɪŋ] *aj* eixordador
-a, ensordidor -a

deafness ['dɛfnɪs] *n* sordesa *f*

deal [di:l] *n* tracte *m*, acord *m*; (*of
cards*) repartiment *m*; **a ~ of** *fm*
una pila de | (*pt, pp* **dealt**) *vt*
repartir, donar; (*blow*) ventar,
etzibar; **~ in** *vi* tractar en, vendre
vt; **~ with** *vt* tractar; (*do
business*) tractar *vi* amb

dealer ['di:lə] *n* comerciant *mf*;
(*of drugs, etc*) traficant *mf*

dealings ['di:lɪŋz] *pl* tractes *m*

dean [di:n] *n* degà -ana *mf*

dear [dɪə] *aj* benvolgut -uda,
estimat -ada; (*expensive*) car -a |
inj oh!, mare meva! | *av* car

death [dɛθ] *n* mort *f*; **~ duty** *n*
drets *mpl* de successió; **~ notice**
n esquela *f* mortuòria; **~ penalty**
n pena *f* de mort

debase [dɪ'beɪs] *vt* degradar

debate [dɪ'beɪt] *n* discussió *f*; (*in
public*) debat *m* | *vt* discutir,
debatre; (*consider*) rumiar

debauchery [dɪ'bɔ:tʃərɪ] *n*
disbauxa *f*, llibertinatge *m*

debilitate [dɪ'bɪlɪteɪt] *vt* afeblir,
debilitar

debit ['dɛbɪt] *n* dèbit *m*

debris ['dɛbrɪ] *n* arq runa *f*,
enderrocs *mpl*

debt [dɛt] *n* deute *m*; **run into ~**
endeutar-se, contreure un deute

debunk [di:'bʌŋk] *vt fm*
desemmascarar

decade ['dekeid] n dècada f, decenni m

decadence ['dekədəns] n decadència f

decaffeinated [,di:'kæfineitid] aj descafeïnat -ada

decant [di'kænt] vt trascolar, trafegar

decapitate [di'kæpiteit] vt decapitar

decay [di'kei] n descomposició f; (dental) càries f; (of building) esfondrament m; fg decadència f | vt deteriorar, podrir; (teeth) corcar; vi deteriorar-se, podrir-se; (teeth) corcar-se; (building) esfondrar-se; fg decaure

decease [di'si:s] n defunció f, traspàs m

deceased [di'si:st] aj n difunt -a aj mf

deceit [di'si:t] n engany m, falsedat f, mentida f

deceitful [di'si:tful] aj fals -a, enganyós -osa, deshonest -a

deceive [di'si:v] vt enganyar, enredar

December [di'sembə'] n desembre m. In ~, pel desembre

decent ['di:sənt] aj decent; (nice) amable, bo bona

deception [di'sepʃən] n engany m

deceptive [di'septiv] aj enganyós -osa, il·lusori -òria

decide [di'said] vti decidir; vi (stop thoughts and choose) decidir-se; ~ on decidir-se per, triar; ~ to do decidir fer

decided [di'saidid] aj (person) decidit -ida; (clear) clar -a, indubtable

deciduous [di'sidjuəs] aj bot de fulla caduca

decimal ['desiməl] aj n mat decimal aj m

decipher [di'saifə'] vt desxifrar, descodificar

decision [di'siʒən] n decisió f, resolució f, determinació f

decisive [di'saisiv] aj (resolute) decidit -ida; (conclusive) decisiu -iva, determinant

deck [dek] n (of a ship) coberta f; (of a bus) imperial m | vt engalanar, adornar

deckchair ['dek,tʃeə'] n cadira f plegable

declaim [di'kleim] vti declamar

declaration [,deklə'reiʃən] n declaració f

declare [di'kleə'] vt declarar; (state) declarar, fer saber, manifestar; ~ osf declarar-se; (for, against) pronunciar-se

decline [di'klain] n davallada f, decadència f | vt (refuse) rebutjar; vi (go down) minvar, decréixer

decode [di:'kəud] vt descodificar, desxifrar

decompose [,di:kəm'pəuz] vt descompondre; vi descompondre's

decomposition [,di:kɔmpə'ziʃən] n descomposició f; (decay) descomposició f, putrefacció f

decor ['deikɔ:'] n decoració f

decorate ['dekəreit] vt decorar, guarnir, adornar

decoration [,dekə'reiʃən] n decoració f, guarniment m, adorn m; (medal) condecoració f

decorative ['dekərətiv] aj decoratiu -iva, ornamental

decoy ['diːkɔɪ] n (bird) enze m, reclam m; fg esquer m, parany m

decrease [diːˈkriːs] n disminució f, minva f | vt disminuir, reduir; vi disminuir, decréixer, reduir-se

decree [diˈkriː] n decret m

decrepit [diˈkrepit] aj decrèpit -a

dedicate ['dedikeit] vt dedicar; ~ osf to dedicar-se a

dedication [ˌdediˈkeiʃən] n dedicació f; (of book, etc) dedicatòria f

deduce [diˈdjuːs] vt deduir

deduct [diˈdʌkt] vt deduir, restar, descomptar

deed [diːd] n obra f, acció f; dr escriptura f

deem [diːm] vt considerar, creure

deep [diːp] aj profund -a, pregon -a, fondo -a; (colour) pujat -ada, intens -a; (sound) greu; (feeling) profund -a, viu viva | av profundament, fondo

deepen ['diːpən] vt aprofundir, profunditzar; vi fer-se més profund -a

deer [dɪə] n cérvol m

defeat [diˈfiːt] n derrota f, desfeta f; vt (beat) vèncer, derrotar; (frustrate) frustrar

defecate ['defəkeit] vi anar de ventre, fer de ventre

defect ['diːfekt] n defecte m

defence (or **defense** US) [diˈfens] n defensa f; ~ **lawyer** (or **counsel for the ~**) n defensor -a mf

defenceless [diˈfensləs] aj indefens -a, desvalgut -uda

defend [diˈfend] vt defensar; ~ osf defensar-se

defendant [diˈfendənt] n (criminal) acusat -ada mf; (civil) demandat -ada mf, reu rea mf

defender [diˈfendə] n defensor -a mf

defer [diˈfɜː] vt ajornar, diferir; ~ **to** vt acceptar l'opinió de

deferment [diˈfɜːmənt] n ajornament m; mil pròrroga f

defiance [diˈfaiəns] n desafiament m, repte m; **in ~ of** a despit de

deficient [diˈfiʃənt] aj deficient, insuficient

define [diˈfain] vt definir

definite ['definit] aj clar -a, definit -ida

definitely ['definitli] av definitivament; (without doubt) segur, per descomptat

definition [ˌdefiˈniʃən] n tb grm fot definició f

definitive [diˈfinitiv] aj definitiu -iva

deflate [diːˈfleit] vt tb fg desinflar; vi desinflar-se

deflect [diˈflekt] vt desviar; vi (or **be ~ed**) desviar-se

deform [diˈfɔːm] vt deformar

defraud [diˈfrɔːd] vt defraudar, estafar

defrost [diːˈfrɒst] vt descongelar; vi descongelar-se

deft [deft] aj hàbil, destre -a

defy [diˈfai] vt (refuse to obey) desafiar, desacatar; (challenge) desafiar; ~ **description** ser impossible de descriure

degenerate [diˈdʒenərit] n depravat -ada mf, pervertit -ida mf; [diˈdʒenəreit] vi degenerar

degeneration [diˌdʒenəˈreiʃən] n

degeneració f

degree [dɪ'griː] n grau m; (title) títol m; **first ~** n llicenciatura f; **higher ~** n títol m de postgrau; **to a ~** fins a cert punt

dejected [dɪ'dʒektɪd] aj moix -a, abatut -uda, desanimat -ada

delay [dɪ'leɪ] vt (defer) ajornar; (cause to be late) retardar, endarrerir; vi trigar | n retard m

delegate ['delɪgɪt] n delegat -ada mf; ['delɪgeɪt] vt delegar

delete [dɪ'liːt] vt esborrar, suprimir

deliberate [dɪ'lɪbərɪt] aj deliberat -ada; (cautious) prudent, caut -a | [dɪ'lɪbəreɪt] vti deliberar

deliberately [dɪ'lɪbərɪtlɪ] av expressament, deliberadament; (cautiously) prudentment

delicacy ['delɪkəsɪ] n delicadesa f, (choice food) menja f, exquisidesa f, llaminadura f

delicate ['delɪkɪt] aj delicat -ada

delicatessen [ˌdelɪkə'tesn] n xarcuteria f selecta

delicious [dɪ'lɪʃəs] aj deliciós -osa

delight [dɪ'laɪt] n delit m, plaer m, gust m | vt entusiasmar, delectar, encantar; **~ in** delectar-se en, complaure's en

delightful [dɪ'laɪtful] aj deliciós -osa, encantador -a, exquisit -ida

delimit [diː'lɪmɪt] vt delimitar

delinquent [dɪ'lɪŋkwənt] n delinqüent mf; malfactor -a mf

delirious [dɪ'lɪrɪəs] aj delirant; **be ~** delirar, desvariejar

delirium [dɪ'lɪrɪəm] n deliri m

deliver [dɪ'lɪvə'] vt (bring) lliurar, repartir; (blow) donar, clavar; (speech) pronunciar; (rescue)

alliberar, rescatar; **the doctor ~ed her baby** el metge la va assistir en el part

delivery [dɪ'lɪvərɪ] n lliurament m; (birth) part m; (way of speaking) dicció f

delta ['deltə] n geo delta m; (letter) delta f

delude [dɪ'luːd] vt enganyar

deluge ['deljuːdʒ] n tb fg diluvi m; vt tb fg inundar

delusion [dɪ'luːʒən] n engany m; (false belief) il·lusió f; **~s of grandeur** n deliris mpl de grandesa

demand [dɪ'mɑːnd] vt demanar, exigir, reclamar; (need) demanar | n (claim) reclamació f, petició f; ecn demanda f; **be in great ~** tenir molta demanda

demanding [dɪ'mɑːndɪŋ] aj (task) absorbent; (person) exigent

demarcate ['diːmɑːkeɪt] vt delimitar

demeanour (or **demeanor** US) [dɪ'miːnə'] n comportament m, conducta f

demise [dɪ'maɪz] n defunció f, traspàs m

democracy [dɪ'mɒkrəsɪ] n democràcia f

democratic [ˌdemə'krætɪk] aj democràtic -a

demolish [dɪ'mɒlɪʃ] vt enderrocar, enrunar, arruïnar; fg destruir, enfonsar

demolition [ˌdemə'lɪʃən] n enderroc m, demolició f

demon ['diːmən] n dimoni m

demoniac [diː'məʊnaɪək] aj demoníac -a

depressed

demonstrate [ˈdemənstreɪt] vt
demostrar; vi manifestar-se

demonstration [ˌdemənˈstreɪʃən]
n demostració f; (public protest)
manifestació f

demonstrative [dɪˈmɒnstrətɪv] aj
(proving) demostratiu -iva;
(showing feelings) expressiu -iva,
efusiu -iva

demoralize [dɪˈmɒrəlaɪz] vt
desmoralitzar; **get ~d**
desmoralitzar-se

den [den] n tb fg cau m

denial [dɪˈnaɪəl] n (of report)
negació f; (of request) negativa f,
refús m, denegació f

denomination [dɪˌnɒmɪˈneɪʃən] n
rlg confessió f; (of coins) valor m

denominator [dɪˈnɒmɪneɪtə] n
denominador m

denote [dɪˈnəʊt] vt (mean)
significar, voler dir; (indicate)
denotar, indicar

denounce [dɪˈnaʊns] vt denunciar

dense [dens] aj dens -a, espès
-essa, compacte -a; (stupid) espès
-essa, toix -a

density [ˈdensɪti] n densitat f

dent [dent] n bony m; vt
abonyegar

dentist [ˈdentɪst] n dentista mf

dentures [ˈdentʃəz] pl dentadura
fsy postissa

deny [dɪˈnaɪ] vt (declare untrue)
negar; (report) desmentir; (not to
allow) denegar, negar, refusar

deodorant [diːˈəʊdərənt] n
desodorant m

depart [dɪˈpɑːt] vi sortir, anar-
se'n; **~ from** apartar-se de

department [dɪˈpɑːtmənt] n
departament m; com secció f;
departament m; **~ store** n grans
magatzems mpl

departure [dɪˈpɑːtʃə] n marxa f;
(of train, etc) sortida f; **~ lounge**
n sala f d'embarcament

depend [dɪˈpend] vi dependre;
~ing on segons prp; **~ on** (or
~ upon) (vary according to)
dependre de; (trust) refiar-se de,
comptar amb; **it ~s** depèn

dependable [dɪˈpendəbl] aj
complidor -a, formal

dependant [dɪˈpendənt] n
persona f a càrrec (d'up)

dependence [dɪˈpendəns] n
dependència f; (trust) confiança f

dependency [dɪˈpendənsi] n
dependència f

dependent [dɪˈpendənt] aj
dependent; **be ~ on** dependre de

depict [dɪˈpɪkt] vt (in picture)
pintar, retratar; (represent)
representar, descriure

deplore [dɪˈplɔː] vt deplorar

deploy [dɪˈplɔɪ] vt desplegar

depose [dɪˈpəʊz] vt destituir,
deposar; dr declarar

deposit [dɪˈpɒzɪt] n dipòsit m;
(guarantee) dipòsit m, paga f
i senyal; min jaciment m; vt
dipositar; (in a bank) dipositar,
ingressar

depot [ˈdepəʊ] n magatzem m,
dipòsit m; (station) estació f

depraved [dɪˈpreɪvd] aj depravat
-ada, pervertit -ida

depress [dɪˈpres] vt deprimir,
abatre

depressed [dɪˈprest] aj deprimit
-ida, abatut -uda, mustí mústia

depression [dɪ'prɛʃən] n tb geo
med depressió f

deprive [dɪ'praɪv] vt privar

depth [depθ] n fondària f,
profunditat f, fons m

deputy ['depjʊtɪ] n substitut -a
mf, vicari -ària mf; pol diputat
-ada mf; ~ **chairman** n vice-
president -a mf

deride [dɪ'raɪd] vt ridiculitzar

derivative [dɪ'rɪvətɪv] n derivat m

derive [dɪ'raɪv] vt ~ **from** (obtain)
obtenir de, treure de; (come from)
derivar(-se) de

dermatologist [ˌdɜːməˈtɒlədʒɪst]
n dermatòleg -òloga mf

derrick ['derɪk] n grua f; (of oil
well) torre f de perforació

descend [dɪ'send] vi descendir,
davallar, baixar; vt baixar; ~ **to
doing sth** rebaixar-se a fer uc

descent [dɪ'sent] n descens m,
davallada f, baixada f; (family)
nissaga f, llinatge m

describe [dɪs'kraɪb] vt descriure

description [dɪs'krɪpʃən] n
descripció f; (kind) tipus m, classe
f, mena f

desert ['dezət] n desert m |
[dɪ'zɜːt] vt abandonar,
desemparar; vi mil desertar

deserted [dɪ'zɜːtɪd] aj desert -a,
deshabitat -ada

deserter [dɪ'zɜːtər] n desertor -a
mf, pròfug m a mf

deserve [dɪ'zɜːv] vt merèixer(-se)

deserving [dɪ'zɜːvɪŋ] aj digne -a,
mereixedor -a

design [dɪ'zaɪn] n disseny m;
(pattern) dibuix m | vt dissenyar;
(plan) idear, pensar, planejar

designate ['dezɪgneɪt] vt designar;
(name) denominar

desire [dɪ'zaɪər] n desig m, afany
m, anhel m; vt desitjar

desist [dɪ'zɪst] vi desistir

desk [desk] n escriptori m; (in
school) pupitre m; (in office) taula
f; (in hotel) recepció f

desolate ['desəlɪt] aj (place)
desolat -ada, solitari -ària;
(person) desolat -ada, abatut -uda

despair [dɪs'peər] n desesperació f;
vi desesperar-se

despise [dɪs'paɪz] vt menysprear,
desdenyar

despite [dɪs'paɪt] prp a desgrat de,
a pesar de, malgrat

despot ['despɒt] n dèspota mf

dessert [dɪ'zɜːt] n postres fpl

destination [ˌdestɪ'neɪʃən] n
destinació f

destiny ['destɪnɪ] n tb rlg fat destí
m, fat m

destitute ['destɪtjuːt] aj indigent,
necessitat -ada

destroy [dɪs'trɔɪ] vt destruir,
destrossar; (animal) sacrificar

destruction [dɪs'trʌkʃən] n
destrucció f; fg (of sby) ruïna f,
perdició f

detach [dɪ'tætʃ] vt separar,
desenganxar, desprendre

detached [dɪ'tætʃt] aj (attitude)
fred -a, objectiu -iva; ~ **house** n
torre f, casa f (aïllada)

detail ['diːteɪl] n detall m | vt
detallar; mil destacar

detain [dɪ'teɪn] vt retenir, deturar;
(police) arrestar, detenir

detect [dɪ'tekt] vt detectar,
descobrir, advertir

detective [dɪˈtɛktɪv] n detectiu -iva mf; ~ **novel** (or ~ **story**) n novel·la f policiaca

detention [dɪˈtɛnʃən] n detenció f, arrest m

deter [dɪˈtɜː] vt dissuadir; (prevent) impedir

detergent [dɪˈtɜːdʒənt] n detergent m

deteriorate [dɪˈtɪərɪəreɪt] vi empitjorar(-se), deteriorar-se

determination [dɪˌtɜːmɪˈneɪʃən] n (ability) decisió f, determinació f; (finding) determinació f

determine [dɪˈtɜːmɪn] vt determinar

determined [dɪˈtɜːmɪnd] aj decidit -ida, determinat -ada

determiner [dɪˈtɜːmɪnə] n determinant m

detest [dɪˈtɛst] vt detestar, avorrir, odiar

detonation [ˌdɛtəˈneɪʃən] n detonació f, explosió f

detour [ˈdiːtʊə] n volta f, marrada f

devaluation [ˌdiːvæljuˈeɪʃən] n devaluació f

devastate [ˈdɛvəsteɪt] vt devastar, arrasar

develop [dɪˈvɛləp] vt desenvolupar, desenrotllar; (tot revelar; (land) urbanitzar; (disease) agafar; vi evolucionar, desenvolupar-se; (increase) augmentar, créixer

development [dɪˈvɛləpmənt] n desenvolupament m, evolució f; (event) esdeveniment m; (land) urbanització f

deviate [ˈdiːvɪeɪt] vi desviar-se

device [dɪˈvaɪs] n aparell m, mecanisme m, dispositiu m; (plan) ardit m, estratagema m, recurs m

devil [ˈdɛvl] n diable m, dimoni m

devise [dɪˈvaɪz] vt enginyar, idear

devoid [dɪˈvɔɪd] aj ~ **of** desproveït -ïda de

devote [dɪˈvəʊt] vt ~ **to** dedicar a, destinar a; ~ **osf to** lliurar-se a, abocar-se a, dedicar-se a

devoted [dɪˈvəʊtɪd] aj fidel, lleial

devotee [ˌdɛvəʊˈtiː] n rlg devot -a mf; (enthusiast) entusiasta m

devotion [dɪˈvəʊʃən] n devoció f

devour [dɪˈvaʊə] vt devorar

devout [dɪˈvaʊt] aj rlg devot -a, beat -a; (sincere) sincer -a, fervorós -osa

dew [djuː] n rosada f

dewlap [ˈdjuːlæp] n papada f (d'un animal)

dexterity [dɛksˈtɛrɪtɪ] n destresa f, habilitat f, manya f

diaeresis [daɪˈɛrɪsɪs] n dièresi f

diagonal [daɪˈægənl] aj n diagonal aj f

diagram [ˈdaɪəgræm] n diagrama m, esquema m

dial [ˈdaɪəl] n (of clock) esfera f; (of phone) disc m | vti marcar

dialect [ˈdaɪəlɛkt] n dialecte m

dialogue (or **dialog** US) [ˈdaɪəlɒg] n diàleg m

diameter [daɪˈæmɪtə] n mat diàmetre m

diamond [ˈdaɪəmənd] n min diamant m

diaper [ˈdaɪəpə] n bolquers mpl

diaphragm [ˈdaɪəfræm] n diafragma m

diarrhoea [ˌdaɪəˈrɪə] n diarrea f

diary ['daɪərɪ] n agenda f; (daily account) diari m

dice [daɪs] n dau m; pl (game) daus m | vt tallar en daus

dictate [dɪk'teɪt] vt dictar; (order) dictar, imposar

dictation [dɪk'teɪʃən] n dictat m

dictator [dɪk'teɪtə'] n dictador -a mf; **~ship** n dictadura f

diction ['dɪkʃən] n dicció f

dictionary ['dɪkʃənərɪ] n diccionari m

did [dɪd] pt → **do**

die [daɪ] vi morir(-se); **be dying for** (or **be dying to**) morir-se de ganes de; **~ away** vi afeblir-se; **~ down** vi amainar, calmar-se; **~ out** vi extingir-se, desaparèixer | n → **dice**; tcn matriu f

diesel ['diːzəl] (or **diesel oil**) n gasoli m

diet ['daɪət] n dieta f, règim m; **be on a ~** fer règim, estar a dieta | vi fer règim

differ ['dɪfə'] vi (be unlike) diferenciar-se, ser diferent, diferir; (disagree) discrepar

difference ['dɪfrəns] n diferència f; (disagreement) desacord m; **it makes no ~** és igual

different ['dɪfrənt] aj diferent, distint -a

differentiate [ˌdɪfə'renʃɪeɪt] vt (distinguish between) distingir; (make different) fer diferent; vi fer diferències

difficult ['dɪfɪkəlt] aj difícil

difficulty ['dɪfɪkəltɪ] n (quality) dificultat f; (situation) dificultat f, problema m, contratemps m

diffusion [dɪ'fjuːʒən] n difusió f

dig [dɪg] (pt, pp **dug**) vt cavar, excavar; **~ one's heels in** entossudir-se; **~ out** (or **~ up**) desenterrar | n (poke) empenta f; (remark) indirecta f, (of ancient place) excavació f

digest ['daɪdʒest] vt digerir, pair; fg digerir, assimilar

digestion [dɪ'dʒestʃən] n bio digestió f

digestive [dɪ'dʒestɪv] aj digestiu -iva

dignity ['dɪgnɪtɪ] n dignitat f

digress [daɪ'gres] vi divagar

dike [daɪk] n dic m; (ditch) rec m, sèquia f

diligence ['dɪlɪdʒəns] n diligència f; (stagecoach) diligència f

diligent ['dɪlɪdʒənt] aj diligent

dilute [daɪ'luːt] vt diluir

dim [dɪm] aj dèbil, feble; (room) fosc -a, obscur -a; (indistinct) confús -usa; fm (stupid) talòs -ossa, toix -a | vt esmorteir; vi esmorteir-se

dimension [dɪ'menʃən] n dimensió f

diminish [dɪ'mɪnɪʃ] vt disminuir, fer minvar, reduir; vi disminuir, minvar

diminutive [dɪ'mɪnjʊtɪv] n diminutiu m

dimple ['dɪmpl] n clotet m (a la galta)

din [dɪn] n xivarri m, brogit m, rebombori m

dine [daɪn] vi sopar

dining room ['daɪnɪŋrʊm] n menjador m

dinner ['dɪnə'] n (in the evening) sopar m; (at midday) dinar m; **~**

disconnect

jacket n esmòquing m
dip [dɪp] n remullada f, bany m; (in a road) pendent m | vt sucar, submergir, banyar; (cause to drop) abaixar; vi baixar, inclinar-se
diphtong ['dɪfθɒŋ] n diftong m
diploma [dɪ'pləʊmə] n diploma m
diplomacy [dɪ'pləʊməsɪ] n diplomàcia f
diplomat ['dɪpləmæt] n diplomàtic -a mf
diplomatic [ˌdɪplə'mætɪk] aj diplomàtic -a
direct [daɪ'rekt] aj directe -a | vt dirigir; **can you ~ me to...?** em pot indicar per anar a...?
direction [dɪ'rekʃən] n direcció f; **~s** pl instruccions f
director [dɪ'rektə'] n director -a mf
dirt [dɜ:t] n brutícia f, porqueria f; (soil) terra f
dirty ['dɜ:tɪ] aj brut -a; (joke) verd -a, porc -a; ~ **trick** f mala passada f, marranada f, jugada f; **get** ~ embrutar-se | vt embrutar; (stain) tacar
disabled [dɪs'eɪbld] n disminuït -ïda mf, invàlid -a mf
disadvantage [ˌdɪsəd'vɑ:ntɪdʒ] n desavantatge m
disagree [ˌdɪsə'gri:] vi no estar d'acord, discrepar; **chocolate ~s with me** la xocolata no em prova
disagreeable [ˌdɪsə'gri:əbl] aj desagradable
disagreement [ˌdɪsə'gri:mənt] n desacord m, discòrdia f, desavinença f
disappear [ˌdɪsə'pɪə'] vi desaparèixer

disappearance [ˌdɪsə'pɪərəns] n desaparició f
disappoint [ˌdɪsə'pɔɪnt] vt decebre, desil·lusionar, defraudar; (frustrate) frustrar
disappointment [ˌdɪsə'pɔɪntmənt] n decepció f, desil·lusió f
disapprove [ˌdɪsə'pru:v] vi ~ **of** desaprovar vt, trobar vt malament
disarm [dɪs'ɑ:m] vt desarmar; vi desarmar-se
disaster [dɪ'zɑ:stə'] n desastre m
disastrous [dɪ'zɑ:strəs] aj desastrós -osa, nefast -a
disc [dɪsk] n disc m
discern [dɪ'sɜ:n] vt percebre, distingir, copsar
discerning [dɪ'sɜ:nɪŋ] aj perspicaç, llest -a
discharge [dɪs'tʃɑ:dʒ] vt (release) alliberar; (dismiss) acomiadar; (unload) descarregar; (perform) realitzar; (fire) disparar; (debt) pagar; vi (river) desembocar; (wound) supurar | ['dɪstʃɑ:dʒ] n descàrrega f; (release) alliberament m; (dismissal) comiat m; (of debt) pagament m; (of wound) supuració f; med alta f
disciple [dɪ'saɪpl] n deixeble -a mf
discipline ['dɪsɪplɪn] n disciplina f
disclose [dɪs'kləʊz] vt revelar; (secret) divulgar, esbombar
disco ['dɪskəʊ] n discoteca f
discomfort [dɪs'kʌmfət] n incomoditat f; med (physical) malestar m
disconcert [ˌdɪskən'sɜ:t] vt desconcertar, confondre
disconnect [ˌdɪskə'nekt] vt

desconnectar

disconnected [ˌdɪskəˈnɛktɪd] aj
inconnex -a, incoherent

discontinue [ˌdɪskənˈtɪnjuː] vt
interrompre

discord [ˈdɪskɔːd] n discòrdia f;
mús dissonància f

discotheque [ˌdɪskətɛk] n
discoteca f

discount [ˌdɪskaʊnt] n descompte
m, rebaixa f; **at a ~** rebaixat -ada
| vt rebaixar, descomptar;
(possibility) descartar

discourage [dɪsˈkʌrɪdʒ] vt
(dishearten) desanimar,
desmoralitzar; (dissuade)
dissuadir; **get ~d** desanimar-se,
encongir-se

discourse [ˈdɪskɔːs] n discurs m

discover [dɪsˈkʌvə] vt descobrir,
trobar; (find out) descobrir,
esbrinar

discovery [dɪsˈkʌvəri] n
descobriment m, descoberta f

discredit [dɪsˈkrɛdɪt] vt
desacreditar; (disbelieve) posar en
dubte

discreet [dɪsˈkriːt] aj discret -a,
prudent -a

discuss [dɪsˈkʌs] vt parlar vi de,
tractar vi de, discutir

discussion [dɪsˈkʌʃən] n debat m,
discussió f

disease [dɪˈziːz] n malaltia f,
afecció f

disembark [ˌdɪsɪmˈbɑːk] vti
desembarcar

disengage [ˌdɪsɪnˈgeɪdʒ] vt deixar
anar; **~ the clutch** desembragar;
vi (or **~ osf**) mil retirar-se

disfigure [dɪsˈfɪgə] vt enlletgir,

desfigurar; (face) desfigurar

disgrace [dɪsˈgreɪs] n deshonra f,
vergonya f; vt avergonyir,
desacreditar

disgraceful [dɪsˈgreɪsful] aj
vergonyós -osa, escandalós -osa

disguise [dɪsˈgaɪz] n disfressa f |
disfressar; (voice) estrafer; (hide)
amagar, dissimular; **~ osf**
disfressar-se

disgust [dɪsˈgʌst] n fàstic m,
repugnància f, repulsió f; vt fer
fàstic, repugnar

disgusting [dɪsˈgʌstɪŋ] aj fastigós
-osa, repugnant

dish [dɪʃ] n plat m; (large) plata f,
plàtera f; **~cloth** n eixugamans
m, drap m de la cuina; **~washer**
n rentaplats m, rentavaixelles m |
~ out vt repartir; **~ up** vti servir

dishearten [dɪsˈhɑːtn] vt
desanimar, desmoralitzar

dishevel(l)ed [dɪˈʃɛvəld] aj deixat
-ada; (hair) despentinat -ada

dishonest [dɪsˈɒnɪst] aj deshonest
-a; (means) fraudulent -a

dishonour (or **dishonor** US)
[dɪsˈɒnə] n deshonra f, vergonya
f; vt deshonrar

disillusion [ˌdɪsɪˈluːʒən] vt
desil·lusionar, desencantar

disinfect [ˌdɪsɪnˈfɛkt] vt
desinfectar

disinherit [ˌdɪsɪnˈhɛrɪt] vt
desheretar

disintegrate [dɪsˈɪntɪgreɪt] vt
desintegrar; vi desintegrar-se

disjointed [dɪsˈdʒɔɪntɪd] aj
inconnex -a, incoherent

disk [dɪsk] n disc m

diskette [dɪsˈkɛt] n disquet m

distant

dislike [dɪs'laɪk] n mania f, aversió f, tírria f | **I ~ big cities** vt no m'agraden les ciutats grans

dislocate ['dɪsləkeɪt] vt (bone) dislocar, desllorigar; (plans) desbaratar

dismal ['dɪzməl] aj trist -a, tètric -a, lúgubre

dismantle [dɪs'mæntl] vt desmuntar; fg desarticular; vi desmuntar-se

dismiss [dɪs'mɪs] vt (refuse) rebutjar; (worker) acomiadar, despatxar; (official) destituir; (allow to go) deixar marxar

dismissal [dɪs'mɪsəl] n (worker) acomiadament m, comiat m; (idea) rebuig m

dismount [dɪs'maʊnt] vi (from a horse) descavalcar, desmuntar, baixar; (from a bicycle) baixar

disobey [ˌdɪsə'beɪ] vt desobeir

disorder [dɪs'ɔ:də] n desordre m, desgavell m; (public) disturbi m; med trastorn m, desordre m

disorderly [dɪs'ɔ:dəlɪ] aj (untidy) desordenat -ada; (unruly) turbulent -a, indisciplinat -ada

disorientate [dɪs'ɔ:rɪənteɪt] vt desorientar; **get ~d** desorientar-se

disparage [dɪs'pærɪdʒ] vt menysprear, menystenir

dispatch [dɪs'pætʃ] vt trametre, enviar | n (sending) tramesa f, enviament m; (message) missatge m, comunicació f; (promptness) celeritat f, promptitud f

dispel [dɪs'pel] vt dissipar, esvair, esbargir

dispense [dɪs'pens] vt dispensar,

distribuir; med preparar; **~ with** vt estar-se de

disperse [dɪs'pɜ:s] vt dispersar; vi dispersar-se

displace [dɪs'pleɪs] vt desplaçar; (supplant) substituir, reemplaçar

display [dɪs'pleɪ] n (of things) exposició f, presentació f; (of quality) demostració f; **be on ~** estar exposat -ada | vt exposar, mostrar, exhibir; (quality) demostrar

displease [dɪs'pli:z] vt molestar, desagradar, disgustar

displeasure [dɪs'pleʒə] n disgust m, desgrat m

disposal [dɪs'pəʊzəl] n (arrangement) col·locació f; (of rubbish) recollida f

dispose [dɪs'pəʊz] vt col·locar; **~ of** vt desfer-se de

disposition [ˌdɪspə'zɪʃən] n caràcter m, temperament m; (arrangement) disposició f, col·locació f

disproportionate [ˌdɪsprə'pɔ:ʃnɪt] aj desproporcionat -ada

dispute [dɪs'pju:t] n baralla f, disputa f; dr plet m, litigi m | vt disputar; (question) qüestionar

dissect [dɪ'sekt] vt dissecar

dissipate ['dɪsɪpeɪt] vt dissipar; vi dissipar-se

dissolute [ˌdɪsəlu:t] aj dissolut -a, dissipat -ada

dissolve [dɪ'zɒlv] vt dissoldre; vi dissoldre's

dissuade [dɪ'sweɪd] vt dissuadir

distance ['dɪstəns] n distància f

distant ['dɪstənt] aj llunyà -ana,

distant; *fg* distant, fred -a

distinct [dɪ'stɪŋkt] *aj* diferent, distint -a; (*noticeable*) distint -a, clar -a

distinction [dɪs'tɪŋkʃən] *n* distinció *f*, diferència *f*; *fg* distinció *f*, excel·lència *f*

distinctive [dɪs'tɪŋktɪv] *aj* distintiu -iva

distinguish [dɪs'tɪŋgwɪʃ] *vt* (*notice*) distingir, discernir; (*differentiate*) distingir, diferenciar

distort [dɪs'tɔ:t] *vt* deformar; *fg* tergiversar

distract [dɪs'trækt] *vt* distreure; (*bewilder*) desconcertar, torbar

distraction [dɪs'trækʃən] *n* distracció *f*; (*confusion*) desconcert *m*, confusió *f*

distress [dɪs'tres] *n* angoixa *f*, angúnia *f*, dolor *m*; *vt* angoixar, amoïnar

distressing [dɪs'tresɪŋ] *aj* angoixant, dolorós -osa

distribute [dɪs'trɪbju:t] *vt* distribuir, repartir

distribution [ˌdɪstrɪ'bju:ʃən] *n* distribució *f*, repartiment *m*

district ['dɪstrɪkt] *n* districte *m*; (*of town*) barri *m*, barriada *f*; ~ **attorney** *n* fiscal *mf*

distrust [dɪs'trʌst] *n* desconfiança *f*, recel *m*; *vt* desconfiar *vi* de, recelar *vi* de

disturb [dɪs'tɜ:b] *vt* (*bother*) destorbar, molestar; (*change*) alterar, pertorbar; (*worry*) amoïnar, inquietar

disturbance [dɪs'tɜ:bəns] *n* trastorn *m*; (*public violence*) disturbi *m*, avalot *m*

ditch [dɪtʃ] *n* rec *m*, sèquia *f*

dive [daɪv] *n* capbussó *m*, capbussada *f*; (*from board*) salt *m* | *vi* (*into a pool*) capbussar-se, tirar-se de cap; (*diver*) bussejar; (*duck, etc*) submergir-se, capbussar-se

diver [ˌdaɪvə] *n* bus *m*, submarinista *mf*

diverse [daɪ'vɜ:s] *aj* divers -a, diferent

diversity [daɪ'vɜ:sɪti] *n* diversitat *f*, varietat *f*

divert [daɪ'vɜ:t] *vt* (*river, traffic*) desviar; (*distract*) divertir, entretenir

divide [dɪ'vaɪd] *vt* dividir; (*separate*) separar; (*or* ~ **up**) repartir; (*share*) compartir; *vi* dividir-se

dividend ['dɪvɪdend] *n* dividend *m*

diving suit ['daɪvɪŋsu:t] *n* escafandre *m*, vestit *m* de bus

division [dɪ'vɪʒən] *n* divisió *f*; (*sharing out*) repartiment *m*; (*of company, etc*) secció *f*, departament *m*

divisor [daɪ'vaɪzə] *n* divisor *m*

divorce [dɪ'vɔ:s] *n* divorci *m* | *vt* divorciar-se de. *She divorced Paul*, es va divorciar d'en Paul; **get** ~**d** divorciar-se

divulge [daɪ'vʌldʒ] *vt* divulgar, difondre, esbombar

dizziness ['dɪzɪnɪs] *n* vertigen *m*, rodament *m* de cap, mareig *m*

do [du:] *vt* [*pt* **did**, *pp* **done**] *vi* [*for questions or negatives*] *Where do you live?*, on vius?; [*for emphasis*] *I do like it*, i tant, que m'agrada; [*to avoid repeating*] *Maria runs*

dove

much faster than he does, la Maria
corre molt més que ell; *vt* fer; *vi*
(*fare*) *How are you doing in your
new job?*, com et va la feina
nova?; (*be sufficient*) haver-n'hi
prou. *That will do*, ja n'hi ha prou;
~ away with *vt* abolir; **~ one's
best** fer tots els possibles; **~ out**
vt netejar; **~ up** *vt* (*fasten*)
cordar; (*repair*) restaurar; (*wrap*)
embolicar; **~ without** *vt*
prescindir de

docile ['dəʊsaɪl] *aj* dòcil, manyac
-aga

dock [dɒk] *n dr* banc *m* dels
acusats; (*for ships*) moll *m*,
dàrsena *f* | *vi* (*ship*) atracar; *vt*
tallar, escuar; (*money*) descomptar

doctor ['dɒktə] *n* metge -essa *mf*,
doctor -a *mf*; (*university*) doctor -
a *mf* | *vt* falsejar

doctrine ['dɒktrɪn] *n* doctrina *f*

document ['dɒkjʊmənt] *n*
document *m*

documentary [ˌdɒkjʊ'mentərɪ] *aj*
documental; *n* documental *m*

dodge [dɒdʒ] *n* truc *m*, enginy *m* |
vt esquivar, eludir; *vi* esmunyir-se,
escapolir-se

dog [dɒg] *n* gos *m*; *vt* perseguir,
empaitar

dogma ['dɒgmə] *n* dogma *m*

do-it-yourself ['du:ɪtjə'self] *n*
bricolatge *m*

doll [dɒl] *n* nina *f*, ninot *m*; **~ osf
up** *vt* empolainar-se

dollar ['dɒlə] *n* dòlar *m*

dolphin ['dɒlfɪn] *n* dofí *m*

domain [də'meɪn] *n* domini *m*

dome [dəʊm] *n* cúpula *f*

domestic [də'mestɪk] *aj* domèstic

-a, casolà -ana; (*not foreign*)
interior, nacional; **~ service** *n*
servei *m* | *n* criat -ada *mf*

dominate ['dɒmɪneɪt] *vt* dominar

dominion [də'mɪnjən] *n* domini *m*

domino ['dɒmɪnəʊ] *n* fitxa *f* de
dòmino; *pl* (*game*) dòmino *msg*

donation [dəʊ'neɪʃən] *n* donatiu
m, donació *f*

done [dʌn] *pp → do*

donkey ['dɒŋkɪ] *n* ase *m*, burro *m*

door [dɔ:] *n* porta *f*; **~bell** *n*
timbre *m*; **~handle** *n* maneta *f*;
~keeper *n* porter -a *mf*; **~way** *n*
entrada *f*, porta *f*

dope [dəʊp] *n fm* droga *f*; *fm*
(*stupid*) sòmines *mf* | *vt* drogar;
esp dopar

dormouse ['dɔ:maʊs] [*pl*
dormice] *n* liró *m*

dose [dəʊs] *n tb fg* dosi *f*

dot [dɒt] *n* punt *m*; **on the ~** en
punt; **three ~s** *n* punts *mpl*
suspensius

double ['dʌbl] *aj n* doble *aj m*; **~
bass** *n* contrabaix *m*; **~ chin** *n*
(*of person*) papada *f* | *av* el doble.
Pay double, pagar el doble | *vt*
doblar, duplicar; (*fold in half*)
doblegar, plegar; *vi* doblar-se,
duplicar-se

doubt [daʊt] *n* dubte *m*; *vt* (*not
trust*) dubtar *vi* de; (*consider
unlikely*) dubtar

doubtful ['daʊtfʊl] *aj* dubtós
-osa, incert -a; **be ~** (*person*)
dubtar

dough [dəʊ] *n* massa *f*, pasta *f*;
vlg (*money*) pasta *f*; **~nut** *n*
bunyol *m*

dove [dʌv] *n* colom *m*

down [daun] n borrissol m | av
avall, cap avall; (to the ground) a
terra | ~ **the street** prp carrer
avall | aj (or ~**cast**) moix -a | vt
tombar; (swallow) empassar-se;
~**-and-out** n pelacanyes mf;
~**fall** n ruïna f, perdició f; ~
payment n entrada f, ~**pour** n
xàfec m; ~**stairs** av a baix;
~**ward(s)** av avall, cap avall

dowry ['dauri] n dot m

doze [dəuz] vi (lightly) dormitar,
estar mig adormit -ida; (briefly)
fer una becaina; ~ **off** vi
ensonyar-se

dozen ['dʌzn] n dotzena f

draft [drɑːft] n esborrany m;
(bank) lletra f de canvi; (air)
corrent m d'aire | vt fer un
esborrany de; mil quintar; ~**sman**
(and ~**swoman**) n dibuixant mf,
delineant mf

drag [dræg] vt arrossegar; (water)
dragar; vi arrossegar-se (per
terra); ~ **on** vi allargar-se, ser
interminable | n vlg murga f

dragon ['drægən] n drac m

dragonfly ['drægənflai] n
espiadimonis m, libèl·lula f

drain [drein] n claveguera f,
desguàs m; fg sangonera f | vt
desguassar, buidar; (meal)
escórrer; agr med drenar; fg
esgotar; vi escórrer-se

drama ['drɑːmə] n (art) teatre m;
(piece) drama m

dramatic [drə'mætik] aj teatral;
(impressive) dramàtic -a

dramatist ['dræmətist] n
dramaturg -a mf

drank [dræŋk] pt → **drink**

draught (or **draft** US) [drɑːft] n
corrent m d'aire; (liquid
swallowed) glop m, trago m; mar
calat m; ~**s** dames fpl; ~**sman**
(and ~**swoman**) n dibuixant mf,
delineant mf

draw [drɔː] [pt **drew**, pp **drawn**]
vt (pull) tirar, arrossegar; (take
out) treure, extreure; (attract)
atreure; (attention) cridar; vti
(picture) dibuixar; (game)
empatar; ~ **out** vt allargar;
vi allargar-se; ~ **up** vi aturar-
se; vt (document) estendre,
redactar | n esp empat m; (of
lottery) sorteig m

drawback ['drɔːbæk] n
desavantatge m, inconvenient m

drawbridge ['drɔːbridʒ] n pont m
llevadís

drawer [drɔː] n calaix m

drawing ['drɔːiŋ] n dibuix m;
~ **pin** n xinxeta f

drawn [drɔːn] pp → **draw**

dread [dred] n por f, pànic m,
basarda f; vt témer, tenir pànic de

dreadful ['dredful] aj esfereïdor
-a, espantós -osa; (very bad)
horrible, dolentíssim -a

dream [driːm] n somni m; (hope)
il·lusió f | (pt, pp **dreamed** or
dreamt) vti somiar

dregs [dregz] pl pòsit msg, solatge
msg; fg escòria fsg, púrria fsg

drench [drentʃ] vt mullar, xopar,
calar

dress [dres] n vestit m, vestimenta
f, indumentària f; (for women)
vestit m | vt vestir; gst preparar,
adobar; vi (or **get ~ed**) vestir-se;
~ **up** vi mudar-se, empolainar-se;

drugstore

(for fun) disfressar-se

dressing ['dresɪŋ] n gst
amaniment m, salsa f; med bena f,
embenat m; agr adob m; ~ **gown**
n bata f, ~**maker** n modista mf;
~**making** costura f; ~ **room**
vestidor m, camerino m; ~ **table**
n tocador m

drew [dru:] pt → **draw**

dribble ['drɪbl] vi degotar; (saliva)
bavejar; vt degotar, regalimar | n
bava f

dried [draɪd] aj sec -a; (milk) en
pols

drift [drɪft] n (of snow, etc) munt
m, pila f; fg tendència f; direcció f
| vi ser arrossegat -ada, anar a la
deriva

drill [drɪl] n trepant m, barrina f;
min sonda f; (training) exercici m |
vt foradar, perforar, barrinar;
(hole) fer; (train) entrenar,
exercitar; vi entrenar-se,
exercitar-se

drink [drɪŋk] n beguda f; (draught)
glop m | [pt **drank**, pp **drunk**]
vti beure; ~ **to** (or ~ **a toast to**)
brindar per

drinkable ['drɪŋkəbl] aj potable

drip [drɪp] n degoteig m; med gota
a gota m; (person) figa-flor mf,
fleuma mf | vi degotar, gotejar,
regalimar; vt degotar

drive [draɪv] n (journey) viatge m
(en cotxe); aut tracció f; fg esforç
m, empenta f; (road) (or ~**way**)
entrada f | [pt **drove**, pp **driven**]
vti (car) conduir; vt (nail, etc)
enfonsar, endinsar; (propel)
impulsar; (push) empènyer; ~
mad embogir; ~ **to** (place) anar

amb cotxe a; ~ **sby home** portar
up a casa

driven ['drɪvn] pp → **drive**

driver ['draɪvə] n conductor -a mf,
xofer -a mf

driving licence ['draɪvɪŋ,laɪsəns]
n carnet m de conduir

driving mirror [,draɪvɪŋ,mɪrə] n
retrovisor m

driving school [,draɪvɪŋsku:l] n
autoscola f

drizzle ['drɪzl] n plugim m, xim-
xim m, ruixim m; vi plovisquejar,
caure gotes

dromedary [,drɒmɪdərɪ] n
dromedari m

drone [drəʊn] n zoo abellot m,
borinot m; (sound) bonior f,
brunzit m

drop [drɒp] n (of liquid) gota f;
(fall) baixada f, descens m | vt (let
fall) deixar caure; (voice, price,
etc) abaixar; (passenger) deixar; vi
(fall) caure; (price, etc) baixar; ~
in vi deixar-se caure; ~ **off** vi
adormir-se; ~ **out** vi retirar-se,
plegar

dropper ['drɒpə] n comptagotes
m iv

drought [draʊt] n sequera f,
secada f

drove [drəʊv] pt → **drive**

drown [draʊn] vt (kill) ofegar,
negar; (inundate) inundar, negar;
vi ofegar-se, negar-se

drug [drʌg] n droga f; med
medicina f, medicament m | vt
drogar; ~ **osf** drogar-se

druggist ['drʌgɪst] n farmacèutic
-a mf, apotecari -ària mf

drugstore ['drʌgstɔ:] n (US)

farmàcia f

drum [drʌm] n mús tambor m, timbal m; (container) bidó m; **bass ~** n bombo m; **~s** pl bateria fsg | vi tocar el tambor

drummer ['drʌmə'] n tambor mf, timbaler a m; (in pop group) bateria mf

drunk [drʌŋk] pp → **drink** | aj borratxo -a, begut -uda fm; **get ~** emborratxar-se, agafar una trompa | n borratxo -a mf, embriac -aga mf

drunkard ['drʌŋkəd] n borratxo -a mf, embriac -aga mf

dry [draɪ] aj sec -a, eixut -a; (land, climate) àrid -a, sec -a; (wine) sec -a; (boring) ensopit -ida, avorrit -ida; **~ cleaner's** n tintoreria f | vt eixugar, assecar; vi (or **~ off**) eixugar-se, assecar-se; (fruit) assecar-se; **~ up** vi esgotar-se; **~ up!** fm calla!

dryer ['draɪə'] n (for hair) assecador m; (for clothes) assecadora f

dual ['djuəl] aj doble; **~ carriageway** n autovia f

dub [dʌb] vt doblar. Dubbed into Catalan, doblat -ada al català

dubious ['djuːbɪəs] aj (causing doubt) dubtós -osa, sospitós -osa, fosc -a; **be ~ about** tenir dubtes sobre

duck [dʌk] n ànec m | vi ajupir-se; (under water) capbussar-se; vt (head) abaixar, ajupir; (under water) capbussar

duct [dʌkt] n conducte m

due [djuː] aj degut -uda; (proper) convenient, oportú -una; **be ~**

(payment) vèncer; **~s** pl quota fsg; **~ to** a causa de; **the train is ~ at three** el tren arriba a les tres

duel ['djuːəl] n duel m

duet [djuː'et] n duo m

dug [dʌg] pt pp → **dig**

duke [djuːk] n duc m

dull [dʌl] aj (not bright) apagat -ada, esmorteït -ïda, pàl·lid -a; (stupid) curt -a, espès -essa, totxo -a; (boring) ensopit -ida, avorrit -ida

dumb [dʌm] aj mut muda; (stupid) soca, talòs -ossa; **be struck ~** quedar parat -ada

dummy ['dʌmɪ] n (model) maniquí m; (for baby) pipa f, xumet m | aj fals -a, postís -issa

dump [dʌmp] n (for waste) abocador m; mil dipòsit m | vt abocar, descarregar; (get rid of) desfer-se de, desempallegar-se de; com inundar el mercat de

dune [djuːn] n duna f

dung [dʌŋ] n fems mpl; **~hill** n femer m

dungeon ['dʌndʒən] n masmorra f, calabós m

duo ['djuːəʊ] n duo m

duodenum [djuːəʊ'diːnəm] n duodè m

duplicate ['djuːplɪkɪt] aj duplicat -ada; n duplicat m, còpia f; vt duplicar, copiar

duration [djʊə'reɪʃən] n durada f, duració f

during ['djʊərɪŋ] prp durant

dusk [dʌsk] n vespre m, capvespre m, crepuscle m; **at ~** cap al tard

dust [dʌst] n pols f; **~bin** n cubell m de les escombraries;

~ **cloud** n polseguera f; **~man** n
escombriaire mf | vt (clean) treure
la pols de, espolsar; (cover)
empolsar, enfarinar; vi treure
la pols
duster ['dʌstə'] n drap m de la
pols, espolsador m
dusty ['dʌstɪ] aj polsós -osa,
polsegós -osa, empolsinat -ada
Dutch [dʌtʃ] aj n holandès -esa aj
mf; n (language) holandès m
duty ['dju:tɪ] n deure m, obligació
f; (tax) impost m, aranzel m;
~free n article m lliure
d'impostos; **off** ~ fora de servei;
on ~ de servei; (at night) de
guàrdia
dwarf [dwɔːf] n nan -a mf; vt
empetitir
dwell [dwɛl] vi v1ure, habitar; ~
on vt meditar, reflexionar
dwelling ['dwɛlɪŋ] n habitatge m,
casa f
dwindle ['dwɪndl] vi minvar,
disminuir
dye [daɪ] n tint m, tintura f; vt
tenyir
dyer ['daɪə'] n tintorer -a mf
dying ['daɪɪŋ] aj moribund -a,
agonitzant
dyke [daɪk] n = **dike**
dynamic [daɪ'næmɪk] aj dinàmic
-a; **~s** n dinàmica f
dynamite ['daɪnəmaɪt] n fís qm
dinamita f
dynamo ['daɪnəməʊ] n dinamo f
dynasty ['dɪnəstɪ] n dinastia f
dyslexia [dɪs'lɛksɪə] n dislèxia f

E

each [i:tʃ] aj cada | pr cada u,
cadascú; [translated as adjective]
cada un -a, cadascun -a;
~ **other** l'un a l'altre, entre ells,
mútuament
eager ['i:gə'] aj impacient, ansiós -
osa, desitjós -osa
eagerness ['i:gənɪs] n impaciència
f, ànsia f desig m
eagle ['i:gl] n àguila f, àliga f
ear [ɪə'] n orella f; (sense) oïda f;
bot espiga f; **~drum** timpà m;
~phones pl auriculars m; **~ring**
arracada f; **~splitting** aj
eixordador -a
early ['ɜːlɪ] aj primerenc -a,
precoç; (period) primer -a, antic
-iga, primitiu -iva; ~ **fig** a figa-
flor f; ~ **morning** n matinada f;
~ **riser** matiner -a aj | av aviat,
d'hora; **be** ~, arribar d'hora; **in
the morning** de bon matí
earn [ɜːn] vt (salary) guanyar,
cobrar; (deserve) merèixer,
merèixer-se pr
earnest ['ɜːnɪst] aj seriós -osa,
formal; **in** ~ seriosament | n paga
f i senyal
earth [ɜːθ] n terra f; (soil) terra m,
sòl m; **~-coloured** aj terrós -osa;
~'s crust escorça f terrestre;
~quake terratrèmol m, sisme m;
~worm cuc m
earthenware ['ɜːθənwɛə'] n
ceràmica f, terrissa f; atr de
terrissa; ~ **pot** n terrina f
earthly ['ɜːθlɪ] aj terrenal,
terrestre; rlg (not spiritual)

mundà -ana

earthy ['ɜ:θɪ] aj terrós -osa; fg groller -a, vulgar

ease [i:z] n facilitat f; (relief from pain) alleujament m; (tranquillity) tranquil·litat f; (comfort) comoditat f | vt facilitar; (pain) alleujar, apaivagar; (one's mind) tranquil·litzar; vi (wind) amainar, minvar

easel ['i:zl] n art cavallet m

east [i:st] n est m; **the East** l'Est m, l'Orient m | aj de l'est, oriental | av a l'est, cap a l'est

Easter ['i:stə] n Pasqua f (de Resurrecció); (period) Setmana f Santa

eastern ['i:stən] aj de l'est, oriental

easy ['i:zɪ] aj fàcil, senzill -a, simple; (comfortable) còmode -a, confortable; **~-going** tranquil -il·la, despreocupat -ada, indolent | av fàcilment; **take it ~!** prent'ho amb calma!

eat [i:t] (pt **ate**, pp **eaten**) vt menjar; **~ away** corroir; **~ away** (wood) corcar; **~ up** acabar-se, menjar-se | vi menjar; **~ into** corroir; **~ out** menjar fora de casa

eatable ['i:təbl] aj comestible

eaten ['i:tn] pp → **eat**

eau-de-Cologne ['əʊdəkə'ləʊn] n aigua f de colònia

eccentric [ɪk'sentrɪk] aj n excèntric -a aj mf

echo ['ekəʊ] n eco m | vt repetir; vi ressonar, fer eco

eclipse [ɪ'klɪps] n eclipsi m

ecologist [ɪ'kɒlədʒɪst] n ecologista mf

ecology [ɪ'kɒlədʒɪ] n ecologia f

economic [,i:kə'nɒmɪk] aj (related to economy) econòmic -a

economical [,i:kə'nɒmɪkəl] aj (not expensive) econòmic -a

economics [,i:kə'nɒmɪks] pl ciències f econòmiques, economia fsg

economy [ɪ'kɒnəmɪ] n economia f

ecosystem ['i:kəʊ,sɪstɪm] n ecosistema m

eczema ['eksɪmə] n èczema m

eddy ['edɪ] n remolí m

edge [edʒ] n (of tool) tall m, fil m; (of object) aresta f, caire m, cantell m, vora f; (of river) marge m, riba f | vt cst ribetejar; vi moure's a poc a poc

edible ['edɪbl] aj comestible

edit ['edɪt] vt editar; (correct) corregir, revisar; (prepare articles) redactar

editing ['edɪtɪŋ] n cin muntatge m

edition [ɪ'dɪʃən] n edició f; (number of copies) tirada f

editorial [,edɪ'tɔ:rɪəl] aj editorial; **~ staff** n redacció f | editorial m, article m de fons

educate ['edjʊkeɪt] vt educar; (instruct) instruir, formar

education [,edjʊ'keɪʃən] n educació f; (schooling) ensenyament m

eel [i:l] n anguila f

effect [ɪ'fekt] n efecte m; **in ~** en realitat | vt efectuar, dur a terme

effective [ɪ'fektɪv] aj eficaç, eficient

effervescent [,efə'vesnt] aj efervescent

efficacious [,efɪ'keɪʃəs] aj eficaç

efficacy ['ɛfikəsi] n eficàcia f
efficiency [ɪ'fiʃənsi] n eficiència f; tcn rendiment m
efficient [ɪ'fiʃənt] aj eficient
effigy ['ɛfidʒi] n efígie f
effort ['ɛfət] n esforç m; **make an** ~ esforçar-se
effrontery [ɛ'frʌntəri] n barra f, desvergonyiment m, atreviment m
egg [ɛg] n ou m; **boiled** ~ ou m passat per aigua; ~**plant** albergínia f; ~**shell** closca f d'ou; **fried** ~ ou m ferrat
egocentric [ˌɛgəʊ'sɛntrik] (or **egocentrical** [ˌɛgəʊ'sɛntrikəl]) aj n egocèntric -a aj mf
egoism ['ɛgəʊizəm] n egoisme m
egoistic [ˌɛgəʊ'istik] aj egoista
egotism ['ɛgətizəm] n egocentrisme m
Egyptian [ɪ'dʒipʃən] aj n egipci -ípcia aj mf
eiderdown ['aidədaʊn] n edredó m
eight [eit] aj n vuit aj m
eighteen [ei'ti:n] aj n divuit aj m
eighty ['eiti] aj n vuitanta aj m
either ['aiðə] aj qualsevol dels dos; (both) cada, ambdós ambdues; (negative sense) cap (dels dos) | pr qualsevol (dels dos), l'un o l'altre | av tampoc |
~ **come in or stay out** o entres o et quedes a fora
ejaculation [ɪˌdʒækjʊ'leiʃən] n ejaculació f
eject [ɪ'dʒɛkt] vt expulsar, fer fora; (tenant) desallotjar
elaborate [ɪ'læbərət] vt elaborar
elaboration [ɪˌlæbə'reiʃən] n elaboració f
elastic [ɪ'læstik] aj tb fg elàstic -a;

~ **band** n goma f | n elàstic m
elbow ['ɛlbəʊ] n colze m
elder ['ɛldə] aj més gran | n gran mf; (tree) saüc m
elderly ['ɛldəli] aj ancià -ana
elect [ɪ'lɛkt] vt elegir
election [ɪ'lɛkʃən] n elecció f
elector [ɪ'lɛktə] n elector -a mf
electorate [ɪ'lɛktərit] n pol electorat m
electrician [ɪlɛk'triʃən] n electricista m
electricity [ɪlɛk'trisiti] n electricitat f
electrocute [ɪ'lɛktrəʊkju:t] vt electrocutar
electromagnet [ɪ'lɛktrəʊ'mægnit] n electroimant m
electromagnetic [ɪ'lɛktrəʊmæg'nɛtik] aj electromagnètic -a
electronic [ɪlɛk'trɒnik] aj electrònic -a
electronics [ɪlɛk'trɒniks] n electrònica f
elegance ['ɛligəns] n elegància f
elegant ['ɛligənt] aj elegant
element ['ɛlimənt] n element m
elementary [ˌɛli'mɛntəri] aj elemental
elephant ['ɛlifənt] n elefant m
elevate ['ɛliveit] vt elevar
elevation [ˌɛli'veiʃən] n elevació f
elevator ['ɛliveitə] n ascensor m; (for goods) muntacàrregues m iv
eleven [ɪ'lɛvn] aj n onze aj m
elf [ɛlf] n follet m
elide [ɪ'laid] vt elidir
eliminate [ɪ'limineit] vt eliminar, suprimir
elitism [ɪ'li:tizəm] n elitisme m

ellipse [ɪ'lɪps] n el·lipse f

elm [elm] (or ~ **tree**) n om m

eloquent ['elǝkwǝnt] aj eloqüent

else [els] av més. Have you anything else to tell me?, m'has de dir alguna cosa més?; **everyone** ~ tots els altres; **how ~?** de quina altra manera?; **nothing** ~ res més; **or** ~ cnj o si no. Run or else you'll be late, corre, o si no faràs tard; **something** ~ alguna cosa més; **somewhere** ~ en algun altre lloc

elucidate [ɪ'lu:sɪdeɪt] vt dilucidar

elude [ɪ'lu:d] vt eludir, evitar

elver ['elvǝ] n angula f

emaciated [ɪ'meɪsɪeɪtɪd] aj demacrat -ada

emanate ['emǝneɪt] vi emanar

embankment [ɪm'bæŋkmǝnt] n terraplè m

embark [ɪm'bɑ:k] vt embarcar; vi embarcar-se; ~ **on** emprendre vi

embarrass [ɪm'bærǝs] vt avergonyir

embarrassing [ɪm'bærǝsɪŋ] aj violent -a, molest -a, tens -a

embassy ['embǝsɪ] n ambaixada f

embed [ɪm'bed] vt encastar, incrustar

embellish [ɪm'belɪʃ] vt embellir, adornar

ember ['embǝ] n caliu m, brasa f

embezzlement [ɪm'bezlmǝnt] n desfalc m, malversació f

emblem ['emblǝm] n emblema m

emblematic [,emblɪ'mætɪk] (or **emblematical** [,emblɪ'mætɪkǝl]) aj emblemàtic -a

embolism ['embǝlɪzǝm] n med embòlia f

embrace [ɪm'breɪs] vt abraçar; (include) abarcar; vi abraçar-se | n abraçada f

embroider [ɪm'brɔɪdǝ] vt tb fg brodar

embroil [ɪm'brɔɪl] vt enredar, embolicar

embryo ['embrɪǝu] n bio tb fg embrió m

emend [ɪ'mend] vt esmenar, corregir

emerald ['emǝrǝld] n maragda f

emerge [ɪ'mɜ:dʒ] vi emergir; (come out) sorgir, sortir

emergency [ɪ'mɜ:dʒǝnsɪ] n emergència f; med urgència f; ~ **landing** aterratge forçós

emigrant ['emɪgrǝnt] aj n emigrant aj mf

emigrate ['emɪgreɪt] vi emigrar

eminence ['emɪnǝns] n tb rlg ana geo eminència f

emir [ɛ'mɪǝ] n emir m

emit [ɪ'mɪt] vt emetre; (smoke) fer, deixar anar

emotion [ɪ'mǝuʃǝn] n emoció f

emotional [ɪ'mǝuʃǝnl] aj emocional; (emotive) emotiu -iva

emperor ['empǝrǝ] n pol hst emperador m

emphasis ['emfǝsɪs] n èmfasi m/f

emphasize ['emfǝsaɪz] vt emfasitzar, recalcar, subratllar, remarcar

emphatic [ɪm'fætɪk] aj emfàtic -a

empire ['empaɪǝ] n imperi m

employ [ɪm'plɔɪ] vt donar feina; (thing) emprar, fer servir

employee [,emplɔɪ'i:] n empleat -ada mf, treballador -a mf

employer [ɪm'plɔɪǝ] n patró -ona

mf, amo *m*

emporium [ɛmˈpɔːrɪəm] *n* com
bazar *m*

empress [ˈɛmprɪs] *n* emperadriu *f*

empty [ˈɛmptɪ] *aj* buit buida;
(*house*) deshabitat -ada; (*post*)
vacant | *n* envàs *m* | *vt* buidar,
deixar buit; *vi* buidar-se

emulsion [ɪˈmʌlʃən] *n* emulsió *f*

enable [ɪˈneɪbl] *vt* habilitar; ~
to do sth deixar fer uc a up

enamel [ɪˈnæml] *n* esmalt *m*

enchant [ɪnˈtʃɑːnt] *vt* encantar,
embadalir

enchantment [ɪnˈtʃɑːntmənt] *n*
encantament *m*, encanteri *m*

encircle [ɪnˈsɜːkl] *vt* encerclar,
envoltar; (*waist*) cenyir

enclave [ˈɛnkleɪv] *n* geo pol
enclavament *m*

enclose [ɪnˈkləʊz] *vt* tancar, posar
una tanca; (*with letter*) incloure

enclosure [ɪnˈkləʊʒə'] *n* clos *m*,
tancat *m*; *rlg* clausura *f*

encompass [ɪnˈkʌmpəs] *vt*
abarcar, englobar

encore [ˈɒŋkɔː'] *n* mús tea bis *m*

encounter [ɪnˈkaʊntə'] *n* encontre
m, trobada *f* | *vt* encontrar, trobar

encourage [ɪnˈkʌrɪdʒ] *vt*
encoratjar, animar; (*industry*)
fomentar

encyclopedia [ɛn,saɪkləʊˈpiːdɪə] *n*
enciclopèdia *f*

end [ɛnd] *n* final *m*, fi *f*,
acabament *m*; (*of table*) extrem *m*,
cap *m*; (*aim*) finalitat *f*, objectiu
m; **at the ~ of** al final de;
come to an ~ acabar-se; **to the ~
that** a fi que | *vti* acabar; ~ **by
saying** acabar dient; ~ **up** *vi*
anar a parar

endanger [ɪnˈdeɪndʒə'] *vt* posar
en perill

ending [ˈɛndɪŋ] *n* final *m*,
conclusió *f*, desenllaç *m*; grm
terminació *f*

endive [ˈɛndaɪv] *n* endívia *f*;
(*curly*) escarola *f*

endless [ˈɛndlɪs] *aj* inacabable,
interminable

endurance [ɪnˈdjʊərəns] *n*
resistència *f*

endure [ɪnˈdjʊə'] *vt* suportar,
aguantar; *vi* durar, perdurar

enemy [ˈɛnəmɪ] *aj* enemic -iga;
n enemic -iga *mf*

energetic [,ɛnəˈdʒɛtɪk] *aj* enèrgic
-a, vigorós -osa

energy [ˈɛnədʒɪ] *n* energia *f*

enervating [ˈɛnəveɪtɪŋ] *aj*
enervant

engage [ɪnˈgeɪdʒ] *vt* (*worker*)
contractar, llogar; (*attention*)
cridar, atreure; (*enemy*) atacar; *vi*
tcn enranjar; ~ **in** dedicar-se a,
ocupar-se en; ~ **to do sth**
comprometre's a fer uc

engender [ɪnˈdʒɛndə'] *vt*
engendrar

engine [ˈɛndʒɪn] *n* motor *m*; frr
locomotora *f*; ~ **driver**
maquinista *mf*

engineer [,ɛndʒɪˈnɪə'] *n* enginyer -
a *mf*; (*for repairs*) mecànic *m*; frr
maquinista *mf*

English [ˈɪŋglɪʃ] *aj* anglès -esa | *n*
(*language*) anglès *m*; ~**man**
anglès *m*. Two Englishmen, dos
anglesos; ~**woman** anglesa *f*.
Two Englishwomen, dues angleses

engrave [ɪnˈgreɪv] *vt* tb fg gravar

engraving [ɪn'greɪvɪŋ] n gravat m, estampa f

enhance [ɪn'hɑːns] vt realçar, destacar

enigma [ɪ'nɪgmə] n enigma m

enjoy [ɪn'dʒɔɪ] vt gaudir de, fruir de; (like) agradar. I enjoyed the book, em va agradar molt el llibre; ~ osf divertir-se, passar-s'ho bé

enjoyable [ɪn'dʒɔɪəbl] aj agradable, divertit -ida; (divertit) distret -a

enjoyment [ɪn'dʒɔɪmənt] n diversió f; (joy) plaer m

enlarge [ɪn'lɑːdʒ] vt augmentar, eixamplar; fot ampliar; (broaden) estendre; ~ on (o upon) vi explicar (amb més detalls)

enlargement [ɪn'lɑːdʒmənt] n augment m, extensió f; fot ampliació f

enlighten [ɪn'laɪtn] vt informar; (mind) il·lustrar

enliven [ɪn'laɪvn] vt animar, alegrar

enormous [ɪ'nɔːməs] aj enorme

enough [ɪ'nʌf] aj prou, bastant, suficient | av prou, suficientment. He's old enough to understand it, és prou gran per a entendre-ho | (that's) ~! inj (ja n'hi ha) prou! | there's ~ for everyone n n'hi ha prou per a tots

enquire [ɪn'kwaɪə] vt preguntar, demanar; vi preguntar, demanar informació; ~ into vt investigar

enrich [ɪn'rɪtʃ] vt enriquir

enrol [ɪn'rəʊl] vt inscriure; (student) matricular; mil allistar, enrolar; vi inscriure's, matricular-se, apuntar-se

ensign ['ɛnsaɪn] n ensenya f

entail [ɪn'teɪl] vt suposar, implicar, comportar

enterprise ['ɛntəpraɪz] n empresa f; (spirit) iniciativa f

enterprising ['ɛntəpraɪzɪŋ] aj emprenedor -a

entertain [ˌɛntə'teɪn] vt entretenir, divertir; (receive as guest) rebre; (idea) tenir

entertaining [ˌɛntə'teɪnɪŋ] aj entretingut -uda, divertit -ida

entertainment [ˌɛntə'teɪnmənt] n entreteniment m, diversió f; (show) espectacle m

enthusiasm [ɪn'θuːzɪæzəm] n entusiasme m, fervor m

entire [ɪn'taɪə] aj enter -a, sencer -a, íntegre -a

entirely [ɪn'taɪəlɪ] av totalment, del tot

entitle [ɪn'taɪtl] vt titular; (empower) autoritzar, donar el dret a

entity ['ɛntɪtɪ] n entitat f

entrails ['ɛntreɪlz] pl entranyes f, vísceres f

entrance ['ɛntrəns] n entrada f; (access) accés m, ingrés m; ~ hall rebedor m; no ~ prohibida l'entrada | [ɪn'trɑːns] vt captivar, encantar, embadalir

entrust [ɪn'trʌst] vt confiar, encarregar

entry ['ɛntrɪ] n entrada f, accés m; (sport, etc) participació f; (in account) partida f; (in dictionary) article m

enumerate [ɪ'njuːməreɪt] vt enumerar

envelope ['ɛnvələʊp] n sobre;

environment [in'vaiərənmənt] n ambient m, medi m ambient

environs [in'vaiərənz] pl voltants m, volts m, rodalies f

envy ['ɛnvi] n enveja f; vt envejar, tenir enveja

ephemeral [i'fɛmərəl] aj efímer -a, fugaç

epic ['ɛpik] aj èpic -a; n èpica f, poema m èpic

epidemic [ˌɛpi'dɛmik] n med tb fg epidèmia f

epilepsy ['ɛpilɛpsi] n epilèpsia f

epilogue ['ɛpilɒg] n epíleg m

episode ['ɛpisəud] n episodi m

epithet ['ɛpiθɛt] n epítet m

epoch ['i:pɒk] n època f, edat f

equal ['i:kwəl] aj igual; (treatment) equitatiu -iva; ~ sign signe m d'igualtat | n igual m | vt igualar, ser igual a

equality [i'kwɒliti] n igualtat f

equalize ['i:kwəlaiz] vt igualar

equally ['i:kwəli] av igualment

equate [i'kweit] vt igualar; ~ sth with equiparar uc amb

equator [i'kweitə] n equador m

equatorial [ˌɛkwə'tɔ:riəl] aj equatorial

equestrian [i'kwɛstriən] aj eqüestre

equilateral [ˌi:kwi'lætərəl] aj equilàter -a

equilibrium [ˌi:kwi'libriəm] n equilibri m

equip [i'kwip] vt equipar; (person) proveir

equipment [i'kwipmənt] n equip m, equipament m, material m

equitable ['ɛkwitəbl] aj equitatiu

-iva, equitable

equivalence [i'kwivələns] n equivalència f

equivalent [i'kwivələnt] aj n equivalent -a f

equivocal [i'kwivəkəl] aj equívoc -a, ambigu -igua, dubtós -osa

era ['iərə] n era f

eradicate [i'rædikeit] vt extirpar

erase [i'reiz] vt esborrar

eraser [i'reizə] n goma f d'esborrar

erect [i'rɛkt] aj erecte -a; vt erigir

erode [i'rəud] vt erosionar

erosion [i'rəuʒən] n erosió f

eroticism [i'rɒtisizəm] n tb art lit erotisme m

errand ['ɛrənd] n encàrrec m

erratum [ɛ'ra:təm] n errata f

error ['ɛrə] n error m, errada f, equivocació f

erudite ['ɛrudait] aj erudit -a

eruption [i'rʌpʃən] n erupció f

escalator ['ɛskəleitə] n escala f mecànica

escape [i'skeip] n fuga f, fugida f | vt evadir, evitar; vi escapar-se, escapolir-se, fugir

eschatological [ˌɛskətə'lɒdʒikəl] aj escatològic -a

escort [i'skɔ:t] n escorta f

escutcheon [is'kʌtʃən] n blasó m

Eskimo ['ɛskiməu] aj n esquimal aj mf

esoteric [ˌɛsəu'tɛrik] aj esotèric -a

especially [is'pɛʃ'li] av sobretot, especialment

essay ['ɛsei] n lit assaig m; (as homework) redacció f; (attempt) intent m

essence ['ɛsəns] n essència f

essential [ɪ'sɛnʃəl] *aj* essencial; (*necessary*) imprescindible, indispensable

establish [ɪs'tæblɪʃ] *vt* establir, fundar, instal·lar; (*proof*) demostrar

establishment [ɪs'tæblɪʃmənt] *n* establiment *m*

estate [ɪs'teɪt] *n* propietat *f*, finca *f*; (*inheritance*) herència *f*

esteem [ɪs'tiːm] *n* estima *f*, estimació *f*

estimate ['ɛstɪmeɪt] *vt* estimar, avaluar

estimation [ˌɛstɪ'meɪʃən] *n* opinió *f*, judici *m*; (*esteem*) estimació *f*, respecte *m*

estuary ['ɛstjʊərɪ] *n* estuari *m*

etcetera [ɪt'sɛtrə] *av* etcètera

eternal [ɪ'tɜːnl] *aj* etern -a

ether ['iːθə] *n* èter *m*

ethical ['ɛθɪkəl] *aj* ètic -a

ethics ['ɛθɪks] *n* pl ètica *fsg*

ethnic ['ɛθnɪk] *aj* ètnic -a; ~ **group** *n* ètnia *f*

etiquette ['ɛtɪkɛt] *n* etiqueta *f*

etymology [ˌɛtɪ'mɒlədʒɪ] *n* etimologia *f*

eucalyptus [ˌjuːkə'lɪptəs] *n* eucaliptus *m*

eulogy ['juːlədʒɪ] *n* elogi *m*

euphoria [juː'fɔːrɪə] *n* eufòria *f*

European [ˌjʊərə'pɪən] *aj n* europeu -ea *aj mf*

evacuate [ɪ'vækjʊeɪt] *vt* evacuar

evade [ɪ'veɪd] *vt* evadir, defugir

evaluation [ɪˌvæljʊ'eɪʃən] *n* avaluació *f*

evaporate [ɪ'væpəreɪt] *vt* evaporar; *vi* evaporar-se

eve [iːv] *n* vigília *f*

even ['iːvən] *aj* pla plana; (*smooth*) llis -a; (*number*) parell -a | *av* fins i tot, àdhuc; ~ **if** (or ~ **though**) encara que, tot i que; ~ **so** tot i això; **not** ~ ni tan sols | ~ (or ~ **out**) *vt* anivellar, aplanar

evening ['iːvnɪŋ] *n* vespre *m*, nit *f*; (*early*) tarda *f* | *atr* de nit, nocturn -a; ~ **dress** *n* vestit *m* de nit; ~ **meal** *n* sopar *m*; ~ **party** *n* vetllada *f*; ~ **star** *n* estel *m* vespertí

event [ɪ'vɛnt] *n* esdeveniment *m*, succés *m*; *esp* prova *f*

ever ['ɛvə] *av* sempre. As ever, com sempre; (*at any time*) alguna vegada, mai. Have you ever been to London?, has estat mai a Londres?; (*at no time*) cap vegada, mai. Hardly ever, gairebé mai; **~green** *aj* de fulla perenne; **~lasting** *aj* etern -a, perpetu -ètua; ~ **since** des d'aleshores

every ['ɛvrɪ] *aj* cada, tot -a. Every day, cada dia, tots els dies; **~body** *pr* = **everyone**; **~day** *aj* de cada dia, quotidià -ana; (*usual*) corrent; **~one** *pr* tothom, tots; **~thing** *pr* tot; **~where** *av* a tot arreu, pertot

evidence ['ɛvɪdəns] *n* evidència *f*; (*sign*) prova *f*, indici *m*; (*of witness*) testimoni *m*

evident ['ɛvɪdənt] *aj* evident, palès -esa

evil ['iːvl] *aj* dolent -a; (*person*) malvat -ada, pervers -a; **~-minded** *aj* malpensat -ada | *n* mal *m*, maldat *f*

evoke [ɪ'vəʊk] *vt* evocar

evolution [ˌiːvə'luːʃən] *n tb* bio

evolució f

evolve [ɪ'vɒlv] vt desenvolupar; vi evolucionar, desenvolupar-se

exacerbate [eks'æsəbeɪt] vt exacerbar

exact [ɪg'zækt] aj exacte -a; vt exigir

exacting [ɪg'zæktɪŋ] aj exigent

exactly [ɪg'zæktlɪ] av exactament

exactness [ɪg'zæktnɪs] n exactitud f, precisió f

exaggerate [ɪg'zædʒəreɪt] vt exagerar

exalted [ɪg'zɔːltɪd] aj exaltat -ada

exam [ɪg'zæm] n = examination

examination [ɪg‚zæmɪ'neɪʃən] n examen m

examine [ɪg'zæmɪn] vt examinar; (inspect) inspeccionar; med fer una revisió mèdica

example [ɪg'zɑːmpl] n exemple m; **for ~** per exemple

exasperate [ɪg'zɑːspəreɪt] vt exasperar, irritar

excavate ['ekskəveɪt] vt excavar

excavation [‚ekskə'veɪʃən] n excavació f

excavator ['ekskəveɪtə'] n excavadora f

exceed [ɪk'siːd] vt excedir, sobrepassar

excel [ɪk'sel] vt avantatjar, superar; vi excel·lir, sobresortir

excellent ['eksələnt] aj excel·lent

except [ɪk'sept] prp ~ (or ~ **for**) excepte, llevat de, tret de; ~ tret que; vt exceptuar, excloure

exception [ɪk'sepʃən] n excepció f, **take ~** ofendre's

excess [ɪk'ses] n excés m

excessive [ɪk'sesɪv] aj excessiu -iva

exchange [ɪks'tʃeɪndʒ] n canvi m; (of prisoners, stamps, etc) intercanvi m; (telephone) central f telefònica | vt canviar, intercanviar

excite [ɪk'saɪt] vt excitar, estimular; (interest) desvetllar, suscitar

exclaim [ɪks'kleɪm] vti exclamar

exclamation [‚eksklə'meɪʃən] n exclamació f; ~ **mark** signe m d'admiració

exclude [ɪks'kluːd] vt excloure

exclusive [ɪks'kluːsɪv] aj exclusiu -iva, selecte -a

excrement ['ekskrɪmənt] n excrement m

excrete [eks'kriːt] vt excretar

excretion [eks'kriːʃən] n bio excreció f

excursion [ɪks'kɜːʃən] n excursió f

excuse n [ɪks'kjuːs] excusa f, disculpa f | vt [ɪks'kjuːz] excusar, disculpar, perdonar; ~ **me, but...** perdoneu, però...

execute ['eksɪkjuːt] vt executar, dur a terme, fer; (person) executar, ajusticiar

executioner [‚eksɪ'kjuːʃnə'] n botxí m

executive [ɪg'zekjʊtɪv] aj n executiu -iva aj mf

exemplary [ɪg'zemplərɪ] aj exemplar

exempt [ɪg'zempt] aj exempt; vt eximir, dispensar

exercise ['eksəsaɪz] n exercici m | vt exercitar; (authority, etc) exercir, fer servir; (mind) preocupar; vi exercitar-se, fer exercicis

exert [ig'zə:t] *vt* exercir, utilitzar; ~ **osf** esforçar-se

exhale [eks'heil] *vt* espirar, exhalar; *vi* espirar

exhaust [ig'zɔ:st] *vt* exhaurir, esgotar; **be ~ed** estar exhaust, estar esgotat

exhaustion [ig'zɔ:stʃən] *n* esgotament *m*

exhibit [ig'zibit] *n* objecte *m* exposat | *vt* exhibir, exposar; (*signs, etc.*) mostrar, manifestar; *vi* (*painter, etc.*) exposar

exhibition [,eksi'biʃən] *n* exposició *f*, (*of talent, etc.*) demostració *f*

exhibitionist [,eksi'biʃənist] *adj n* exhibicionista *adj mf*

exhort [ig'zɔ:t] *vt* exhortar

exigent ['eksidʒənt] *adj* exigent

exile ['eksail] *n* exili *m*; *vt* exiliar, desterrar

exist [ig'zist] *vi* existir

existence [ig'zistəns] *n* existència *f*, vida *f*

exit ['eksit] *n* sortida *f*

exotic [ig'zɒtik] *adj* exòtic -a

expand [iks'pænd] *vt* estendre, dilatar, ampliar; (*number*) augmentar; *vi* estendre's, dilatar-se, ampliar-se; (*person*) expansionar-se

expansion [iks'pænʃən] *n* expansió *f*

expect [iks'pekt] *vt* esperar; (*suppose*) suposar; **be ~ing** *vi fm* estar embarassada

expectancy [iks'pektənsi] *n* expectació *f*

expectation [,ekspek'teiʃən] *n* expectació *f*; (*hope*) esperança *f*

expedition [,ekspi'diʃən] *n* expedició *f*

expel [iks'pel] *vt* expel·lir; (*person*) expulsar

expense [iks'pens] *n* despesa *f*

expensive [iks'pensiv] *aj* car -a, costós -osa

experience [iks'piəriəns] *n* experiència *f*; *vt* experimentar

experiment [iks'perimənt] *n* experiment *m*; *vi* experimentar

expert ['ekspə:t] *aj n* expert -a *aj mf*, perit -a *aj mf*

expiate ['ekspieit] *vt* expiar

expire [iks'paiə'] *vi* caducar, vèncer; (*die*) expirar, morir

explain [iks'plein] *vt* explicar

explanation [,eksplə'neiʃən] *n* explicació *f*

explanatory [iks'plænətəri] *aj* explicatiu -iva

explicit [iks'plisit] *aj* explícit -a

explode [iks'pləud] *vt* fer explotar; (*rumour, theory*) desmentir, refutar; *vi* explotar

exploit ['eksploit] *n* proesa *f*; [iks'plɔit] *vt tb fg* explotar

exploitation [,eksplɔi'teiʃən] *n* explotació *f*

explore [iks'plɔ:'] *vt* explorar; *fg* investigar, examinar

explosion [iks'pləuʒən] *n tb fg* explosió *f*

explosive [iks'pləuziv] *aj* explosiu -iva; *n* explosiu *m*

exponent [eks'pəunənt] *n* exponent *m*

export ['ekspɔ:t] *n* exportació *f*; *vt* exportar

expose [iks'pəuz] *vt* exposar; (*fake, plot, etc.*) desemmascarar

exposition [ˌekspə'zɪʃən] *n* exposició *f*

exposure [ɪks'pəʊʒə'] *n tb fot* exposició *f*; aspecte *m*

expound [ɪks'paʊnd] *vt* exposar

express [ɪks'pres] *aj* exprés -essa, explícit -a; (*letter, service*) urgent, ràpid -a | *n frr* exprés *m*, ràpid *m* | *vt* expressar

expression [ɪks'preʃən] *n* expressió *f*

exquisite [eks'kwɪzɪt] *aj* exquisit -ida

extend [ɪks'tend] *vt* estendre, prolongar, ampliar; (*invitation*) oferir; *vi* estendre's, prolongar-se

extension [ɪks'tenʃən] *n* extensió *f*, prolongació *f*, ampliació *f*; *com* pròrroga *f*

extensive [ɪks'tensɪv] *aj* extens -a

extent [ɪks'tent] *n* extensió *f*; (*scope*) abast *m*; **to a certain ~** fins a un cert punt; **to the ~ of** fins al punt de

exterior [eks'tɪərɪə'] *aj* exterior, extern -a; *n* exterior *m*

external [eks'tɜːnl] *aj* extern -a, exterior

extinction [ɪks'tɪŋkʃən] *n* extinció *f*; destrucció *f*

extinguish [ɪks'tɪŋgwɪʃ] *vt* extingir, apagar

extinguisher [ɪks'tɪŋgwɪʃə'] *n* extintor *m*

extirpate ['ekstɜːpeɪt] *vt* extirpar

extra ['ekstrə] *aj* addicional, de més; (*charge, pay, etc.*) extra, extraordinari -ària; **~ charge** *n* recàrrec *m*, suplement *m*; **~ time** *n esp* pròrroga *f* | *av* especialment, extraordinàriament | (*on bill*)

extra *m*, suplement *m*; *tea* extra *mf*

extract [ɪks'trækt] *vt* extreure; ['ekstrækt] *n* extracte *m*

extraction [ɪks'trækʃən] *n* extracció *f*

extraordinary [ɪks'trɔːdnrɪ] *aj* extraordinari -ària; (*odd*) rar -a

extraterrestrial [ˌekstrətɪ'restrɪəl] *aj* extraterrestre

extreme [ɪks'triːm] *aj* extrem -a; *n* extrem *m*

extremity [ɪks'tremɪtɪ] *n* extremitat *f*, punta *f*; **extremities** *pl* extremitats *f*

exude [ɪg'zjuːd] *vt* traspuar

eye [aɪ] *n ana tb fot* ull *m*; **~brow** cella *f*; **~lash** pestanya *f*; **~lid** parpella *f*; **~piece** ocular *m*; **~sight** vista *f*; **~ tooth** ullal *m*; **~wash** col·liri *m*

F

fable ['feɪbl] *n* faula *f*

fabric ['fæbrɪk] *n txt* teixit *m*, tela *f*; *arq* fàbrica *f*

fabricate ['fæbrɪkeɪt] *vt* fabricar; *fg* inventar (*document, etc*) falsificar

fabulous ['fæbjʊləs] *aj* fabulós -osa

façade [fə'sɑːd] *n* façana *f*; *fg* façana *f*, aparença *f*

face [feɪs] *n* cara *f*, rostre *m*, semblant *m*; (*of watch*) esfera *f*; (*surface*) superfície *f*; (*of building*) façana *f*, cara *f*; **~ cloth** *n* manyopla *f*; **~ cream** *n* crema *f* de bellesa; **~ downwards** *aj* bocaterrós -osa; ~ **to** ~ cara a cara; **wry** ~ *n* ganyota *f* | *vt* posar-se de cara a, estar de cara a; (*of building*) donar a, mirar cap a; (*situation*) enfrontar, afrontar, fer front; *tcn* revestir; ~ **up to** *vi* enfrontar-se amb

facet ['fæsɪt] *n* faceta *f*

facial ['feɪʃəl] *aj* facial

facilitate [fə'sɪlɪteɪt] *vt* facilitar

facility [fə'sɪlɪtɪ] *n* facilitat *f*

facing ['feɪsɪŋ] *prp* de cara a, enfront de

fact [fækt] *n* fet *m*; **in** ~ de fet, en realitat

faction ['fækʃən] *n* facció *f*, bàndol *m*

factor ['fæktə] *n* factor *m*

factory ['fæktərɪ] *n* fàbrica *f*

facultative [-'fækəltətɪv] *aj* facultatiu -iva

faculty ['fækəltɪ] *n* facultat *f*; (*teaching staff*) claustre *m*

fade [feɪd] *vt* destenyir, descolorir; (*flower*) pansir; *vi* destenyir-se, descolorir-se, perdre; (*flower*) pansir-se

fail [feɪl] *vi* suspens *m*; **without** ~ sens falta | *vt* decebre, fallar. (*exam*) suspendre; *vi* suspendre; (*not succeed*) fracassar; (*engine, voice*) fallar; (*run short*) acabar-se, exhaurir-se

failure ['feɪljə] *n* fracàs *m*; (*in exam*) suspens *m*; (*breakdown*) avaria *f*

faint [feɪnt] *aj* feble, dèbil; (*sound, light*) tènue; ~-**hearted** *aj* poruc -uga; *n* desmai *m* | *vi* desmaiar-se

fair [fɛə] *aj* just -a, equitatiu -iva; (*hair*) ros rossa; (*weather*) bo

bona, serè -ena; (*middling*) regular; (*beautiful*) bell -a, bonic -a; ~ **enough** molt bé, d'acord; ~ **play** *n* joc *m* net | *n* fira *f*, exposició *f*

fairly ['fɛəlɪ] *av* amb justícia, equitativament; (*to some extent*) bastant, força

fairness ['fɛənɪs] *n* justícia *f*, imparcialitat *f*

fairy ['fɛərɪ] *n* fada *f*

faith [feɪθ] *n* rlg fe *f*; (*trust*) confiança *f*

faithful ['feɪθful] *aj* fidel; (*friend*) lleial

fake [feɪk] *aj* fals -a | *n* falsificació *f*; (*person*) impostor -a *mf* | *vt* falsificar, fingir

fakir ['fɑːkɪə] *n* faquir *m*

falcon ['fɔːlkən] *n* falcó *m*

fall [fɔːl] *n* caiguda *f*; (*in price, demand, etc*) descens *m*, baixa *f*; (*US*) tardor *f* | [*pt* **fell**, *pp* **fallen**] *vi* caure; (*price, demand, etc.*) descendir, baixar; ~ **asleep** adormir-se; ~ **back** *vi* retrocedir; ~ **back on** *vt* recórrer a; ~ **behind** *vi* endarrerir-se; ~ **down** *vi* caure; (*building*) esfondrar-se; ~ **in love with sby** enamorar-se d'up; ~ **off** *vi* caure; (*part*) desprendre's; (*decrease*) disminuir; ~ **out** *vi* renyir; ~ **short** fer curt; ~ **through** *vi* fracassar

fallen ['fɔːlən] *pp* → **fall**

fallow ['fæləʊ] *n* guaret *m*; ~ **deer** daina *f*

false [fɔːls] *aj* fals -a; (*hair, teeth*) postís -issa; ~ **teeth** *n* dentadura *f* postissa

falter ['fɔːltə] *vi* vacil·lar; (*voice*)

defallir, trencar-se

fame [feɪm] n fama f, anomenada f, reputació f

familiar [fəˈmɪljə] aj familiar, conegut; **be ~ with** estar familiaritzat amb

family [ˈfæmɪlɪ] n familia f | atr familiar, de la família; **~ name** n cognom m; **~ tree** n arbre m genealògic

famine [ˈfæmɪn] n fam f

famished [ˈfæmɪʃt] aj afamat -ada

famous [ˈfeɪməs] aj famós -osa, cèlebre

fan [fæn] n ventall m; (devotee) fan mf, aficionat -ada mf | vt ventar; fg atiar; ~ **osf** ventar-se

fanatic [fəˈnætɪk] aj fanàtic -a aj mf

fanatical [fəˈnætɪkəl] aj fanàtic -a

fancy [ˈfænsɪ] n fantasia f, imaginació f; (whim) caprici m | aj de fantasia; **~ dress** n disfressa f; **~-dress ball** n ball m de disfresses | vt imaginar-se; (think) creure, suposar; (want, feel like) agradar, venir de gust

fantastic [fænˈtæstɪk] aj tb fg fantàstic -a

fantasy [ˈfæntəsɪ] n fantasia f

far [fɑː] av ~ (or ~ **away**) lluny, al lluny; **as ~ as** fins; **as ~ as I know** pel que jo sé; **Far East** n Orient m Llunyà; **~ from** lluny de; **~-off** aj llunyà -ana; **so ~** fins ara

farce [fɑːs] n farsa f

fare [fɛə] n preu m, tarifa f; (ticket) bitllet m; (person) passatger -a mf; (food) menjar m

farewell [fɛəˈwɛl] n comiat m, adéu m; **~!** inj adéu!

farm [fɑːm] n granja f; (house) mas m, masia f; **~yard** n corral m | vt cultivar

farmer [ˈfɑːmə] n agricultor -a mf, granger -a mf

farming [ˈfɑːmɪŋ] n conreu m, cultiu m; (agriculture) agricultura f | aj agrícola

fart [fɑːt] n fm pet m

fascinate [ˈfæsɪneɪt] vt fascinar, enlluernar

fascism [ˈfæʃɪzəm] n feixisme m

fashion [ˈfæʃən] n manera f, forma f; (vogue) moda f; **out of ~** passat -ada de moda | vt donar forma, conformar

fashionable [ˈfæʃnəbl] aj de moda

fast [fɑːst] aj ràpid -a, veloç; av ràpidament, de pressa; n dejuni m; vi dejunar

fasten [ˈfɑːsn] vt assegurar, fixar, lligar; (dress, belt) cordar; vi cordar-se

fastener [ˈfɑːsnə] n tanca f; (of door) balda f; (on dress) gafet m, fermall m; (for papers) grapa f, clip m

fat [fæt] aj gras -assa; (thick) gruixut -uda | n greix m; (lard) llard m

fatal [ˈfeɪtl] aj fatal, funest -a; (accident) mortal

fate [feɪt] n fat m, destí m

fateful [ˈfeɪtful] aj fatal, fatídic -a

father [ˈfɑːðə] n pare m; **~-in-law** n sogre m; **~land** n pàtria f

fathom [ˈfæðəm] n mar braça f

fatigue [fəˈtiːg] n fatiga f,

cansament *m*; *vt* fatigar

fatten ['fætn] *vt* engreixar

fault [fɔ:lt] *n* defecte *m*; (*blame*) culpa *f*; geo falla *f*

faultless ['fɔ:ltlɪs] *aj* impecable

fauna ['fɔ:nə] *n* fauna *f*

favour (or **favor** US) ['feɪvə] *n* favor *m*; **do sby a** ~ fer un favor a up; **in** ~ **of** a favor de | *vt* afavorir; (*idea*) aprovar, ser partidari de

favourable (or **favorable** US) ['feɪvərəbl] *aj* favorable

favourite (or **favorite** US) ['feɪvərɪt] *aj* n favorit -a *aj* mf

favouritism (or **favoritism** US) ['feɪvərɪtɪzəm] *n* favoritisme *m*

fax [fæks] *n* fax *m*

fear [fɪə] *n* por *f*, temor *m*, aprensió *f* | *vt* témer, tenir por de; ~ **for** *vi* témer per

fearful ['fɪəful] *aj* poruc -uga; (*awful*) terrible, horrible

fearless ['fɪəlɪs] *aj* intrèpid -a, audaç

fearsome ['fɪəsəm] *aj* temible, espantós -osa

feasible ['fi:zəbl] *aj* factible

feast [fi:st] *n* banquet *m*, festí *m*; ~ (or ~ **day**) rlg festa *f*

feat [fi:t] *n* proesa *f*

feather ['feðə] *n* ploma *f*; ~ **duster** *n* plomall *m*; ~**s** *pl* plomatge *m*

feature ['fi:tʃə] *n* tret *m*, característica *f*; (*face*) facció *f*; ~**s** *pl* fesomia *fsg*

February ['februəri] *n* febrer *m*

fecund ['fi:kənd] *aj* fecund -a

fed [fɛd] *pp pt* → **feed**

fee [fi:] *n* quota *f*; (*professional*)

drets *mpl*, honoraris *mpl*;
registration ~ drets *mpl* de matrícula

feeble ['fi:bl] *aj* feble, dèbil

feed [fi:d] *n* menjar *m*, aliment *m*; agr pinso *m* | (*pt, pp* **fed**) *vt* nodrir, alimentar; (*give meal to*) donar menjar a; (*baby*) donar el pit a; **be fed up (with)** estar fart (de); ~ **on** *vi* menjar, alimentar-se de; ~ **up** *vt* sobrealimentar; (*animal*) péixer, encebar

feeding ['fi:dɪŋ] *n* alimentació *f*, ~ **bottle** *n* biberó *m*

feel [fi:l] *n* tacte *m*; (*sensation*) sensació *f* | (*pt, pp* **felt**) *vt* tocar, palpar; (*perceive*) sentir, notar; (*think, believe*) creure, pensar; *vi* (*be*) sentir-se, estar, trobar-se; ~ **bad** trobar-se malament; ~ **hot** tenir calor; ~ **like** tenir ganes de; ~ **sorry for** compadir-se de, tenir compassió de; **it** ~**s cold** és fred (al tacte)

feeler ['fi:lə] *n* zoo antena *f*; (*of snail*) banya *f*

feeling ['fi:lɪŋ] *n* sensació *f*, (*emotion*) sentiment *m*; (*sensibility*) sensibilitat *f*

feet [fi:t] *pl* → **foot**

feign [feɪn] *vt* fingir, fer veure que

feldspar ['fɛldspɑ:] *n* feldspat *m*

feline ['fi:laɪn] *aj* felí -ina

fell [fɛl] *pt* → **fall**; *vt* abatre; (*tree*) talar, tallar

fellow ['fɛləʊ] *n* company -a *mf*; (*chap*) individu -ídua *mf*, tipus *m*; (*of society*) soci sòcia | ~ **being** *n* proïsme *m*; ~ **pupil** (or ~ **student**) *n* condeixeble -a *mf*

felt [fɛlt] *pp pt* → **feel** | *n* feltre

m; **~-tip pen** retolador m

female ['fi:meɪl] aj femella; (of character) femení -ina | n femella f

feminine ['femɪnɪn] aj femení -ina

femininity [,femɪ'nɪnɪtɪ] n feminitat f

feminism ['femɪnɪzəm] n feminisme m

feminist ['femɪnɪst] n feminista mf

femur ['fi:mə] n fèmur m

fence [fens] n tanca f, clos m | vt tancar, encerclar amb tanques; vi fer esgrima

fencing ['fensɪŋ] n esgrima f

fender ['fendə] n parafang m

fennel ['fenl] n fonoll m

ferment [fə'ment] vti fermentar | ['fɜ:ment] n ferment m; fg agitació f, ebullició f

fermentation [,fɜ:men'teɪʃən] n fermentació f

fern [fɜ:n] n falguera f

ferocious [fə'rəʊʃəs] aj fer -a, feroç, ferotge

ferret ['ferɪt] n fura f

ferry ['ferɪ] n ferri m, transbordador m

fertile ['fɜ:taɪl] aj tb fg fèrtil; bio fecund -a

fertilize ['fɜ:tɪlaɪz] vt fertilitzar, adobar; bio fecundar

fertilizer ['fɜ:tɪlaɪzə] n fertilitzant m, adob m

fervour (or **fervor** US) ['fɜ:və] n fervor m

festival ['festɪvəl] n festival m

festive ['festɪv] aj festiu -iva

festivity [fes'tɪvɪtɪ] n festivitat f

fetid ['fetɪd] aj fètid -a

fetish ['fetɪʃ] n fetitxe m

fetter ['fetə] vt encadenar

fetus ['fi:təs] n = **foetus**

feudal ['fju:dl] aj feudal

fever ['fi:və] n tb fg febre f

few [fju:] aj pr pocs poques, alguns algunes; **a ~** uns quants, unes quantes

fiancé [fɪ'ɑ:nseɪ] n promès m, xicot m

fiancée [fɪ'ɑ:nseɪ] n promesa f, xicota f

fib [fɪb] n fm bola f, mentida f

fibre (or **fiber** US) ['faɪbə] n fibra f

fibula ['fɪbjʊlə] n peroné m

fiction ['fɪkʃən] n ficció f

fictitious [fɪk'tɪʃəs] aj fictici -ícia

fidelity [fɪ'delɪtɪ] n fidelitat f

field [fi:ld] n camp m; fg camp m, domini m, àmbit m; min jaciment m; **~ of vision** camp m visual

fiend [fi:nd] n diable m, dimoni m

fierce [fɪəs] aj fer -a, feroç, ferotge; (wind) violent

fifteen [fɪf'ti:n] aj n quinze aj m

fifth [fɪfθ] aj cinquè -ena, quint -a; n cinquè m

fifty ['fɪftɪ] aj n cinquanta aj m

fig [fɪg] n figa f; **~** (or **~ tree**) figuera f

fight [faɪt] n combat m, lluita f; (argument) baralla f, batussa f (pt, pp **fought**) vt lluitar contra; (tendency) combatre; vi lluitar, barallar-se

fighter ['faɪtə] n lluitador -a mf; aer caça m

figurative ['fɪgərətɪv] aj figuratiu -iva

figure ['fɪgə] n figura f, estàtua f; (body) figura f, cos m, silueta f;

(*important person*) figura f;
(*diagram*) figura f, dibuix m; *mat*
xifra f | *vt* representar; (*esp US*)
imaginar; ~ **out** *vt* resoldre;
(*writing*) desxifrar; *vi* (*appear*)
figurar

filament ['fɪləmənt] *n* filament m

file [faɪl] *n* (*tool*) llima f; (*folder*)
carpeta f; (*dossier*) dossier m,
expedient m; *ifm* fitxer m; (*row*)
fila f | ~ (or ~ **down**) *vt* llimar;
(*card, document*) arxivar,
classificar; ~ **a claim** presentar
una reclamació

fill [fɪl] *vt* omplir, emplenar; (*stuff*)
farcir; (*space*) omplir, ocupar;
(*vacancy*) ocupar, cobrir; ~ **in** (or
~ **out**, or ~ **up**) *vt* (*a form*)
omplir, emplenar; ~ **up** *vt* omplir
del tot; *vi* omplir-se

fillet ['fɪlɪt] *n* filet m

filling ['fɪlɪŋ] *n gst* farcit m; ~
station *n* gasolinera f

filly ['fɪlɪ] *n* poltra f

film [fɪlm] *n* pel·lícula f, capa f; *cin*
pel·lícula f, film m | *vt* filmar

filming [fɪlmɪŋ] *n* rodatge m

filter ['fɪltə'] *n* filtre m | *vt* filtrar;
vi filtrar-se

filth [fɪlθ] *n* brutícia f, porqueria f

filthy ['fɪlθɪ] *aj* brut -a, porc -a; *fg*
obscè -ena

fin [fɪn] *n* aleta f

final ['faɪnl] *aj* final, últim -a,
darrer -a; (*definitive*) decisiu -iva,
definitiu -iva | *n esp* final f; ~**s** *pl*
exàmens m finals

finally ['faɪnəlɪ] *av* finalment

finance [faɪ'næns] *n* finances fpl;
vt finançar

financial [faɪ'nænʃəl] *aj* financer

~a; ~ **year** *n* exercici m econòmic

financier [faɪ'nænsɪə'] *n* financer -
a *mf*

find [faɪnd] (*pt, pp* found) *vt*
trobar; (*discover*) descobrir;
(*provide*) facilitar, proporcionar; ~
guilty declarar culpable; ~ **osf**
trobar-se; ~ **out** *vt* averiguar,
esbrinar; ~ **out about** *vi*
informar-se sobre | *n* troballa f

fine [faɪn] *aj* fi fina; (*good*) bo
bona, excel·lent; ~ **arts** *pl* belles
arts f | *av* molt bé | *n* multa f |
vt multar

finger ['fɪŋgə'] *n* dit m; ~**nail** *n*
ungla f; ~**print** *n* empremta f
digital | *vt* tocar, grapejar

finicky ['fɪnɪkɪ] *aj* primmirat -ada,
exigent

finish ['fɪnɪʃ] *n* fi f, final m; *esp*
arribada f; (*of a surface*) acabat m
| *vti* acabar, terminar, concloure; ~
off *vt* (*kill*) rematar, acabar amb;
~ **off** (or ~ **up**) *vt* acabar; ~ **up**
vi anar a parar, anar a raure

finishing ['fɪnɪʃɪŋ] *n* acabament
m; ~ **line** *n* meta f

Finn [fɪn] *n* finlandès -esa *mf*

Finnish ['fɪnɪʃ] *aj* finlandès -esa; *n*
(*language*) finès m

fiord [fjɔ:d] *n* fiord m

fir [fɜ:'] *n* ~ (or ~ **tree**) avet m

fire [faɪə'] *n* foc m; (*accidental*)
incendi m; (*heater*) estufa f; *mil*
foc m; *fg* passió f, inspiració f;
~**break** *n* tallafoc m; ~**cracker** *n*
petard m; ~ **extinguisher** *n*
extintor m; ~**lighter** *n* teia f;
fireman *n* bomber –a *mf*;
~**place** *n* llar f, xemeneia f;
~**plug** *n* boca f d'incendis;

~wood n llenya f; ~works pl
focs m artificials, castell msg de
focs | vt encendre, calar foc;
(shot) disparar; (dismiss)
acomiadar; fg despertar, inspirar,
excitar; vi encendre's

firing ['faiəriŋ] n tir m, tret m;
(continuous) tiroteig m,
descàrrega f

firm [fɔ:m] aj ferm -a, sòlid -a;
com en ferm | n empresa f, firma f

firmament ['fɔ:məmənt] n
firmament m

first [fɔ:st] aj primer -a; (earlier)
primitiu, original; ~ aid n primers
auxilis mpl; ~-aid kit n
farmaciola f; ~-class aj de
primera classe; ~-hand aj de
primera mà; ~ name nom m (de
pila) | av primerament, en primer
lloc; ~ of all en primer lloc | n
primer -a mf; at ~ al principi, al
començament

firstly ['fɔ:stli] av primerament, en
primer lloc

fiscal ['fiskəl] aj fiscal

fish [fiʃ] n peix m; ~ bowl n
peixera f; ~ hook n ham m;
~monger's n peixateria f | vti
pescar

fisherman ['fiʃəmən] n pescador
m; (vessel) vaixell pescador

fisherwoman ['fiʃəwumən] f
pescadora f

fishing ['fiʃiŋ] n pesca f; ~ boat
n pesquer m; ~ rod n canya f de
pescar

fissure ['fiʃə'] n fissura f, clivella f

fist [fist] n puny m

fit [fit] aj apte -a, adequat -ada,
idoni -ònia; med sà sana; esp en

(plena) forma | vt ajustar,
encaixar; (description, facts)
correspondre's amb; (clothes)
caure bé a, escaure a; (supply)
proveir; (put) posar, col·locar; vi
(correspond) lligar, correspondre's;
(clothes) caure bé, escaure;
(space) cabre-hi; ~ in with vi
portar-se bé amb; ~ up vt
equipar, muntar, instal·lar | n
ajustament m, adequació f; med
atac m, accés m

fitted ['fitid] aj fet -a a mida;
(cupboard) encastat -ada; ~
carpet n moqueta f

fitting ['fitiŋ] aj adequat -ada,
escaient; n (of dress) prova f;
(size) mida f, mesura f; ~-s pl
mobles m, mobiliari msg

five [faiv] aj n cinc aj m

fix [fiks] vt fixar, assegurar; (eyes)
clavar, fixar; (determine)
assenyalar, determinar; (repair)
arreglar; (prepare) preparar | n
mal tràngol m, trifulga f

fixed [fikst] aj fix -a

fixture ['fikstʃə'] n instal·lació
fixa; esp partit m

fizzy ['fizi] aj (drink) gasós -osa

fjord [fjɔ:d] n fiord m

flabby ['flæbi] aj tou tova, fluix -a,
fofo -a; (fat) gras -assa

flag [flæg] n bandera f; mar
pavelló m

flageolet [,flædʒəu'let] n mús
flabiol m

flagrant ['fleigrənt] aj flagrant

flake [fleik] n floc m, volva f

flame [fleim] n flama f; fg flama f,
passió f

flamenco [flə'menkəu] aj flamenc

-a; n flamenc m
flamingo [fləˈmɪŋgəʊ] n zoo
flamenc m
flank [flæŋk] n flanc m, costat m
flannel [ˈflænl] n franel·la f
flap [flæp] n (of book, of envelope)
solapa f; (wing) cop m d'ala | vt
(wings) batre; (shake) sacsejar
flare [fleə] n flamarada f; mil
bengala f; cst volant m; (of anger)
rampell m; ~-up flamarada f | vi
resplendir, brillar; ~ up vi (in
anger) encendre's, enrtjar-se
flash [flæʃ] n llampec m; fot flash
m; ~ of lightning n llampec m |
vt (light) deixar anar, llançar;
(message) transmetre; vi
llampegar
flask [flɑːsk] n flascó m; qm
matràs m
flat [flæt] aj pla plana, llis -a, ras
-a; (downright) categòric -a,
rotund -a; (style, taste, etc) insuls
-a, insípid -a; mús desafinat -ada;
~ out (or ~-nosed) xato -a | n pis m,
apartament m; (of hand) palmell
m; mús bemoll m
flatten [ˈflætn] vt aplanar, allisar;
(crush) aixafar, esclafar
flatter [ˈflætə] vt adular, afalagar;
(photo, dress) afavorir
flaunt [flɔːnt] vt ostentar
flavour (or **flavor** US) [ˈfleɪvə] n
gust m, sabor m
flaw [flɔː] n defecte m
flax [flæks] n lli m
flay [fleɪ] vt escorxar, espellar; fg
pegar
flayer [fleɪə] n escorxador -a mf
flea [fliː] n puça f; ~ **market** n
encants mpl

fleck [flek] n taca f, clapa f
flee [fliː] vt fugir de; vi fugir,
fugar-se
fleet [fliːt] n flota f
fleeting [ˈfliːtɪŋ] aj fugaç, fugisser
-a, passatger -a
Flemish [ˈflemɪʃ] aj flamenc -a; n
(language) flamenc m
flesh [fleʃ] n carn f; (of fruit)
polpa f
fleshy [ˈfleʃɪ] aj carnós -osa;
(person) gras -assa
flew [fluː] pt → **fly**
flexible [ˈfleksəbl] aj flexible
flicker [ˈflɪkə] vi parpallejar;
(flame, light) vacil·lar, tremolar
flight [flaɪt] n vol m; (escape)
fugida f, fuga f, fuita f; (staircase)
tram m; (group of birds) estol m,
esbart m
fling [flɪŋ] vt tirar, llençar, llançar;
~ **osf** estimbar-se
flint [flɪnt] n pedra f foguera; (of
lighter) pedra f
flippant [ˈflɪpənt] aj frívol -a
float [fləʊt] n flotador m; (in
procession) carrossa f | vi soltar,
flotar
flock [flɒk] n ramat m; (of birds)
estol m, esbart m, vol m; (of wool)
borralló m | vt reunir-se,
congregar-se
flog [flɒg] vt fuetejar
flood [flʌd] n inundació f, al·luvió
m; ~**gate** n comporta f | vt
inundar; vi desbordar-se
floor [flɔː] n terra m; (of sea) fons
m; (storey) pis m; **ground** ~ n
planta f baixa | vt (room)
pavimentar; (person) tirar a terra
flooring [ˈflɔːrɪŋ] n paviment m

flora ['flɔːrə] n flora f

florist ['flɒrɪst] n florista mf

flounce [flaʊns] n cst volant m

flour ['flaʊə'] n farina f; vt enfarinar

flourishing ['flʌrɪʃɪŋ] aj pròsper -a, florent

flow [fləʊ] n corrent m; (movement) flux m; (jet) doll m; (river) cabal m; (circulation of blood) circulació f | vi fluir, córrer; (from wound) rajar, brollar; (blood in the body) circular; ~ **into** vi desembocar

flower ['flaʊə'] n flor f; ~**pot** n test m; ~ **vase** n gerro m, pitxer m | vi florir

flown [fləʊn] pp → **fly**

flu [fluː] n fm grip f (or m)

fluctuate ['flʌktjʊeɪt] vi fluctuar

fluency ['fluːənsɪ] n fluïdesa f

fluent ['fluːənt] aj fluid -a

fluff [flʌf] n borrissol m

fluffy ['flʌfɪ] aj tou tova, flonjo -a

fluid ['fluːɪd] aj fluid -a, líquid -a; (situation) inestable | n fluid m, líquid m

fluidity [fluː'ɪdɪtɪ] n fluïdesa f

fluorescent [fluə'resnt] aj fluorescent

fluorine ['fluərɪːn] n fluor m

flush [flʌʃ] n rubor m | vi netejar amb aigua; vi tornar-se vermell, ruboritzar-se; ~ **the toilet** tirar la cadena del wàter

fluster ['flʌstə'] n confusió f, neguit m; vt atabalar, neguitejar, posar nerviós

flute [fluːt] n flauta f

fluvial ['fluːvɪəl] aj fluvial

fly [flaɪ] n mosca f; ~ (or **flies** pl)

(of trousers) bragueta fsg; ~**swatter** n espantamosques m | [pt **flew**, pp **flown**] vt pilotar; (passengers, goods) transportar; (distance) recórrer; vi volar; (travel) anar en avió; (escape) fugir, escapar-se; (vanish) desaparèixer; (flag) onejar; ~ **off the handle** perdre els estreps

flyer ['flaɪə'] n aviador mf

flying ['flaɪɪŋ] aj volador -a; (swift) ràpid -a, veloç | n vol m

foal [fəʊl] n poltre m; vi pollinar

foam [fəʊm] n escuma f, bromera f; vi escumejar, fer escuma

foamy ['fəʊmɪ] aj escumós -osa

focus ['fəʊkəs] n focus m; fg centre m | vt enfocar; (attention) centrar, fixar; ~ (or ~ **on**) vi (attention) centrar-se en, fixar-se en

fodder ['fɒdə'] n agr pinso m, farratge m

foe [fəʊ] aj enemic -iga

foetus (or **fetus**) ['fiːtəs] n agr fetus m

fog [fɒg] n boira f, broma f | vt emboirar, enterbolir, ofuscar; fot velar

foggy ['fɒgɪ] aj boirós -osa, nebulós -osa; fot velat -ada

fold [fəʊld] n plec m, séc m, replec m; agr pleta f | vt plegar, doblar, doblegar; (arms) creuar; vi plegar-se, doblegar-se

folder ['fəʊldə'] n carpeta f

folding ['fəʊldɪŋ] aj plegable; ~ **screen** n paravent m

foliage ['fəʊlɪɪdʒ] n fullatge m, fullam m, fronda f

folio ['fəʊlɪəʊ] n foli m

folk [fəuk] n gent f; **~s** pl família
fsg; (friends) amics m | aj popular

folklore ['fəuklɔ:'] n folklore m

follow ['fɒləu] vt seguir; (pursue)
perseguir; vi seguir; (result)
resultar; **as ~s** tal com segueix

follower ['fɒləuə'] n seguidor -a
mf, partidari -ària mf, adepte -a
mf; **~s** pl comitiva fsg

following ['fɒləuɪŋ] aj següent

folly ['fɒlɪ] n bogeria f

foment [fəu'mɛnt] vt fomentar

fond [fɒnd] aj afectuós -osa; **be ~
of** ser aficcionat a; **~ of sweets**
aj llaminer -a, llépol -a

fondness ['fɒndnɪs] n afecció f

font [fɒnt] n pila f (baptismal)

food [fu:d] n menjar m, aliment m;
(supply) queviures mpl; **~stuffs** pl
comestibles m

fool [fu:l] n ximplet -a mf, enze m,
beneit -a mf; (jester) bufó m | vt
enganyar, engalipar, enraonar; vi
fer broma, fer bestieses

foolish ['fu:lɪʃ] aj ximple, ximplet
-a, estúpid -a

foolishness ['fu:lɪʃnɪs] n ximpleria
f, estupidesa f

foot [fut] n [pl **feet**] n peu m; (of
animal) pota f; **~ball** n futbol m;
~ball player (or **~baller**) n
futbolista mf; **~ball pools** pl
travessa fsg; **~bridge** n
passarel·la f, pont m de vianants;
~lights pl bateria fsg (de llums);
~mark n empremta f (del peu),
petjada f; **~print** n petjada f,
trepitjada f, empremta f (del peu);
~wear n calçat m; **on ~** a peu |
vt (bill) pagar

for [fɔ:'] prp (destination) per a. A

letter for you, una carta per a tu;
(as, representing) per. I'll sign for
you, jo signaré per tu; (in
exchange of) per. I'll give tou this
for that, et canvio aquest per
aquell; (because of) per, a causa
de, amb motiu de; (considering)
per. He's tall for his age, és alt per
la seva edat; (distance, time)
durant | cnj ja que, car, perquè

forage ['fɒrɪdʒ] n farratge m

forbid [fə'bɪd] vt prohibir

forbidden [fə'bɪdn] aj prohibit

force [fɔ:s] n força f; **by ~** per
força; **in ~** en vigor | vt forçar,
obligar; (rape) violar

forceps ['fɔ:sɛps] n fòrceps m iv

ford [fɔ:d] n gual m; vt travessar,
passar a gual

fore [fɔ:'] n davanter -a, anterior;
mar de proa; **~arm** n avantbraç
m; **~boding** n pressentiment m;
~cast n pronòstic m, predicció f;
~cast vt pronosticar, predir;
~finger n índex m; **~going** aj
precedent, anterior; **~ground**
primer pla m; **~head** n front m;
~see vt preveure; **~shadow** vt
presagiar; **~sight** n previsió f;
~stall vt prevenir; (event)
anticipar; **~tell** vt predir; **~warn**
vt prevenir, advertir | n mar proa f

foreign ['fɒrɪn] aj estranger -a,
foraster -a; (policy, trade, etc)
exterior; (alien) estrany -a, aliè -
ena

foreigner ['fɒrɪnə'] n estranger -a
mf, foraster -a mf

forensic [fə'rɛnsɪk] aj forense

forest ['fɒrɪst] n bosc m; atr
forestal

forester ['forɪstə'] n guardabosc mf, guarda mf forestal

forfeit ['fɔːfɪt] n pèrdua f; (penalty) pena f, multa f; (in games) penyora f | vt perdre

forge [fɔːdʒ] n farga f, forja f, foneria f | vt forjar, fargar; (documents) falsificar; ~ **ahead** vi avançar

forgery ['fɔːdʒərɪ] n falsificació f

forget [fə'get] (pt **forgot**, pp **forgotten**) vt oblidar(-se), descuidar-se, deixar-se; vi oblidarse; ~ **about** vt oblidar-se de, deixar córrer

forgive [fə'gɪv] vt perdonar

forgiveness [fə'gɪvnɪs] n perdó m

forgot [fə'gɒt] pt → **forget**

forgotten [fə'gɒtn] pp → **forget**

fork [fɔːk] n forquilla f; agr forca f; (of road) bifurcació f | vi bifurcar-se

forlornness [fə'lɔːnɪs] n abandó m; deixadesa f

form [fɔːm] n forma f; (figure) figura f; (kind) forma f, manera f; (document) formulari m, imprès m | vt formar; (constitute) crear, constituir; (habit) adquirir

formal ['fɔːmal] aj formal; (solemn) solemne

formality [fɔː'mælɪt] n formalitat f; (of dress, etc) etiqueta f

format ['fɔːmæt] n format m

formation [fɔː'meɪʃən] n formació f

formerly ['fɔːmalɪ] av abans, antigament, antany

formol ['fɔːmɒl] n formol m

formula ['fɔːmjʊlə] n fórmula f

formulate ['fɔːmjʊleɪt] vt formular

forsake [fə'seɪk] vt abandonar, deixar, desemparar; (plan) renunciar a

forthright ['fɔːθraɪt] aj sincer -a, franc -a; (refusal) rotund -a

fortification [ˌfɔːtɪfɪ'keɪʃən] n fortificació f

fortify ['fɔːtɪfaɪ] vt fortificar; (strengthen) enfortir, reforçar

fortnight ['fɔːtnaɪt] n quinzena f, quinze dies

fortress ['fɔːtrɪs] n mil fortalesa f

fortuitous [fɔː'tjuːɪtəs] aj fortuït -a, casual

fortunate ['fɔːtʃənɪt] aj afortunat -ada

fortune ['fɔːtʃən] n fortuna f, sort f; (wealth) fortuna f, riquesa f

forty ['fɔːtɪ] aj n quaranta aj m

forward ['fɔːwəd] aj davanter -a; (position) avançat -ada | n esp davanter -a mf | vt enviar, trametre; (help on) promoure, afavorir | ~ (or ~s) av endavant

fossil ['fɒsl] aj n fòssil aj m

fought [fɔːt] pp pt → **fight**

foul [faʊl] aj brut -a, fastigós -osa; (breath) fètid -a, pudent; (language) groller -a; ~**-mouthed** aj malparlat -ada | n esp falta f | vt embrutar

found [faʊnd] pp pt → **find** | vt fundar; tcn fondre

foundation [faʊn'deɪʃən] n fundació f; (basis) base f, fonament m; ~**s** pl arq fonaments m, basament msg

founder ['faʊndə'] n fundador -a mf; vi enfonsar-se, sotsobrar

foundry ['faʊndrɪ] n foneria f

fountain ['fauntɪn] n font f,
brollador m, sortidor m; ~ **pen** n
ploma f estilogràfica

four [fɔː] aj n quatre aj m

fourteen ['fɔː'tiːn] aj n catorze aj
m; ~**th** aj catorzè -ena

fourth [fɔːθ] aj n quart -a; n quart
m; aut (marxa) directa f

fox [fɒks] n guineu f

fraction ['frækʃən] n fracció f

fracture ['fræktʃə] n fractura f

fragile ['frædʒaɪl] aj fràgil, delicat
-ada, trencadís -issa

fragment ['frægmənt] n fragment
m, tros m

fragrant ['freɪgrənt] aj olorós -osa

frail [freɪl] aj fràgil, delicat -ada,
trencadís -issa

frame [freɪm] n armadura f,
bastidor m, bastiment m; (of
pictures) marc m; ~**work** n
armadura f | vt emmarcar

franc [fræŋk] n franc m

frank [fræŋk] aj franc -a, sincer
-a; **Frank** n hist franc -a mf

frankness ['fræŋknɪs] n franquesa
f, sinceritat f

fraternal [frə'tɜːnl] aj fraternal,
fratern -a

fraternity [frə'tɜːnɪtɪ] n
fraternitat f, germanor f

fraud [frɔːd] n n frau m; (person)
impostor -a mf

fray [freɪ] n lluita f; (brawl) baralla
f | vt desgastar; (tissue) desfilar,
esfilagarsar; vi desfilar-se,
esfilagarsar-se

freckle ['frekl] n piga f

free [friː] aj lliure; (for nothing)
gratuït -a; (port) franc -a, exempt
-a; ~ **time** n temps mpl lliure, oci

m; ~**way** n autopista f | av gratis,
gratuïtament | vt alliberar,
deslliurar; (let loose) soltar, deixar
anar; (exempt) eximir, exemptar

freedom ['friːdəm] n llibertat f

freeze [friːz] [pt froze, pp
frozen] vt glaçar, gelar; (food,
prices, etc) congelar; vi congelar,
gelar-se; (food, prices, etc)
congelar-se | n glaçada f, gelada f

freezer ['friːzə] n congelador m

French [frentʃ] aj francès -esa; ~
bean n mongeta f verda, bajoca
f; ~ **fries** pl patates f fregides;
~**man** n francès m. Two
frenchmen, dos francesos;
~**woman** n francesa f | n
(language) francès m

frenetic [frɪ'netɪk] aj frenètic -a

frenzied ['frenzɪd] aj frenètic -a

frequency ['friːkwənsɪ] n
freqüència f

frequent ['friːkwənt] aj freqüent;
[frɪ'kwent] vt freqüentar

fresco ['freskəu] n fresc m

fresh [freʃ] aj fresc -a; (new) nou
nova; (bread, etc) tendre -a; (air)
fresc -a, pur -a; (water) dolç -a

freshen ['freʃn] vti refrescar

fretful ['fretful] aj inquiet -a,
impacient

friar ['fraɪə] n frare m, monjo m

friction ['frɪkʃən] n frec m; tcn tb
fg fricció

Friday ['fraɪdɪ] n divendres m

fridge [frɪdʒ] n fm nevera f,
frigorífic m

friend [frend] n amic -iga mf

friendliness ['frendlɪnɪs] n
simpatia f

friendly ['frendlɪ] aj simpàtic -a;

full

(nation) amic -iga; (match)
amistós -osa; (atmosphere)
acollidor -a

friendship ['frɛndʃip] n amistat f

frieze [fri:z] n fris m; (of
wallpaper) sanefa f

frigate ['frigit] n fragata f

fright [frait] n espant m, ensurt m,
esglai m; (alarm) por f, terror m

frighten ['fraitn] vt espantar,
esglaiar, esverar; **be ~ed** estar
espantat, tenir por; **~ away** (or **~
off**) vt espantar, fer fugir

frightening ['fraitniŋ] aj espantós
-osa

frightful ['fraitful] aj espantós
-osa, esfereïdor -a

frigid ['fridʒid] aj frígid -a

frill [fril] n volant m, farbalà m

fringe [frindʒ] n serrell m; (edge)
vora f, límit m, marge m

frisky ['friski] aj juganer -a,
enjogassat -ada

fritter ['fritə] n bunyol m; **~
away** vt malgastar, fer malbé

frivolous ['frivələs] aj frívol -a

frog [frɒg] n granota f

from [frɒm] prp de, des de. From A
to Z, de la A a la Z; (time) des de,
d'ençà de, a partir de. From Friday,
des de divendres; (deprivation) a.
To take something from someone,
prendre uc a up; (because of) pel
que, segons. From what he says,
pel que diu; **~ now on** d'ara
endavant, d'ara en endavant;
where are you ~? d'on ets?

front [frʌnt] n part f davantera;
(of house) façana f; mil pol etc
front m; **in ~ of** davant de | aj
anterior, davanter -a; (door)
principal, d'entrada

frontier ['frʌntiə] n frontera f;
atr fronterer -a

frost [frɒst] n glaçada f, gelada f;
~ (or **hoar-~**) gebre m

froth [frɒθ] n escuma f, espuma f;
vi escumejar

frothy ['frɒθi] aj escumós -osa

froze [frəuz] pt → freeze

frozen ['frəuzn] pp → freeze

frugal ['fru:gəl] aj frugal

fruit [fru:t] n fruit m; (as food)
fruita f; **~ bowl** (or **~ dish**) n
fruitera f; **~ salad** n macedònia f;
~ tree n arbre m fruiter

fruitful ['fru:tful] aj fructífer -a,
fructuós -osa; fg profitós -osa

fruitless ['fru:tlis] aj infructuós
-osa, estèril; fg inútil

frustrate [frʌs'treit] vt frustrar

fry [frai] vt fregir; vi fregir-se

frying pan ['fraiiŋˌpæn] n paella f

fuck [fʌk] vti vlg cardar, fotre,
follar vi; **~ it!** merda!; **~ off!** ves-
te'n a la merda!

fuel [fjuəl] n combustible m,
carburant m; **~ oil** n fuel m

fugitive ['fju:dʒitiv] aj n fugitiu
-iva aj mf

fulfil (or **fulfill** US) [ful'fil] vt
complir; (wish) satisfer; (task,
plan) realitzar, dur a terme

full [ful] aj ple plena, curull -a;
(complete) complet -a, íntegre, tot
-a; (information) detallat -ada; f
(skirt) ample -a, folgat -ada; **~** (or
~ up) aj ple plena, tip -a, fart -a; **~
board** n pensió f completa; **~
dress** n vestit m de gala; **~ stop**
n (punctuation mark) punt m;
~-time aj de jornada plena | av

I know it full well, ho sé perfectament; **in ~** totalment, íntegrament

fullness ['fʊlnɪs] *n* plenitud *f*

fume [fju:m] *n* vapor *m*; **~s** *pl* fum *msg*; **be in a ~** estar fora de si

fumigate ['fju:mɪɡeɪt] *vt* fumigar

fun [fʌn] *n* diversió *f*; **be ~** ser divertit; **for ~** de broma; **have ~** divertir-se; **make ~ of** riure's de, burlar-se de

function ['fʌŋkʃən] *n* funció *f*; *vi* funcionar, rutllar

functionary ['fʌŋkʃənərɪ] *n* funcionari -ària *mf*

fund [fʌnd] *n* fons *m*; (*reserve*) reserva *f*; **~s** *pl* fons *m*, cabals *m*

fundamental [,fʌndə'mentl] *aj* fonamental, essencial, primordial

funeral ['fju:nərəl] *n* enterrament *m*; (*service*) funeral *m*, exèquies *fpl*; *atr* fúnebre, funeral, funerari -ària

funereal [fju:'nɪərɪəl] *aj* fúnebre

funfair ['fʌnfeə'] *n* parc *m* d'atraccions

fungus ['fʌŋɡəs] *n* fong *m*, bolet *m*

funicular [fju:'nɪkjʊlə'] *aj n* funicular *aj m*; **~ (railway)** *n* funicular *m*

funnel ['fʌnl] *n* embut *m*; *mar frr* xemeneia *f*

funny ['fʌnɪ] *aj* divertit -ida, còmic -a, graciós -osa; (*odd*) rar -a, curiós -osa, estrany -a

fur [fɜ:'] *n* pell *f*, pelatge *m*, pèl *m*; **~ coat** *n* abric *m* de pell; **~ shop** *n* pelleteria *f*

furious ['fjʊərɪəs] *aj* furiós -osa

furnace ['fɜ:nɪs] *n* forn *m*

furnish ['fɜ:nɪʃ] *vt* proveir, fornir;

(*room, etc*) equipar, moblar

furnishings ['fɜ:nɪʃɪŋz] *pl* mobiliari *m*

furniture ['fɜ:nɪtʃə'] *n* mobles *mpl*, mobiliari *m*; **piece of ~** moble *m*

furrier ['fʌrɪə'] *n* pellisser -a *mf*; **~'s** *n* pelleteria *f*

furrow ['fʌrəʊ] *n* solc *m*; (*on face*) arruga *f*

further ['fɜ:ðə'] *aj* addicional, nou nova | *av* més enllà, més lluny; **~ (or ~more)** a més a més; **~ on** més endavant | *vt* promoure, afavorir

fury ['fjʊərɪ] *n* fúria *f*

fuse [fju:z] *n* plom *m*, fusible *m*; *mil min* metxa *f* | *vt* fondre; *fg* fusionar; *vi* fondre's; *fg* fusionar-se

fusion ['fju:ʒən] *n* fusió *f*

fuss [fʌs] *n* gresca *f*, enrenou *m*; (*dispute*) embòlic *m*, daltabaix *m*; **make a ~** fer un daltabaix

fussy ['fʌsɪ] *aj* primmirat -ada, maniàtic -a, exigent

future ['fju:tʃə'] *aj* futur -a; (*coming*) proper -a, venidor -a | *n* futur *m*, avenir *m*, esdevenidor *m*

fuzzy ['fʌzɪ] *aj* borrós -osa; (*hair*) arrissat -ada

G

gadget ['ɡædʒɪt] *n* aparell *m*, dispositiu *m*, mecanisme *m*

Gaelic ['ɡeɪlɪk] *aj n* gaèlic -a *aj m*

gag [ɡæɡ] *n* mordassa *f*; (*joke*) gag *m*, acudit *m* | *vt* emmordassar

gain [ɡeɪn] *vt* guanyar; (*a clock*) avançar | *n* guany *m*

gaiter ['geɪtə'] n polaina f

gala ['gɑːlə] n gala f

galaxy ['gæləksɪ] n galàxia f

gallant ['gælənt] aj valent -a; [gə'lænt] (polite) galant

galleon ['gælɪən] n galió m

gallery ['gælərɪ] n galeria f; tea galliner m

galley ['gælɪ] n galera f

Gallic ['gælɪk] aj gal gal·la f

gallop ['gæləp] n galop m; vi galopar

gallows ['gæləʊz] n forca f

gamble ['gæmbl] vti jugar, apostar; n jugada; (risky action) risc m, empresa f arriscada

gambler ['gæmblə'] n jugador -a mf

gambling ['gæmblɪŋ] n joc m

game [geɪm] n joc m; esp partit m; (cards) partida f; (animals) caça f

gamekeeper ['geɪmˌkiːpə'] n guardabosc mf

gamma ['gæmə] n gamma f

gamut ['gæmət] n gamma f

gang [gæŋ] n banda f; (of workmen) quadrilla f, colla f

gangling ['gæŋglɪŋ] aj llargarut -uda

ganglion ['gæŋglɪən] n gangli m

gangrene ['gæŋgriːn] n med gangrena f

gangster ['gæŋstə'] n gàngster mf, pistoler -a mf

gap [gæp] n buit m, llacuna f; (opening) forat m, esvoranc m; (in time) interval m

gape [geɪp] vi embadocar-se, embadalir-se

garage ['gærɑːʒ] n garatge m; (repairs) taller m

garbage ['gɑːbɪdʒ] n escombraries fpl, brossa f; ~ **can** galleda f de les escombraries, escombraries fpl

garden ['gɑːdn] n jardí m

gardener ['gɑːdnə'] n jardiner -a mf

gardenia [gɑːdiːnɪə] n gardènia f

garland ['gɑːlənd] n garlanda f

garlic ['gɑːlɪk] n all m

garment ['gɑːmənt] n peça f de roba

garrison ['gærɪsən] n guarnició f

garter ['gɑːtə'] n lligacama f

gas [gæs] n gas m; (US) gasolina f, benzina f; **~bag** n fm xerraire mf; **~ station** n gasolinera f

gaseous ['gæsɪə'] aj gasós -osa

gash [gæʃ] n tall m, trau m; vt tallar

gasoline ['gæsəliːn] n gasolina f, benzina f

gasp [gɑːsp] n panteix m, esbufec m; vi panteixar, esbufegar

gastric ['gæstrɪk] aj gàstric -a

gastritis [gæs'traɪtɪs] n gastritis f

gastronomy [gæs'trɒnəmɪ] n gastronomia f

gate [geɪt] n porta f

gather ['gæðə'] vt aplegar, reunir; (fruit, etc) collir, recollir

gathering ['gæðərɪŋ] n reunió f, assemblea f

gauge [geɪdʒ] n indicador m; vt mesurar

Gaul [gɔːl] n gal gal·la mf

gauze [gɔːz] n gasa f

gave [geɪv] pt → give

gay [geɪ] aj alegre, vistós -osa; aj n (homosexual) gai ai m, homosexual aj mf

gazelle [gə'zɛl] n gasela f

gear [gɪə] n engranatge m;
(clothing) vestits mpl, roba f,
equip m; aut marxa f; ~ **lever** n
canvi m de marxes

gearshift ['gɪə,ʃɪft] n canvi m de
marxes

gecko ['gekəʊ] n dragó m

gelatine ['dʒeləti:n] n gelatina f

gem [dʒem] n gemma f, (person)
joia f

Gemini ['dʒemini:] n bessons mpl

gendarme ['ʒa:nda:m] n
gendarme m

gender ['dʒendə] n gènere m

general ['dʒenərəl] n general -a
mf; aj general

generality [,dʒenə'rælɪtɪ] n
generalitat f

generally ['dʒenərəlɪ] av en
general, generalment

generate ['dʒenəreɪt] vt generar,
produir

generation [,dʒenə'reɪʃən] n
generació f

generator ['dʒenəreɪtə] n
generador m

generic [dʒɪ'nerɪk] aj genèric -a

generous ['dʒenərəs] aj generós
-osa, esplèndid -a

genesis ['dʒenisɪs] n gènesi f

genial ['dʒi:nɪəl] aj afable, trempat
-ada, avinent

genie ['dʒi:nɪ] n geni m

genital ['dʒenɪtl] aj bio genital;
~ **organs** (or ~**s**) pl genitals m

genius ['dʒi:nɪəs] n geni m

genocide ['dʒenəʊsaɪd] n
genocidi m

gentile ['dʒentaɪl] aj gentil

gentle ['dʒentl] aj suau, dolç -a,
amorós -osa; (tame) mansoi, dòcil

gentleman ['dʒentlmən] n senyor
m; [polite] cavaller m, senyor m

gentleness ['dʒentlnɪs] n suavitat
f, dolçor f; (tameness) docilitat f,
mansuetud f

gently ['dʒentlɪ] av suaument,
dolçament

genuine ['dʒenjuɪn] aj autèntic
-a, genuí -ïna

geography [dʒɪ'ɒgrəfɪ] n
geografia f

geology [dʒɪ'ɒlədʒɪ] n geologia f

geometry [dʒɪ'ɒmɪtrɪ] n mat
geometria f

geranium [dʒɪ'reɪnɪəm] n bot
gerani m

geriatrics [,dʒerɪ'ætrɪks] n
geriatria f

germ [dʒɜ:m] n tb fg germen m

German ['dʒɜ:mən] aj n alemany
-a mf; ~ **measles** n rosa f, n
(language) alemany m

Germanic [dʒɜː'mænɪk] aj
germànic -a

germinate [dʒɜː'mɪneɪt] vi
germinar

gerund ['dʒerənd] n gerundi m

gestation [dʒes'teɪʃən] n tb fg
gestació f

gesticulate [dʒes'tɪkjʊleɪt] vi
gesticular

gesture ['dʒestʃə] n gest m | vi
gesticular

get [get] (pt **got**, pp **got** or
gotten US) vi fer-se, tornar-se;
(arrive) arribar; (begin) començar;
vt aconseguir, obtenir; (illness)
agafar, contreure; (understand)
entendre,; ~ **better** vi millorar;
~ **by** vi sortir-se'n; ~ **drunk** vi
emborratxar-se, embriagar-se,

torrar-se; ~ **in** vti entrar; ~ **lost** vi perdre's, extraviar-se; ~ **lost!** fot el camp! vés a fer punyetes!; ~ **married** vi casar-se; ~ **off** vi baixar; ~ **old** vi fer-se vell, envellir; ~ **on** vi sortir-se'n, tenir èxit; ~ **on with** vi avenir-se amb, entendre's amb, portar-se bé amb; ~ **out** vt fer sortir, treure; vi anar-se'n, marxar; ~ **out of** vi baixar de; ~ **rid of** vi desfer-se de, desprendre's de; ~ **together** vt reunir-se; ~ **up** vi aixecar-se, llevar-se; ~ **used to** vi acostumar-se a, habituar-se a

ghastly ['gɑːstlı] aj horrible, espantós -osa; (pale) lívid -a

ghost [gəʊst] n fantasma m, espectre m, esperit m

giant ['dʒaɪənt] n gegant -a mf; aj gegant, gegantí -ina, enorme

giddiness ['gɪdınıs] n vertigen m

giddy ['gɪdı] aj marejat -ada

gift [gıft] n regal m, obsequi m; (talent) do m, dot m

gifted ['gıftıd] aj dotat -ada

gigantic [dʒaɪ'gæntık] aj gegant (-a), gegantí -ina

gild [gıld] vt daurar

gill [gıl] n brànquia f, ganya f

gimlet ['gımlıt] n barrina f

gin [dʒın] n ginebra f

ginger ['dʒındʒə'] n gingebre m

giraffe [dʒı'rɑːf] n girafa f

girder ['gɜːdə'] n biga f

girdle ['gɜːdl] n faixa f; vt cenyir

girl [gɜːl] n noia f, xicota f, nena f

giro ['dʒaɪrəʊ] n gir m postal

give [gıv] (pt **gave**, pp **given**) vt donar; (deliver) lliurar, entregar; (gift) regalar; (blow, etc) donar;

etzibar; vi trencar-se; (stretch) donar-se; (yield) cedir, donar-se; ~ **back** vt tornar, retornar, restituir; ~ **in** vi rendir-se, donar-se, cedir; ~ **off** vt desprendre, emetre; ~ **onto** vt donar a, mirar a; ~ **out** vt distribuir; ~ **up** vi rendir-se, cedir, donar-se; ~ **up** vt deixar de. He gave up smoking, va deixar de fumar | **~-and-take** n estira-i-arronsa m

given ['gıvn] pp → **give**

gizzard ['gızəd] n pedrer m

glacial ['gleısıəl] aj glacial

glacier ['glæsıə'] n gelera f

glad [glæd] aj content -a

gladden ['glædn] vt alegrar

gladiator ['glædıeıtə'] n hst gladiador m

gladiolus [ˌglædı'əʊləs] n bot gladiol m

gladly ['glædlı] av gustosament, de gust

gladness ['glædnıs] n alegria f

glance [glɑːns] n cop d'ull, ullada f; ~ **at** vi donar un cop d'ull a, llambregar

gland [glænd] n glàndula f

glare [gleə'] n resplendor f, brillantor f, esclat m; (angry look) mala mirada f; vi enlluernar; ~ **at** vi mirar malament

glaring ['gleərıŋ] aj flagrant

glass [glɑːs] n vidre m; (container) got m, vas m; (with stem) copa f; **~es** pl ulleres f

glaze [gleız] vt posar vidres a; (pottery) vernissar | n vernís m

gleam [gliːm] vi brillar, lluir

glide [glaıd] vi lliscar; aer planar

glimpse [glımps] n ullada f; vt

entreveure, llambregar

global ['gləʊbl] *aj* global; (*of the whole world*) mundial

globe [gləʊb] *n* bola *f* del món, globus *m* terràqüi; (*sphere*) globus *m*, esfera *f*

globetrotter ['gləʊb,trɒtə'] *n* rodamón *m*

globule ['glɒbjuːl] *n* glòbul *m*

gloom [gluːm] *n* tenebra *f*, foscor *f*; *fg* melangia *f*, tristesa *f*

gloomy ['gluːmɪ] *aj* llòbrec -ega, tenebrós -osa, fosc –a; (*person*) trist -a, pessimista; (*sky*) tapat -ada

glory ['glɔːrɪ] *n* glòria *f*

gloss [glɒs] *n* vernís *m*, llustre *m*; (*comment*) glossa *f* | *vt* glossar, explicar

glossy ['glɒsɪ] *aj* llustrós -osa, brillant

glove [glʌv] *n* guant *m*; ~ **compartment** *n* guantera *f*

glow [gləʊ] *vi* brillar, lluir | *n* llum *f*, resplendor *f*; *fg* escalfor *f*, caliu *m*; ~**-worm** *n* cuca *f* de llum, lluerna *f*, llumeneta *f*

glucose ['gluːkəʊs] *n* glucosa *f*

glue [gluː] *n* cola *f*, goma *f* d'enganxar | *vt* enganxar, encolar

gluey ['gluːɪ] *aj* llefiscós -osa, enganxós-osa

glut [glʌt] *n* sobreabundància *f*, excés *m* | *vt* afartar, atipar

glutton ['glʌtn] *n* golafre *mf*, fart -a *mf*

gluttonous ['glʌtənəs] *aj* golafre

gluttony ['glʌtənɪ] *n* gola *f*

glycerine (or **glycerin** US) [,glɪsə'riːn] *n* glicerina *f*

gnaw [nɔː] *vt* rosegar

go [gəʊ] [*pt* **went**, *pp* **gone**] *vi* anar; (*leave*) anar-se'n, marxar, sortir; (*function*) funcionar, rutllar, anar bé; (*time*) passar; ~ **along** *vi* anar; ~ **along with** estar d'acord amb; ~ **away** *vi* anar-se'n, marxar; ~ **back** *vi* tornar, recular; ~ **by** *vi* transcórrer, passar; ~ **down** *vi* baixar, descendir, davallar; ~ **in** *intr entrar;* ~ **into** *vt* endissar-se en, estudiar; ~ **mad** *vi* tornar-se boig; ~ **off** *vi* explotar, esclatar; (*food*) passar-se, fer-se malbé; ~ **on** *vt* continuar, prosseguir; ~ **out** *vi* sortir; (*stop burning*) apagar-se, extingir-se; ~ **over** *vt* repassar, examinar; ~ **through** *vt* passar, experimentar; ~ **up** *vi* pujar; ~ **without** *vt* passar sense | ~**-ahead** *aj* emprenedor -a; ~**between** *n* enllaç *m*

goad [gəʊd] *vt* punxar, agullonar

goal [gəʊl] *n* porteria *f*; (*score*) gol *m*; (*aim*) objectiu *m*, finalitat *f*

goalkeeper ['gəʊl,kiːpə'] *n* porter -a *mf*

goat [gəʊt] *n* cabra *f*

gobble ['gɒbl] *vt* endrapar, devorar

goblin ['gɒblɪn] *n* follet *m*

god [gɒd] *n* déu *m*; **for God's sake** per l'amor de Déu; **God** *n* Déu *m*; ~**daughter** *n* fillola *f*; ~**father** *n* padrí *m*; ~**mother** *n* padrina *f*; ~**son** *n* fillol *m*

goddess ['gɒdɪs] *n* deessa *f*

going ['gəʊɪŋ] *n* anada *f*, sortida *f*

gold [gəʊld] *n* or *m*; *aj* d'or, daurat -ada; ~**finch** *n* cadernera *f*; ~**smith** *n* orfebre *mf*

grape

golf [gɒlf] n golf m; vi jugar a golf

gondola ['gɒndələ] n góndola f

gone [gɒn] pp → **go**

good [gud] aj bo bona; (valid) bo bona, vàlid -da; ~ **afternoon!** bona tarda; ~**bye** n comiat m, adéu m; ~**bye!** inj adéu!, adéu-siau!, passi-ho bé!; ~-**looking** aj atractiu -iva, ben plantat -ada; ~ **morning!** bon dia!; ~ **night!** bona nit | av bé | n bé m; ~**s** pl com mercaderia fsg, gènere msg, articles m

goodness ['gudnɪs] n bondat f | ~! inj bufa! carai!

goose [gu:s] n oca f; ~**bumps** (or ~**flesh**) pl pell fsg de gallina

gorge [gɔ:dʒ] n gola f, gorja f; vi atipar-se, afartar-se

gorilla [gə'rɪlə] n goril·la m

gorse [gɔ:s] n argelaga f, gatosa f

gosh! [gɒʃ] inj diantre!, caram!

gospel ['gɒspəl] n evangeli m

gossip ['gɒsɪp] n xafarderia f, enraonies fpl, comentaris mpl; (person) xafarder -a mf, xerraire mf, comare f | vi xafardejar, fer safareig, murmurar

got [gɒt] pp → **get**

Goth [gɒθ] n got goda mf

Gothic ['gɒθɪk] aj got goda; art gòtic -a | n gòtic m

gotten ['gɒtn] pp → **get**

gourd [guəd] n carbassa f

gout [gaut] n gota f

govern ['gʌvən] vt governar, regir, guiar; vi governar

governing ['gʌvənɪŋ] aj rector -a, directiu -iva

government ['gʌvnmənt] n govern m, administració f

governor ['gʌvənə] n governador -a mf, director -a mf

grab [græb] vt agafar, arrabassar

grace [greis] n gràcia f; (favour) gràcia f | vt guarnir, adornar; (honour) honrar, honorar

grade [greid] n grau m; (of exam) qualificació f, nota f, (US) (class) curs m, classe f; ~ **crossing** n pas m a nivell | vt qualificar, avaluar

gradient ['greidiənt] n pendent m, pendís f; (degree) gradient m

graduate ['grædjuit] n graduat -ada mf, llicenciat -ada mf; vi graduar-se, llicenciar-se

graffiti [grə'fi:ti] n grafit m, pintada f

graft [grɑ:ft] n empelt m | vt empeltar; vi vlg pencar

grain [grein] n gra m; (cereal) gra m, cereal m; (particle) gra m, partícula f

gram [græm] n gram m

grammar ['græmə] n gramàtica f

gramme [græm] n → **gram**

gramophone ['græməfəun] n gramòfon m

granary ['grænəri] n graner m

grand [grænd] aj grandiós -osa, magnífic -a; ~**child** n nét -a mf; ~**daughter** n néta f; ~**father** n avi m; ~**ma** n fm iaia f; ~**mother** n àvia f; ~**pa** n fm iaio m; ~ **piano** n piano m de cua; ~**son** n nét m; ~**stand** n tribuna f

granite ['grænɪt] n granit m

granny ['grænɪ] n iaia f

grant [grɑ:nt] vt atorgar; **take for** ~**ed** donar per descomptat | n subvenció f, (study) beca f

grape [greip] n raïm m

grapefruit ['greɪpfruːt] n aranja f, pomelo m

graph [grɑːf] n gràfic m

graphic ['græfɪk] aj gràfic -a

graphite ['græfaɪt] n grafit m

grasp [grɑːsp] vt agafar; (understand) entendre, copsar

grass [grɑːs] n herba f, gespa f; ~**hopper** n saltamartí m

grate [greɪt] n reixa f | vt ratllar; vi grinyolar

grateful ['greɪtful] aj agraït -ïda

gratify ['grætɪfaɪ] vt complaure, satisfer

grating ['greɪtɪŋ] n enreixat m, reixa f

gratis ['grɑːtɪs] av gratis, de franc

gratitude ['grætɪtjuːd] n gratitud f, agraïment m

grave [greɪv] n tomba f, sepulcre m, fossa f; ~**digger** n enterramorts mf, fosser -a mf; ~**stone** n làpida f; ~**yard** n cementiri m, fossar m | aj greu, seriós -osa; (accent) greu

gravel ['grævəl] n grava f

gravity ['grævɪtɪ] n gravetat f

gravy ['greɪvɪ] n suc m (del rostit)

gray [greɪ] aj gris -a; n gris m

graze [greɪz] vi pasturar, péixer; vt (skin) esgarrapar, esgarrinxar, encetar; (touch lightly) fregar, acariciar | n rascada f, esgarrapada f, esgarrinxada f

grease [griːs] n greix m; vt engreixar, untar

greasy ['griːsɪ] aj greixós -osa

great [greɪt] aj gran; (fm) estupend -a, fenomenal, fabulós -osa; ~**granddaughter** n besnéta f; ~**grandfather** n besavi m;

~**grandmother** n besàvia f; ~**grandson** n besnét m

Grecian ['griːʃən] aj grec grega

greed [griːd] n avarícia f, cobdícia f; (for food) gola f, golafreria f

greedy ['griːdɪ] aj avariciós -osa; (for food) golafre

Greek [griːk] aj n grec grega aj mf; n (language) grec m

green [griːn] aj verd -a; (unripe) verd -a; ~ **bean** n mongeta f tendra; ~**finch** n verdum m; ~**fly** n pugó m; ~**grocer** n verdulaire mf; ~**grocer's** n botiga f de verdures; ~**house** n hivernacle m; ~ **vegetables** pl verdura fsg | n verd m; ~**s** pl verdura fsg

greenish ['griːnɪʃ] aj verdós -osa

greenness ['griːnnɪs] n verdor f

greet [griːt] vt saludar

greeting ['griːtɪŋ] n salutació f, salut m

grenade [grɪ'neɪd] n granada f

grew [gruː] pt → **grow**

grey [greɪ] aj gris -a; ~**haired** canós -osa | n gris m

grief [griːf] n pena f, dolor m, pesar m

grieve [griːv] vt afligir, entristir; vi entristir-se, afligir-se

grill [grɪl] n graella f; vt coure a la brasa

grille [grɪl] n enreixat m, reixa f

grimace ['grɪməs] n ganyota f, carassa f; vi fer ganyotes, fer carasses

grime [graɪm] n brutícia f

grimy ['graɪmɪ] aj brut -a, llardós -osa

grind [graɪnd] vt moldre; (make sharp) esmolar, afilar; (teeth) cruixir; (*US*) (*meat*) trinxar, capolar, triturar | *n* rutina *f*

grip [grip] *n* agafament *m*; (*control*) domini *m*, control *m*; (*handle*) agafador *m*, maneta *f* | *vt* agafar, empunyar

groan [grəun] *n* gemec *m*, queixa *f*; *vi* gemegar, queixar-se

grocer ['grəusə'] *n* adroguer -a *mf*; **~'s** *n* = **grocery**

grocery ['grəusəri] *n* botiga *f* de comestibles, botiga *f* de queviures, adrogueria *f*

groin [grɔin] *n* engonal *m*

groove [gru:v] *n* ranura *f*, regata *f*, solc *m*

gross [grəus] *aj* greu, cras crassa, gros grossa; (*vulgar*) groller -a, vulgar; *com* brut -a

grotesque [grəu'tesk] *aj* tb *art* grotesc -a

grotto ['grɒtəu] *n* gruta *f*

grotty ['grɒti] *aj* horrible, de mala mort

ground [graund] *n* sòl *m*, terra *f*; *esp* camp *m*, terreny *m*; (*reason*) raó *f*, motiu *m*, causa *f* | *vt* mantenir a terra

group [gru:p] *n* grup *m*, conjunt *m*; (*musicians*) grup *m*, banda *f* | *vt* agrupar

grove [grəuv] *n* arbreda *f*, bosc *m*

grovel ['grɒvl] *vi* humiliar-se, arrossegar-se, abaixar-se

grow [grəu] [*pt* **grew**, *pp* **grown**] *vi* créixer; (*increase*) augmentar, engrandir; (*become*) fer-se, tornar-se; *vt agr* conrear, cultivar

growl [graul] *vt* grunyir; (*a person*) remugar, rondinar, grunyir

grown [grəun] *pp* → **grow**; **~-up** *n* adult -a *mf*

growth [grəuθ] *n* creixement *m*, crescuda *f*, desenvolupament *m*; *med* tumor *m*

grub [grʌb] *n* larva *f*, cuc *m*; *fm* (*food*) manduca *f*, teca *f*

grumble ['grʌmbl] *vi* rondinar, grunyir, queixar-se; *n* soroll *m*, remor *f*

grunt [grʌnt] *vt* remugar, grunyir; (*pig*) grunyir | *n* gruny *m*

guarantee [ˌgærən'ti:] *n* garantia *f*; *vt* garantir

guard [gɑ:d] *n* guàrdia *f*; (*person*) guarda *mf*, guàrdia *mf*, sentinella *mf* | *vt* guardar, vigilar

guardian ['gɑ:diən] *n* guarda *mf*, guardià -ana *mf*; *dr* tutor -a *mf*

guardianship ['gɑ:diənʃip] *n* tutela *f*, custòdia *f*

gudgeon ['gʌdʒən] *n* burro *m*, gobi *m*; *tcn* espiga *f*, piu *m*

guess [ges] *vti* endevinar; (*suppose*) suposar, creure

guest [gest] *n* convidat -ada *mf*, hoste -essa *mf*; (*in hotel*) hoste -essa *mf*; **~ house** *n* dispesa *f*, fonda *f*

guffaw [gʌ'fɔ:] *n* riallada *f*; *vi* esclafir a riure

guide [gaid] *n* guia *f*; *vt* conduir, guiar

guideline ['gaidlain] *n* pauta *f*, línia *f*

guild [gild] *n* gremi *m*

guilt [gilt] *n* culpa *f*, culpabilitat *f*

guilty ['gilti] *aj* culpable

guinea [gini] *n* **~ fowl** *n* pintada *f*; **~ pig** *n* cobai *m*, conill *m* porqui, conill *m* d'Índies

guitar [gɪ'taːʳ] n guitarra f
gulf [gʌlf] n golf m; fg abisme m
gull [gʌl] n gavina f
gullet [gʌlɪt] n esòfag m
gullible [gʌlɪbl] aj crèdul -a
gully [gʌlɪ] n barranc m
gulp [gʌlp] n glop m, trago m; (or
~ **down**) vt engolir, enviar-se,
endrapar
gum [gʌm] n geniva f; (glue)
goma f; (chewing gum) xiclet m |
vt engomar, enganxar, encolar
gummy [gʌmɪ] aj gomós -osa
gun [gʌn] n pistola f, revòlver m;
(cannon) canó m; ~**man** n
pistoler m; ~**powder** n pólvora f
gurgle [gɜːgl] vi borbollejar; n
borbolleig m
gush [gʌʃ] vi brollar, rajar;
(person) ser efusiu | n raig m,
doll m
gust [gʌst] n ratxa f
gut [gʌt] n budell m, intestí m; ~**s**
pl vlg pebrots mpl, valor msg | vt
estripar, esbudellar
gutter [gʌtəʳ] n regueró m,
canalera f; (of road) cuneta f
guy [gaɪ] (or ~-**rope**) n vent m
gym [dʒɪm] n gimnàs m;
gimnàstica f
gymkhana [dʒɪm'kaːnə] n
gimcana f
gymnasium [dʒɪm'neɪzɪəm] n
gimnàs m
gymnastic [dʒɪm'næstɪk] aj
gimnàstic -a; ~**s** pl gimnàstica fsg
gypsum [dʒɪpsəm] n guix m
gypsy [dʒɪpsɪ] n gitano -a mf

H

haberdasher ['hæbədæʃəʳ] n
mercer -a mf
haberdashery [ˌhæbə'dæʃərɪ] n
merceria f
habit ['hæbɪt] n hàbit m, costum
m, habitud f; rlg hàbit m
habitat ['hæbɪtæt] n hàbitat m
habitual [hə'bɪtjʊəl] aj habitual
had [hæd] pp pt → **have**
haddock ['hædək] n eglefí m
haemorrhage ['hemərɪdʒ] n
hemorràgia f; vi tenir una
hemorràgia
haggle ['hægl] vi regatejar; ~
over vt regatejar
hail [heɪl] n pedra f, calamarsa f;
~**stone** n pedra f, calamarsa f;
~**storm** n pedregada f,
calamarsada f | vi pedregar,
calamarsejar; vt aclamar
hair [heəʳ] n cabells pl; (one)
cabell m; (of animal) pèl m,
pelatge m; ~**cut** n tallada f de
cabells; (style) pentinat m;
~**dresser** n perruquer -a mf;
~**dresser's** n perruqueria f;
~**dryer** n eixugacabells m;
~**piece** n postís m; ~**raising**
aj esgarrifós -osa; ~**style** n
pentinat m
hairy ['heərɪ] aj pelut -uda,
cabellut -uda; fg m horripilant,
esborronador -a, esfereïdor -a
hake [heɪk] n lluç m
half [haːf] n meitat f | aj mig
mitja; ~-**board** n mitja pensió f;
~-**caste** n mestís -issa mf;
~-**light** n penombra f; ~**way** av a

mig camí; **~wit** n sòmines *mf* | *av*
mig; **~yearly** *aj* bianual

hall [hɔːl] n sala *f*, vestíbul *m*; **~
of residence** *m* col·legi *m* major

halt [hɔːlt] n parada *f*; *frr* baixador
m | *vt* parar, aturar; *vi* parar,
aturar-se | **~!** *inj* alto!

ham [hæm] n pernil *m*

hamburger ['hæm,bɜːgə] n
hamburguesa *f*

hamlet ['hæmlit] n llogarret *m*

hammer ['hæmə] n martell *m*,
maça *f*; *vt* clavar

hammock ['hæmək] n hamaca *f*

hamster ['hæmstə] n hàmster *m*

hand [hænd] n mà *f*; (*of clock*)
maneta *f*, busca *f*; (*worker*)
treballador -a *mf*, braç *m*; **at ~** a
mà; **~bag** n bossa *f* de mà; **~ball**
n handbol *m*; **~book** n manual *m*;
~rail n barana *f*; **~s up!** mans
enlaire!; **~writing** n lletra *f* | *vt*
passar, donar, allargar; **~ in** (or
over) *vt* lliurar, entregar; **~ out**
vt distribuir

handful ['hændfʊl] n grapat *m*

handicap ['hændikæp] n
desavantatge *m*, obstacle *m*; *vt*
destorbar

handicapped ['hændikæpt] *aj*
minusvàlid -a

handicraft ['hændikrɑːft] n
artesania *f*

handkerchief ['hæŋkətʃif] n
mocador *m*

handle ['hændl] n nansa *f*, mànec
m, maneta *f*; **~bars** *pl* manillar
msg | *vt* manejar; (*treat*) tractar;
(*deal with*) encarregar-se de, fer-
se càrrec de

handy [hændi] *aj* pràctic -a

hang [hæŋ] (*pt*, *pp* **hung**) *vti*
penjar; **~ around** *vi* arrossegar-
se, vagarejar; **~ on** *vi* esperar; **~
out** *vt* estendre; **~ up** *vt* penjar

hangar ['hæŋə] n hangar *m*

hanger ['hæŋə] n penja-robes *m*,
penjador *m*

hangman ['hæŋmən] n botxí *m*

hank [hæŋk] n troca *f*, madeixa *f*

happen ['hæpən] *vi* esdevenir,
passar, succeir; **I happened to
see her** me la vaig trobar (per
casualitat)

happening ['hæpnɪŋ] n
esdeveniment *m*

happily ['hæpili] *av* feliçment,
alegrement

happiness ['hæpinis] n felicitat *f*,
alegria *f*

happy ['hæpi] *aj* feliç, alegre,
content -a; **~-go-lucky** *aj*
despreocupat -ada

harbour (or **harbor** *US*) ['haːbə]
n port *m*

hard [haːd] *aj* dur -a; (*difficult*)
difícil, ardu àrdua, dur -a | *av*
durament; **~-boiled** *aj* dur. *Hard-
boiled egg*, ou dur; **~-working**
aj treballador -a, feiner -a

harden ['haːdn] *vt* endurir; *vi*
endurir-se

hardly ['haːdli] *av* amb prou
feines, a penes

hardship ['haːdʃip] n privació *f*,
treball *m*

hardware ['haːdwɛə] n ferreteria
f; *ifm* maquinari *m*

hare [hɛə] n llebre *f*

harlequin ['haːlikwin] n arlequí *m*

harm [haːm] n mal *m*, dany *m*,
perjudici *m*; *vt* perjudicar, danyar,

fer mal a
harmful ['hɑːmful] *aj* maligne -a, perjudicial, nociu -iva
harmless ['hɑːmlɪs] *aj* inofensiu -iva
harmony ['hɑːməni] *n* harmonia *f*
harmonize ['hɑːmənaɪz] *vt* harmonitzar
harness ['hɑːnɪs] *n* arreus *mpl* | *vt* arrear, guarnir; (*resources*) aprofitar
harp [hɑːp] *n* arpa *f*
harsh [hɑːʃ] *aj* dur -a, cruel; (*colour*) estrident; (*voice*) aspre -a
harshness ['hɑːʃnɪs] *n* duresa *f*
harvest ['hɑːvɪst] *n* sega *f*, collita *f*, recol·lecció *f*; (*of grapes*) verema *f* | *vt* segar; collir, recol·lectar; (*of grapes*) veremar
harvester ['hɑːvɪstə] *n* segador -a *mf*; (*machine*) segadora *f*
hash [hæʃ] *n* xixina *f*; *fg* embolic *m*, embrolla *f*; (*hashish*) haixix *m*
hashish ['hæʃɪʃ] *n* haixix *m*
haste [heɪst] *n* pressa *f*
hasten ['heɪsn] *vt* accelerar, apressar; *vi* afanyar-se, apressar-se, fer via
hastily ['heɪstɪli] *av* de pressa, precipitadament
hasty ['heɪsti] *aj* precipitat -ada; (*person*) irreflexiu -iva, temerari -ària, imprudent
hat [hæt] *n* barret *m*, capell *m*
hatch [hætʃ] *n* escotilla *f* | *vi* sortir de l'ou; *vt* (*plot*) tramar
hatchery ['hætʃəri] *n* viver *m*
hatchway ['hætʃweɪ] *n* escotilla *f*
hate [heɪt] *vt* odiar, detestar, avorrir; *n* odi *m*
hatred ['heɪtrɪd] *n* odi *m*, aversió *f*

haughtiness ['hɔːtɪnɪs] *n* orgull *m*
haughty ['hɔːti] *aj* altiu -iva, orgullós -osa, arrogant
haul [hɔːl] *vt* estirar, arrossegar; *n* botí *m*
haulage ['hɔːlɪdʒ] *n* transport *m*
haunch [hɔːntʃ] *n* anca *f*
haunt [hɔːnt] *vt* embruixar; (*visit*) freqüentar | *n* cau *m*
have [hæv] (*pt, pp* **had**) *vi* haver. *I have eaten*, he menjat; (or ~ **got**) *vt* tenir; (*food, drink*) prendre; ~ **a rest** descansar; ~ **a shower** dutxar-se; ~ **breakfast** esmorzar; ~ **dinner** sopar; ~ **fun** divertir-se; ~ **lunch** dinar; ~ **on** *vt* (*wear*) portar (roba)
haversack ['hævəsæk] *n* sarró *m*
havoc ['hævək] *n* estrall *m*
hawk [hɔːk] *n* falcó *m*
hay [heɪ] *n* fenc *m*; ~**cock** *n* paller *m*; ~**stack** *n* paller *m*
haze [heɪz] *n* calitja *f*
hazel ['heɪzl] (or ~ **tree**) *n* avellaner *m*; ~**nut** *n* avellana *f*
hazy ['heɪzi] *aj* calitjós -osa; *fg* confús -usa, vague vaga
he [hiː] *prl* ell
head [hed] *n* cap *m*; (*boss*) cap *mf*; (*of coins*) cara *f*. *Heads or tails*, cara o creu; ~**ache** *n* mal *m* de cap; (*problem*) maldecap *m*; ~**lamp** *n* far *m*; ~**light** *n* far *m*; ~**line** *n* titular *m*; ~**phone** *n* auricular *m*; ~**quarters** *pl* seu *fsg*, oficina *fsg* central ; *mil* quarter *msg* general | *vt* encapçalar, dirigir; *vi* dirigir-se, encaminar-se
heading ['hedɪŋ] *n* títol *m*
health [helθ] *n* salut *m*

healthy ['hɛlθɪ] aj sa sana, saludable

heap [hi:p] n munt m, pila f, muntanya f; (or **~ up**) vt amuntegar, apilar

hear [hɪə'] (pt, pp **heard**) vt sentir; (listen to) escoltar; vi sentir-hi

heard [hɜːd] pp pt → **hear**

hearing ['hɪərɪŋ] n oïda f, orella f. He is hard of hearing, és dur d'orella; (act) audició f; dr audiència f, vista f.

heart [hɑːt] n cor m; (courage) cor m, coratge m, valor m; (central part) cor m, nucli m; bot ull m, cabdell m; **~ attack** n atac m de cor; infart m de miocardi | **take sth to ~** prendre's una cosa a la valenta

hearten ['hɑːtn] vt encoratjar, animar

hearth [hɑːθ] n xemeneia f, llar f de foc

heat [hi:t] n calor f, escalfor f | **~ up** vt escalfar; vi escalfar-se

heater ['hi:tə'] n estufa f; calefacció f; (for water) escalfador m, caldera f

heath [hi:θ] n bruc m

heathen ['hi:ðən] aj n pagà -ana aj mf

heather ['hɛðə'] n bruc m

heating ['hi:tɪŋ] n calefacció f

heave [hi:v] vt estirar; vi (rise and fall) pujar i baixar; (vomit) vomitar, perbocar; **~ a sight** sospirar | n estirada f

heaven ['hɛvn] n cel m

heavily ['hɛvɪlɪ] av pesadament, fortament

heavy ['hɛvɪ] aj pesant; (work) pesat -ada, feixuc -uga; (rain) fort -a, intens -a; **~ sea** n maregassa f

Hebrew ['hi:bru:] aj n hebreu -ea aj mf; n (language) hebreu m

hedge [hɛdʒ] n bardissa f

hedgehog ['hɛdʒhɒg] n eriçó m

heel [hi:l] n tacó m, taló m

hegemony [hɪ'gɛmənɪ] n hegemonia f

height [haɪt] n altura f, alçada f, alçària f

heir [ɛə'] n hereu m

heiress ['ɛərɛs] n hereva f

held [hɛld] pp pt → **hold**

helicopter ['hɛlɪkɒptə'] n helicòpter m

hell [hɛl] n infern m

hello [hʌ'ləu] inj hola; (phone) digui

helm [hɛlm] n timó m

helmet ['hɛlmɪt] n casc m

help [hɛlp] n ajuda f, ajut m, assistència f; **~!** socors! auxili! | vt ajudar, assistir; **~ osf** servir-se; **I can't help it**, no hi puc fer res

helper ['hɛlpə'] n ajudant -a mf

hem [hɛm] n vora f

hemisphere ['hɛmɪsfɪə'] n hemisferi m

hemlock ['hɛmlɒk] n cicuta f

hemp [hɛmp] n cànem m

hen [hɛn] n gallina f

heptagon ['hɛptəgən] n mat heptàgon m

her [hɜː'] pr (direct object) la; (indirect object) li; (after preposition) ella; aj seu m, seva f, seus mpl, seves fpl

herald ['hɛrəld] n herald m; vt anunciar

heraldry ['herəldrɪ] n heràldica f, blasó m

herb [hɜːb] n herba f

herbaceous [hɜːˈbeɪʃəs] aj herbaci -àcia

herbalist ['hɜːbəlɪst] n herbolari -ària mf

herbarium [hɜːˈbeərɪəm] n herbari m

herbicide ['hɜːbɪsaɪd] n agr qm herbicida m

herbivorous [hɜːˈbɪvərəs] aj herbívor -a

herd [hɜːd] n ramat m

here [hɪəʳ] av aquí, ací

hereditary [hɪˈredɪtərɪ] aj hereditari -ària

heredity [hɪˈredɪtɪ] n herència f

heresy ['herəsɪ] n heretgia f

heritage ['herɪtɪdʒ] n patrimoni m, herència f

hermetic [hɜːˈmetɪk] aj hst tcn hermètic -a

hermit ['hɜːmɪt] n ermità -ana mf

hermitage ['hɜːmɪtɪdʒ] n ermita f

hernia ['hɜːnɪə] n hèrnia f

hero ['hɪərəʊ] n heroi m; (in film) galant m

heroic [hɪˈrəʊɪk] aj heroic -a

heroin ['herəʊɪn] n qm (drug) heroïna f

heroine ['herəʊɪn] n heroïna f; (in film) protagonista f

herring ['herɪŋ] n arengada f, areng m

hers [hɜːz] pr el seu m, la seva f, els seus mpl, les seves fpl

hesitant ['hezɪtənt] aj indecís -isa, vacil·lant

hesitate ['hezɪteɪt] vi dubtar, vacil·lar; (speaking) titubejar

heterogeneous [ˌhetərəʊˈdʒiːnɪəs] aj heterogeni -ènia

heterosexual [ˌhetərəʊˈseksjʊəl] aj heterosexual

hexagon ['heksəgən] n mat hexàgon m

hey! [heɪ] inj ep!, eh!, ei!

hi! [haɪ] inj hola!; (to attract attention) ep! eh! ei!

hid [hɪd] pt → hide

hidden ['hɪdn] pp → hide

hide [haɪd] (pt hid, pp hidden) vt amagar, ocultar; vi amagar-se, ocultar-se

hideout ['haɪdaʊt] n amagatall m, cau m

hierarchic [ˌhaɪəˈrɑːkɪk] (or **hierarchical**) aj jeràrquic -a

hierarchy ['haɪərɑːkɪ] n jerarquia f

hieroglyph ['haɪərəglɪf] n jeroglífic m

hieroglyphic [ˌhaɪərəˈglɪfɪk] n jeroglífic m

high [haɪ] aj alt -a; (voice) agut -uda; (strong) fort -a, intens -a; ~ **fidelity** n alta fidelitat f; ~**light** n punt m important; vt subratllar, realçar; ~ **tide** n plenamar f; ~**quality** aj extra, d'alta qualitat; ~**way** n carretera f, autovia f; (US) autopista f; ~**way code** n codi m de la circulació

highjack ['haɪdʒæk] n vt = **hijack**

Highness ['haɪnɪs] n altesa f

hijack ['haɪdʒæk] vt segrestar; raptar, rapir | n segrest m, rapte m

hike [haɪk] vi anar d'excursió

hiker ['haɪkəʳ] n excursionista mf

hill [hɪl] n puig m, turó m, tossal

m; (*slope*) costa f, pendent m, pujada f

hilt [hilt] n empunyadura f

hinder ['hɪndə'] vt destorbar, impedir, entrebancar

hindrance ['hɪndrəns] n destorb m, nosa f, obstacle m

hinge [hɪndʒ] n frontissa f, xarnera f; ~ **on** (or **upon**) vi dependre de

hint [hɪnt] n indirecta f; (*advice*) consell m | vt insinuar, suggerir

hip [hɪp] n maluc m

hippopotamus [,hɪpə'pɒtəməs] n [pl **hippopotami**] hipopòtam m

hire ['haɪə'] vt llogar; (*people*) contractar, llogar

his [hɪz] aj seu m, seva f, seus mpl, seves fpl; pr el seu m, la seva f, els seus mpl, les seves fpl

Hispanic [hɪs'pænɪk] aj hispànic -a

hiss [hɪs] vi xiular

historian [hɪs'tɔːrɪən] n historiador -a mf

historic [hɪs'tɒrɪk] (or **historical**) aj històric -a

history ['hɪstərɪ] n història f

hit [hɪt] (pt, pp **hit**) vt pegar, copejar, picar; (*target*) encertar | n cop m; (*success*) èxit m

hitch-hike ['hɪtʃhaɪk] vi fer autostop

hitch-hiking ['hɪtʃhaɪkɪŋ] n autostop m

hoard [hɔːd] n provisió f, acumulació f; vt acaparar, acumular

hoarding ['hɔːdɪŋ] n acumulació

f, acaparament m; (*board*) plafó m publicitari, cartellera f

hoarse [hɔːs] aj ronc -a

hobble ['hɒbl] vi coixejar; vt (*tie*) lligar

hobby ['hɒbɪ] n passatemps m, afició f

hockey ['hɒkɪ] n hoquei m

hoe [həʊ] n aixada f; vt treballar amb l'aixada

hog [hɒg] n tb fg porc m; vt acaparar

hoist [hɔɪst] n grua f | vt aixecar, alçar; (*flag*) hissar, enarborar

hold [həʊld] (pt, pp **held**) vt agafar, sostenir, aguantar; (*title*) posseir, tenir; (*meeting*) celebrar; (*contain*) contenir; ~ **back** vt retenir; ~ **on** (*wait*) vi esperar-se; ~ **up** vt sostenir; vt (*delay*) retenir, entretenir; vt (*with a weapon*) atracar; ~**up** n atracament m; (*traffic*) retenció f, embús m | n agafada f; (*influence*) influència f, domini m

holder ['həʊldə'] n titular mf; (*container*) contenidor m, envàs m

holding ['həʊldɪŋ] n possessió f, parcel·la f; (*company*) holding m

hole [həʊl] n forat m; vt foradar, perforar

holiday ['hɒlɪdɪ] n festa f, dia m festiu; (*vacation*) vacances fpl; ~**maker** n estiuejant mf

hollow ['hɒləʊ] aj buit -da | n buit m, clot m; (*in land*) fondalada f | vt buidar

holly ['hɒlɪ] n grèvol m, boix m grèvol

holster ['həʊlstə'] n pistolera f

holy ['həʊlɪ] aj sagrat -ada, sant

-a; **Holy Ghost** n Esperit Sant

homage ['hɒmɪdʒ] n homenatge m; **pay ~ to** homenatjar

home [həʊm] n casa f, llar f; (institution) asil m, llar f | aj domèstic -a, casolà -ana. *Home cooking*, cuina casolana; (politics) nacional | av a casa

homicidal [ˌhɒmɪ'saɪdl] aj homicida

homicide ['hɒmɪsaɪd] n homicidi m; (person) homicida mf

homogeneity [ˌhɒməʊdʒə'niːɪti] n homogeneïtat f

homogeneous [ˌhɒmə'dʒiːnɪəs] aj homogeni -ènia

homonym ['hɒmənɪm] n homònim m

homosexual [ˌhɒməʊ'seksjʊəl] aj n homosexual aj mf, gai aj m

honest ['ɒnɪst] aj honest -a, honrat -ada, enter -a; (sincere) sincer -a, franc -a

honey ['hʌnɪ] n mel f; **~moon** n lluna f de mel, viatge m de nuvis

honorary ['ɒnərərɪ] aj honorari -ària

honour (or **honor** US) ['ɒnə'] n honor m | vt honrar; (a promise) complir

honourable (or **honourable** US) ['ɒnərəbl] aj honorable

hood [hʊd] n caputxa f; aut capota f; US (bonnet) capot m

hoof [huːf] n peülla f, peüngla f, casc m

hook [hʊk] n ganxo m; (for fishing) ham m; (for clothes) gafet m | vt enganxar; (fish) pescar

hoop [huːp] n cèrcol m

hooter ['huːtə'] n clàxon m; (siren)

sirena f; fm nàpia f

Hoover ['huːvə'] n aspiradora f

hope [həʊp] vti esperar; n esperança f

hopeful ['həʊpfʊl] aj optimista; (situation) prometedor -a, esperançador -a

hopeless ['həʊplɪs] aj desesperat -ada

horizon [hə'raɪzn] n horitzó m

horizontal [ˌhɒrɪ'zɒntl] aj horitzontal

horn [hɔːn] n banya f; aut clàxon m; mús corn m, trompa f

horned [hɔːnd] aj banyut -uda, cornut -uda

horoscope ['hɒrəskəʊp] n horòscop m

horrible ['hɒrɪbl] aj horrible

horrify ['hɒrɪfaɪ] vt horroritzar, esglaiar

horror ['hɒrə'] n horror m

hors d'oeuvre [ɔː'dɜːv'] n entremès m

horse [hɔːs] n cavall m; **~man** n genet m, cavaller m; **~manship** n equitació f, cavall m de vapor; **~shoe** n ferradura f; **~woman** n geneta f, amazona f

hose [həʊz] n mànega f

hospital ['hɒspɪtl] n hospital m

hospitality [ˌhɒspɪ'tælɪtɪ] n hospitalitat f

host [həʊst] n amfitrió -ona mf, hoste -essa mf; (crowd) multitud f, munió f; rlg hòstia f

hostage ['hɒstɪdʒ] n ostatge mf

hostel ['hɒstəl] n alberg m

hostess ['həʊstes] n amfitriona f, hostessa f; aer hostessa f

hostile ['hɒstaɪl] aj hostil, enemic

-iga, advers -a
hostility [hɒs'tɪlɪtɪ] n hostilitat f
hot [hɒt] aj calent -a; (weather)
calorós -osa; (spicy) picant; **I'm ~**
tinc calor; **it is ~** fa calor
hotel [həʊ'tel] n hotel m
hotpot ['hɒtpɒt] n estofat m
hour [aʊə'] n hora f
hourly ['aʊəlɪ] aj cada hora
house [haʊs] n casa f; pol cambra
f; **~coat** n bata f; **~hold** n
família f, casa f; **~keeper** n
majordom -a m f; vt allotjar
housing ['haʊzɪŋ] n allotjament
m; (houses) cases fpl, habitatges
mpl; **~ estate** n urbanització f
hovel ['hɒvəl] n tuguri m
how [haʊ] av com. How are you?,
com estàs?. How can that be?,
com pot ser?; que. How lovely!,
que bonic!; **~ many** quants -es;
~ much quant -a. How much (is
it)?, quant val?; **~ often** cada
quan?; **~ old are you?** quants
anys tens?
however [haʊ'evə'] però, no
obstant això, tanmateix; av per
molt que, per més que. She'll buy
it however much it costs, ho
comprarà costi el que costi
howl [haʊl] n udol m | vi udolar;
(person) cridar, bramar
hubbub ['hʌbʌb] n guirigall m,
xivarri m
hue [hju:] n to m, matís m
hug [hʌg] vt abraçar; n abraçada f
huge [hju:dʒ] aj enorme, immens
hum [hʌm] vi brunzir; vt intr
(person) taral·lejar; n brunzit m
human ['hju:mən] aj humà -ana;
~ being n ésser m humà; **~ race**

n gènere m humà, espècie f
humana, raça f humana | n humà
m, home m
humane [hju:'meɪn] aj humà -ana,
humanitari -ària
humanity [hju:'mænɪtɪ] n
humanitat f
humankind [,hju:mən'kaɪnd] n
humanitat f
humble ['hʌmbl] aj humil, modest
-a; vt humiliar, rebaixar
humbug ['hʌmbʌg] n farsa f,
engany m
humerus ['hju:mərəs] n húmer m
humid ['hju:mɪd] aj humit -ida
humidify [hju:'mɪdɪfaɪ] vt
humitejar
humidity [hju:'mɪdɪtɪ] n humitat f
humiliate [hju:'mɪlɪeɪt] vt humiliar
hummingbird ['hʌmɪŋbɜ:d] n
colibrí m
humour (or **humor** US)
['hju:mə'] n humor m, sentit m del
humor; (mood) humor m | vt
complaure
hump [hʌmp] n gep m, gepa f; (in
ground) turó m, pujol m
humus ['hju:məs] n humus m
hunchback ['hʌntʃbæk] n
geperut -uda m
hunchbacked ['hʌntʃbækt] aj
geperut -uda
hundred ['hʌndrɪd] aj n cent m
hung [hʌŋ] pp pt → **hang**
Hungarian [hʌŋ'geəriən] aj mf
hongarès -esa aj mf
hunger ['hʌŋgə'] n gana f
hungry ['hʌŋgrɪ] aj afamat -ada,
famolenc -a. I am hungry, tinc
gana
hunt [hʌnt] vt buscar, empaitar;

(*animals*) caçar | n caça f, cacera f

hunter ['hʌntə'] n caçador -a mf

hunting ['hʌntɪŋ] n esp cacera f, caça f

hurl [hɜːl] vt llançar, tirar

hurrah! [hʊ'rɑː] inj hurra!, visca!

hurricane ['hʌrɪkən] n huracà m

hurry ['hʌrɪ] n pressa f | vt apressar, acuitar; (or ~ up) vi apressar-se, afanyar-se, fer via

hurt [hɜːt] (pt, pp hurt) vt fer mal a, ferir | vi fer mal | aj ferit -ida

husband ['hʌzbənd] n espòs m, marit m, home m

husk [hʌsk] n closca f, clofolla f

hustle ['hʌsl] vt acuitar, apressar; n tràfec m

hut [hʌt] n barraca f, cabana f, cabanya f

hyacinth ['haɪəsɪnθ] n jacint m

hybrid ['haɪbrɪd] aj híbrid -a; n híbrid m

hydrangea [haɪ'drendʒə] n hortènsia f

hydrant ['haɪdrənt] n boca f de reg; (fire) boca f d'incendis

hydraulic [haɪ'drɔlɪk] aj hidràulic -a; ~s n hidràulica f

hydrogen ['haɪdrɪdʒən] n hidrogen m

hydrography [haɪ'drɒlɪsɪs] n hidrografia f

hyena [haɪ'iːnə] n hiena f

hygiene ['haɪdʒiːn] n higiene f

hymn [hɪm] n himne m

hypermarket ['haɪpə,mɑːkɪt] n hipermercat m

hyphen ['haɪfən] n guió m, guionet m

hypnotize ['hɪpnətaɪz] vt hipnotitzar

hypocrite ['hɪpəkrɪt] n hipòcrita mf, fals -a

hypothesis [haɪ'pɒθɪsaɪz] n hipòtesi f

hysteria [hɪs'tɪərɪə] n histèria f

I

I [aɪ] pr jo

Iberian [aɪ'bɪərɪən] aj ibèric -a

ice [aɪs] n glaç m, gel m; ~berg n iceberg m; ~box (UK) congelador m; (US) nevera f; ~ cream n gelat m; ~ cube n glaçó m | vt gebrar; ~ over (or ~ up) vi gelar-se, glaçar-se

iced [aɪst] aj gebrat -ada

Icelander ['aɪsləndə'] n islandès -esa mf

Icelandic [aɪs'lændɪk] aj islandès -esa; n (language) islandès m

icy ['aɪsɪ] aj glaçat -ada, gèlid -a

idea [aɪ'dɪə] n idea f

ideal [aɪ'dɪəl] aj n ideal aj m

idealize [aɪ'dɪəlaɪz] vt idealitzar

identical [aɪ'dentɪkəl] aj idèntic -a

identify [aɪ'dentɪfaɪ] vt identificar

identity [aɪ'dentɪtɪ] n identitat f; ~ card n carnet m d'identitat

ideology [,aɪdɪ'ɒlədʒɪ] n ideologia f; idees fpl

idiom ['ɪdɪəm] n locució f, expressió f; (style) llenguatge m

idiosyncrasy [,ɪdɪə'sɪŋkrəsɪ] n idiosincràsia f

idiot ['ɪdɪət] n idiota mf

idiotic [,ɪdɪ'ɒtɪk] aj idiota

idle ['aɪdl] aj ociós -osa, desvagat -ada; (lazy) mandrós -osa, gandul -a, dropo -a; (unemployed) desocupat -ada, aturat -ada

idler ['aɪdlə] n gandul -a mf,
mandrós -osa mf, dropo -a mf

idol ['aɪdl] n ídol m

idyll ['ɪdɪl] n idil·li m

if [ɪf] cnj si; (even though) tot i
que, encara que; **as ~** com si

ignominy [ˌɪgnə'mɪnɪ] n ignomínia
f; deshonor m

ignoramus [ˌɪgnə'reɪməs] n
ignorant mf

ignorant ['ɪgnərənt] aj ignorant

ignore [ɪg'nɔː] vt ignorar, no fer
cas de

ilex ['aɪleks] n alzina f, carrasca f

ill [ɪl] aj malalt -a; **~-fated** aj
malaguanyat -ada; **~ luck** n
malastrugança f; **~-mannered**
mal educat -ada; **~-treat** vt
maltractar

illegal [ɪ'liːgəl] aj il·legal

illegitimate [ˌɪlɪdʒɪtɪmɪt] aj
il·legítim -a

illiterate [ɪ'lɪtərɪt] n analfabet
-a aj mf

illness ['ɪlnɪs] n malaltia f

illogical [ɪ'lɒdʒɪkəl] aj il·lògic -a

illuminate [ɪ'luːmɪneɪt] vt
il·luminar

illuminated [ɪ'luːmɪneɪtɪd] aj
il·luminós -osa

illumination [ɪˌluːmɪ'neɪʃən] n
il·luminació f, enllumenat m; **~s** pl
lluminària fsg

illusion [ɪ'luːʒən] n il·lusió f

illustrate ['ɪləstreɪt] vt il·lustrar

illustration [ˌɪləstreɪʃən] n
il·lustració f; (example) exemple m

illustrative ['ɪləstrətɪv] aj
il·lustratiu -iva

illustrious [ɪ'lʌstrɪəs] aj il·lustre

image ['ɪmɪdʒ] n imatge f

imaginary [ɪ'mædʒɪnərɪ] aj
imaginari -ària

imagination [ɪˌmædʒɪ'neɪʃən] n
imaginació f

imagine [ɪ'mædʒɪn] vt imaginar-
se, figurar-se

imbalance [ɪm'bæləns] n
desequilibri m

imbecile [ɪm'bæsiːl] aj n imbècil
aj mf

imitate ['ɪmɪteɪt] vt imitar

immediate [ɪ'miːdɪət] aj immediat
-a; (near) pròxim -a, proper -a

immediately [ɪ'miːdɪətlɪ] av
immediatament, de seguida, a
l'acte

immense [ɪ'mens] aj immens -a,
enorme

immerse [ɪ'mɜːs] vt submergir; **be
~d** estar absort, estar submergit

immersion [ɪ'mɜːʃən] n immersió
f, submersió f

immigrant ['ɪmɪgrənt] n
immigrant mf

immigration [ˌɪmɪ'greɪʃən] n
immigració f

imminent ['ɪmɪnənt] aj imminent

immobile [ɪ'məubaɪl] aj immòbil

immobilize [ɪ'məubɪlaɪz] vt
immobilitzar

immortal [ɪ'mɔːtl] aj immortal

immune [ɪ'mjuːn] aj immune

imp [ɪmp] n follet m

impact ['ɪmpækt] n impacte m

impair [ɪm'peə] vt perjudicar

impatience [ɪm'peɪʃəns] n
impaciència f

impatient [ɪm'peɪʃənt] aj
impacient

impeccable [ɪm'pekəbl] aj

impecable

impede [im'piːd] vt impedir, destorbar

impediment [im'pɛdimənt] n impediment m, obstacle m, destorb m

impel [im'pɛl] vt empènyer, impulsar, impel·lir

imperative [im'pɛrətiv] aj imperiós -osa, urgent; grm imperatiu -iva | n imperatiu m

imperceptible [,impə'sɛptəbl] aj imperceptible

imperfect [im'pɜːfikt] aj imperfecte -a; grm imperfet -a

imperial [im'piəriəl] aj imperial

impertinent [im'pɜːtinənt] aj impertinent, desvergonyit -ida.

impervious [im'pɜːviəs] aj impermeable; (person) insensible

impetus ['impitəs] n impetu m; (force) impuls m

implant [im'plɑːnt] vt implantar

implement ['implimənt] n eina f, utensili m, estri m; vt realitzar, dur a terme

implicate ['implikeit] vt implicar, involucrar

implore [im'plɔː'] vt implorar, suplicar

imply [im'plai] vt implicar, significar

import ['impɔːt] vi importar | n importació f; (imported good) producte m importat; (meaning) significat m

importance [im'pɔːtəns] n importància f

important [im'pɔːtənt] aj important

impose [im'pəuz] vt imposar;

~ **upon** vi molestar, abusar de

impossible [im'pɒsəbl] aj impossible

impostor [im'pɒstə'] n impostor -a mf

impoverish [im'pɒvəriʃ] vt empobrir

impoverished [im'pɒvəriʃt] aj necessitat -ada, miserable

impregnate ['impregneit] vt impregnar

impress [im'pres] vt impressionar, afectar; (print) imprimir

impression [im'preʃən] n impressió f

impressionism [im'preʃənizəm] n impressionisme m

impressive [im'presiv] aj impressionant

imprint [im'print] n empremta f; (publisher's name) peu m d'impremta | vt imprimir

imprison [im'prizn] vt empresonar

imprisonment [im'priznmənt] n empresonament m, presó f

improper [im'prɒpə'] aj deshonest -a, indecent; (incorrect) incorrecte -a

improve [im'pruːv] vt millorar, perfeccionar

improvement [im'pruːvmənt] n millora f

improvise ['imprəvaiz] vt improvisar

imprudent ['impruːdənt] aj imprudent

impudent ['impjudənt] aj desvergonyit -ida, descarat -ada

impulse ['impʌls] n impuls m

impurity [im'pjuəriti] n impuresa f

impute [im'pjuːt] vt imputar,

indecisive

atribuir

in [ɪn] prp (place) en, a. She lives in Barcelona, viu a Barcelona. It is in the drawer, és al calaix. People in London, la gent de Londres; (time) en, a. In spring, a la primavera. We did it in three days, ho vam fer en tres dies. She was born in nineteen sixty-seven, va néixer el mil nou-cents seixanta-set. In half an hour, d'aquí a mitja hora; (manner) In French, en francès. Dressed in red, vestit de vermell. It is covered in dirt, està ple de brutícia; ~-law aj polític -a | av a casa; (in fashion) de moda

inadequate [ɪn'ædɪkwɪt] aj insuficient

inappropriate [ˌɪnə'prəʊprɪɪt] aj inconvenient, inadequat -ada

inaugurate [ɪ'nɔ:gjʊreɪt] vt inaugurar

inborn ['ɪn'bɔ:n] aj innat -a

incandescent [ˌɪnkæn'desnt] aj incandescent

incapable [ɪn'keɪpəbl] aj incapaç

incense ['ɪnsens] n encens m; [ɪn'sens] vt indignar, irritar

incentive [ɪn'sentɪv] n incentiu m, estímul m

incest ['ɪnsest] n incest m

inch [ɪntʃ] n polzada f; ~ by pam a pam

incident ['ɪnsɪdənt] n incident m

incidental [ˌɪnsɪ'dentl] aj incidental, incident, accessori -òria

incinerate [ɪn'sɪnəreɪt] vt incinerar

incision [ɪn'sɪʒən] n incisió f

incisive [ɪn'saɪsɪv] aj incisiu -iva, mordaç

incisor [ɪn'saɪzə] n dent f incisiva

incite [ɪn'saɪt] vt incitar, provocar

inclement [ɪn'klemənt] aj inclement

inclination [ˌɪnklɪ'neɪʃən] n inclinació f, tendència f; (slope) inclinació f

incline [ɪn'klaɪn] n inclinació f, costa f | vt decantar, inclinar; vi inclinar-se

include [ɪn'klu:d] vt incloure

incoherent [ˌɪnkəʊ'hɪərənt] aj incoherent

income ['ɪnkʌm] n ingressos mpl; (from investments, properties) renda f; ~ tax n impost m sobre la renda

incompetent [ɪn'kɒmpɪtənt] aj incompetent

incomplete [ˌɪnkəm'pli:t] aj incomplet -a

inconvenience [ˌɪnkən'vi:nɪəns] n inconvenient m, dificultat f, problema m; vt molestar, importunar, amoïnar

incorporate [ɪn'kɔ:pəreɪt] vt incorporar

increase [ɪn'kri:s] n augment m, increment m, creixement m; (price) augment m, puja f | vt augmentar, apujar, incrementar; vi augmentar, créixer

increasing [ɪn'kri:sɪŋ] aj creixent

incredible [ɪn'kredəbl] aj increïble

incredulous [ɪn'kredjʊləs] aj incrèdul -a

increment ['ɪnkrɪmənt] n increment m, augment m

incubate ['ɪnkjʊbeɪt] vt incubar, covar

indecisive [ˌɪndɪ'saɪsɪv] aj indecís

-isa, irresolut -uda

indeed [ɪn'diːd] av en efecte, naturalment; **yes ~** és clar que sí, i tant

indefinite [ɪn'defɪnɪt] aj indefinit -ida

indemnity [ɪn'demnɪtɪ] n indemnització f

independence [ˌɪndɪ'pendəns] n independència f

independent [ˌɪndɪ'pendənt] aj independent

indeterminate [ˌɪndɪ'tɜːmɪnɪt] aj indeterminat -ada

index ['ɪndeks] n índex m; (in library) catàleg m; ~ **card** n fitxa f; ~ **finger** n índex m

Indian ['ɪndɪən] aj n indi índia aj mf; ~ **club** n maça f; ~ **file** n fila índia

indicate ['ɪndɪkeɪt] vt indicar

indication [ˌɪndɪ'keɪʃən] n indicació f, indici m, senyal m

indicative [ɪn'dɪkətɪv] aj indicatiu -iva aj

indicator ['ɪndɪkeɪtə'] n indicador m; aut intermitent m

indifference [ɪn'dɪfrəns] n indiferència f

indifferent [ɪn'dɪfrənt] aj indiferent; (low quality) mediocre

indigenous [ɪn'dɪdʒɪnəs] aj indígena

indigent ['ɪndɪdʒənt] aj indigent

indirect [ˌɪndɪ'rekt] aj indirecte -a

indispensable [ˌɪndɪs'pensəbl] aj indispensable, imprescindible

indisposition [ˌɪndɪspə'zɪʃən] n indisposició f; (illness) malestar m, indisposició f

individual [ˌɪndɪ'vɪdjuəl] aj individual; n individu m, persona f, subjecte m

induce [ɪn'djuːs] vt induir, persuadir; (cause) provocar, causar

industrial [ɪn'dʌstrɪəl] aj industrial; ~ **estate** n polígon m industrial

industrialist [ɪn'dʌstrɪəlɪst] n industrial mf

industrious [ɪn'dʌstrɪəs] aj treballador -a, diligent

industry ['ɪndʌstrɪ] n indústria f; (diligence) diligència f

inept [ɪ'nept] aj inepte -a, incompetent

inert [ɪ'nɜːt] aj inert -a

inertia [ɪ'nɜːʃə] n inèrcia f

infamy ['ɪnfəmɪ] n infàmia f

infancy ['ɪnfənsɪ] n infància f, infantesa f

infant ['ɪnfənt] n infant m, criatura f, nen -a mf

infantile ['ɪnfəntaɪl] aj infantil

infantry ['ɪnfəntrɪ] n infanteria f

infect [ɪn'fekt] vt infectar; (person) encomanar, contagiar

infection [ɪn'fekʃən] n infecció f; (from person) contagi m

infectious [ɪn'fekʃəs] aj infecciós -osa; (from person) contagiós -osa

inferior [ɪn'fɪərɪə'] aj inferior

infinite ['ɪnfɪnɪt] aj infinit -a

infinitive [ɪn'fɪnɪtɪv] n infinitiu m

infinity [ɪn'fɪnɪtɪ] n infinit m

inflame [ɪn'fleɪm] vt encendre, enutjar

inflammable [ɪn'flæməbl] aj inflamable

inflate [ɪn'fleɪt] vt inflar

inflection [ɪn'flekʃən] inflexió f; grm flexió f

inflexible [ɪnˈfleksəbl] *aj* inflexible

influence [ˈɪnfluəns] *n* influència f; *vt* influir

influenza [ˌɪnfluˈenzə] *n* grip f/m

influx [ˈɪnflʌks] *n* afluència f

inform [ɪnˈfɔːm] *vt* informar, assabentar, comunicar; ~ **against** *vi* delatar

information [ˌɪnfəˈmeɪʃən] *n* informació f; ~ **office** *n* oficina f d'informació

informative [ɪnˈfɔːmətɪv] *aj* informatiu -iva

infraction [ɪnˈfrækʃən] *n* dr infracció f

infrastructure [ˈɪnfrəˌstrʌktʃəˈ] *n* infraestructura f

infringe [ɪnˈfrɪndʒ] *vt* infringir, vulnerar, violar

infringement [ɪnˈfrɪndʒmənt] *n* infracció f

infuriate [ɪnˈfjuərɪeɪt] *vt* exasperar, fer ràbia a

infusion [ɪnˈfjuːʒən] *n* infusió f

ingenious [ɪnˈdʒiːnɪəs] *aj* enginyós -osa, llest -a

ingenuous [ɪnˈdʒenjuəs] *aj* ingenu -ènua, càndid -a

ingest [ɪnˈdʒest] *vt* ingerir

ingredient [ɪnˈgriːdɪənt] *n* ingredient m, component m

inhabit [ɪnˈhæbɪt] *vt* habitar, viure a, residir a

inhabitant [ɪnˈhæbɪtənt] *n* habitant mf

inhalation [ˌɪnhəˈleɪʃən] *n* inhalació f, aspiració f

inhale [ɪnˈheɪl] *vt* inhalar, aspirar

inherit [ɪnˈherɪt] *vt* heretar

inheritance [ɪnˈherɪtəns] *n* herència f; fg herència f,

patrimoni m

inhuman [ɪnˈhjuːmən] *aj* inhumà -ana

initial [ɪˈnɪʃəl] *n* inicial *aj* f

initiate [ɪˈnɪʃɪeɪt] *vt* iniciar, començar

inject [ɪnˈdʒekt] *vt* injectar

injection [ɪnˈdʒekʃən] *n* injecció f

injure [ˈɪndʒəˈ] *vt* lesionar, ferir; fg perjudicar, ferir

injury [ˈɪndʒərɪ] *n* lesió f, ferida f; fg perjudici m, dany m

injustice [ɪnˈdʒʌstɪs] *n* injustícia f

ink [ɪŋk] *n* tinta f

inlet [ˈɪnlet] *n* cala f; tcn entrada f

inn [ɪn] *n* fonda f, hostal m

innate [ɪˈneɪt] *aj* innat -a

inner [ˈɪnəˈ] *aj* interior; fg íntim -a

innocence [ˈɪnəsns] *n* innocència f

innocent [ˈɪnəsnt] *aj* innocent

innovation [ˌɪnəʊˈveɪʃən] *n* innovació f, novetat f

innumerable [ɪˈnjuːmərəbl] *aj* innombrable

inordinate [ɪnˈɔːdɪnɪt] *aj* desmesurat -ada, excessiu -iva

inorganic [ˌɪnɔːˈgænɪk] *aj* inorgànic -a

insane [ɪnˈseɪn] *aj* boig boja, dement, foll -a

insanity [ɪnˈsænɪtɪ] *n* bogeria f, demència f, follia f

inscribe [ɪnˈskraɪb] *vt* inscriure

inscription [ɪnˈskrɪpʃən] *n* inscripció f

insect [ˈɪnsekt] *n* insecte m

insecticide [ɪnˈsektɪsaɪd] *n* insecticida f

insectivorous [ˌɪnsekˈtɪvərəs] *aj* insectívor -a

insensitive [ɪnˈsensɪtɪv] *aj*

insensible

insert ['ɪnsɜːt] vt introduir; (put between) intercalar

inside [ɪn'saɪd] prp dins, dintre | aj interior | av dins, dintre, endins | n interior m, dins m; **~s** pl pm budells m, entranyes f

insignificant [ˌɪnsɪg'nɪfɪkənt] aj insignificant, menut -uda

insincere [ˌɪnsɪn'sɪə] aj fals -a, poc sincer -a

insinuate [ɪn'sɪnjʊeɪt] vt insinuar

insinuation [ɪnˌsɪnjʊeɪʃən] n insinuació f, indirecta f

insipid [ɪn'sɪpɪd] aj insípid -a, fat fada, insuls -a

insist [ɪn'sɪst] vi insistir

insistence [ɪn'sɪstəns] n insistència f

insole ['ɪnsəʊl] n plantilla f

insolence ['ɪnsələns] n insolència f, atreviment m

insolent ['ɪnsələnt] aj insolent, atrevit -ida

insomnia [ɪn'sɒmnɪə] n insomni m

inspect [ɪn'spekt] vt inspeccionar, examinar, observar; mil passar revista

inspection [ɪn'spekʃən] n inspecció f, examen m, revisió f; mil revista f

inspector [ɪn'spektə] n inspector -a mf; (of buses, trains) revisor -a mf, interventor -a mf

inspiration [ˌɪnspə'reɪʃən] n inspiració f

inspire [ɪn'spaɪə] vt inspirar

install [ɪn'stɔːl] vt instal·lar; (person) nomenar

installation [ˌɪnstə'leɪʃən] n instal·lació f

instalment (or **installment** US) [ɪn'stɔːlmənt] n termini m

instance ['ɪnstəns] n exemple m. For instance, per exemple

instant ['ɪnstənt] n instant m, moment m; aj instantani -ània, immediat -a

instantly ['ɪnstəntlɪ] av a l'instant, de seguida

instead [ɪn'sted] av en canvi; **~ of** en comptes de, en lloc de, en canvi de

instinct ['ɪnstɪŋkt] n instint m

institute ['ɪnstɪtjuːt] n institut m; (professional body) col·legi m, associació f | vt instituir, establir

institution [ˌɪnstɪ'tjuːʃən] n institució f; (home) asil m

instruct [ɪn'strʌkt] vt instruir, ensenyar

instruction [ɪn'strʌkʃən] n instrucció f

instructor [ɪn'strʌktə] n instructor -a mf, monitor -a mf

instrument ['ɪnstrʊmənt] n instrument m

insufficient [ˌɪnsə'fɪʃənt] aj insuficient

insular ['ɪnsjʊlə] aj insular; (person) tancat -ada

insulate ['ɪnsjʊleɪt] vt aïllar

insulating ['ɪnsjʊleɪtɪŋ] aj aïllant; **~ tape** n cinta f aïllant

insulator ['ɪnsjʊleɪtə] n aïllant m

insult ['ɪnsʌlt] n insult m, ofensa f; vt insultar

insulting [ɪn'sʌltɪŋ] aj insultant, ofensiu -iva

insurance [ɪn'ʃʊərəns] n assegurança f; **~ broker** n agent mf d'assegurances; **~ policy** n

pòlissa f d'assegurances
insure [ɪnˈʃʊə] vt assegurar
intact [ɪnˈtækt] aj intacte -a
integral [ˈɪntɪɡrəl] aj integral
integrate [ˈɪntɪɡreɪt] vt integrar
intellect [ˈɪntɪlekt] n intel·lecte m,
intel·ligència f
intellectual [ˌɪntɪˈlektjʊəl] n
intel·lectual aj mf; aj mental
intelligence [ɪnˈtelɪdʒəns] n
intel·ligència f; **~ quotient** n
coeficient m d'intel·ligència
intelligent [ɪnˈtelɪdʒənt] aj
intel·ligent
intelligible [ɪnˈtelɪdʒəbl] aj
intel·ligible, entenedor -a,
comprensible
intend [ɪnˈtend] vt pensar, tenir
el propòsit de
intense [ɪnˈtens] aj intens -a
intensive [ɪnˈtensɪv] aj intensiu
-iva
intent [ɪnˈtent] n intenció f,
propòsit m; aj atent -a
intention [ɪnˈtenʃən] n intenció f,
propòsit m
intentionally [ɪnˈtenʃnəlɪ] av
deliberadament, intencionadament
inter [ɪnˈtɜː] vt enterrar
intercept [ˌɪntəˈsept] vt
interceptar
interchange [ˈɪntətʃeɪndʒ] n
intercanvi m; aut encreuament m
| vt intercanviar
intercourse [ˈɪntəkɔːs] n coit m,
relacions fpl sexuals
interest [ˈɪntrɪst] n interès m; ecn
interès m, renda f | vt interessar
interesting [ˈɪntrɪstɪŋ] aj
interessant
interfere [ˌɪntəˈfɪə] vi intervenir,

ficar-se, interferir
interior [ɪnˈtɪrɪə] n interior m, dins
m; aj intern -a, interior
interlude [ˈɪntəluːd] n interval m;
tea entreacte m; mús interludi m
intermediary [ˌɪntəˈmiːdɪərɪ] n
intermediari -ària m
intermediate [ˌɪntəˈmiːdɪət] aj
intermedi -èdia
interminable [ɪnˈtɜːmɪnəbl] aj
interminable, inacabable
intermittent [ˌɪntəˈmɪtənt] aj
intermitent
intern [ɪnˈtɜːn] vt internar; n
intern -a mf
internal [ɪnˈtɜːnl] aj intern -a,
interior
international [ˌɪntəˈnæʃnəl] aj
internacional, n partit m
internacional
interpret [ɪnˈtɜːprɪt] vt
interpretar; (translate) traduir
interpreter [ɪnˈtɜːprɪtə] n
intèrpret mf
interrogate [ɪnˈterəgeɪt] vt
interrogar
interrogation [ɪnˌterəˈgeɪʃən] n
interrogatori m
interrupt [ˌɪntəˈrʌpt] vt
interrompre
interruption [ˌɪntəˈrʌpʃən] n
interrupció f
intersect [ˌɪntəˈsekt] vi encreuar-
se, creuar-se
intersection [ˌɪntəˈsekʃən] n
intersecció f; aut (road junction)
encreuament m
interval [ˈɪntəvəl] n interval m;
tea intermedi m
intervene [ˌɪntəˈviːn] vi intervenir
intervention [ˌɪntəˈvenʃən] n

intervenció f
interview ['ɪntəvju:] n entrevista
f; vt entrevistar a
intestinal [ˌɪntes'tɪnl] aj intestinal
intestine [ɪn'testɪn] n intestí m,
budell m
intimacy ['ɪntɪməsɪ] n intimitat f
intimate ['ɪntɪmeɪt] aj/vt íntim -a; n
amic -ga mf íntim -a
intimidate [ɪn'tɪmɪdeɪt] vt
intimidar, acovardir
into ['ɪntʊ] prp en, a; (inside) dins,
dintre; (towards) a, cap a
intolerable [ɪn'tɒlərəbl] aj
intolerable, insuportable
intonation [ˌɪntə'neɪʃən] n
entonació f
intoxicate [ɪn'tɒksɪkeɪt] vt
embriagar
intoxicated [ɪn'tɒksɪkeɪtɪd] aj
embriac -aga, ebri èbria
intoxication [ɪnˌtɒksɪ'keɪʃən] n
embriaguesa f
intricate ['ɪntrɪkeɪt] aj intricat
-ada, enrevessat -ada
intrigue [ɪn'tri:g] n intriga f; vti
intrigar
introduce [ˌɪntrə'dju:s] vt
introduir; (person) presentar
introduction [ˌɪntrə'dʌkʃən] n
presentació f; (preliminary part)
preàmbul m, introducció f
intruder [ɪn'tru:də'] n intrús -usa
mf
intrusive [ɪn'tru:sɪv] aj intrús -usa
intuition [ˌɪntju:'ɪʃən] n intuïció f
inundate ['ɪnʌndeɪt] vt inundar,
negar; fg inundar
invade [ɪn'veɪd] vt envair
invalid [ɪn'vælɪd] aj invàlid -a, nul
nul·la; ['ɪnvəlɪd] n invàlid -a mf,

minusvàlid -a mf
invariable [ɪn'veərɪəbl] aj
invariable
invasion [ɪn'veɪʒən] n invasió f
invent [ɪn'vent] vt inventar
invention [ɪn'venʃən] n invenció
f, invent m; (ability) fantasia f
inventor [ɪn'ventə'] n inventor -a
mf
inverse ['ɪn'vɜ:s] aj invers -a
inversion [ɪn'vɜ:ʃən] n inversió f
invert [ɪn'vɜ:t] vt invertir; **~ed
commas** pl cometes f
invertebrate [ɪn'vɜ:tɪbrɪt] n
invertebrat m
invest [ɪn'vest] vt invertir
investigate [ɪn'vestɪgeɪt] vt
investigar
investigation [ɪnˌestɪ'geɪʃən] n
investigació f, recerca f
investment [ɪn'vestmənt] n
inversió f
invisible [ɪn'vɪzəbl] aj invisible
invite [ɪn'vaɪt] vt convidar, invitar
invoice ['ɪnvɔɪs] n factura f; vt
facturar
invoke [ɪn'vəʊk] vt invocar,
demanar
involuntary [ɪn'vɒləntərɪ] aj
involuntari -ària
involve [ɪn'vɒlv] vt comportar,
suposar, implicar; (concern)
correspondre, incumbir
iodine ['aɪədi:n] n iode m
irascible [ɪ'ræsɪbl] aj irascible,
geniüt -üda, rabiüt -üda
iris ['aɪərɪs] n lliri m; ana iris m
Irish ['aɪərɪʃ] aj irlandès -esa;
~man n irlandès m; **~woman** n
irlandesa f
irksome ['ɜ:ksəm] aj enutjós -osa,

empipador -a

iron ['aiən] n ferro m; (for clothes) planxa f| vt planxar; ~ **out** vt aplanar; ~ **board** n post f de planxar

irony ['aiərəni] n ironia f

irrational [ɪ'ræʃənl] n irracional

irregular [ɪ'regjulə] aj irregular, desigual

irrelevant [ɪ'reləvənt] aj irrellevant, impertinent

irresolute [ɪ'rezəluːt] aj indecís -isa

irrigate ['irigeit] vt regar

irrigation [,iri'geiʃən] n reg m

irritable ['iritəbl] aj irritable, rabiüt -üda

irritate ['inteit] vt irritar, enutjar; (itch) irritar

irritation [,inte'ʃən] n irritació f

Islamic [iz'læmik] aj islàmic -a, mahometà -ana, musulmà -ana

island ['ailənd] n illa f

isle [ail] n illa f

isolate ['aisouleit] vt aïllar

issue ['iʃuː] n qüestió f, tema f; (of magazine, newspaper) edició f; (outcome) resultat m; (of banknotes) emissió f| vt emetre; (magazines, etc) publicar; (banknotes) emetre; (distribute) distribuir, repartir; (laws) dictar

isthmus ['isməs] n istme m

it [it] pr (subject, often not translated) It is impossible, és impossible; (object) el m, la f, ho. Do it, fes-ho

Italian [i'tæliən] aj n italià -ana aj mf; n (language) italià m

itch [itʃ] n picor f; vi picar

item ['aitəm] n article m

itemize ['aitəmaiz] vt detallar

itinerant [i'tinərənt] aj itinerant, ambulant

itinerary [ai'tinərəri] n itinerari m

IUD [,aiju:'di:] n DIU, dispositiu intrauterí

ivory ['aivəri] n marfil m, vori m

ivy ['aivi] n heura f

J

jack [dʒæk] n gat m; **~-knife** n navalla f

jackal ['dʒækɔːl] n xacal m

jacket ['dʒækit] n jaqueta f, gec m; (of suit) americana f; (of book) sobrecoberta f

jade [dʒeid] n jade m

jaguar ['dʒægjuə'] n jaguar m

jail [dʒeil] n presó m; vt empresonar

jam [dʒæm] n confitura f, melmelada f; (situation) embolic m | vt encabir; (crowd) omplir, apinyar; (obstruct) travar, encallar; (radio) interferir; vi encallar-se, travar-se

janitor ['dʒænitə'] n porter -a mf, conserge mf

January ['dʒænjuəri] n gener m

Japanese [,dʒæpə'ni:z] aj n japonès -esa aj mf; n (language) japonès m

jar [dʒɑː'] n gerra f, pot m | vi grinyolar; vt fer vibrar

jargon ['dʒɑːgən] n argot m

jasmine ['dʒæzmin] n gessamí m, llessamí m

javelin ['dʒævlin] n javelina f

jaw [dʒɔː] n mandíbula f, barra f

jazz [dʒæz] n jazz m; (or ~ **up**) vt animar

jealous ['dʒeləs] aj gelós -osa

jealousy ['dʒeləsɪ] n gelosia f

jeans [dʒiːnz] pl pantalons m vaquers, pantalons m texans, texans m

jelly ['dʒelɪ] n gelea f; **~fish** n medusa f

jeopardize ['dʒepədaɪz] vt arriscar

jeopardy ['dʒepədɪ] n perill m

jerk [dʒɜːk] n batzegada f, estrebada f | vt estirar bruscament; vi trontollar

jersey ['dʒɜːzɪ] n jersei m

jest [dʒest] n facècia f; vi fer broma

jester ['dʒestə'] n bufó m

Jesuit ['dʒezjuɪt] n jesuïta m

jet [dʒet] n doll m, raig m; aer avió m de reacció, jet m, reactor m

jetty ['dʒetɪ] n arq mar escullera f, espigó m

Jew [dʒuː] n jueu -eva mf

jewel ['dʒuːəl] n joia f

jeweller ['dʒuːələ'] n joier -a mf; **~'s** (**shop**) n joieria f

jewellery ['dʒuːlərɪ] n joies fpl

Jewish ['dʒuːɪʃ] aj jueu -eva

jigsaw ['dʒɪgsɔː] (or ~ **puzzle**) n trencaclosques m, puzle m

jilt [dʒɪlt] vt donar carbassa a

jingle ['dʒɪŋgl] n dring m; (song) cançoneta f | vi dringar

job [dʒɒb] n feina f, ocupació f, treball m

jockey ['dʒɒkɪ] n joquei mf

jog [dʒɒg] vi fer fúting, córrer; vt empènyer lleugerament

jogging ['dʒɒgɪŋ] n fúting m

join [dʒɔɪn] vt ajuntar, unir; (political party) afiliar-se a; (club) fer-se soci de; (other people) reunir-se amb, trobar-se amb

joiner ['dʒɔɪnə'] n fuster -a mf

joinery ['dʒɔɪnərɪ] n fusteria f

joint [dʒɔɪnt] n juntura f, junta f; ana articulació f, juntura f, unió f; vlg (cigarette) porro m

joke [dʒəʊk] n acudit m, broma f, facècia f; vi fer broma, bromejar

joker ['dʒəʊkə'] n bromista f; (cards) comodín m, jòquer m

jolly ['dʒɒlɪ] aj alegre

jolt [dʒəʊlt] n batzegada f; vi trontollar

jot [dʒɒt] n bri m, pèl m

journal ['dʒɜːnl] n diari m

journalism ['dʒɜːnəlɪzəm] n periodisme m

journalist ['dʒɜːnəlɪst] n periodista mf

journey ['dʒɜːnɪ] n viatge m. He went on a journey, va anar de viatge; vi viatjar

joy [dʒɔɪ] n alegria f, joia f, goig m

joyful ['dʒɔɪful] aj alegre, joiós -osa

jubilee ['dʒuːbɪliː] n aniversari m

judge [dʒʌdʒ] n jutge m, jutgessa f | vt jutjar; (consider) considerar, jutjar

judgement ['dʒʌdʒmənt] n judici m, criteri m, dret sentència f

judo ['dʒuːdəʊ] n judo m

jug [dʒʌg] n gerra f

jugular vein ['dʒʌgjʊlə',veɪn] n vena f jugular

juice [dʒuːs] n suc m

juicy ['dʒuːsɪ] aj sucós -osa

july [dʒuːˈlaɪ] n juliol m

jumble ['dʒʌmbl] n barreja f, confusió f; vt barrejar

jump [dʒʌmp] vi saltar, botar, botre; vt saltar | n salt m, bot m

jumper ['dʒʌmpə'] n jersei m

junction ['dʒʌŋkʃən] n juntura f; (of roads) encreuament m

June [dʒuːn] n juny m

jungle ['dʒʌŋgl] n jungla f, selva f

junior ['dʒuːniə'] aj júnior; n jove mf

juniper ['dʒuːnipə'] n ginebre m

junk [dʒʌŋk] n trastos mpl, andròmines fpl; fm (rubbish) brossa f, escombraries fpl; vlg (heroin) heroïna f, cavall m

junkie ['dʒʌŋki] n drogoaddicte -a mf, drogat -ada mf fm

juridical [dʒuə'ridikəl] aj jurídic -a

jurisdiction [,dʒuərıs'dikʃən] n jurisdicció f

jurist ['dʒuərıst] n jurista m

jury ['dʒuərı] n jurat m

just [dʒʌst] aj just -a, equitatiu -iva; (right) just -a, correcte -a | av només, solament, sols; (exactly) exactament; **~ a minute!** un moment!

justice ['dʒʌstıs] n justícia f; (judge) jutge m, jutgessa f

justify ['dʒʌstıfaı] vt justificar

jut [dʒʌt] (or **~ out**) vi sobresortir

juxtapose [,dʒʌkstə'pəʊz] vt juxtaposar

K

Kaiser ['kaızə'] n kàiser m

kaleidoscope [kə'laıdəskəʊp] n calidoscopi m

kangaroo [,kæŋgə'ruː] n zoo cangur m

karate [kə'rɑːtı] n karate m

kayak ['kaıæk] n caiac m

keel [kiːl] n quilla f

keen [kiːn] aj agut -uda, esmolat -ada; (subtil) agut -uda; **be ~ on** estar interessat per, ésser aficionat a

keep [kiːp] (pt, pp **kept**) vt mantenir; (hold back) quedar-se; (store) reservar, guardar; (continue) continuar, seguir; (a promise) complir, mantenir; **~ back** vt retenir; **~ in mind** tenir present; **~ out!** prohibida l'entrada; **~ waiting** fer esperar

keeper ['kiːpə'] n guarda mf

kennel ['kɛnl] n canera f

kept [kɛpt] pp pt → **keep**

kerb [kɜːb] n vorada f, rastell m

kernel ['kɜːnl] n ametlla f; (essential part) moll m, nucli m

ketchup ['kɛtʃəp] n quetxup m

kettle ['kɛtl] n bullidor m

key [kiː] n clau f; (of piano, typewriter) tecla f; mús to m; **~board** n teclat m; **~ ring** n clauer m

khaki ['kɑːkı] aj n caqui aj m

kick [kık] vt donar una patada a, tirar guitzes a; (ball) xutar; fm (quit) deixar, abandonar; **~ the bucket** dinyar-la, anar-se'n a l'altre barri | n puntada f de peu; (of animal) guitza f; (football) sacada f; fm diversió f

kid [kıd] n nen -a mf, noi -a mf, xiquet -a mf; zoo cabrit m | vi fer broma

kidnap ['kıdnæp] vt segrestar,

raptor

kidnapping ['kɪdnæpɪŋ] n segrest m, rapte m

kidney ['kɪdnɪ] n ronyó m; ~ **bean** n fesol m

kill [kɪl] vt matar; ~ **osf** suïcidar-se, matar-se

killing ['kɪlɪŋ] n assassinat m; (of several people) matança f | aj matador -ra, esgotador -ra

kilo ['ki:ləʊ] n quilo m

kilogram (or **kilogramme**) ['kɪləʊgæm] n quilogram m

kilometre (or **kilometer** US) ['kɪləʊmi:tə'] n quilòmetre m

kilt [kɪlt] n faldilla f escocesa

kin [kɪn] n parents mpl, familia f

kind [kaɪnd] aj amable, gentil, considerat -ada; n classe f, tipus m, espècie f

kindergarten ['kɪndə,gɑ:tn] n jardí m d'infants, parvulari m, escola f bressol

kindness ['kaɪndnɪs] n amabilitat f, bondat f

kinetic [kɪ'nɛtɪk] aj cinètic -a

king [kɪŋ] n rei m; ~**fisher** n blauet m, botiguer m

kingdom ['kɪŋdəm] n regne m, reialme m

kiosk [kɪ'ɒsk] n quiosc m; (telephone box) cabina telefònica

kipper ['kɪpə'] n arengada f fumada

kiss [kɪs] n petó m, bes m; vt fer un petó a, besar

kit [kɪt] n equip m; (tools) eines fpl

kitchen ['kɪtʃɪn] n cuina f; ~ **garden** n hort m

kite [kaɪt] n estel m

kitten ['kɪtn] n cadell m de gat,

gatet -a mf

kiwi ['ki:wi:] n kiwi m

kleptomania [,klɛptəʊ'meɪnɪə] n cleptomania f

kleptomaniac [,klɛptəʊ'meɪnɪæk] n cleptòman -a mf

knapsack ['næpsæk] n motxilla f

knead [ni:d] vt treballar

knee [ni:] n genoll m; ~**cap** n ròtula f

kneel [ni:l] vi agenollar-se

knew [nju:] pt → **know**

knickers ['nɪkəz] pl calces f, bragues f

knife [naɪf] n ganivet m; vt acoltellar

knight [naɪt] n cavaller m; (chess) cavall m

knit [nɪt] vti fer mitja; vt (join) unir, ajuntar

knob [nɒb] n pom m; (of radio, etc) regulador m, botó m

knock [nɒk] vt copejar, picar; vi trucar; ~ **down** vt atropellar; (a building) enrunar, aterrar, fer caure; ~ **off** vi fm plegar; vt descomptar; ~ **out** vt estabornir, deixar inconscient; (in competition) eliminar; ~ **over** vt atropellar | n cop m; (on door) truc m

knocker ['nɒkə'] n picaporta m, balda f

knot [nɒt] n nus m, llaç m; (unit) nus m | vt nuar, lligar

know [nəʊ] (pt **knew**, pp **known**) vt saber. I know how to ski, sé esquiar; (a person) conèixer; (recognize) reconèixer; ~**all** n saberut -uda mf

knowledge ['nɒlɪdʒ] n

lapse

coneixement m, saber m

known [nəʊn] pp → **know**

knuckle ['nʌkl] n artell m

koala [kəʊ'ɑːlə] n coala m

Kuwaiti [kʊ'weɪtɪ] aj n kuwaitià -ana aj mf

L

lab n [læb] fm = **laboratory**

label ['leɪbl] n etiqueta f; vt etiquetar

laboratory [lə'bɒrətərɪ] n laboratori m

labour (or **labor** US) ['leɪbə'] n labor f, feina f, (workers) mà d'obra; med part m. To be in ~, estar de part; **Labour party** n el partit m laborista | vi treballar

labyrinth ['læbərɪnθ] n laberint m

lace [leɪs] n punta f, randa f, (of shoes) cordó m | vt cordar, llaçar

lack [læk] n falta f, manca f, carència f; vt necessitar, no tenir

laconic [lə'kɒnɪk] aj lacònic -a

lacquer ['lækə'] n laca f; vt lacar

lactic ['læktɪk] aj bio qm lacti làctia, làctic -a

lacuna [lə'kjuːnə] n llacuna f

lad [læd] n xicot m, noi m

ladder ['lædə'] n escala f de mà; (in stocking) carrera f; fg esglaó m | vt fer-se una carrera a

ladle ['leɪdl] n cullerot m; vt servir amb cullerot

lady ['leɪdɪ] n senyora f, dama f; ~**bird** (or ~**bug**) n marieta f

lag [læg] n endarreriment m; (or ~ **behind**) vi endarrerir-se

lagoon [lə'guːn] n albufera f

laid [leɪd] pp pt → **lay**

lair [leə'] n cau m

lake [leɪk] n llac m

lamb [læm] n xai m, be m

lame [leɪm] aj tb fg coix -a

lament [lə'ment] n lament m, plany m, queixa f; vt lamentar

lamp [læmp] n llum f, aut far m; (hand) fanal m, llanterna f; ~**post** n fanal m; ~**shade** n pantalla f, pàmpol m

lance [lɑːns] n llança f

land [lænd] n terra m; (piece of land) terreny m, terra f; (country) país m; ~**lady** n mestressa f, propietària f; ~**lord** n amo m, propietari m; ~**owner** n terratinent mf | vi aterrar; (passengers) desembarcar

landing ['lændɪŋ] n aterratge m; (of staircase) replà m

landscape ['lænskeɪp] n geo art paisatge m

lane [leɪn] n camí m, aut carril m; esp carrer m

language ['læŋgwɪdʒ] n llenguatge m, idioma m, llengua f

languish ['læŋgwɪʃ] vi esllanguir-se

lank [læŋk] aj esprimatxat -ada; (hair) llis -a

lanky ['læŋkɪ] aj llargarut -uda

lantern ['læntən] n llanterna f, fanal m

lap [læp] n falda f; esp (of track) volta f

lapel [lə'pel] n solapa f

lapse [læps] n error m, equivocació f; (moral) relliscada f, caiguda f; (of time) lapse m, període m | vi caducar; (time) passar, transcórrer;

(*err*) equivocar-se
larch [lɑ:tʃ] n làrix m
lard [lɑ:d] n gst llard m, sagí m,
saïm m
larder ['lɑ:də] n rebost m
large [lɑ:dʒ] aj gran, gros -ossa
largely ['lɑ:dʒlɪ] av en gran part
lark [lɑ:k] n alosa f; (*action*)
broma f; ~ **about** vi fer bromes
larva ['lɑ:və] n larva f
larynx ['lærɪŋks] n laringe f
lash [læʃ] n pestanya f; (*blow*)
fuetada f, assot m | vt fuetejar,
assotar; (*scold*) renyar; (*tie*) lligar
lass [læs] n noia f, xicota f
last [lɑ:st] aj últim -a, darrer -a,
final; (*time*) passat -ada. Last
week, la setmana passada; ~ **but
one** aj penúltim -a | vi durar;
(*continue*) continuar, seguir; (*be
sufficient*) durar, arribar
lasting ['lɑ:stɪŋ] aj durador -a
lastly ['lɑ:stlɪ] av finalment
latch [lætʃ] n baldó m, forrellat m
late [leɪt] av tard; aj tardà -ana; ~
afternoon n capvespre m, vespre
m, vesprada f
latent ['leɪtənt] aj latent
later ['leɪtə] aj posterior; av
després, posteriorment
lateral ['lætərəl] aj lateral
latest ['leɪtɪst] aj últim -a
lath [læθ] n llistó m
lathe [leɪð] n torn m
lather ['læðə] n escuma f,
espuma f; vt ensabonar
Latin ['lætɪn] n llatí m; aj mf llatí
-ina aj mf; ~ **American** aj mf
llatinoamericà -ana aj mf,
hispanoamericà -ana aj mf
latitude ['lætɪtju:d] n latitud f

laudable ['lɔ:dəbl] aj lloable
laugh [lɑ:f] n rialla f, riure m | vi
riure; ~ **at** vi riure's de
laughter ['lɑ:ftə] n riure m,
rialles fpl
launch [lɔ:ntʃ] vt avarar, varar;
(*new product, missile, etc*) llançar
| n llanxa f
launderette [,lɔ:ndə'rɛt] n
bugaderia f d'autoservei
laundromat ['lɔ:ndrəmæt] n
= **launderette**
laundry ['lɔ:ndrɪ] n bugaderia f;
(*clothes*) bugada f
laurel ['lɒrəl] n llorer m
lava ['lɑ:və] n lava f
lavatory ['lævətrɪ] n lavabo m
lavender ['lævɪndə] n lavanda f,
espígol m
lavish ['lævɪʃ] aj abundant, ric -a;
(*person*) esplèndid -a, generós
-osa
law [lɔ:] n llei m; (*set of rules*) dret
m; ~**suit** n litigi m, causa f
lawful ['lɔ:ful] aj legal, lícit -a
lawn [lɔ:n] n gespa f
lawyer ['lɔ:jə] n advocat -ada mf
lax [læks] aj lax -a
laxative ['læksətɪv] n laxant m
lay [leɪ] aj laic -a, llec -ega; fg llec
-ega, profà -ana | vt (*pt, pp* **laid**)
posar, col·locar; (*table*) parar;
(*eggs*) pondre; ~ **aside** vt
arraconar, deixar de banda; ~
down vt deixar; ~ **out** vt
disposar
layer ['leɪə] n capa f
layout ['leɪaut] n disposició f;
(*press*) composició f
laze [leɪz] (or ~ **about**) vi
mandrejar, dropejar, gandulejar

laziness ['leɪzɪnɪs] n mandra f, peresa f, ganduleria f

lazy ['leɪzɪ] aj mandrós -osa, gandul -a, dropo -a

lead [li:d] n corretja f; (prominent place) cap m; (clue) pista f; tea paper m principal | (pt, pp **led**) vt guiar, conduir, menar; (direct) dirigir, controlar, portar; vi portar a, conduir a; esp anar primer; ~ **the way** anar al capdavant

lead [lɛd] n plom m; (in pencil) mina f

leader ['li:də] n cap mf, dirigent mf, líder mf

leading ['li:dɪŋ] aj principal; (first) primer -a; ~ **article** n editorial m

leaf [li:f] (pl **leaves**) n fulla f; (page) full m | ~ **through** vt fullejar

leaflet ['li:flɪt] n prospecte m, fullet m

league [li:g] n associació f, societat f; esp lliga f; (measure) llegua f

leak [li:k] n fuita f; (in roof) gotera f, degoter m | vi perdre, vessar; (roof) gotejar, degotar; vt tb fg filtrar

lean [li:n] aj prim -a; (meat) magre -a | n carn f magra | (pt, pp **leant**) vt recolzar; vi inclinar-se; ~ **against** vi recolzar-se a, repenjar-se a; ~ **out** vi abocar-se

leaning ['li:nɪŋ] n inclinació f, tendència f

leant [lɛnt] pp pt → **lean**

leap [li:p] n salt m, bot m; vi saltar, botar, botre; ~ **year** n any m de traspàs, any m bixest

learn [lɜ:n] (pt, pp **learnt**) vti

aprendre. He learns French, aprèn francès. He learns to drive, aprèn a conduir

learned ['lɜ:nɪd] aj erudit -a, docte -a, savi sàvia

learning ['lɜ:nɪŋ] n aprenentatge m, coneixements mpl

learnt [lɜ:nt] pp pt → **learn**

lease [li:s] n arrendament m, contracte m d'arrendament; vt arrendar, llogar

leash [li:ʃ] n corretja f

leather ['lɛðə] n pell f, cuir m

leave [li:v] (pt, pp **left**) vt deixar, oblidar; (person, job) deixar, abandonar; (place) deixar, abandonar, marxar de; (bequeath) deixar, llegar; vi anar-se'n, marxar; ~ **aside** (or ~ **out**) vt ometre, deixar de banda; **be left** quedar, sobrar | n permís m

leaven ['lɛvn] n llevat m

leaves [li:vz] pl → **leaf**

lectern ['lɛktən] n faristol m

lecture ['lɛktʃə] n conferència f; (class) classe f; fg sermó m | vi fer una conferència, fer una classe; vt renyar, sermonejar

led [lɛd] pp pt → **lead**

leech [li:tʃ] n tb fg sangonera f

leek [li:k] n porro m

left [lɛft] aj esquerre -a; pol esquerrà -ana | n esquerra f | av a l'esquerra; ~-**hand** aj a l'esquerra; ~-**hand-side** n esquerra f; ~-**wing** aj esquerrà -ana

left [lɛft] pp pt → **leave**; ~-**luggage office** n consigna f; ~-**overs** pl deixalles f, sobres f

leg [lɛg] n cama f; (of animal, table, etc) pota f; gst (of chicken) n cuixa f

legacy ['lεgəsı] n dr herència f,
llegat m

legal ['li:gəl] aj legal, lícit -a; (of
law) legal, jurídic -a

legend ['lεdʒənd] n llegenda f

legion ['li:dʒən] n legió f

legislate ['lεdʒısleıt] vi legislar

legislation [,lεdʒıs'leıʃən] n
legislació f

legislative ['lεdʒıslətıv] aj
legislatiu -iva

legitimate [lı'dʒıtımıt] aj dr
legítim -a

legume ['lεgju:m] n llegum m

leisure ['lεʒə'] n lleure m, oci m

lemon ['lεmən] n llimona f; (tree)
llimoner m

lemonade [,lεmə'neıd] n
llimonada f, gasosa

lend [lεnd] (pt, pp **lent**) vt prestar,
deixar

length [lεŋθ] n llargada f, llarg m,
longitud f; (time) durada f

lengthen ['lεŋθən] vt allargar,
perllongar; vi allargar-se

lens [lεnz] n lent f; fot objectiu m;
ana cristal·lí m

Lent [lεnt] n quaresma f

lent [lεnt] pp pt → **lend**

lentil ['lεntl] n llentia f, llentilla f

Leo ['li:əu] n lleó m, leo m

leopard ['lεpəd] n lleopard m

leotard ['li:əta:d] n mallot m

leprosy ['lεprəsı] n lepra f

lesbian ['lεzbıən] aj lesbià -ana;
n lesbiana f

lesion ['li:ʒən] n lesió f

less [lεs] av aj prep menys

lessen ['lεsn] vt disminuir, reduir;
vi disminuir, minvar

lesson ['lεsn] n lliçó f; (period of
instruction) classe f

let [lεt] (pt, pp **let**) vt deixar,
permetre; (lease) llogar; ~ **down**
vt decebre, defraudar, fallar a;
(tyre) desinflar; ~**down** n
decepció f, desengany m; ~ **know**
vt fer saber, comunicar; ~ **off** vt
disparar; ~ **out** vt deixar anar,
amollar; ~**s go!** anem!; ~ **up** vi
acabar, cessar; **let-up** n calma f,
treva f

lethal ['li:θəl] aj letal, mortal mf

lethargic [lε'θɑ:dʒık] aj tb fg
letàrgic -a

lethargy ['lεθədʒı] n letàrgia f

letter ['lεtə'] n carta f; (of
alphabet) lletra f; ~**box** n bústia f

lettuce ['lεtıs] n bot gst enciam m,
lletuga f

level ['lεvl] aj pla -na, planer -a,
ras -a; (even) anivellat -ada | n
nivell m; ~ **crossing** n pas m a
nivell | vt anivellar; (building)
enderrocar, arrasar

lever [,li:və'] n alçaprem m,
palanca f

lexical ['lεksıkəl] aj lèxic -a

liability [,laıə'bılıtı] n destorb m,
nosa f; (responsibility)
responsabilitat f; pl ecn passiu
msg

liable ['laıəbl] aj reponsable

liana [lı'ɑ:nə] n liana f

liar ['laıə'] n mentider -a mf

libel ['laıbl] n difamació f; vt
difamar, calumniar

liberal ['lıbərəl] aj n liberal aj mf;
aj (abundant) abundant, generós
-osa

liberate ['lıbəreıt] vt alliberar,

deslliurar

liberty ['lɪbəti] n llibertat f

librarian [laɪ'breəriən] n bibliotecari -ària mf

library ['laɪbrəri] n biblioteca f

lice [laɪs] pl → **louse**

licence (or **license** US) ['laɪsəns] vt autoritzar, donar permís a; n llicència f, permís m; ~ **plate** n placa f de matrícula, matrícula f

licenced (or **licensed** US) ['laɪsənst] aj autoritzat -ada; (restaurant, etc) autoritzat -ada per vendre begudes alcohòliques

lick [lɪk] vt llepar

licorice ['lɪkərɪs] n pega f dolça

lid [lɪd] n tapa f, tapadora f

lie [laɪ] [pt **lay**, pp **lain**] vi jeure, estar estirat -ada; (things) ser, estar, trobar-se; ~ **down** vi estirar-se, ajeure's

lie [laɪ] (pt, pp **lied**) vi mentir; n mentida f

lieutenant [lɛf'tɛnənt] n tb mil tinent -a mf

life [laɪf] (pl **lives**) n vida f; ~**belt** n salvavides m; ~**boat** n bot m salvavides, salvavides m; ~ **imprisonment** n cadena f perpètua; ~ **insurance** n assegurança f de vida; ~**time** n vida f

lift [lɪft] vt aixecar, alçar, elevar; n ascensor m; **give sby a** ~ portar up amb cotxe

ligament ['lɪgəmənt] n ana lligament m

light [laɪt] n llum f, claror f; (device) llum m, làmpada f; **have you got a** ~? tens foc?; ~**house** n far m | (pt, pp **lit**) vt encendre;

(illuminate) il·luminar | aj lleuger -a; (colour) clar -a

lighten ['laɪtn] vt alleugerir; (light) il·luminar

lighter ['laɪtə'] n encenedor m

lighting ['laɪtɪŋ] n il·luminació f, enllumenat m

lightning ['laɪtnɪŋ] n llamp m; ~ **conductor** n parallamps m

lignite ['lɪgnaɪt] n lignit m

like [laɪk] vi agradar. I like music, m'agrada la música; voler. Would you like a coffee?, vols un cafè? | prp igual que, com | aj semblant, igual

likely ['laɪklɪ] aj probable, fàcil. It is likely to happen, és probable que passi

liken ['laɪkən] vt comparar

likewise ['laɪkwaɪz] av igualment, de la mateixa manera

liking ['laɪkɪŋ] aj inclinació f, afecte m

lilac ['laɪlək] n lilà m, lila f; (colour) lila f

lily ['lɪlɪ] n lliri m blanc, assutzena f

limb [lɪm] n membre m; (of tree) branca f

lime [laɪm] n til·ler m, tell m; (fruit) llima f; (material) calç f

limit ['lɪmɪt] n límit m; vt limitar, restringir

limousine ['lɪməziːn] n limusina f

limp [lɪmp] vi coixejar; n coixesa f, aj tou -va, flàccid -a

line [laɪn] n línia f, ratlla f; (string) corda f, cordill m; (of people) fila f, filera f; (of telephone) línia f; frr via f; (on skin) arruga f; vt ratllar; (cover) folrar; ~ **up** vt arrenglerar; vi fer cua

lineage ['lɪnɪɪdʒ] n llinatge m, nissaga f

linear ['lɪnɪə] aj lineal

linen ['lɪnɪn] n llenceria f; (fabric) fil m, lli m

liner ['laɪnə] n transatlàntic m

linger ['lɪŋgə] vi entretenir-se, romancejar

liniment ['lɪnɪmənt] n liniment m

lining ['laɪnɪŋ] n folre m

link [lɪŋk] n baula f, anella f; fg enllaç m, nexe m, vincle m | vt unir, lligar, enllaçar; vi unir-se

lion ['laɪən] n lleó m

lioness ['laɪnɪs] n lleona f

lip [lɪp] n llavi m; (of jug) broc m; ~stick n pintallavis m

liquefy ['lɪkwɪfaɪ] vt liquar

liqueur [lɪ'kjʊə] n licor m

liquid ['lɪkwɪd] aj rfs ecn liquid -a; n liquid m

liquidate ['lɪkwɪdeɪt] vt liquidar

liquor ['lɪkə] n aiguardent m, alcohol m (beguda)

liquorice ['lɪkərɪs] n pega f dolça

lira ['lɪərə] n lira f

list [lɪst] n llista f | vt llistar; (mention) enumerar

listen ['lɪsn] vi ~ **to** escoltar

listener ['lɪsnə] n oient mf

lit [lɪt] pp pt → **light**

liter n = **litre**

literal ['lɪtərəl] aj literal

literary ['lɪtərərɪ] aj literari -ària

literature ['lɪtərɪtʃə] n literatura f; (papers) documentació f

litigation [lɪtɪ'geɪʃən] n litigi m

litre (or **liter** US) ['liːtə] n litre m

litter ['lɪtə] n escombraries fpl, brossa f; zoo llorigada f; (bed) llitera f

little ['lɪtl] aj petit -a; (not much) poc -a; **a ~** una mica; ~ **finger** n dit m petit, menovell m | av poc; ~ **by ~** de mica en mica

liturgy ['lɪtədʒɪ] n litúrgia f

live [laɪv] vti viure; ~ **by** (or ~ **on**) vi viure de; ~ **in** vi viure a, habitar, ocupar | aj viu viva; (broadcast) en directe

lively ['laɪvlɪ] aj viu viva, animat -ada, vivaç

liven up ['laɪvnəp] vt animar, revifar; vi animar-se

liver ['lɪvə] n fetge m

lives [laɪvz] pl → **life**

livestock ['laɪvstɒk] n bestiar m

livid ['lɪvɪd] aj lívid -a; (angry) furiós -osa

living ['lɪvɪŋ] aj viu viva; n vida. To earn a living, guanyar-se la vida; ~-**room** n sala f (d'estar), saló m

lizard ['lɪzəd] n dragó m, llangardaix m, sargantana f

load [ləʊd] n càrrega f; (weight) pes m; ~**s of** una pila de, un munt de | vt carregar

loaf [ləʊf] [pl **loaves**] n barra f (de pa); (or ~ **about**) vi vagarejar, mandrejar

loan [ləʊn] n préstec m; vt prestar, deixar

loathe [ləʊð] vt detestar, avorrir

loathing ['ləʊðɪŋ] n aversió f

loaves [ləʊvz] pl → **loaf**

lobe [ləʊb] n lòbul m

lobby ['lɒbɪ] n vestíbul m; pol grup m de pressió | vt pressionar

lobster ['lɒbstə] n llagosta f, llamàntol m

local ['ləʊkəl] aj local; (of town) municipal, local; (of country) nacional | **the ~s** pl la gent fsg del poble

locality [ləʊˈkælɪti] n localitat f

locate [ləʊˈkeɪt] vt localitzar, situar

location [ləʊˈkeɪʃən] n situació f, emplaçament m; cin exteriors mpl

lock [lɒk] n pany m; (of hair) floc m, ble m | vt tancar amb clau; **~ in** vt tancar; **~smith** n manyà -ana mf, serraller -a mf

locomotion [,ləʊkəˈməʊʃən] n locomoció f

locomotive [,ləʊkəˈməʊtɪv] n locomotora f

locust [ˈləʊcəst] n llagosta f, llagost m

lodge [lɒdʒ] n casa f del guarda; vt allotjar

lodging [ˈlɒdʒɪŋ] n allotjament m; **~ house** n fonda f, dispesa f

loft [lɒft] n golfes fpl

lofty [ˈlɒftɪ] aj alt -a, elevat -ada; (noble) noble; (haughty) arrogant, altiu -iva

log [lɒg] n tronc m, soca f, soc m; (record) diari m | vt escriure, anotar

logic [ˈlɒdʒɪk] n lògica f

logical [ˈlɒdʒɪkəl] aj lògic -a

loin [lɔɪn] n llom m

loiter [ˈlɔɪtə'] vi entretenir-se

lollipop [ˈlɒlɪpɒp] n piruleta f

loneliness [ˈləʊnlɪnɪs] n solitud f, soledat f

lonely [ˈləʊnlɪ] aj sol -a, solitari -ària

loner [ˈləʊnə'] n solitari -ària mf

long [lɒŋ] aj llarg -a; **~-hand** n escriptura f a mà; **~-suffering** aj sofert -a, pacient; **~-term** aj a

llarg termini | av molt temps; **~ ago** fa molt temps | **~ for** vi sospirar per, desitjar, anhelar

longing [ˈlɒŋɪŋ] n deler m, anhel m, desig m

look [lʊk] vt mirar; vi (seem) semblar; **~ after** vt cuidar, ocupar-se de; **~ at** vt mirar; **~ for** vt buscar; **~ forward to** vt esperar; **~ into** vt estudiar, investigar; **~ like** vi semblar; (person) assemblar-se a; **~ onto** (or **~ out**) vi donar a, mirar a; **~ out!** inj atenció!; **~ through** vt escorcollar, examinar | n mirada; (appearence) aspecte m

loop [lu:p] n llaç m, baga f; ifm bucle m

loose [lu:s] aj solt -a, fluix -a; (clothes) balder -a

loot [lu:t] n botí m; vt saquejar

loquacious [ləˈkweɪʃəs] aj loquaç

lord [lɔːd] n senyor m; (title) lord m; **the Lord** rlg el Senyor

lorry [ˈlɒrɪ] n camió m

lose [lu:z] (pt, pp lost) vti perdre

loser [ˈlu:zə'] n perdedor -a mf

loss [lɒs] n pèrdua f

lost [lɒst] pp pt → **lose**

lot [lɒt] n grup m, lot m; (land) solar; **a ~** molt; **a ~ of** (or **~s of**) molt -a, un munt de

lotion [ˈləʊʃən] n loció f

lottery [ˈlɒtərɪ] n loteria f, rifa f

loud [laʊd] aj fort -a; (colour) cridaner -a; av fort, alt; **~speaker** n altaveu m

lounge [laʊndʒ] n sala f d'estar, saló m

louse [laʊs] [pl lice] n poll m

love [lʌv] n amor m | vt estimar;

(*activity*) agradar; **in** ~ enamorat
-ada; ~ **affair** n idil·li m

lovely ['lʌvlɪ] aj encantador -a,
deliciós -osa; (*beautiful*) bonic -a,
bell -a

loving ['lʌvɪŋ] aj afectuós -osa,
amorós -osa

low [ləʊ] aj baix -a; (*class*) baix
-a, humil; (*not loud*) greu; (*voice*) greu; (*depressed*) deprimit
-ida | av baix

lower ['ləʊəʳ] aj més baix -a;
inferior, menor; ~**-case letter** n
minúscula f| vt baixar, rebaixar;
vi disminuir, baixar

loyal ['lɔɪəl] aj lleial, fidel

loyalty ['lɔɪəltɪ] n lleialtat f,
fidelitat f

lozenge ['lɒzɪndʒ] n pastilla f;
(*shape*) romb m

lubricant ['luːbrɪkənt] aj n
lubricant aj m, lubrificant aj m

lucerne [luːˈsɜːn] n alfals m,
userda f

lucid ['luːsɪd] aj lúcid -a

luck [lʌk] n sort f, fortuna f; **good**
~ n (bona) sort f

lucky ['lʌkɪ] aj afortunat -ada

luggage ['lʌɡɪdʒ] n equipatge m

ludicrous ['luːdɪkrəs] aj ridícul -a,
absurd -a

lukewarm ['luːkwɔːm] aj tebi
tèbia, temperat -ada

lull [lʌl] n treva f, calma f; vt
adormir, fer dormir

lullaby ['lʌləbaɪ] n cançó f de
bressol

lumber ['lʌmbəʳ] n fusta f; (*junk*)
andròmines fpl, trastos mpl

luminous ['luːmɪnəs] aj lluminós
-osa

lump [lʌmp] n tros m; (*swelling*)
bony m; (*of sugar*) terròs m;
~ **sum** n suma f global

lunacy ['luːnəsɪ] n bogeria f,
demència f

lunar ['luːnəʳ] aj lunar

lunatic ['luːnətɪk] aj boig boja,
dement

lunch [lʌntʃ] n dinar m; vi dinar

luncheon ['lʌntʃən] n dinar m

lung [lʌŋ] n pulmó m

lure [lʊəʳ] n atractiu m; vt atreure,
seduir

lush [lʌʃ] aj ufanós -osa

lute [luːt] n llaüt m

luxuriant [lʌɡˈzjʊərɪənt] aj
esponerós -osa, ufanós -osa,
frondós -osa

luxurious [lʌɡˈzjʊərɪəs] aj luxós
-osa, fastuós -osa

luxury ['lʌkʃərɪ] n luxe m

lynch [lɪntʃ] vt linxar

lynx [lɪŋks] n linx m

lyre ['laɪəʳ] n lira f

lyrical ['lɪrɪkəl] aj líric -a

lyrics ['lɪrɪk] aj líric -a; pl lletra fsg

M

macabre [məˈkɑːbəʳ] aj macabre -a

macaroni [ˌmækəˈrəʊnɪ] n
macarró m

mace [meɪs] n maça f

macerate ['mæsəreɪt] vt macerar

machete [məˈʃeɪtɪ] n matxet m

machinate ['mækɪneɪt] vt
maquinar

machine [məˈʃiːn] n màquina f,
aparell m; ~ **gun** n metralleta f

machinery [məˈʃiːnərɪ] n

maquinària f

machinist [mə'ʃiːnist] n
maquinista mf, operari -ària,
mecànic -a

mackerel ['mækrəl] n verat m

mackintosh ['mækintɔʃ] n
impermeable m

mad [mæd] aj boig boja, foll -a; fg
furiós -osa; (animal) rabiós -osa;
be ~ about estar boig per; **go ~**
tornar-se boig; **~man** n boig m,
foll m; **~woman** n boja f, folla f

made [meid] pp pt → **make**;
~-to-measure aj fet -a a mida

madness ['mædnis] n bogeria f,
follia f

mafia ['mæfiə] n màfia f

magazine [ˌmægə'ziːn] n revista f

magic ['mædʒik] n màgia f | aj
màgic -a; **~ wand** n vareta f
(màgica)

magician [mədʒiʃən] n mag -a
mf, màgic -a mf, bruixot m

magistrate ['mædʒistreit] n
magistrat -ada mf

magma ['mægmə] n magma m

magnate ['mægneit] n magnat m

magnet ['mægnit] n imant m

magnetic [mæg'netik] aj
magnètic -a

magnetism ['mægnitizəm] n
magnetisme m

magnificent [mæg'nifisənt] aj
magnífic -a, esplèndid -a

magnify ['mægnifai] vt
augmentar; fg engrandir, exagerar

magnifying ['mægnifaiiŋ] aj
d'augment; **~ glass** n lupa f, lent
f d'augment

magnitude ['mægnitjuːd] n
magnitud f; fg envergadura f

magnolia [mæg'nəuliə] n
magnòlia f

magpie ['mægpai] n garsa f

Mahometan [mə'hɔmitən] aj n
mahometà -ana aj mf

maid [meid] n criada f, minyona f;
(in hotel) cambrera f

maiden ['meidn] n donzella f | aj
virginal; (name) de soltera;
(speech, voyage, etc) inaugural,
primer -a

mail [meil] n correu m; (letters)
cartes fpl, correspondència f;
~box n bústia f; **~man** n carter
m | vt tirar al correu

maim [meim] vt mutilar, esguerrar

main [mein] aj principal, més
important, major; (beam, etc)
mestre -a | n (of pipe) canonada f,
conducció f; **~ (or ~s pl)** ele xarxa
elèctrica

mainly ['meinli] av principalment,
sobretot

maintain [mein'tein] vt mantenir

maintenance ['meintinəns] n
manteniment m

maize [meiz] n blat m de moro

majestic [mə'dʒestik] aj
majestuós -osa

majesty ['mædʒisti] n majestat f

Majorcan [mə'jɔːkən] aj n
mallorquí -ina aj mf

majority [mə'dʒɔriti] n majoria f

make [meik] (pt, pp **made**) vt fer;
(manufacture) fer, fabricar,
elaborar; (meal) fer, preparar;
(speech) fer, pronunciar;
(payment) fer, efectuar; (mistake)
cometre; (earn) guanyar; **~ for** vi
anar cap a, dirigir-se; **~ known**
fer saber; **~ off** vi marxar

corrents; **~ out** vt (distinguish)
distingir; (understand) entendre;
(writing) desxifrar; (form) omplir;
(cheque) estendre; **~ sby do sth**
fer fer uc a up; **~ sby happy** fer
feliç up; **~ up** vt inventar; (put
together) fer, fabricar, preparar; **~
up** vi maquillar-se; (become
friends) fer les paus; **~ up for** vt
suplir, compensar | n marca f;
~-up n maquillatge m
maker ['meikə] n creador -a mf,
artifex mf (manufacturer)
fabricant mf
making ['meikiŋ] n fabricació f;
he has the ~s of an actor té
fusta d'actor; **in the ~** en vies de
fer-se
malaise [mæ'leiz] n malestar m
malaria [mə'leəriə] n malària f
male [meil] aj mascle -a; (sex)
masculí -ina; (child) baró | n home
m; bio toro mascle m
malefactor ['mælifæktə'] n
malfactor -a mf
malevolence [mə'levələns] n
malvolença f
malice ['mælis] n malícia f
malignant [mə'lignənt] aj
maligne -a
mall [mɔːl] n galeria f, centre m
comercial
mallow ['mæləu] n malva f
malt [mɔːlt] n malt m
mammal ['mæməl] n mamífer m
mammary ['mæməri] aj mamari
-ària; **~ gland** n mamella f,
mama f
man [mæn] (pl **men**) n home m;
(humanity in general) l'home m,
ésser m humà | vt tripular;

(fortress) proveir d'homes, guarnir
d'homes
manacles ['mænəklz] pl manilles f
manage ['mænidʒ] vt manejar;
(affair, company) administrar,
dirigir, regir; vi arreglar-se-les,
enginyar-se-les, compondre-se-
les; **~ to do sth** aconseguir fer
uc
management ['mænidʒmənt] n
maneig m; (administration)
administració f, direcció f, gestió f
manager ['mænidʒə'] n director
-a mf, gerent mf
mandarin ['mændərin] n
mandarina f; (person) mandarí m
mane [mein] n crinera f; (of lion,
person) cabellera f
maneuver [mə'nuːvə'] n vti
= **manoeuvre**
manger ['meindʒə'] n menjadora f
mania ['meiniə] n mania f
manicure ['mænikjuə'] n
manicura f
manifest ['mænifest] vt
manifestar, mostrar; aj manifest
-a, evident
manifestation [,mænifes'teiʃən]
n manifestació f
manipulate [mə'nipjuleit] vt
manipular
mankind [mæn'kaind] n
humanitat f
manly ['mænli] aj viril, varonil
mannequin ['mænikin] n tb art
maniquí m
manner ['mænə'] n manera f,
mode m; (behaviour) conducta f;
bad ~s n mala educació f; **~s** pl
maneres f, modes m
manoeuvre (or **maneuver** US)

[mə'nu:vəˈ] vti maniobrar; n maniobra f

manor ['mænəˈ] n (or ~ house) casa f senyorial, casa f pairal

manpower ['mænpauəˈ] n mà f d'obra

mansion ['mænʃən] n mansió f

mantelpiece ['mæntlpi:s] n lleixa f (de la llar de foc)

mantilla [mæn'tilə] n mantellina f

manual ['mænjuəl] aj manual; n manual m

manufacture [,mænju'fæktʃəˈ] vt fabricar | n fabricació f; (product) manufactura f

manure [mə'njuəˈ] n fems mpl, adob m; ~ heap n femer m | vt femar, adobar

manuscript ['mænjuskript] n manuscrit m

many ['meni] aj molts moltes. In many cases, en molts casos; **~-coloured** (or **~-colored** US) aj multicolor, virolat -ada

map [mæp] n mapa m; (town) plànol m

marathon ['mærəθən] n marató f

marble ['ma:bl] n marbre m; (glass ball) bala f

march [ma:tʃ] vi marxar, caminar; (in procession) desfilar | n marxa f

March [ma:tʃ] n març m

marchioness [,ma:ʃənis] n marquesa f

mare [meəˈ] n euga f, egua f

margarine [,ma:dʒəˈri:n] n margarina f

margin ['ma:dʒin] n marge m

marginal ['ma:dʒinl] aj marginal

marijuana [,mæriˈhwa:nə] n marihuana f

marine [məˈri:n] aj mari -ina, mariner -a | n marina f; (person) soldat m de marina

marionette [,mæriəˈnet] n titella m, putxinel·li m

marital ['mæritl] aj marital; matrimonial | ~ status n estat m civil

maritime ['mæritaim] aj marítim -a, naval

marjoram ['ma:dʒərəm] n marduix f

mark [ma:k] n marca f, senyal m; (stain) taca f; (imprint) empremta f; (in exam) qualificació f, nota f; (coin) marc m | vt marcar, senyalar; (stain) tacar; (indicate) indicar; (notice) advertir, observar; (exam) puntuar, qualificar

market ['ma:kit] n ~ (or ~place) mercat m, plaça f

marmalade ['ma:məleid] n melmelada f

marmot ['ma:mət] n marmota f

marquess ['ma:kwis] n marquès m

marquis ['ma:kwis] n marquès m

marriage ['mæridʒ] n matrimoni m; (wedding) casament m

marrow ['mærəu] n medul·la f, moll m (de l'os); bot carbassó m

marry ['mæri] vt casar; (take in marriage) casar-se amb; vi casar-se

marsh [ma:ʃ] n pantà m; (near the sea or a river) maresme m, aiguamoll m

marshy ['ma:ʃi] aj pantanós -osa

mart [ma:t] n empori m

marten ['ma:tin] n zoo mart m, marta f

martial ['ma:ʃəl] aj marcial; ~

arts pl arts f marcials; ~ **law** n llei f marcial

martyr ['mɑːtə] n màrtir mf; vt martiritzar

marvel ['mɑːvəl] n meravella f; vi meravellar-se

marvellous ['mɑːvələs] aj meravellós -osa

mascot ['mæskət] n mascota f

masculine ['mæskjulɪn] aj masculí -ina

mashed potatoes [,mæʃtpə'teɪtəʊz] pl puré msg de patates

mask [mɑːsk] n màscara f; vt emmascarar

mass [mæs] n massa f; (great quantity) gran quantitat f; (of people) multitud f, gentada f

Mass [mæs] n missa f

massage ['mæsɑːʒ] n massatge m; vt fer un massatge a

massif [mæ'siːf] n massís m

mast [mɑːst] n mar pal m, arbre m; (radio) torre f

master ['mɑːstə] n amo m, senyor m; (expert) mestre -a mf; vt dominar, vèncer

masterly ['mɑːstəli] aj magistral, genial

masterpiece ['mɑːstəpiːs] n obra f mestra

masticate ['mæstɪkeɪt] vt mastegar

masturbate ['mæstəbeɪt] vt masturbar; vi masturbar-se

mat [mæt] n estora f; (on table) estalvis mpl | aj = **matt**

match [mætʃ] n llumí m, cerilla f; esp partit m; (equal) igual mf; **he's a good ~** és un bon partit;

~**box** n capsa f de llumins | vt aparellar, casar; (equal) igualar, ser igual a; (of clothes, colours) fer joc amb, anar bé amb; vi fer joc, lligar

mate [meɪt] n company -a mf; (animal) mascle m, femella f; (in chess) mat m | vt aparellar, acoblar; fer escac mat a; vi acoblar-se

material [mə'tɪərɪəl] aj material; (essential) important, essencial | n material m; (cloth) tela f; fís matèria f

materialize [mə'tɪərɪəlaɪz] vt materialitzar, realitzar; vi materialitzar-se, realitzar-se

maternal [mə'tɜːnl] aj matern -a, maternal

mathematical [,mæθə'mætɪkəl] aj matemàtic -a

mathematician [,mæθəmə'tɪʃən] n matemàtic -a mf

mathematics [,mæθə'mætɪks] n matemàtica f, matemàtiques fpl

maths [mæθs] pl fm (UK) = **mathematics**

matriculation [mə,trɪkjʊ'leɪʃən] n matrícula f

matrimony ['mætrɪmənɪ] n matrimoni m

matt [mæt] aj mat

matted ['mætɪd] aj embolicat -ada, entreteixit -ida; ~ **hair** n grenya f

matter ['mætə] n substància f, matèria f; (question, affair) assumpte m, qüestió f; med pus m; **as a ~ of fact** de fet, en realitat; **what's the ~?** què passa? | vi importar; **it doesn't ~**

no importa

matting ['mætɪŋ] n estora f

mattress ['mætrɪs] n matalàs m

mature [mə'tjʊə'] aj madur -a; vti madurar

mausoleum [ˌmɔːsə'liːəm] n mausoleu m

mauve [məʊv] aj n malva aj m

maxilla [mæk'sɪlə] n maxil·lar m

maxim ['mæksɪm] n màxima f, sentència f

maximum ['mæksɪməm] aj màxim -a; n màxim m

may [meɪ] [pt **might**] vi (of possibility) poder, ésser possible. It may rain, pot ploure, és possible que plogui; (of permission) poder, tenir permís per. May I go?, puc marxar?; (of wishing) que. May you be lucky!, que tinguis sort!

May [meɪ] n maig m

Mayan ['maɪjən] aj n mala aj mf; n (language) maia m

maybe ['meɪbiː] av potser

mayonnaise [meɪə'neɪz] n maionesa f

mayor [meə'] n dr pol alcalde m, batlle m

mayoress ['meərɛs] n alcaldessa f, batllesa f

maze [meɪz] n laberint m

me [miː] pr me, em; (after preposition) mi

meadow ['medəʊ] n prat m, prada f

meagre (or **meager** US) ['miːgə'] aj escàs -assa, exigu -a, minso -a

meal [miːl] n menjar m, àpat m; (flour) farina f

mean [miːn] aj gasiu -iva, garrepa; (shabby) atrotinat -ada; (petty)

mesquí -ina; (average) mitjà -ana | vt (pt, pp mean) significar, voler dir; (intend) pretendre; (destine) destinar; **what do you ~?** què vols dir? | n terme m mitjà, mitjana f; **by all ~s!** naturalment!; **by ~s of** mitjançant, per mitjà de; **by no ~s** de cap manera; **~s** pl mitjà msg, manera fsg; (money) mitjans m, recursos m econòmics

meander [mɪ'ændə'] n meandre m; vi serpejar

meaning ['miːnɪŋ] n significat m, sentit m; (intention) intenció f, propòsit m

meant [ment] pp pt → **mean**

meanwhile ['miːn'waɪl] av mentre; **in the ~** mentrestant

measles ['miːzlz] n xarampió m

measure ['meʒə'] vti mesurar, amidar | n mesura f, mida f

measurement ['meʒəmənt] n mesurament m; **~s** pl mides f, dimensions f

measuring ['meʒərɪŋ] n mesurament m

meat [miːt] n carn f; **~ball** n mandonguilla f, pilota f

mechanic [mɪ'kænɪk] n mecànic -a mf

mechanical [mɪ'kænɪkəl] aj mecànic -a

mechanics [mɪ'kænɪks] n mecànica f; fg mecanisme m

mechanism ['mekənɪzəm] n mecanisme m

mechanize ['mekənaɪz] vt mecanitzar

medal ['medl] n medalla f

medallion [mɪ'dælɪən] n tb arq

medalló m
meddle ['mɛdl] vi entremetre's, ficar-se
mediator ['mi:dieitə'] n mediador -a mf, mitjancer -a mf
medical ['mɛdikəl] aj mèdic -a
medicinal [me'disinl] aj medicinal
medicine ['mɛdisin] n medicina f; (drug) medicina f, medicament m
medieval [,mɛdɪ'i:vəl] aj medieval
mediocre [,mi:dɪəukə'] aj mediocre
meditate ['mɛditeit] vti meditar
Mediterranean [,mɛditə'reiniən] aj mediterrani -ània; ~ **Sea** Mar m Mediterrani
medium ['mi:diəm] aj mitjà -ana, regular | n medi m; (person) mèdium m
medlar n bot nespra f; (tree) nesprer m
medulla [mɪ'dʌlə] n medul·la f, moll m
medusa [mɪ'dju:zə] n medusa f
meek [mi:k] aj dòcil, submís -isa
meet [mi:t] (pt, pp **met**) vt trobar; (accidentally) trobar per casualitat, topar; (opponent) enfrontar-se amb; (get to know) conèixer; (needs) satisfer; vi trobar-se, veure's, reunir-se; (meeting) reunir-se; (get to know) conèixer-se; (fight) enfrontar-se; ~ **with** vt (difficulty) topar-se amb; (success) tenir
meeting [mi:tiŋ] n trobada f, encontre m; (arranged) cita f; (assembly) reunió f, sessió f; pol míting m
megaphone ['mɛgəfəun] n

megàfon m
melancholy ['mɛlənkəli] n malenconia f, malangia f | aj malenconiós -osa, melangiós -osa; (saddening) trist -a
mellow ['mɛləu] aj (fruit) madur -a, dolç -a; (wine) vell -a; (colour, sound) dolç -a, suau | vi madurar; (wine, colour, etc) suavitzar-se, endolcir-se
melodrama ['mɛləu,drɑ:mə] n melodrama m
melody ['mɛlədi] n melodia f
melon ['mɛlən] n meló m
melt [mɛlt] vt fondre; (chemical) dissoldre, desfer; vi fondre's, desfer-se
member ['mɛmbə'] n membre m; (of society) soci sòcia mf; una membre m; **Member of Parliament** n diputat -ada mf
membrane ['mɛmbrein] n membrana f
memoirs ['mɛmwɑ:z] pl lit memòries f
memorial [mɪ'mɔ:riəl] n monument m commemoratiu; aj commemoratiu -iva
memorize ['mɛməraiz] vt memoritzar
memory ['mɛməri] n memòria f; (that which is remembered) record m
men [mɛn] pl → **man**
menace ['mɛnis] n amenaça f; vt amenaçar
menacing ['mɛnisiŋ] aj amenaçador -a
mend [mɛnd] vt reparar, adobar; (darn) sargir; (improve) reformar, millorar; vi millorar; ~ **one's**

ways esmenar-se

mending ['mɛndɪŋ] n reparació f; (darning) sargit m; (clothes) roba f per sargir

meniscus [mə'nɪskəs] n menisc m

menopause ['mɛnəupɔːz] n menopausa f

menstruation [,mɛnstru'eɪʃən] n menstruació f

mental ['mɛntl] aj mental

mentality [mɛn'tælɪti] n mentalitat f

mention ['mɛnʃən] n menció f, esment m | vt mencionar, esmentar; **don't ~ it** de res

menu ['mɛnjuː] n gst menú m

merchandise ['mɜːtʃəndaɪz] n mercaderia f, gènere m

merchant ['mɜːtʃənt] n comerciant mf, mercader -a mf

merciful ['mɜːsɪful] aj misericordiós -osa, compassiu -iva, clement

mercury ['mɜːkjuri] n mercuri m

mercy ['mɜːsi] n misericòrdia f, compassió f, clemència f; **at the ~ of** a la mercè de

merge [mɜːdʒ] vt unir, ajuntar; vi unir-se; com fusionar-se; (colours, etc) fondre's, mesclar-se

merger ['mɜːdʒə] n com fusió f

meridian [mə'rɪdiən] n meridià m

merit ['mɛrɪt] n mèrit m; vt merèixer

mermaid ['mɜːmeɪd] n sirena f

merry ['mɛri] aj alegre; **~-go-round** n carrusel m, cavallets mpl

mesh [mɛʃ] n malla f, xarxa f

mess [mɛs] n confusió f, desordre m, enrenou m; (dirtiness) brutícia f; mil menjador m | ~ (or ~ **up**) vt

desordenar, desendreçar; (dirty) embrutar; **~ about** (or ~ **around**) vi perdre el temps; **~ about with** (or ~ **around with**) vi entretenir-se amb

message ['mɛsɪdʒ] n missatge m, encàrrec m

messenger ['mɛsɪndʒə] n missatger -a mf

met [mɛt] pp pt → **meet**

metabolism [mɛ'tæbəlɪzəm] n metabolisme m

metal ['mɛtl] n metall m

metallic [mɪ'tælɪk] aj metàl·lic -a

metamorphosis [,mɛtə'mɔːfəsɪs] n metamorfosi f

metaphor ['mɛtəfɔː] n lit metàfora f

meteor ['miːtiə] n ast meteor m

meteorite ['miːtiəraɪt] n ast meteorit m

meteorology [,miːtiə'rɒlədʒi] n meteorologia f

meter ['miːtə] n comptador m; (US) = **metre**

method ['mɛθəd] n mètode m

meticulous [mɪ'tɪkjuləs] aj meticulós -osa

metre (or **meter** US) ['miːtə] n metre m

metropolis [mɪ'trɒpəlɪs] n metròpoli f

mew [mjuː] n miol m; vi miolar

Mexican ['mɛksɪkən] aj n mexicà -ana aj mf

mezzanine ['mɛzəniːn] n arq entresòl m

miaow [miː'aʊ] = **mew**

mice [maɪs] pl → **mouse**

microbe ['maɪkrəʊb] n bio med microbi m

microorganism
[ˌmaɪkrəʊˈɔːˈgənɪzəm] n
microorganisme m

microphone [ˈmaɪkrəfəʊn] n
micròfon m

microscope [ˈmaɪkrəskəʊp] n
microscopi m

microscopic [ˌmaɪkrəˈskɒpɪk] aj
microscòpic -a

mid [mɪd] aj mig mitja. In mid
afternoon, a mitja tarda; **~day** n
migdia m; **~night** n mitjanit f;
~wife n llevadora f, comare f

middle [ˈmɪdl] n mig m, centre m,
meitat f; (waist) cintura f | aj del
mig, mitjà -ana; **~-aged** aj de
mitjana edat; **Middle Ages** pl
Edat fsg Mitjana; **~-class** n classe
f mitjana, burgesia f; **Middle
East** n Orient m Mitjà

might [maɪt] pt → **may**; n poder m

migraine [ˈmiːgreɪn] n migranya f

migrate [maɪˈgreɪt] vi migrar

migration [maɪˈgreɪʃən] n
migració f

mild [maɪld] aj suau; (of character)
pacífic -a; (climate) temperat
-ada; med benigne -a

mile [maɪl] n milla f; **~stone** n
fita f

military [ˈmɪlɪtən] aj militar;
~ record n cartilla f militar;
~ service n servei m militar

milk [mɪlk] n llet f; **~ man** n lleter m | vt munyir

milky [ˈmɪlkɪ] aj lletós -osa; **Milky
Way** n Via f Làctia

mill [mɪl] n molí m; (for coffee)
molinet m; (factory) fàbrica f | vt
moldre; **~ about** (or **around**)
vi arremolinar-se

millennium [mɪˈlɛnɪəm] n
mil·lenni m

miller [ˈmɪlə] n moliner -a mf

millet [ˈmɪlɪt] n mill m

millimetre (or **millimeter** US)
[ˈmɪlɪˌmiːtə] n mil·límetre m

million [ˈmɪljən] n milió m. Two
million inhabitants, dos milions
d'habitants

mime [maɪm] n mímica f; (person)
mim m

mimic [ˈmɪmɪk] n imitador -a | aj
mímic -a | vt imitar

mimosa [mɪˈməʊzə] n mimosa f

mince [mɪns] vt esmicolar; (meat)
trinxar, picolar; vi caminar amb
passos curts | n carn f trinxada

mind [maɪnd] n ment f;
(contrasted with matter) esperit
m; (mentality) mentalitat f; (idea)
pensament m, idea f; **change
one's ~** canviar d'opinió; **make
up one's ~** decidir-se; **state of
~** estat m d'ànim | vt tenir en
compte, fer cas de, atendre; (be
put out by) molestar-se per, tenir
inconvenient en; (beware of) anar
amb compte amb; (look after)
ocupar-se de, tenir cura de; (worry
about) preocupar-se per; **I don't
mind** m'és igual, no m'importa; **~
the stairs** compte amb l'escala

mine [maɪn] n mina f | vt minar;
(minerals) extreure; vi extreure
minerals | pr el meu m, la meva f,
els meus mpl, les meves fpl

miner [ˈmaɪnə] n miner -a mf,
minaire mf

mineral [ˈmɪnərəl] aj n mineral
aj m

mingle [ˈmɪŋgl] vt barrejar,

mesclar; vi barrejar-se, mesclar-se
miniature ['mɪnɪtʃə] aj (en)
miniatura; n miniatura f
minibus ['mɪnɪbʌs] n microbús m
minim ['mɪnɪm] n mús blanca f
minimum ['mɪnɪməm] aj mínim
-a; n mínim m
mining ['maɪnɪŋ] n mineria f
minister ['mɪnɪstə] n ministre a
mf; rlg pastor -a mf | ~ **to** vi
atendre vt
ministry ['mɪnɪstrɪ] n ministeri m;
rlg sacerdoci m
minor ['maɪnə] aj menor, més
petit; (secondary) secundari -ària;
mús menor | n menor mf d'edat
Minorcan [mɪ'nɔːkən] aj n
menorquí -ina aj mf
minority [maɪ'nɒrɪtɪ] n minoria f
minstrel ['mɪnstrəl] n joglar m
mint [mɪnt] n menta f; (sweet)
caramel m de menta; (where coins
are made) casa f de la moneda | vt
encunyar
minuend ['mɪnjʊend] n mat
minuend m
minus ['maɪnəs] n menys m, signe
m menys ; prp menys. Eight minus
two, vuit menys dos; aj negatiu
-iva
minuscule ['mɪnəskjuːl] aj
minúscul -a
minute ['mɪnɪt] n minut m;
(a moment) moment m, instant m;
~ **hand** n minutera f; ~**s** pl acta
fsg | aj [maɪ'njuːt] diminut -a,
menut -uda, minúscul -a;
(accurate) minuciós -osa cf
miracle ['mɪrəkl] n miracle m
mirage ['mɪrɑːʒ] n miratge m
mire [maɪə] n fang m, llot m

mirror ['mɪrə] n mirall m, espill
m; aut retrovisor m; vt reflectir
miscarriage [mɪs'kærɪdʒ] n
avortament m (natural)
mischief ['mɪstʃɪf] n malifeta f,
entremaliadura f
mischievous ['mɪstʃɪvəs] aj
entremaliat -ada
misdeed ['mɪs'diːd] n malifeta f
miser ['maɪzə] n avar -a mf, gasiu
-iva mf
miserable ['mɪzərəbl] aj
miserable, (unhappy) trist -a,
desgraciat -ada
miserliness ['maɪzəlɪnɪs] n avarícia
f, gasiveria f
miserly ['maɪzəlɪ] aj avar -a, gasiu
-iva
misery ['mɪzərɪ] n misèria f,
pobresa f; (sadness) tristesa f
misfortune [mɪs'fɔːtʃən] n
infortuni m, desventura f
mishap ['mɪshæp] n desgràcia f,
accident m
mislead [mɪs'liːd] vt despistar,
desorientar; (deceive) enganyar
misprint ['mɪsprɪnt] n errata f,
error m d'impremta
misrepresent [mɪs‚reprɪ'zent] vt
representar malament; (distort)
tergiversar
miss [mɪs] vt errar; (train, etc)
perdre; (esdeveniment) perdre's;
(regret absence of) trobar a faltar,
enyorar; (fail to hear) no sentir; vi
fallar; ~ **out** vt saltar, ometre | n
errada f, error m; (shot) tret m
perdut
Miss [mɪs] n senyoreta f
misshapen ['mɪs'ʃeɪpən] aj
deforme

missile ['mɪsaɪl] n míssil m,
projectil m

mission ['mɪʃən] n missió f

missionary ['mɪʃənrɪ] n missioner
-a mf

mist [mɪst] n boira f, broma f; fg
núvol m, vel m | ~ (or ~ **up**) vi
entelar-se; (eyes) omplir-se de
llàgrimes

mistake [mɪs'teɪk] n equivocació f,
error m, falta f; **by ~** per
equivocació; **make a ~**
equivocar-se | vt entendre
malament; **~ A for B** prendre A
per B, confondre A amb B

mister ['mɪstə] n senyor m

mistreat [mɪs'triːt] vt maltractar,
tractar malament

mistress ['mɪstrɪs] n mestressa f,
senyora f; (lover) amant f;
(teacher) mestra f

mistrust [mɪs'trʌst] n
desconfiança f, recel m; vt
desconfiar de, recelar de

misty ['mɪstɪ] aj boirós -osa,
nebulós -osa; (glasses) entelat
-ada

misunderstanding
['mɪsʌndə'stændɪŋ] n equivocació
f, error m; (between two people)
malentès m

misuse [,mɪs'juːs] n abús m, mal
ús m

mitten ['mɪtn] n manyopla f

mix [mɪks] vt barrejar, mesclar;
(salad) amanir; fg combinar,
compaginar; vi barrejar-se,
mesclar-se; (associate) associar-
se; (people) portar-se bé, avenir-
se; ~ **up** vt barrejar, mesclar;
(confuse) confondre | n barreja f,

mescla f; **-up** n embolic m,
confusió f

mixed [mɪkst] aj mixt -a;
(blended) barrejat -ada, mesclat
-ada; (assorted) variat -ada,
assortit -ida; ~ **up** aj confús -usa

mixture ['mɪkstʃə] n barreja f,
mescla f

moan [məʊn] n gemec m, queixa f
| vt lamentar; vi gemegar,
queixar-se

moat [məʊt] n fossat m

mob [mɒb] n multitud f, gentada
f; dsp xusma f

mobile ['məʊbaɪl] aj mòbil; n
mòbil m

mobility [məʊ'bɪlɪtɪ] n mobilitat f

mobilize ['məʊbɪlaɪz] vt
mobilitzar; vi mobilitzar-se

mock [mɒk] vt ridiculitzar; (scoff
at) burlar-se de, riure's de, rifar-se
de | aj fingit -ida, simulat -ada

mocking ['mɒkɪŋ] aj burleta

model ['mɒdl] n model m; (of a
statue, monument, etc) maqueta f;
(person) model mf | aj model | vt
modelar; vi fer de model, servir de
model

moderate aj ['mɒdərɪt] aj
moderat -ada; (price) mòdic -a
| vt ['mɒdə,reɪt] moderar; vi
moderar-se, calmar-se

modern ['mɒdən] aj modern -a

modest ['mɒdɪst] aj modest -a;
(price, salary, etc) mòdic -a

modesty ['mɒdɪstɪ] n modèstia f

modification [,mɒdɪfɪ'keɪʃən] n
modificació f

modify ['mɒdɪfaɪ] vt modificar

module ['mɒdjuːl] n mòdul m

moisten ['mɔɪsn] vt humitejar,

mullar; vi humitejar-se, mullar-se

molar ['məʊlə'] n queixal m

mold [məʊld] n = **mould**

molding ['məʊldɪŋ] n = **moulding**

mole [məʊl] n talp m

mollusc (or **mollusk** US) ['mɒləsk] n mol·lusc m

molt [məʊlt] vi = **moult**

mom [mɒm] n = **mum**

moment ['məʊmənt] n moment m, instant m; **at the ~** de moment, per ara

momentary ['məʊməntərɪ] aj momentani -ània

monarch ['mɒnək] n monarca mf

monarchy ['mɒnəkɪ] n pol monarquia f

monastery ['mɒnəstrɪ] n rlg monestir m

Monday ['mʌndɪ] n dilluns m

monetary ['mʌnɪtərɪ] aj monetari -ària

money ['mʌnɪ] n diners mpl, cèntims mpl; **~box** n guardiola f; **~ order** n gir m postal

monitor ['mɒnɪtə'] n monitor m

monk [mʌŋk] n monjo m, frare m

monkey ['mʌŋkɪ] n mona f, mico m; **~ nut** n cacauet m

monolith ['mɒnəʊlɪθ] n art monòlit m

monologue ['mɒnəlɒg] n monòleg m

monopolize [mə'nɒpəlaɪz] vt monopolitzar, acaparar

monopoly [mə'nɒpəlɪ] n monopoli m

monorail ['mɒnəʊreɪl] n frr monorail m

monotonous [mə'nɒtənəs] aj

monòton -a

monsoon [mɒn'suːn] n monsó m

monster ['mɒnstə'] n monstre m

monstrous ['mɒnstrəs] aj monstruós -osa

month [mʌnθ] n mes m

monthly ['mʌnθlɪ] aj mensual; av mensualment

monument ['mɒnjumənt] n monument m

moo [muː] n mugit m; vi mugir

mood [muːd] n humor m; **be in a good ~** estar de bon humor

moon [muːn] n lluna f

moor [mʊə'] vt amarrar

Moor [mʊə'] n moro -a mf

Moorish ['mʊərɪʃ] aj moro -a

mop [mɒp] n pal m de fregar; (hair) grenya; vt fregar

moped ['məʊped] n ciclomotor m

moral ['mɒrəl] aj moral; **~s** pl moral fsg, ètica fsg

morale [mɒ'rɑːl] n moral f

morality [mə'rælɪtɪ] n moralitat f

morbid ['mɔːbɪd] aj mòrbid -a, morbós -osa

more [mɔː'] aj més | pr més. Would you like some more?, en vols més?; av més; **~ and ~** cada vegada més; **~ or less** més o menys; **~ than ever** més que mai

moreover [mɔː'rəʊvə'] av a més a més, d'altra banda

morgue [mɔːg] n dipòsit m de cadàvers

moribund ['mɒrɪbʌnd] aj moribund -a

morning ['mɔːnɪŋ] n matí m; (before dawn) matinada f | atr matutí -ina, del matí; **~ coat** n jaqué m

Moroccan [məˈrɒkən] aj n
marroquí -ina aj mf

morphology [mɔːˈfɒlədʒi] n
morfologia f

morsel [ˈmɔːsl] n tros m, bocí m;
(of food) mos m

mortal [ˈmɔːtl] aj mortal; n
mortal m

mortality [mɔːˈtæliti] n mortalitat
f; (disaster) mortaldat f

mortar [ˈmɔːtəˈ] n morter m

mortgage [ˈmɔːgidʒ] n hipoteca f

mortify [ˈmɔːtifai] vt mortificar

mosaic [məʊˈzeiik] n mosaic m

Moslem [ˈmɒsləm] aj n musulmà
-ana aj mf

mosque [mɒsk] n mesquita f

mosquito [mɒsˈkiːtəʊ] n mosquit
m; ~ **net** n mosquitera f

moss [mɒs] n molsa f

most [məʊst] aj la majoria de, la
major part de. In most cases, en la
majoria dels casos | n pr la
majoria, la major part; **at** ~ com
a màxim | av més; (very) molt,
sumament

mother [ˈmʌðəˈ] n mare f; ~-**in-
law** n sogra f; ~-**of-pearl** n
nacre m | atr matern -a

motif [məʊˈtiːf] n motiu m

motion [ˈməʊʃən] n moviment m;
(sign) senyal m, gest m; (in an
assembly) moció f; ~ **(to) sby to
do sth** vti fer senyals a up perquè
faci uc

motionless [ˈməʊʃənlis] aj
immòbil

motivate [ˈməʊtiveit] vt motivar

motive [ˈməʊtiv] n motiu m

motor [ˈməʊtəˈ] n motor m | aj
motor motriu; ~**bike** n moto m;

~**cycle** n motocicleta f; ~**cycling**
n motociclisme m; ~**cyclist** n
motorista mf; ~**way** n autopista f

motoring [ˈməʊtəriŋ] n
automobilisme m

motorist [ˈməʊtərist] n
automobilista mf

mottled [ˈmɒtld] aj bigarrat -ada,
multicolor

motto [ˈmɒtəʊ] n lema m;
(maxim) màxima f, sentència f

mould (or **mold** US) [məʊld] n
motlle m, matriu f; (fungus)
floridura f, verdet m | vt
emmotllar

moulding (or **molding** US)
[ˈməʊldiŋ] n motllura f

moult [məʊlt] vt mudar; vi
canviar la pell | n muda fi

mound [maʊnd] n pujol m

mountain [ˈmaʊntin] n muntanya
f | atr de muntanya, muntanyenc
-a; ~ **bicycle** n bicicleta f de
muntanya; ~ **range** n serralada f,
serra f

mountaineer [ˌmaʊntiˈniəˈ] n
muntanyenc -a mf, alpinista mf

mountaineering [ˌmaʊntiˈniəriŋ]
n alpinisme m

mountainous [ˈmaʊntinəs] aj
muntanyós -osa

mourn [mɔːn] vt plorar, lamentar;
vi lamentar-se

mournful [ˈmɔːnful] aj trist -a,
fúnebre

mourning [ˈmɔːniŋ] n dol m

mouse [maʊs] [pl **mice**] n ratolí
m; ~**trap** n ratera f

moustache [məsˈtɑːʃ] n bigoti m

mouth [maʊθ] n boca f; (of river)
desembocadura f; ~**piece** n mús

muscle

mouthful ['mauθful] n queixalada f; (smoke, air) glopada f

movable ['mu:vəbl] aj movible, mòbil

move [mu:v] n moviment m; (in game) jugada f; (of house) mudança f; (of person) trasllat m; **get a ~ on** anar de pressa | vt moure, canviar de lloc; (emotionally) commoure, impressionar; vi moure's; (to a place) traslladar-se; (house) mudar-se, canviar de casa; ~ **about** vi anar i venir; ~ **away** vi allunyar-se, apartar-se; ~ **back** vi retrocedir; ~ **forward** vi avançar; ~ **in** vi instal·lar-se (en una casa); ~ **out** vi desallotjar

movement ['mu:vmənt] n moviment m

movie ['mu:vi] n fm (US) pel·lícula f; ~**s** pl cine msg

moving ['mu:viŋ] aj mòbil; fg commovedor -a, emotiu -iva; ~ **staircase** n escala f mecànica

mow [məu] vt segar, dallar

mower ['məuə'] n segadora f

much [mʌtʃ] aj molt -a | av molt; **as** ~ **as** tant com | n pr molt. **How much is it?**, quant és?

muck [mʌk] n brutícia f; fg porqueria f | ~ **sby about** vt fastiguejar up, fer la punyeta a up

mud [mʌd] n fang m, llot m; ~**guard** n parafang m

muddle ['mʌdl] n embolic m, confusió f, desordre m; vt embrollar

muddy ['mʌdi] aj fangós -osa,

enfangat -ada; (liquid) tèrbol -a | vi enterbolir

muffin ['mʌfin] n magdalena f

muffle ['mʌfl] vt esmorteir

muffled ['mʌfld] aj apagat -ada, esmorteït -ïda, somort -a

mulberry ['mʌlbəri] n móra f; (tree) morera f

mule [mju:l] n mul m

multiple ['mʌltipl] aj n mat múltiple aj m

multiplication [,mʌltipli'keiʃən] n multiplicació f

multiply ['mʌltiplai] vt multiplicar; vi multiplicar-se

multitude ['mʌltitju:d] n multitud f; (people) gernació f

mum [mʌm] n mama f, marona f

mumble ['mʌmbl] vti mussitar, remugar

mummy ['mʌmi] n mòmia f; fm mama f, marona f

municipal [mju:'nisipəl] aj municipal

municipality [mju:,nisi'pæliti] n municipi m

munitions [mju:'niʃənz] pl munició f

murder ['mɜ:də'] n dr assassinat m; vt assassinar, matar

murderer ['mɜ:dərə'] n dr assassí m

murderess ['mɜ:dəris] n dr assassina f

murderous ['mɜ:dərəs] aj assassí -ina

murky ['mɜ:ki] aj obscur -a, llòbrec -ega, fosc -a

murmur ['mɜ:mə'] n murmuri m; vti murmurar

muscle ['mʌsl] n múscul m

muscular ['mʌskjʊlə] *aj*
muscular; (*person*) musculós -osa
museum [mjuːˈzɪəm] *n* museu *m*
mushroom ['mʌʃrʊm] *n* bolet *m*
music ['mjuːzɪk] *f* música *f*; ~
stand *n* faristol *m*
musical ['mjuːzɪkəl] *aj* musical,
músic -a
musician [mjuːˈzɪʃən] *n* músic -a
mf
Muslim ['mʊslɪm] *aj n* musulmà
-ana *aj mf*
mussel ['mʌsl] *n* musclo *m*
must [mʌst] *vi* haver de, caldre.
We must go to the doctor, cal que
anem a cal metge, hem d'anar a
cal metge; (*probability*) deure. *It must
be about three o'clock*, deuen ser
les tres | *n* most *m*
mustard ['mʌstəd] *n* mostassa *f*
mustn't ['mʌsnt] = **must not**
mutation [mjuːˈteɪʃən] *n* canvi *m*;
bio mutació *f*
mute [mjuːt] *aj n* mut muda *aj mf*
mutilate ['mjuːtɪleɪt] *vt* mutilar
mutiny ['mjuːtɪnɪ] *n* motí *m*
mutter ['mʌtə] *vti* murmurar
mutual ['mjuːtjʊəl] *aj* mutu
mútua
muzzle ['mʌzl] *n* morro *m*, musell
m; (*of dog*) morrió *m* | *vt* posar el
morrió, emmordassar
my [maɪ] *aj* el meu, la meva, els
meus, les meves. *My car*, el meu
cotxe; mon, ma, mos, mes. *My
father*, mon pare
myopia [maɪˈəʊpɪə] *n* miopia *f*
myopic [maɪˈɒpɪk] *aj* miop
mysterious [mɪsˈtɪərɪəs] *aj*
misteriós -osa
mystery ['mɪstərɪ] *n* misteri *m*

myth [mɪθ] *n* mite *m*
mythical ['mɪθɪkəl] *aj* mític -a
mythology [mɪˈθɒlədʒɪ] *n*
mitologia *f*

N

nacre ['neɪkə] *n* nacre *m*
nag [næg] *vt* renyar
nail [neɪl] *n* ungla *f*; *zoo* urpa *f*,
unglot *m*; (*metal*) clau *m* | *vt*
clavar
naïve (or **naive**) [naɪˈiːv] *aj* ingenu
-ènua, càndid -a
naked ['neɪkɪd] *aj* nu nua,
despullat -ada; (*flame*) descobert
-a, sense protecció   IE
name [neɪm] *n* nom *m*; (*surname*)
cognom *m*; (*reputation*) fama *f*,
reputació *f*; **in the ~ of** en nom
de; ~ **day** *n* sant *m*; ~**sake** *n*
homònim *m*; **what's your ~?**
com et dius? | *vt* dir, anomenar,
denominar; (*at birth*) batejar;
(*mention*) esmentar
nanny ['nænɪ] *n* mainadera *f*
nap [næp] *n* becaina *f*, migdiada *f*
nape [neɪp] *n* ~ (or ~ **of the
neck**) clatell *m*, nuca *f*, bescoll *m*
napkin ['næpkɪn] *n* tovalló *m*
nappy ['næpɪ] *n* bolquers *mpl*
narcissist [nɑːˈsɪsɪst] *n* narcisista
mf, narcís -isa *mf*
narcotic [nɑːˈkɒtɪk] *aj* narcòtic -a;
n narcòtic *m*
narrate [nəˈreɪt] *vt* narrar
narrator [nəˈreɪtə] *n* narrador -a
mf
narrow ['nærəʊ] *aj* estret -a,

angost -a; (*restricted*) reduït -ïda,
limitat -ada; (*person*) intolerant;
~-minded aj estret -a de mires,
intolerant | vt estrènyer, fer estret,
reduir; vi estrènyer-se, fer-se
estret, reduir-se
narrowness ['næɾəʊnɪs] n
estretor f
nasal ['neɪzəl] aj nasal
nasty ['nɑ:stɪ] aj fastigós -osa,
repugnant; (*dirty*) brut -a, porc -a;
(*person*) antipàtic -a,
desagradable; (*rude*) groller -a;
(*wound*) perillós -osa, greu
nation ['neɪʃən] n nació f
national ['næʃənl] aj nacional;
~ anthem n himne m nacional
nationality [ˌnæʃəˈnælɪtɪ] n
nacionalitat f
native ['neɪtɪv] aj (*innate*) natural,
innat -a; (*country*) natal;
(*language*) matern -a;
(*indigenous*) indígena; (*resources*)
natural, del país, nacional | n
natural mf, nacional mf;
(*primitive*) primitiu -iva mf,
indígena mf, natiu -iva mf
natural ['nætʃrəl] aj natural
naturally ['nætʃrəlɪ] av
naturalment, amb naturalitat; (*of
course*) naturalment, evidentment
naturalness ['nætʃrəlnɪs] n
naturalitat f
nature ['neɪtʃəʳ] n natura f,
naturalesa f; (*character*) caràcter
m, temperament m; (*kind*) gènere
m, classe f; **good ~** n amabilitat f
naught [nɔ:t] n res m; **mat** zero m
naughty ['nɔ:tɪ] aj entremaliat
-ada
nausea ['nɔ:sɪə] n nàusea f

nauseating ['nɔ:sɪeɪtɪŋ] aj
nauseabund -a
nautical ['nɔ:tɪkəl] aj nàutic -a
nave [neɪv] n arq nau f
navel ['neɪvəl] n llombrígol m,
melic m
navigable ['nævɪgəbl] aj
navegable
navigation [ˌnævɪˈgeɪʃən] n
navegació f; (*science*) nàutica f
navy ['neɪvɪ] n marina f (de guerra),
armada f; **~ blue** n blau marí
near [nɪəʳ] aj pròxim -a, proper -a;
Near East n Pròxim Orient m; **~-
sighted** aj miop, curt -a de vista
| av prop | ~ (or **~ to**) prp prop
de, a la vora de | vt apropar,
acostar; vi apropar-se, acostar-se
nearby ['nɪəbaɪ] aj pròxim -a,
proper -a; av prop, a prop
nearly ['nɪəlɪ] av quasi, gairebé;
(*with verb*) quasi, per poc;
(*closely*) de prop
nearness ['nɪənɪs] n proximitat f
neat [ni:t] aj pulcre -a, polit -ida;
(*room, etc*) net -a, endreçat -ada;
(*plan*) enginyós -osa; (*drink*) sol -a
nebula ['nebjʊlə] n nebulosa f
nebulous ['nebjʊləs] aj nebulós
-osa
necessary ['nesɪsərɪ] aj necessari
-ària
necessity [nɪˈsesɪtɪ] n necessitat f;
necessities pl articles m de
primera necessitat
neck [nek] n coll m; (*of bottle*) coll
m, broc m; **~-lace** n collaret m,
collar m | vi fm petonejar-se;
(*hug*) abraçar-se amorosament
necropolis [neˈkrɒpəlɪs] n
necròpoli f

nectar ['nɛktə'] n nèctar m

need [ni:d] n necessitat f; (lack)
falta f, manca f | vt necessitar,
haver de menester, requerir; **I ~
to do it** necessito fer-ho, ho he
de fer; **you don't ~ to come** no
cal que vinguis

needle ['ni:dl] n agulla f; **~work**
n labor f

needn't ['ni:dnt] = **need not**

negation [nɪ'geɪʃən] n negació f

negative ['nɛgətɪv] aj negatiu -iva
| n negativa f, negació f; fot
negatiu m

neglect [nɪ'glɛkt] vt abandonar,
deixar, descurar; (one's duty) no
complir | n negligència f, descuit
m; (abandon) abandó m; (of duty)
incompliment m

neglectful [nɪ'glɛktful] aj
negligent, descurat -ada, deixat
-ada

negligent ['nɛglɪdʒənt] aj =
neglectful

neigh [neɪ] n renill m; vi renillar

neighbour ['neɪbə'] n veí -ïna mf

neighbourhood ['neɪbəhud] n
veïnat m; (surrounding area) volts
mpl, voltants mpl, rodalies fpl

neighbouring ['neɪbərɪŋ] aj veí
-ïna, pròxim -a, proper -a

neither ['naɪðə'] aj cap (dels dos).
On neither side, per cap dels dos
costats | **~... nor** cnj ni... ni. He
spoke neither English nor French,
no parlava ni anglès ni francès | pr
cap, ni l'un ni l'altre. Neither of
them saw it, cap d'ells no ho va
veure | av tampoc. I didn't know
the answer and neither did she, jo
no sabia la resposta ni ella

tampoc

nephew ['nɛvju:] n nebot m

nerve [nɜːv] n nervi m; (courage)
valor m, sang f freda; (cheek) cara
f, barra f

nervous ['nɜːvəs] aj nerviós -osa;
(timid) tímid -a; **~ breakdown** n
crisi f nerviosa; **~ system** n
sistema m nerviós

nest [nɛst] n niu m; vi niar

net [nɛt] n xarxa f; (fabric) tul m |
aj com net -a

nettle ['nɛtl] n ortiga f

network ['nɛtwɜːk] n (of railways,
roads, telephones, etc) xarxa f

neuter ['nju:tə'] aj neutre -a

neutral ['nju:trəl] aj neutral; bot
ele qm neutre -a | n país m
neutral; **in ~** aut en punt mort

never ['nɛvə'] av mai, en cap cas;
~ mind és igual, no importa

nevertheless [,nɛvəðə'lɛs] av
tanmateix, no obstant

new [nju:] aj nou -va; (fresh) fresc
-a; (bread, etc) tou tova, tendre
-a; **~born** aj nounat -ada;
~born baby n nadó m; **~comer**
n nouvingut -uda mf; **New
Year's Day** n cap m d'any

newly ['nju:lɪ] av recentment, fa
poc; (again) novament; **~weds** pl
noucasats m, nuvis m

newness ['nju:nɪs] n novetat f

news [nju:z] n notícies fpl; **a
piece of ~** una notícia f;
~paper n diari m, periòdic m;
~stand n quiosc m

next [nɛkst] aj pròxim -a, proper
-a, vei -ïna; (of order) següent,
pròxim -a, vinent | av després,
més tard, a continuació | ~ (or ~

to) prp al costat de, prop de

nibble ['nibl] vt mossegar; (rat, etc) rosegar

Nicaraguan [ˌnikəˈrægjʊən] aj n nicaragüenc -a aj mf

nice [nais] aj bonic -a, maco -a; (likeable) simpàtic -a; (kind) amable; (agreeable) agradable, bo bona; **~-looking** aj atractiu -iva, bonic -a; **~ to meet you** molt de gust de conèixer-vos

niche [niːʃ] n ninxol m

nick [nik] n tall m, incisió f, osca f; fm garjola f | vt tallar; fm pispar

nickname ['nikneim] n malnom m

nicotine ['nikətiːn] n nicotina f

niece [niːs] n neboda f

night [nait] n nit f; **at ~** (or **by ~**) de nit, a la nit | atr nocturn -a, de nit; **~ bird** n noctàmbul -a mf; **~club** n club nocturn; **~dress** n camisa f de dormir

nightingale ['naitiŋgeil] n rossinyol m

nightmare ['naitmeə'] n tb fg malson m

nimble ['nimbl] aj àgil, lleuger -a

nine [nain] aj n nou aj m

nineteen [nain'tiːn] aj n dinou aj m

ninety ['nainti] aj n noranta aj m

ninth [nainθ] aj n novè -ena aj m

nip [nip] n pessigada f, pessic m; (bite) mossegada f; (of drink) glop m | vt pessigar; (bite) mossegar

nipple ['nipl] n mugró m; (of bottle) tetina f

nitre (or **niter** US) ['naitə'] n salnitre m

nitrogen ['naitrədʒən] n qm nitrogen m

no [nəʊ] av no | aj I have no money, no tinc diners; **~ doubt** sens dubte; **~-one** pr ningú; **~ way** de cap manera | n n

nobility [nəʊ'biliti] n noblesa f

noble ['nəʊbl] aj n noble aj mf; **~man** n noble m; **~woman** n noble f

nobody ['nəʊbədi] pr ningú

nocturnal [nɒk'tɜːnl] aj tb zoo nocturn -a

nocturne ['nɒktɜːn] n mús nocturn m

nod [nɒd] n senyal m fet amb el cap, moviment m del cap; (sleepy) cop m de cap | vt saludar amb el cap; (say yes) dir que sí amb el cap; (sleepily) fer cops de cap

noise [nɔiz] n soroll m, fressa f; (din) estrèpit m

noisy ['nɔizi] aj sorollós -osa, escandalós -osa

nomad ['nəʊmæd] n nòmada mf

nomadic [nəʊ'mædik] aj nòmada

nomadism ['nəʊmədizəm] n nomadisme m

nominal ['nɒminl] aj nominal

non-aligned ['nɒnə'laind] aj neutral, no alineat -ada

none [nʌn] pr ningú, cap; **~ of us** cap de nosaltres; **~ other than** ni més ni menys que

nonentity [nɒ'nentiti] n zero m a l'esquerra, nul·litat f

non-existent ['nɒnig'zistənt] aj inexistent

nonsense ['nɒnsəns] n disbarat m, bestiesa f

noodle ['nuːdl] n fideu m; (flat) tallarina f

nook [nʊk] n racó m

noon [nu:n] n migdia m

nor [nɔ:ʳ] cnj ni. *Neither him nor her*, ni ell ni ella

normal ['nɔ:məl] aj normal

normally ['nɔ:məli] av normalment

normative ['nɔ:mətiv] aj normatiu -iva

north [nɔ:θ] n nord m | aj del nord, septentrional; **North American** aj nord-americà mf; **~east** n nord-est m; **~easterly** (or **~eastern**) aj del nord-est; **~west** n nord-oest m; **~westerly** (or **~western**) aj del nord-oest | av al nord, cap al nord

northerly ['nɔ:ðəli] aj del nord

northern ['nɔðən] aj del nord

Norwegian [nɔ:'wi:dʒən] aj n noruec -ega n; n (language) noruec m

nose [nəuz] n nas m; (of animal) morro m, musell m; (sense of smell) olfacte m | vt olorar, ensumar; **~ about** vi xafardejar

nosey ['nəuzi] aj xafarder -a, tafaner -a

nosh [nɒʃ] n fm manduca f, teca f

nostalgia [nɒs'tældʒiə] n nostàlgia f

nostril ['nɒstril] n nariu m

nosy ['nəuzi] aj tafaner -a

not [nɒt] av no. *He's not here*, no hi és; **absolutely ~!** (or **certainly ~!**) de cap manera!; **~ that...** no és que...; **~ yet** encara no; **why ~?** per què no?

notable ['nəutəbl] aj notable

notary ['nəutəri] n **~** (or **~ public**) notari -ària mf

notch [nɒtʃ] n osca f, tall m

note [nəut] n nota f; (sign) marca f, senyal m; (banknote) bitllet m; **~book** n agenda f, llibreta f, quadern m; **~s** pl notes f, apunts m | vt notar, observar; **~** (or **~ down**) (write down) anotar, apuntar

noted ['nəutid] aj cèlebre, famós -osa

nothing ['nʌθiŋ] pr res; (nought) zero; **for ~** gratis, de franc; (in vain) en va

notice ['nəutis] n avis m; (announcement) anunci m, cartell m; (attention) atenció f, interès m; (period) termini m; (dismissal) acomiadament m; **~board** n tauler m d'anuncis; **take ~ of** fer cas de | vt notar, observar, advertir

noticeable ['nəutisəbl] aj notable, sensible; (obvious) evident, obvi òbvia

notion ['nəuʃən] n noció f; (idea) idea f, concepte m; (view) opinió f; **~s** pl articles m de merceria

nougat ['nu:gɑ:] n (mena de) torró m d'avellanes

nought [nɔ:t] n zero m

noun [naun] n grm nom m, substantiu m

nourish ['nʌrɪʃ] vt nodrir, alimentar

nourishing ['nʌrɪʃiŋ] aj nutritiu -iva

nourishment ['nʌrɪʃmənt] n aliment m, nodriment m

novel ['nɒvəl] aj nou nova; n lit novel·la f

novelist ['nɒvəlist] n lit

obey

novel·lista *mf*

novelty ['nɒvəltɪ] *n* novetat *f*

November [nəʊ'vembə'] *n* novembre *m*

now [naʊ] *av* ara; (*at present*) actualment, avui (en) dia; **by ~ a** hores d'ara; **from ~ on** a partir d'ara; **right ~** ara mateix | *cnj* ara que

nowadays ['naʊədeɪz] *av* avui (en) dia, actualment

nowhere ['nəʊweə'] *av* enlloc; **~ else** enlloc més

nuance ['njuːɑːns] *n* matís *m*

nuclear ['njuːklɪə'] *aj* nuclear; **~ power station** *n* central *f* nuclear

nucleus ['njuːklɪəs] *n* nucli *m*

nude [njuːd] *aj* nu -a, despullat -ada; *n art* nu *m*

nudism ['njuːdɪzəm] *n* nudisme *m*

nuisance ['njuːsns] *n* molèstia *f*, destorb *m*, nosa *f*; **what a ~!** quina murga!

null [nʌl] *aj* nul nul·la, invàlid -a; **~ and void** nul i sense efectes

numb [nʌm] *aj* entumit -ida, balb -a; *fg* insensible

number ['nʌmbə'] *n* número *m*; *mat* número *m*, nombre *m*, xifra *f*; **a ~ of** diversos, alguns; **~ plate** *n* placa *f* de matrícula | *vt* numerar; (*count*) comptar; (*amount to*) pujar a, sumar

numeral ['njuːmərəl] *aj* numeral; *n* número *m*, xifra *f*

numerator ['njuːməreɪtə'] *n* numerador *m*

numerical [njuː'merɪkəl] *aj* numèric -a

numerous ['njuːmərəs] *aj*

nun [nʌn] *n* monja *f*, religiosa *f*

nuptial ['nʌpʃəl] *aj* nupcial

nurse [nɜːs] *n* infermera *f*; (*or* **~maid**) mainadera *f* | *vt* tenir cura de, assistir

nursery ['nɜːsrɪ] *n* cambra *f* dels nens; *agr* planter *m*, viver *m*; **~ school** *n* jardí *m* d'infants

nursing ['nɜːsɪŋ] *n* professió *f* d'infermera; (*suckling*) lactància *f*

nutcracker ['nʌt,krækə'] *n* trencanous *m iv*

nutrition [njuː'trɪʃən] *n* nutrició *f*

nutritional [njuː'trɪʃənl] *aj* nutritiu -iva

nutritious [njuː'trɪʃəs] *aj* nutritiu -iva

nuts [nʌts] *pl* fruita seca

nutshell ['nʌtʃel] *n* closca *f* de nou; **in a ~** en resum, amb poques paraules

nylon ['naɪlɒn] *n* niló *m*

nymph [nɪmf] *n* nimfa *f*

O

o [əʊ] *n* zero *m*

oak [əʊk] *n* (*or* **~ tree**) roure *m*; **~wood** *n* roureda *f*

oar [ɔː'] *n* rem *m*

oasis [əʊ'eɪsɪs] *n* oasi *m*

oath [əʊθ] *n* jurament *m*, jura *f*; (*blasphemy*) renec *m*, blasfèmia *f*

oats [əʊts] *pl* civada *fsg*

obedient [ə'biːdɪənt] *aj* obedient; (*docile*) dòcil

obelisk ['ɒbɪlɪsk] *n* obelisc *m*

obese [əʊ'biːs] *aj* obès -esa

obey [ə'beɪ] *vt* obeir; (*laws,*

instructions) complir

obituary [ə'bitjuəri] *n* necrologia *f*

object *n* ['ɒbdʒikt] objecte *m*, cosa *f*; (*aim*) objecte *m*, propòsit *m*, intenció *f*; *grm* objecte *m*, complement *m* | *vt* [ə'dʒekt] objectar; *vi* oposar-se, posar objeccions

objection [əb'dʒekʃən] *n* objecció *f*; (*obstacle*) inconvenient *m*

objective [əb'dʒektiv] *aj* objectiu -iva; *n* objectiu *m*

obligation [ˌɒbli'geiʃən] *n* obligació *f*, compromís *m*

obligatory [ə'bligətəri] *aj* obligatori -òria

oblige [ə'blaidʒ] *vt* obligar, forçar; (*gratify*) complaure, fer un favor a

oblique [ə'bli:k] *aj* oblic -iqua; (*reference*) indirecte -a

obliterate [ə'blitəreit] *vt* esborrar, eliminar, anihilar

oblivion [ə'bliviən] *n* oblit *m*

oboe ['əubəu] *n* oboè *m*

obol ['ɒbɒl] *n* òbol *m*

obscene [əb'si:n] *aj* obscè -ena

obscure [əb'skjuə] *aj* obscur -a | *vt* obscurir, enfosquir; (*hide*) amagar

obscurity [əb'skjuriti] *n* obscuritat *f*, foscor *f*

observant [əb'zɜːvənt] *aj* observador -a

observation [ˌɒbzə'veiʃən] *n* observació *f*

observatory [əb'zɜːvətri] *n* observatori *m*

observe [əb'zɜːv] *vt* observar; (*rule*, *etc*) complir

observer [əb'zɜːvə] *n* observador -a *mf*

obsess [əb'ses] *vt* obsessionar

obsession [əb'seʃən] *n* obsessió *f*

obsolete ['ɒbsəli:t] *aj* obsolet -a

obstacle ['ɒbstəkl] *n* obstacle *m*; (*nuisance*) destorb *m*, inconvenient *m*, dificultat *f*

obstinate ['ɒbstinit] *aj* obstinat -ada, tossut -uda, pertinaç

obstruct [əb'strʌkt] *vt* obstruir; (*pipe*) embussar, obturar; (*plan*) destorbar, impedir

obstruction [əb'strʌkʃən] *n* obstrucció *f*; (*obstacle*) obstacle *m*, destorb *m*

obtain [əb'tein] *vt* obtenir, aconseguir; (*acquire*) adquirir

obtainable [əb'teinəbl] *aj* assequible

obtaining [əb'teiniŋ] *n* obtenció *f*

obtuse [əb'tju:s] *aj* obtús -usa

obvious ['ɒbviəs] *aj* obvi òbvia, evident

occasion [ə'keiʒən] *n* ocasió *f*, oportunitat *f*; (*occurrence*) ocasió *f*, vegada *f*; (*event*) esdeveniment *m*, fet *m*

occidental [ˌɒksi'dentl] *aj* occidental

occult [ɒ'kʌlt] *aj* ocult -a, secret -a, misteriós -osa

occupant ['ɒkjupənt] *n* (*boat, car, etc*) ocupant *mf*; (*house*) inquilí -ina *mf*

occupation [ˌɒkju'peiʃən] *n* ocupació *f*; (*work*) feina *f*, ocupació *f*; (*pastime*) passatemps *m iv*, entreteniment *m*

occupy ['ɒkjupai] *vt* ocupar; (*house*) ocupar, habitar

occur [ə'kɜː] *vi* esdevenir, ocórrer, passar; (*be found*) trobar-se, existir

occurrence [ə'kʌrəns] n esdeveniment m; (existence) existència f

ocean ['əuʃən] n oceà m

ochre (or **ocher** US) ['əukə] aj n ocre aj m

o'clock [ə'klɔk] av **at three ~** a les tres; **it's one ~** és la una

October [ɔk'təubə] n octubre m

octopus ['ɔktəpəs] n pop m

ocular ['ɔkjulə] aj ocular

oculist ['ɔkjulist] n oculista mf

odd [ɔd] aj estrany -a, rar -a, estrambòtic -a; (number) senar; (extra, left over) que sobra, de més; (isolated) solt -a; **at ~ moments** a estones perdudes; **be ~ man out** sobrar, estar de més; **thirty ~** trenta i escaig

oesophagus [i:'sɔfəgəs] n ana esòfag m

of [ɔv, əv] prp (in must senses) de. Citizens of London, ciutadans de Londres. He's proud of his sister, està orgullós de la seva germana. The eighteenth of May, el divuit de maig. Made of cotton, fet de cotó A cup of tea, una tassa de te; en. Doctor of medicine, doctor en medicina; **a friend ~ mine** un amic meu; **it's very kind ~ you** és molt amable de la teva part; **~ himself** per ell mateix; **three ~ us** tres de nosaltres

off [ɔf] aj (food) passat -ada, dolent -a; (cancelled) cancel·lat -ada, suspès -esa; (light, water, etc) apagat -ada, tallat -ada, tancat -ada; (free) lliure | av (away) a, lluny. Two miles off, a dues milles; **be ~** anar-se'n;

~ and on (or **on and ~**) de tant en tant | prp de. It fell off the table, va caure de la taula; fora de, lluny de. A house off the main road, una casa una mica apartada de la carretera principal

offence (or **offense** US) [ə'fens] n ofensa f; (crime) delicte m, infracció f; **take ~** ofendre's

offend [ə'fend] vt ofendre

offender [ə'fendə] n delinqüent mf; (against traffic code, etc) infractor -a mf

offensive [ə'fensiv] aj ofensiu -iva; (disgusting) repugnant | n ofensiva f

offer ['ɔfə] n oferta f, oferiment m; com oferta f, proposta f | vt oferir; (opportunity) donar, facilitar, brindar; (comment) fer

offering ['ɔfəriŋ] n ofrena f

office ['ɔfis] n oficina f; (room) despatx m; (post) càrrec m; **~ clerk** (or **~ worker**) n oficinista mf

officer ['ɔfisə] n oficial mf; (of local government) funcionari -ària mf; (of police) agent mf de policia

official [ə'fiʃəl] aj oficial; n funcionari -ària mf

offside [ɔf'said] av esp fora de joc

often ['ɔfən] av sovint, amb freqüència; **how ~?** quantes vegades?

ogre ['əugə] n ogre m

oh! [əu] inj oh!; (pain) ai!

oil [ɔil] n oli m; min petroli m; **~ lamp** n quinqué m | vt greixar

oily ['ɔili] aj oliós -osa; (meal) greixós -osa

ointment ['ɔɪntmənt] n ungüent m; pomada f

O.K. (or **okay**) ['əʊ'keɪ] inj d'acord!, molt bé! | aj bé, molt bé | n vist-i-plau | vt aprovar, donar el vist-i-plau a

old [əʊld] aj vell -a, antic -iga; (person) vell -a, gran; **how ~ are you?** quants anys tens?; **I'm twenty-six years** ~ tinc vint-i-sis anys; ~ **age** n vellesa f; **~-fashioned** aj antiquat -ada, passat -ada de moda; ~ **man** n vell m; ~ **woman** n vella f

olive ['ɒlɪv] n oliva f; ~ (or ~ **tree**) n olivera f; **~-oil** n oli m d'oliva

Olympiad [əʊ'lɪmpɪæd] n olimpíada f

Olympic [əʊ'lɪmpɪk] aj olímpic -a; ~ **Games** (or **~s**) pl jocs m olímpics

omelette (or **omelet** US) ['ɒmlɪt] n truita f

omen ['əʊmen] n averany m, auguri m, presagi m

ominous ['ɒmɪnəs] aj de mal averany, sinistre -a, amenaçador -a, ominós -osa

omission [əʊ'mɪʃən] n omissió f; (slip) oblit m, descuit m

omit [əʊ'mɪt] vt ometre; (forget) oblidar, descuidar-se de

omnibus ['ɒmnɪbəs] n òmnibus m

omnivorous [ɒm'nɪvərəs] aj omnívor -a

on [ɒn] prp a, en. To sit on a chair, seure a la cadira. On page four, a la pàgina quatre; (on top of) a, en, sobre, damunt de. On the table, sobre la taula; per. Walking on the road, caminant per la carretera; de. On a journey, de viatge; (concerning) sobre; ~ **all sides** per tot arreu; ~ **foot** a peu; ~ **Monday** (el) dilluns; ~ **the left**, a l'esquerra | av més. Further on, més lluny. Later on, més tard; ~ **and** ~ sense parar; **what film is** ~? quina pel·lícula fan? | aj encès -esa, obert -a, a funcionament

once [wʌns] av una vegada; (formerly) abans, antigament; **at** ~ ara mateix, immediatament; ~ **a week** una vegada a la setmana; ~ **more** una altra vegada; ~ **upon a time** fa molt de temps, hi havia una vegada | cnj tan aviat com

one [wʌn] aj un una; (sole) sol -a, únic -a; (same) mateix -a; ~**way** aj de direcció única; ~**-way ticket** n bitllet m d'anada | n u m; ~ (or ~ **o'clock**) la una f | pr un una. One of us, un de nosaltres

onion ['ʌnjən] n ceba f

onlooker ['ɒn,lʊkə] n espectador -a mf, observador -a mf; dsp badoc -a mf

only ['əʊnlɪ] av només, solament, únicament; **not ~... but also...** no solament... sinó també...; | aj únic -a, sol -a | cnj només que, però

onrush ['ɒnrʌʃ] n envestida f; (of water) força f, ímpetu m

onslaught ['ɒnslɔːt] n envestida f, atac violent

onward ['ɒnwəd] av ~ (or **~s**) endavant; **from that time ~** d'aleshores ençà

ooze [uːz] vi traspuar; (blood) rajar, brollar

opaque [əʊ'peɪk] aj opac -a

orange

open ['əʊpən] *aj* obert -a; (*car, etc*) descobert -a; (*public*) públic -a, obert -a, (*frank*) franc -a, sincer -a; ~ **air** *n* aire *m* lliure; ~ **letter** *n* carta *f* oberta; ~**-minded** *aj* obert -a, sense perjudicis; ~**-mouthed** *aj* bocabadat -ada | *vt* obrir; (*bottle*) destapar; (*parcel*) desembolicar; (*begin*) començar; *vi* obrir-se; ~ (**or** ~ **out**) *vt* (*unfold*) desplegar, estendre

opening ['əʊpnɪŋ] *n* obertura *f*; (*in clouds*) clariana *f*; (*beginning*) començament *f*; (*of exhibition*) inauguració *f*

openness ['əʊpnnɪs] *n* franquesa *f*

openwork ['əʊpnwɜːk] *n* cst reixat *m*

opera ['ɒpərə] *n* òpera *f*

operate ['ɒpəreɪt] *vt* manejar, fer anar, fer funcionar; (*plan, etc*) dur a terme, realitzar; *vi* funcionar; (*person*) obrar, actuar; (*medicine, drug*) fer efecte; ~ **on sby** *med* operar up

operating ['ɒpəreɪtɪŋ] *aj* operant; ~ **theatre** *n* quiròfan *m*, sala *f* d'operacions

operation [ˌɒpə'reɪʃən] *n* funcionament *m*; *med* operació *f*

operative ['ɒpərətɪv] *aj* en vigor; *n* operari -ària *mf*

operator ['ɒpəreɪtə] *n* operari -ària *mf*, maquinista *mf*; *med* operador -a *m*

opinion [ə'pɪnjən] *n* opinió *f*, parer *m*

opium ['əʊpɪəm] *n* opi *m*

opponent [ə'pəʊnənt] *n* oponent *mf*, adversari -ària *mf*, contrincant *mf*

opportune ['ɒpətjuːn] *aj* oportú -una

opportunist [ˌɒpə'tjuːnɪst] *n* oportunista *mf*

opportunity [ˌɒpə'tjuːnɪtɪ] *n* oportunitat *f*, ocasió *f*

oppose [ə'pəʊz] *vt* oposar, oposar-se a

opposed [ə'pəʊzd] *aj* oposat -ada, contrari -ària

opposite ['ɒpəzɪt] *aj* oposat -ada, contrari -ària; (*house, etc*) del davant | *av al davant* | ~ (**or** ~ **to**) *prp* davant de, al davant de | *n* el contrari *m*

opposition [ˌɒpə'zɪʃən] *n tb pol* oposició *f*

oppress [ə'prɛs] *vt* oprimir

oppression [ə'prɛʃən] *n* opressió *f*, tirania *f*

opt [ɒpt] *vi* optar

optician [ɒp'tɪʃən] *n* òptic -a *mf*

optics ['ɒptɪks] *n* òptica *f*

optimist ['ɒptɪmɪst] *n* optimista *mf*

optimistic [ˌɒptɪ'mɪstɪk] *aj* optimista

optimum ['ɒptɪməm] *aj* òptim -a

option ['ɒpʃən] *n* opció *f*

optional ['ɒpʃənl] *aj* opcional, facultatiu -iva, optatiu -iva

or [ɔː] *cnj* o; [*with negation*] ni; ~ **else** o bé, si no

oral ['ɔːrəl] *aj* oral; *ana* bucal; (*message*) verbal, parlat -ada | *n* examen *m* oral

orally ['ɔːrəlɪ] *av* oralment, de paraula

orange ['ɒrɪndʒ] *n* taronja *f*; ~ **juice** *n* taronjada *f*; ~ **tree** *n* taronger *m*

orangeade [,ɒrɪndʒ'eɪd] n
taronjada f

orang-outang [ɔ:ræŋ'u:tæŋ] n
orangutan m

orbit ['ɔ:bɪt] n òrbita f; vti orbitar

orchard ['ɔ:tʃəd] n hort m
(d'arbres fruiters)

orchestra ['ɔ:kɪstrə] n orquestra f

orchid ['ɔ:kɪd] n orquídia f

ordain [ɔ:'deɪn] vt ordenar,
decretar; rlg ordenar

order ['ɔ:də'] n ordre m;
(command) ordre f, manament m;
rlg mil orde m; com comanda f,
encàrrec m; **be out of ~** estar
desordenat; tcn no funcionar; **in
~ en** ordre; **in ~ to** per, a fi de |
vt ordenar, posar en ordre;
(command) manar, ordenar; com
demanar, encarregar

ordinal ['ɔ:dɪnl] aj ordinal; n
ordinal m, nombre m ordinal

ordinary ['ɔ:dnrɪ] aj normal,
corrent, ordinari -ària; dsp vulgar,
ordinari -ària

ordination [,ɔ:dɪ'neɪʃən] n rlg
ordenació f

oregano [,ɒrɪ'gɑ:nəʊ] n bot gst
orenga f

organ ['ɔ:gən] n òrgan m; mús
orgue m

organic [ɔ:'gænɪk] aj orgànic -a

organism ['ɔ:gənɪzm] n
organisme m

organization [,ɔ:gənaɪ'zeɪʃən] n
organització f; (body) organització
f, organisme m

organize ['ɔ:gənaɪz] vt organitzar;
vi organitzar-se

organizer ['ɔ:gənaɪzə'] n
organitzador -a mf

organizing ['ɔ:gənaɪzɪŋ] aj
organitzador -a

orgasm ['ɔ:gæzəm] n orgasme m

orient ['ɔːrɪənt] vt orientar

oriental [,ɔːrɪ'entəl] aj oriental

orientate ['ɔːrɪenteɪt] vt orientar;
~ osf orientar-se

orientation [,ɔːrɪen'teɪʃən] n
orientació f

orifice ['ɒrɪfɪs] n orifici m

origin ['ɒrɪdʒɪn] n origen m; (point
of departure) procedència f

original [ə'rɪdʒɪnl] aj original;
(first) primer -a; (early) primitiu
-iva | n original m

originate [ə'rɪdʒɪneɪt] vt originar,
produir; vi originar-se, néixer,
sorgir; **~ from** (or **~ in**) vi venir
de, tenir l'origen a

ornament ['ɔ:nəmənt] n
ornament m, adorn m; vt
['ɔ:nə,ment] ornamentar, adornar,
guarnir

ornamental [,ɔ:nə'mentl] aj
ornamental, decoratiu -iva

orphan ['ɔ:fən] aj n orfe òrfena aj
mf

orthography [ɔ:'θɒgrəfɪ] n
ortografia f

oscillate ['ɒsɪleɪt] vi oscil·lar

osier ['əʊʒə'] n vimet m

ostentation [,ɒstən'teɪʃən] n
ostentació f

ostrich ['ɒstrɪtʃ] n estruç m

other ['ʌðə'] aj altre -a. The other
day, l'altre dia | **the ~** l'altre | **~
than** av altra cosa que

otherwise ['ʌðəwaɪz] av
altrament, d'altra manera; cnj si
no, altrament

otter ['ɒtə'] n llúdria f

ouch! [aʊtʃ] *inj* ai!

ought [ɔːt] *vi* haver de, caldre, deure. *I ought to do it*, hauria de fer-ho

ounce [aʊns] *n* unça *f*

our [aʊə'] *aj* el nostre, la nostra, els nostres, les nostres. *Our sisters*, les nostres germanes

ours [aʊəz] *pr* (el) nostre, (la) nostra, (els) nostres, (les) nostres. *These are ours*, aquests són (els) nostres

ourselves [,aʊə'sɛlvz] *pr* nosaltres mateixos

oust [aʊst] *vt* desallotjar, fer fora

out [aʊt] *av* (a) fora, enfora; (*on strike*) en vaga; (*light, etc*) apagat -ada; **be ~** ésser fora, haver sortit; **one ~ of ten** un de cada deu; **~ here** aquí fora; **~ loud** en veu alta; **~ of** *prp* fora de; **~ of order** no funciona; **~ of proportion** desproporcionat -ada

outbreak ['aʊtbreɪk] *n* (*of spots*) erupció *f*; (*of disease*) epidèmia *f*; (*of war*) esclat *m*

outburst ['aʊtbɜːst] *n* explosió *f*, rampell *m*, atac *m*

outcome ['aʊtkʌm] *n* resultat *m*, desenllaç *m*

outcry ['aʊtkraɪ] *n* crit *m*, clam *m*, clamor *m* (or *f*)

outdoor ['aʊtdɔː'] *aj* a l'aire lliure, de portes enfora; **~s** *av* a l'aire lliure, de portes enfora, fora de casa

outing ['aʊtɪŋ] *n* excursió *f*, sortida *f*

outlandish [aʊt'lændɪʃ] *aj* estrafolari -ària, extravagant

outlaw ['aʊtlɔː] *n* bandit -ida *mf*

outline ['aʊtlaɪn] *n* contorn *m*, perfil *m*; (*sketch*) esbós *m*

output ['aʊtpʊt] *n* producció *f*

outrage ['aʊtreɪdʒ] *n* ultratge *m*

outside ['aʊt'saɪd] *n* exterior *m* | *aj* exterior, extern -a; (*done outdoors*) a l'aire lliure | *av* fora, a fora | *prp* fora de; (*beyond*) més enllà de

outsider [aʊt'saɪdə'] *n* foraster -a; marginat -ada

outskirts ['aʊtskɜːts] *pl* afores *m*

outstanding [aʊt'stændɪŋ] *aj* excepcional, excel·lent, rellevant; (*remaining*) pendent

oval ['əʊvəl] *aj* oval ovalat -ada *m*, oval *m*

ovary ['əʊvərɪ] *n* ovari *m*

oven ['ʌvn] *n* forn *m*

over ['əʊvə'] *av* a sobre, per sobre; (*of number, quantity*) més, més. *There are three over*, n'hi ha tres de més; **~ here** (per) aquí; **~ there** (per) allà | *prp* a sobre de, per sobre de; (*numbers, quantity*) més de. *Over a million*, més d'un milió; (*across*) a l'altre costat, de l'altre costat; (*during*) durant

overalls ['əʊvərɔːlz] *pl* (*worker's*) granota *fsg*

overcast ['əʊvə'kɑːst] *aj* ennuvolat -ada, tapat -ada

overcoat ['əʊvə'kəʊt] *n* sobretot *m*, abric *m*

overcome [,əʊvə'kʌm] *vt* vèncer; (*difficulty*) vèncer, superar, salvar

overflow [,əʊvə'fləʊ] *vi* desbordar-se; (*vessel*) vessar, sobreeixir

overlook [,əʊvə"lʊk] vt (building) donar a, mirar cap a, tenir la vista cap a; (leave out) passar per alt; (forgive) perdonar; (wink at) fer els ulls grossos

overseas [,əʊvə"si:z] av a ultramar, a l'altra banda del mar; **be ~** ésser a l'estranger

oversight ['əʊvəsait] n descuit m, badada f

overtake [,əʊvə"teik] vt avançar, passar, deixar enrere

overthrow [,əʊvə"θrəʊ] vt enderrocar

overture ['əʊvə"tjʊə] n mús obertura f

overturn [,əʊvə"tɜ:n] vt bolcar; (government) enderrocar; (disarrange) trastornar; vi bolcar

overwhelm [,əʊvə"welm] vt esclafar; (in argument) aclaparar

ovine ['əʊvain] aj oví -ina

ovule ['əʊvju:l] n òvul m

owe [əʊ] vt deure; **~ sby money** (or **~ money to sby**) deure diners a up; vi tenir deutes

owl [aʊl] n òliba f; mussol m

own [əʊn] vt posseir, tenir | aj propi pròpia; **on one's ~** sol -a, pel seu compte

owner ['əʊnə'] n amo m, mestressa f, propietari -ària posseïdor -a

ownership ['əʊnəʃip] n propietat f, possessió f, pertinença f

ox [ɒks] n (pl **oxen**) n bou m

oxide ['ɒksaid] n òxid m

oxidize (or **oxidise**) ['ɒksidaiz] vt oxidar; vi oxidar-se

oxygen ['ɒksidʒən] n oxigen m

oyster ['ɔistə'] n ostra f

P

pace [peis] n pas m; (in walking) pas m, passa f; **~maker** n marcapàs m | **~ up and down** vi anar amunt i avall

pacific [pə"sifik] aj pacífic -a

pacifier ['pæsifaiə'] n pipa f, xumet m

pack [pæk] n paquet m, bossa f; (luggage) motxilla f, farcell m; (cards) baralla f, (of hounds) gossada f, canilla f | vt (wrap) embolicar, empaquetar; (in suitcase) posar; (cram) entatxonar, encabir; vi (luggage) fer les maletes; (crowd) entatxonar-se, encabir-se

package ['pækidʒ] n paquet m; **~ tour** (or **~ holiday**) n viatge organitzat

packet ['pækit] n paquet m

packing ['pækiŋ] n embalatge m, envàs m

pact [pækt] n pacte m, acord m

pad [pæd] n (of paper) bloc m; (of a dog, etc) tou m (de la pota); (on knee) genollera f | vt encoixinar, embuatar, farcir

padding ['pædiŋ] n farciment m, farcit m; fg palla f

paediatrician [,pi:diə"trifən] n pediatre -a mf

pagan ['peigən] aj n pagà -ana aj mf

page [peidʒ] n (of paper) pàgina f, plana f, full m; (or **~boy**) hst patge m, escuder m

papier mâché

pageantry ['pædʒəntrɪ] n pompa f, solemnitat f, fast m

pagoda [pə'gəʊdə] n pagoda f

paid [peɪd] pp pt → **pay**

pail [peɪl] n galleda f, poal m

pain [peɪn] n dolor m, mal m, patiment m; (*nuisance*) murga f; **be in ~** trobar-se malament; on ~ **of** (or **under ~ of**) sota pena de; **~s** pl treballs m, penes f

painful ['peɪnful] aj dolorós -osa; fg penós -osa, desagradable; **be ~** (*part of body*) fer mal

paint [peɪnt] n pintura f; **~brush** n pinzell m, brotxa f | vt tb fg pintar

painter ['peɪntə'] n pintor -a mf

painting ['peɪntɪŋ] n (*art*) pintura f, (*picture*) quadre m

pair [pɛə'] n parell m; (*of people or animals*) parella f; **~ of scissors** n tisores fpl; **~ of trousers** n pantalons mpl | (or **~ off**) vt aparellar; vi aparellar-se

pajamas [pə'dʒɑːməz] pl pijama msg

palace ['pælɪs] n palau m

palate ['pælɪt] n tb fg paladar m

pale [peɪl] aj (*of face*) pàl·lid -a; (*of colour*) pàl·lid -a, clar -a, tènue

Palestinian [ˌpæləs'tɪnɪən] aj n palestí -ina aj mf

palette ['pælɪt] n paleta f

pall [pɔːl] vi **~ on** (or **upon**) embafar vt, avorrir vt, cansar vt

pallid ['pælɪd] aj pàl·lid -a

palm [pɑːm] n (*of hand*) palma f, palmell m; (or **~ tree**) palmera f, palma f; **carry off the ~** endur-se'n la palma | vt escamotejar; **~ off sth on sby** encolomar

uc a up

palpitate ['pælpɪteɪt] vi bategar, palpitar

paltry ['pɔːltrɪ] aj insignificant, irrisori -òria; (*person*) mesquí -ina, miserable

pamper ['pæmpə'] vt malacostumar, aviciar, amanyagar

pamphlet ['pæmflɪt] n pamflet m, full m, opuscle m

pan [pæn] n (or **sauce~**) cassola f, casserola f, cassó m; **frying ~** n paella f

pancreas ['pæŋkrɪəs] n ana pàncrees m

panel ['pænl] n (*division*) plafó m; (*board*) tauler m; **~ of judges** n jurat m

panic ['pænɪk] n pànic m; vi espantar-se, atemorir-se

panorama [ˌpænə'rɑːmə] n panorama m

pansy ['pænzɪ] n bot pensament m; dsp marieta f

pant [pænt] vi esbufegar, panteixar

panther ['pænθə'] n pantera f

panties ['pæntɪz] pl calces f, bragues f

pantry ['pæntrɪ] n rebost m

pants [pænts] pl (*UK, for women*) calces f, bragues f; (*UK, for men*) calçotets m; (*US*) pantalons m

panty hose ['pæntɪhəʊz] pl mitges f

paper ['peɪpə'] n paper m; (*newspaper*) diari m; (*exam*) examen m; **~back** n llibre m de butxaca; **~ clip** n clip m; **~s** pl documentació fsg | vt empaperar

papier mâché [ˌpæpɪeɪ'mæʃeɪ] n

cartó m pedra
paprika ['pæprɪkə] n pebre m
  vermell
papyrus [pə'paɪərəs] n papir m
parable ['pærəbl] n paràbola f
parabola [pə'ræbələ] n paràbola f
parachute ['pærəʃuːt] n
  paracaiguda m; vi llançar-se amb
  paracaiguda
parade [pə'reɪd] n desfilada f; mil
  parada f, revista f| vi desfilar; vt
  (soldiers) fer formar; (show) lluir,
  exhibir
paradise ['pærədaɪs] n tb fg
  paradís m
paradox ['pærədɒks] n paradoxa f
paragraph ['pærəgrɑːf] n
  paràgraf m
parallel ['pærəlel] aj paral·lel -a;
  ~ **bars** pl esp paral·leles f| n
  (line) paral·lela f; geo paral·lel m
paralyse or **paralyze** US)
  ['pærəlaɪz] vt paralitzar
paralysis [pə'ræləsɪs] n paràlisi f
paralytic [,pærə'lɪtɪk] aj paralític
  -a aj m
paraplegia [,pærə'pliːdʒə] n
  paraplegia f
parasite ['pærəsaɪt] n paràsit m
parasol [,pærə'sɒl] n ombrel·la f,
  para-sol m
parcel ['pɑːsl] n paquet m; ~ **up**
  vt empaquetar, embalar
parch [pɑːtʃ] vt ressecar, assecar,
  torrar; vi ressecar-se, assecar-se,
  torrar-se
parchment ['pɑːtʃmənt] n
  pergamí m
pardon ['pɑːdn] n perdó m; dr
  indult m; **I beg your ~** perdoni |
  vt perdonar, disculpar; dr indultar;

  ~ me perdoni
parent ['peərənt] n pare m; **~s** pl
  pares m
parenthesis [pə'renθɪsɪs] n
  parèntesi m
parish ['pærɪʃ] n (area) parròquia
  f; ~ **church** n parròquia f; ~
  priest n rector m
park [pɑːk] n parc m; vti aut
  aparcar vt
parking ['pɑːkɪŋ] n (act)
  aparcament m; (or ~ **lot**) (place)
  aparcament m, pàrquing m
parliament ['pɑːləmənt] n
  parlament m
parliamentarian
  [,pɑːləmen'teəriən] n parlamentari
  -ària m
parody ['pærədɪ] n paròdia f
parricide ['pærɪsaɪd] n (crime)
  parricidi m; (person) parricida mf
parrot ['pærət] n zoo lloro m,
  cotorra f
parsley ['pɑːslɪ] n julivert m
part [pɑːt] n part f; (of machine)
  peça f; cin tea paper m; (of hair)
  clenxa f; **take ~** participar,
  prendre part; **take the ~ of**
  posar-se de part de; **work ~-**
  time treballar mitja jornada | vt
  separar; vi separar-se; ~ **one's**
  hair fer-se la clenxa; ~ **with** vt
  desprendre's de, cedir
partial ['pɑːʃəl] aj parcial; **be ~**
  to tenir predilecció per
partiality [pɑːʃɪ'ælɪtɪ] n
  predilecció f, afecció f
participate [pɑː'tɪsɪpeɪt] vi
  participar, prendre part, intervenir
participation [pɑː,tɪsɪ'peɪʃən] n
  participació f, intervenció f

pasture

participle ['pɑːtɪsɪpl] n participi m
particle ['pɑːtɪkl] n partícula f
particular [pəˈtɪkjulə] aj
particular; (concrete) concret -a,
determinat -ada; (fussy)
escrupolós -osa, meticulós -osa |
n detall m
parting ['pɑːtɪŋ] n separació f;
(farewell) comiat m; (of hair)
clenxa f, ratlla f
partition [pɑːˈtɪʃən] n divisió f,
partició f; (wall) envà m
partner ['pɑːtnə] n company -a
mf; com soci sòcia mf; (living
together) parella f
partridge ['pɑːtrɪdʒ] n perdiu f
party ['pɑːtɪ] n (meeting) festa f;
(group) grup m; pol partit m; dr
part f
pass [pɑːs] vti passar; vt (give)
passar, atansar; (exam) aprovar,
passar; (car) avançar; (approve)
aprovar; dr dictar; vi (time) passar,
transcórrer; (disappear)
desaparèixer; ~ **away** vi morir;
~ **by** vt deixar córrer; vi passar de
llarg; ~ **each other** (two people)
creuar-se | n (permit to enter)
passi m; (membership card) carnet
m (de soci); geo port m (de
muntanya); (exam) aprovat m
passable ['pɑːsəbl] aj acceptable,
potable; (road) transitable,
practicable
passage ['pæsɪdʒ] n passatge m;
(act) pas m; (or ~ **way**) passadís
m; (alley) passatge m
passenger ['pæsndʒə] n
passatger -a mf, viatger -a mf; ~**s**
pl passatge msg
passer-by [ˌpɑːsəˈbaɪ] n transeünt
mf; vianant mf

passing ['pɑːsɪŋ] n pas m;
(disappearance) desaparició f; **in**
~ **de** passada | aj que passa;
(brief) transitori -òria, passatger
-a, efímer -a
passion ['pæʃən] n passió f;
(strong liking) fal·lera f, deliri m
passive ['pæsɪv] aj passiu -iva; n
passiva f, veu f passiva
passport ['pɑːspɔːt] n tb fg
passaport m
password ['pɑːswɜːd] n
contrasenya f, sant m i senya
past [pɑːst] prp (farther than) més
enllà de; (with numbers) més de.
She must be past forty, deu tenir
més de quaranta anys; **it's half ~
three** són dos quarts de quatre |
aj passat -ada; últim -a. For the
past few days, aquests últims dies,
darrerament; **it's** ~ s'ha acabat |
n passat m; grm pretèrit m, passat
m; **in the ~** abans
pasta ['pæstə] n pasta f
paste [peɪst] n (dough) pasta f,
massa f; (adhesive) engrut m,
pastetes fpl | vt enganxar
pastime ['pɑːstaɪm] n passatemps
m, entreteniment m
pastor ['pɑːstə] n pastor m
pastoral ['pɑːstərəl] aj rlg
pastoral; lit bucòlic -a | n rlg
pastoral f
pastry ['peɪstrɪ] n (dough) pasta f,
massa f; (small cake) pasta f;
~**cook** n pastisser -a mf; ~ **shop**
n pastisseria f
pasture ['pɑːstʃə] n pastura f,
pasturatge m, devesa f; vti
pasturar

pasty ['peɪstɪ] n pastís m | aj pastós -osa; (of face) pàl·lid -a

pat [pæt] n copet m, cop m; vt donar copets a, tustar; av immediatament

patch [pætʃ] n (of colour) taca f; (mend) pedaç m, sargit m; agr era f, bancal m, tros m | vt apedaçar; ~ **up** vt apedaçar, reparar provisionalment; ~ **up a quarrel** fer les paus

pâté ['pæteɪ] n paté m

patent ['peɪtənt] aj patentat -ada; (obvious) patent, evident; ~ **leather** n xarol m; ~ **medicine** n específic m | n patent f | vt patentar

paternal [pə'tɜːnl] aj paternal; (relation) patern -a

path [pɑːθ] n (or ~**way**) camí m, corriol m, senda f; (line) trajectòria f

pathetic [pə'θetɪk] aj patètic -a, commovedor -a; (very bad) dolentíssim -a

patience ['peɪʃəns] n paciència f; (game) solitari m

patient ['peɪʃənt] aj pacient, sofert -a; n pacient mf

patio ['pætɪəʊ] n pati m

patriarch ['peɪtrɪɑːk] n tb rlg patriarca m

patrol [pə'trəʊl] n patrulla f, ronda f; vi patrullar, rondar

patron ['peɪtrən] n patrocinador -a mf; (customer) client -a mf; ~ **saint** n patró -ona mf

pattern ['pætən] n (design) disseny m, dibuix m; (for making clothes) patró m; (sample) model m, mostra f

paunch [pɔːntʃ] n ana panxa f, ventre m

pause [pɔːz] n pausa f; vi aturar-se, fer una pausa

pave [peɪv] vt pavimentar; (with stones) empedrar; (with tiles) enrajolar

pavement ['peɪvmənt] n (UK) vorera f, voravia f; (US) calçada f; (of stones) empedrat m

pavilion [pə'vɪljən] n pavelló m

paving ['peɪvɪŋ] n paviment m; ~ **stone** n llosa f, llamborda f

paw [pɔː] n pota f; (of lion, etc) garra f, arpa f

pawn [pɔːn] vt empenyorar; n (in chess) peó m

pay [peɪ] n paga f, sou m, salari m | (pt, pp **paid**) vti pagar; vt (visit, compliment) fer; vi (be worthwhile) ser profitós, valer la pena; **be paid** cobrar; ~ **attention to** fixar-se en; (advice) fer cas de, escoltar; ~ **back** vt tornar; ~ **for** vt pagar; ~ **in** vt ingressar; ~ **off** vt (debt) liquidar; ~**roll** n nòmina f

payment ['peɪmənt] n com ecn pagament m

pea [piː] n pèsol m

peace [piːs] n pau f; (calmness) tranquil·litat f; **make one's ~ with** fer les paus amb; ~ **and quiet** pau i tranquil·litat

peaceful ['piːsfʊl] aj plàcid -a, tranquil -il·la; (without violence) pacífic -a

peacefulness ['piːsfʊlnɪs] n tranquil·litat f

peach [piːtʃ] n préssec m; (tree) presseguer m

peacock ['pi:kɒk] n paó m
peak [pi:k] n (of mountain) cim m, pic m; (of cap) visera f; (point) punta f; ~ **hours** pl hores f punta
peal [pi:l] n esclat m; (of bells) toc m, repic m | vt (bell) repicar
peanut ['pi:nʌt] n cacauet m
pear [peə'] n pera f; (tree) perera f
pearl [pɜ:l] n perla f
peasant ['pezənt] n camperol -a mf, pagès -esa mf
peasantry ['pezəntri] n pagesia f
pebble ['pebl] n còdol m, palet m
peck [pek] vt picar; vi picotejar | n picada f
pectoral ['pektərəl] aj pectoral; ~ **cross** n pectoral m
peculiar [pɪ'kju:lɪə'] aj (odd) peculiar, estrany -a, rar -a; (exclusive) propi pròpia, característic -a
pecuniary [pɪ'kju:nɪərɪ] aj pecuniari -ària
pedal ['pedl] n pedal m; ~ **boat** n patí m de pedals | vi pedalar, pedalejar
pedestal ['pedɪstl] n pedestal m, peanya f
pedestrian [pɪ'destrɪən] n vianant mf; ~ **crossing** n pas m de vianants | aj pedestre
pediatrician [,pi:dɪə'trɪʃən] n pediatre -a mf
pedicure ['pedɪkjʊə'] n pedicura f
pediment ['pedɪmənt] n frontó m
pee [pi:] vi fm pixar
peek [pi:k] vi (or ~ **at**) mirar vti d'amagat, guipar vt
peel [pi:l] n pell f; (after removal) pela f | vt pelar; vi saltar, desprendre's

peelings ['pi:lɪŋz] pl peles f, peladures f
peep [pi:p] n (look) cop m d'ull, ullada f, mirada f; (sound) piu m, piulet m | vi (or ~ **at**) mirar vti d'amagat, guipar vt; (bird) piular; ~**hole** n espiera f, espiell m
peg [peg] n mús clavilla f; (or **clothes~**) agulla f d'estendre, pinça f; (of tent) pal m; (for coat) penjador m; tcn espiga f, piu m | vt (clothes) estendre; (prices) fixar
pejorative [pɪ'dʒɒrɪtɪv] aj pejoratiu -iva, despectiu -iva
pellet ['pelɪt] n (small ball) boleta f; (of gun) perdigó m
pelvis ['pelvɪs] n pelvis f
pen [pen] n ploma f; (land) pleta f; ~ **name** n pseudònim m
penal ['pi:nl] aj penal
penalty ['penltɪ] n càstig m, sanció f; dr pena f; esp penal m
penance ['penəns] n penitència f
pencil ['pensl] n llapis m; ~ **sharpener** n maquineta f
pendant (or **pendent**) ['pendənt] n penjoll m
pending ['pendɪŋ] aj pendent; prp fins (a)
pendulum ['pendjʊləm] n fis tb fg pèndol m
penetrate ['penɪtreɪt] vt penetrar, travessar; vi penetrar, entrar
penetration [,penɪ'treɪʃən] n penetració f
penguin ['peŋgwɪn] n pingüí m
peninsula [pɪ'nɪnsjʊlə] n geo península f
peninsular [pɪ'nɪnsjʊlə'] aj peninsular
penis ['pi:nɪs] n ana penis m,

membre *m*

penitence ['pɛnɪtəns] *n* rlg
penitència *f*

pension ['pɛnʃən] *n* pensió *f*, retir
m, jubilació *f*; ~ **off** *vt* jubilar

pensioner ['pɛnʃənə] *n*
pensionista *mf*, jubilat -ada *mf*

pensive ['pɛnsɪv] *aj* consirós -osa,
pensatiu -iva

pentagon ['pɛntəgən] *n* mat
pentàgon *m*

penultimate [pɪ'nʌltɪmɪt] *aj*
penúltim -a

people ['pi:pl] *pl* gent *fsg*; [with
numerals] persones *fpl*. Four
people, quatre persones; (citizens)
poble *msg*; *sg* poble *m*, nació *f*
| *vt* poblar

pepper ['pɛpə] *n* (powder) pebre
m; (fruit) pebrot *m*

per [pɜ:] *prp* per; ~ **cent** per
cent; ~ **head** per persona, per
barba

perceive [pə'si:v] *vt* percebre;
(understand) comprendre

percentage [pə'sɛntɪdʒ] *n*
percentatge *m*, tant *m* per cent;
com comissió *f*

perception [pə'sɛpʃən] *n*
percepció *f*

percussion [pə'kʌʃən] *n* tb mús
percussió *f*

perdition [pɜ:'dɪʃən] *n* perdició *f*

peremptory [pə'rɛmptərɪ] *aj*
peremptori -òria

perennial [pə'rɛnɪəl] *aj* perenne

perfect ['pɜ:fɪkt] *aj* perfecte -a;
grm perfet -a | *vt* perfeccionar

perfection [pə'fɛkʃən] *n*
perfecció *f*

perforate ['pɜ:fəreɪt] *vt* perforar

perforation [,pɜ:fə'reɪʃən] *n*
perforació *f*

perform [pə'fɔ:m] *vt* (carry out)
fer, dur a terme, executar; (play)
representar; (part in a play)
interpretar; (sing) cantar; *vi*
(machine) anar, funcionar; tea
actuar; ~ **on** (or ~ **at**) mús
tocar *vt*

performance [pə'fɔ:məns] *n*
execució *f*, realització *f*; (of play)
representació *f*, funció *f*; (of part)
interpretació *f*, actuació *f*; cin
sessió *f*; (of machine) rendiment *m*

perfume ['pɜ:fju:m] *n* perfum *m*;
vt perfumar

perhaps [pə'hæps] *av* potser, tal
vegada

peril ['pɛrɪl] *n* perill *m*, risc *m*

perilous ['pɛrɪləs] *aj* perillós -osa,
arriscat -ada

perimeter [pə'rɪmɪtə] *n* mat
perímetre *m*

period ['pɪərɪəd] *n* període *m*; hst
època *f*; (menstrual) període *m*,
regla *f*; (lesson) classe *f*; grm (full
stop) punt *m*

periodical [,pɪərɪ'ɒdɪkəl] *aj*
periòdic -a; *n* publicació *f*
periòdica

periphery [pə'rɪfərɪ] *n* perifèria *f*

periscope ['pɛrɪskəʊp] *n* tcn
periscopi *m*

perm [pɜ:m] *n* permanent *f*; **have
one's hair ~ed** *vt* fer-se la
permanent

permanent ['pɜ:mənənt] *aj*
permanent, fix -a, estable; *n*
permanent *f*

permeable ['pɜ:mɪəbl] *aj*
permeable

permissible [pə'mɪsəbl] aj lícit -a

permission [pə'mɪʃən] n permís m, llicència f

permit ['pɜːmɪt] n permís m, llicència f | vti permetre vt. Weather permiting, si el temps ho permet

pernicious [pɜː'nɪʃəs] aj perniciós osa, perjudicial

perpendicular [,pɜːpən'dɪkjʊlə] aj n perpendicular -a f

perpetrate ['pɜːpɪtreɪt] vt perpetrar

perpetrator ['pɜːpɪtreɪtə] n autor -a mf

perpetual [pə'petjʊəl] aj perpetu -ètua

perpetuity [,pɜːpɪ'tjuːɪti] n perpetuïtat f; **in ~ a** perpetuïtat

perplex [pə'pleks] vt confondre, desconcertar, deixar perplex

persecute ['pɜːsɪkjuːt] vt perseguir; (harass) assetjar, empipar

persimmon [pɜː'sɪmən] n caqui m

persist [pə'sɪst] vi persistir; **~ in** (or **~ with**) entestar-se a, entossudir-se a

person ['pɜːsn] n persona f; **in ~** en persona

personage ['pɜːsnɪdʒ] n personatge m, personalitat f; (character) personatge m

personal ['pɜːsnl] aj personal

personality [,pɜːsə'nælɪti] n personalitat f

personnel [,pɜːsə'nel] n personal m, plantilla f; (department) departament m de recursos humans

perspicacious [,pɜːspɪ'keɪʃəs] aj perspicaç

perspiration [,pɜːspə'reɪʃən] n transpiració f

perspire [pəs'paɪə] vi transpirar

persuade [pə'sweɪd] vt persuadir, convèncer

pertain [pɜː'teɪn] vi **~ to** (as part) pertànyer a; (concern) tenir alguna cosa a veure amb

pertinent ['pɜːtɪnənt] aj pertinent

perturb [pə'tɜːb] vt pertorbar, trasbalsar

pervade [pɜː'veɪd] vt escampar-se per, estendre's per, amarar

perverse [pə'vɜːs] aj pervers -a; (stubborn) tossut -uda

perversion [pə'vɜːʃən] n perversió f; perversió f sexual; (of truth) tergiversació f

pervert ['pɜːvɜːt] n pervertit -ida mf, depravat -ada mf | vt pervertir, corrompre

peseta [pə'seɪtə] n pesseta f

pessimist ['pesɪmɪst] n pessimista mf

pessimistic [,pesɪ'mɪstɪk] aj pessimista

pest [pest] n plaga f; fm (person) corcó m, borinot m

pester ['pestə] vt fm fer la guitza a, emprenyar

pestle ['pesl] n mà f de morter

pet [pet] n animal m domèstic; (favourite) favorit -a mf | aj favorit -a, predilecte -a; **~ name** n nom m afectuós

petal ['petl] n pètal m

petition [pə'tɪʃən] n petició f, instància f; **~ for sth** vt demanar uc, sol·licitar uc

petrol ['petrəl] n (UK) gasolina f, benzina f; **~ station** n gasolinera

f, benzinera f
petroleum [pɪ'trəʊliəm] n min
petroli m
petticoat ['petɪkəʊt] n
combinació f, enagos mpl
petty ['petɪ] aj menut -uda,
insignificant; (small-minded)
mesquí -ina; ~ **cash** n diners mpl
per a despeses menors
petunia [pɪ'tju:nɪə] n petúnia f
phalanx ['fælæŋks] n falange f
phantom ['fæntəm] n fantasma
m, espectre m
pharmacist ['fɑ:məsɪst] n
farmacèutic -a mf
pharmacy ['fɑ:məsɪ] n farmàcia f
pharyngitis [,færɪn'dʒaɪtɪs] n
faringitis f
pharynx ['færɪŋks] n faringe f
phase [feɪz] n fase f | vt
programar; ~ **in** vt introduir
progressivament; ~ **out** vt reduir
progressivament
pheasant ['feznt] n faisà m
phenomenal [fɪ'nɒmɪnəl] aj
fenomenal
phenomenon [fɪ'nɒmɪnən] [pl
phenomena] n fenomen m
philately [fɪ'lætəlɪ] n filatèlia f
philosophy [fɪ'lɒsəfɪ] n filosofia f
phlegm [flem] n flegma f
phobia ['fəʊbɪə] n fòbia f
phone [fəʊn] n telèfon m; **be on
the** ~ (own a phone) tenir
telèfon m; (be speaking) estar
parlant per telèfon; ~ **book** n
guia f telefònica; ~ **box** n cabina
f (telefònica) | vti trucar vi (per
telèfon), telefonar vi
phonetic [fəʊ'netɪk] aj fonètic -a;
~**s** n fonètica f

phosphorescent [,fɒsfə'resnt] aj
fosforescent
photo ['fəʊtəʊ] n foto f
photocopy ['fəʊtəʊ,kɒpɪ] n
fotocòpia f; vt fotocopiar
photogenic [,fəʊtə'dʒenɪk] aj
fotogènic -a
photograph ['fəʊtəgrɑ:f] n
fotografia f; vt fotografiar, fer una
fotografia de
photographer [fə'tɒgrəfə'] n
fotògraf -a mf
photographic [,fəʊtə'græfɪk] aj
fotogràfic -a
photography [fə'tɒgrəfɪ] n
fotografia f
photosynthesis [,fəʊtəʊ'sɪnθəsɪs]
n fotosíntesi f
phrase [freɪz] n grm sintagma m;
(expression) frase f, locució f
physical ['fɪzɪkəl] aj (of body) físic
-a; (material) material
physicist ['fɪzɪsɪst] n físic -a mf
physiognomy [,fɪzɪ'ɒnəmɪ] n
fesomia f
physique [fɪ'zi:k] n físic m
piano ['pjɑ:nəʊ] n piano m
pick [pɪk] n (tool) pic m; (the best)
el bo m i millor; **take your** ~
agafa el que vulguis | vt (select)
triar, escollir; (fruit) collir; (hole)
fer; ~ **on** vt fer la guitza a;
~ **one's nose** burxar-se el nas;
~ **out** vt (select) triar; (discern)
distingir; ~ **up** vt (take up) collir,
recollir; (wave, votes) captar;
(collect) recollir; (illness) agafar,
arreplegar; (phone) despenjar; vi
millorar, refer-se
pickaxe ['pɪkæks] n pic m
picture ['pɪktʃə'] n quadre m;

(painting) pintura f; (photography) fotografia f; cin (film) pel·lícula f, film m; (on screen) imatge f; (image) imatge f; ~ cromo m | vt (imagine) imaginar-se; art pintar

picturesque [ˌpɪktʃəˈrɛsk] aj pintoresc -a

pie [paɪ] n pastís m, empanada f

piece [piːs] n tros m; (component) peça f; mús peça f; (coin) moneda f, peça f; **come to ~s** esbocinar-se; **do ~work** treballar a preu fet; **~ of advice** n consell m; **~ of furniture** n moble m; **~ of news** n notícia f; **take to ~s** desmuntar | **~ together** vt ajuntar; tcn muntar

pier [pɪəʳ] n moll m, escullera f

pierce [pɪəs] vt (with a point) penetrar, foradar; (light, sound) travessar, traspassar

piety [ˈpaɪətɪ] n pietat f

pig [pɪɡ] n porc m; (person) porc -a m/f, bacó -ona m/f

pigeon [ˈpɪdʒən] n colom m; gst colomí m

piggy bank [ˈpɪɡɪbæŋk] n guardiola f

piglet [ˈpɪɡlɪt] n garrí -ina m/f, porcell -a m/f

pigment [ˈpɪɡmənt] n pigment m

pigsty [ˈpɪɡstaɪ] n cort f, baconera f; fg cort f, cofurna f

pigtail [ˈpɪɡteɪl] n trena f

pike [paɪk] n (spear) pica f; (fish) lluç m de riu

pile [paɪl] n pila f, munt m, muntanya f; (of velvet, etc) pèl m | vt amuntegar, apilar; **~ up** vi acumular-se

pilgrim [ˈpɪlɡrɪm] n pelegrí -ina m/f

pilgrimage [ˈpɪlɡrɪmɪdʒ] n pelegrinatge m, romeria f

pill [pɪl] n píndola f

pillage [ˈpɪlɪdʒ] vt pillar, saquejar; n pillatge m, saqueig m

pillar [ˈpɪləʳ] n pilar m, columna f; fg (person) pilar m, puntal m; **~ box** n bústia f

pillow [ˈpɪləʊ] n coixí m; **~case** (or **~slip**) n coixinera f

pilot [ˈpaɪlət] n pilot m/f; mar pràctic -a m/f de port, pilot m/f | vt pilotar; (guide) dirigir, guiar

pimento [pɪˈmɛntəʊ] n pebrot m

pimple [ˈpɪmpl] n gra m

pin [pɪn] n agulla f (de cap); (jewel) agulla f; (of wood) clavilla f; tcn pern m, ~**s and needles** pl formigueig msg | vt subjectar (amb agulles)

pincers [ˈpɪnsəz] pl estenalles f, tenalles f; zoo pinces f

pinch [pɪntʃ] n pessic m, pessigada f; (of salt, etc) pessic m; fg tràngol m; **at a ~** en cas de necessitat | vt pessigar; fm (steal) pispar, fotre; (shoes) estrènyer

pincushion [ˈpɪnˌkʊʃən] n cst buirac m

pine [paɪn] n (or **~ tree**) pi m; **~cone** n pinya f; **~needle** n agulla f de pi; **~ nut** n pinyó m; **~wood** n pineda f | **~ away** vi defallir, consumir-se; **~ for** delir-se per

pineapple [ˈpaɪnˌæpl] n pinya f (tropical)

ping-pong [ˈpɪŋpɒŋ] n esp ping-pong m

pinion [ˈpɪnjən] n pinyó m

pink [pɪŋk] *aj* rosa, rosat -ada | *n* (*colour*) rosa *m*; (*plant*) clavell *m*

pinnacle ['pɪnəkl] *n arq tb fg* pinacle *m*

pinpoint ['pɪnpɔɪnt] *vt* precisar, concretar

pint [paɪnt] *n* pinta *f*

pip [pɪp] *n* (*seed*) llavor *f*, pinyol *m*; *mil* galó *m*

pipe [paɪp] *n* (*tube*) canonada *f*, tub *m*, conducte *m*; (*for smoking*) pipa *f*; *mús* flauta *f*, caramella *f*; **~line** *n* canonada *f*; **~s** *pl* gaita *fsg* | *vt* (*liquid, gas*) canalitzar, aconduir; *vi* (*bird*) refilar; **~ down** *vi fm* callar

piranha [pɪ'rɑ:njə] *n* piranya *f*

pirate ['paɪərɪt] *n* pirata *mf*; *aj* (*radio, etc*) pirata

pirouette [ˌpɪru'ɛt] *n* pirueta *f*; *vi* fer piruetes

Pisces ['paɪsi:z] *n* peixos *mpl*

piss [pɪs] *vi fm* pixar

pistachio [pɪs'tɑ:ʃɪəʊ] *n* pistatxo *m*, festuc *m*

pistil ['pɪstɪl] *n* pistil *m*

pistol ['pɪstl] *n* pistola *f*

pit [pɪt] *n* (*hole*) clot *m*, forat *m*, sot *m*; *min* mina *f*; (*seed*) pinyol *m*; (*or* **orchestra**) *~* *tea* platea *f*

pitch [pɪtʃ] *n* (*substance*) pega *f*, quitrà *f*; (*level*) nivell *m*, grau *m*; *esp camp m*; *mús* to *m* | *vt* (*throw*) llançar, tirar; (*tent*) plantar; *mús* entonar; *vi* (*fall*) caure

pitcher ['pɪtʃə'] *n* gerra *f*, gerro *m*

pitchfork ['pɪtʃfɔ:k] *n* forca *f*

pitfall ['pɪtfɔ:l] *n* perill *m*, escull *m*; trampa *f*

pitiful ['pɪtɪfʊl] *aj* lamentable, llastimós -osa

pity ['pɪtɪ] *n* llàstima *f*, compassió *f*; **arouse ~** fer pena; **have ~ on** (*or* **take ~ on**) compadir, tenir compassió de; **what a ~!** quina llàstima! | *vt* compadir, plànyer

pivot ['pɪvət] *n* piu *m*, pivot *m*, eix *m*; *vi* pivotar

placard ['plækɑ:d] *n* pancarta *f*

place [pleɪs] *n* lloc *m*; (*seat*) lloc *m*, seient *m*, plaça *f*; (*at table*) cobert *m*; (*duty*) feina *f*; (*rank*) posició *f*; **out of ~** fora de lloc; **~name** *n* topònim *m*; **take ~** tenir lloc, ocórrer | *vt* posar, col·locar; (*recognize*) identificar; (*of jobs*) ocupar, contractar; **be ~d first** (*in race*) quedar el primer

placid ['plæsɪd] *aj* tranquil -il·la, plàcid -a

plagiarism ['pleɪdʒɪərɪzəm] *n* plagi *m*

plagiarize (*or* **plagiarise** *UK*) ['pleɪdʒɪəraɪz] *vt* plagiar, afusellar

plague [pleɪg] *n* plaga *f*; *med* pesta *f* | *vt* turmentar, molestar

plaid [plæd] *n* tartà *m*, roba *f* de quadres escocesos

plain [pleɪn] *aj* (*obvious*) clar -a, evident; (*simple*) senzill -a, corrent; (*frank*) franc -a, sincer -a; (*ugly*) vulgar, ordinari -ària; **~clothes** *aj* de paisà | *n* (*or* **~s** *pl*) plana *f*, planura *f* | *av* clarament

plait [plæt] *n* trena *f*; *vt* trenar

plan [plæn] *n* (*arrangement*) pla *m*, projecte *m*; (*intention*) intenció *f*; (*drawing*) plànol *m* | *vt* (*arrange*) planejar, planificar, projectar; (*design*) dissenyar; *vi* fer plans; **~ to do sth** proposar-se

please

de fer uc

plane [pleɪn] n (vehicle) avió m; (level) pla m, nivell m; (tool) ribot m; (or ~ **tree**) plàtan m | aj pla plana

planet ['plænɪt] n planeta m

plank [plæŋk] n tauló m, post f

plankton ['plæŋktən] n bio plàncton m

planning ['plænɪŋ] n planificació f; ~ **permission** n permís m d'obres

plant [plɑːnt] n bot planta f; (factory) planta f, fàbrica f; (machinery) maquinària f, equip m | vt plantar; (field) sembrar; (place) col·locar, posar

plantation [plæn'teɪʃən] n plantació f

plasma ['plæzmə] n plasma m

plaster ['plɑːstə] n guix m; med (for small wound) tireta f; (for bandage) esparadrap m; **a leg in ~** una cama enguixada; ~ **cast** n guix m | vt enguixar, estucar

plastic ['plæstɪk] n plàstic m | aj (of substance) plàstic m | aj (of things) de plàstic; ~ **arts** n arts fpl plàstiques; ~ **bullet** n bala f de goma

Plasticine ['plæstɪsiːn] n (trademark) plastilina f

plate [pleɪt] n (for food) plat m; (metal) làmina f, planxa f; (in book) làmina f; ~ **number** ~ (or **license** ~ US) n (placa f de) matrícula f | vt xapar

plateau ['plætəʊ] n altiplà m, planell m

platelet ['pleɪtlət] n plaqueta f

platform ['plætfɔːm] n (for speaker) tarima f, tribuna f; frr andana f; pol programa m (electoral)

platinum ['plætɪnəm] n platí m

platitude ['plætɪtjuːd] n tòpic m

platter ['plætə] n plata f, plàtera f; (US) vlg mús disc m

plausible ['plɔːzəbl] aj plausible, versemblant; (person) convincent

play [pleɪ] n joc m; tea obra f (de teatre); ~ **on words** n joc m de paraules | vi jugar; vt esp jugar a. Play football, jugar a futbol; (part) interpretar, fer de; (play) representar, fer; (joke) fer; vti mús tocar; ~ jugar brut; ~ **down** vt treure importància a; ~ **fair** jugar net; ~ **the fool** fer el ximple; ~ **up** vt (emphasize) emfasitzar; (cause trouble) no deixar viure

player ['pleɪə] n jugador -a mf; mús músic -a mf, intèrpret mf

playful ['pleɪfʊl] aj (person) juganer -a, enjogassat -ada; (mood) alegre

playground ['pleɪɡraʊnd] n (at school) pati m; (recreation ground) parc m infantil

playwright ['pleɪraɪt] n dramaturg -a mf

plead [pliːd] vi suplicar vt, pregar vt. He pleaded with me to stay, em va pregar que em quedés; (as a excuse) al·legar; vi dr declarar-se

pleasant ['plɛznt] aj (thing) agradable, maco -a, plaent; (person) agradable, simpàtic -a; (style) amè -ena

please [pliːz] vt complaure, agradar vi a, acontentar; vi agradar; (want) voler vt. As you please, com vulguis | inj si us plau; ~ **yourself** fes el que vulguis

pleased [pli:zd] aj content -a, satisfet -a

pleasure ['pleʒə'] n (feeling) plaer m, gust m; (diversion) plaer m, diversió f; **with** ~ amb molt de gust

pleat [pli:t] n séc m, plec m, doblec m

plebeian [pli'bi:ən] n plebeu -ea aj mf

plebiscite ['plebisit] n plebiscit m

pledge [pledʒ] n (promise) paraula f, promesa f, compromís m; (thing) penyora f | vt (promise) prometre, comprometre's a; (pawn) empenyorar

plenary ['pli:nəri] aj plenari -ària; ~ **session** n ple m, sessió f plenària

plenitude ['plenitju:d] n plenitud f, abundància f

plentiful ['plentiful] aj abundant, copiós -osa

plenty ['plenti] n abundància f | av fm prou | ~ **of** (enough) prou; (a lot) molt(s)

pliers ['plaiəz] pl alicates f, tenalles f, estenalles f

plight [plait] n (mal) tràngol m, situació f difícil

plod [plɒd] vi (walk) arrossegar-se, caminar a poc a poc; (work) treballar sense parar, pencar fm

plot [plɒt] n (of film, etc) argument m, trama f; (secret plan) complot m, conspiració f; (of land) parcel·la f, terreny m | vt (plan)

tramar, maquinar, ordir; (draw) traçar; vi conspirar, conjurar-se

plough (or **plow**) [plau] n arada f; ~**man** n llaurador m; ~**share** n rella f | vti (soil) llaurar, solcar; ~ **through a crowd** obrir-se camí entre la gent

plover ['plʌvə'] n corriol m

ploy [plɔi] n estratagema f, truc m, giny m

pluck [plʌk] vt (duck, etc) plomar; (eyebrown) depilar; mús puntejar

plug [plʌg] n (for a hole) tap m; ele endoll m | vt (hole) tapar; ~ **in** vt endollar, connectar

plum [plʌm] n pruna f; fm (post) bicoca f; (or ~ **tree**) prunera f

plumage ['plu:midʒ] n plomatge m, plomall m

plumb [plʌm] aj vertical; ~ **line** n plom m | av exactament | vt sondar, sondejar

plumber ['plʌmə'] n lampista mf, llauner -a mf

plumbing ['plʌmiŋ] n (pipes) instal·lació f (de canonades)

plume [plu:m] n plomall m

plummet ['plʌmit] vi caure en picat, caure a plom

plump [plʌmp] aj grassonet -a, rodanxó -ona, rabassut -uda

plunder ['plʌndə'] n pillatge m; (stolen things) botí m | vt saquejar, pillar

plunge [plʌndʒ] n cabussó m, cabussada f | vt enfonsar, submergir; vi (dive) enfonsar-se, submergir-se; (sink) enfonsar-se; (fall) caure

plural ['pluərəl] aj n plural aj m

plus [plʌs] prp més; n (or ~ **sign**)

més *m; aj* positiu -iva
plush [plʌʃ] *n* pelfa *f; aj* de pelfa
ply [plai] *vt (tool)* manejar,
utilitzar;~ **between** anar i venir
entre; ~ **with questions**
atabalar (amb preguntes)
pneumatic [nju:'mætik] *aj*
pneumàtic -a
pneumonia [nju:'məunia] *n*
pulmonia *f*
poach [pəutʃ] *vt (egg, etc)*
escaldar, escalfar; *(hunt or fish)*
caçar (o pescar) en un vedat,
caçar (o pescar) il·legalment
pocket ['pɒkit] *n* butxaca *f; (of air,
etc)* bossa *f| aj* de butxaca | *vt*
posar a la butxaca, embutxacar;
(take dishonestly) embutxacar-se
pod [pɒd] *n* beina *f*, tavella *f*,
bajoca *f*
podium ['pəudiəm] *n* podi *m*,
pòdium *m*
poem ['pəuim] *n* poema *m*, poesia
f, vers *m*
poet ['pəuit] *n* poeta -essa *mf*
poetry ['pəuitri] *n* poesia *f*
poignant ['pɔinjənt] *aj (moving)*
punyent, commovedor -a; *(of
sorrow)* intens -a, agut -uda
point [pɔint] *n* punt *m; (sharp
end)* punta *f*, punxa *f; ele* endoll
m, presa *f; (purpose)* finalitat *f*,
propòsit *m;* **on the ~ of** a punt
de; ~ **of view** *n* punt *m* de vista,
òptica *f;* **what's the ~ of...?** per
què serveix...? | *vi (arm)* apuntar;
~ **at** (or ~ **to**) *vi* assenyalar *vt*
(amb el dit); ~ **out** *vt* indicar, fer
veure
pointed ['pɔintid] *aj* punxegut
-uda; *(sharp)* afilat -ada, agut

-uda; *(remark)* mordaç,
intencionat -ada
pointer ['pɔintə'] *n* busca *f; fg fm*
pista *f*
pointless ['pɔintlis] *aj (done for no
reason)* sense sentit; *(useless)*
inútil
poison ['pɔizn] *n* veri *m*, metzina
f; fg veri *m | vt tb fg* enverinar,
emmetzinar
poisonous ['pɔiznəs] *aj* verinós
-osa, tòxic -a; *fg* verinós -osa,
perniciós -usa
poke [pəuk] *vt (push)* empènyer;
(fire) burxar, atiar; ~ **about** (or
~ **around**) *vi* tafanejar, furgar *vt;* ~
one's nose into ficar el nas a |
n empenta *f; (with sby's elbow)*
cop *m* de colze
poker ['pəukə'] *n* furga *f*, atiador
m; (card) pòquer *m*
polar ['pəulə'] *aj* polar; ~ **bear** *n*
ós *m* polar
pole [pəul] *n (stick)* pal *m*, perxa *f;
(of tent)* pal *m; geo ele* pol *m; ele
(stick)* pal *m; csp* perxa *f;* ~ **vault**
n salt *m* amb perxa
Pole [pəul] *n* polonès -esa *mf*
polemic [pɒ'lemik] *aj* polèmic -a
police [pə'li:s] *pl* policia *fsg;*
~**man** *n* policia *m;* ~ **officer** *n*
agent *mf* de policia; ~ **station** *n*
comissaria *f* (de policia);
~**woman** *n* policia *f | vt* vigilar,
controlar
policy ['pɒlisi] *n* política *f; (or
insurance ~)* pòlissa *f*
(d'assegurances)
Polish ['pəuliʃ] *aj* polonès -esa;
n (language) polonès *m*
polish ['pɒliʃ] *n (for shoe)* betum

m, llustre *m*; (*for floor*) cera *f*; (*for nail*) esmalt *m* | *vt* (*shoe*) enllustrar; (*floor, furniture*) enllustrar, abrillantar, encerar; (*metal*) polir, brunyir; (*also ~ up*) (*improve*) polir, perfeccionar; **~ off** *vt* (*food*) polir-se; (*work*) enllestir, despatxar

polite [pəˈlait] *aj* ben educat -ada, atent -a, correcte -a

politeness [pəˈlaitnis] *n* bona educació *f*, cortesia *f*, urbanitat *f*

politic [ˈpɒlitik] *aj* prudent, diplomàtic -a, polític -a

political [pəˈlitikəl] *aj* polític -a

politician [ˌpɒliˈtiʃən] *n* polític -a *mf*

politics [ˈpɒlitiks] *n* política *f*

poll [pəul] *n* (or **opinion ~**) enquesta *f*; **~s** *pl* eleccions *f* | *vt* (*votes*) obtenir, aconseguir; (*people*) fer una enquesta a

pollen [ˈpɒlən] *n* pol·len *m*

polling station [ˈpəulinˌsteiʃən] *n* col·legi *m* electoral

pollute [pəˈluːt] *vt* contaminar, pol·luir

pollution [pəˈluːʃən] *n* contaminació *f*, pol·lució *f*

polygon [ˈpɒligən] *n* polígon *m*

pomegranate [ˈpɒməgrænit] *n* magrana *f*

pomp [pɒmp] *n* pompa *f*, fast *m*, fastuositat *f*

pond [pɒnd] *n* bassa *f*

ponder [ˈpɒndə] *vt* rumiar, reflexionar; *vi* (or **~ on**, or **~ over**) rumiar, meditar

pony [ˈpəuni] *n* poni *m*; **~tail** *n* cua *f* (de cavall)

poof [puf] *n vlg* marieta *m*

pool [puːl] *n* (*small*) bassa *f*, bassal *m*, toll *m*; (*of river*) gorg *m*, gorga *f*, gorja *f*; **~s** *pl* quiniela *fsg*, travessa *fsg* | *vt* unir, ajuntar

poop [puːp] *n* popa *f*

poor [puə] *aj* pobre -a; (*in quality*) dolent -a, de mala qualitat, pobre -a; **the ~** els pobres

pop [pɒp] *n* (*sound*) pet *m*, esclat *m*; (*drink*) gasosa *f*; (*father*) papa *m*, papà *m* | *vt* (*balloon*) rebentar, punxar; (*place*) ficar (de pressa); *vi* petar, rebentar-se, punxar-se; **~ off** *vi* tocar el dos, anar-se'n; (*die*) ginyar-la, estirar la pota

Pope [pəup] *n* papa *m*

poplar [ˈpɒplə] *n* pollancre *m*, poll *m*, xop *m*

poppa [ˈpɒpə] *n fm* (*US*) papa *m*

poppy [ˈpɒpi] *n bot* rosella *f*, gallaret *m*

popular [ˈpɒpjulə] *aj* popular

populate [ˈpɒpjuleit] *vt* poblar

population [ˌpɒpjuˈleiʃən] *n* població *f*

porcelain [ˈpɔːslin] *n* porcellana *f*

porch [pɔːtʃ] *n* porxo *m*, pòrtic *m*

porcine [ˈpɔːsain] *aj* porcí -ina

porcupine [ˈpɔːkjupain] *n zoo* porc *m* espí

pore [pɔː] *n* porus *m*, por *m*

pork [pɔːk] *n* carn *m* de porc

porridge [ˈpɒridʒ] *n* farinetes *fpl* (de civada)

port [pɔːt] *n mar* (*harbour*) port *m*; (*part of ship*) babord *m*; (*wine*) (vi *m* de) porto *m*; **~ of call** *n* escala *f*

portable [ˈpɔːtəbl] *aj* portàtil

portent [ˈpɔːtent] *n* presagi *m*,

auguri *m*, senyal *m*

porter ['pɔːtə'] *n (at airports, etc)* maleter -a *mf*, mosso -a *mf*; *(doorkeeper)* porter -a *mf*, conserge *mf*

porterage ['pɔːtərɪdʒ] *n* port *m*, tragí *m*

portfolio [pɔːt'fəʊlɪəʊ] *n (for drawings, etc)* carpeta *f*, cartera *f*; *pol* cartera *f*

portico ['pɔːtɪkəʊ] *n* pòrtic *m*

portion ['pɔːʃən] *n* part *f*, tros *m*, porció *f*, *(of food)* ració *f*

portly ['pɔːtlɪ] *aj* corpulent -a, gros -ossa, fornit -ida

portrait ['pɔːtrɪt] *n* retrat *m*

portray [pɔː'treɪ] *vt* retratar; *tea* representar

Portuguese [,pɔːtjʊ'giːz] *aj* portuguès -esa *f*; *(language)* portuguès *m*

pose [pəʊz] *n* positura *f*, postura *f*, posa *f*; *fg* posa *f*, afectació *f* | *vi (problem, etc)* plantejar; *vi* posar; **~ as** *vt* fer-se passar per

position [pə'zɪʃən] *n* posició *f*, situació *f*; *(of body)* posició *f*, postura *f*; *(job)* lloc *m* (de treball), feina *f*, col·locació *f* | *vt* posar, col·locar, disposar

positive ['pɔzɪtɪv] *aj* positiu -iva; *(sure)* segur -a, convençut -uda; *(proof, etc)* definitiu -iva; *(optimist)* positiu -iva, optimista

positively ['pɔzɪtɪvlɪ] *av (with certainty)* positivament, del cert; *[for adding force]* de debò

possess [pə'zes] *vt (have)* posseir, tenir; *(influence)* empènyer, induir

possessed [pə'zest] *aj* esperitat -ada

possession [pə'zeʃən] *n* possessió *f*; *(thing)* possessió *f*, bé *m*; **be in ~ of** estar en possessió de, posseir, tenir; **take ~ of** apoderar-se de

possessive [pə'zesɪv] *aj* possessiu -iva

possibility [,pɔsə'bɪlɪtɪ] *n* possibilitat *f*

possible ['pɔsəbl] *aj* possible, factible; **as soon as ~** com més aviat millor

possibly ['pɔsəblɪ] *av (perhaps)* potser, possiblement; **I cannot ~ do it** m'és del tot impossible fer-ho; **if I ~ can** si puc

post [pəʊst] *n (mail system)* (servei *m* de) correus *mpl*; *(letter, etc, send by mail)* correu *m*; *(pole)* pal *m*; *(job)* plaça *f*, lloc *m* (de treball); *mil* posta *f*; **~-box** *n* bústia *f*; **~-card** *n* postal *f*; **~man** *n* carter *m*; **~-mark** *n* matasegells *m*; **~-office** *n* (oficina *f* de) correus *mpl*; **~-woman** *n* cartera *f* | *vt (letter)* tirar (a la bústia), enviar; *mil* apostar; *(bill)* enganxar, posar

postage ['pəʊstɪdʒ] *n* franqueig *m*, ports *mpl*

postal ['pəʊstəl] *aj* postal; **~ order** *n* gir *m* postal

poster ['pəʊstə'] *n* cartell *m*, pòster *m*

posterior [pɔs'tɪərɪə'] *aj* posterior, n darrere *m*, cul *m*

posthumous ['pɔstjʊməs] *aj* pòstum -a

post-mortem [,pəʊst'mɔːtəm] *n* autòpsia *f*

postpone [pəʊst'pəʊn] *vt* ajornar,

diferir, retardar
postscript ['pəʊsskrɪpt] n
postdata f
posture ['pɒstʃə'] n (of body)
positura f, postura f, posició f;
(attitude) postura f, actitud f
pot [pɒt] n pot m; (for cooking)
olla f, tupí m; (stomach) panxa f;
vlg (drug) herba f de; **go to ~** anar
en orris; ~ **plant** n planta f (de
test); **~s and pans** bateria f de
cuina | vt (plant) posar en un test
potash ['pɒtæʃ] n potassa f
potato [pə'teɪtəʊ] n patata f;
(plant) patatera f
pot-bellied [,pɒt'belɪd] aj panxut
-uda, ventrut -uda
potency ['pəʊtənsɪ] n poder m,
eficàcia f; (of male) potència f
potent ['pəʊtənt] aj potent,
poderós -osa; (drink) fort -a
potential [pə'tenʃəl] aj potencial,
en potència; n capacitat f,
potencial m
pothole ['pɒthəʊl] n geo avenc
m; (of road) sot m, clot m
potluck [,pɒt'lʌk] n **take ~**
menjar el que hi hagi
potter ['pɒtə'] n terrissaire mf,
ceramista mf; vi feinejar,
entretenir-se
pottery ['pɒtərɪ] n (art) ceràmica
f; (objects) terrissa f, ceràmica f,
plats mpl i olles
potty ['pɒtɪ] n gibrelleta f, orinal
m; aj fm ximplet -a, tocat -ada
de l'ala
pouch [paʊtʃ] n ana bossa f; (for
tobacco) petaca f
poultice ['pəʊltɪs] n cataplasma
m, emplastre m

poultry ['pəʊltrɪ] n aviram m,
ocells mpl de corral
pounce [paʊns] vi atacar,
escometre, envestir; ~ **on** (jump)
saltar sobre
pound [paʊnd] n lliura f; (place)
dipòsit m | vt (beat) picar, batre;
(food) picar, moldre, triturar
pour [pɔ:'] vt abocar, tirar; (cups
of tea, etc) servir, posar; vi fluir,
córrer, brollar; (or ~ **down**) (rain)
ploure a bots i barrals; ~ **out**
one's **heart to** esplaiar-se amb,
obrir el cor a
pout [paʊt] vi (show displeasure)
fer morros, fer mala cara
poverty ['pɒvətɪ] n pobresa f,
misèria f, necessitat f; ~-**stricken**
aj miserable, indigent
powder ['paʊdə'] n pols f,
pólvores fpl; (for the skin) pólvores
fpl | vt empolsegar, empolsar
powdered ['paʊdəd] aj en pols
power ['paʊə'] n poder m; (right)
poder m, dret m; (ability) poder m,
facultat f; (strength) força f;
(country) potència f; (energy)
energia f; mat potència f; **be in ~**
tenir el poder; ~ **cut** n apagada f;
~ **station** (or ~ **plant**) n central
f elèctrica
powerful ['paʊəfʊl] aj fort -a;
(nation) poderós -osa; (engine)
potent
practicable ['præktɪkəbl] aj
factible, viable
practical ['præktɪkəl] aj pràctic -a;
~ **joke** n broma f pesada
practicality [,præktɪ'kælɪtɪ] n
viabilitat f, factibilitat f
practice (or **practise** US)

['præktɪs] n (*exercise*) pràctica f; (*habit*) costum m. Make a practice of, tenir el costum de; (of *profession*) exercici m; **be out of ~** estar desentrenat; **in ~** a la pràctica

practise (or **practice** US) ['præktɪs] vti practicar vt; (*profession*) exercir vt, practicar vt; vi rlg practicar

practitioner [præk'tɪʃənə] n professional mf

prairie ['preərɪ] n praderia f, prada f, plana f

praise [preɪz] n elogi m, lloança f | vt lloar, alabar, elogiar; ~ **to the skies** posar pels núvols

pram [præm] n cotxet m (d'infant)

prance [prɑːns] vi (*horse*) cabriolar, fer cabrioles

prank [præŋk] n entremaliadura f, dolenteria f; (*joke*) broma f. Play a prank on sby, fer una broma a up

prattle ['prætl] n xerrameca f; vi xerrar

prawn [prɔːn] n gamba f; (*large*) llagostí m

pray [preɪ] vt resar, pregar

prayer [preə] n oració f, pregària f, prec (m); ~ **book** n missal m

praying ['preɪɪŋ] aj ~ **mantis** n pregadéu m, predicador m

preach [priːtʃ] vti predicar; vi (*offer unwanted advice*) sermonejar

preacher ['priːtʃə] n rlg predicador m

preamble [priː'æmbl] n preàmbul m, introducció f

precarious [prɪ'keərɪəs] aj precari -ària

precaution [prɪ'kɔːʃən] n precaució f

precede [prɪ'siːd] vt precedir

precedent ['presɪdənt] n precedent m; **set a ~** establir un precedent

preceding [prɪ'siːdɪŋ] aj precedent, anterior; ~ **day** n vigília f

precept ['priːsept] n precepte m

precinct ['priːsɪŋkt] n zona f, àrea f; **~s** pl voltants m; **shopping ~** n centre m comercial

precious ['preʃəs] aj preciós -osa; **be ~ to sby** tenir molt de valor per a up; ~ **stone** n pedra f preciosa

precipice ['presɪpɪs] n precipici m, estimball m, trencacolls m

precipitate [prɪ'sɪpɪtɪt] aj precipitat -ada | n precipitat m | [prɪ'sɪpɪteɪt] vt precipitar; vi qm precipitar(-se)

precipitation [prɪˌsɪpɪ'teɪʃən] n precipitació f

precise [prɪ'saɪs] aj precís -isa, exacte -a

precisely [prɪ'saɪslɪ] av precisament, justament; **at ten o'clock ~** a les deu en punt

precision [prɪ'sɪʒən] n precisió f, exactitud f

preclude [prɪ'kluːd] vt impedir, evitar, impossibilitar; (*possibility*) excloure, descartar

precocious [prɪ'kəʊʃəs] aj precoç

predator ['predətə] n (*animal*) depredador m; (*person*) depredador -a mf

predatory ['predətərɪ] aj depredador -a, rapaç

predecessor ['pri:dɪsesə] n antecessor -a mf, predecessor -a mf

predicament [prɪ'dɪkəmənt] n (mal) tràngol m, destret m

predicate ['predɪkɪt] n predicat m

predict [prɪ'dɪkt] vt predir, pronosticar, preveure

predictable [prɪ'dɪktəbl] aj previsible

prediction [prɪ'dɪkʃən] n predicció f, pronòstic m

predispose ['pri:dɪs'pəʊz] vt predisposar

predominate [prɪ'dɒmɪneɪt] vi predominar

preface ['prefɪs] n pròleg m, prefaci m

prefer [prɪ'fɜ:] n estimar-se més, preferir; dr presentar; (promote) ascendir, promoure

preference ['prefərəns] n preferència f

prefix ['pri:fɪks] n prefix m

pregnancy ['pregnənsɪ] n embaràs m

pregnant ['pregnənt] aj (woman) embarassada, prenyada, en estat; fg important, significatiu -iva

prehistoric [,pri:hɪ'stɒrɪk] aj prehistòric -a

prehistory [pri:'hɪstərɪ] n prehistòria f

prejudice ['predʒʊdɪs] n (opinion) prejudici m; (harm) perjudici m, dany m; **without ~ to** sense perjudici de | vt (against, in favour of) predisposar, prevenir; (harm) perjudicar, fer mal a

prelude ['prelju:d] n preàmbul m, preludi m

premature ['premətʃʊə] aj prematur -a; (baby) prematur -a, setmesó -ona

premier ['premɪə] n primer ministre m

premise ['premɪs] n premissa f; **~s** pl local msg; (house) casa fsg; (building) edifici msg

premium ['pri:mɪəm] n prima f; (prize) premi m; **be at a ~** tenir molta demanda

premonition [,premə'nɪʃən] n pressentiment m

preoccupy [pri:'ɒkjʊpaɪ] vt preocupar

preparation [,prepə'reɪʃən] n preparació f; **~s** pl preparatius m

prepare [prɪ'peə] vt preparar; vi preparar-se

preposition [,prepə'zɪʃən] n preposició f

preposterous [prɪ'pɒstərəs] aj absurd -a, ridícul -a

pre-recorded [,pri:rɪ'kɔ:dɪd] aj diferit -ida

presage ['presɪdʒ] n presagi m; vt presagiar

preschool [,pri:'sku:l] aj pre-escolar

prescribe [prɪs'kraɪb] vt prescriure, ordenar; med receptar

prescription [prɪs'krɪpʃən] n norma f; med recepta f

prescriptive [prɪs'krɪptɪv] aj normatiu -iva

presence ['prezns] n presència f; **~ of mind** n presència f d'esperit

present ['preznt] aj present; (existing now) actual; **~-day** aj actual | n (time) present m; (gift) regal m, obsequi m, present m;

at ~ actualment | [pri'zent] vt
(show) presentar; (give) regalar,
donar, obsequiar; tea representar
presentation [,prezən'teɪʃən] n
presentació f; tea representació f;
(gift) regal m, obsequi m
presenter [pri'zentə'] n
presentador -a mf
presentiment [pri'zentɪmənt] n
pressentiment m
preserve [pri'zɜ:v] vt (keep safe)
protegir, preservar; (maintain)
mantenir, conservar; (food)
conservar; (in syrup) confitar | n
[often pl] (jam) confitura f; (for
hunting) vedat m, àrea f privada
preside [pri'zaid] vi ~ at (or ~
over) presidir vt
president ['prezidənt] n president
-a mf
press [pres] n (newspapers)
premsa f; (printer's) impremta f;
(machine) premsa f; (pressure)
pressió f; (of hand) encaixada f |
vt (button) pitjar, prémer;
(squeeze) esprémer; (metal, olives)
premsar; (iron) planxar; (hand)
estrènyer, donar; (pressure)
pressionar; vi fer pressió; ~ for vt
pressionar; ~ on vi (continue)
tirar endavant; (hasten) afanyar-
se, cuitar
pressing ['presɪŋ] aj urgent,
imperiós -osa
press-up ['presʌp] n flexió f
pressure ['preʃə'] n pressió f;
~ cooker n olla f de pressió
prestige [pres'ti:ʒ] n prestigi m
presume [pri'zju:m] vt (believe)
suposar, presumir, creure; **may I
to advise you?** vi puc

aconsellar-vos?; **are you
presuming to...?** pretens...?
presumption [pri'zʌmpʃən] n
suposició f, presumpció f;
(arrogance) presumpció f,
arrogància f
presumptive [pri'zʌmptɪv] aj
presumpte -a
presumptuous [pri'zʌmptjuəs] aj
presumptuós -osa, presumit -ida
pretence (or **pretense** US)
[pri'tens] n simulació f, farsa f; (as
a game) broma f; (claim) pretensió
f, fums mpl; **make a ~ of** fingir
que, fer veure que
pretend [pri'tend] vt fingir,
simular, fer veure; (imagine as a
game) imaginar-se; (claim)
pretendre, aspirar vi a; vi fingir,
fer comèdia | aj de joguina
pretender [pri'tendə'] n
pretendent -a mf
pretense [pri'tens] n = **pretence**
pretension [pri'tenʃən] n
pretensió f
pretentious [pri'tenʃəs] aj
pretensiós -osa; (ostentatious and
vulgar) cursi
pretext ['pri:tekst] n excusa f,
pretext m
pretty ['priti] aj bonic -a, bufó
-ona
prevail [pri'veil] vi (be widespread)
imperar, regnar, predominar; (win)
prevaler; ~ **upon** (or ~ **on**) vt
convèncer
prevalent ['prevələnt] aj corrent,
habitual, freqüent
prevent [pri'vent] vt impedir,
evitar, prevenir
prevention [pri'venʃən] n

prevenció f

previous ['priːvɪəs] aj previ prèvia, anterior; **~ to** abans de

previously ['priːvɪəslɪ] av abans, prèviament, anteriorment

prey [preɪ] n tb fg presa f | ~ **on** (or ~ **upon**) (animal) vt atacar, devorar; (problem) amoïnar, preocupar; (live) viure a les costelles de

price [praɪs] n preu m, cost m | vt taxar, fixar el preu de; **be ~d at** costar, valer; **high--d** aj car -a

prick [prɪk] n (pain) punxada f; (sting) picada f; vlg pixa f | vt punxar; (sting) picar

prickle ['prɪkl] n bot espina f, punxa f; (sensation) picor f, coïssor f | vti picar

prickly ['prɪklɪ] aj espinós -osa; (person) difícil, geniüt -üda; **~ pear** n (fruit) figa f de moro; (plant) figuera f de moro

pride [praɪd] n orgull m, amor m propi; **~ osf on** (or ~ **osf upon**) vt enorgullir-se de

priest [priːst] n rlg capellà m, sacerdot m

priestess ['priːstɪs] n rlg sacerdotessa f

prim [prɪm] aj (affected) melindrós -osa, sensibler -a; (neat) endreçat -ada, pulcre -a

primary ['praɪmərɪ] aj (main) principal; (school) primari -ària

prime [praɪm] aj primer -a, principal; (basic) fonamental, bàsic -a | n (of life) flor f | vt preparar; (instruct) instruir

primitive ['prɪmɪtɪv] aj primitiu -iva; (simple) rudimentari -ària

prince [prɪns] n príncep m

princedom ['prɪnsdəm] n principat m

princess [prɪnˈsɛs] n princesa f

principal ['prɪnsɪpəl] aj principal | n (head) cap mf; (of school) director -a mf

principality [ˌprɪnsɪˈpælɪtɪ] n principat m

principally ['prɪnsɪpəlɪ] av principalment, sobretot

principle ['prɪnsəpl] n principi m

print [prɪnt] n (mark) empremta f, marca f; (or **finger--**) empremta f digital; (letter) lletra f impresa; (fabric) estampat m; fot còpia f; **in ~** a la venda; **out of ~** exhaurit -ida | vt imprimir; (cloth) estampar; (book) tirar, imprimir

printed ['prɪntɪd] aj imprès -esa; **~ matter** n impresos mpl

printer ['prɪntə'] n (person) impressor -a mf; ifm impressora f

printing ['prɪntɪŋ] n (art) impremta f; (act) impressió f; (quantity) tirada f; **~ press** n premsa f (d'impremta)

printout ['prɪntaʊt] n llistat m

prior ['praɪə'] aj anterior, previ prèvia; n prior m

prise [praɪz] vt ~ **open** obrir fent palanca

prism ['prɪzəm] n prisma m

prison ['prɪzn] n presó f

prisoner ['prɪznə'] aj (in prison) pres -a, reclús -usa; (under arrest) detingut -uda, arrestat -ada; mil presoner -a

private ['praɪvɪt] aj (personal) privat -ada, personal, particular; (hospital, school, etc) privat -ada;

(*person*) reservat -ada | *n* (*soldier*) soldat *m* ras

privateer [,praivə'tiə] *n* corsari -ària *mf*

privilege ['privilidʒ] *n* privilegi *m*

prize [praiz] *n* premi *m* | *vt* (*value*) estimar, valorar; **~ open** (*force*) obrir fent palanca

pro [prəu] *n fm* (*professional*) professional *mf*; **the ~s and the cons** els pros i els contres

probable ['prɒbəbl] *aj* probable

probably ['prɒbəbli] *av* probablement, segurament *fm*

probation [prə'beiʃən] *n* període *m* de prova; *dr* llibertat *f* condicional

probe [prəub] *n med* sonda *f*; (*inquiry*) enquesta *f*, investigació *f* | *vt* explorar, sondejar, investigar

problem ['prɒbləm] *n* problema *m*

procedure [prə'si:dʒə] *n* procediment *m*; (*bureaucracy*) tràmits *mpl*

proceed [prə'si:d] *vi* anar, avançar; **~ to** (or **~ with**) (*begin*) posar-se a, passar a, procedir a; (*continue*) continuar, prosseguir

proceedings [prə'si:diŋz] *pl* (*series of events*) actes *m*, acte *msg*; *dr* procés *msg*

proceeds ['prəusi:dz] *pl* guanys *m*, beneficis *m*

process ['prəuses] *n* procés *m* | *vt* tractar, elaborar; *fot* revelar; (*application*) cursar; *vi* (*walk*) desfilar; (*in procession*) anar en processó

procession [prə'seʃən] *n* desfilada *f*, processó *f*

proclaim [prə'kleim] *vt* proclamar, anunciar

proclamation [,prɒklə'meiʃən] *n* proclamació *f*; pregó *m*, crida *f*

procreate ['prəukrieit] *vt* procrear, engendrar

procure [prə'kjuə] *vt* aconseguir, obtenir; **~ sby sth** proporcionar uc a up

prod [prɒd] *vt* (*push*) empènyer; (*urge*) burxar, punxar

prodigal ['prɒdigəl] *aj* pròdig -a

prodigious [prə'didʒəs] *aj* prodigiós -osa

prodigy ['prɒdidʒi] *n* prodigi *m*, meravella *f*

produce ['prɒdju:s] *n* producte *m*, producció *f* | [prə'dju:s] *vt* produir; (*goods for sale*) produir, fabricar; (*give birth*) engendrar; (*show*) mostrar; (*cause*) ocasionar, causar; (*profit*) rendir

producer [prə'dju:sə] *n* productor -a *mf*; *tea* director -a *mf* d'escena

product ['prɒdʌkt] *n* producte *m*

production [prə'dʌkʃən] *n* producció *f*; (*act of showing*) presentació *f*; (*product*) producte *m*; *cin* realització *f*; *tea* representació *f*

productive [prə'dʌktiv] *aj* productiu -iva

profane [prə'fein] *aj* profà -ana

profession [prə'feʃən] *n* professió *f*; **~ of faith** professió *f* de fe

professor [prə'fesə] *n* (*UK*) catedràtic -a *mf*; (*US*) professor -a *mf* (universitari -ària)

professorship [prə'fesəʃip] *n* càtedra *f*

proficiency [prə'fiʃənsi] *n* competència *f*, perícia *f*, habilitat *f*

proficient [prə'fiʃənt] aj
competent, capaç, versat -ada
profile ['prəufail] n perfil m; **in ~**
de perfil
profit ['prɔfit] n ecn guany m,
benefici m; fg profit m, benefici m
| ~ **from** (or ~ **by**) vt aprofitar,
treure partit de
profitability [,prɔfitə'biliti] n
rendibilitat f
profitable ['prɔfitəbl] aj profitós
-osa, beneficiós -osa, rendible
profound [prə'faund] aj profund
-a; (far below the surface) profund
-a, pregon -a
profoundly [prə'faundli] av
profundament
profundity [prə'fʌnditi] n
profunditat f
program ['prəugræm] n ifm
programa m; vt ifm programar
programme (or **program** US)
['prəugræm] n programa m; vt
programar
progress ['prəugres] n progrés m;
[prə'gres] vi avançar, progressar,
fer progressos
prohibit [prə'hibit] vt (forbid)
prohibir; (prevent) impedir
prohibition [,prəui'biʃən] n
prohibició f
project ['prɔdʒekt] n projecte m |
[prə'dʒekt] vt projectar; vi (stick
out) sobresortir, destacar, ressaltar
projectile [prə'dʒektail] n
projectil m
projection [prə'dʒekʃən] n
projecció f; (overhang) sortint m
projector [prə'dʒektə'] n
projector m
proletarian [,prəulə'teəriən] aj n

proletari -ària aj mf
proliferate [prə'lifəreit] vi
proliferar
proliferation [prə,lifə'reiʃən] n
proliferació f
prologue (or **prolog** US)
['prəulɔg] n pròleg m
prolong [prə'lɔŋ] vt prolongar,
allargar
prominence ['prɔminəns] n
prominència f, bony m,
protuberància f; (importance)
importància f, relleu m
prominent ['prɔminənt] aj
prominent, sortit -ida; fg eminent,
important
promise ['prɔmis] n promesa f; vti
prometre vt
promising ['prɔmisiŋ] aj
prometedor -a, falaguer -a
promote [prə'məut] vt (sby)
ascendir, promoure; (help the
progress of) promoure, fomentar;
(publicize) promocionar, fer
propaganda de
promotion [prə'məuʃən] n (in
rank) ascens m, promoció f;
(advertising) promoció f
prompt [prɔmpt] aj (done at
once) ràpid -a, immediat -a;
(punctual) puntual -a | av
puntualment, en punt | vt (incite)
incitar, induir, moure; (actor)
apuntar
promptly ['prɔmptli] av
ràpidament, tot seguit;
(punctually) puntualment
prone [prəun] aj propens -a;
(lying) bocaterrós -osa
prong [prɔŋ] n punxa f, punta f,
pua f

pronoun ['prəʊnaʊn] n pronom m

pronounce [prə'naʊns] vt pronunciar; (declare) declarar; vi pronunciar-se; ~ **on** (or ~ **upon**) pronunciar-se sobre

pronouncement [prə'naʊnsmənt] n declaració f, opinió f

pronunciation [prə,nʌnsɪ'eɪʃən] n pronúncia f

proof [pru:f] n prova f; ~ **against** aj a prova de

prop [prɒp] n tb fg suport m, puntal m | vt sostenir, suportar; ~ **up** vt apuntalar

propagate ['prɒpəgeɪt] vt bio propagar; (idea) propagar, difondre; vi propagar-se

propagation [,prɒpə'geɪʃən] n propagació f

propel [prə'pel] vt propulsar, impulsar

propeller [prə'pelə'] n hèlice f, hèlix f

propensity [prə'pensɪtɪ] n propensió f, inclinació f, tendència f, disposició f

proper ['prɒpə'] aj (right) apropiat -ada, oportú -una, exacte -a; (socially) correcte -a, decent; fm (real) de debò

properly ['prɒpəlɪ] av (correctly) correctament, com cal, bé; (really) de debò, realment

property ['prɒpətɪ] n propietat f; (things owned) béns mpl, possessions fpl, cabal m; (estate) finca f

prophesy ['prɒfɪsaɪ] vt profetitzar; fg predir, pronosticar

prophet ['prɒfɪt] n profeta m

proportion [prə'pɔ:ʃən] n proporció f; ~**s** pl proporcions f, dimensions f | vt proporcionar

proportional [prə'pɔ:ʃənl] aj proporcional

proposal [prə'pəʊzl] n proposta f, proposició f

propose [prə'pəʊz] vt proposar; tenir intenció de, proposar-se, pensar; (marriage) declarar-se

proposition [,prɒpə'zɪʃən] n proposta f, proposició f

proprietor [prə'praɪətə'] n propietari m, amo m

proprietress [prə'praɪətrɪs] n propietària f, mestressa f

propriety [prə'praɪətɪ] n correcció f, decència f, decor m

prose [prəʊz] n prosa f

prosecute ['prɒsɪkju:t] vti dr processar vt; (continue) prosseguir, continuar

prosecution [,prɒsɪ'kju:ʃən] n dr (case) causa f, procés m; (lawyer) acusació f; (continuation) continuació f

prosecutor ['prɒsɪkju:tə'] n acusador -a mf; (public) fiscal mf

prospect ['prɒspekt] n perspectiva f; (hope) esperança f; (view) vista f, panorama m

prospectus [prəs'pektəs] n prospecte m

prosper ['prɒspə'] vi prosperar, anar endavant

prosperity [prɒs'perɪtɪ] n prosperitat f

prosperous ['prɒspərəs] aj pròsper -a

prostitute ['prɒstɪtju:t] n prostituta f; **male** ~ n prostitut m

prostrate

prostrate ['prɒ'streɪt] vt (illness)
prostrar, abatre; ~ osf prostrar-se
protagonist [prəʊ'tæɡənɪst] n
protagonista mf
protect [prə'tɛkt] vt protegir
protection [prə'tɛkʃən] n
protecció f
protective [prə'tɛktɪv] aj
protector -a
protector [prə'tɛktə'] n (thing)
protector m; (person) protector
-a mf
protein ['prəʊtiːn] n proteïna f
protest ['prəʊtɛst] n protesta f;
vti protestar
protocol ['prəʊtəkɒl] n dr pol
protocol m
protract [prə'trækt] vt allargar,
prolongar
protractor [prə'træktə'] n
transportador m
protrude [prə'truːd] vi sortir,
sobresortir
proud [praʊd] aj orgullós -osa,
cofoi -a, satisfet -a; (arrogant)
orgullós -osa, tibat -ada, arrogant
prove [pruːv] vt (give proof of)
provar, demostrar; (verify)
comprovar; vi (be found to be)
resultar, sortir
proverb ['prɒvɜːb] n proverbi m,
refrany m
provide [prə'vaɪd] vt (law) establir,
disposar; ~ **sth for sby** proveir uc a
sby with sth proveir up d'uc,
proporcionar uc a up
provided [prə'vaɪdɪd] (or ~ **that**)
cnj (if) si; (on condition that)
sempre que, a condició que
providing [prə'vaɪdɪŋ] (or ~ **that**)
cnj (if) si; (on condition that)

sempre que, a condició que
province ['prɒvɪns] n (of country)
província f; fg competència f,
incumbència f
provision [prə'vɪʒən] n (supply)
provisió f, subministrament m; dr
(condition) condició f; ~**s** pl
provisions f, queviures pl
provisional [prə'vɪʒənl] aj
provisional
proviso [prə'vaɪzəʊ] n condició f
provocation [,prɒvə'keɪʃən] n
provocació f
provoke [prə'vəʊk] vt provocar
prow [praʊ] n proa f
prowess ['praʊɪs] n (skill) traça f,
habilitat f; (bravery) coratge m,
valor m
prowl [praʊl] vti rondar
proximity [prɒk'sɪmɪtɪ] n
proximitat f
prudence ['pruːdəns] n prudència
f, seny m
prudent ['pruːdənt] aj prudent,
assenyat -ada
prune [pruːn] n pruna f (seca); vt
esporgar, podar
pry [praɪ] vi tafanejar, xafardejar
pseudonym ['sjuːdənɪm] n
pseudònim m
pseudonymous [sjuː'dɒnɪməs] aj
pseudònim -a
psychologist [saɪ'kɒlədʒɪst] n
psicòleg -òloga mf
psychology [saɪ'kɒlədʒɪ] n
psicologia f
pub [pʌb] n pub m, bar m
pubis ['pjuːbɪs] n pubis m
public ['pʌblɪk] aj públic -a; ~
spirit n civisme m; ~ **works** pl
obres f públiques | n públic m

publication [ˌpʌbliˈkeiʃən] n
publicació f

publicity [pʌbˈlisiti] n publicitat f

publicize [ˈpʌblisaiz] vt publicar,
fer públic, donar a conèixer

publish [ˈpʌbliʃ] vt (book)
publicar, editar; (make know) fer
públic, difondre; **be ~ed** sortir,
aparèixer

publisher [ˈpʌbliʃə] n (person)
editor -a mf; (firm) editorial f

publishing [ˈpʌbliʃiŋ] n
publicació f; **~ house** n editorial f

pudding [ˈpudiŋ] n púding m;
(dessert) postres fpl

puddle [ˈpʌdl] n bassal m, toll m

puff [pʌf] n bufada f, (of wind)
glopada f, bufada f, ràfega f vt
bufar; (smoke) treure, deixar anar;
vi (with effort) esbufegar, bufar;
(pipe, etc) xuclar vt, pipar vt

pull [pul] n estirada f, estrebada f,
fm (influence) influència f vt
estirar, arrossegar; (take out)
treure, arrencar; (trigger) prémer;
~ down vt enderrocar, esfondrar;
~ in vi aturar-se; **~ one's socks
up** fg espavilar-se; **~ out** vt
arrencar, treure; vi (vehicle) anar-
se'n; **~ sby's leg** fg aixecar la
camisa a up; **~ up** vt (stop) aturar

pulley [ˈpuli] n corriola f, politja f

pullover [ˈpuləuvə] n jersei m,
suèter m

pulmonary [ˈpʌlmənəri] aj
pulmonar

pulp [pʌlp] n (of fruit) polpa f; (for
paper) pasta f

pulpit [ˈpulpit] n púlpit m, trona f

pulse [pʌls] n (of blood) pols m;
mús pulsació f

pump [pʌmp] n tcn bomba f; (for
tyre) manxa f | vt bombar; (tyre)
inflar; fg estirar la llengua

pumpkin [ˈpʌmpkin] n carbassa f

pun [pʌn] n joc m de paraules

punch [pʌntʃ] n (blow) cop m de
puny; (tool) punxó m; (drink) ponx
m | vt (hit) donar un cop de puny
a; (cut a hole) foradar, perforar;
(ticket) picar

punctual [ˈpʌŋktjuəl] aj puntual

punctuality [ˌpʌŋktjuˈæliti] n
puntualitat f

punctuate [ˈpʌŋktjueit] vt (text)
puntuar; (break the flow)
interrompre

punctuation [ˌpʌŋktjuˈeiʃən] n
puntuació f; **~ mark** n signe m
de puntuació

puncture [ˈpʌŋktʃə] n punxada f,
(of tyre) rebentada f, punxada f;
med punció f | vt punxar, perforar;
(tyre) rebentar, punxar

pungent [ˈpʌndʒənt] aj (smell)
fort -a; (taste) picant, fort -a; fg
mordaç

punish [ˈpʌniʃ] vt castigar

punishment [ˈpʌniʃmənt] n
càstig m; dr pena f

puny [ˈpjuːni] aj escarransit -ida,
escanyolit -ida

pup [pʌp] n cadell m

pupil [ˈpjuːpl] n alumne -a mf; (of
eye) pupil·la f, nineta f

puppet [ˈpʌpit] n (with strings)
titella m (de fils), marioneta f; (or
glove **~**) putxinel·li m, titella m
(de quant); fg titella m, putxinel·li
m, ninot m

puppy [ˈpʌpi] n cadell m

purchase [ˈpɜːtʃis] n compra f,

adquisició f; vt comprar, adquirir

purchaser ['pɜːtʃɪsə] n comprador -a mf

pure [pjʊə] aj pur -a

purée ['pjʊəreɪ] n puré m

purgative ['pɜːgətɪv] aj n purgant aj m

purge [pɜːdʒ] n purga f; pol purga f, depuració f; vt (bowels, fault) purgar; pol depurar

purify ['pjʊərɪfaɪ] vt purificar, depurar

purple ['pɜːpl] aj porprat -ada, purpuri -ina, morat -ada; n púrpura m, porpra m, morat m

purpose ['pɜːpəs] n (intention) propòsit m, intenció f, finalitat f; (willpower) voluntat f, empenta f; on ~ expressament, a posta; serve the ~ servir | vt proposar-se, fer el propòsit de

purr [pɜː] vi (cat) roncar, filar; (person) xiuxiuejar

purse [pɜːs] n (UK) portamonedes m, moneder m; (US) bossa f (de mà) | vt arronsar, arrufar

pursue [pə'sjuː] vt (follow) perseguir, empaitar, encalçar; (continue) continuar, prosseguir

pursuit [pə'sjuːt] n (chase) persecució f, caça f; (search) cerca f, recerca f; (activity) ocupació f, feina f, activitat f

purvey [pɜː'veɪ] vt proveir, subministrar, fornir

pus [pʌs] n pus m

push [pʊʃ] n empenta f, espenta f; (planned effort) empenta f, embranzida f | vt empènyer; (button) prémer, pitjar; (urge) pressionar, instar; (promote)

promoure, fomentar; ~ ahead (or ~ forward, or ~ on) vi tirar endavant, avançar; ~chair n cotxet m; ~ off! vlg fot el camp!; ~ up vt pujar

pushy ['pʊʃɪ] (or **pushing** ['pʊʃɪŋ]) aj emprenedor -a, ambiciós -osa; dsp agressiu -iva

pussy ['pʊsɪ] (or **pussycat** ['pʊsɪkæt]) n fm mix -a mf

put [pʊt] (pt, pp **put**) vt posar, col·locar, situar; (into) ficar, encabir; (express) expressar, dir; esp llançar; ~ about vti virar; ~ away vt desar, guardar; ~ by vt estalviar; ~ down vt (on ground) deixar a terra; (animal) sacrificar; (write) apuntar; ~ forward vt (suggest) proposar; (watch, date) avançar; ~ off vt (delay) endarrerir, retardar; (postpone) ajornar; (dissuade) disuadir de; ~ on vt (clothing) posar-se; (ligth) encendre; ~ on weight engreixar-se; ~ out vt (fire, light) apagar; (annoy) molestar; ~ together vt ajuntar, unir; tcn muntar; ~ up vt (build) aixecar; (money) proporcionar; (lodging) allotjar; ~ up with vt aguantar, suportar

putrefy ['pjuːtrɪfaɪ] vt podrir; vi podrir-se

puzzle ['pʌzl] n enigma m, misteri m; (toy) trencaclosques m; (riddle) endevinalla f | vt deixar parat, confondre, estranyar; vi escalfar-se el cap

puzzled ['pʌzld] aj perplex -a

pyjamas [pɪ'dʒɑːməz] pl pijama msg; ~ **trousers** pantalons mpl

question

del pijama
pyramid ['pɪrəmɪd] *n* piràmide *f*
Pyrenean [,pɪrə'niːən] *aj geo*
pirinenc -a

Q

quack [kwæk] *n dsp (doctor)*
curandero -a *mf*; *vi* clacar
quadrangular [kwɒ'dræŋɡjʊləʳ]
aj quadrangular
quadrant ['kwɒdrənt] *n mat ast*
mar quadrant *m*
quadrilateral [,kwɒdrɪ'lætərəl]
aj quadrilàter -a; *n* quadrilàter *m*
quail [kweɪl] *n* guatlla *f*; *vi*
acovardir-se, esporuguir-se
quaint [kweɪnt] *aj* pintoresc -a,
singular, curiós -osa
quake [kweɪk] *vi* tremolar,
estremir-se; *n fm* terratrèmol *m*
qualification [,kwɒlɪfɪ'keɪʃən]
n qualificació *f*; *(for a post)* requisit
m; *(diploma)* títol *m*; *(reservation)*
reserva *f*; **~s** *pl* capacitat *fsg*,
aptitud *fsg*
qualified ['kwɒlɪfaɪd] *aj* qualificat
-ada, titulat -ada; *(not complete)*
amb reserves, amb condicions
qualify ['kwɒlɪfaɪ] *vi (get a*
qualification) titular-se, obtenir
un títol; *esp* classificar-se; *vt*
(meaning) concretar, limitar;
~ for tenir els requisits per a
quality ['kwɒlɪtɪ] *n* qualitat *f*
qualm [kwɑːm] *pl* escrúpols *m*,
dubtes *m*
quandary ['kwɒndərɪ] *n* dilema *f*;
be in a ~ dubtar
quantitative ['kwɒntɪtətɪv] *aj*

quantitatiu -iva
quantity ['kwɒntɪtɪ] *n* quantitat *f*;
~ surveyor *n* aparellador -a *mf*
quarantine ['kwɒrəntiːn] *n*
quarantena *f*
quarrel ['kwɒrəl] *n* picabaralla *f*,
discussió *f*, baralla *f*; *vi* renyir,
discutir, barallar-se; **~ with** *vt*
(complain) queixar-se de,
protestar per
quarrelsome ['kwɒrəlsəm] *aj*
buscabregues, buscaraons
quarry ['kwɒrɪ] *n (place)* pedrera *f*;
(prey) presa *f*
quarter ['kwɔːtəʳ] *n* quart *m*,
quarta part *f*, quarter *m*; *(of hour)*
quart *m*; *(of year)* trimestre *m*; *(of*
town) barri *m*, barriada *f*; **at**
close ~s de prop; **from all ~s** de
tot arreu; **~s** *pl mil* quarter *msg* |
vt (divide) tallar a quarts; *(lodge)*
allotjar
quartz [kwɔːts] *n* quars *m*
quaver ['kweɪvəʳ] *vi* tremolar,
vibrar; *vt* dir amb veu tremolosa
quay [kiː] *n* moll *m*; **~side** *n*
andana *f*, moll *m*
queasy ['kwiːzɪ] *aj fm* marejat
-ada; **I feel ~** no em trobo bé
queen [kwiːn] *n* reina *f*
quench [kwentʃ] *vt* apagar
querulous ['kwerʊləs] *aj*
gemegaire, rondinaire
query ['kwɪərɪ] *n (question)*
pregunta *f*; *(doubt)* dubte *m* | *vt*
posar en dubte, dubtar de; *(ask)*
preguntar
question ['kwestʃən] *n* pregunta
f, qüestió *f*; *(issue)* qüestió *f*,
assumpte *m*; *(doubt)* dubte *m*;
ask sby a ~ fer una pregunta a

up; **in** ~ en qüestió; **out of the**
~ impossible; ~ **mark** n
interrogant m | vt (ask) fer
preguntes a, interrogar; (doubt)
posar en dubte, dubtar de

questionable ['kwestʃənəbl] aj
qüestionable, discutible

questioning ['kwestʃənɪŋ] aj
interrogatiu -iva; n interrogatori
m de policia

questionnaire [,kwestʃə'nɛə'] n
enquesta f, qüestionari m

queue [kju:] n cua f; vi fer cua

quick [kwɪk] aj (fast) ràpid -a,
veloç; (clever) espavilat -ada, llest
-a, viu viva; **be** ~! afanya't! | av
de pressa | n carn f viva; **cut to
the** ~ fg tocar el viu

quicken ['kwɪkən] vt accelerar,
apressar; (make livelier) animar,
avivar; vi accelerar-se, anar més
de pressa; (become livelier)
animar-se, avivar-se

quickly ['kwɪklɪ] av de pressa,
corrents, ràpidament

quicksand ['kwɪksænd] n tb pl
sorres fpl movedisses, sorramoll m

quickwitted [,kwɪk'wɪtɪd] aj
espavilat -ada, astut -a, llest -a

quid [kwɪd] n fm (pound) lliura f

quiet ['kwaɪət] aj (silent) silenciós
-osa, callat -ada; (calm) tranquil
-il·la, calmat -ada; (discreet)
discret -a; **be** ~! calla! | n
tranquil·litat f, pau f, calma f;
(silence) silenci m

quieten ['kwaɪətn] vt calmar,
tranquil·litzar; (silence) fer callar;
vi calmar-se, tranquil·litzar-se;
(grow silent) callar

quietness ['kwaɪətnɪs] n (silence)

silenci m; (calm) tranquil·litat f,
calma f, pau f

quietude ['kwaɪətjuːd] n quietud
f, calma f

quill [kwɪl] n ploma f

quilt [kwɪlt] n edredó m

quince [kwɪns] n codony m; ~
jelly n codonyat m

quip [kwɪp] n acudit m, broma f

quit [kwɪt] vt deixar, abandonar; vi
anar-se'n, marxar

quite [kwaɪt] av (completely) del
tot, completament, ben; (rather)
força, bastant; (as an answer) és
clar; ~ **a lot of** força, bastant

quits [kwɪts] aj **be** ~ **with** estar
en paus amb

quiver ['kwɪvə'] n (for arrows)
buirac m; (movement) tremolor m,
estremiment m | vi tremolar,
estremir-se

quiz [kwɪz] n concurs m; vt
interrogar

quotation [kwəʊ'teɪʃən] n (text)
citació f; (cost) cotització f; ~
marks pl cometes fpl

quote [kwəʊt] n citació f | vt
(text) citar; com fixar el preu de,
cotitzar

quotidian [kwəʊ'tɪdɪən] aj
quotidià -ana

quotient ['kwəʊʃənt] n mat
quocient m

R

rabbi ['ræbaɪ] n rabí m

rabbit ['ræbɪt] n conill m

rabble ['ræbl] n xusma f

rabid ['ræbɪd] aj rabiós -osa

rabies ['reɪbiːz] n ràbia f

raccoon [rə'kuːn] n ós m rentador

race [reɪs] n cursa f; (species) raça f; ~s pl curses f de cavalls; ~course n hipòdrom m; ~track n pista f; (US) hipòdrom m | vt accelerar; (horse) fer córrer

rachitic [rækɪtɪk] aj raquític -a

racial ['reɪʃəl] aj racial; (discrimination) racista

racialism ['reɪʃəlɪzm] n racisme m

racing ['reɪsɪŋ] n curses fpl; ~ car n cotxe m de competició, bòlid m

racism ['reɪsɪzəm] n racisme m

racist ['reɪsɪst] aj n racista aj mf

rack [ræk] n prestatge m, lleixa f, vt torturar, turmentar

racket ['rækɪt] n raqueta f; (din) aldarull m, rebombori m, enrenou m; (swindle) estafa f

racquet ['rækɪt] n raqueta f

radar ['reɪdɑː] n radar m

radial ['reɪdɪəl] aj radial

radiance ['reɪdɪəns] n resplendor f, brillantor f

radiant ['reɪdɪənt] aj radiant

radiate ['reɪdɪeɪt] vi irradiar, radiar

radiation [ˌreɪdɪ'eɪʃən] n radiació f

radiator ['reɪdɪeɪtə] n radiador m

radical ['rædɪkəl] aj n radical aj mf

radii ['reɪdɪaɪ] pl → radius

radio ['reɪdɪəʊ] n ràdio f; (or ~ set) n (aparell m de) ràdio f; ~ station n emissora f | vt transmetre per ràdio

radioactive ['reɪdɪəʊ'æktɪv] aj radioactiu -iva

radioactivity ['reɪdɪəʊæktɪvɪtɪ] n radioactivitat f

radiography [ˌreɪdɪ'ɒɡrəfɪ] n radiografia f

radiologist [ˌreɪdɪ'ɒlədʒɪst] n radiòleg -òloga mf

radiology [ˌreɪdɪ'ɒlədʒɪ] n radiologia f

radiotherapy ['reɪdɪəʊ'θerəpɪ] n radioteràpia f

radish ['rædɪʃ] n rave m

radium ['reɪdɪəm] n radi m

radius ['reɪdɪəs] [pl **radii**] n radi m

raffle ['ræfl] n rifa f

raft [rɑːft] n rai m; **life ~** n bot m salvavides

rafter ['rɑːftə] n biga f

rag [ræɡ] n parrac m

rage [reɪdʒ] n ràbia f, ira f, còlera f; vi enrabiar-se, enfurismar-se

ragged [ræɡɪd] aj esparracat -ada, espellifat -ada

ragman ['ræɡmæn] [pl **ragmen**] n drapaire m

raid [reɪd] n incursió f, atac m; vt fer una incursió a, atacar

rail [reɪl] n barana f, frr rail m, carril m; (or ~way UK, or ~road US) ferrocarril m

railing ['reɪlɪŋ] n reixat m

rain [reɪn] n pluja f | vi ploure; ~bow n arc m de Sant Martí, arc m iris, arc m del cel; ~coat n impermeable m, gavardina f; ~forest n selva f tropical

rainy ['reɪnɪ] aj plujós -osa

raise [reɪz] n augment m | vt aixecar, alçar, elevar; (increase) augmentar, apujar; (children) criar, pujar, educar; (animals) criar; (plants) conrear, cultivar; (question) plantejar

raisin ['reɪzən] n pansa f

rake [reɪk] n rascle m, rampí m, rastell m; (dissolute man) cràpula m, lliberti m | vt rasclar, rampinar, rastellar

rally ['ræli] n reunió f, míting m; esp ral·li m

ram [ræm] n moltó m, marrà m; mil moltó m, ariet m | vt xocar amb; (stuff) encabir, ficar, entaforar

ramble ['ræmbl] n excursió f, caminada f | vi anar d'excursió, fer una caminada; (talk) divagar; (plant) enfilar-se

rambler ['ræmblə'] n excursionista f

ramp [ræmp] n rampa f

rampart ['ræmpɑ:t] n muralla f

ran [ræn] pt → **run**

ranch [rɑ:ntʃ] n ranxo m

rancher ['rɑ:ntʃə'] n ramader -a mf, ranxer -a mf

rancid ['rænsid] aj ranci rància

rancour (or **rancor** US) ['ræŋkə'] n rancor m, rancúnia f

random ['rændəm] aj fortuït -a; ifm aleatori -òria

randy ['rændi] aj vlg calent -a

rang [ræŋ] pt → **ring**

range [reindʒ] n abast m; (of mountains) cadena f, serralada f; fg gamma f, ventall m | vt alinear, arrenglerar; (classify) classificar; vi estendre's, abastar

ranger ['reindʒə'] n guardabosc mf

rank [ræŋk] n rang m, categoria f; (row) fila f, filera f | vt classificar; vi classificar-se, figurar | aj ranci rància, pudent

ransack ['rænsæk] vt escorcollar; (plunder) saquejar, pillar

ransom ['rænsəm] n rescat m

rant [rænt] vi desvariejar, desvariar

rapacious [rə'peiʃəs] aj rapaç

rap [ræp] vt donar cops, copejar | n cop m; mús rap m

rape [reip] n violació f; vt violar, forçar

rapid ['ræpid] aj ràpid -a, rabent

rapidity [rə'piditi] n rapidesa f

rapist ['reipist] n violador m

rapport [ræ'pɔ:] simpatia f, bona relació f

rapture ['ræptʃə'] n èxtasi m

rare [rɛə'] aj rar -a, estrany -a; (meat) cru crua, poc fet -a

rarefy ['rɛərifai] vt enrarir; vi enrarir-se

rarely ['rɛəli] av rarament

rascal ['rɑ:skəl] n pillet -a mf, murri múrria mf

rash [ræʃ] n erupció f, granissada f, borradura f; aj temerari -ària, imprudent

rasher ['ræʃə'] n tall m, llenca f

raspberry ['rɑ:zbəri] n gerd m

rasping ['rɑ:spiŋ] aj aspre -a

rat [ræt] n rata f

ratatouille [rætə'twi:] n gst samfaina f

rate [reit] n proporció f, raó f; (price) preu m, tarifa f; (of interest) tipus m | vt valorar, avaluar, taxar

rather ['rɑ:ðə'] av bastant, força; **I would ~ stay**, preferiria quedar-me, m'estimaria més quedar-me

ratify ['rætifai] vt ratificar

rating ['reitiŋ] n coeficient m, index m; mar mariner -a mf; **~s** pl index m d'audiència

ratio ['reiʃiəu] n raó f, coeficient m, index m

ration ['ræʃən] n ració f; vt racionar

rational ['ræʃənl] aj racional

rationalize ['ræʃnəlaɪz] vt racionalitzar

rationing ['ræʃnɪŋ] n racionament m; **petrol ~** racionament de benzina

rattle ['rætl] n repic m; (for baby) zing-zing m, sonall m; **~snake** n serp f de cascavell

raucous ['rɔ:kəs] aj ronc -a

ravage ['rævɪdʒ] vt destrossar, destruir, fer estralls en; n estrall m, destrossa f

rave [reɪv] vi enfurismar-se, encolerir-se; (talk in delirium) desvariejar, desvariar

raven ['reɪvn] n corb m

ravenous ['rævənəs] aj afamat -ada, famolenc -a

ravine [rə'vi:n] n barranc m

ravish ['rævɪʃ] vt encisar, captivar

raw [rɔ:] aj cru crua; (not manufactured) brut -a; (inexperienced) inexpert -a; **~ material** n primera matèria f

ray [reɪ] n raig m

rayon ['reɪɒn] n raió m

raze [reɪz] vt arrasar, assolar, aterrar

razor ['reɪzə] n navalla f; maquineta f d'afaitar; **~ blade** n fulla f d'afaitar

reach [ri:tʃ] vt arribar a, atènyer, abastar; vi estendre's | n abast m; **out of ~** fora de l'abast; **within ~** a l'abast

react [ri'ækt] vi reaccionar

reaction [ri'ækʃən] n reacció f

reactor [ri'æktə] n reactor m

read [ri:d] (pt, pp **read** [red]) vti llegir; vt (interpret) interpretar; **~ out** vi llegir en veu alta

readable ['ri:dəbl] aj llegible, llegidor -a

reader ['ri:də] n lector -a mf

readily ['redɪlɪ] av de grat; (easily) fàcilment

reading ['ri:dɪŋ] n lectura f

readjust ['ri:ə'dʒʌst] vt reajustar; vi reajustar-se

ready ['redɪ] aj llest -a, a punt; (willing) disposat -ada, prompte -a, amatent

reafforest ['ri:ə'fɒrɪst] vt repoblar, reforestar

reafforestation [,ri:əfɒrɪs'teɪʃən] n repoblació f forestal, reforestació f

real [rɪəl] aj real; (genuine) autèntic -a, legítim -a, veritable; **~ estate** n béns mpl seents

realism ['rɪəlɪzəm] n realisme m

realist ['rɪəlɪst] n realista mf

realistic [rɪə'lɪstɪk] aj realista

reality [ri'ælɪtɪ] n realitat f

realization [,rɪəlaɪ'zeɪʃən] n comprensió f; (fulfilment) realització f

realize ['rɪəlaɪz] vt adonar-se de, entendre, fixar-se en; (fulfil) realitzar

really ['rɪəlɪ] av realment, veritablement; (actually) de fet

realm [relm] n reialme m, regne m

reap [ri:p] vt segar; fg collir, recollir

reaper ['ri:pə] n segador -a mf; (machine) segadora f

reappear ['ri:ə'pɪə] vi reaparèixer

rear [rɪə] aj posterior | n darrere

m; **~guard** n rereguarda f | vt
criar, educar, pujar; (*animals*) criar

rearm ['ri:'ɑ:'m] vt rearmar

rearmament ['ri:'ɑ:'məmənt] n
rearmament m

reason ['ri:zn] n raó f, motiu m,
causa f; (*faculty*) raó f, judici m |
vt raonar

reasonable ['ri:znəbl] aj raonable

reasoning ['ri:znɪŋ] n raonament
m; argument m

reassurance ['ri:əʃuərəns] n
alleujament m

reassure ['ri:ə'ʃuə] vt
tranquil·litzar, animar

rebate ['ri:beɪt] n descompte m

rebel ['rɛbl] n rebel mf; vi
rebel·lar-se, aixecar-se

rebellion [rɪ'beljən] n rebel·lió f,
revolta f, aixecament m

rebellious [rɪ'beljəs] aj rebel

rebirth ['ri:bɜ:θ] n renaixement m

rebound [rɪ'baund] vi rebotar,
rebotre; fg repercutir | ['ri:baund]
n rebot m

rebuff [rɪ'bʌf] n rebuig m,
menyspreu m, desatenció f; vt
rebutjar, menysprear

rebuild ['ri:'bɪld] vt reconstruir

rebuke [rɪ'bju:k] n reprimenda f,
reprensió f; vt renyar, reprendre

recall [rɪ'kɔ:l] vt recordar; (*annul*)
anul·lar, revocar | n record m,
memòria f; anul·lació f, revocació
f, cancel·lació f

recant [rɪ'kænt] vi retractar-se,
desdir-se

recap ['ri:kæp] vti recapitular; n
recapitulació f

recede [rɪ'si:d] vi retrocedir,
retirar-se

receipt [rɪ'si:t] n recepció f;
(*document*) rebut m

receive [rɪ'si:v] vt rebre; (*greet*)
acollir

receiver [rɪ'si:və] n receptor m;
(*telephone*) auricular m

recent [rɪ'si:nt] aj recent, nou nova

recently [rɪ'si:ntli] recentment

receptacle [rɪ'septəkl] n recipient
m, receptacle m

reception [rɪ'sepʃən] n recepció f;
(*welcome*) acollida f, acolliment
m; **~ desk** n recepció f

receptionist [rɪ'sepʃənɪst] n
recepcionista mf

receptive [rɪ'septɪv] aj receptiu
-iva

recess [rɪ'ses] n descans m, pausa
f; (*niche*) ninxol m; (*hidden part*)
racó m, amagatall m

recession [rɪ'seʃən] n recessió f

recharge ['ri:'tʃɑ:dʒ] vt recarregar

recipe ['resɪpɪ] n recepta f, fg
recepta f, fórmula f

recipient [rɪsɪ'pɪənt] n receptor -a;
(*of letter*) destinatari -ària mf

reciprocal [rɪ'sɪprəkəl] aj recíproc
-a, mutu mútua

recital [rɪ'saɪtl] n recital m

recite [rɪ'saɪt] vt recitar, declamar

reckless ['rɛklɪs] aj temerari -ària,
imprudent, eixelebrat -ada

reckon ['rɛkən] vt considerar,
pensar, creure; (*calculate*)
calcular, comptar | vi calcular, fer
comptes

reclaim [rɪ'kleɪm] vt reclamar;
(*land*) recuperar

recluse [rɪ'klu:s] n anacoreta mf,
eremita mf, solitari -ària mf

recognition ['rɛkəg'nɪʃən] n

reconeixement m

recognize ['rekəgnaiz] vt
reconèixer; (acknowledge)
reconèixer, admetre

recoil [rɪ'kɔɪl] n retrocès m; vi
retrocedir, recular

recollect [,rekə'lekt] vt recordar

recollection [,rekə'lekʃən] n
record m

recommend [,rekə'mend] vt
recomanar

recommendation
[,rekə'men'deiʃən] n recomanació
f, carta f de recomanació

recompense ['rekəmpens] vt
recompensar, premiar; n
recompensa f, premi m

reconcile ['rekənsail] vt
reconciliar

reconciliation [,rekənsɪlɪ'eiʃən] n
reconciliació f

reconsider ['ri:kən'sidə'] vt
repensar

reconstruct ['ri:kən'strʌkt] vt
reconstruir

record ['rekɔ:d] n acta f, registre
m, document m; mús disc m; esp
rècord m; **criminal ~s** pl
antecedents m penals; **off the ~**
extraoficialment; **~ player** n
tocadiscs m | vt registrar; mús
enregistrar, gravar

recount [rɪ'kaunt] vt explicar,
narrar, contar; n recompte m

recourse [rɪ'kɔ:s] n recurs m;
have ~ to recórrer a

recover [rɪ'kʌvə'] vt recuperar; vi
recuperar-se, refer-se, millorar

recovery [rɪ'kʌvərɪ] n recuperació
f; (from illness) recuperació f,
millora f

recreation ['rekrɪ'eiʃən] n esbarjo
m, esplai m, solaç m

recreational [,rekrɪ'eiʃənəl] aj
recreatiu -iva

recruit [rɪ'kru:t] n recluta mf; vt
reclutar

rectangle ['rek,tæŋgl] n mat
rectangle m

rectangular [rek'tæŋgjulə'] aj
rectangular

rectify ['rektifai] vt rectificar

rectilinear [,rekti'liniə'] aj rectilini
-inia

rector ['rektə'] n rector m;
(university) rector -a mf

rectory ['rektəri] n rectoria f

rectum ['rektəm] n [pl recta] n ana
recte m

recuperate [rɪ'ku:pəreit] vi
recuperar-se, refer-se, restablir-se

recuperation [rɪ,ku:pə'reiʃən] n
recuperació f

recur [rɪ'kə:'] vi repetir-se

recurrence [rɪ'kʌrəns] n repetició
f, reiteració f

recyclable [ri:'saɪkləbl] aj
reciclable

recycle [ri:'saɪkl] vt reciclar; **~d
paper** n paper reciclat

recycling [ri:'saɪklɪŋ] n reciclatge m

red [red] n vermell m, roig m; aj
vermell -a, roig roja; **~currant** n
grosella f; **~-hot** aj roent; **~
mullet** n roger m, moll m; **~skin**
n pellroja mf; **~ wine** n vi m
negre | aj n (communist) roig roja
aj mf

reddish ['redɪʃ] aj vermellós -osa,
rogenc -a

redeem [rɪ'di:m] vt redimir

redemption [rɪ'dempʃən] n

redempció f

redeploy [,ri:dɪ'plɔɪ] vt tb mil reorganitzar

redness ['rednɪs] n vermellor f

redo ['ri:du:] vt refer

redouble [ri:'dʌbl] vt redoblar, intensificar; vi redoblar-se, intensificar-se

redress [rɪ'dres] vt reparar, compensar; n rectificació f, compensació f

reduce [rɪ'dju:s] vt reduir, disminuir; (price) rebaixar

reduction [rɪ'dʌkʃən] n reducció f; (in price) rebaixa f

redundancy [rɪ'dʌndənsɪ] n comiat m, acomiadament m; (unemployment) desocupació f, atur m

redundant [rɪ'dʌndənt] aj desocupat -ada, aturat -ada; **make ~** acomiadar, despatxar

reed [ri:d] n jonc m, canya f; mús llengüeta f

reef [ri:f] n escull m

reek [ri:k] n pudor f, mala olor f; vi pudir, fer pudor

reel [ri:l] n bobina f, rodet m; cin rotlle m, cinta f | vt enrotllar, debanar

re-elect ['ri:ɪ'lekt] vt reelegir

refectory [rɪ'fektərɪ] n refectori m, menjador m

refer [rɪ'fɜ:] vi **~ to** fer referència a, referir-se a; (consult) consultar; vt remetre

referee [,refə'ri:] n àrbitre -a mf; vt arbitrar

reference ['refrəns] n referència f; (written) recomanació f; **~ book** n obra f de consulta

referendum [,refə'rendəm] n referèndum m

refill ['ri:fɪl] vt reomplir | n recanvi m; (drink) una altra beguda f

refine [rɪ'faɪn] vt refinar, afinar

refined [rɪ'faɪnd] aj fi fina, distingit -ida

refinery [rɪ'faɪnərɪ] n refineria f

reflect [rɪ'flekt] vt reflectir; vi reflexionar, pensar

reflection [rɪ'flekʃən] n reflexió f; (image) reflex m

reflector [rɪ'flektə'] n reflector m

reflex ['ri:fleks] aj reflex -a; (acció) reflex -a

reforest ['ri:'fɒrɪst] vt repoblar, reforestar

reforestation ['ri:,fɒrɪs'teɪʃən] n repoblació f forestal, reforestació f

reform [rɪ'fɔ:m] n reforma f; vt reformar

refract [rɪ'frækt] vt refractar; vi refractar-se

refraction [rɪ'frækʃən] n fís ast refracció f

refractory [rɪ'fræktərɪ] aj refractari -ària, tossut -uda, obstinat -ada; tcn refractari -ària

refrain [rɪ'freɪn] vi **~ from** abstenir-se de, estar-se de; n tornada f

refresh [rɪ'freʃ] vt refrescar

refreshing [rɪ'freʃɪŋ] aj refrescant

refreshments [rɪ'freʃmənts] pl refrigeri msg

refrigerate [rɪ'frɪdʒəreɪt] vt refrigerar

refrigerator [rɪ'frɪdʒəreɪtə'] n nevera f, frigorífic m

refuel [rɪ'fjuːəl] vi fer gasolina

refuge ['refju:dʒ] n refugi m

refugee [,rɛfjʊ'dʒiː] n refugiat -ada mf

refulgent [rɪ'fʌldʒənt] aj refulgent, resplendent, brillant

refund ['riːfʌnd] n devolució f, reemborsament; vt reemborsar

refurbish [riː'fɜːbɪʃ] vt renovar, restaurar

refusal [rɪ'fjuːzəl] n negativa f, rebuig m

refuse ['rɛfjuːs] n escombraries fpl, residus mpl, rebuig m | vt rebutjar, refusar

refute [rɪ'fjuːt] vt refutar, desmentir

regain [rɪ'geɪn] vt recuperar, recobrar

regal ['riːgəl] aj reial, regi règia

regard [rɪ'gɑːd] n mirada f; (respect) estima f, respecte m, estimació f; ~s pl records m | vt mirar; (consider) considerar, tenir en compte

regatta [rɪ'gætə] n regata f

regent ['riːdʒənt] n regent aj mf

régime [reɪ'ʒiːm] n règim m

regiment ['rɛdʒɪmənt] n mil regiment m

region ['riːdʒən] n regió f

regional ['riːdʒənl] aj regional

register ['rɛdʒɪstə'] n registre m; (of pupils) llista f | vt registrar; (letter) certificar; aut matricular; vi inscriure's; (student) matricular-se, inscriure's

registration [,rɛdʒɪs'treɪʃən] n inscripció f, registre m

registry ['rɛdʒɪstrɪ] n registre m; ~ office n registre m civil

regret [rɪ'grɛt] n pesar m, recança f; vt lamentar, sentir, penedir-se

regrettable [rɪ'grɛtəbl] aj lamentable

regular ['rɛgjʊlə'] aj regular; (habitual) habitual; (periodical) regular, periòdic -a; mil regular

regularity [,rɛgjʊ'lærɪtɪ] n regularitat f

regularly ['rɛgjʊləlɪ] av regularment, amb regularitat

regulate ['rɛgjʊleɪt] vt regular, controlar

regulation [,rɛgjʊ'leɪʃən] n norma f, regla f; ~s pl reglament msg, normativa fsg

regulator ['rɛgjʊleɪtə'] n regulador m

rehearsal [rɪ'hɜːsəl] n assaig m

rehearse [rɪ'hɜːs] vt assajar

reign [reɪn] n regnat m; fg domini m | vi regnar; fg imperar, dominar

reimburse [,riːɪm'bɜːs] vt reemborsar, reembossar

rein [reɪn] n regna f

reindeer ['reɪndɪə'] n ren m

reinforce [,riːɪn'fɔːs] vt reforçar; **~d concrete** n ciment m armat

reiterate [riː'ɪtəreɪt] vt reiterar, repetir

reject [rɪ'dʒɛkt] n rebuig m; vt rebutjar, refusar

rejection [rɪ'dʒɛkʃən] n rebuig m

rejoice [rɪ'dʒɔɪs] vi alegrar-se

rejoin [riː'dʒɔɪn] vi reunir-se amb

rejuvenate [rɪ'dʒuːvɪneɪt] vt rejovenir

relapse [rɪ'læps] n recaiguda f | vi recaure; (into crime) reincidir, recaure

relate [rɪ'leɪt] vt contar, narrar, explicar; (connect) relacionar; **~ to** vi relacionar-se amb

relating [rɪ'leɪtɪŋ] *aj* ~ **to** referent a, amb relació a

relation [rɪ'leɪʃən] *n* relació *f*; (family) parent -a *mf*, familiar *mf*

relationship [rɪ'leɪʃənʃɪp] *n* relació *f*; (family) parentiu *m*

relative ['relətɪv] *n* parent -a *mf*, familiar *mf*; *aj* relatiu -iva

relatively ['relətɪvlɪ] *av* relativament

relax [rɪ'læks] *vt tb fg* relaxar; *vi* relaxar-se, esbargir-se, esplaiar-se

relaxation [ˌriːlæk'seɪʃən] *n* relaxació *f*

relaxing [rɪ'læksɪŋ] *aj* relaxant

relay ['riːleɪ] *n* relleu *m*; *ele* relé *m*; ~ **race** *n* cursa *f* de relleus | *vt* transmetre, retransmetre

release [rɪ'liːs] *n* alliberament *m*, deslliurament *m*; (from prison) excarceració *f*; alliberament *m*; (film) estrena *f*; (record) llançament *m*; (discharge) descàrrec *m* | *vt* alliberar, deslliurar, deixar lliure

relegate ['relɪgeɪt] *vt* relegar

relent [rɪ'lent] *vi* estovar-se, entendrir-se

relevance ['reləvəns] *n* pertinència *f*

relevant ['reləvənt] *aj* pertinent

reliability [rɪˌlaɪə'bɪlɪtɪ] *n* fiabilitat *f*, confiança *f*, seriositat *f*

reliable [rɪ'laɪəbl] *aj* segur -a, de confiança; (person) complidor -a, formal, seriós -osa

reliance [rɪ'laɪəns] *n* confiança *f*; (dependance) dependència *f*

relic ['relɪk] *n* relíquia *f*

relief [rɪ'liːf] *n* alleujament *m*, descans *m*

relieve [rɪ'liːv] *vt* alleujar, alleugerir; (help) ajudar; (substitute) rellevar; ~ **osf** fer les necessitats

religion [rɪ'lɪdʒən] *n* religió *f*

religious [rɪ'lɪdʒəs] *aj* religiós -osa

relinquish [rɪ'lɪŋkwɪʃ] *vt* abandonar, deixar

relish ['relɪʃ] *n* sabor *m*, gust *m*; (condiment) salsa *f*; *fg* gust *m*, fruïció *f* | *vt* assaborir, agradar

reluctance [rɪ'lʌktəns] *n* reticència *f*, desgana *f*

reluctant [rɪ'lʌktənt] *aj* reticent, poc disposat -ada

reluctantly [rɪ'lʌktəntlɪ] *av* de mala gana, a contracor

rely [rɪ'laɪ] *vi* ~ **on** dependre de, comptar amb; (trust) confiar amb

remain [rɪ'meɪn] *vi* quedar, restar; (be left) sobrar; (stay) romandre, quedar-se, estar

remainder [rɪ'meɪndə'] *n* resta *f*, restant *m*

remaining [rɪ'meɪnɪŋ] *aj* restant, sobre -a

remains [rɪ'meɪnz] *pl* ruïnes *f*, restes *f*; (dead body) despulles *f*, restes *f* mortals

remark [rɪ'maːk] *n* comentari *m*, observació *f* | *vt* comentar; (observe) observar

remarkable [rɪ'maːkəbl] *aj* notable, excepcional, extraordinari -ària

remedy ['remədɪ] *n* remei *m*; *vt* remeiar

remember [rɪ'membə'] *vt* recordar-se de, recordar; (bear in mind) tenir present

remind [rɪ'maɪnd] *vt* recordar,

fer pensar

reminder n [rɪ'maɪndə'] record m, recordatori m; (letter) notificació f

remission [rɪ'mɪʃən] n remissió f; (of prison term) reducció f de condemna

remit ['riːmɪt] vt trametre, enviar; (punishment) perdonar

remittance [rɪ'mɪtəns] n tramesa f

remnant ['remnənt] n resta f; (cloth) retall m

remorse [rɪ'mɔːs] n remordiment m; **without** ~ sense pietat

remorseful [rɪ'mɔːsful] aj penedit -ida

remorseless [rɪ'mɔːslɪs] aj despietat -ada

remote [rɪ'məʊt] aj remot -a, llunyà -ana; ~ **control** n comandament m a distància; **~-controlled** aj teledirigit -ida

removable [rɪ'muːvəbl] aj separable

removal [rɪ'muːvəl] n trasllat m

remove [rɪ'muːv] vt treure, llevar, prendre; (employee) destituir; med extirpar

renal ['riːnl] aj renal

render ['rendə'] vt fer, causar; (provide) donar, prestar

rendezvous ['rɒndɪvuː] n cita f

renegade ['renɪɡeɪd] n renegat -ada aj mf

renew [rɪ'njuː] vt renovar; (begin again) reprendre

renewal [rɪ'njuːəl] n renovació f; (extension) pròrroga f

rennet ['renɪt] n quall m

renounce [rɪ'naʊns] vt renunciar a

renovate ['renəʊveɪt] vt renovar

renown [rɪ'naʊn] n anomenada f

rent [rent] vt llogar; n lloguer m

rental ['rentl] n lloguer m

renunciation [rɪ,nʌnsɪ'eɪʃən] n renúncia f

repair [rɪ'peə'] vt reparar, arreglar, adobar | n reparació f; ~ **shop** n taller m

repatriate [riː'pætrɪət] vt repatriar

repay [riː'peɪ] vt tornar, reemborsar; (debt) pagar

repeal [rɪ'piːl] n revocació f; vt revocar

repeat [rɪ'piːt] vt repetir; vi repetir-se

repel [rɪ'pel] vt repel·lir, rebutjar; fg repel·lir, repugnar

repent [rɪ'pent] vt penedir-se de; vi penedir-se

repentance [rɪ'pentəns] n penediment m

repercussion [,riːpə'kʌʃən] n repercussió f, conseqüència f

repertoire ['repətwɑː'] n tea mús repertori m

repetition [,repɪ'tɪʃən] n repetició f, reiteració f

repetitive [rɪ'petɪtɪv] aj repetitiu -iva

replace [rɪ'pleɪs] vt substituir, reemplaçar, reposar

replacement [rɪ'pleɪsmənt] n reposició f

replay [rɪ'pleɪ] n repetició f; esp desempat m

replete [rɪ'pliːt] aj tip -a, ple plena

replica ['replɪkə] n còpia f, rèplica f, reproducció f

reply [rɪ'plaɪ] n resposta f, contesta f; vi respondre, contestar

repopulate [riː'pɒpjʊleɪt] vt

repoblar

repopulation [riː'pɒpjʊˌleɪʃən] n repoblació f

report [rɪ'pɔːt] n informe m; (press) reportatge m | vt informar de; (complain) denunciar

reporter [rɪ'pɔːtəʳ] n periodista mf, reporter -a mf

repose [rɪ'pəʊz] n repòs m; vi reposar, descansar

reprehensible [ˌreprɪ'hensɪbl] aj reprensible, censurable

represent [ˌreprɪ'zent] vt representar

representation [ˌreprɪzen'teɪʃən] n representació f

representative [ˌreprɪ'zentətɪv] n representant mf; pol (US) diputat -ada mf | aj representatiu -iva

repress [rɪ'pres] vt reprimir

repression [rɪ'preʃən] n tb pol repressió f

reprieve [rɪ'priːv] n indult m; fg alleujament m | vt indultar

reprimand ['reprɪmɑːnd] n reprimenda f, reprensió f; vt reprendre, renyar

reprint [riː'prɪnt] n reimpressió f; vt reimprimir

reprisal [rɪ'praɪzəl] n represàlia f

reproach [rɪ'prəʊtʃ] vt retreure, reprotxar, recriminar; n retret m, reprotxe m, recriminació f

reproduce [ˌriːprə'djuːs] vt reproduir; vi reproduir-se

reproduction [ˌriːprə'dʌkʃən] n reproducció f

reproductive [ˌriːprə'dʌktɪv] aj reproductor -a

reproof [rɪ'pruːf] n reprensió f

reprove [rɪ'pruːv] vt reprendre

reptile ['reptaɪl] n rèptil m

reptilian [rep'tɪliən] aj rèptil

republic [rɪ'pʌblɪk] n república f

republican [rɪ'pʌblɪkən] aj n republicà -ana mf

repugnant [rɪ'pʌgnənt] aj repugnant

repugnance [rɪ'pʌgnəns] n repugnància f

repulse [rɪ'pʌls] n rebuig m, refús m; vt refusar, rebutjar

repulsive [rɪ'pʌlsɪv] aj repulsiu -iva

reputation [ˌrepjʊ'teɪʃən] n reputació f, fama f

request [rɪ'kwest] n petició f, sol·licitud f, demanda f; vt sol·licitar, demanar

require [rɪ'kwaɪəʳ] vt necessitar, haver de menester; (demand) requerir, exigir, voler

requirement [rɪ'kwaɪəmənt] n requisit m

requisite ['rekwɪzɪt] n requisit m; aj necessari -ària, indispensable, imprescindible

reredos ['rɪədɒs] n retaule m

reroute [riː'ruːt] vt desviar

rescind [rɪ'sɪnd] vt rescindir, anul·lar

rescue ['reskjuː] n rescat m, salvament m; vt rescatar, salvar

research [rɪ'sɜːtʃ] n recerca f, investigació f; vt investigar

researcher [rɪ'sɜːtʃəʳ] n investigador -a mf

resemblance [rɪ'zembləns] n semblança f

resemble [rɪ'zembl] vt assemblar-se a, semblar

resentful [rɪ'zentfʊl] aj ressentit

-ida, ofès ofesa

resentment [rɪ'zentmənt] n ressentiment m, rancor m

reservation [ˌrezə'veɪʃən] n reserva f

reserve [rɪ'zɜːv] vt reservar | n reserva f; esp suplent mf, reserva mf

reserved [rɪ'zɜːvd] aj reservat -ada

reservoir ['rezəvwɑː] n embassament m, pantà m

reside [rɪ'zaɪd] vi residir, viure

residence ['rezɪdəns] n domicili m, residència f

resident ['rezɪdənt] n veí -ïna mf, habitant mf; aj resident

residential [ˌrezɪ'denʃəl] aj residencial

residual [rɪ'zɪdjʊəl] aj residual

residue ['rezɪdjuː] n residu m, resta f

resign [rɪ'zaɪn] vt renunciar a; ~ osf to resignar-se a, conformar-se a; ~ from vi dimitir

resilient [rɪ'zɪliənt] aj elàstic -a; (person) resistent, flexible

resin ['rezɪn] n resina f

resist [rɪ'zɪst] vt resistir, oposar-se a; aguantar-se

resistance [rɪ'zɪstəns] n tb ele resistència f

resistant [rɪ'zɪstənt] aj resistent

resolute ['rezəluːt] aj determinat -ada, decidit -ida, resolt -uda

resolution [ˌrezə'luːʃən] n resolució f, decisió f, determinació f; dr resolució f

resolve [rɪ'zɒlv] n resolució f | vt resoldre, solucionar; (decide) decidir, determinar, resoldre

resonance ['rezənəns] n

ressonància f

resort [rɪ'zɔːt] n recurs m; (for holidays) centre m turístic, lloc m d'estiueig | ~ to vi recórrer a

resound [rɪ'zaʊnd] vi ressonar

resource [rɪ'sɔːs] n recurs m, mitjà m; ~s pl ecn recursos m

respect [rɪs'pekt] n respecte m; vt respectar

respectable [rɪs'pektəbl] aj respectable

respectful [rɪs'pektfʊl] aj respectuós -osa

respective [rɪs'pektɪv] aj respectiu -iva

respectively [rɪs'pektɪvlɪ] av respectivament

respiration [ˌrespɪ'reɪʃən] n respiració f

respiratory [rɪs'paɪərətərɪ] aj respiratori -òria

respite ['respaɪt] n respir m, treva f, pausa f

resplendent [rɪs'plendənt] aj resplendent, brillant

respond [rɪs'pɒnd] vi respondre, contestar; fg respondre, reaccionar

response [rɪs'pɒns] n resposta f

responsibility [rɪsˌpɒnsə'bɪlɪtɪ] n responsabilitat f

responsible [rɪs'pɒnsəbl] aj responsable

rest [rest] n descans m, repòs m; (what is left) resta f, restant m; (support) suport m; mús pausa f; ~ room n lavabo m, cambra f de bany | vi descansar, reposar; (be supported) recolzar, descansar; vt recolzar

restaurant ['restərɒŋ] n gst restaurant m

restful ['restful] aj tranquil -il·la

restless ['restlis] aj inquiet -a

restore [ris'tɔ:] vt restaurar; (give back) tornar, restituir

restrain [ris'trein] vt contenir, reprimir, aguantar; ~ **osf** contenir-se, reprimir-se; ~ **sby from sth** dissuadir up d'uc

restrained [ris'treind] aj moderat -ada

restrict [ris'trikt] vt restringir, limitar

restriction [ris'trikʃən] n restricció f, limitació f

restrictive [ris'triktiv] aj restrictiu -iva

result [ri'zʌlt] n resultat m | ~ **in** vi tenir com a resultat, resultar, acabar en; ~ **from** resultar de, sorgir de

resume [ri'zju:m] vt reprendre; vi tornar a començar

résumé ['reizju:mei] n resum m; (US) currículum m

resumption [ri'zʌmpʃən] n represa f, continuació f

resurrection [ˌrezə'rekʃən] n resurrecció f

resuscitate [ri'sʌsiteit] vt ressuscitar

retail ['ri:teil] n venda f al detall, venda f a la menuda | av al detall, a la menuda | vt vendre al detall, vendre a la menuda

retain [ri'tein] vt retenir, conservar

retaliate [ri'tælieit] vi venjar-se, revenjar-se, prendre represàlies

retaliation [ˌri,tæli'eiʃən] n represàlia f

retard [ri'ta:d] vt retardar, frenar

retarded [ri'ta:did] aj deficient,

retardat -ada

retch [retʃ] vi tenir arcades

retentive [ri'tentiv] n retentiva f, memòria f

reticent ['retisənt] aj reservat -ada

retina ['retinə] n retina f

retinue ['retinju:] n comitiva f, seguici m

retire [ri'taiə] vi retirar-se; (work) jubilar-se, retirar-se; (go to bed) retirar, anar a dormir

retired [ri'taiəd] aj jubilat -ada

retirement [ri'taiəmənt] n jubilació f, retir m

retort [ri'tɔ:t] vt replicar, contestar

retract [ri'trækt] vt retractar, retirar; vi retractar-se, desdir-se

retreat [ri'tri:t] n retir m; mil retirada f | vi retirar-se

retribution [ˌretri'bju:ʃən] n revenja f, càstig m

retrieve [ri'tri:v] vt recuperar, recobrar; (mistakes) corregir, esmenar

retrograde ['retrəu'greid] aj retrògrad -a

retrospective [ˌretrəu'spektiv] aj retrospectiu -iva; dr retroactiu -iva

return [ri'tɜ:n] n tornada f, retorn m; (given back) devolució f; com renda f, rendiment m; ~ **ticket** n bitllet m d'anada i tornada | vi tornar, retornar; vt tornar, retornar, restituir

reunion [ri:'ju:njən] n reunió f, retrobament m

reveal [ri'vi:l] vt revelar, mostrar, descobrir

reveille [ri'væli] n diana f

revelry ['revlrɪ] n gresca f, xerinola f, gatzara f

revenge [rɪ'vendʒ] n venjança f, revenja f; ~ **osf** vt venjar-se

revenue ['revənju:] n ingressos mpl; (on investments) renda f, rèdit m

reverberate [rɪ'vɜːbəreɪt] vi ressonar, retrunyir

revere [rɪ'vɪə] vt venerar

reverence ['revərəns] n rlg reverència f

reversal [rɪ'vɜːsəl] n inversió f

reverse [ɪɪ'vɜːs] n revés m; (opposite) contrari m; (of coin) revers m | aj contrari -ària, oposat -ada

revert [rɪ'vɜːt] vi ~ **to** tornar a

review [rɪ'vju:] n revista f; (critical assessment) ressenya f, crítica f; vt repassar, revisar, examinar; fer una ressenya de

revile [rɪ'vaɪl] vt injuriar, vilipendiar

revise [rɪ'vaɪz] vt repassar, revisar; (correct) corregir

revision [rɪ'vɪʒən] n revisió f, repàs m; (book) versió revisada

revival [rɪ'vaɪvəl] n reanimació f, renovació f; tea reposició f, reestrena f

revive [rɪ'vaɪv] vt ressuscitar, reviure; vi fg renéixer, revifar-se, reviure

revoke [rɪ'vəʊk] vt revocar

revolt [rɪ'vəʊlt] n revolta f, revolució f, rebel·lió f | vi revoltar-se, rebel·lar-se; vt repugnar a, fer fàstic a

revolting [rɪ'vəʊltɪŋ] aj fastigós -osa, repugnant

revolution [ˌrevə'lu:ʃən] n revolució f

revolutionary [ˌrevə'lu:ʃənərɪ] aj n revolucionari -ària aj mf

revolve [rɪ'vɒlv] vi girar, voltar

revolver [rɪ'vɒlvə] n revòlver m

revue [rɪ'vju:] n revista f

revulsion [rɪ'vʌlʃən] n fàstic m, repugnància f

reward [rɪ'wɔːd] n recompensa f, gratificació f, premi m; vt recompensar, premiar

rewind ['ri:'waɪnd] vt rebobinar; (watch) donar corda a

rewrite ['ri:'raɪt] vt reescriure

rhetoric ['retərɪk] n retòrica f

rheumatism ['ru:mətɪzəm] n reuma m, reumatisme m

rhinoceros [raɪ'nɒsərəs] n rinoceront m

rhizome ['raɪzəʊm] n rizoma m

rhododendron [ˌrəʊdə'dendrən] n rododèndron m

rhomboid ['rɒmbɔɪd] n mat romboide m

rhombus ['rɒmbəs] n rombe m

rhubarb ['ru:bɑːb] n ruibarbre m

rhyme [raɪm] n rima f; vi rimar

rhythm ['rɪðəm] n ritme m, cadència f

rhythmic ['rɪðmɪk] aj rítmic -a

rib [rɪb] n costella f; (supporting part) barnilla f | vt prendre el pèl

ribald ['rɪbəld] aj verd -a, obscè -ena

ribbon ['rɪbən] n cinta f

rice [raɪs] n arròs m

rich [rɪtʃ] aj ric -a; (fertile) fèrtil; (valuable) valuós -osa

riches ['rɪtʃɪs] n riquesa f

rickets ['rɪkɪts] n raquitisme m

ricochet ['rɪkə‚ʃeɪ] vi rebotar, rebotre

rid [rɪd] vt lliurar; **get ~ of** lliurar-se, desfer-se de

ridden ['rɪdn] pp → **ride**

riddle ['rɪdl] n endevinalla f, trencaclosques m

ride [raɪd] [pt **rode**, pp **ridden**] vti muntar; vi cavalcar | n passejada f

rider ['raɪdə] n genet -a mf, amazona f

ridge [rɪdʒ] n cresta f, (of roof) carener m, cavalló m

ridicule ['rɪdɪkjuːl] n burla f, mofa f, escarn m; vt ridiculitzar, posar en ridícul

ridiculous [rɪ'dɪkjʊləs] aj ridícul -a

riding ['raɪdɪŋ] n equitació f

riffraff ['rɪfræf] n xusma f, gentussa f

rifle ['raɪfl] n rifle m, fusell m; vt espoliar, saquejar

rift [rɪft] n desavinença f; (crack) clivella f, escletxa f

rig [rɪg] vt falsejar; (ship) aparellar, ormejar | (or **oil rig**) n plataforma f petroliera

right [raɪt] aj dret -a; (correct) correcte -a; (proper) apropiat -ada; pol de dreta, conservador -a; (straight) dret -a; (angle) recte -a; **be ~** tenir raó | vt posar dret | n dret m; (morally good) bé m; (side) dreta f, pol dreta f | av bé; (exactly) just, exactament; (direction) a la dreta; **all ~** d'acord; **~ away** de seguida, ara mateix; **~ here** aquí mateix, exactament aquí

rigid ['rɪdʒɪd] aj rígid -a

rigorous ['rɪgərəs] aj rigorós -osa

rigour (or **rigor** US) ['rɪgə] n rigor m

rile [raɪl] vt fastiguejar, molestar, irritar

rim [rɪm] n vora f, (of wheel) llanda f, llanta f

rind [raɪnd] n escorça f, (of cheese) crosta f

ring [rɪŋ] n anella f, (of bell) truc m; (on finger) anell m; (of circus) arena f; (of people) rotlle m, rotllana f; **~ road** n carretera f de circumval·lació, ronda f | [pt **rang**, pp **rung**] vi trucar; vt tocar, fer sonar; (telephone) trucar a, telefonar a

ringlet ['rɪŋlɪt] n rínxol m

rink [rɪŋk] (or **Ice ~**) n pista f de gel

rinse [rɪns] vt esbandir; n esbandida f

riot ['raɪət] n aldarull m, disturbi m, avalot m; vi provocar aldarulls, amotinar-se, avalotar-se

rip [rɪp] n estrip m | vt estripar, esqueixar, esquinçar; vi estripar-se, esqueixar-se, esquinçar-se

ripe [raɪp] aj madur -a; fg a punt, llest -a

ripen ['raɪpən] vti madurar

ripple ['rɪpl] n ona f | vt arrissar; vi arrissar-se

rise [raɪz] n augment m, creixement m, increment m; (slope) costa f, pendent m, pujada f | [pt **rose**, pp **risen**] vt augmentar; (move upwards) aixecar, alçar, elevar; vi créixer, augmentar; (get up) aixecar-se, alçar-se; (sun) sortir; (rebel)

aixecar-se, revoltar-se
rising ['raɪzɪŋ] *aj* creixent; (*sun*) ixent
risk [rɪsk] *n* risc *m*, perill *m* | *vt* (*sth or sby*) arriscar, exposar, jugar-se; (*an action*) arriscar-se a, exposar-se a, aventurar-se a
risky ['rɪskɪ] *aj* arriscat -ada, perillós -osa
risqué ['ri:skeɪ] *aj* verd -a, indecent, obscè -ena
rissole ['rɪsəʊl] *n* croqueta *f*
rite [raɪt] *n* ritu *m*
ritual ['rɪtjʊəl] *aj* ritual; *n* ritu *m*, ritual *m*
rival ['raɪvəl] *n* contrincant *mf*, rival *mf*, competidor -a *mf* | *aj* rival, competidor -a | *vt* competir amb, igualar
river ['rɪvə] *n* riu *m*
rivet ['rɪvɪt] *n* rebló *f* | *vt* reblar; *fg* captar, captivar
road [rəʊd] *n* camí *m*; (*tarmac*) carretera *f*; (*in town*) carrer *m*, camí *m*; **~-holding** *n* adherència *f*; **~way** *n* calçada *f*
roam [rəʊm] *vi* vagar
roar [rɔ:] *n* bram *m*, rugit *m*; (*noise*) brogit *m* | *vi* rugir, bramar; *vt* dir cridant
roast [rəʊst] *n* rostit *m* | *vt* rostir; (*coffee*) torrar; **~ beef** *n* rosbif *m*
rob [rɒb] *vt* robar
robber ['rɒbə] *n* lladre *mf*
robbery ['rɒbərɪ] *n* robatori *m*
robe [rəʊb] *n* túnica *f*; (*bath*) barnús *m*; (*monk's*) hàbit *m*
robin ['rɒbɪn] *n* pit-roig *m*
robot ['rəʊbɒt] *n* robot *m*
robust [rəʊ'bʌst] *aj* robust -a, cepat -ada, fort -a

rock [rɒk] *n* roca *f*; *mús* rock *m*; **on the ~s** amb gel | *vt* gronxar, vogar; **~ing chair** *n* balancí *m*
rocket ['rɒkɪt] *n* coet *m*
rocky ['rɒkɪ] *aj* rocós -osa, pedregós -osa
rod [rɒd] *n* vara *f*, vareta *f*
rode [rəʊd] *pt* → **ride**
rodent ['rəʊdənt] *n* rosegador *m*
roe [rəʊ] (*or* **~-deer**) *n* cabirol *m*
rogue [rəʊg] *n* bretòl -a *mf*, bergant -a *mf*
role [rəʊl] *n* paper *m*
roll [rəʊl] *n* rotlle *m*; (*bread*) panet *m*; (*list*) llista *f*, registre *m* | *vi* rodolar, rodar; *vt* cargolar, enrotllar; **~ up** *vt* arromangar; *vi* caragolar-se; *fm* (*appear*) aparèixer
roller ['rəʊlə] *n* rodet *m*, corró *m*; (*in sea*) ona *f*, onada *f*; (*for hair*) rul·lo *m*; **~ coaster** *n* muntanyes *fpl* russes
Roman ['rəʊmən] *aj n* romà -ana *aj mf*
romance [rəʊ'mæns] *n* història *f* d'amor, aventura *f* amorosa; *lit* novel·la *f* d'amor; **Romance** *n* romanç *m* | *aj* romànic -a. *Romance languages*, llengües romàniques
Romanesque [,rəʊmə'nesk] *aj* romànic -a
Romanian [rəʊ'meɪnɪən] *aj n* romanès -esa *aj mf*; *n* (*language*) romanès *m*
Romanic [rəʊ'mænɪk] *aj hst art* romànic -a
romantic [rəʊ'mæntɪk] *aj n* romàntic -a *aj mf*
romanticism [rəʊ'mæntɪsɪzəm] *n*

romanticisme *m*
rompers ['rɒmpəʳz] *pl* pijama *msg* d'una peça
roof [ru:f] *n* terrat *m*; (*ceiling*) sostre *m*, trespol *m*; (*tiled*) teulat *m*, teulada *f* | *vt* cobrir
rook [rʊk] *n* gralla *f*; *jcs* (*chess*) torre *f*
room [rʊm] *n* habitació *f*, cambra *f*; (*space*) espai *m*, lloc *m*, cabuda *f*, capacitat *f*
roomy ['rʊmɪ] *aj* espaiós -osa, ampli àmplia
rooster ['ru:stəʳ] *n* gall *m*
root [ru:t] *n tb fg* arrel *f* | *vi* arrelar; *vt* fer arrelar, plantar; ~ **out** *vt* arrencar, desarrelar
rope [rəʊp] *n* corda *f*
rosary ['rəʊzərɪ] *n* rosari *m*
rose [rəʊz] *n* rosa *f*; ~**bush** *n* roser *m*; ~**wood** *n* palissandre *m* | *pt* → **rise**
rosé ['rəʊzaɪ] *n* vi *m* rosat
rosemary ['rəʊzmərɪ] *n* romaní *m*
roster ['rɒstəʳ] *n* llista *f*
rostrum ['rɒstrəm] *n* tribuna *f*
rosy ['rəʊzɪ] *aj* rosat -ada; *fg* prometedor -a, falaguer -a
rot [rɒt] *n* podridura *f*; *fg* decadència *f*; *fm* (*nonsense*) bajanades *fpl*, ximpleries *fpl* | *vt* podrir, descompondre; *vi* podrir-se, decompondre's
rota ['rəʊtə] *n* torn *m*, tanda *f*
rotary ['rəʊtərɪ] *aj* rotatiu -iva
rotate [rəʊ'teɪt] *vt* fer girar; *vi* girar
rotation [rəʊ'teɪʃən] *n* rotació *f*, gir *m*
rotten ['rɒtn] *aj* podrit -ida, corromput -uda
rotter ['rɒtəʳ] *n* canalla *m*, pocavergonya *mf*
rouge [ru:ʒ] *n* coloret *m*
rough [rʌf] *aj* aspre -a, tosc -a, bast -a; (*person*) esquerp -a, rude; (*weather*) borrascós -osa, tempestuós -osa; (*sea*) brau -ava, picat -ada; (*terrain*) escabrós -a; (*approximate*) aproximat -ada; ~ **copy** (or ~ **draft**) *n* esborrany *m*
roughen ['rʌfn] *vt* fer aspre; *vi* fer-se aspre
roughly ['rʌflɪ] *av* asprament, toscament; (*approximately*) aproximadament
roulette [ru:'lɛt] *n* ruleta *f*
round [raʊnd] *aj* rodó -ona, circular; (*number*) rodó -ona; (*plump*) rodanxó -ona, grassó -ona; ~ **trip** *n* viatge *m* d'anada i tornada | *n* cercle *m*, rodona *f*; (*series*) ronda *f* | *prp* al voltant de; (*approximately*) prop de, cap a, a la ratlla de | *av* al voltant; **all the year** ~ tot l'any | *vt* arrodonir; ~**about** *n* rotonda *f*, cruïlla *f* circular; (*at funfair*) cavallets *mpl*; ~ **off** *vt* arrodonir, completar; ~ **up** *vt* reunir
rouse [raʊz] *vt* suscitar, provocar, incitar
rout [raʊt] *n* derrota *f*, desfeta *f*; *vt* derrotar
route [ru:t] *n* ruta *f*, itinerari *m*, camí *m*
routine [ru:'ti:n] *n* rutina *f*; *aj* rutinari -ària
rove [rəʊv] *vt* vagar per, errar per; *vi* vagar, errar
row [rəʊ] *n* fila *f*, filera *f*; (*dispute*) brega *f*, sarau *m*; (*noise*) aldarull

m, rebombori m, escàndol m | vi
remar, vogar; vt portar remant;
~ **a boat** remar

rowdy ['raudi] aj bregós -osa

rowing ['rouiŋ] n rem m

royal [rɔiəl] aj reial

royalty ['rɔiəlti] n reialesa f,
família f reial; (payment) drets
mpl d'autor

rub [rʌb] vt fregar; ~ **out** vt
esborrar; vi esborrar-se | n frec m,
fregadís m

rubber ['rʌbə'] n cautxú m, goma
f; (eraser) goma f (d'esborrar); (or
~ **band**) goma f (elàstica)

rubbish ['rʌbiʃ] n escombraries
fpl, brossa f; fg porqueria f, merda
f; ~ **bin** n cubell m de les
escombraries

rubble ['rʌbl] n runa f, enderrocs
mpl

rubella [ru'belə] n med rosa f,
rubèola f

ruby ['ruːbi] n robí m

rucksack ['rʌksæk] n motxilla f

rudder ['rʌdə'] n timó m

ruddy ['rʌdi] aj roig roja, vermell
-a, rubicund -a

rude [ruːd] aj mal educat -ada aj,
groller -a, grosser -a

rudimentary [ˌruːdi'mentəri] aj
rudimentari -ària

rudiments ['ruːdimənts] pl
rudiments m, beceroles f

rue [ruː] vt penedir-se de,
lamentar; n ruda f

rueful ['ruːful] aj penedit -ida,
trist -a

ruffle ['rʌfl] vt agitar, destorbar;
(hair) despentinar; (birds)
estarrufar | n volant m

rug [rʌg] n estora f, catifa f

rugby ['rʌgbi] n rugbi m

rugged ['rʌgid] aj abrupte -a,
escabrós -osa

ruin ['ruːin] n ruïna f; ~s pl ruïnes
f, restes f | vt destruir, destrossar,
arruïnar

ruinous ['ruːinəs] aj ruïnós -osa

rule [ruːl] n regla f, norma f;
(authority) autoritat f,
comandament m | vt governar,
regir; vi imperar

ruler ['ruːlə'] n regle m; (person)
governant mf

ruling ['ruːliŋ] aj dirigent,
governant

rum [rʌm] n rom m

rumble ['rʌmbl] n remor f sorda |
vi fer una remor sorda; (stomach)
fer soroll; vt (discover) filar, calar

ruminant ['ruːminənt] aj n
remugant aj m

ruminate ['ruːmineit] vt remugar;
(think) rumiar

rummage ['rʌmidʒ] vt furgar,
escorcollar

rumour (or **rumor** US) ['ruːmə'] n
rumor m

rump [rʌmp] n gropa f, anques fpl

rumple ['rʌmpl] vt arrugar,
rebregar

rumpus ['rʌmpəs] n xivarri m,
rebombori m, escàndol m

run [rʌn] [pt **ran**, pp **run**] vi
córrer; (in election) participar, ser
candidat; (work) funcionar,
marxar; (melt) fondre's, desfer-se;
(continue) continuar; (flow) fluir,
rajar; vt dirigir, regir, governar;
(buses, trains) circular; ~ **away** vi
escapar, fugir, escapolir-se; ~

rung

down vt criticar, desacreditar; (reduce) reduir, limitar; (battery) descarregar; ~ **into** vt xocar amb; (meet) trobar, topar; ~ **out** vi acabar-se, exhaurir-se, esgotar-se; ~ **over** vt atropellar, envestir; ~ **short of** fer curt de, quedar-se sense | n cursa f, correguda f; (in stocking) carrera f; (outing) passejada f, excursió f; (distance travelled) recorregut m, distància f; ~**way** n pista f d'aterratge

rung [rʌŋ] n esglaó m, graó m; pp → **ring**

runner ['rʌnə] n corredor -a mf

running ['rʌnɪŋ] n funcionament m, marxa f; (business) administració f, gestió f; esp atletisme m | aj corrent -a

runny ['rʌnɪ] aj fluid -a

rupture ['rʌptʃə] n ruptura f; med hèrnia f, trencadura f

rural ['ruərəl] aj rural

ruse [ru:s] n ardit m, estratagema f

rush [rʌʃ] n ímpetu m; bot jonc m; (hurry) pressa f, precipitació f; ~ **hour** n hora f punta | vi afanyar-se, apressar-se, trotar; vt fer de pressa

Russian ['rʌʃən] aj n rus russa aj mf

rust [rʌst] n rovell m; ~**proof** aj inoxidable | (or ~ **away**) vi rovellar-se, oxidar-se

rustle ['rʌsl] vi cruixir; (US) (cattle) robar | n cruixit m

rustless ['rʌstlɪs] aj inoxidable

rusty ['rʌstɪ] aj rovellat

rut [rʌt] n rodera f; zoo zel m

ruthless ['ru:θlɪs] aj despietat -ada

rye [raɪ] n sègol m

S

sabotage ['sæbətɑ:ʒ] n pol mil sabotatge m

sabre (or **saber** US) ['seɪbə] n sabre m

saccharin ['sækərɪn] n sacarina f

sack [sæk] n sac m, saca f; fm acomiadament m | vt (worker) acomiadar, despatxar; mil saquejar

sacrament ['sækrəmənt] n sagrament m

sacred ['seɪkrɪd] aj sagrat -ada

sacrifice ['sækrɪfaɪs] n sacrifici m; vt sacrificar

sacrosanct ['sækrəʊsæŋkt] aj sagrat -ada

sad [sæd] aj trist -a; (deplorable) trist -a, deplorable

sadden ['sædn] vt entristir; vi entristir-se

saddle ['sædl] n sella f, selló m; (of cycle) seient m, selló m; ~**bag** n alforja f

sadist ['seɪdɪst] n sàdic -a mf

sadistic [sə'dɪstɪk] aj sàdic -a

sadness ['sædnɪs] n tristesa f, malencònia f

safari [sə'fɑːrɪ] n safari m

safe [seɪf] aj segur -a; (unharmed) il·lès -esa; ~ **and sound** sa i estalvi | n caixa f forta

safety ['seɪftɪ] n seguretat f; ~ **belt** n cinturó m de seguretat; ~ **pin** n agulla f imperdible, imperdible f

saffron ['sæfrən] n safrà m

sage [seɪdʒ] n (plant) sàlvia f; (old man) savi m

said [sed] pp pt → **say**

Sardinian

sail [seil] n vela f; (of windmill)
aspa f, antena f; **~cloth** n lona f |
vi navegar; (set off) salpar, fer-se
a la mar; vt tripular, navegar;
~ingboat (or **~boat** US) n
veler m

sailor ['seilə'] n mariner -a mf

saint [seint] n sant -a mf; **~'s day**
n sant m

sake [seik] n **for the ~ of** per, en
consideració de

salad ['sæləd] n amanida f,
ensalada f

salamander ['sælə,mændə'] n
salamandra f

salary ['sæləri] n sou m, salari m

sale [seil] n venda f; (at reduced
prices) rebaixes fpl, liquidació f;
(auction) subhasta f; **for ~** (or **on
~**) en venda; **~sperson** n viatjant
-a mf; (shop assistant) dependent
-a mf, venedor -a m

saliva [sə'laivə] n saliva f

salivation [,sæli'veiʃən] n bio
salivera f

sallow ['sæləu] aj groguenc -a,
pàl·lid -a

salmon ['sæmən] n salmó m

salt [sɔːlt] n sal f, **~ cellar** n saler
m; **~ mine** n salina f | vt salar |
aj salat -ada

salty ['sɔːlti] aj salat -ada

salute [sə'luːt] vt saludar; n salut
m, salutació f

salvation [sæl'veiʃən] n salvació f

same [seim] aj mateix -a | **at the
~ time** (simultaneously) alhora;
(yet) malgrat això, amb tot | pr
mateix. **I'll do the same**, faré el
mateix; **be the ~** ser igual(s);
the ~ to you igualment | av

igual, de la mateixa manera

sample ['sɑːmpl] n mostra f; vt
tastar, provar

sanction ['sæŋkʃən] n
(punishment) sanció f;
(permission) sanció f, autorització
f | vt (penalize) sancionar; (permit)
sancionar, autoritzar

sanctuary ['sæŋktjuəri] n santuari
m; (for animals) reserva f; (for sby
escaping) asil m

sand [sænd] n sorra f, arena f;
~paper n paper m de vidre

sandal ['sændl] n sandàlia f

sandwich ['sænwidʒ] n entrepà m,
sandvitx m

sandy ['sændi] aj arenós -osa,
sorrenc -a

sane [sein] aj (not mad) en el seu
seny; (sensible) assenyat -ada,
sensat -a

sang [sæŋ] pt → **sing**

sanitary ['sænitəri] aj sanitari
-ària; (clean) higiènic -a; **~ towel**
(or **~ napkin**) n compresa f

sank [sæŋk] pt → **sink**

sap [sæp] n saba f; vt minar,
soscavar

sapling ['sæpliŋ] n arbre m jove,
plançó m

sapphire ['sæfaiə'] n safir m

Saracen ['særəsn] n sarraí -ïna mf

sarcasm ['sɑːkæzəm] n sarcasme
m, somegueria f

sarcastic [sɑː'kæstik] aj sarcàstic
-a, someguer -a

sarcophagus [sɑː'kɒfəgəs] n
sarcòfag m

sardine [sɑː'diːn] n sardina f

Sardinian [sɑː'diniən] aj n sard aj
mf

sash

sash [sæʃ] n faixa f, banda f

sat [sæt] pt pp → **sit**

satchel ['sætʃəl] n cartera f

satellite ['sætəlaɪt] n satèl·lit m

satiated ['seɪʃɪeɪtɪd] aj tip -a

satire ['sætaɪə'] n sàtira f

satisfaction [ˌsætɪs'fækʃən] n
satisfacció f

satisfy ['sætɪsfaɪ] vt satisfer,
acontentar; (persuade) convèncer;
be satisfied that estar
convençut que

saturate ['sætʃəreɪt] vt saturar,
impregnar, amarar

Saturday ['sætədeɪ] n dissabte m

sauce [sɔ:s] n salsa f; **~pan** n
cassola f, casserola f, cassó m

saucer ['sɔ:sə'] n platet m

saucy ['sɔ:sɪ] aj descarat -ada,
impertinent

sauna ['sɔ:nə] n sauna f

saunter ['sɔ:ntə'] vi passejar xino-
xano, deambular

sausage ['sɒsɪdʒ] n embotit m;
(for cooking) botifarra f,
llonganissa f; (small) salsitxa f

savage ['sævɪdʒ] aj ferotge,
salvatge | aj n (primitive) salvatge
aj mf | vt embestir, atacar

savannah [sə'vænə] n sabana f

save [seɪv] vt (rescue) rescatar,
salvar; (avoid wasting) guardar,
reservar; (money, time) estalviar;
vi (or ~ **up**) estalviar | n parada f |
prp excepte, llevat (de)

saving ['seɪvɪŋ] n estalvi m,
economia f; **~s** pl estalvis m; **~s**
bank n caixa f d'estalvis; **~s**
book n llibreta f d'estalvis | prp
excepte, llevat (de)

saviour (or **savior** US) ['seɪvjə'] n

salvador -a mf

savory ['seɪvərɪ] n sajolida f

savour (or **savor** US) ['seɪvə'] vt
assaborir | n (taste) sabor m, gust
m; (smell) olor f

saw [sɔ:] pt → **see** | n tcn serra f;
(saying) dita f, refrany m | [pt
sawed, pp **sawn** or **sawed** US]
vt serrar

saxophone ['sæksəfəʊn] n
saxòfon m

say [seɪ] n veu f; **have the chief**
~ portar la veu cantant; **not to**
have a ~ in sth no pintar-hi res
| (pt, pp **said**) vt dir; **that is to ~**
és a dir

saying ['seɪɪŋ] n dita f, refrany m,
màxima f

scab [skæb] n crosta f; fm (worker)
esquirol m

scabbard ['skæbəd] n beina f
(d'espasa)

scaffold ['skæfəld] n (for
execution) cadafal m, patíbul m;
(or **~ing**) (on building) bastida f

scald [skɔ:ld] n cremada f | vt
escaldar, cremar; **get ~ed**
escaldar-se

scale [skeɪl] n escala f; ana escata
f, escama f; (platform) **~s** pl
bàscula fsg; **~s** pl balança fsg | vt
(mountain) escalar; (represent in
proportion) fer a escala; (remove
scales) escatar

scalene ['skeɪli:n] aj escalè -ena

scalp [skælp] n cuir m cabellut

scalpel ['skælpəl] n bisturí m

scamper ['skæmpə'] vi (children)
jugar a perseguir-se; (animal)
fugir

scan [skæn] vt escorcollar,

examinar; (*newspaper, list, etc*) fer un cop d'ull a

scandal ['skændl] *n* escàndol *m*; (*gossip*) xafarderies *fpl*

scandalize ['skændəlaɪz] *vt* escandalitzar

Scandinavian [,skændɪ'neɪvɪən] *aj n* escandinau -ava *aj mf*

scant [skænt] *aj* poc -a, escàs -assa

scapula ['skæpjʊlə] *n* omòplat *m*

scar [skɑ:'] *n* cicatriu *f*

scarce ['skeəs] *aj* escàs -assa, rar a; **be ~** escassejar; **scarcely** ['skeəslɪ] *av* amb prou feines

scarcity ['skeəsɪtɪ] *n* escassetat *f*

scare ['skeə'] *n* ensurt *m*, esglai *m*; (*public fear*) pànic *m*, alarma *f*; **bomb ~** *n* amenaça *f* de bomba | *vt* espantar, esporuguir; *vi* (*or* **get -d**) espantar-se; **~ away** *vt* fer fugir, espantar; **~crow** *n* espantaocells *m*, espantall *m*

scarf [skɑ:f] [*pl* **scarves**] *n* bufanda *f*; (*square*) mocador *m*

scarlet ['skɑ:lɪt] *aj* escarlata *iv*

scathing ['skeɪðɪŋ] *aj* mordaç

scatological [,skætə'lɒdʒɪkəl] *aj* escatològic -a

scatter ['skætə'] *vt* escampar, espargir, estrapar; *vi* escampar-se, espargir-se, esbarriar-se; **~brain** *n* poca-solta *mf*, tabalot *m*, capsigrany *m*

scattered ['skætəd] *aj* dispers -a

scenario [sɪ'nɑ:rɪəʊ] *n* tea argument *m*; cin guió *m*

scene [si:n] *n* (*in play or film*) escena *f*; (*place*) escenari *m*; (*sight*) panorama *m*, vista *f*; **~-shifter** *n* tramoista *mf*

scenery ['si:nərɪ] *n* (*landscape*) paisatge *m*, vista *f*; tea decorat *m*

scent [sɛnt] *n* (*pleasant smell*) aroma *f*, olor *f*; (*perfume*) perfum *m*; (*track*) pista *f*, rastre *m* | *vt* perfumar; (*animal*) olorar, flairar; (*suspect*) sospitar

sceptic (*or* **skeptic** US) ['skeptɪk] *aj* escèptic -a

sceptical (*or* **skeptical** US) ['skeptɪkəl] *aj* incrèdul -a, escèptic -a; desconfiat -ada

sceptre (*or* **scepter** US) ['septə'] *n* ceptre *m*

schedule ['ʃedju:l] *n* (*list*) llista *f*; (*timetable*) horari *m*; (*of events*) programa *m*

scheme [ski:m] *n* (*plan*) pla *m*, projecte *m*; (*dishonest plan*) estratagema *m*, maquinació *f*; (*arrangement*) disposició *f* | *vi* (*plot*) intrigar

schizophrenia [,skɪtsəʊ'fri:nɪə] *n* esquizofrènia *f*

scholar ['skɒlə'] *n* erudit -a *mf*, savi sàvia *mf*; (*scholarship holder*) becari -ària *mf*; **~ship** *n* (*grant*) beca *f*; (*knowledge*) saber *m*, erudició *f*

school [sku:l] *n* escola *f*; (*for children*) escola *f*, col·legi *m*; (*in universities*) facultat *f*; *atr* escolar *aj*; **~book** *n* llibre *m* de text; **~boy** *n* alumne *m*; **~girl** *n* alumna *f*; **~master** *n* mestre -a *mf*; **~mate** *n* company -a *mf* de classe

schooling ['sku:lɪŋ] *n* ensenyament *m*, escolaritat *f*

science ['saɪəns] *n* ciència *f*; **~ fiction** *n* ciència-ficció *f*

scientific [ˌsaɪən'tɪfɪk] *aj* científic -a; ~ **method** mètode científic

scientist ['saɪəntɪst] *n* científic -a *mf*

scissors ['sɪzəz] *npl* tisores *f*

scoff [skɒf] *vi* ~ **at** mofar-se de, burlar-se de, escarnir *vt*; *vt fm* endrapar, cruspir | *n* burla *f*, mofa *f*, escarni *m*

scoffer ['skɒfə'] *n* burleta *mf*

scold [skəʊld] *vt* renyar, esbroncar, escridassar

scoop [sku:p] *n* pala *f*; (*news*) exclusiva *f*

scope [skəʊp] *n* (*range*) abast *m*, esfera *f*; (*opportunity*) oportunitat *f*, possibilitat *f*

scorch [skɔːtʃ] *vt* socarrar, socarrimar; *vi* socarrar-se, socarrimar-se

score [skɔː'] *n esp* resultat *m*, puntuació *f*; *mús* partitura *f*; (*reason*) motiu *m*, raó *f*; (*mark*) osca *f*, senyal *m*; **a** ~ **of** (*twenty*) una vintena de, vint *aj*; ~**board** *n* marcador *m* | *vt* (*goal*) marcar, fer; (*give points*) puntuar; *mús* instrumentar, orquestrar; *vi esp* fer (gols, etc); ~ **out** *vt* ratllar; ~ **well** obtenir un bon resultat

scorn ['skɔːn] *n* menyspreu *m*; *vt* menysprear

Scorpio ['skɔːpɪəʊ] *n ast* Escorpí *m*

scorpion ['skɔːpɪən] *n* escorpí *m*

scotch [skɒtʃ] *vt* desmentir; **Scotch** *n* whisky *m* (escocès)

Scots [skɒts] *aj* escocès -esa; ~**man** *n* escocès *m*; ~**woman** *n* escocesa *f*

Scottish ['skɒtɪʃ] *aj* escocès -esa

scoundrel ['skaʊndrəl] *n* bergant

-a *mf*, brètol -a *mf*

scour ['skaʊə'] *vt* (*clean*) fregar, refregar, netejar; (*search*) escorcollar, recórrer

scourer ['skaʊrə'] *n* fregall *m*

scout [skaʊt] *n* escolta *mf*; *vt* explorar

scowl [skaʊl] *vi* arrufar les celles, fer cara de pomes agres

scraggy ['skrægɪ] *aj* escanyolit -ida, demacrat -ada

scram [skræm] *vi fm* tocar el dos, fotre el camp

scramble ['skræmbl] *vi* (*climb*) enfilar-se a corre-cuita, grimpar; (*struggle*) barallar-se per; *vt* remenar; ~**d egg** *n ou m* remenat

scrap [skræp] *n* tros *m*, boci *m*; (*quarrel*) baralla *f*, brega *f*; ~ **metal** *n* ferralla *f*; ~**s** *pl* deixalles *f*, sobres *f* | *vt* (*plan*) descartar, renunciar a; (*car, etc*) desballestar, convertir en ferralla

scrape [skreɪp] *n* rascada *f*; (*on the skin*) rascada *f*, esgarrinxada *f*, esgarrapada *f*; (*situation*) embolic *m*, tràngol *m* | *vt* rascar; (*rub*) fregar, rascar; ~ **along** (*or* ~ **by**) *vi* anar tirant

scratch [skrætʃ] *n* ratlla *f*, rascada *f*, marca *f*; (*on the skin*) rascada *f*, esgarrapada *f*, esgarrinxada *f* | *vt* ratllar, rascar; (*skin*) esgarrinxar, esgarrapar; *vi* (*to stop an itch*) gratar-se

scrawl [skrɔːl] *n* gargot *m*, guixada *f*; *vt* guixar

scrawny ['skrɔːnɪ] *aj* desnerit -ida, sec -a, magre -a

scream [skriːm] *n* crit *m*, xiscle *m*; *vi* cridar, xisclar

screech [skri:tʃ] vi (person) xisclar, esgaripar; (tyre, brakes) xerricar | n (of person) xiscle m, esgarip m; (of brakes, etc) xerric m

screen [skri:n] n (movable wall) paravent m, mampara f; cin fot pantalla f | vt (from light, wind) protegir; (conceal) tapar, amagar; (film) projectar; ~**play** n guió m

screw [skru:] n cargol m, clau m de rosca; (propeller) hèlice f; ~**driver** n tornavís m | vt (fasten with screws) collar; (paper) arrugar; ~ **up the eyes** corrugar les celles

scribble ['skribl] n gargot m | vt quixar; vi gargotejar

script [skript] n cin etc guió m, (writing) lletra f, escriptura f

scripture n the ~(s) (the Bible) la Sagrada Escriptura f; **Buddhist** ~**s** pl llibres m sagrats del budisme

scroll [skrəul] n rotlle m (de paper, etc)

scrounge [skraundʒ] vt fm obtenir de gorra; vi fm gorrejar, anar de gorra

scrub [skrʌb] n (plant) sotabosc m, matoll m; (act of scrubbing) fregada f | vt fregar

scrubber ['skrʌbə] n fregall m

scruff [skrʌf] n ~ **of the neck** n clatell m

scruffy ['skrʌfi] aj ronyós -osa, pollós -osa

scruple ['skru:pl] n escrúpol m

scrupulous ['skru:pjuləs] aj escrupolós -osa

scrutinize (or **scrutinise**) ['skru:tinaiz] vt escrutar,

escodrinyar

scrutiny ['skru:tini] n escrutini m, examen m

scuffle ['skʌfl] n batussa f, brega f

sculp [skʌlp] vt = **sculpture**

sculpt [skʌlpt] vt = **sculpture**

sculptor ['skʌlptə] n escultor m

sculptress ['skʌlptris] n escultora f

sculptural ['skʌlptʃərəl] aj escultural

sculpture ['skʌlptʃə] n escultura f; (of wood) talla f | vt esculpir

scum [skʌm] n escuma f; fg escòria f, púrria f

scurf [skɜ:f] n caspa f

scurry ['skʌri] vi córrer, apressar-se; ~ **off** escapolir-se

scythe [saið] n dalla f; vt dallar

sea [si:] n mar m/f; atr mari -ina aj, marítim -a aj; ~**board** n litoral m; ~ **bream** n besuc m; ~ **dog** n llop m de mar; ~**faring** aj navegant; ~**food** n marisc m; ~**gull** n gavina f; ~**horse** n cavall m mari; ~ **urchin** n eriçó m de mar

seal [si:l] n zoo foca f; (official mark) segell m; vt segellar, precintar; (letter) tancar; (with wax) lacrar; ~ **off** vt acordonar

seam [si:m] n (of cloth) costura f; min veta f, vena f, filó m

seaman ['si:mən] n mariner -a mf

seamy ['si:mi] aj sòrdid -a, miserable, desagradable

search [sɜ:tʃ] n recerca f, cerca f | vt escorcollar; (place) resseguir, explorar; ~ **(for)** vi buscar vt, cercar vt; ~ **out** vt trobar (després de buscar molt)

searching ['sɜ:tʃiŋ] aj (look)

penetrant; (*exam*) minuciós -osa

seashore ['si:ʃɔ:] *n* mar *geo* costa *f*, platja *f*

seasick ['si:sɪk] *aj* marejat -ada; **get ~** marejar-se

seaside ['si:saɪd] *n* platja *f*, costa *f*, zona *f* costanera

season ['si:zn] *n* (*winter*, etc) estació *f*; (*period of time*) temps *m*, temporada *f*, època *f*; **~ (ticket)** *n* abonament *m* | *vt* (*food*) amanir, assaonar, adobar; (*timber*) assecar

seasonable ['si:znəbl] *aj* oportú -una, adequat -ada

seasoning ['si:znɪŋ] *n* condiment *m*, adob *m*

seat [si:t] *n* seient *m*; (*of theatre*) butaca *f*, localitat *f*, seient *m*; (*on trousers*) cul *m*, darrere *m*; (*in Parliament*) escon *m*, escó *f*; (*centre*) seu *f*; **~-belt** *n* cinturó *m* de seguretat | *vt* asseure; (*place*) tenir capacitat per; (*fit into a hole*) encaixar; **be ~ed** asseure's

seaweed ['si:wi:d] *n* alga *f*

secluded [sɪ'klu:dɪd] *aj* retirat -ada, reclòs -osa

second ['sekənd] *aj* segon -a; (*secondary*) secundari -ària; **every ~ year** cada dos anys; **~-class** *aj* de segona classe; **~ floor** *n* (*US*) principal *m*; **~-hand** *aj* de segona mà; **~ hand** *n* busca *f* dels segons; **~-rate** *aj* mediocre | *av* en segon lloc | *n* segon *m*; *aut* segona *f* | *vt* recolzar, secundar

secondary ['sekəndərɪ] *aj* secundari -ària

secrecy ['si:krəsɪ] *n* secret *m*, misteri *m*

secret ['si:krɪt] *aj* secret -a; *n* secret *m*

secretary ['sekrətrɪ] *n* secretari -ària *mf*; **Secretary of State** *n* (*UK*) ministre -a *mf*

secrete [sɪ'kri:t] *vt* secretar, segregar; (*hide*) amagar, ocultar

secretly ['si:krɪtlɪ] *av* en secret

sect [sekt] *n* secta *f*

section ['sekʃən] *n* secció *f*, part *f*; (*of road*) tram *m*; (*of fruit*) grill *m*; (*cut*) secció *f*; **(cross) ~** *n* perfil *m*, secció *f* transversal

sector ['sektə] *n* sector *m*

secular ['sekjʊlə] *aj* secular, profà -ana

secure [sɪ'kjʊə] *aj* segur -a | *vt* (*hold*) assegurar, fixar; (*loan*) garantir; (*get*) aconseguir

security [sɪ'kjʊərɪtɪ] *n* seguretat *f*; (*for loan*) fiança *f*; (*object*) penyora *f*

sedative ['sedətɪv] *aj* *n* sedant *aj m*

sedentary ['sedntrɪ] *aj* sedentari -ària

sediment ['sedɪmənt] *n* *geo* sediment *m*

seduce [sɪ'dju:s] *vt* seduir; (*tempt*) temptar, induir

see [si:] (*pt saw*, *pp seen*) *vt* veure; (*understand*) entendre, veure; *vi* veure-hi, guipar-hi; **as far as I can ~** al meu entendre; **let's ~!** a veure!; **~ about** *vt* encarregar-se de; **~ off** *vt* acomiadar; **~ to** *vt* tenir cura de, atendre; **~ through** *vt* calar, llucar; **~ you!** a reveure!; **~ you tomorrow!** fins demà! | *n* diòcesi *f*, bisbat *m*

seed [siːd] n llavor m, grana f; (of orange, etc) pinyol m; **~bed** n planter m | vt (plant) sembrar; (remove seeds) espinyolar; vi granar

seedling ['siːdlɪŋ] n plançó m, planter m

seedy ['siːdɪ] aj tronat -ada, atrotinat -ada

seeing ['siːɪŋ] cnj ~ (that) tenint en compte que, considerant

seek [siːk] vt buscar; (ask for) demanar; ~ **after** (or ~ **for**) vi buscar vt

seem [siːm] vi semblar. Their answers seemed very sensible to me, les seves respostes em van semblar molt assenyades; **so it ~s** això sembla

seen [siːn] pp → **see**

seep [siːp] vi filtrar-se

seesaw ['siːsɔː] n gronxador m

seethe [siːð] vi bullir; **be seething** estar furiós -osa

see-through ['siːθruː] aj transparent

segment ['sɛgmənt] n segment m; (of orange, etc) grill m

segregate ['sɛgrɪgeit] vt segregar

seize [siːz] vt apoderar-se de; (grab) engrapar, arrabassar, agafar; (by official order) confiscar, embargar; ~ **on** (or ~ **upon**) vt aprofitar; ~ **up** vi encallar-se

seizure ['siːʒə'] n confiscació f, embargament m; med atac m

seldom ['sɛldəm] av rarament, gairebé mai

select [sɪ'lɛkt] aj selecte -a; vt escollir, triar, elegir

selection [sɪ'lɛkʃən] n selecció, f elecció f; com assortiment m

self [sɛlf] n (pl **selves**) un mateix m, una mateixa f; **he's not quite his old** ~ no és el que era | [prefix] auto-; **~-confident** aj segur de si mateix; **~-conscious** aj tímid -a, cohibit -ida; **~-employed** aj autònom -a; **~-esteem** n amor m propi; **~-government** n autogovern m; **~-important** (or **~-satisfied**) aj cofoi -a, envanit -ida, presumit -ida; **~-portrait** n autoretrat m; **~-service** n autoservei m; **~-sufficient** aj autosuficient, independent

selfish ['sɛlfɪʃ] aj egoista

selfishness ['sɛlfɪʃnɪs] n egoisme m, egocentrisme m

sell [sɛl] (pt, pp **sold**) vt vendre; (deceive) enganyar; vi vendre's; ~ **off** vt liquidar; ~ **osf** vendre's | n estafa f

seller ['sɛlə'] n venedor -a mf; **be a big** ~ (product) vendre's molt bé

selling ['sɛlɪŋ] n venda f

sell-out ['sɛlaut] n tea cin ple m. It was a ~, van fer ple; fm (betrayal) traïció f, deslleialtat f

selves [sɛlvz] pl → **self**

semblance ['sɛmbləns] n aparença f, semblança f

semen ['siːmən] n semen m

semester [sɪ'mɛstə'] n semestre m

semibreve ['sɛmɪbriːv] n rodona f

semicircle ['sɛmɪsɜːkl] n semicercle m

semicolon [ˌsɛmɪ'kəulən] n punt m i coma

semi-darkness [ˈsɛmiˈdɑːˈknɪs] n penombra f

seminar [ˈsɛmɪnɑː] n seminari m

seminary [ˈsɛmɪnəri] n rlg seminari m

semolina [ˌsɛməˈliːnə] n sèmola f

senate [ˈsɛnɪt] n senat m

send [sɛnd] (pt, pp **sent**) vt enviar, trametre; (cause a feeling) fer tornar. This noise is sending me mad! aquest soroll em fa tornar boig!; ~ **down** vt fer baixar; (student) expulsar; ~ **off** vt enviar; esp expulsar; ~ **sby to Coventry** fer el buit a up; ~ **up** vt fer pujar; fm parodiar

sender [ˈsɛndə] n remitent mf

sending [ˈsɛndɪŋ] n tramesa f; ~**-off** n expulsió f

send-off [ˈsɛndɔf] n fm comiat m

senile [ˈsiːnaɪl] aj senil

senior [ˈsiːniə] aj més gran, de més edat ; n més gran. She's two years my senior, és dos anys més gran que jo

seniority [ˌsiːniˈɒrɪti] n antiguitat f

sensation [sɛnˈseɪʃən] n sensació f, sentiment m

sense [sɛns] n sentit m; (feeling) sensació f; (meaning) sentit m, significat m; **make ~** tenir sentit; ~ **of humour** n sentit m de l'humor

sensible [ˈsɛnsəbl] aj sensat -a, prudent, savi sàvia

sensitive [ˈsɛnsɪtɪv] aj sensible

sensitivity [ˌsɛnsɪˈtɪvɪti] n sensibilitat f

sensual [ˈsɛnsjuəl] aj sensual

sent [sɛnt] pp pt → **send**

sentence [ˈsɛntəns] n frase f, oració f; dr sentència f ; vt sentenciar

sentiment [ˈsɛntɪmənt] n sentiment m; (opinion) opinió f

sentimental [ˌsɛntɪˈmɛntl] aj sentimental

sentry [ˈsɛntri] n sentinella mf; ~ **box** n garita f

sepal [ˈsɛpəl] n sèpal m

separate [ˈsɛprɪt] aj separat -ada; (different) diferent ; vt separar, apartar; vi separar-se

separation [ˌsɛpəˈreɪʃən] n separació f

sepia [ˈsiːpiə] aj n sèpia aj m

September [sɛpˈtɛmbə] n setembre m

sequel [ˈsiːkwəl] n resultat m, conseqüència f, seqüela f; (of story) continuació f

sequence [ˈsiːkwəns] n seqüència f, sèrie f

sequin [ˈsiːkwɪn] n lluentó m, llustri m

serene [sɛˈriːn] aj serè -ena, tranquil -il·la

serenity [sɪˈrɛnɪti] n serenitat f

sergeant [ˈsɑːdʒənt] n sergent -a mf

serial [ˈsɪəriəl] n sèrie f, telenovel·la f; (book) serial m ¦ aj en sèrie, consecutiu -iva; ~ **killer** n assassí -ina mf en sèrie

series [ˈsɪəriːs] n sèrie f, seqüència f

serious [ˈsɪəriəs] aj seriós -osa; (grave) seriós -osa, greu

seriousness [ˈsɪəriəsnɪs] n seriositat f; gravetat f

sermon [ˈsɜːmən] n tb fg sermó m

sermonize [ˈsɜːmənaɪz] vi predicar

serum ['sɪərəm] n sèrum m
servant ['sɜːvənt] n servent -a mf, criat -ada mf, servidor -a mf
serve [sɜːv] vt servir; (in shop) servir, atendre, despatxar; (sentence) complir; (tennis) servir, sacar; (be useful) servir, ser útil
service ['sɜːvɪs] n servei m; (set of dishes) servei m, joc m; (set of teeth) tennis) sacada f; ~ **station** n estació f de servei | vt repassar, arreglar
serviette [sɜːvɪ'et] n tovalló m
sesame ['sesəmɪ] n sèsam m
session ['seʃən] n sessió f
set [set] n joc m; (tennis) set m; (radio, television) aparell m; (cin plató m; ~back n contratemps m, revés m, contrarietat f; ~ of teeth n dentadura f | (pt, pp set) vt posar; (make ready) preparar; (make firm) fixar; (establish) fixar, determinar, assenyalar; ~ about vt començar a, posar-se a; ~ fire to (or ~ on fire) encendre, calar foc a, incendiar; ~ forth vt exposar, explicar; ~ free alliberar; ~ off vi posar-se en camí, anar-se'n; ~on vt agredir, atacar, escometre; ~ up vt muntar, establir
settee [se'tiː] n sofà m
setting ['setɪŋ] n escenari m, marc m; (of star) posta f
settle ['setl] vt resoldre, solucionar; (accounts) liquidar; (colonize) colonitzar, poblar; (calm) calmar; vi instal·lar-se, establir-se; (liquid) reposar, dipositar-se; (weather) asserenar-

se; ~ **down** vi establir-se, instal·lar-se
settler ['setlə'] n colonitzador -a mf, colon -a mf, poblador -a mf
seven ['sevn] aj n set aj m; ~**teen** aj n disset aj m; ~**th** aj n setè -ena aj mf; ~**ty** aj n setanta aj m
sever ['sevə'] vt tallar, trencar, dividir
several ['sevrəl] aj diversos -es, alguns -es
severe [sɪ'vɪə'] aj dur -a, sever -a
severity [sɪ'verɪtɪ] n rigor m, severitat f
sew [səʊ] (pt sewed, pp sewn) tr intr cosir; ~ **up** vt cosir, sargir
sewage ['sjuːɪdʒ] n aigües fpl residuals
sewer ['sjuə'] n claveguera f
sewing ['səʊɪŋ] n costura f; ~ **machine** n màquina f de cosir
sewn [səʊn] pp → **sew**
sex [seks] n sexe m
sexton ['sekstən] n sagristà -ana mf; (gravedigger) enterramorts mf
sexual ['seksjʊəl] aj sexual
shabby ['ʃæbɪ] aj malgirbat -ada, esparracat -ada; (clothes) espellifat -ada, gastat -ada
shack [ʃæk] n tuguri m, barraca f
shackle ['ʃækl] vt encadenar; fg destorbar | ~**s** pl grilló msg
shade [ʃeɪd] n ombra f; (of lamp) pantalla f; (of colour) matís m, to m | vt ombrejar, ombrar; (protect) protegir del sol
shadow ['ʃædəʊ] n ombra f | vt fer ombra a; (follow) seguir, vigilar
shady ['ʃeɪdɪ] aj obac -aga, ombrívol; (dishonest) sospitós -osa, deshonest -a

shaft

shaft [ʃɑːft] n fletxa f, sageta f; tcn arbre m, eix m; (of mine) pou m

shaggy [ˈʃægi] aj pelut -uda

shake [ʃeik] pt **shook**, pp **shaken**] vt sacsar, sacsejar, agitar; fg esgarrifar, commoure; vi tremolar, trontollar, vibrar; ~ **hands** donar-se la mà, fer una encaixada; ~ **off** vt espolsar-se | n sotrac m; (drink) batut m

shaky [ˈʃeiki] aj tremolós -osa, vacil·lant

shall [ʃæl] vi [future] I shall buy it, ho compraré; [in questions] Shall I go?, hi vaig?

shallow [ˈʃæləu] aj poc fondo a-; fg superficial

sham [ʃæm] n.farsa f, engany m; vt simular, fingir

shambles [ˈʃæmblz] n confusió f, caos m

shame [ʃeim] n vergonya f; vt avergonyir

shameful [ˈʃeimful] aj vergonyós -osa

shameless [ˈʃeimlis] aj desvergonyit -ida

shampoo [ʃæmˈpuː] n xampú m

shamrock [ˈʃæmrɒk] n trèvol m

shape [ʃeip] n forma f | vt formar, donar forma a; fg idear

shapeless [ˈʃeiplis] aj amorf -a, informe

share [ʃeə] n part f, porció f; com acció f | vt compartir; (divide) dividir, repartir

shark [ʃɑːk] n tauró m

sharp [ʃɑːp] aj agut -uda; (with fine point) punxegut -uda; (subtle) agut -uda, subtil; (dishonest)

deshonest -a; (outline) nítid -a, clar -a; (taste) agre -a, aspre -a; mús agut -uda; (not gradual) brusc -a | av en punt. At eight o'clock sharp, a les vuit en punt | n sostingut m

sharpen [ˈʃɑːpən] vt esmolar, afilar

sharpness [ˈʃɑːpnis] n agudesa f

shatter [ˈʃætə] vt trencar, esmicolar, rompre; fg destruir, destrossar; vi trencar-se, esmicolar-se, rompre's

shave [ʃeiv] vt afaitar; (touch lightly) fregar

shaver [ˈʃeivə] n màquina f d'afaitar

shaving [ˈʃeiviŋ] n afaitat m, afaitada f; ~ **brush** n brotxa f (d'afaitar); ~ **foam** n escuma f d'afaitar; ~**s** pl (of wood) encenalls m

shawl [ʃɔːl] n xal m

she [ʃiː] pr ella

sheaf [ʃiːf] pl **sheaves**] n garba f; (of papers) feix m, lligall m

shear [ʃiə] vt esquilar; ~**s** pl tisores f de podar

sheath [ʃiːθ] n beina f, funda f; (contraceptive) preservatiu m, condó m

sheathe [ʃiːð] vt enfundar

sheaves [ʃiːvz] pl → **sheaf**

shed [ʃed] n cobert m | vt vessar; (skin) mudar

sheep [ʃiːp] n ovella f, ~**fold** n cleda f

sheer [ʃiə] aj pur -a, mer -a; (complete) complet -a; (steep) escarpat -ada, espadat -ada, costerut -uda

sheet [ʃiːt] n full m, làmina f; (of paper) full m, paper m, foli m; (of bed) llençol m

shelf [ʃelf] (pl **shelves**) n prestatge m, lleixa f

shell [ʃel] n closca f; (of zoo petxina f; (of turtles) cuirassa f; mil projectil m; **~fish** n gst marisc m

shelter ['ʃeltə] n aixopluc m, recer m, refugi m | vt refugiar, aixoplugar; (hide) amagar, ocultar; vi refugiar-se, protegir-se

shelve [ʃelv] vt ajornar, diferir; vi (slope) baixar, fer baixada

shelves [ʃelvz] pl → **shelf**

shelving ['ʃelvɪŋ] n prestatgeria f

shepherd ['ʃepəd] n tb rlg pastor m; vt guiar, conduir

shepherdess ['ʃepədɪs] n pastora f

sherbet ['ʃɜːbət] n gst sorbet m

sheriff ['ʃerɪf] n xèrif o m

sherry ['ʃeri] n xerès m

shield [ʃiːld] n escut m; vt protegir, resguardar

shift [ʃɪft] n canvi m; (at work) torn m | vti canviar; vt moure, bellugar; vi moure's

shilling ['ʃɪlɪŋ] n xíling m

shimmer ['ʃɪmə] n reflex m; vi brillar, resplendir

shin [ʃɪn] n canyella f, canella f, canya f

shine [ʃaɪn] n lluïssor f, lluentor f, resplendor f | (pt, pp **shone**) vi brillar, lluir, resplendir; vt brunyir; (shoes) enllustrar

shingle ['ʃɪŋgl] n palets mpl, pedres fpl; **~s** pl med herpes msg

shiny ['ʃaɪni] aj lluent, brillant

ship [ʃɪp] n vaixell m, nau f;

embarcació f; **~wreck** n naufragi m **~yard** n drassana f; | vt embarcar; (send) enviar per mar

shipment ['ʃɪpmənt] n tramesa f

shipping ['ʃɪpɪŋ] n expedició f

shire [ʃaɪə] n comtat m

shirk [ʃɜːk] vt eludir, defugir

shirt [ʃɜːt] n camisa f

shit [ʃɪt] n vlg merda f; vi cagar

shiver ['ʃɪvə] n calfred m; vi tremolar

shoal [ʃəʊl] n banc m; fg multitud f, gernació f

shock [ʃɒk] n xoc m; (jolt) ensurt m, espant m; (sudden change) sotrac m, batzegada f; med xoc m, commoció f; **~ absorber** n amortidor m | vt impressionar, commoure

shocking ['ʃɒkɪŋ] aj xocant

shoddy ['ʃɒdi] aj barroer -a, matusser -a

shoe [ʃuː] n sabata f; (for horses) ferradura f; **~horn** n calçador m; **~maker** n sabater -a mf; **~polish** n betum m, llustre m; **~shop** n sabateria f

shone [ʃɒn] pp pt → **shine**

shook [ʃʊk] pt → **shake**

shoot [ʃuːt] n brot m, lluc m | (pt, pp **shot**) vi disparar; vt disparar a; cin filmar

shooting ['ʃuːtɪŋ] n tiroteig m, trets mpl; (hunting) cacera f; **~star** n estel m fugaç

shop [ʃɒp] n botiga f, comerç m; **~ assistant** n dependent -a mf, venedor -a mf; **~keeper** n botiguer -a mf, comerciant mf; **~steward** n enllaç mf sindical; **~window** n aparador m | vi anar a comprar

shopping ['ʃɒpɪŋ] n (bought things) compra f; **go** ~ anar a comprar; ~ **centre** n centre m comercial

shore [ʃɔː'] n riba f, vora f; ~ **up** vt apuntalar, reforçar

short [ʃɔːt] aj curt -a; (person) baix -a; (time) curt -a, breu; ~**circuit** n curt circuit m; ~**coming** n defecte m; ~ **cut** n drecera f; ~**hand** n taquigrafia f; ~**lived** aj efímer -a, passatger -a; ~**sighted** aj curt -a de vista, miop; ~ **story** n conte m, historieta f | ~**s** pl pantalons m curts; (US) calçotets m

shortage ['ʃɔːtɪdʒ] n carència f, manca f, escassetat f

shorten ['ʃɔːtn] vt escurçar, abreujar; vi escurçar-se, abreujar-se

shortly ['ʃɔːtlɪ] av en breu

shot [ʃɒt] pp pt → **shoot** | n tret m; (photograph) fotografia f; (injection) injecció f; esp xut m; (try) intent m; ~**gun** n escopeta f; ~ **put** n llançament m de pes

should [ʃʊd] vi You ~ do it, ho hauries de fer; I ~ go, hi aniria; ~ I open the door?, obro la porta?

shoulder ['ʃəʊldə'] n espatlla f, muscle m; ~ **blade** n omòplat m | vt carregar

shout [ʃaʊt] n crit m; vi cridar

shouting ['ʃaʊtɪŋ] n cridòria f

shove [ʃʌv] n empenta f, espenta f; vt empènyer

shovel ['ʃʌvl] n pala f

show [ʃəʊ] n manifestació f, demostració f; tea espectacle m,

funció f; (exhibition) exposició f; ~**case** n vitrina f, escaparata f | [pt showed, pp shown] vt mostrar, ensenyar; (paintings) exposar, exhibir; vi mostrar-se, semblar; ~ **off** vt lluir; vi presumir, fatxendejar; ~ **up** vi aparèixer

shower ['ʃaʊə'] n dutxa f; (rain) ruixat m, pluja f

showing ['ʃəʊɪŋ] n projecció f, sessió f

shown [ʃəʊn] pp → **show**

shrank [ʃræŋk] pt → **shrink**

shrapnel ['ʃræpnl] n metralla f

shred [ʃred] n tros m, fragment m; vt estripar, trencar

shrewd [ʃruːd] aj astut -a, murri múrria

shrewdness ['ʃruːdnɪs] n astúcia f, murrieria f

shriek [ʃriːk] n xiscle m; vi xisclar

shrike [ʃraɪk] n capsigrany m, escorxador m

shrill [ʃrɪl] aj estrident, agut -uda

shrimp [ʃrɪmp] n gamba f

shrine [ʃraɪn] n santuari m, lloc m sagrat

shrink [ʃrɪŋk] [pt shrank, pp shrunk] vi encongir; vi encongir-se | n dsp psiquiatre -a mf

shrivel ['ʃrɪvl] (or ~ **up**) vt assecar, pansir; vi assecar-se, pansir-se

shrub [ʃrʌb] n arbust m, mata f

shrug [ʃrʌg] vt ~ **one's shoulders** arronsar-se (o encongir-se) d'espatlles, arronsar les espatlles

shrunk [ʃrʌŋk] pp → **shrink**

shudder ['ʃʌdə'] n esgarrifança f

shuffle ['ʃʌfl] vt barrejar; vi arrossegar els peus

shun [ʃʌn] vt esquivar

shunt [ʃʌnt] vt moure, empènyer; frr canviar de via

shut [ʃʌt] (pt, pp shut) vt tancar; vi tancar-se; ~ **up** vi callar

shutter ['ʃʌtə'] n finestró m, porticó m, paravent m

shuttle ['ʃʌtl] n llançadora f; aer pont m aeri

shy [ʃai] aj tímid -a, vergonyós -osa

shyness ['ʃainis] n timidesa f

sick [sik] aj malalt -a; (dizzy) marejat -ada; ~ **of** fg tip de, fart de

sicken ['sikn] vt fer posar malalt; (nauseate) fer fàstic

sickening ['sikniŋ] aj nauseabund -a, fastigós -osa

sickle ['sikl] n falç f

sickly ['sikli] aj malaltís -issa

sickness ['siknis] n malaltia f; (nausea) mareig m, nàusees fpl

side [said] n costat m, cantó m, banda f; (of disk, piece of paper) cara f; (of mountain) falda f; ~**board** n bufet m, aparador m; ~**boards** UK (or ~**burns** US) pl patilles fpl; ~**walk** n voravia f, vorera f; ~**ways** av de través | aj lateral

siding ['saidiŋ] n frr apartador m, via morta

siege [si:dʒ] n setge m

siesta [si'estə] n migdiada f

sieve [siv] n garbell m, sedàs m; vt garbellar

sift [sift] vt garbellar

sigh [sai] n sospir m; vi sospirar

sight [sait] n visió f, vista f; (of arm) mira f; ~**seeing** n turisme m | vt veure, mirar

sign [sain] n senyal m, signe m; (notice) rètol m, cartell m; (gesture) gest m, senyal m | vt firmar, signar

signal ['signl] n senyal m; vt fer senyals a

signature ['signətʃə'] n firma f, signatura f

significance [sig'nifikɑːns] n importància f, significació f

significant [sig'nifikənt] aj significatiu -iva; (important) important

signify ['signifai] vt significar

silence ['sailəns] n silenci m; vt callar a

silent ['sailənt] aj silenciós -osa, callat -ada; cin mut muda

silently ['sailəntli] av en silenci, silenciosament

silhouette [,silu:'et] n silueta f

silk [silk] n seda f; ~**worm** n cuc m de seda

silliness ['silinis] n ximpleria f

silly ['sili] aj ximple, estúpid -a

silt [silt] n sediment m

silver ['silvə'] n plata f, argent m; ~**smith** n orfebre mf | aj de plata; (colour) platejat -ada | vt platejar

simian ['simiən] n simi m

similar ['similə'] aj similar, semblant

similarity [,simi'læriti] n semblança f, similitud f

simile ['simili] n símil m

simmer ['simə'] vi fer xup-xup

simple ['simpl] aj senzill -a,

simple; (silly) beneit -a, ximple
simpleton ['sɪmpltən] n beneit -a, enze mf, totxo -a mf
simplicity [sɪm'plɪsɪtɪ] n simplicitat f, senzillesa f
simplify ['sɪmplɪfaɪ] vt simplificar
simply ['sɪmplɪ] av simplement, senzillament
simulate ['sɪmjʊleɪt] vt simular, fingir
simultaneous [,sɪml'teɪnɪəs] aj simultani -ània
sin [sɪn] n pecat m; vi pecar
since [sɪns] av des d'aleshores | prp des de | cnj des que; (because) perquè, ja que, com que
sincere [sɪn'sɪə] aj sincer -a, franc -a
sincerely [sɪn'sɪəlɪ] av sincerament, amb el cor a la mà
sincerity [sɪn'serɪtɪ] n sinceritat f, franquesa f
sinew ['sɪnju:] n tendó m
sinful ['sɪnfʊl] aj pecaminós -osa; (person) pecador -a
sing [sɪŋ] (pt **sang**, pp **sung**) vti cantar
singe [sɪndʒ] vt socarrimar
singer ['sɪŋə] n cantant mf
singing ['sɪŋɪŋ] n cant m
single ['sɪŋgl] aj simple, senzill -a; (unique) únic -a, sol -a; (unmarried) solter -a; ~ **room** n habitació f individual; ~ **ticket** n bitllet m d'anada | ~ **out** vt triar, escollir
singular ['sɪŋgjʊlə] aj singular aj m; aj (unusual) estrany -a, rar -a, insòlit -a
sinister ['sɪnɪstə] aj sinistre -a
sink [sɪŋk] n pica f, aigüera f | (pt

sank, pp **sunk**) vt enfonsar; vi enfonsar-se; (ship) naufragar
sinner ['sɪnə] n pecador -a mf
sinuous ['sɪnjʊəs] aj sinuós -osa
sip [sɪp] n glop m, xarrup m; vt xuclar, xarrupar
siphon ['saɪfən] n sifó m
sir [sɜː] n senyor m
siren ['saɪərən] n sirena f
sirloin ['sɜːlɔɪn] n (or ~ **steak**) n entrecot m
sirocco [sɪ'rɒkəʊ] n xaloc m
sister ['sɪstə] n germana f; ~-**in-law** n cunyada f
sit [sɪt] (pt, pp **sat**) vi seure, asseure's; (model) posar; vt (exam) presentar-se a; ~ **down** vi seure, asseure's; ~ **up** vi incorporar-se
site [saɪt] n lloc m, emplaçament m; vt situar
sitting ['sɪtɪŋ] n sessió f; ~-**room** n sala f, saló m
situation [,sɪtjʊ'eɪʃən] n situació f
six [sɪks] aj n sis aj m; ~**teen** aj n setze aj m; ~**th** aj n sisè -ena aj mf; ~**ty** aj n seixanta aj m
size [saɪz] n mida f, dimensió f; (of clothes) talla f | ~ **up** vt mesurar
sizzle ['sɪzl] vi crepitar
skate [skeɪt] n patí m; ~**board** n monopatí m | vi patinar
skating ['skeɪtɪŋ] n patinatge m
skein [skeɪn] n troca f, madeixa f
skeletal ['skelɪtl] aj esquelètic -a
skeleton ['skelɪtn] n esquelet m
sketch [sketʃ] n esbós m, esborrany m, apunt m; (humorous play) esquetx m | vt esbossar
skewer ['skjʊə] n broqueta f
ski [skiː] n esquí m; vi esquiar

skid [skɪd] n relliscada f, patinada f; vi relliscar, patinar

skier ['ski:ə] n esquiador -a mf

skiing ['ski:ɪŋ] n esquí m

skilful (or **skillful** US) ['skɪlful] aj hàbil, destre -a, traçut -uda

skill [skɪl] n habilitat f, destresa f, traça f

skillet ['skɪlɪt] n paella f

skim [skɪm] vt descremar, desnatar; **~med** (or **~ milk** n llet descremada, llet desnatada; **~ through** vi fullejar, mirar per damunt

skimp [skɪmp] (or **~ on**) vt regatejar, estalviar

skin [skɪn] n pell f; (complexion) cutis m; (on liquid) tel m | vt pelar; (animal) escorxar

skinflint ['skɪnflɪnt] n garrepa mf, gasiu -iva mf

skinny ['skɪnɪ] aj sec -a, desnerit -ida

skip [skɪp] n salt m, saltiró m; (container) contenidor m | vi saltar, saltironar; vt (omit) saltar-se, passar per alt

skipper ['skɪpə] n patró -ona mf

skirmish ['skɜːmɪʃ] n mil tb fg escaramussa f

skirt [skɜːt] n faldilla f | vt vorejar; **~ing board** n sòcol m

skittle ['skɪtl] n bitlla f; **~s** pl joc msg de bitlles

skull [skʌl] n calavera f; ana crani m

skunk [skʌŋk] n mofeta f

sky [skaɪ] n cel m; **~ blue** n blau cel; **~light** n claraboia f, lluerna f; **~scraper** n gratacel m

slab [slæb] n llosa f

slack [slæk] aj lax -a, fluix -a; (negligent) negligent, deixat -ada | n inactivitat f; **~s** pl pantalons m

slacken ['slækn] vt afluixar; (reduce) disminuir; vi afluixar-se

slag [slæg] n escòria f

slain [sleɪn] pp → **slay**

slam [slæm] n tancar de cop; **~ the door** vt donar un cop de porta | n cop m

slander ['slɑːndə] n calúmnia f

slang [slæŋ] n argot m

slant [slɑːnt] n inclinació f; fg punt m de vista | vt inclinar; vi inclinar-se

slap [slæp] n bufetada f, mastegot m, plantofada f; vi pegar a, donar una bufetada a; **~up meal** n fm tiberi m

slapdash ['slæpdæʃ] n barroer -a, matusser -a

slash [slæʃ] n apunyalar | n ganivetada f; (typology) barra f inclinada

slat [slæt] n llistó m

slate [sleɪt] n pissarra f; vt criticar

slaughter ['slɔːtə] vt matar | n matança f; (people) matança f, carnisseria f; **~house** n escorxador m

Slav [slɑːv] aj n eslau -ava aj

slave [sleɪv] n esclau -ava mf; (or **~ away**) vi escarrassar-se

slavery ['sleɪvərɪ] n esclavitud f

slay [sleɪ] (pt **slew**, pp **slain**) vt matar

sled [sled] n trineu m

sledge [sledʒ] n trineu m; **~hammer** n mall m

sleek [sliːk] aj brillant, lluent

sleep [sliːp] n son m; (period of

sleeping) dormida f | (*pt, pp* **slept**) *vi* dormir

sleeper ['sli:pə'] *n* dormidor -a *mf*; *frr* travessa *f*

sleeplessness ['sli:plisnis] *n* insomni *m*

sleepy ['sli:pi] *aj* adormit -ida; **~head** *n* dormilega *mf*

sleet [sli:t] *n* aiguaneu *f*

sleeve [sli:v] *n* màniga *f*; (*of record*) portada *f*

sleigh [slai] *n* trineu *m*

slender ['slendə'] *aj* esvelt -a, prim -a; (*amount*) escàs -assa, minso -a

slept [slept] *pp pt* → **sleep**

slew [slu:] *pt* → **slay**

slice [slais] *n* tall *m*; (*of bread*) llesca *f* | *vt* tallar

slick [slik] *aj* hàbil, destre -a; *n* taca d'oli, marea *f* negra

slide [slaid] *n* relliscada *f*, lliscada *f*; (*for playing*) tobogan *m*; fot diapositiva *f* | (*pt, pp* **slid**) *vi* lliscar; *vt* fer lliscar, moure

slight [slait] *aj* lleu, insignificant; (*thin*) prim -a | *n* ofensa *f* | *vt* menysprear, ofendre

slightly ['slaitli] *av* una mica, lleugerament

slim [slim] *aj* esvelt -a, prim -a; *vi* aprimar-se

slime [slaim] *n* llim *m*

sling [sliŋ] *n* fona *f*; (*bandage*) cabestrell *m* | (*pt, pp* **slung**) *vt* llançar, tirar

slip [slip] *vt* relliscar; (*sneak*) lliscar, esmunyir-se | *n* relliscada *f*; *fg* relliscada *f*, badada *f*, descuit *m*; (*petticoat*) combinació *f*; (*paper*) paperet *m*; bot esqueix *m*

slipper ['slipə'] *n* sabatilla *f*, xinel·la *f*

slippery ['slipəri] *aj* relliscós -osa

slit [slit] *n* tall *m*; *vt* tallar

slither ['sliðə'] *vi* reptar

slob [slɒb] *aj* deixat -ada

slogan ['sləugən] *n* eslògan *m*

slope [sləup] *n* pendent *m*, costa *f*, inclinació *f*; (*of mountain*) falda *f*

sloping ['sləupiŋ] *aj* inclinat -ada

sloppy ['slɒpi] *aj* matusser -a, deixat -ada

slot [slɒt] *n* ranura *f*

sloth [sləuθ] *n* mandra *f*, peresa *f*

slovenly ['slʌvnli] *aj* deixat -ada, descurat -ada

slow [sləu] *aj* lent -a; (*watch*) endarrerit -ida; (*not clever*) totxo -a, obtús -usa, parat -ada; **~ motion** *n* càmera *f* lenta | (*or* **~ down**) *vt* frenar, alentir; *vi* frenar, alentir-se

slowly ['sləuli] *av* a poc a poc, lentament

slowness ['sləunis] *n* lentitud *f*

sludge [slʌdʒ] *n* llot *m*, fang *m*

slug [slʌg] *n* llimac *m*

sluice [slu:s] *n* comporta *f*; (*channel*) canal *m*

slum [slʌm] *n* tuguri *m*

slung [slʌŋ] *pp pt* → **sling**

sly [slai] *aj* astut -a

slyness ['slainis] *n* astúcia *f*, malícia *f*

smack [smæk] *n* bufetada *f*, mastegot *m* | *vt* bufetejar; **~ of** *vi* recordar a

small [smɔ:l] *aj* petit -a, menut -uda; **~ change** *n* xavalla *f*; **~ game** *n* caça *f* menor; **~pox** *n* verola *f*

smart [smɑ:t] *aj* elegant; (*clever*) llest -a, despert -a, agut -uda | *vi* coure, picar | *n* coïssor f, picor f

smash [smæʃ] *vt* trencar, esmicolar; (*throw against*) estavellar; *vi* trencar-se, esmicolar-se; (*against sth*) estavellar-se, xocar | *n* xoc m, topada f

smear [smɪə] *n* taca f; *vt* untar, empastifar

smell [smɛl] *n* olor f; (*unpleasant*) pudor f, ferum f; (*sense*) olfacte m | (*pt*, *pp* **smelt** *or* **smelled**) *vi* fer olor de; *vt* olorar, ensumar

smelly [ˈsmɛli] *aj* pudent

smelt [ˈsmɛlt] *pp pt* → **smell**

smile [smail] *n* somriure m, somris m; *vi* somriure

smiling [ˈsmailiŋ] *aj* somrient

smirk [smɜ:k] *vi* somriure amb menyspreu; *n* somriure m de menyspreu

smith [smiθ] *n* ferrer -a *mf*

smithy [ˈsmiði] *n* ferreria f

smog [smɒg] *n* fum m i boira f

smoke [sməʊk] *n* fum m | *vti* fumar; *vi* (*give off smoke*) fumejar

smoked [sməʊkt] *aj* fumat -ada

smoker [ˈsməʊkə] *n* fumador -a *mf*

smooth [smu:ð] *aj* llis -a; (*not harsh*) suau, fi fina | *vt* allisar, polir; *fg* suavitzar, assuaujar

smother [ˈsmʌðə] *vst* sufocar, extingir, apagar; (*person*) ofegar, asfixiar

smoulder (*or* **smolder** *US*) [ˈsməʊldə] *vi* cremar sense flama

smudge [smʌdʒ] *n* taca f; *vt* tacar

smug [smʌg] *aj* vanitós -osa, suficient

smuggle [ˈsmʌgl] *vt* passar de contraban

smuggler [ˈsmʌglə] *n* contrabandista *mf*

smuggling [ˈsmʌgliŋ] *n* contraban *m*

smut [smʌt] *n* sutge m; (*in eye*) brossa f; *fg* obscenitats *fpl*

smutty [ˈsmʌti] *aj* sutjós -osa; *fg* verd -a, obscè -ena

snack [snæk] *n* aperitiu m, refrigeri m, piscolabis m; **~ bar** *n* bar m

snag [snæg] *n* dificultat f, problema f

snail [sneil] *n* cargol m

snake [sneik] *n* serp f; *vi* reptar

snap [snæp] *vi* trencar-se; (*sound*) espetegar, petar; *vt* trencar; **~ at** mossegar, atacar; **~ one's fingers** *m* petar els dits | *n* espetec *m*; fot foto f | *aj* sobtat -ada

snare [snɛə] *n* tb *fg* trampa f, parany f

snarl [snɑ:l] *vi* grunyir

snatch [snætʃ] *n* fragment m, tros m; *vt* arrabassar

sneak [sni:k] *vi* anar d'amagat; *n* espieta *mf*, delator -a *mf*

sneer [snɪə] *n* somriure m de menyspreu; **~ at** *vi* riure's de, mofar-se de

sneeze [sni:z] *vi* esternudar; *n* esternut m

snide [snaid] *aj* sorneguer -a

sniff [snif] *vti* ensumar

sniper [ˈsnaipə] *n* franctirador -a *mf*

snivel [ˈsnivl] *vi* ploriquejar

snivelling ['snɪvlɪŋ] aj ploraner -a

snob [snɒb] n esnob mf

snobbish ['snɒbɪʃ] aj esnob

snoop [snu:p] vi tafanejar, xafardejar

snooper ['snu:pə] n tafaner -a mf, xafarder -a mf

snooze [snu:z] n becaina f; vi fer una becaina

snore [snɔ:'] n ronc m; vi roncar

snort [snɔ:t] vi esbufegar; n esbufec m

snot [snɒt] n vlg moc m

snout [snaʊt] n morro m, musell m; vlg dsp morro m

snow [snəʊ] n neu f; **~fall** n nevada f; **~flake** n borralló m | vi nevar

snub [snʌb] vt insultar, ofendre | n insult m, ofensa f | aj (nose) xato -a; **~-nosed** aj (person) xato -a

snuff [snʌf] n rapè m

so [səʊ] av aixi, d'aquesta manera; tan. He is so rich, és tan ric | cnj aixi, per tant; **and ~ on** (or **~ forth**) etcètera; **~ do I** jo també; **~ far** fins ara; **~ many** tants, tantes; **~ much** tant -a; **~ that** de manera que, per tal que, perquè; **~-and-~** tal. Mr so-and-so, el senyor tal; **~~~** aixi, aixi; **~ what?** i què?

soak [səʊk] vt amarar, xopar, remullar

soap [səʊp] n sabó m; vt ensabonar

soar [sɔ:'] vi enlairar-se

sob [sɒb] n sanglot m; vi sanglotar

sober ['səʊbə'] aj sobri sòbria

soccer ['sɒkə'] n futbol m

social ['səʊʃəl] aj social;

~ security n seguretat f social;

~ worker n assistent -a mf social

society [sə'saɪətɪ] n societat f

sociology [,səʊsɪ'ɒlədʒɪ] n sociologia f

sock [sɒk] n mitjó m

socket ['sɒkɪt] n presa f de corrent, endoll m; (hollow part) cavitat f; (of eye) conca f, òrbita f

soda ['səʊdə] (or **~ water**) n sifó m, soda f

sodium ['səʊdɪəm] n sodi m

sofa ['səʊfə] n sofà m

soft [sɒft] aj tou tova, flonjo -a, bla blana; (gentle) suau; **~ drink** n refresc m

soften ['sɒfn] vt ablanir, suavitzar; vi ablanir-se, suavitzar-se

softly ['sɒftlɪ] av suaument

softness ['sɒftnɪs] n suavitat f

soggy ['sɒgɪ] aj xop -a, rabejat -ada

soil [sɔɪl] n terreny m, terra f; vt embrutar

solace ['sɒlɪs] n consol m

solar ['səʊlə'] aj solar

sold [səʊld] pp pt → **sell**

solder ['səʊldə'] vt soldar; n soldadura f, soldatge m

soldier ['səʊldʒə'] n soldat -ada mf, militar mf

sole [səʊl] n planta f del peu; (of shoe) sola f; (fish) llenguado m | aj únic -a, sol -a

solely ['səʊllɪ] av únicament, només, solament

solemn ['sɒləm] aj solemne

solicitor [sə'lɪsɪtə'] n advocat -ada mf

solid ['sɒlɪd] aj sòlid -a; (not hollow) massís -issa

solidarity [ˌsɒliˈdærɪti] n solidaritat f

solidify [səˈlɪdɪfaɪ] vt solidificar

solidification [səˌlɪdɪfɪˈkeɪʃən] n solidificació f

solitaire [ˌsɒlɪˈteəʳ] n (game, diamond) solitari m

solitary [ˈsɒlɪtəri] aj solitari -ària

solitude [ˈsɒlɪtjuːd] n solitud f

soluble [ˈsɒljubl] aj soluble

solution [səˈluːʃən] n solució f; qm solució f, dissolució f

solve [sɒlv] vt solucionar, resoldre

some [sʌm] aj (with countable nouns) uns quants, unes quantes, algun -a, alguns algunes. Some friends, alguns amics; (with non countable nouns) una mica de. Some sugar, una mica de sucre; (unspecified) un una | pr alguns, algunes | ~body (or ~one) pr algú; ~thing pr alguna cosa, quelcom; ~times av a (o de) vegades, algunes vegades

somersault [ˈsʌməsɔːlt] n tombarella f, capgirell m, giravolt m; fg pol canvi m de camisa

son [sʌn] n fill m; ~-in-law n gendre m

sonata [səˈnɑːtə] n sonata f

song [sɒŋ] n cançó f

sonorous [ˈsɒnərəs] aj sonor -a

soon [suːn] av aviat, en breu; ~er or later tard o d'hora

soot [sʊt] n sutge m

soothe [suːð] vt calmar, tranquil·litzar

sophisticated [səˈfɪstɪkeɪtɪd] aj sofisticat -ada

sophistication [səˌfɪstɪˈkeɪʃən] n sofisticació f

sorbet [ˈsɔːbeɪ] n sorbet m

sorcerer [ˈsɔːsərəʳ] n bruixot m

sorceress [ˈsɔːsərəs] n bruixa f

sorcery [ˈsɔːsəri] n bruixeria f

sore [sɔːʳ] aj adolorit -ida; ~ throat n angines fpl, mal m de gola | n úlcera f, nafra f

sorrow [ˈsɒrəʊ] n aflicció f, pena f, dolor m

sorrowful [ˈsɒrəful] aj penós -osa, trist -a

sorry [ˈsɒri] aj trist -a; I feel ~ ho sento, em sap greu; ~! perdó!

sort [sɔːt] n classe f, tipus m, espècie f | (or -- out) vt classificar; ~ out vt (problems) solucionar, arreglar

soul [səʊl] n ànima f

sound [saʊnd] n so m; (noise) soroll m; (volume) volum m; geo canal m, estret m; ~ track n banda f sonora | aj sòlid -a, ferm -a; (healthy) sa sana; (sleep) profund -a | vi sonar; ~ out vt temptejar, sondejar

soup [suːp] n sopa f

sour [ˈsaʊəʳ] aj agre -a, àcid -a; (person) esquerp -a, sorrut -uda | vi refredar-se

source [sɔːs] n origen m, font f, procedència f; (spring) font f

south [saʊθ] n sud m, migdia m, migjorn m; aj sud, del sud, meridional; ~east n sud-est m; ~west n sud-oest m; South American aj n sud-america -ana aj mf

southern [ˈsʌðən] aj sud, del sud, meridional

souvenir [ˌsuːvəˈnɪəʳ] n record m

sovereign [ˈsɒvrɪn] aj n sobirà

-ana *aj mf*
Soviet ['səʊvɪət] *aj* n soviètic -a
aj mf
sow [səʊ] *vt* sembrar; [saʊ] *n* truja
f, verra *f*
soya ['sɔɪə] (or **soy** US) [sɔɪ] *n atr*
de soja *f*; ~ **sauce** salsa *f* de soja
spa [spɑ:] *n* balneari *m*, estació *f*
termal
space [speɪs] *n* espai *m*; ~**ship** *n*
nau *f* espacial | (or ~ **out**) *vt*
espaiar, esglaonar
spacious ['speɪʃəs] *aj* espaiós -osa
spade [speɪd] *n* pala *f*; ~**s** *pl*
(cards) piques *f*; (Spanish cards)
espases *f*
spaghetti [spə'getɪ] *n gst*
espaguetis *mpl*
span [spæn] *n* pam *m*; (distance)
tram *m*; (time) interval *m* | *vi*
estendre's
Spaniard ['spænɪəd] *n* espanyol
-a *mf*
Spanish ['spænɪʃ] *aj* espanyol -a;
n (language) espanyol *m*,
castellà *m*
spank [spæŋk] *vt* surrejar; *n* surra
f, natjada *f*, pallissa *f*
spanner ['spænə'] *n* clau *f*
spare [speə'] *aj* de reserva, de
recanvi; (surplus) sobrer, de
sobres; ~ **piece** *n* peça *f* de
recanvi; ~ **time** *n* lleure *m*, oci *m*;
~ **wheel** *n* roda *f* de recanvi | *vt*
estalviar; (do without) estar-se de,
prescindir
sparing ['speərɪŋ] *aj* parc -a
spark [spɑ:k] *n* espurna *f*, guspira
f | *vi* guspirejar, espurnejar; ~**ing
plug** *n* bugia *f*
sparkle ['spɑːkl] *n* espurneig *m*,

centelleig *m* | *vi* brillar, lluir
sparkling ['spɑːklɪŋ] *aj* brillant;
(drink) gasós -osa, amb gas;
(wine) escumós -osa
sparrow ['spærəʊ] *n* pardal *m*
sparse [spɑːs] *aj* escàs -assa;
(scattered) dispers -a
spartan ['spɑːtən] *aj* espartà -ana
spasm ['spæzəm] *n* espasme *m*
spat [spæt] *pp pt* → **spit**
spate [speɪt] *n* onada *f*, torrent *m*
spatial ['speɪʃəl] *aj* espacial
spatter ['spætə'] *n* esquixt *m*; *vt*
esquixar
spatula ['spætjʊlə] *n* espàtula *f*
spawn [spɔːn] *vi* fresar; *n* fresa *f*
speak [spiːk] *pt* **spoke**, *pp*
spoken *vi* enraonar, parlar; *vt*
dir; (language) parlar; ~ **ill**
malparlar; ~ **to** *vi* adreçar-se a,
dirigir-se a, parlar a
speaker ['spiːkə'] *n* parlant *mf*; (in
public) orador -a *mf*;
(loudspeaker) altaveu *m*
spear [spɪə'] *n* llança *f*
special ['speʃəl] *aj* especial; ~
effects *pl* efectes *m* especials; ~
delivery *n* correu *m* urgent; ~
issue *n* edició *f* extraordinària
specialist ['speʃəlɪst] *n*
especialista *mf*
specialize ['speʃəlaɪz] *vi*
especialitzar-se
species ['spiːʃiːz] *n* espècie *f*
specific [spə'sɪfɪk] *aj* específic -a
specify ['spesɪfaɪ] *vt* especificar,
precisar
specimen ['spesɪmɪn] *n* espècimen
m, exemplar *m*
speck [spek] *n* bri *m*, partícula *f*
spectacle ['spektəkl] *n* espectacle

m; ~**s** pl ulleres f

spectacular [spek'tækjʊlə'] aj espectacular

spectator [spek'teɪtə'] n espectador -a mf

spectre (or **specter** US) ['spektə'] n espectre m, fantasma m

spectrum ['spektrəm] n fís ele tb fg espectre m

speculate ['spekjʊleɪt] vt especular

speculation [,spekjʊ'leɪʃən] n especulació f

speech [spi:tʃ] n parla f, paraula f; (talk) discurs m, parlament m; (language) llengua f, llenguatge m, idioma m

speechless ['spi:tʃlɪs] aj estupefacte -a, sense parla

speed [spi:d] n velocitat f; (celerity) rapidesa f; (haste) pressa f | vt accelerar; vi afanyar-se, anar de pressa, cuitar

spell [spel] n encant m, encanteri m; (of time) temporada f | vt lletrejar, escriure; vi escriure's

spelling ['spelɪŋ] n ortografia f

spend [spend] (pt, pp **spent**) vt gastar; (time) passar; (use up completely) gastar, acabar, exhaurir

sperm [spɜ:m] n esperma f

spermatozoon [,spɜ:mətəʊ'zəʊɒn] (pl **spermatozoa**) n bio espermatozoide m

sphere [sfɪə'] n esfera f, globus m; fg esfera f, àmbit m

spherical ['sferɪkəl] aj esfèric -a

sphincter ['sfɪŋktə'] n esfínter m

sphinx [sfɪŋks] n esfinx f

spice [spaɪs] n espècia f; vt especiar

spicy ['spaɪsɪ] aj tb fg picant

spider ['spaɪdə'] n aranya f; ~'**s web** n teranyina f

spike [spaɪk] n punxa f, punta f; bot espiga f

spill [spɪl] vi vessar, sobreeixir; vt vessar, fer sobreeixir | n vessada f

spin [spɪn] (pt, pp **spun**) vi giravoltar, voltar, girar; vt fer girar; (clothes) centrifugar; (spider) filar; vi (make thread) filar; ~**ning top** n baldufa f | n volta f, gir m; aer barrina f

spinach ['spɪnɪdʒ] n espinac m

spinal ['spaɪnl] aj espinal; ~ **column** n columna f vertebral; ~ **cord** n medul·la f espinal

spindle ['spɪndl] n txt fus m; tcn eix m

spine [spaɪn] n columna f vertebral, espina f dorsal, espinada f; (of book) llom m

spinster ['spɪnstə'] n soltera f

spiral ['spaɪərəl] aj n espiral aj m

spire ['spaɪə'] n agulla f

spirit ['spɪrɪt] n esperit m, ànima f; (ghost) esperit m, fantasma m; ~**s** pl ànim msg, moral fsg, esperit msg; (drink) alcohol msg, licor msg

spiritual ['spɪrɪtjʊəl] aj espiritual

spit [spɪt] (pt, pp **spat**) vti escopir; (rain) plovisquejar | n saliva f; (stick) ast m

spite [spaɪt] n aversió f, mania f, despit m; **in ~ of** malgrat, a desgrat de, a pesar de; vt ferir, mortificar

spittle ['spɪtl] n bava f, saliva f

splash [splæʃ] vti esquitxar;

spleen

(or ~ **about**) vi xipollejar | ~ n esquitx m

spleen [spliːn] n melsa f

splendid ['splendɪd] aj esplèndid -a, magnífic -a

splendour (or **splendor** US) ['splendə] n esplendor f

splint [splint] n canya f; vt encanyar

splinter ['splintə'] n estella f; vt estellar

split [split] n divisió f; (crack) escletxa f; pol escissió f | (or ~ **up**) vt partir, dividir; vi dividir-se, separar-se

spoil [spɔil] vt fer malbé, deteriorar, espatllar; (child) aviciar, malcriar, consentir; vi fer-se malbé

spoke [spəuk] pt → **speak**; n radi m, raig m

spoken ['spəukən] pp → **speak**

spokesman ['spəuksmən] n portaveu m

spokeswoman ['spəukswumən] n portaveu m

sponge [spʌndʒ] n esponja f; (or ~ **cake**) n pa m de pessic | vt netejar amb una esponja

spongy ['spʌndʒi] aj esponjós -osa, flonjo -a

sponsor ['spɒnsə'] n patrocinador -a mf; vt patrocinar

spontaneous [spɒn'teiniəs] aj espontani -ània

spook [spuːk] n fm espectre m, fantasma m; (US) espia mf

spooky ['spuːki] aj horripilant, esgarrifós -osa

spool [spuːl] n bobina f, rodet m

spoon [spuːn] n cullera f

spoonful [spuːnful] n cullerada f

sporadic [spə'rædik] aj esporàdic -a, escadusser -a

spore [spɔː'] n espora f

sport [spɔːt] n esport m; ~s aj esportiu -iva; ~s **centre** (or ~s **hall**) n poliesportiu m; ~s **clothes** n roba f d'esport; ~**sman** n esportista m; ~**smanlike** aj esportiu -iva; ~**swoman** n esportista f | vt lluir

sporting ['spɔːtɪŋ] aj esportiu -iva

spot [spɒt] n indret m, lloc m; (on skin) gra m; (of dirt) taca f; (round shape) pic m, rodoneta f; (bit) mica f; ~**light** n focus m | vt notar, adonar-se de

spouse [spaus] n cònjuge mf

spout [spaut] n broc m, bec m, galet m; vi brollar

sprain [sprein] n torçada f, torta f; vt torçar-se, desllorigar-se, dislocar-se

sprang [spræŋ] pt → **spring**

sprawl [sprɔːl] vi estendre's, escampar-se; (person) ajeure's, jeure

spray [sprei] n esprai m; vt ruixar

spread [spred] n extensió f; (meal) tiberi m; (soft food) crema f per untar | (pt, pp spread) vt estendre, desplegar; (news, etc) difondre, escampar, divulgar; (butter, etc) untar; vi difondre's, escampar-se

spree [spriː] n gresca f, tabola f

spring [spriŋ] n primavera f; (source) font f, brollador m; tcn ressort m, molla f; (leap) salt m | [pt sprang, pp sprung] vi saltar, botar; (originate) aparèixer, sorgir;

~board n trampolí m, palanca f

sprinkle ['sprɪŋkl] vt ruixar, arrosar

sprint [sprɪnt] n esprint m; vi esprintar

sprout [spraʊt] n brot m, lluc m | vi brotar, llucar; vt treure

spruce [spru:s] n pícea f, avet m roig; aj polit -ida, endreçat -ada

sprung [sprʌŋ] pp → **spring**

spry [sprai] aj actiu -iva, àgil

spun [spʌn] pp pt → **spin**

spur [spɜ:] n esperó m; fg esperó m, estímul m, agulló m | (or ~ **on**) vt esperonar, incitar

spy [spai] n espia mf | vt divisar, detectar; vi espiar; ~ **on sby** espiar up

squad [skwɒd] n esquadra f; (of police) brigada f, escamot m

squadron ['skwɒdrən] n mil esquadró m; mar esquadra f

squall [skwɔ:l] n ràfega f, ventada f; fm borrasca f

squander ['skwɒndə'] vt malgastar, malbaratar; (opportunity) dissipar

square [skweə'] n quadre m, quadrat m; (of a chessboard) casella f; (of town) plaça f; (person) carca mf | aj quadrat -ada; fm just -a, honrat -ada; ~ **metre** n metre quadrat | vt quadrar; (arrange) arreglar; esp empatar

squared [skweəd] aj quadriculat -ada

squash [skwɒʃ] n suc m (de fruita); bot carabassa f; esp esquaix m | vt aixafar, xafar, esclafar

squat [skwɒt] vi (or ~ **down**) ajupir-se

squawk [skwɔ:k] n xiscle m; vi xisclar

squeak [skwi:k] n grinyol m; (of pen, etc) garranyic m; (of mouse) esguell m, xiscle m | vi grinyolar; (mouse) esguellar, xisclar

squeal [skwi:l] n xiscle m, crit m agut | vi xisclar, cridar; fm (inform) cantar

squeeze [skwi:z] n espremuda f; (compression) pressió f, compressió f; (in bus, etc) atapeïment m | vt prémer, estrènyer; (juice) esprémer; ~ **in** vi encabir-se

squeezer ['skwi:zə'] n espremedora f

squid [skwɪd] n calamars m

squilla ['skwɪlə] n zoo galera f

squire [skwaiə'] n escuder m

squirrel ['skwɪrəl] n esquirol m

squirt [skwɜ:t] n raig m | vi rajar, sortir a raigs; vt fer rajar, llançar a raigs

stab [stæb] n punyalada f, ganivetada f; fm intent m | vt apunyalar

stable ['steibl] aj estable; n estable m, quadra f

stack [stæk] n munt m, pila f; vt amuntegar, apilar

stadium ['steidiəm] n estadi m

staff [sta:f] n bastó m, pal m; fg sosteniment m, suport m; (personnel) personal m, plantilla f; mil estat m major; mús pentagrama m | vt proveir de personal

stag [stæg] n cérvol m

stage [steidʒ] n plataforma f, tarima f; tea escenari m, escena f; (of journey, etc) etapa f, fase f, estadi m; **~coach** n diligència f | vt representar, posar en escena

stagger ['stægəᵊ] n tentines fpl, tentineig m | vi fer tentines, tentinejar; (hesitate) dubtar, vacil·lar; vt sorprendre, confondre

staging ['steidʒiŋ] n posada f en escena, muntatge m; (scaffold) bastida f

stagnant ['stægnənt] aj estancat -ada

stain [stein] n taca f; (dye) tint m; **~ remover** n llevataques m iv | vt tacar; (dye) tintar

stained glass [steind'glɑ:s] n vidre m de color; **stained-glass window** n vitrall m

stainless ['steinlis] aj que no es taca, intacable; **~ steel** n acer m inoxidable

stair [steəᵊ] n esglaó m, graó m, escaló m; **~case** n escala f; **~s** pl escala fsg

stake [steik] n estaca f, pal m; (concern) interès m; (bet) aposta f | vt tancar amb estaques; (bet) apostar; com invertir; (life) arriscar

stale [steil] aj (food) passat -ada; (dry) sec -a, dur -a; (musty) ranci rància, florit -ida; fg vell -a, gastat -ada

stalk [stɔ:k] n tija f, cama f, canya f | vt estar a l'aguait; vi caminar amb aire majestuós

stall [stɔ:l] n estable m; (in market) parada f | vt tancar a l'estable; aut calar; vi calar-se

stamen ['steimen] n estam m

stammer ['stæməᵊ] n quequeig m, tartamudeig m; vi quequejar, tartamudejar

stammerer ['stæmərəᵊ] n quec -a mf, tartamut -uda mf

stamp [stæmp] n segell m; (fiscal) timbre m; (mark) marca f, senyal m; (with foot) puntada f de peu | vt estampar, imprimir; fg marcar, senyalar; (letter) posar un segell a; vti picar de peus, donar cops amb el peu

stanch [stɑ:ntʃ] vt = **staunch**

stand [stænd] n posició f; (for taxis) parada f, estació f; (for lamp) peanya f, pedestal m; (in market) parada f; (at exhibition) estand m, caseta f; (in stadium) tribuna f, graderia f, grada f | (pt, pp **stood**) vi estar dret; (get up) aixecar-se, posar-se dret; (of measurement) amidar, fer; (be placed) ésser, estar situat; (remain) quedar-se, romandre; vt posar, col·locar, situar; (bear) aguantar, resistir, suportar; **~ by** vt sostenir, defensar; **~ for** vt significar; (tolerate) aguantar, permetre; **~ out** vi destacar, sobresortir; **~ sby up** plantar up; **~ up** vi aixecar-se, posar-se dret

standard ['stændəd] n bandera f, estendard m, ensenya f; (measure, etc, used as norm) patró m, model m, pauta f; (degree of excellence) nivell m; **~ of living** n nivell m de vida | aj normal, corrent; (model) estàndard

stand-in ['stændin] n suplent mf, substitut -a mf; cin doble mf

standing ['stændɪŋ] *aj* dret -a, dempeus; (*permanent*) permanent | *n* reputació *f*, categoria *f*, rang *m*

stanza ['stænzə] *n* estrofa *f*

staple ['steɪpl] *n* grapa *f*; *vt* engrapar, grapar, posar grapes

star [stɑ:'] *n* estrella *t*, estel *m*, astre *m*; (*person*) figura *f* important; *cin etc* estrella *f*; ~**fish** *n* estrella *f* de mar | *vi* protagonitzar

starch [stɑ:tʃ] *n* midó *m*, fècula *f*; *vt* emmidonar

start [stɑ:t] *n* començament *m*, principi *m*; (*departure*) sortida *f*; (*fright, etc*) espant *m*; (*advantage*) avantatge *m* | *vt* començar; (*cause*) causar; (*engine*) engegar, arrencar, posar en marxa; *vi* començar; (*in fright*) espantar-se

startle ['stɑ:tl] *vt* espantar, esglaiar, sobresaltar

startling ['stɑ:tlɪŋ] *aj* sorprenent, esfereïdor -a, xocant

starve [stɑ:v] *vi* morir de fam; *fg fm* pasar gana; *vt* matar de fam

starving ['stɑ:vɪŋ] *aj* afamat -ada, famolenc -a

state [steɪt] *n* estat *m* | *vt* declarar, fer saber, manifestar; (*problem*) plantejar

statement ['steɪtmənt] *n* declaració *f*, afirmació *f*, manifestació *f*; (*of a problem*) plantejament *m*

static ['stætɪk] *aj* estàtic -a

station ['steɪʃən] *n* estació *f*; (*radio*) emissora *f*; *mil* posta *f* | *vt* col·locar, situar; *mil* apostar, posar a l'aguait

stationer ['steɪʃənə'] *n* paperer -a

mf; ~'**s** *n* papereria *f*

stationery ['steɪʃənərɪ] *n* papereria *f*

statistics [stə'tɪstɪks] *n pl/sg mat* estadística *f*

statue ['stætju:] *n* estàtua *f*

statuesque [,stætju'esk] *aj* escultural

stature ['stætʃə'] *n* estatura *t*, talla *f*

statute ['stætju:t] *n* estatut *m*

staunch [stɔ:ntʃ] *vt* (*blood*) estroncar

stay [steɪ] *n* estada *f* | *vi* quedar-se, romandre, restar; (*as guest*) hostatjar-se, estar-se; ~ **in** *vi* quedar-se a casa

steadfast ['stedfəst] *aj* ferm -a, tenaç, constant

steady ['stedɪ] *aj* ferm -a, estable, segur -a; (*regular*) regular, constant | *vt* estabilitzar; (*nerves*) calmar

steak [steɪk] *n* bistec *m*; (*slice of meut or fish*) filet *m*

steal [sti:l] [*pt* **stole**, *pp* **stolen**] *vt* robar, prendre, furtar; *vi* robar; (*or* ~ **away**) escapolir-se, anar-se'n silenciosament

steam [sti:m] *n* vapor *m*; (*mist*) baf *m*; ~ **boiler** *n* caldera *f* de vapor; ~ **shovel** *n* excavadora *f* | *vt* coure al vapor; (*or* ~ **up**) (*window*) entelar; *vi* fumejar

steel [sti:l] *n* acer *m*; ~**yard** *n* romana *f*

steep [sti:p] *aj* escarpat -ada, espadat -ada, costerut -uda; *fg* excessiu -iva, desmesurat -ada | *vt* remullar

steer [stɪə'] *vt* guiar, dirigir; (*car*)

steering

conduir; (*ship*) governar; *vi*
conduir, governar
steering ['stɪərɪŋ] *n aut* direcció f,
conducció f; *mar* govern m; ~
wheel *n* volant m
steersman ['stɪəzmən] *n* timoner
-a *mf*
stem [stɛm] *n* tija f, canya f; (*of
glass*) peu m | *vt* aturar, deturar;
~ **from** *vi* procedir de, venir de
stench [stɛntʃ] *n* fortor f, pudor f,
ferum f
stencil ['stɛnsl] *n* plantilla f
stenography [stɛ'nɒgrəfi] *n*
taquigrafia f
step [stɛp] *n* passa f, pas m;
(*footprint*) petjada f; (*stair*) esglaó
m, graó m, escaló m; ~**brother** *n*
germanastre m; ~ **by** ~ pas a pas,
a poc a poc; ~**father** *n* padrastre
m; ~**mother** *n* madrastra f; ~**s** *pl*
escala f; ~**sister** *n* germanastra f
| *vi* fer un pas; (*walk*) caminar,
anar; ~ **down** *vi* retirar-se; ~ **on**
vt trepitjar
steppe [stɛp] *n* estepa f
stereotype ['stɛrɪətaɪp] *n*
estereotip m
sterile ['stɛraɪl] *aj* estèril
stern [stɜ:n] *aj* sever -a, dur -a,
rigorós -osa; *n mar* popa f
sternum ['stɜ:nəm] *n* estèrnum m
stew [stju:] *n* guisat m, estofat m;
vt guisar, estofar
steward ['stju:əd] *n* cambrer m
stewardess ['stjuə'des] *n aer*
hostessa f
stick [stɪk] *n* pal m, vara f; (*for
walking*) bastó m | (*pt,pp* **stuck**)
vt enganxar, fixar; (*thrust*) clavar;
(*tolerate*) aguantar, tolerar; *vi*

enganxar-se; (*in mud*) quedar-se
encallat; ~ **out** *vi* sobresortir
sticker ['stɪkə'] *n* adhesiu m
sticking plaster ['stɪkɪŋ,plɑ:stə']
n esparadrap m
sticky ['stɪkɪ] *aj* enganxós -osa,
viscós -osa, llefiscós -osa
stiff [stɪf] *aj* rígid -a, encarcarat
-ada; (*paste, soil*) espès -essa;
(*person*) tibat -ada
stiffen ['stɪfn] *vt* endurir,
encarcarar, enravenar; *vi* endurir-
se, encarcarar-se, enravenar-se
stifle ['staɪfl] *vt* ofegar, sufocar; *fg*
reprimir; *vi* ofegar-se, sufocar-se
stigma ['stɪgmə] *n* estigma m
still [stɪl] *aj* quiet -a, immòbil | *av*
encara. *They are still there*, encara
hi són | *cnj* malgrat tot, tot i això
stillness ['stɪlnɪs] *n* quietud f,
immobilitat f
stilt [stɪlt] *n* xanca f
stimulus ['stɪmjʊləs] *n* estímul m
sting [stɪŋ] *n* fibló m; (*act, wound*)
picada f, fiblada f; (*pain*) picor f,
coïssor f | *vti* picar, fiblar; (*a blow,
etc*) coure
stingy ['stɪndʒɪ] *aj* gasiu -iva,
garrepa, mesquí -ina
stink [stɪŋk] *n* pudor f, fortor f,
pesta f | *vi* fer pudor, pudir; ~ **out**
vt empudegar
stinking ['stɪŋkɪŋ] *aj* pudent; *fm*
fastigós -osa
stint [stɪnt] *n* tasca f, feina f; (*or
~ on*) *vt* escatimar
stipulate ['stɪpjʊleɪt] *vt* estipular
stir [stɜ:'] *n* bellugueig m,
agitament m; *fg* agitació f,
commoció f | *vt* remenar, moure;
(*move*) agitar, sacsejar; *fg*

strain

despertar, estimular, provocar; *vi*
moure's; ~ **up** *vt* (*passions,
curiosity*) despertar
stirrup ['stirəp] *n* estrep *m*
stitch [stitʃ] *n* cst punt *m*,
puntada *f*; *med* punt *m* (de sutura)
| *vt* cosir
stock [stɔk] *n* estoc *m*, provisió *f*,
existències *fpl*; (*of company*)
capital *m*; (*family*) llinatge *m*; *agr*
ramaderia *f*; *gst* brou *m*;
~breeder *n* ramader -a *mf*;
~breeding *n* ramaderia *f*;
~broker *n* agent *mf* de canvi i
borsa; ~ **exchange** *n* borsa *f*;
~taking *n* inventari *m*, balanç *m*
| *vt* tenir existències de; (*supply*)
proveir
stocking ['stɔkɪŋ] *n* mitja *f*
stoic ['stəʊɪk] *aj* estoic -a *mf*
stoical ['stəʊɪkəl] *aj* estoic -a
stoke [stəʊk] *vt* (*fire*) atiar,
alimentar, mantenir
stole [stəʊl] *pt* → **steal**
stolen ['stəʊlən] *pp* → **steal**
stomach ['stʌmək] *n* estómac *m*;
~ **ache** *n* mal *m* d'estómac
stomachic [stə'mækɪk] *aj n*
estomacal *aj m*
stone [stəʊn] *n* pedra *f*; (*of fruit*)
pinyol *m*; *med* càlcul *m*, pedra *f* |
aj de pedra; **~cutter** *n* pedrer -a
mf | *vt* apedregar; (*fruit*)
espinyolar
stony ['stəʊnɪ] *aj* pedregós -osa;
(*heart*) de pedra, insensible
stood [stʊd] *pp pt* → **stand**
stool [stuːl] *n* tamboret *m*
stop [stɔp] *n* parada *f*, aturada *f*;
(*pause*) pausa *f*, interrupció *f*; (*of
bus, etc*) parada *f* | *vt* parar,

aturar, deturar; (*avoid*) impedir,
evitar; (*arrest*) detenir; (*cease*)
acabar, cessar; (*payments*)
suspendre; *vi* parar, aturar-se,
deturar-se; (*end*) acabar-se;
~cock *n* clau *f* de pas; **~over** *n*
(*during a journey*) escala *f*;
~watch *n* cronòmetre *m*
stopper ['stɔpə'] *n* tap *m*
store [stɔ:'] *n* provisió *f*;
(*warehouse*) magatzem *m*, dipòsit
m; (*large shop*) grans magatzems
mpl | *vt* emmagatzemar
storey ['stɔ:rɪ] *n* pis *m*, planta *f*
stork [stɔ:k] *n* cigonya *f*
storm [stɔ:m] *n* tempestat *f*,
tempesta *f*, temporal *m*; *fg*
tempesta *f* | *vt* assaltar, prendre
per assalt; *vi* enfadar-se,
enfurismar-se
stormy ['stɔ:mɪ] *aj* tempestuós
-osa
story ['stɔ:rɪ] *n* història *f*, narració
f, relat *m*; *lit* conte *m*, rondalla *f*;
(*lie*) mentida *f*, romanços *mpl*;
~teller *n* narrador -a *mf*
stove [stəʊv] *n* estufa *f*; (*for
cooking*) fogó *m*, cuina *f*
stowage ['stəʊɪdʒ] *n mar* estiba *f*
stowaway ['stəʊəweɪ] *n* polissó
-ona *mf*
straight [streɪt] *aj* dret -a, recte
-a; (*hair*) llis -a, estirat -ada;
(*sincere*) sincer -a, directe -a;
(*plain*) senzill -a | *av* directament,
de dret; ~ **ahead** tot recte, tot
seguit; ~ **away** (~ **off**) de
seguida, immediatament
straighten ['streɪtn] *vt* (or ~ **out**)
adreçar, redreçar
strain [streɪn] *n* tensió *f*; tcn

esforç m; med torçada f,
revinclada f; (breed) raça f | vt
estirar, tibar; med forçar; gst
colar, escórrer; vi esforçar-se
strainer ['streɪnə'] n colador m
strait [streɪt] n estret m; ~**jacket**
n camisa f de força
strange [streɪndʒ] aj estrany -a,
rar -a; (unknown) desconegut
-uda
stranger ['streɪndʒə'] n
desconegut -uda mf; (from
another area) foraster -a mf
strangle ['stræŋgl] vt estrangular,
escanyar
strap [stræp] n corretja f, cst
banda f, tira f
stratagem ['strætɪdʒəm] n
estratagema f
strategy ['strætɪdʒɪ] n estratègia f
stratum ['strɑːtəm] n estrat m,
capa f
straw [strɔː] n palla f; (for
drinking) canya f, palleta f; ~
mattress n màrfega f
strawberry ['strɔːbərɪ] n bot gst
maduixa f; (larger and cultivated)
maduixot m
stray [streɪ] aj extraviat -ada,
perdut -uda | vi desviar-se; (lose)
extraviar-se, perdre's
stream [striːm] n rierol m;
(current) corrent m; (jet) doll m,
fluix m | vi córrer, fluir; vt
classificar, distribuir, en grups
street [striːt] n carrer m; ~**car** n
tramvia m; ~**lamp** n fanal m; ~
plan n pla m, plànol m
strength [streŋθ] n força f;
(toughness) resistència f, fortalesa
f; (colour, feeling, etc) intensitat f

strengthen ['streŋθən] vt
enfortir, reforçar; vi enfortir-se,
reforçar-se
stress [stres] n força f, pressió f;
(strain) tensió f, (accent) accent
m; med estrès m | vt accentuar;
(emphasize) emfasitzar, subratllar,
recalcar
stretch [stretʃ] n estirada f,
estrebada f; (distance) extensió f,
tros m, tram m | vi estirar-se,
allargar-se; (gloves, etc) donar-se,
eixamplar-se; vt estirar, allargar;
(widen) eixamplar; (spread)
estendre
strict [strɪkt] aj estricte -a; (of
person) sever -a, rigorós -osa
stride [straɪd] n gambada f
strident ['straɪdənt] aj estrident;
(colour, etc) llampant
strike [straɪk] n vaga f; (discovery)
descobriment m, troballa f; (blow)
cop m; mil atac m; **be on** ~ fer
vaga | (pt, pp **struck**) vt pegar,
copejar; (find) descobrir, trobar;
(match, light) encendre; vi atacar;
(of labour) fer vaga; ~ **down** vt
enderrocar; ~ **out** vt esborrar; ~
up vt (conversation) entaular
striking ['straɪkɪŋ] aj sorprenent,
xocant
string [strɪŋ] n corda f, cordill m,
cordó m; mús corda f; (of curses)
sèrie f, reguitzell m
strip [strɪp] n tira f, cinta f; (of
land) franja f, llenca f, faixa f; ~
cartoon n historieta il·lustrada
| vt despullar; tcn desmuntar,
desfer; (possessions, etc)
desposseir; vi despullar-se
stripe [straɪp] n ratlla f, franja f

submerge

strive [straɪv] vi esforçar-se, lluitar per, maldar per

stroke [strəʊk] n cop m; esp jugada f; (of pen, pencil) traç m; (of brush) pinzellada f; (caress) carícia f | vt acariciar, amanyagar

stroll [strəʊl] n passeig m, tomb m; vi passejar

strong [strɒŋ] aj fort -a, robust -a; (colour) intens -a; (constitution) cepat -ada; **~box** n caixa f forta; **~ point** n fort m

strophe ['strəʊfɪ] n estrofa f

struck [strʌk] pp pt → **strike**

structure ['strʌktʃə'] n estructura f; vt estructurar

struggle ['strʌgl] n lluita f | vi lluitar; fg esforçar-se, afanyar-se

strut [strʌt] vi gallejar

stubble ['stʌbl] n rostoll m; (on chin) barba f de quatre dies

stubborn ['stʌbən] aj tossut -uda, caparrós -ossa, obstinat -ada

stuck [stʌk] pp pt → **stick**

student ['stjuːdənt] n estudiant -a mf

studio ['stjuːdɪəʊ] n estudi m; (of artist) taller m

study ['stʌdɪ] n estudi m; vt estudiar

stuff [stʌf] n matèria f, substància f; (things) coses fpl; **be good ~** ésser molt bo | vt omplir, atapeir; gst farcir; (animal) dissecar; vi endrapar; **~ osf** atipar-se

stumble ['stʌmbl] vi ensopegar, entrebancar-se

stump [stʌmp] n soca f f; (of limb) monyó m | vt desconcertar

stun [stʌn] vt estabornir; fg atordir, desconcertar

stupid ['stjuːpɪd] aj estúpid -a; **~ thing** n bestiesa f, disbarat m

stupidity [stjuː'pɪdɪtɪ] n estupidesa f, bestiesa f

stupor ['stjuːpə'] n med estupor m/f

sturdy ['stɜːdɪ] aj fort -a, robust -a, vigorós -osa

stutter ['stʌtə'] n quequeig m; vt dir quequejant; vi quequejar, tartamudejar

stutterer ['stʌtərə'] n quec -a mf, tartamut -uda mf

sty [staɪ] n cort f (de porcs)

stye [staɪ] n med mussol m

style [staɪl] n estil m

stylish ['staɪlɪʃ] aj elegant

stylishness ['staɪlɪʃnɪs] n elegància f, distinció f

stylus ['staɪləs] n (pen) estil m; (of gramophone) agulla f

subdivide [ˌsʌbdɪ'vaɪd] vt subdividir

subdivision [ˌsʌbdɪˌvɪʒən] n subdivisió f

subdue [səb'djuː] vt subjugar, sotmetre, dominar

subject ['sʌbdʒɪkt] n súbdit -a mf; grm subjecte m; (theme) tema m, assumpte m, matèria f; (school, etc) assignatura f; **~ matter** n contingut m | [səb'dʒɛkt] vt sotmetre, dominar, subjugar

subjugate ['sʌbdʒʊgeɪt] n subjugar, sotmetre, dominar

subjunctive [səb'dʒʌŋktɪv] aj subjuntiu -iva; n subjuntiu m

sublime [sə'blaɪm] aj sublim

submarine [ˌsʌbmə'riːn] aj submarí -ina; n submarí m

submerge [səb'mɜːdʒ] vt

submergir; vi submergir-se
submit [səb'mɪt] vt sotmetre; vi
sotmetre's
subnormal ['sʌb'nɔːməl] aj
subnormal, anormal
subordinate [sə'bɔːdnɪt] aj n
subordinat -ada aj mf;
[sə'bɔːdɪˌneɪt] vt subordinar
subscribe [səb'skraɪb] vt
subscriure; vi subscriure's a; ~ **to**
(opinion, etc) subscriure, aprovar,
estar d'acord amb
subscription [səb'skrɪpʃən] n
subscripció f
subsidy ['sʌbsɪdɪ] n subsidi m
subsist [səb'sɪst] vi subsistir
subsistence [səb'sɪstəns] n
subsistència f
subsoil ['sʌbsɔɪl] n subsòl m
substance ['sʌbstəns] n
substància f
substantive ['sʌbstəntɪv] aj
substantiu -iva; n substantiu m
substitute ['sʌbstɪtjuːt] n
substitut -a mf, suplent mf; vt
substituir, suplir
subterranean [ˌsʌbtə'reɪnɪən] aj
subterrani -ània, soterrani -ània
subtitle ['sʌbˌtaɪtl] n subtítol m
subtle ['sʌtl] aj subtil
subtract [səb'trækt] vt sostreure;
mat restar
subtraction [səb'trækʃən] n
sostracció f; mat subtracció f,
resta f
subtrahend ['sʌbtrəhend] n
subtrahend m
suburb ['sʌbɜːb] n suburbi m,
raval m
subway ['sʌbweɪ] n pas m
subterrani; (US) metro m

succeed [sək'siːd] vi triomfar,
reeixir, tenir èxit; vt succeir;
(follow) seguir
succeeding [sək'siːdɪŋ] aj
successiu -iva; (following) següent
success [sək'ses] n èxit m
succession [sək'seʃən] n
successió f, sèrie f
successive [sək'sesɪv] aj successiu
-iva, consecutiu -iva
successively [sək'sesɪvlɪ] av
successivament
successor [sək'sesə'] n successor
-a mf
succulent ['sʌkjʊlənt] aj bot gst
tb fg suculent -a
succumb [sə'kʌm] vi sucumbir
such [sʌtʃ] aj tal, semblant. In
such cases, en tals casos, en casos
semblants; (so much) tant. I'm in
such a hurry, tinc tanta pressa; ~
a lot of things tantes coses; ~
as tal, tal com | av tan. Such a
clever girl, una noia tan
intel·ligent
suck [sʌk] vt xuclar, xarrupar;
(breast) mamar; (or ~ **in**) aspirar
sucker [sʌkə'] n ventosa f; bot
xuclador m; (sweet) piruleta f; fm
babau -a mf
suckle ['sʌkl] vt alletar, donar el
pit
sudden ['sʌdn] aj sobtat -ada,
brusc -a; **all of a ~** de sobte,
de cop
suddenly ['sʌdnlɪ] av de sobte,
sobtadament, de cop i volta
suffer ['sʌfə'] vt sofrir, patir;
(bear) aguantar, suportar; vi sofrir,
patir; ~ **from** patir, tenir
tendència a

suffering ['sʌfərɪŋ] n sofriment m

suffice [sə'faɪs] vi bastar, haver-n'hi prou

sufficient [sə'fɪʃənt] aj suficient, prou, bastant

suffix ['sʌfɪks] n sufix m

suffocate ['sʌfəkeɪt] vt asfixiar, ofegar; vi asfixiar-se, ofegar-se

sugar ['ʃʊgəʳ] n sucre m; ~ **basin** (or ~ **bowl**) n sucrera f; ~ **cane** n canya f de sucre m; vt ensucrar

sugary ['ʃʊgərɪ] aj ensucrat -ada; fg melós -osa

suggest [sə'dʒest] vt suggerir

suggestion [sə'dʒestʃən] n suggeriment m

suicidal [ˌsuɪ'saɪdl] aj suïcida

suicide ['suɪsaɪd] n suïcidi m; (person) suïcida mf; **commit** ~ suïcidar-se

suit [suːt] n vestit m (d'home); dr plet m; (request) petició f, demanda f; (naipes) coll m | vti convenir, anar bé; vt (adapt) adaptar, ajustar; (clothes) escaure, caure bé, afavorir

suitable ['suːtəbl] aj adequat -ada, apropiat -ada, convenient

suitcase ['suːtkeɪs] n maleta f

suite [swiːt] n comitiva f; (in hotel) suite f; mús suite f

suitor ['suːtəʳ] n pretendent m

sulfur ['sʌlfəʳ] n = **sulphur**

sullen ['sʌlən] aj taciturn -a, adust -a, sorrut -uda

sulphur (or **sulfur** US) ['sʌlfəʳ] n sofre m

sultan ['sʌltən] n soldà m, sultà m

sultana [sʌl'tɑːnə] n soldana f, sultana f

sultriness ['sʌltrɪnɪs] n xafogor f

sum [sʌm] n suma f; (total) total m | ~ **up** vt sumar; (review) resumir; vi fer un resum

summarize ['sʌməraɪz] vt resumir, sintetitzar

summary ['sʌmərɪ] n resum m, sumari m; aj sumari -ària

summer ['sʌməʳ] n estiu m; vi estiuejar

summit ['sʌmɪt] n cim m

summon ['sʌmən] vt cridar, fer venir; (meeting) convocar; dr citar | ~**s** pl crida fsg; dr citació fsg

sumptuous ['sʌmptjʊəs] aj sumptuós -osa

sun [sʌn] n sol m; ~**bathe** vi prendre el sol; ~**beam** n raig m de sol; ~**burn** n cremada f (del sol); **Sunday** n diumenge m; ~**down** n posta f de sol; ~**set** n posta f de sol; ~**shade** n para-sol m; ~**stroke** n insolació f

sung [sʌŋ] pp → **sing**

sunk [sʌŋk] pp → **sink**

sunny ['sʌnɪ] aj assolellat -ada; **it's** ~ fa sol

superb [suː'pɜːb] aj superb -a, magnífic -a

superficial [ˌsuːpə'fɪʃəl] aj superficial

superficially [ˌsuːpə'fɪʃəlɪ] av superficialment

superfluous [sʊ'pɜːfluəs] aj superflu -èrflua

superimpose ['suːpərɪm'pəʊz] vt superposar

superior [sʊ'pɪərɪəʳ] aj superior; n superior mf

superlative [sʊ'pɜːlətɪv] aj superlatiu -iva; n superlatiu m

supermarket ['suːpəˌmɑːkɪt] n

supermercat m

supervise [ˈsuːpəˈvaɪz] vt
supervisar

supplant [səˈplɑːnt] vt suplantar

supplement [ˈsʌplɪmənt] n
suplement m

supplementary [ˌsʌplɪˈmentəri]
aj suplementari -ària

supply [səˈplaɪ] vt subministrar,
proporcionar, facilitar; (provide)
proveir, fornir, abastar | n
subministrament m, abastament
m; pl existències f, provisions f

support [səˈpɔːt] n suport m; fg
sosteniment m, ajuda f, costat m |
vt aguantar, suportar, sostenir; fg
recolzar, donar suport; (a family)
mantenir

supporter [səˈpɔːtə] n partidari
-ària mf, adepte -a mf; esp
aficionat -ada mf

suppose [səˈpəʊz] vt suposar,
imaginar-se

suppository [səˈpɒzɪtəri] n
supositori m

suppress [səˈpres] vt suprimir;
(subdue) reprimir

suppression [səˈpreʃən] n
supressió f; (of anger, revolt, etc)
repressió f

supremacy [sʊˈpreməsi] n
supremacia f

surcharge [ˈsɜːˈtʃɑːdʒ] com ecn
recàrrec m

sure [ʃʊə] aj segur -a. I am sure
he will come, estic segur que
vindrà; (reliable) ferm -a, decidit
-ida, convençut -uda; **make ~**
assegurar-se | av segurament; **~!**
és clar!, ja ho crec!; **~ enough**
efectivament

surface [ˈsɜːfɪs] n superfície f |
allisar, polir; (a road) revestir; vi
sortir a la superfície

surfeit [ˈsɜːfɪt] n excés m; vt
atipar, afartar

surgeon [ˈsɜːdʒən] n med
cirurgià -ana mf

surly [ˈsɜːli] aj malcarat -ada,
sorrut -uda, malhumorat -ada

surname [ˈsɜːneɪm] n cognom m

surpass [səˈpɑːs] vt superar,
sobrepassar, excedir

surplus [ˈsɜːpləs] n excés m,
excedent m; com superàvit m | aj
excedent, sobrant

surprise [səˈpraɪz] n sorpresa f |
vt sorprendre

surprising [səˈpraɪzɪŋ] aj
sorprenent

surrender [səˈrendə] n rendició f,
lliurament m; vt rendir, lliurar,
entregar

surround [səˈraʊnd] vt voltar,
envoltar, encerclar; n voltant m

surrounding [səˈraʊndɪŋ] aj
circumdant | **~s** pl voltants m,
rodalia fsg; (environment) medi
ambient m

survival [səˈvaɪvəl] n supervivència
f; **~kit** equip m de supervivència

survive [səˈvaɪv] vi sobreviure

surviving [səˈvaɪvɪŋ] aj
supervivent

survivor [səˈvaɪvə] n supervivent
mf

suspect [ˈsʌspekt] aj n sospitós
-osa mf; [səˈspekt] vt sospitar

suspend [səsˈpend] vt suspendre

suspenders [səsˈpendəz] pl
elàstics m, tirants m

suspense [səsˈpens] n incertesa f,

dubte m; cin suspens m
suspension [səs'penʃən] n suspensió f
suspicion [səs'pɪʃən] n sospita f; (mistrust) recel m
suspicious [səs'pɪʃəs] aj sospitós -osa; (suspecting) recelós -osa, suspicaç
sustain [səs'teɪn] vt sostenir, suportar, aguantar; (body, life) sustentar; (suffer) patir, sofrir
swaddle ['swɒdl] vt bolcar, embolcallar, posar bolquers
swallow ['swɒləʊ] n glop m, glopada f; (bird) oreneta f | vt empassar-se, engolir, tragar
swam [swæm] pt → **swim**
swamp [swɒmp] n maresme m, aiguamoll m, pantà m | vt inundar; (overwhelm) aclaparar
swampy ['swɒmpɪ] aj pantanós -osa
swan [swɒn] n cigne m
swap [swɒp] n canvi m, intercanvi m; vt canviar, intercanviar
swarm [swɔːm] n eixam m; (of birds) estol m; (crowd) multitud f | vi eixamenar-se; (other insects) pul·lular, formiguejar
swarthy ['swɔːðɪ] aj morè -ena, bru bruna
swastika ['swɒstɪkə] n esvàstica f
sway [sweɪ] vt balancejar, gronxar; (influence) moure, influir en, influenciar; vi balancejar-se, gronxar-se
swear [sweə'] [pt swore, pp sworn] vti jurar; (use swearwords) renegar; ~**word** n paraulota f
sweat [swet] n suor f; (hard work)

feinada f | vi suar
sweater ['swetə'] n suèter m, jersei m
Swede [swiːd] n suec -a mf
Swedish ['swiːdɪʃ] aj suec -a; n (language) suec m
sweep [swiːp] n escombrada f; (chimney cleaner) escura-xemeneies mf | vti escombrar, agranar; (extend) estendre's
sweet [swiːt] n caramel m, confit m, bombó m; (dessert) postres fpl; ~**s** pl dolços m, llaminadures f | aj dolç -a; (pleasant) agradable, bo bona; (person) dolç -a, amable, simpàtic -a; ~**corn** n blat m de moro; ~ **potato** n moniato m; ---**toothed** aj llaminer -a
sweeten ['swiːtn] vt endolcir, dulcificar
sweetener ['swiːtnə'] n edulcorant m
sweetness ['swiːtnɪs] n dolçor f
swell [swel] n maregassa f, onatge m | aj elegant, distingit -ida; (fine) estupend -a, excel·lent | vt inflar; vi inflar-se; (increase) créixer, augmentar; ~ **with pride** estarrufar-se
swelling ['swelɪŋ] n inflor f; (bruise) bony m
swift [swift] aj ràpid -a, rabent, veloç
swiftness ['swiftnɪs] n rapidesa f, velocitat f, celeritat f
swim [swɪm] n nedada f; **go for a** ~ anar a nedar | [pt swam, pp swum] vi nedar; vt travessar nedant
swimmer ['swɪmə'] n nedador -a mf

swimming ['swɪmɪŋ] n natació f;
~ **costume** n vestit m de bany,
banyador m; ~ **pool** n piscina f

swimsuit ['swɪmsuːt] n vestit m de
bany, banyador m

swindle ['swɪndl] n estafa f; vt
estafar

swindler ['swɪndlə] n estafador
-a m f

swine [swaɪn] n fm canalla m,
porc -a m f

swing [swɪŋ] n gronxador m;
(movement) balanceig m,
oscil·lació f; (rhythm) ritme m;
mús swing m | vt balancejar,
gronxar; vi balancejar-se, gronxar-
se; (a pendulum) oscil·lar; (change
direction) girar, virar, fer mitja
volta

swipe [swaɪp] n cop m fort | vt
pegar, colpejar amb força; fm
pispar, robar

swirl [swɜːl] n remolí m; vi
arremolinar-se, giravoltar

Swiss [swɪs] aj n suís -ïssa aj m f

switch [swɪtʃ] n interruptor m; (of
hair) postís m; (change) canvi m,
tomb m; ~**board** n centraleta f |
vt canviar de; ~ **off** vt apagar,
desconnectar; ~ **on** vt encendre,
connectar

sword [sɔːd] n espasa f; ~**fish** n
peix m espasa, emperador m;
~**sman** n espadatxí m;
~**swoman** n espadatxina f

swore [swɔː] pt → swear

sworn [swɔːn] pp → swear

swum [swʌm] pp → swim

syllable ['sɪləbl] n síl·laba f

symbol ['sɪmbəl] n símbol m

symmetry ['sɪmɪtrɪ] n simetria f

sympathize ['sɪmpəθaɪz] vi ~,
with compadir-se de

sympathy ['sɪmpəθɪ] n compassió
f; afinitat f; afecte m

symphony ['sɪmfənɪ] n simfonia f

symposium [sɪm'pəʊzɪəm] n
simposi m

symptom ['sɪmptəm] n med tb fig
símptoma m

synagogue ['sɪnəgɒg] n rlg
sinagoga f

syndrome ['sɪndrəʊm] n med
síndrome f

synonymous [sɪ'nɒnɪməs] aj
sinònim -a; n sinònim m

synthesis ['sɪnθəsɪs] n síntesi f

synthesize ['sɪnθəsaɪz] vt
sintetitzar

synthetic [sɪn'θetɪk] aj sintètic -a

syringe ['sɪrɪndʒ] n xeringa f

syrup ['sɪrəp] n almívar m; (drink)
xarop m

system ['sɪstəm] n sistema m

T

tab [tæb] n etiqueta f; keep ~s
on sby no perdre d'ull up

table ['teɪbl] n taula f; (written
rows) taula f, quadre m; ~**cloth** n
estovalles fpl, tovalles fpl; ~**land**
n altiplà m, planell m; ~**mat** n
estalvis mpl; ~ **of contents** n
índex m de matèries; ~ **tennis** n
ping-pong m, tennis m de taula |
vt (motion) presentar, posar sobre
la taula

tablet ['tæblɪt] n med pastilla f;
(of soap) pastilla f; (of stone)
làpida f

talisman

tabloid ['tæbloid] n diari m popular, diari m sensacionalista

tacit ['tæsit] aj tàcit -a

taciturn ['tæsitɜːn] aj taciturn -a

tack [tæk] n (nail) tatxa f; (stitch) basta f, embasta f| vt (fasten) tatxonar; (cloth) embastar; vi virar

tackle ['tækl] n (equipment) equip m; (in football) entrada f; mar aparell m; **fishing ~** n ormeig m (de pescar) | vt (task) emprendre, abordar; (in football) fer una entrada; vi entrar, fer una entrada

tact [tækt] n tacte m, discreció f

tactful ['tæktful] aj prudent, delicat -ada, discret -a

tadpole ['tædpəul] n cap-gros m

tag [tæg] n (label) etiqueta f; (of shoelace) capçat m; (sentence) citació f | vt tʌ fg (label) etiquetar; **~ along** vi anar al darrere

tail [teil] n cua f; **~back** n cua f; **~coat** n frac m; **~s** pl (coat) frac msg; (of coin) creu fsg | vt seguir de prop; **~ off** vi minvar, disminuir

tailor ['teilə] n sastre -essa mf; **~made** aj fet -a a mida

taint [teint] n taca f; vt corrompre, infectar

take [teik] [pt **took**, pp **taken**] vt agafar, prendre; (accept) acceptar; (need) demanar; (endure) aguantar, suportar; (bus, etc) agafar; (drive, etc) prendre; (path) agafar, enfilar; [with certain nouns, to show an action] Take a break, descansar. Take a bath, banyar-se; vi (root) agafar;

prendre, arrelar; (time) durar; **be ~n ill** posar-se malalt, emmalaltir; **~ after** vt assemblar-se a; **~ apart** vt (machine) desmuntar; **~ away** vt (carry away) emportar-se, endur-se; (remove) treure; **~ back** vt (statement) retirar; **~ in** vt (lodge) acollir; (include) incloure; (garment) estrènyer; (understand) entendre; (deceive) enganyar, enredar; **~ off** vt (clothes) treure's; (mimic) imitar; (plane) enlairar-se; **~ on** vt (employ) contractar; (responsibility) assumir; **~ out** vt (remove); (obtain) obtenir; **~ over** vt prendre possessió de; **~ up** vt dedicar-se a; (time or space) ocupar; (accept) acceptar; (continue) continuar | n cin presa f

take-home pay ['teikhəum,pei] n sou net

taken ['teikən] pp → **take**

takeoff ['teikɒf] n (of a flight) envol m, enlairament m; (imitation) imitació f, paròdia f

takeover ['teik,əuvə] n ecn absorció f

takings ['teikiŋz] pl ingressos m, recaptació fsg

talc [tælk] n talc m

talcum powder ['tælkəm,paudə] n (pólvores f pl de) talc m

tale [teil] n conte m; (for children) conte m, rondalla f; (report) relat m, història f; dsp romançós mpl, històries fpl

talent ['tælənt] n talent m, do m

talisman ['tælizmən] n amulet m, talismà m

talk [tɔːk] n (conversation) conversa f; (informal lecture) xerrada f, conferència f; (gossip) tafaneries fpl | vi (speak) parlar, enraonar; vt (express) dir. She's talking nonsense, diu bestieses; (speak about) parlar de; ~ **into** vt convèncer per; ~ **out of** vt dissuadir de; ~ **over** vt parlar a fons de, discutir; ~ **round** vt convèncer

talkative ['tɔːkətɪv] aj xerraire, enraonador -a, loquaç

tall [tɔːl] aj alt -a; **how ~ are you?** quant fas d'alçada?

tally ['tælɪ] n (account) compte m | vi concordar, correspondre's; vt (calculate) portar el compte de

talon ['tælən] n urpa f

tambourine [ˌtæmbə'riːn] n pandereta f

tame [teɪm] aj (not fierce) mans -a; (trained) domat -ada, domesticat -ada | vt domar, domesticar

tamer ['teɪmə'] n domador -a mf

tamper ['tæmpə'] vt ~ **with** (touch) remenar, grapejar; (damage) espatllar, fer malbé

tampon ['tæmpɒn] n tampó m

tan [tæn] n (colour) color m torrat; (suntan) bronzejat m | vt (leather) adobar, assaonar; (suntan) colrar, bronzejar, torrar; vi colrar-se, bronzejar-se, torrar-se

tandem ['tændəm] n tàndem m

tangent ['tændʒənt] n tangent f

tangerine [ˌtændʒə'riːn] n mandarina f

tangible ['tændʒəbl] aj tangible, palpable

tangle ['tæŋgl] n embull m, garbuix m, embolic m | vt enredar, embolicar; vi enredar-se, embolicar-se; ~ **with** fm barallar-se amb, heure-se-les amb

tank [tæŋk] n (container) dipòsit m, tanc m; (for water) cisterna f; mil tanc m, carro m de combat

tantrum ['tæntrəm] n rebequeria f, enrabiada f

tap [tæp] n aixeta f; (blow) copet m | vt (hit) donar copets a; (resources) explotar; (phone) intervenir, interceptar; (barrel) obrir

tape [teɪp] n cinta f; (magnetic) cinta f (magnetofònica); ~ **measure** n cinta f mètrica, metre m; ~ **recorder** n magnetòfon m | vt (sound) enregistrar; (parcel) lligar amb una cinta

tapestry ['tæpɪstrɪ] n (cloth) tapís m; (art) tapisseria f

tapeworm ['teɪpwɜːm] n tènia f

tar [tɑː'] n quitrà m, brea f; vt enquitranar

tarantula [tə'ræntjulə] n taràntula f

tare [tɛə'] n (weight) tara f

target ['tɑːgɪt] n (in shooting) blanc m, diana f; (goal) fita f, objectiu m; ~ **practice** n tir m (al blanc)

tariff ['tærɪf] n (tax) aranzel m; (list of prices) tarifa f

tarmac ['tɑːmæk] n (material) asfalt m; (area) superfície f asfaltada

tarn [tɑːn] n estany m (de muntanya), llacuna f

tarnish ['tɑːnɪʃ] vt deslluïr;

vi desenllustrar-se, perdre el llustre

tarragon ['tærəgən] *n* estragó *m*

tarsus ['tɑːsəs] *n* tars *m*

tart [tɑːt] *n* pastís *m* | *aj* (*in taste*) àcid -a, aspre -a, agre -a; (*in manner*) aspre -a, rude | ~ **up** *vt* guarnir

task [tɑːsk] *n* feina *f*, tasca *f*, quefer *m*; **take to ~** renyar, reprendre

tassel ['tæsəl] *n* borla *f*

taste [teist] *n* gust *m*, sabor *m*; (*skill*) paladar *m*; (*small portion*) tast *m*; **have a ~ for** ser afeccionat a; **in bad ~** de mal gust | *vt* (*test*) tastar; (*experience*) notar el gust de; *vi* tenir gust de

tasteless ['teistlis] *aj* (*having no flavour*) insuls -a, insípid -a; (*showing poor taste*) de mal gust

tasty ['teisti] *aj* gustós -osa, saborós -osa

tatters ['tætəz] *pl* parracs *m*, pelleringues *f*

tattoo [tə'tuː] *n* tatuatge *m*; (*show*) retreta *f* militar | *vt* tatuar

taught [tɔːt] *pp* **tp →** **teach**

taunt [tɔːnt] *n* burla *f*, mofa *f*; *vt* burlar-se de, mofar-se de

Taurus ['tɔːrəs] *n* *ast* Taure *m*

taut [tɔːt] *aj* tens -a, tibant; **pull ~** tibar

tauten ['tɔːtn] *vt* tibar, tesar

tavern ['tævən] *n* taverna *f*

tawdry ['tɔːdri] *aj* de mal gust, cursi

tax [tæks] *n* impost *m*, tribut *m*; *fg* càrrega *f*; **~ payer** *n* contribuent *mf* | *vt* gravar; (*patience*) esgotar, acabar; **~ with** acusar de

taxation [tæk'seiʃən] *n* impostos *mpl*

taxi ['tæksi] *n* taxi *m*; **~ driver** *n* taxista *mf*; **~ rank** (*or* **~ stand** US) *n* parada *f* de taxis | *vi* córrer per la pista

tea [tiː] *n* te *m*; (*in the afternoon*) te *m*, berenar *m*; (*in the evening*) sopar *m*; **~ bag** *n* bosseta *f* de te

teach [tiːtʃ] (*pt*, *pp* **taught**) *vt* (*subject*) ensenyar, ser professor -a de; (*person*) ensenyar, instruir; *vi* ser professor -a; **~ a lesson to sby** escarmentar up

teacher ['tiːtʃə'] *n* professor -a *mf*, mestre -a *mf*

teaching ['tiːtʃiŋ] *n* ensenyament *m*, ensenyança *f*

team [tiːm] *n* equip *m*, grup *m*; *esp* equip *m*; **~work** *n* treball *m* en equip

teapot ['tiːpɒt] *n* tetera *f*

tear [tɛə'] *n* (*in cloth*) estrip *m*, set *m*, esqueix *m*; (*from eyes*) llàgrima *f*; **in ~s** plorant | (*pt* **tore**, *pp* **torn**) *vt* estripar, esquinçar, esqueixar; (*to pieces*) trencar a trossos, esmicolar; *vi* estripar-se; (*move*) moure's de pressa; **~ one's hair** *fg* estirar-se els cabells; **~ up** *vt* trencar, esbocinar

tearful ['tɪəful] *aj* plorós -osa

tearoom ['tiːrum] *n* saló *m* de te

tease [tiːz] *n* bromista *mf* | *vt* (*make jokes about*) riure's de; (*annoy*) empipar, molestar; *vi* fer broma

teaspoon ['tiːspuːn] *n* cullereta *f*, (*or* **~ful**) (*measure*) cullerada *f*

teat [tiːt] *n* (*of bottle*) tetina *f*; (*of animal*) mugró *m*

technical ['tɛknɪkəl] aj tècnic -a

technician [tɛk'nɪʃən] n tècnic -a mf

technique [tɛk'ni:k] n tècnica f

technology [tɛk'nɒlədʒɪ] n tecnologia f

teddy bear ['tɛdɪbeə'] n ós m de peluix

tedious ['ti:dɪəs] aj avorrit -ida, pesat -ada, tediós -osa

teem [ti:m] vi (with rain) ploure a bots i barrals; **~ with** vt ésser ple de

teenage ['ti:neɪdʒ] aj jove, adolescent

teenager ['ti:n,eɪdʒə'] n adolescent mf, noi -a mf (de tretze a dinou anys)

teens [ti:nz] pl adolescència fsg; **be in one's ~** ser adolescent

tee-shirt ['ti:ʃɜ:t] n samarreta f

teeth [ti:θ] pl → **tooth**

teethe [ti:ð] vi **he is teething** li surten les dents

teething ['ti:ðɪŋ] n dentició f; **~ troubles** pl dificultats f inicials

teetotal ['ti:,təʊtl] aj abstemi -èmia

teetotaller ['ti:,təʊtlə'] n abstemi -èmia mf

telecommunication ['tɛlɪkə,mju:nɪ'keɪʃən] n telecomunicació f

telegram ['tɛlɪgræm] n telegrama m; **send a ~** enviar un telegrama

telegraph ['tɛlɪgrɑ:f] n telègraf m; vti telegrafiar

telephone ['tɛlɪfəʊn] n telèfon m; **~ box** n cabina f telefònica; **~ call** n trucada f, telefonada f; **~ directory** n guia f de telèfons |

vt (sby) trucar vi a, telefonar vi a; (message) telefonar; vi trucar (per telèfon)

telephonist [tɪ'lɛfənɪst] n telefonista mf

telescope ['tɛlɪskəʊp] n ast telescopi m

television ['tɛlɪ,vɪʒən] n televisió f; **~ set** n televisor m

tell [tɛl] (pt, pp told) vt dir, explicar; (order) manar, dir; (warn) avisar, dir; (recognize) conèixer; vi (have an effect) tenir efecte, afectar; **~ apart** (distinguish) diferenciar; **~off** vt esbroncar, renyar; **~ sby (of) sth** explicar uc a up, assabentar up d'uc

teller ['tɛlə'] n (in bank) caixer -a mf

telling ['tɛlɪŋ] aj eficaç, efectiu -iva, eficient

telltale ['tɛlteɪl] aj revelador -a

temper ['tɛmpə'] n humor m; (angry state) (mal) geni m; **be in a (bad) ~** estar de mal humor; **lose one's ~** perdre els estreps | vt (metal) trempar; fg temperar, moderar

temperament ['tɛmpərəmənt] n temperament m

temperate ['tɛmpərɪt] aj tb fg temperat -ada, moderat -ada

temperature ['tɛmprɪtʃə'] n temperatura f; med febre f; **have a ~** (or **run a ~**) tenir febre

tempest ['tɛmpɪst] n tempestat f, tempesta f

tempestuous [tɛm'pɛstjʊəs] aj fg tempestuós -osa

temple ['tɛmpl] n rlg temple m i

terrify

temporal ['tɛmpərəl] *aj* temporal
temporary ['tɛmpərəri] *aj* temporal, provisional
tempt [tɛmpt] *vt* temptar
temptation [tɛmp'teɪʃən] *n* temptació *f*
tempting ['tɛmptɪŋ] *aj* temptador -a, atractiu -iva
ten [tɛn] *aj* deu | *n* deu *m*; una desena
tenacious [tɪ'neɪʃəs] *aj* tenaç
tenant ['tɛnənt] *n* llogater -a *mf*, inquilí -ina *mf*
tend [tɛnd] *vt* tenir cura de; ~ **to** *vi* tendir a, tirar a, tenir tendència a, tenir tirada a
tendency ['tɛndənsɪ] *n* tendència *f*, tirada *f*, inclinació *f*
tender ['tɛndə'] *aj* (person) tendre -a, delicat -ada; (painful) sensible, adolorit -ida; (meat) tendre -a, melós -osa | *n com oferta* f | *vt* presentar; *vi* fer una oferta
tenderness ['tɛndənɪs] *n* tendresa *f*, (sensitivity) sensibilitat *f*
tendon ['tɛndən] *n* tendó *m*
tenement ['tɛnɪmənt] *n* bloc *m* de pisos
tennis ['tɛnɪs] *n* tennis *m*; ~ **player** *n* tennista *mf*
tenon ['tɛnən] *n* espiga *f*, piu *m*
tenor ['tɛnə'] *n* tenor *m*
tense [tɛns] *aj* (anxious) tens -a; (stretched) tibant, estirat -ada | *n* (temps m (verbal) | *vt* estirar, tibar
tension ['tɛnʃən] *n* tensió *f*; (atmosphere) tensió *f*, tibantor *f*, maror *f*
tent [tɛnt] *n* tenda *f* (de campanya); ~ **peg** *n* piqueta *f*

tentacle ['tɛntəkl] *n* tentacle *m*
tenth [tɛnθ] *aj* desè -ena, dècim -a; *n* (part) dècima part
tenuous ['tɛnjʊəs] *aj* tènue; (very thin) tènue, primíssim -a
tenure ['tɛnjʊə'] *n* possessió *f*, tinença *f*, (of post) ocupació *f*
tepid ['tɛpɪd] *aj* tebi tèbia
term [tɜːm] *n* (period) període *m*; (in schools, Brit) trimestre *m*; (in schools, US) semestre *m*; (end of period) terme *m*; (word) terme *m*; **be on good ~s with** tenir bones relacions amb; **come to ~s with** adaptar-se a; **~s** *pl* termes *m*, condicions *f*
terminal ['tɜːmɪnl] *aj* terminal | (for passengers) terminal *f*; ifm terminal *m*; ele terminal *m*, born *m*
terminate ['tɜːmɪneɪt] *vt* acabar, finalitzar; (pregnancy) interrompre; *vi* acabar-se, finalitzar-se; (train) tenir el final del trajecte
termination [,tɜːmɪ'neɪʃən] *n* final *m*, acabament *m*; (abortion) avortament *m*
termite ['tɜːmaɪt] *n* tèrmit *m*
terrace ['tɛrəs] *n* (row of houses) filera *f* de cases; agr feixa *f*, terrassa *f*; ~**s** *pl* (for watchers) grades *f*
terrain [tɛ'reɪn] *n* terreny *m*
terrarium [tɛ'rɛərɪəm] *n* terrari *m*
terrestrial [tɪ'rɛstrɪəl] *aj* terrestre
terrible ['tɛrəbl] *aj* terrible, horrible
terrific [tə'rɪfɪk] *aj fm* (excellent) fantàstic -a, fabulós -osa
terrify ['tɛrɪfaɪ] *vt* aterrir, esferir,

esparverar

terrifying ['terɪfaɪɪŋ] aj esfereïdor
-a, terrorífic -a, espantós -osa

territorial [ˌterɪ'tɔːrɪəl] aj
territorial

territory ['terɪtərɪ] n territori m

terror ['terə] n terror m, espant
m, esglai m; **---stricken** aj mort
-a de por, petrificat -ada

terrorism ['terərɪzəm] n
terrorisme m

terse [tɜːs] aj concís -isa; (rude)
brusc -a, sec -a

tertiary ['tɜːʃərɪ] aj terciari -ària

test [test] n prova f, assaig m;
(exam) examen m, prova f; qm
anàlisi f, prova f; **put to the** ~
posar a prova; ~ **tube** n proveta f
| vt provar, posar a prova; med
examinar; vi fer proves

testament ['testəmənt] n
testament m

testicle ['testɪkl] n testicle m

testify ['testɪfaɪ] vt declarar,
testificar; vi declarar, prestar
declaració

testimony ['testɪmənɪ] n
testimoni m, declaració f

tether ['teðə] vt fermar

text [tekst] n text m; ~ **book** n
llibre m de text

textile ['tekstaɪl] n teixit m; ~s pl
indústria fsg tèxtil; pl tèxtil

texture ['tekstʃə] n textura f

than [ðæn] cnj (in comparisons)
que. He's older than you, és més
gran que tu; [with numbers] de.
More than five, més de cinc

thank [θæŋk] vt donar les gràcies
a, agrair; ~ **God** (or ~ **heaven**)
gràcies a Déu; ~ **you!** inj gràcies!

| ~s pl agraïment msg; ~s! inj
gràcies!; ~s **to** gràcies a

thankless ['θæŋklɪs] aj (task)
ingrat -a; (person) desagraït -ïda,
ingrat -a

that [ðæt] aj [pl those] aquell -a
| pr [pl those] aquell -a; [neuter]
això; allò; [relative, subject and
object] que; [relative, with
preposition] The book that we
were talking about, el llibre de què
parlàvem; [relative, of time] que.
The year that I got married, l'any
que em vaig casar | ~ **is (to say)**
o sigui | cnj que | av tan

thatch [θætʃ] n sostre m de palla

thaw [θɔː] n desglaç m | vt (food)
descongelar; (ice) fondre,
desglaçar; vi (food) descongelar-
se; (ice) fondre's, desglaçar-se

the [ðiː; ðə] ar el msg, la fsg, els
mpl, les fpl; av [in comparisons]
The sooner the better, com més
aviat millor

theatre (or **theater** US) ['θɪətə]
n teatre m

theatrical [θɪ'ætrɪkəl] aj teatral,
histriònic -a

theft [θeft] n robatori m, furt m

their [ðeə] aj seu seva, llur; ~s pr
seu seva, llur. A friend of theirs, un
amic d'ells

they [ðeɪ] pr ells m, elles f,

them [ðem, ðəm] pr [direct
object] els, ells m; [indirect
object] els; [with preposition] ells
m, elles f

theme [θiːm] n tema m

themselves [ðəm'selvz] pr
[object] es. They bought
themselves a new house, es van

comprar una casa; [*subject*] ells mateixos *m*, elles mateixes *f*

then [ðɛn] *av* (*at that time*) aleshores, llavors; (*afterwards*) després, en acabat, a continuació; (*in that case*) doncs. *What shall we do, then?*, què fem, doncs? | *aj* aleshores *av*

theology [θɪ'ɒlədʒɪ] *n* teologia *f*

theory ['θɪərɪ] *n* teoria *f*

therapy ['θɛrəpɪ] *n* teràpia *f*

there [ðɛə'] *av* allà, allí, hi; ~ **is** (or ~ **are**) hi ha; ~ **was** (or ~ **were**) hi havia | **~abouts** *av* més o menys, si fa no fa, aproximadament; **~after** *av* després (d'això); **~by** *av* aixì, d'aquesta manera; **~fore** *av* per tant

thermal ['θɜ:məl] *aj* (*with heat*) tèrmic -a; (*naturally warm*) termal

thermometer [θə'mɒmɪtə'] *n* termòmetre *m*

thermos ['θɜ:məs] (or **~ flask**) *n* termos *m*

these [ði:z] *pl* → **this**

thesis ['θi:sɪs] *n* tesi *f*

they [ðeɪ] *pr* ells *m* elles *f*

thick [θɪk] *aj* gruixut -uda; (*dense*) dens -a; *fm* (*stupid*) curt -a, talòs -ossa, soca; *fm* (*friend*) íntim -a | *n* moll *m*, cor *m*

thicken ['θɪkən] *vt* espessir; *vi* espessir-se

thicket ['θɪkɪt] *n* bardissa *f*, tota *f*

thickness ['θɪknɪs] *n* gruix *m*

thief [θiːf] [*pl* **thieves**] *n* lladre *mf*

thigh [θaɪ] *n* cuixa *f*

thimble ['θɪmbl] *n* didal *m*

thin [θɪn] *aj* fi, fina; (*person*) prim -a, sec -a; (*liquid*)

clar -a; (*soup*) aigualit -ida; (*clothing*) lleuger -a; (*fog*) tènue, fi, fina; *dsp* poc convincent | *vt* aprimar; (*soup, paint*) aigualir; (*plant*) esporgar; *vi* aclarir-se; (*slim*) aprimar-se

thing [θɪŋ] *n* cosa *f*; (*living*) ésser *m*; (*matter*) cosa *f*, assumpte *m*; **~s** *pl* efectes *m*, coses *f fm*

think [θɪŋk] [*pt, pp* **thought**] *vti* pensar; *vt* (*believe*) creure, pensar, opinar; (*intend*) tenir intenció de, pensar; **I can't ~** no puc entendre; **I don't ~ so** no ho crec; ~ **about** *vt* pensar en; ~ **of** *vt* opinar de; ~ **over** *vt* rumiar; ~ **up** *vt* idear, enginyar

thinker ['θɪŋkə'] *n* pensador -a *mf*

third [θɜ:d] *aj* tercer -a | *n* tercer -a *mf*; (*fraction*) terç *m*; ~ **party** *n* tercer *m*; **~-rate** *aj* de mala qualitat

thirst [θɜ:st] *n tb fg* set *f*; ~ **for** *vt* anhelar, desitjar

thirsty ['θɜ:stɪ] *aj* assedegat -ada; **be ~** tenir set

thirteen [,θɜ:'ti:n] *aj n* tretze *aj m*

thirty ['θɜ:tɪ] *aj n* trenta *aj m*

this [ðɪs] [*pl* **these**] *aj* aquest -a | *pr* aquest -a; [*neuter*] això; allò | *av* tan

thistle ['θɪsl] *n* card *m*

thong [θɒŋ] *n* corretja *f*

thoracic [θɒ:'ræsɪk] *aj* toràcic -a

thorax ['θɒ:ræks] *n* tòrax *m*

thorn [θɔ:n] *n* espina *f*, punxa *f*

thorny ['θɔ:nɪ] *aj* ple -na de punxes, espinós -osa; *fg* espinós -osa, difícil

thorough ['θʌrə] *aj* complet -a; (*search*) minuciós -osa;

(*knowledge*) profund -a; **~bred** *aj* de pura sang; **~fare** *n* carrer *m*, via *f* pública

thoroughly ['θʌrəlɪ] *av* totalment; (*know, search*) a fons

those [ðəʊz] *pl* → **that**

though [ðəʊ] *cnj* encara que, tot i que; **as ~** com si | *av* malgrat això, tanmateix, no obstant això

thought [θɔːt] *pp pt* → **think** | *n* pensament *m*; (*idea*) idea *f*; (*intention*) intenció *f*; (*consideration*) reflexió *f*, consideració *f*

thoughtful ['θɔːtful] *aj* pensarós -osa, consirós -osa; (*kind*) atent -a, considerat -ada

thoughtless ['θɔːtlɪs] *aj* irreflexiu -iva; (*inconsiderate*) desconsiderat -ada

thousand ['θaʊzənd] *aj n* mil *aj m*; miler *m*; **~s of** mils de

thousandth ['θaʊzəntθ] *aj* mil·lèsim -a

thrash [θræʃ] *vt* (*beat*) estomacar, apallissar; *fm* (*defeat*) apallissar; *vi* debatre's; **~ out** *vt* (*discuss*) discutir llargament

thrashing ['θræʃɪŋ] *n* pallissa *f*, estomacada *f*; *fm* (*defeat*) derrota *f*, pallissa *f*

thread [θrɛd] *n* fil *m*; (*of screw*) rosca *f* | *vt* (*needle*) enfilar

threadbare ['θrɛdbɛə'] *aj* (*clothes*) tronat -ada, gastat -ada; (*excuse*) fluix -a, poc convincent

threat [θrɛt] *n* amenaça *f*

threaten ['θrɛtn] *vti* amenaçar *vt*

threatening ['θrɛtnɪŋ] *aj* amenaçador -a

three [θriː] *aj n* tres *aj m*

thresh [θrɛʃ] *vt* batre

threshold ['θrɛʃhəʊld] *n arq tb fg* llindar *m*

threw [θruː] *pt* → **throw**

thrift [θrɪft] *n* ecn estalvi *m*, economia *f*

thrill [θrɪl] *n* emoció *f*, excitació *f*; esgarrifança *f*, calfred *m* | *vt* emocionar, excitar; esgarrifar, estremir

thrilling ['θrɪlɪŋ] *aj* emocionant, apassionant

thrive [θraɪv] *vt* prosperar; (*grow*) créixer, desenvolupar-se, pujar

thriving ['θraɪvɪŋ] *aj* pròsper -a

throat [θrəʊt] *n* gola *f*, gorja *f*, gargamella *f*; **sore ~** *n* mal *m* de coll

throb [θrɒb] *n* batec *m*, palpitació *f* | *vi* bategar, palpitar

throne [θrəʊn] *n* tron *m*

throng [θrɒŋ] *n* gentada *f*, multitud *f*, munió *f* | *vt* omplir de gom a gom; *vi* apinyar-se, apilotar-se

throttle ['θrɒtl] *vt tb fg* escanyar, ofegar; *n* vàlvula *f* reguladora

through [θruː] *prp* a través de, per. *Through the door*, per la finestra; (*by means of*) mitjançant, per mitjà de; (*because of*) a causa de | *av* completament; (*from beginning to end*) de cap a cap | **be ~** haver acabat; **go ~ to** (*train*) anar directe a | *aj* (*train*) directe -a; (*traffic*) de pas; **no ~ road** *n* cu -de-sac *m*

throughout [θruː'aʊt] *prp* per tot -a; **~ the night** tota la nit | *av* pertot arreu

throw [θrəʊ] [*pt* **threw**, *pp*

tightfisted

thrown] vt llançar, tirar, llençar; (cause to fall) tirar a terra; fm (party) fer; **~ away** vt llençar, desfer-se de (chance) desaprofitar; **~ out** vt llençar, desfer-se de (person) fer fora; **~ up** vt vlg (vomit) canviar la pesseta | n tirada f, llançament m; **~-in** n sacada f

thrown [θrəʊn] pp → throw

thrush [θrʌʃ] n (bird) tord m

thrust [θrʌst] n tcn empenyiment m; mil atac m, escomesa f | vt (push) empènyer, empentar; (push in) ficar, introduir

thud [θʌd] n bum m, patacada f, cop m sord

thumb [θʌm] n dit m gros, polze m; **~tack** n xinxeta f | **~ a lift** vt fer autostop

thump [θʌmp] n castanya f, trompada f, patacada f | vt apallissar, tustar; vi bategar fortament

thunder ['θʌndə'] n tro m | vi tronar; **~storm** n tronada f; **~struck** aj estupefacte -a, atordit -ida

Thursday ['θɜːzdɪ] n dijous m

thus [θʌs] av així, d'aquesta manera; **~ far** fins ara

thwart [θwɔːt] vt frustrar, impedir

thyme [taɪm] n farigola f, timó m

tibia ['tɪbɪə] n tíbia f

tic [tɪk] n tic m

tick [tɪk] n tic-tac m; (mark) marca f, senyal m; fm (moment) segon m, moment m; (insect) paparra f | vi (clock) fer tic-tac; vt (mark) marcar, posar una marca a; **~ off** vt fm (reprimand) esbroncar

ticket ['tɪkɪt] n bitllet m, tiquet m; (label) etiqueta f; cin tea entrada f, localitat f, bitllet m; **~ collector** n revisor -a mf; **~ office** n taquilla f

tickle ['tɪkl] n pessigolleig m; **give sby a ~** fer pessigolles a up | vt fer pessigolles a; (amuse) divertir

ticklish ['tɪklɪʃ] aj (problem) delicat -ada; **be ~** (person) tenir pessigolles

tide [taɪd] n marea f; (of events) curs m, marxa f, tendència f; **~ over** vt donar un cop de mà a

tidy ['taɪdɪ] aj net -a, endreçat -ada, ordenat -ada; (amount) considerable | vt (or **~ up**) endreçar, ordenar

tie [taɪ] n (strip) cinta f, llaç m, nus m; (or **neck~**) corbata f; (link) lligam m, vincle m; (score) empat m | vt lligar; vti (competition) empatar

tie-up ['taɪʌp] n lligam m, enllaç m; aut (US) embús m

tier [tɪə'] n fila f, filera f; (of cake) pis m

tie-up ['taɪʌp] n lligam m, enllaç m; aut (US) embús m

tiger ['taɪgə'] n tigre m

tight [taɪt] aj fort -a; (rope) tibant, tihat -ada; (container) hermètic -a; (clothing) estret -a, just -a; (schedule) atapeït -ïda; **~rope walker** n funàmbul -a mf, equilibrista mf; **~s** pl mitges f; **~ spot** n trifulga f

tighten ['taɪtn] vt (rope) tibar, estirar, tesar; (screw) collar fort; (tie, belt) estrènyer; **~ up on sby** collar up

tightfisted [,taɪt'fɪstɪd] aj fm garrepa, ronyós -osa

tightness ['taɪtnɪs] n (of rope) tibantor f; (of clothing) estretor f; (on chest) opressió f

tile [taɪl] n (for floor, wall) rajola f; (for roof) teula f | vt (floor) enrajolar; (roof) cobrir de teules

till [tɪl] n (drawer) calaix m; (machine) caixa f | vt conrear, llaurar | prp fins | cnj fins que

tilt [tɪlt] vt decantar, inclinar; vi decantar-se, inclinar-se

timber ['tɪmbə'] n (material) fusta f; (trees) arbreda f

timbre [tæmbə] n timbre m

time [taɪm] n temps m; (occasion) vegada f, cop m, volta f; hst època f; (by clock) hora f. What time is it?, quina hora és? | vt (measure) calcular la durada de; (choose time for) triar el moment per; **at the same ~** alhora; **for the ~ being** de moment; **from ~ to ~** de tant en tant; **have a good ~** passar-s'ho bé; **in ~** amb el temps; (not late) amb temps; **on ~** puntual; **~ signature** n compàs m; **~table** n horari m; **~ zone** n fus m horari

timely ['taɪmlɪ] aj oportú -una

timid ['tɪmɪd] aj tímid -a

timidity [tɪ'mɪdɪtɪ] n timidesa f

tin [tɪn] n (metal) estany m; (container) llauna f | vt enllaunar; **~foil** n paper m d'alumini; **~- opener** n obrellaunes m; **~plate** n llauna f

tinge [tɪndʒ] n tint m; fg matís m | vt tenyir; fg matisar, tenyir

tingle ['tɪŋgl] n formigueig m, picor f | vi sentir formigueig; (with fear) estremir-se

tinkle ['tɪŋkl] vi dringar; vt fer dringar

tinned [tɪnd] aj en llauna, en conserva

tint [tɪnt] n tint m, matís m, ombra f; (in hair) tint m | vt tenyir

tiny ['taɪnɪ] aj minúscul -a, diminut -a, esquifit -ida

tip [tɪp] n (money) propina f; (end) punta f, punxa f; (for rubbish) abocador m; (advice) consell m | vt (waiter) donar una propina a; (pour) abocar; (tilt) inclinar; vi tombar-se; **~ off** vt avisar; **~ over** vt tombar, trabucar

tipsy ['tɪpsɪ] aj alegre, una mica begut -uda

tiptoe ['tɪptəʊ] vi anar de puntetes; **on ~** av de puntetes

tire [taɪə'] n pneumàtic m | vt (or **~ out**) cansar, fatigar; vi cansar-se, fatigar-se; afartar-se fn; (become bored) avorrir-se

tired [taɪə'd] aj cansat -ada; **~ of** fart -a de, tip -a de

tiredness ['taɪə'dnɪs] n cansament m, fatiga f

tireless ['taɪə'lɪs] aj incansable

tiresome ['taɪə'səm] aj empipador -a, pesat -ada

tiring ['taɪərɪŋ] aj cansat -ada, esgotador -a, feixuc -uga

tisane [tɪ'zæn] n tisana f

tissue ['tɪʃuː] n teixit m; (handkerchief) mocador m de paper; **~ paper** n paper m fi

tit [tɪt] n (bird) mallerenga f; **~ for tat** tal faràs, tal trobaràs

titan ['taɪtən] n tità m

titanic [taɪ'tænɪk] aj titànic -a

titbit ['tɪtbɪt] (or **tidbit** US) n

llaminadura f, **llepolia** f

titillate ['tɪtɪleɪt] vt estimular, excitar

title ['taɪtl] n títol m; ~ **page** n portada f; ~ **role** n paper m principal | vt titular

titular ['tɪtjʊlə] aj titular

to [tuː, tə] prp (direction) a. I went to England, vaig anar a Anglaterra; (as far as) fins (a); (purpose) per, per tal de. We've come to see him, hem vingut per veure'l; (time) A quarter ~ five, tres quarts de cinc; [indirect object] a. I gave the newspaper to my mother, vaig donar el diari a la mare | [infinitive] To live, viure

toad [təʊd] n gripau m, galàpet m

toadstool ['təʊdstuːl] n bolet m verinós

to-and-fro [ˌtuːənd'frəʊ] av amunt i avall; n vaivé m

toast [təʊst] n torrada f, pa m torrat; (drink) brindis m; **a piece of** ~ una torrada; **drink a ~ to** fer un brindis per | vt torrar; (drink) brindar per

tobacco [tə'bækəʊ] n tabac m

tobacconist [tə'bækənɪst] n estanquer -a m/f; ~'**s (shop)** n estanc m

toboggan [tə'bɒgən] n jcs tobogan m

today [tə'deɪ] av avui

toddle ['tɒdl] vi (child) tentinejar, fer tentines

to-do [tə'duː] n fm enrenou m, sarau m

toe [təʊ] n dit m (del peu); (of sock, shoe) punta f; ~**nail** n ungla f (del peu)

toffee ['tɒfɪ] n caramel m

together [tə'geðə] av junts, plegats; (at the same time) alhora

toil [tɔɪl] vi escarrassar-se, esforçar-se; n treball feixuc

toilet ['tɔɪlɪt] n lavabo m, wàter m; (room) lavabo m, bany m; ~ **bag** n necesser m; ~ **paper** n paper higiènic; ~ **water** n colònia f

token ['təʊkən] n (sign) senyal m; (keepsake) record m; (disc) fitxa f; (voucher) val m

told [təʊld] pp pt → **tell**

tolerant ['tɒlərənt] aj tolerant, indulgent

tolerate ['tɒləreɪt] vt tolerar, aguantar, suportar

toll [təʊl] n (tax) peatge m; (casualties) pèrdues fpl | vi tocar a morts

tomato [tə'mɑːtəʊ, US tə'meɪtəʊ] [pl **tomatoes**] n tomàquet m; ~ **plant** n tomaquera f

tomb [tuːm] n tomba f, sepulcre m; ~**stone** n làpida f

tombola [tɒm'bəʊlə] n tómbola f

tomcat ['tɒmkæt] n gat m

tomorrow [tə'mɒrəʊ] av demà; **the day after** ~ demà passat; ~ **morning** demà al matí

ton [tʌn] n tona f

tonality [tə'nælɪtɪ] n tonalitat f

tone [təʊn] n tb fg to m | vt entonar; ~ **down** vt abaixar el to de; ~ **in** vi fer joc, lligar

tongs [tɒŋz] pl pinces f

tongue [tʌŋ] n llengua f; (of shoe) llengüeta f; ~ **twister** n embarbussament m

tonic ['tɒnɪk] aj tònic -a | n med tònic m, tonificant m; mús tònica f; **~ water** n tònica f

tonight [tə'naɪt] av n aquesta nit

tonsil ['tɒnsl] n amígdala f

too [tu:] av (more than enough) massa; (also) també; **~ many** massa; **~ much** massa

took [tʊk] pt → **take**

tool [tu:l] n tb fg eina f, estri m, utensili m

toot [tu:t] vt tocar; vi sonar

tooth [tu:θ] (pl **teeth**) n dent f; (molar) queixal m; (of comb) dent f, pua f; **~ache** n mal m de queixal; **~brush** n raspall m de dents; **~paste** n pasta f de les dents; **~pick** n escuradents m

top [tɒp] n part f de dalt m; (of hill) cim m; (of tree) capçada f, copa f; (of bottle) tap m; (of jar) tapa f; **at the ~** al capdamunt; **on ~ of** al damunt de, dalt de; **~ hat** n barret m de copa | aj de dalt; (in rank) principal; (best) millor. Top marks, les millors notes | vt coronar, rematar; (exceed) superar; **~ up** vt omplir fins a dalt

topaz ['təʊpæz] n topazi m

topic ['tɒpɪk] n tema m, qüestió f

topical ['tɒpɪkəl] aj d'actualitat, d'interès

topographer [tə'pɒgrəfə'] n topògraf -a mf

topography [tə'pɒgrəfi] n topografia f

topple ['tɒpl] vt fer caure, desplomar; vi desplomar-se, caure

torch [tɔ:tʃ] n (electric) llanterna f, lot f; (burning) torxa f

tore [tɔ:'] pt → **tear**

torment ['tɔ:ment] n turment m | vt turmentar; (annoy) martiritzar

torn [tɔ:n] pp → **tear**

torrent ['tɒrənt] n torrent m

torrential [tɒ'renʃəl] aj torrencial

torrid ['tɒrɪd] aj (of weather) tòrrid -a; (passionate) apassionat -ada

torso ['tɔ:səʊ] n tors m

tortoise ['tɔ:təs] n tortuga f

tortuous ['tɔ:tjʊəs] aj tortuós -osa

torture ['tɔ:tʃə'] n tortura f; vt torturar

toss [tɒs] vt llançar, tirar; (head) brandar; **~ for** jugar-se a cara o creu; **~ and turn** (in bed) regirar-se

total ['təʊtl] aj total | n total m | vt (amount to) sumar, ascendir a; (add up) sumar

totality [təʊ'tælɪti] n totalitat f

totally ['təʊtəlɪ] n totalment, absolutament

totter ['tɒtə'] vi tb fg (shake) trontollar, vacil·lar; (walk) tentinejar

touch [tʌtʃ] n toc m; (sense) tacte m; (contact) contacte m; (slight amount) pessic m; **keep in ~ with** mantenir-se en contacte amb | vt tocar; (emotionally) commoure, emocionar, colpir; vi tocar-se, estar de costat; **~ and go** aj dubtós -osa; **~ down** vi aterrar; **~ on** vt (talk about) tocar; **~ up** vt retocar, polir

touching ['tʌtʃɪŋ] aj colpidor -a, commovedor -a

touchy ['tʌtʃi] aj (situation) delicat -ada; (person) susceptible

tough [tʌf] aj (resistant) dur -a, resistent; (difficult) dur -a, ardu

train

àrdua, difícil; (*meat*) dur -a,
estellós -osa; (*person*) fort -a,
forçut -uda, ferreny -a
toughen ['tʌfn] *vt* endurir; *vi*
endurir-se
toughness ['tʌfnɪs] *n* duresa *f*
tour ['tʊəʳ] *n* viatge *m*; (*of town,
monument*) visita *f*; (*of artist*) gira
f | *vi* anar de viatge
tourism ['tʊərɪzəm] *n* turisme *m*
tourist ['tʊərɪst] *n* turista *mf*; *atr*
turístic -a
tournament ['tʊəʳnəmənt] *n*
torneig *m*, competició *f*
tourniquet ['tʊəʳnɪkeɪ] *n med*
torniquet *m*
tousle ['taʊzl] *vt* despentinar,
escabellar
tow [taʊ] *n* remolc *m*; *vt* remolcar,
arrossegar
toward(s) [tə'wɔːd(z)] *prp*
(*direction*) cap a, vers; (*in relation
to*) en relació amb; (*time*) cap a,
pels volts de; (*purpose*) per a
towel ['taʊəl] *n* tovallola *f*,
eixugamans *m*
tower ['taʊəʳ] *n* torre *f*; ~ **block**
n bloc *m* de pisos
town [taʊn] *n* ciutat *f*; (*smaller*)
poble *m*; (*centre*) centre *m*; ~
council *n* ajuntament *m*, consell
m municipal; ~ **hall** *n* ajuntament
m, casa *f* de la vila; ~ **planning**
n urbanisme *m*
towrope ['taʊrəʊp] *n* remolc *m*
toxic ['tɒksɪk] *aj* tòxic -a
toxin ['tɒksɪn] *n* toxina *f*
toy [tɔɪ] *n* joguina *f*; *atr* de joquina
| ~ **with** (*object*) *vt* jugar amb; (*idea*) acariciar
trace [treɪs] *n* rastre *m*, traça *f* | *vt*

(*shape*) traçar; (*copy*) calcar; (*find*)
trobar, localitzar
trachea [trə'kɪə] *n* tràquea *f*
track [træk] *n* (*mark*) petjada *f*; (*of
car*) rodera *f*; (*path*) corriol *m*,
camí *m*; (*for vehicle*) pista *f*; *frr*
via *f*; (*of tape*) cançó *f*; ~**suit** *n*
xandall *m* | *vt* seguir el rastre de
traction ['trækʃən] *n* tracció *f*
tractor ['træktəʳ] *n* tractor *m*
trade [treɪd] *n* comerç *m*; (*job*)
ofici *m* | *vt* canviar; *vt* canviar,
intercanviar; ~**mark** *n* marca *f*;
~**sman** *n* (*shopkeeper*) botiguer
-a *mf*; ~ **union** *n* sindicat *m*
trader ['treɪdəʳ] *n* comerciant *mf*,
traficant *mf*
trading ['treɪdɪŋ] *aj* comercial
tradition [trə'dɪʃən] *n* tradició *f*
traditional [trə'dɪʃənl] *aj*
tradicional
traffic ['træfɪk] *n* trànsit *m*,
circulació *f*; (*trade*) tràfic *m*; ~
jam *n* embús *m*; ~ **lights** *pl*
semàfor *msg* | ~ **in** *vt* traficar
amb
tragedian [trə'dʒiːdɪən] *n* tràgic
-a *mf*
tragedy ['trædʒɪdɪ] *n* tragèdia *f*
tragic ['trædʒɪk] *aj* tràgic -a
trail [treɪl] *n* rastre *m*, pista *f*;
(*path*) corriol *m* | *vt* (*drag*)
arrossegar; (*follow*) seguir la pista
de; *vi* arrossegar-se
trailer ['treɪləʳ] *n* remolc *m*;
(*caravan*) caravana *f*; *cin* tràiler *m*
train [treɪn] *n* *frr* tren *m*, comboi
m; (*of dress*) cua *f*, ròssec *m*; (*of
thought*) fil *m* | *vt* formar,
preparar; *esp* entrenar; (*animal*)
ensinistrar, educar; *vi* formar-se,

preparar-se; *esp* entrenar-se
trainee [treɪ'ni:] *n* aprenent -a *mf*
trainer ['treɪnə] *n* entrenador -a
mf; (*of animal*) ensinistrador -a
mf, domador -a *mf*; (*shoe*)
sabatilla *f*
training ['treɪnɪŋ] *n* preparació *f*,
formació *f*; *esp* entrenament *m*,
preparació *f* física; **in ~** en forma
trait [treɪt] *m* tret *m*, característica
f, distintiu *m*
traitor ['treɪtə] *n* traïdor -a *mf*
traitress ['treɪtrɪs] *n* traïdora *f*
trajectory [trə'dʒɛktərɪ] *n*
trajectòria *f*
tram [træm] (or **tramcar** UK
['træmkɑ:]) *n* tramvia *m*
tramp [træmp] *n* (*walk*) caminada
f, excursió *f*; (*person*) vagabund -a
mf, rodamón *mf* | *vi* caminar amb
passos feixucs
trampoline ['træmpəlɪn] *n*
trampolí *m*
tranquil ['træŋkwɪl] *aj* tranquil
-il·la, plàcid -a
tranquility [træŋ'kwɪlɪtɪ] *n*
tranquil·litat *f*
tranquillize (or **tranquillise**)
['træŋkwɪlaɪz] *vt* tranquil·litzar
transact [træn'zækt] *vt* tramitar
transaction [træn'zækʃən] *n*
transacció *f*, operació *f*
transatlantic ['trænzət'læntɪk] *aj*
transatlàntic -a
transcend [træn'sɛnd] *vt*
depassar, ultrapassar
transcript ['trænskrɪpt] *n*
transcripció *f*, còpia *f*
transfer ['trænsfə] *n* trasllat *m*;
com traspàs *m*; (*for sticking*)
calcomania *f* | *vt* traslladar,

transferir; (*property*) transferir,
cedir; *vi* traslladar-se; (*train, etc*)
fer transbord
transform [træns'fɔ:m] *vt*
transformar
transformation
[,trænsfə'meɪʃən] *n* transformació
f, metamorfosi *f*
transfusion [træns'fju:ʒən] *n*
transfusió *f*
transient ['trænzɪənt] *aj* transitori
-òria, passatger -a; (*population*)
de pas
transistor [træn'zɪstə] *n*
transistor *m*
transit ['trænzɪt] *n* transport *m*,
trasllat *m*; *aer* trànsit *m*; *vi*
transitar
transition [træn'zɪʃən] *n* transició *f*
transitory ['trænzɪtərɪ] *aj*
transitori -òria, passatger -a;
(*population*) de pas
translate [trænz'leɪt] *vt* traduir
translation [trænz'leɪʃən] *n*
traducció *f*
translator [trænz'leɪtə] *n*
traductor -a *mf*
transmission [trænz'mɪʃən] *n*
transmissió *f*
transmit [trænz'mɪt] *vt*
transmetre
transom ['trænsəm] *n* travesser *m*
transparency [træns'pærənsɪ] *n*
(*quality*) transparència *f*; *fot*
diapositiva *f*
transparent [træns'pærənt] *aj tb
fg* transparent
transpiration [,trænspɪ'reɪʃən] *n*
transpiració *f*
transpire [træns'paɪə] *vi*
transpirar; **it ~d that** *fg* es va

saber que

transport ['trænspɔ:t] n transport m; vt transportar

transportation [,trænspɔ:'teiʃən] n transport m; (of criminal) deportació f

transverse ['trænzvəːs] aj travesser -a, transversal

transvestite [trænz'vestait] n transvestit -ida mf

trap [træp] n parany m, trampa f; (of pipe) sifó m; **set a ~** parar una trampa | vt atrapar; (deceive) enredar, enganyar

trapeze [trə'piːz] n trapezi m; **~ artist** n trapezista mf

trapezium [trə'piːziəm] n mat trapezi m

trash [træʃ] n (rubbish) escombraries fpl, deixalles fpl; **be ~** (book, film) no valer res; **~ can** n cubell m de les escombraries

trauma ['trɔːmə] n trauma m

travel ['trævl] n viatges mpl; **I'm fond of ~ling** m'agrada viatjar; **~ agency** n agència f de viatges | vi viatjar; vt recórrer, viatjar vi per

traveller (or **traveler** US) ['trævlə] n viatger -a mf; com viatjant -a mf

travelsick ['trævlsik] aj marejat -ada

traverse ['trævəs] vt recórrer, travessar

travesty ['trævisti] n paròdia f

trawl [trɔːl] n traïnya f; **~ line** n palangre m

trawler ['trɔːlə] n pesquer m, vaixell m de pesca

tray [trei] n safata f

treacherous ['tretʃərəs] aj traïdor

-a; fg perillós -osa

treachery ['tretʃəri] n traïció f, deslleialtat f

tread [tred] n pas m; (of step) esglaó m, glaó m; (of tyre) banda f de rodament | vt trepitjar; **~ on** vi trepitjar vi

treason ['triːzn] n traïció f

treasure ['treʒə] n tresor m; vt donar un gran valor a, apreciar molt

treasury ['treʒəri] n ecn tresor públic

treat [triːt] n festa f, cosa f especial | vt tractar; (pay) convidar; **~ as** considerar

treatment ['triːtmənt] n tractament m; tracte m

treaty ['triːti] n tractat m

tree [triː] n arbre m

trefoil ['trefɔil] n trèvol m

trek [trek] n excursió f (llarga i feixuga)

tremble ['trembl] n tremolor m (or f), estremiment m; vi tremolar, estremir-se, esgarrifar-se

trembling ['trembliŋ] aj tremolós -osa

tremendous [trə'mendəs] aj (enormous) enorme; fm (wonderful) increïble, formidable

tremor ['tremə] n (of earth) sisme m; (of person) calfred m, estremiment m

tremulous ['tremjuləs] aj tremolós -osa

trench [trentʃ] n rasa f, vall f; mil trinxera f

trend [trend] n tendència f; (fashion) moda f

trestle ['tresl] n cavallet m

trial ['traɪəl] n dr judici m, procés m; (test) prova f, assaig m; (trouble) contratemps m; ~ **run** n prova f

triangle ['traɪæŋgl] n triangle m; (for drawing) escaire m

triangular [traɪ'æŋgjʊlə] aj triangular

tribe [traɪb] n tribu f

tribulations [trɪbjʊ'leɪʃənz] pl maldecaps m, dificultats f, tribulacions f

tribunal [traɪ'bjuːnl] n jutjat m, tribunal m

tributary ['trɪbjʊtərɪ] n afluent m

tribute ['trɪbjuːt] n tribut m, homenatge m; hst tribut m

trick [trɪk] n trampa f, engany m; (magic) truc m; (joke) broma f; (habit) vici m; **play a ~ on** fer una mala passada a | ~ **sby into doing sth** vt enredar up perquè faci uc

trickery ['trɪkərɪ] n engany m, enredada f

trickle ['trɪkl] n (of water) rajolí m; vi (drops) degotar; (thin stream) regalimar

trickster ['trɪkstə] n estafador -a mf, bergant -a mf

tricky ['trɪkɪ] aj pelut -uda, difícil, complicat -ada

tricycle ['traɪsɪkl] n tricicle m

trifle ['traɪfl] n fotesa f, bagatel·la f; pa de pessic amb fruita, melmelada i nata | ~ **with** vt fer broma amb

trigger ['trɪgə] n gallet m

trill [trɪl] vi refilar; n (of bird) refilet m; mús trinat m

trillion ['trɪlɪən] n bilió m

trim [trɪm] aj endreçat -ada, polit -ida; **have a ~ figure** tenir bon tipus | n ordre m, disposició f; (of hair) tall m, tallada f | vt netejar, polir; (plant) esporgar, podar; (hair) tallar; (decorate) guarnir

trimming ['trɪmɪŋ] n guarniment m, adorn m

Trinity ['trɪnɪtɪ] n rlg trinitat f

trinket ['trɪŋkɪt] n quincalla f

trip [trɪp] n excursió f, sortida f; viatge m; (fall) ensopegada f | vi ensopegar, entrebancar-se; vt fer la traveta

triple ['trɪpl] aj triple

tripod ['traɪpɒd] n trípode m

triptych ['trɪptɪk] n tríptic m

trite [traɪt] aj vist -a, repetit -ida, vulgar

triturate ['trɪtʃəreɪt] vt triturar

triumph ['traɪʌmf] n triomf m, victòria f, èxit m | vi triomfar, vèncer; ~ **over** vèncer

trivia ['trɪvɪə] pl foteses f, trivialitats f

trivial ['trɪvɪəl] aj trivial

triviality [trɪvɪ'ælɪtɪ] n fotesa f

trolley ['trɒlɪ] n carretó m

troop [truːp] n estol m, colla f; mil tropa f; ~**s** pl tropes f

trophy ['trəʊfɪ] n trofeu m, copa f

tropic ['trɒpɪk] n tròpic m

tropical ['trɒpɪkəl] aj tropical

trot [trɒt] n trot m; vi trotar

troubadour ['truːbədɔː] n trobador m

trouble ['trʌbl] n (worry) problema m, preocupació f; (situation) problema m, conflicte m; (inconvenience) contratemps m, incomoditat f, molèstia f; med trastorn m, malaltia f; **be in ~** tenir problemes; **get into ~** ficar-se en un embolic; **~maker** n agitador -a mf; **~some** aj pesat -ada, empipador -a, molest -a | vt molestar, incomodar; (worry) amoïnar, preocupar

trough [trɒf] n (for food) menjadora f; (for water) abeurador m; (channel) canal m

troupe [truːp] n grup m

trousers ['trauzəz] pl pantalons m, calces f fm

trousseau ['truːsəu] n aixovar m

trout [traut] n truita f (de riu)

trowel ['trauəl] n paleta f

truant ['truənt] n **play ~** fer campana

truce [truːs] n treva f

truck [trʌk] n camió m; frr vagó m (de mercaderies); (pushed by hand) carretó m; **~ driver** n camioner -a mf

truculent ['trʌkjulənt] aj agressiu -iva

trudge [trʌdʒ] vi caminar fatigosament, arrossegar-se

true [truː] aj cert -a, vertader -a; (actual) real; (genuine) de debò, autèntic -a; (loyal) fidel, lleial, (exact) exacte -a; **it's ~** és veritat

truffle ['trʌfl] n tòfona f, trufa f

truly ['truːlɪ] av veritablement, de debò; (really) realment; (exactly) exactament

trumpet ['trʌmpɪt] n trompeta f

truncate [trʌŋ'keɪt] vt truncar

truncheon ['trʌntʃən] n porra f

trunk [trʌŋk] n (of tree) tronc m; (case) bagul m; (of elephant) trompa f; (of car) portaequipatge

m, maleter m

trust [trʌst] n confiança f, fe f; com trust m; (care) responsabilitat f; **on ~** a ulls clucs, sense dubtar-ho; **put one's ~ in** confiar en | vt refiar-se de, confiar vi en

trustful ['trʌstful] aj confiat -ada, refiat -ada

trustworthy ['trʌst,wɜːðɪ] aj digne -a de confiança, lleial

truth [truːθ] n veritat f

truthful ['truːθful] aj (person) veraç; (account, etc) veraç, veridic -a, fidel

try [traɪ] n intent m | vt (attempt) intentar, provar; (or ~ out) (test) provar, posar a prova; dr jutjar, processar; **~ hard** esforçar-se; **~ on** vt emprovar-se

tsar [zɑː] n tsar m

T-shirt ['tiːʃɜːt] n samarreta f

tub [tʌb] n (for washing) tina f, cubell m; (for food) terrina f; fm banyera f

tubby ['tʌbɪ] aj rabassut -uda, rodanxó -ona

tube [tjuːb] n tub m; fm (underground) metro m

tuber ['tjuːbə'] n tubercle m

tuck [tʌk] vt ficar, entaforar; **~ away** vt amagar

Tuesday ['tjuːzdɪ] n dimarts m

tuft [tʌft] n (of hair) ble m, tofa f; (of grass) manat m, pom m

tug [tʌg] n estrebada f, estirada f; vt estirar, estrebar, estiregassar

tuition [tjʊ'ɪʃən] n ensenyament m; (cost) matrícula f

tulip ['tjuːlɪp] n tulipa f

tumble

tumble ['tʌmbl] n caiguda f | vi caure; (roll over) rodolar; (car) fer una volta de campana; (or ~ **down**) (collapse) ensorrar-se, desplomar-se; ~ **dryer** n assecadora f

tummy ['tʌmi] n fm panxa f, ventre m

tumour (or **tumor** US) ['tju:mə'] n tumor m

tumult ['tju:mʌlt] n tumult m

tuna ['tju:nə] (or ~ **fish** ['tju:nəfiʃ]) n tonyina f

tune [tju:n] n melodia f, tonada f; **in** ~ afinat -ada f; **out of** ~ desafinat -ada | vt mús afinar; ~ **in** (radio) sintonitzar

tunic ['tju:nik] n túnica f

tunnel ['tʌnl] n túnel m

tunny ['tʌni] n tonyina f

turban ['tɜ:bən] n turbant m

turbid ['tɜ:bid] aj tèrbol -a

turbine ['tɜ:bain] n turbina f

turbulent ['tɜ:bjulənt] aj turbulent -a, agitat -ada

turd [tɜ:d] n vlg cagarro m

Turk [tɜ:k] n turc -a mf

turkey ['tɜ:ki] n (male) gall m dindi; (female) polla díndia, tita f

Turkish ['tɜ:kiʃ] aj turc -a; n (language) turc m

turmoil ['tɜ:mɔil] n confusió f, desordre m, tumult m

turn [tɜ:n] n (movement) tomb m, volta f, gir m; (opportunity) tanda f, torn m; med atac m; tea número m; **it's my ~** em toca a mi; ~ **up** (of trousers) gira f | vti girar, tombar. Turn (to the) left, girar a l'esquerra; vi (look back) girar-se; tornar-se. Turn red,

tornar-se vermell; ~ **down** vt (reduce) abaixar, afluixar; (reject) rebutjar; ~ **off** vt apagar; (water) tancar; (from road) desviar-se de; ~ **on** vt (light, radio) encendre; (water) obrir; fm excitar; ~ **one's back on sby** fg girar l'esquena a up; ~ **out** vt (light, radio) apagar; (sby) expulsar, foragitar; (happen to be) resultar, ser; ~ **tail** girar cua; ~ **up** vt apujar; (be found) aparèixer; (person) presentar-se

turner ['tɜ:nə'] n torner -a mf

turning ['tɜ:niŋ] n cruïlla f; ~ **point** n moment m decisiu

turnip ['tɜ:nip] n nap m

turnstile ['tɜ:nstail] n torniquet m

turpentine ['tɜ:pəntain] n aiguarràs m

turtle ['tɜ:tl] n tortuga f de mar

turtledove ['tɜ:tldʌv] n tórtora f

tusk [tʌsk] n ullal m

tussle ['tʌsl] n batussa f, baralla f

tutelage ['tju:tilidʒ] n tutela f

tutor ['tju:tə'] n professor -a mf particular; tutor -a mf

tuxedo [tʌk'si:dəu] n (US) esmòquing m

tweezers ['twi:zəz] pl pinces f

twelve [twelv] aj n dotze aj m

twenty ['twenti] aj n vint aj m

twice [twais] av dues vegades

twiddle ['twidl] vt girar, fer girar

twig [twig] n branquilló m; vi pescar, filar

twilight ['twailait] n tb fg crepuscle m

twin [twin] n bessó -ona mf; ~~**bedded room** n habitació f doble

twinge [twindʒ] n (of pain)

punxada f; (of conscience)
remordiment m
twinkle ['twɪŋkl] vi espurnejar
twist [twɪst] n torçada f, torsió f;
(of road) revolt m, tomb m;
(dance) twist m | vt tòrcer, girar,
fer girar; (give spiral form to)
entortolligar, cargolar; (ankle, etc)
tòrcer-se, girar-se; fg (true)
tergiversar, deformar; vi tòrcer-se,
retorçar-se; (road) serpentejar;
(dance) ballar el twist
twisted ['twɪstɪd] aj estrafolari
-ària, rar -a
twit [twɪt] n fm ruc -a mf, toix -a
mf, sabata mf
twitter ['twɪtə'] vi (bird) refilar,
piular
two [tu:] aj dos m, dues f; n dos m;
break in ~ partir per la meitat
tympanum ['tɪmpənəm] n ana arq
timpà m
type [taɪp] n tipus m, classe f,
mena f; (in printing) tipus m;
(person) tipus m | vti escriure a
màquina; vt determinar, esbrinar;
~writer n màquina f d'escriure
typhus ['taɪfəs] n tifus m
typical ['tɪpɪkl] aj típic -a, propi
pròpia, característic -a
typify ['tɪpɪfaɪ] vt caracteritzar; (be
an example) exemplificar
typist ['taɪpɪst] n mecanògraf -a
mf
typography [taɪ'pɒgrəfɪ] n
tipografia f
tyranny ['tɪrənɪ] n tirania f
tyrant ['taɪrənt] n tirà -ana mf,
dèspota mf
tyre ['taɪə'] n pneumàtic m
tzar [zɑː'] n = tsar

U

U-bend ['ju:bɛnd] n tcn sifó m
ubiquity [ju:'bɪkwɪtɪ] n ubiqüitat f
UFO ['ju:fəʊ] n ovni m
ugly ['ʌglɪ] aj lleig lletja;
(situation) perillós -osa
ulcer ['ʌlsə'] n úlcera f
ululation [,ju:lju'leɪʃən] n udol m,
esgarip m
umbilical [ʌmbɪ'laɪkl] aj
umbilical
umbrella [ʌm'brɛlə] n paraigua m
unable [ʌn'eɪbl] aj incapaç; **be ~
to do sth** no poder fer uc
unabridged [,ʌnə'brɪdʒd] aj
íntegre -a
unaccustomed [,ʌnə'kʌstəmd] aj
inusual, insòlit -a; **be ~ to doing
sth** no estar acostumat a fer uc
unanimous [ju:'nænɪməs] aj
unànime
unaware [,ʌnə'weə'] aj **be ~ of
sth** ignorar uc; **be ~ that**
ignorar que; **take ~s** agafar
desprevingut; **~s** av per sorpresa,
inesperadament;
unbearable [ʌn'beərəbl] aj
insuportable, inaguantable
unbelievable [,ʌnbɪ'li:vəbl] aj
increïble
unbeliever [,ʌnbɪ'li:və'] n incrèdul
-a mf
unbelieving [,ʌnbɪ'li:vɪŋ] aj
incrèdul -a
unbend [ʌn'bɛnd] vt dreçar,
destorçar; (calm down) calmar,
relaxar; vi calmar-se, relaxar-se

unblock [ʌn'blɒk] vt desembussar

unbreatheable [ʌn'briːðəbl] aj irrespirable

unbridled [ʌn'braɪdld] aj desenfrenat -ada, sense control

unbutton [ʌn'bʌtn] vt descordar

uncertain [ʌn'sɜːtn] aj incert -a, insegur -a; (person) indecís -isa; **be ~ of** no estar segur de

uncivilized [ʌn'sɪvɪˌlaɪzd] aj incivilitzat -ada

uncle ['ʌŋkl] n oncle m

unclear [ʌn'klɪəʳ] aj poc clar -a, tèrbol -a; (confused) confús -usa

uncomfortable [ʌn'kʌmfətəbl] aj incòmode

uncommon [ʌn'kɒmən] aj poc comú -una, insòlit -a; (unusual) extraordinari -ària

uncomplaining [ʌnkəm'pleɪnɪŋ] aj sofert -a, resignat -ada

unconcerned [ʌnkən'sɜːnd] aj indiferent, desinteressat -ada

unconditional [ʌnkən'dɪʃənl] aj incondicional

unconscious [ʌn'kɒnʃəs] aj inconscient, no intencional -ada; med inconscient, desmaiat -ada; **the ~** l'inconscient m

uncontrolled [ʌnkən'trəʊld] aj descontrolat -ada; (passion) desenfrenat -ada

uncover [ʌn'kʌvəʳ] vt descobrir; (remove lid of) destapar

unction ['ʌŋkʃən] n ungüent m, unció f

uncultivated [ʌn'kʌltɪˌveɪtɪd] aj incultivat -ada, inculte, erm -a; (person) inculte -a

uncultured [ʌn'kʌltʃəd] aj inculte -a, rude

undecided [ʌndɪ'saɪdɪd] aj indecís -isa; (question) pendent, no resolt -a, irresolt -a

under ['ʌndəʳ] prp (a) sota (de). Under the table, a sota la taula; (movement) (per) sota de. The boat passed under the bridge, el vaixell va passar per sota del pont; (less than) menys de. Aged under eighteen de menys de divuit anys; (according to) segons, d'acord amb. His rights under the contract, els seus drets segons el contracte | av sota, a baix

underclothes ['ʌndəˈkləʊðz] pl roba fsg interior

undercover ['ʌndəˌkʌvəʳ] aj clandestí -ina, secret -a

underdeveloped [ʌndəˈdɪ'veləpt] aj subdesenvolupat -ada

underdone [ʌndəˈdʌn] aj gst poc fet -a

underestimate [ʌndər'estɪmeɪt] vt subestimar, menystenir, menysprear

underground ['ʌndəˈɡraʊnd] n metro m; fg moviment m clandestí | aj subterrani -ània; fg secret -a, clandestí -ina | av sota terra

undergrowth ['ʌndəˈɡrəʊθ] n sotabosc m, brossa f

underline [ʌndəˈlaɪn] vt subratllar

underneath [ʌndəˈniːθ] av a sota; prp (a) sota de

underpants ['ʌndəˈpænts] pl calçotets m

underrate [ʌndəˈreɪt] vt menysprear, subestimar

undershirt ['ʌndəˈʃɜːt] n samarreta f, camiseta f

undersized [ˌʌndə"saizd] aj més petit -a del compte; (person) esquifit -ida

understand [ˌʌndə"stænd] (pt, pp **understood**) vt entendre, comprendre; (assume) sobreentendre

understandable [ˌʌndə"stændəbl] aj comprensible, entenedor -a

understanding [ˌʌndə"stændiŋ] aj comprensiu -iva | n comprensió f; (intelligence) enteniment m, intel·ligència f; (agreement) entesa f

understood [ˌʌndə"stud] pp pt → **understand**

undertake [ˌʌndə"teik] vt emprendre; (duty, etc) encarregar-se de; ~ **to do sth** comprometre's a fer uc

undertaking [ˌʌndə"teikiŋ] n tasca f, empresa f; (pledge) compromís m, promesa f

undertow [ˈʌndə"təu] n mar ressaca f

undervalue [ˌʌndə"vælju:] vt menysvalorar, menysestimar; fg menysprear

underwear [ˈʌndə"wɛə] n roba f interior

undesirable [ˌʌndi"zaiərəbl] aj n indesitjable aj f

undo [ʌn"du:] vt descordar, desfer; **come ~ne** descordar-se, desfer-se

undoing [ʌn"du:iŋ] n perdició f, ruïna f

undress [ʌn"dres] vt despullar; vi despullar-se

undulate [ˈʌndjuleit] vi ondular

undulation [ˌʌndju"leiʃən] n ondulació f

unearth [ʌn"ɜ:θ] vt tb fg desenterrar

unease [ʌn"i:z] n malestar m

uneasy [ʌn"i:zi] aj intranquil -il·la, neguitós -osa

unemployed [ˌʌnim"plɔid] aj aturat -ada, desocupat -ada, sense feina

unemployment [ˌʌnim"plɔimənt] n atur m

unending [ʌn"endiŋ] aj inacabable, interminable

unequal [ʌn"i:kwəl] aj desigual

uneven [ʌn"i:vən] aj desigual

unevenness [ʌn"i:vənnis] n desnivell m, desigualtat f

unexpected [ˌʌniks"pektid] aj inesperat -ada, imprevist -a

unexpectedly [ˌʌniks"pektidli] av sobtadament, de sobte, inesperadament

unfair [ʌn"fɛə"] aj injust -a

unfairness [ʌn"fɛənis] n injustícia f

unfaithful [ʌn"feiθful] aj infidel

unfamiliar [ˌʌnfə"miliə"] aj poc familiar, desconegut -uda, estrany -a

unfasten [ʌn"fɑ:sn] vt descordar

unfeeling [ʌn"fi:liŋ] aj insensible

unfinished [ʌn"finiʃt] aj incomplet -a, inacabat -ada

unfold [ʌn"fəuld] vt desplegar, obrir; vi desplegar-se, obrir-se

unforeseen [ˌʌnfɔ:"si:n] aj imprevist -a

unforgettable [ˌʌnfə"getəbl] aj inoblidable

unfortunate [ʌn"fɔ:tʃnit] aj n

desgraciat -ada *aj mf*, dissortat -ada *aj mf*; *aj* (*event*) funest -a, malaurat -ada

unfriendly [ʌnˈfrɛndlɪ] *aj* antipàtic -a; (*behaviour*) hostil, poc amistós -osa

ungrateful [ʌnˈgreɪtful] *aj* desagraït -ïda, ingrat -a

unhappy [ʌnˈhæpɪ] *aj* infeliç, dissortat -ada, malaurat -ada; (*sad*) trist -a

unharmed [ʌnˈhɑːmd] *aj* il·lès -esa

unhealthy [ʌnˈhɛlθɪ] *aj* malaltís -issa; (*place*) poc saludable, malsà -ana; (*curiosity*) malsà -ana, morbós -osa

unhook [ʌnˈhuk] *vt* desenganxar; (*from wall*) despenjar; (*dress*) descordar

unhurt [ʌnˈhɜːt] *aj* il·lès -esa

uniform [ˈjuːnɪfɔːm] *n* uniforme *m*; *aj* uniforme

unify [ˈjuːnɪfaɪ] *vt* unificar, unir

uninhabited [ˌʌnɪnˈhæbɪtɪd] *aj* deshabitat -ada; (*deserted*) desert -a, despoblat -ada

unintentional [ˌʌnɪnˈtɛnʃənl] *aj* involuntari -ària

union [ˈjuːnjən] *n* unió *f*; *pol* sindicat *m*; *atr* sindical

unique [juːˈniːk] *aj* únic -a

unit [ˈjuːnɪt] *n* unitat *f*

unite [juːˈnaɪt] *vt* unir, ajuntar; (*parts of country*) unificar; *vi* unir-se, ajuntar-se

united [juːˈnaɪtɪd] *aj* unit -ida; (*effort*) conjunt -a

unity [ˈjuːnɪtɪ] *n* unitat *f*, unió *f*

universal [ˌjuːnɪˈvɜːsl] *aj* universal

universe [ˈjuːnɪˌvɜːs] *n* univers *m*

university [ˌjuːnɪˈvɜːsɪtɪ] *n* universitat *f*; *atr* universitari -ària, de la universitat

unjust [ʌnˈdʒʌst] *aj* injust -a

unkind [ʌnˈkaɪnd] *aj* poc amable

unknown [ʌnˈnəʊn] *aj* desconegut -uda

unleash [ʌnˈliːʃ] *vt* deslligar, desfermar

unless [ənˈlɛs] *cnj* a no ser que, a menys que

unlike [ʌnˈlaɪk] *aj* diferent, distint; *prp* a diferència de

unlikely [ʌnˈlaɪklɪ] *av* improbable; (*odd*) inversemblant

unlimited [ʌnˈlɪmɪtɪd] *aj* il·limitat -ada

unload [ʌnˈləʊd] *vt* descarregar; (*get rid of*) desfer-se de; *vi* descarregar

unloading [ʌnˈləʊdɪŋ] *n* descàrrega *f*

unlucky [ʌnˈlʌkɪ] *aj* dissortat -ada, desgraciat -ada; **be ~** tenir mala sort

unmannerly [ʌnˈmænəlɪ] *aj* mal educat -ada, groller -a

unmask [ʌnˈmɑːsk] *vt* desemmascarar

unnatural [ʌnˈnætʃrəl] *aj* antinatural; (*manner*) afectat -ada

unnecessary [ʌnˈnɛsɪsərɪ] *aj* innecessari -ària, inútil

unnoticed [ʌnˈnəʊtɪst] *aj* desapercebut -uda, inadvertit -ida

unoccupied [ʌnˈɒkjʊˌpaɪd] *aj* desocupat -ada; (*seat, etc*) lliure; (*region*) deshabitat -ada, despoblat -ada

unpack [ʌnˈpæk] *vt* desempaquetar; (*suitcase*) desfer;

vi desfer les maletes

unpleasant [ʌn'plɛznt] *aj* desagradable, molest -a; *(person)* antipàtic -a

unplug [ʌn'plʌg] *vt* desendollar, desconnectar

unravel [ʌn'rævəl] *vt* desembullar

unreal [ʌn'rɪəl] *aj* irreal

unreliable [ʌnrɪ'laɪəbl] *aj* informal, de poca confiança

unripe [ʌn'raɪp] *aj* verd -a, no madur -a

unroll [ʌn'rəʊl] *vt* desenrotllar; *vi* desenrotllar-se

unruly [ʌn'ruːlɪ] *aj* desobedient, rebel

unsafe [ʌn'seɪf] *aj* insegur -a; *(dangerous)* perillós -osa, arriscat -ada

unsatisfactory [ʌnsætɪs'fæktərɪ] *aj* insatisfactori -òria

unscathed [ʌn'skeɪðd] *aj* il·lès -esa, estalvi -àlvia

unscrew [ʌn'skruː] *vt* descollar, descargolar

unscrupulous [ʌn'skruːpjʊləs] *aj* sense escrúpols

unsettled [ʌn'sɛtld] *aj* inquiet -a, intranquil -il·la; *(weather)* variable

unskilled [ʌn'skɪld] *aj* no qualificat -ada

unstick [ʌn'stɪk] *vt* desenganxar

unstitch [ʌn'stɪtʃ] *vt* descosir; **come ~ed** descosir-se

unstressed [ʌn'strɛst] *aj* sense accentuar, àton -a

unsuitable [ʌn'suːtəbl] *aj* inadequat -ada, inapropiat -ada, inconvenient

untidy [ʌn'taɪdɪ] *aj* desendreçat -ada, desordenat -ada; *(person)*

untie [ʌn'taɪ] *vt* deslligar

until [ən'tɪl] *prp* fins a. *Until ten,* fins a les deu; **~ now** fins ara; *cnj* fins que. *Wait until I get back,* espera't fins que jo torni

untiring [ʌn'taɪərɪŋ] *aj* incansable, infatigable

unusual [ʌn'juːʒʊəl] *aj* poc usual, anormal, insòlit -a

unwell [ʌn'wɛl] *aj* **be ~** trobar-se malament, estar indisposat

unwillingly [ʌn'wɪlɪŋlɪ] *av* de mala gana

unwind [ʌn'waɪnd] *vt* desfer, descargolar; *vi* desfer-se, descargolar-se; *fg* calmar-se, relaxar-se

unwise [ʌn'waɪz] *aj* imprudent

unworthy [ʌn'wɜːðɪ] *aj* indigne -a; **it's ~ of you** no fa per a tu

unwrap [ʌn'ræp] *vt* desembolicar

up [ʌp] *prp* a dalt (de), al damunt de. *Up a tree,* dalt d'un arbre | *av* dalt. *All the way up,* fins a dalt; *(upwards)* amunt, enlaire, cap amunt. *To look up,* mirar amunt; **it's ~ to you** depèn de tu; **there's sth ~** passa alguna cosa; **~ and down** amunt i avall; **~ to** fins; **~ to date** fins avui; **what's ~?** què passa? | *aj* que puja, ascendent | **~s and downs** *pl* alts i baixos *m*

upbringing ['ʌp,brɪŋɪŋ] *n* educació *f*

upheaval [ʌp'hiːvəl] *n* trastorn *m*, daltabaix *m*

uphold [ʌp'həʊld] *vt* sostenir, aguantar; *(maintain)* mantenir, defensar

upholstery [ʌpˈhəʊlstəri] n
tapisseria f

upon [əˈpɒn] prp sobre (de)

upper [ˈʌpə] aj superior, més alt -
a, de més amunt; ~ **case (letter)**
n majúscula f; ~ **class** n classe f
alta | n empenya f

upright [ʌpˈraɪt] aj dret -a,
vertical; fg honest -a, honrat -ada,
recte -a | n tcn muntant m

uprising [ˈʌpraɪzɪŋ] n aixecament
m, rebel·lió f

uproar [ˈʌprɔː] av enrenou m,
rebombori m, escàndol m; (dim)
tumult m

uproot [ʌpˈruːt] vt desarrelar

upset [ˈʌpˌset] n trastorn m; (in
plans) contratemps m | [ʌpˈset] vt
bolcar, tombar, capgirar; (plan)
trastornar, alterar; vi bolcar-se,
tombar-se | [ʌpˈset] av s'enfada
-ada, molest -a; (worried)
preocupat -ada; (disordered)
trastornar -ada, trasbalsat -ada

upstairs [ˈʌpˈstɛəz] av a dalt

upward [ˈʌpwəd] aj ascendent;
(or ~s) av amunt, cap amunt,
enlaire

uranium [jʊəˈreɪnɪəm] n urani m

urban [ˈɜːbən] aj urbà -ana

urea [ˈjʊərɪə] n urea f

ureter [jʊəˈriːtə] n urèter m

urethra [jʊəˈriːθrə] n uretra f

urge [ɜːdʒ] n afany m, desig m; vt
instar, apressar; (prompt) incitar

urgency [ˈɜːdʒənsɪ] n urgència f

urgent [ˈɜːdʒənt] aj urgent,
peremptori -òria

urinal [jʊəˈraɪnl] n urinari m;
(chamber pot) orinal m

urinary [ˈjʊərɪnərɪ] aj urinari -ària

urinate [ˈjʊərɪneɪt] vi orinar

urine [ˈjʊərɪn] n orina f

urn [ɜːn] n urna f

us [ʌs] pr ens; [after preposition]
nosaltres

usage [ˈjuːzɪdʒ] n ús m

use [juːs] n ús m, utilització f; (of
tool, etc) maneig m, ús m;
(usefulness) utilitat f; **be of ~**
servir; **out of ~** fora d'ús | [juːz]
vt fer servir, usar, utilitzar; (treat)
tractar; **be ~d to** estar
acostumat a; **I ~d to go** solia
anar-hi; ~ **up** vt exhaurir, esgotar,
consumir

useful [ˈjuːsfʊl] aj útil

usefulness [ˈjuːsfʊlnɪs] n utilitat f

useless [ˈjuːslɪs] aj inútil,
inservible; (person) inepte -a

user [ˈjuːzə] n usuari -ària mf

usher [ˈʌʃə] n uixer m; cin tea
acomodador m

usherette [ˌʌʃəˈret] n
acomodadora f

usual [ˈjuːʒʊəl] aj usual, habitual,
freqüent; **as ~** com sempre, com
de costum

usually [ˈjuːʒʊəlɪ] av generalment,
normalment

usurp [juːˈzɜːp] vt usurpar

utensil [juːˈtensl] n utensili m,
estri m

uterus [ˈjuːtərəs] n úter m

utility [juːˈtɪlɪtɪ] n utilitat f

utilization [ˌjuːtɪlaɪˈzeɪʃən] n
utilització f

utilize [ˈjuːtɪlaɪz] vt utilitzar

utopia [juːˈtəʊpɪə] n utopia f

utter [ˈʌtə] aj total, complet -a,
absolut -a

uvula [ˈjuːvjələ] n úvula f

V

vacancy ['veɪkənsɪ] n vacant f; (in hotel, etc) habitació f lliure

vacant ['veɪkənt] aj buit buida; (not occupied) lliure, desocupat -ada

vacation [və'keɪʃən] n vacances fpl

vaccinate ['væksɪneɪt] vt vacunar

vaccine ['væksiːn] n vacuna f

vacillate ['væsɪleɪt] vi vacil·lar

vacuum ['vækjuəm] n buit m; ~ **cleaner** n aspiradora f

vagina [və'dʒaɪnə] n vagina f

vagrant ['veɪgrənt] aj n vagabund -a aj mf

vague [veɪg] aj vague vaga; (person) confús -usa, imprecís -isa; (absent-minded) distret -a, despistat -ada

vain [veɪn] aj va vana, inútil; (conceited) vanitós -osa, presumit -ida

valerian [və'lɪərɪən] n valeriana f

valid ['vælɪd] aj vàlid -a; (law) vigent

valloy ['vælɪ] n vall f

valuable ['væljʊəbl] aj valuós -osa, de valor; ~**s** pl objectes m de valor

value ['væljuː] n valor m, vàlua f; (importance) valor m, importància f | vt avaluar, valorar, taxar; (esteem) apreciar, estimar

valve [vælv] n vàlvula f

vampire ['væmpaɪə] n vampir m

van [væn] n camioneta f, furgoneta f; frr furgó m

vanguard ['vængɑːd] n avantguarda f

vanilla [və'nɪlə] n vainilla f

vanish ['vænɪʃ] vi desaparèixer

vanity ['vænɪtɪ] n vanitat f

vapour ['veɪpə] n vapor m, baf m

variable ['veərɪəbl] aj n variable aj f

variation [,veərɪ'eɪʃən] n tb mús variació f

varied ['veərɪd] aj divers -a, vari vària

variegated ['veərɪgeɪtɪd] aj bigarrat -ada, jaspiat -ada

variety [və'raɪətɪ] n varietat f, diversitat f; ~ **show** n varietats fpl

various ['veərɪəs] aj divers -a

varnish ['vɑːnɪʃ] n vernís m; nail ~ esmalt m (de les ungles) | vt envernissar; (nails) pintar

vary ['veərɪ] vti variar

vase [vɑːz] n gerro m

vassal ['væsəl] n vassall -a mf

vast [vɑːst] aj vast -a, immens -a

vat [væt] n tina f

vault [vɔːlt] n arq volta f; (for wine) celler m; esp salt m | vti saltar

veal [viːl] n vedella f, carn f de vedella

veer [vɪə] vi virar

vegetable ['vedʒtəbl] aj vegetal | n vegetal m; (edible plant) llegum m, hortalissa f

vegetarian [,vedʒɪ'teərɪən] aj n vegetarià -ana aj mf

vegetation [,vedʒɪ'teɪʃən] n vegetació f

vehicle ['viːɪkl] n vehicle m; (means) vehicle m, medi m

veil [veɪl] n vel m; vt velar

vein [veɪn] n vena f, bot vena f, nervi m; min veta f, filó m

velocity [vɪ'lɒsɪtɪ] n velocitat f

velum ['viːləm] n vel m del paladar

velvet ['vɛlvɪt] n vellut m

venal ['viːnl] aj venal

veneer [və'nɪə] n xapa f; fg vernís m, aparença f | vt xapar

venerate ['vɛnəreɪt] vt venerar

vengeance ['vɛndʒəns] n venjança f

venom ['vɛnəm] n verí m; fg odi m, rancor m/f

venomous ['vɛnəməs] aj verinós -osa

ventilate ['vɛntɪleɪt] vt ventilar

ventilator ['vɛntɪleɪtə] n ventilador m

ventricle ['vɛntrɪkl] n ventricle m

venture ['vɛntʃə] n aventura f, risc m | vt aventurar, arriscar; (opinion) gosar dir; vi aventurar-se, arriscar-se

veracious [və'reɪʃəs] aj veraç

verb [vɜːb] n verb m

verbal ['vɜːbəl] aj verbal

verbena [vɜː'biːnə] n berbena f

verdict ['vɜːdɪkt] n veredicte m; fg parer m, opinió f

verify ['vɛrɪfaɪ] vt verificar, comprovar

veritable ['vɛrɪtəbl] aj veritable

vermouth ['vɜːməθ] n vermut m

vernacular [və'nækjʊlə] aj vernacle -a; n llengua f vernacla

versatile ['vɜːsətaɪl] aj versàtil; (person) polifacètic -a

verse [vɜːs] n vers m; (stanza) estrofa f

version ['vɜːʃən] n versió f

vertebra ['vɜːtɪbrə] n vèrtebra f

vertebral [vɜː'tiːbrəl] aj vertebral

vertebrate [vɜː'tɪbrɪt] aj vertebrat -ada; n vertebrat m

vertex [vɜː'tɛks] n vèrtex m

vertical ['vɜːtɪkəl] aj n vertical aj f

vertigo ['vɜːtɪgəʊ] n vertigen m

very ['vɛrɪ] av molt; ~ **much** moltíssim; ~ **well** molt bé | aj mateix -a. He lives in this very place, viu aquí mateix; **at that ~ moment** en aquell precís moment; **at the ~ beginning** al principi de tot

vesicle ['vɛsɪkl] n vesícula f

vessel ['vɛsl] n vas m; mar embarcació f, vaixell m

vest [vɛst] n txt samarreta f, camiseta f

vestibule ['vɛstɪbjuːl] n vestíbul m

vet [vɛt] n fm veterinari -ària mf

vetch [vɛtʃ] n veça f

veteran ['vɛtərən] aj n veterà -ana aj mf

veterinarian [,vɛtərɪ'nɛərɪən] n veterinari -ària mf

veterinary [,vɛtərɪnərɪ] aj veterinari -ària; ~ **science** n veterinària f; ~ **surgeon** n veterinari -ària mf

veto ['viːtəʊ] n vet m; vt vetar, prohibir

via ['vaɪə] prp via. I came home via London, vaig tornar a casa via Londres

vibrate [vaɪ'breɪt] vi vibrar

vibration [vaɪ'breɪʃən] n vibració f

vicar ['vɪkə] n vicari m

vice [vaɪs] n vici m; tcn cargol m de banc

vice-chancellor ['vaɪs'tʃɑːnsələ] n rector -a mf

viceroy ['vaɪsrɔɪ] n virrei m
vice versa [ˌvaɪsɪ'vɜːsə] av viceversa
vicious ['vɪʃəs] aj viciós -osa; (person) pervers -a, depravat -ada; ~ **circle** n cercle m viciós
victim ['vɪktɪm] n víctima f
victorious [vɪk'tɔːrɪəs] aj victoriós -osa
victory ['vɪktərɪ] n victòria f, triomf m
video ['vɪdɪəʊ] n vídeo m; **~tape** n vídeo m, cinta f de vídeo
view [vjuː] n (vista f; art fot panorama m, paisatge m; (opinion) opinió f, parer m; **from my point of ~** des del meu punt de vista; **~point** n punt m de vista; (place) mirador m | vt mirar; fg considerar
viewer ['vjuːə'] n telespectador -a mf
vigilance ['vɪdʒɪləns] n vigilància f
vigilant ['vɪdʒɪlənt] aj vigilant
vigorous ['vɪgərəs] aj vigorós -osa, enèrgic -a
vigour (or **vigor** US) ['vɪgə'] n vigor m
Viking ['vaɪkɪŋ] aj viking aj mf
vile [vaɪl] aj vil, roí -ïna; (shameful) vergonyós -osa
villa ['vɪlə] n vil·la f, casa f de camp; (suburban residence) torre f, xalet m
village ['vɪlɪdʒ] n vila f, poble m
villager ['vɪlɪdʒə'] n vilatà -ana mf
vine [vaɪn] n vinya f, cep m; (climbing, trained) parra f; ~ **leaf** n pàmpol m, fulla f de parra; ~ **shoot** n sarment f; **~yard** n vinya f

vinegar ['vɪnɪgə'] n vinagre m
viola [vɪ'əʊlə] n viola f
violate ['vaɪəleɪt] vt violar
violence ['vaɪələns] n violència f
violent ['vaɪələnt] aj violent -a; (feeling, etc) intens -a
violet ['vaɪəlɪt] aj violeta, violat -ada | n violeta m; (colour) violeta f, color m violeta
violin [ˌvaɪə'lɪn] n violí m
violinist [ˌvaɪə'lɪnɪst] n violinista mf, violí mf
violoncellist [ˌvaɪələn'tʃelɪst] n violoncel·lista mf, violoncel mf
violoncello [ˌvaɪələn'tʃeləʊ] n violoncel m
viper ['vaɪpə'] n escurçó m
virgin ['vɜːdʒɪn] n verge f
Virgo ['vɜːgəʊ] n ast Verge
virile ['vɪraɪl] aj viril
virtue ['vɜːtjuː] n virtut f
virus ['vaɪərəs] n virus m
visa ['viːzə] n visat m
viscera ['vɪsərə] pl vísceres f
viscose ['vɪskəʊs] n viscosa f
viscount ['vaɪkaʊnt] n vescomte m
viscountess ['vaɪkaʊntɪs] n vescomtessa f
viscous ['vɪskəs] aj viscós -osa
visibility [ˌvɪzɪ'bɪlɪtɪ] n visibilitat f
visible ['vɪzəbl] aj visible
vision ['vɪʒən] n visió f
visit ['vɪzɪt] n visita f | vt visitar, fer una visita; vi anar de visita
visitor ['vɪzɪtə'] n visitant mf
visor ['vaɪzə'] n visera f
vista ['vɪstə] n vista f, panorama m
visual ['vɪzjʊəl] aj visual
vital ['vaɪtl] aj vital, essencial, imprescindible
vitamin ['vɪtəmɪn] n vitamina f

vivacious [vɪ'veɪʃəs] aj vivaç
vivid ['vɪvɪd] aj llampant, intens;
 (*imagination*) viu viva
viviparous [vɪ'vɪpərəs] aj bio
 vivípar -a
vixen ['vɪksn] n guineu f femella
vocabulary [vəʊ'kæbjʊlərɪ] n
 vocabulari m
vocal ['vəʊkəl] aj vocal; ~ **cords**
 (or ~ **chords**) pl cordes f vocals
vocation [vəʊ'keɪʃən] n vocació f
voice [vɔɪs] n veu f; vt expressar,
 donar l'opinió sobre
voiced [vɔɪst] aj grm sonor -a
voiceless ['vɔɪslɪs] aj grm sord -a
void [vɔɪd] n buit m | aj buit buida,
 vacant; dr nul nul·la, no vàlid -a
volcanic [vɒl'kænɪk] aj volcànic -a
volcano [vɒl'keɪnəʊ] n volcà m
volleyball ['vɒlɪbɔːl] n voleibol m
volt [vəʊlt] n ele volt m
volume ['vɒljuːm] n volum m;
 (*book*) volum m, tom m
voluntary ['vɒləntərɪ] aj voluntari
 -ària
volunteer [,vɒlən'tɪə] n voluntari
 -ària mf
vomit ['vɒmɪt] n vòmit m,
 vomitada f; vti vomitar
voracious [və'reɪʃəs] aj voraç
vote [vəʊt] n vot m; (*act of voting*)
 votació f | vt votar; vi votar, anar
 a votar; ~ **for** votar a favor de
voter ['vəʊtə] n votant mf,
 elector -a mf
voting ['vəʊtɪŋ] n votació f; ~
 paper n papereta f de vot
voucher ['vaʊtʃə] n tiquet m, val
 m, bo m; com comprovant m
vow [vaʊ] n vot m, promesa f; vti
 jurar

vowel [vaʊəl] n vocal f
voyage ['vɔɪɪdʒ] n viatge m;
 (*crossing*) travessia f
vulgar ['vʌlgə] aj vulgar, de mal
 gust, groller -a
vulture ['vʌltʃə] n voltor m
vulva ['vʌlvə] n vulva f

W

wad [wɒd] n (*of cotton wool*) bola
 f, manyoc m; (*of banknotes*)
 feix m
waddle ['wɒdl] vi caminar com
 els ànecs
wafer ['weɪfə] n neula f, galeta f;
 rlg hòstia f
waffle ['wɒfl] n xerrameca f; (*in
 essay*) palla f | vi xerrar
wage [weɪdʒ] n (*often pl*) sou m,
 salari m; (**day's**) ~ n jornal m;
 ~ **earner** n assalariat -ada mf |
 ~ **war** vt fer la guerra
wager ['weɪdʒə] n aposta f,
 juguesca f; vti apostar, fer una
 juguesca
wagon ['wægən] n carro m,
 carreta f, frr vagó m; aut
 camioneta f
wail [weɪl] n gemec m, lament m;
 vi gemegar, lamentar
waist [weɪst] n cintura f; ~**coat** n
 armilla f
wait [weɪt] n espera f | vt esperar;
 vi esperar-se; ~ **for** esperar; ~ **on**
 vt servir, atendre
waiter ['weɪtə] n cambrer m
waiting ['weɪtɪŋ] n espera f;
 ~-**room** n sala f d'espera
waitress ['weɪtrɪs] n cambrera f

wake [weɪk] [*pt* **woke** or **waked**, *pp* **woken** or **waked**] (or ~ **up**) *vt* despertar; *vi* despertar-se | *n* (*over corpse*) vetlla f; (*of a ship*) solc *m*

wakefulness ['weɪkfʊlnɪs] *n* insomni *m*

walk [wɔːk] *n* passeig *m*, tomb *m*; (*manner of walking*) pas *m*, caminar *m*; (*path*) camí *m*, ruta *f*, passeig *m*; **go for a** ~ anar a passeig | *vi* caminar; *vt* fer caminar, treure a passejar; (*kilometres*) fer, caminar; ~ **about** *vi* passejar-se, voltar; ~ **out** *vi* sortir; (*on strike*) declarar-se en vaga

walking stick ['wɔːkɪŋstɪk] *n* bastó *m*

wall [wɔːl] *n* mur *m*, paret *f*; (*of city*) muralla *f*; (*of garden*) tanca *f* | *atr* de paret, mural

wallet ['wɒlɪt] *n* cartera *f*

wallop ['wɒləp] *vt* estomacar

walnut ['wɔːlnʌt] *n* nou *f*; (or ~ **tree**) noguera *f*

waltz [wɔːlts] *n* vals *m*; *vi* ballar el vals

wand [wɒnd] *n* vara *f*; (*of magician*) vareta *f*

wander ['wɒndə] *vt* vagar per, errar per; *vi* vagar, errar; (*in one's mind*) divagar

want [wɒnt] *vt* voler, desitjar; (*need*) necessitar, requerir; ~ **sby to do sth** voler que up faci uç | *n* falta *f*, manca *f*; (*need*) necessitat *f*; (*wish*) desig *m*

war [wɔː] *n* guerra *f*; *vi* fer la guerra, lluitar

warble ['wɔːbl] *n* refilet *m*;

vi refilar

ward [wɔːd] *n* tutela *f*, custòdia *f*; (*minor*) pupil -il·la *mf*; (*of hospital*) sala *f*; *pol* districte *m* electoral | ~ **off** (*blow*) *vt* parar, evitar

wardrobe ['wɔːdrəʊb] *n* armari *m*; (*person's clothes*) vestuari *m*

warehouse ['weəˌhaʊs] *n* magatzem *m*, dipòsit *m*; ['weəˌhaʊz] *vt* emmagatzemar

warlike ['wɔːlaɪk] *aj* bèl·lic -a; (*person*) guerrer -a, bel·licós -osa

warm [wɔːm] *aj* calent -a; (*climate*) càlid -a; (*day, summer*) calorós -osa; (*temperament*) afectuós -osa, acollidor -a; (*thanks*) efusiu -iva | (or ~ **up**) *vt* escalfar; (*animate*) animar; *vi* escalfar-se; (*become livelier*) animar-se; *esp* fer exercicis per entrar en calor

warmth [wɔːmθ] *n* escalfor *f*; (*cordiality*) cordialitat *f*

warn [wɔːn] *vt* advertir, avisar, prevenir

warning ['wɔːnɪŋ] *n* avís *m*, advertiment *m*, advertència *f*

warp [wɔːp] *n* ordit *m*

warped [wɔːpt] *aj* guerxo -a

warrant ['wɒrənt] *n* dr ordre *f* judicial, autorització *f* | *vt* justificar

warranty ['wɒrəntɪ] *n* garantia *f*

warrior ['wɒrɪə] *n* guerrer -a *mf*

wart [wɔːt] *n* berruga *f*

was [wɒz, wəz] *pt* → **be**

wash [wɒʃ] *vt* rentar; (*floor*) fregar; *vi* rentar-se | *The river* ~*ed away part of the railway*, el riu es va endur part de la via del tren | ~ **one's hands of sth**

desentendre's d'uc; ~ **up** vi rentar els plats | n rentada f; (dirty clothes) roba f per a rentar, bugada f; (left by a ship) solc m; (cosmetic) loció f; **~basin** (or **~bowl** US) n lavabo m; (bowl) palangana f, rentamans m

washing ['wɒʃiŋ] n bugada f, rentada f; (dirty clothes) roba f bruta, bugada f; (washed clothes) roba f neta; ~ **machine** n màquina f de rentar, rentadora f; **~up** n plats mpl per rentar

wasp [wɒsp] n vespa f

waste [weist] n desaprofitament m, malbaratament m; (refuse) deixalles fpl, residus mpl; (rubbish) escombraries fpl; **~basket** (or **~paper basket**) n paperera f; **~ of time** pèrdua de temps; **~pipe** n desguàs m | aj erm -a, incultivat -ada; (useless) inútil, superflu -èrflua; (left over) sobrer -a; **~land** n erm m, terra f erma | vt malgastar, desaprofitar, malbaratar; (time) perdre; vi gastar-se, perdre's; ~ **away** vi consumir-se

watch [wɒtʃ] n rellotge m; (vigilance) vigilància f, aguait m; (period of duty) guàrdia f; **~maker** n rellotger -a m/f; **~maker's shop** n rellotgeria f; **~man** n vigilant m; **~tower** n talaia f | vt observar, mirar; (television) mirar; (spy on) espiar, aguaitar, vigilar; (be careful with) anar amb compte amb; ~ **out** vi vigilar, estar alerta; ~ **over** vt vetllar per

watcher ['wɒtʃə'] n observador

-a mf; (onlooker) badoc -a mf

watchful ['wɒtʃful] aj vigilant

watchfulness ['wɒtʃfulnis] n vigilància f

water ['wɔːtə'] n aigua f | atr d'aigua, aquàtic -a; ~ **bottle** n cantimplora f; **~colour** (or **~color** US) n aquarel·la f; **~fall** n cascada f, salt m (d'aigua); **~lily** n nenúfar m; **~melon** n síndria f; **~polo** n waterpolo m; **~proof** aj impermeable; **~wheel** n sínia f, sènia f | vt regar; (horses) abeurar; (moisten) humitejar; vi (eyes) plorar, llagrimejar; ~ **down** vt aigualir

watering ['wɔːtəriŋ] n reg m, regatge m; ~ **can** n regadora f

wave [weiv] n ona f, onada f; fig ona f; (in hair) onda f, ondulació f; (with the hand) signe m amb la mà | vt agitar, sacsejar; (hair) ondular; vi fer un signe amb la mà; (flag) ondejar

waver ['weivə'] vi vacil·lar, oscil·lar; (hesitate) dubtar, vacil·lar

wax [wæks] n cera f | vt encerar; vi (moon) créixer

way [wei] n camí m, carrer m, via f; (distance) distància f, trajecte m; (direction) costat m, direcció f, sentit m; (manner) manera f, forma f; (custom) costum m; **by the ~** per cert; **in a ~** en certa manera; **on the ~** pel camí; **no ~** de cap manera; **~ in** n entrada f; **~ out** n sortida f

WC ['dʌblju:'siː] n wàter m

we [wiː] pr nosaltres

weak [wiːk] aj dèbil, feble; (sound, light) fluix -a, tènue

weaken ['wiːkən] vt debilitar, afeblir; vi debilitar-se, afeblir-se; (give way) afluixar, cedir

weakness ['wiːknɪs] n debilitat f, feblesa f

wealth [welθ] n riquesa f, abundància f

wealthy ['welθɪ] aj ric -a, adinerat -ada, cabalós -osa; **the ~** pl els rics

weapon ['wepən] n arma f

wear [weəʳ] n ús m; (clothing) roba f | [pt **wore**, pp **worn**] vt portar posat, anar amb, vestir; (shoes) calçar; (damage) gastar, deteriorar; vi gastar-se, deteriorar-se; (last) durar; **~ out** vt desgastar, fer malbé

weariness ['wɪərɪnɪs] n cansament m, fatiga f

weary ['wɪərɪ] aj cansat -ada; (dispirited) abatut -uda, desanimat -ada; **be ~ of** estar cansat de, estar fart de | vt cansar, fatigar

weasel ['wiːzl] n mostela f

weather ['weðəʳ] n temps m | atr del temps, meteorològic -a; **~cock** (or **~vane**) n penell m; **~forecast** n pronòstic m del temps

weave [wiːv] n teixit m | vt teixir; fg tramar, ordir

weaver ['wiːvəʳ] n teixidor -a mf

web [web] n teranyina f, fg xarxa f

we'd [wiːd] = **we had**; = **we would**

wedding ['wedɪŋ] n boda f, casament m, noces fpl | atr nupcial, de noces; **~ ring** n aliança f

wedge [wedʒ] n falca f, tascó m; vt falcar

Wednesday ['wenzdɪ] n dimecres m

wee [wiː] n fm pipí m; **~~** n pipí m | vi fer pipí

weed [wiːd] n mala herba f; **~killer** n herbicida m | vt arrencar les males herbes; vi eixarcolar

weedy ['wiːdɪ] aj escanyolit -ida

week [wiːk] n setmana f

weekend ['wiːkend] n cap m de setmana

weekly ['wiːklɪ] av setmanalment, cada setmana | aj setmanal | n setmanari m

weep [wiːp] vti plorar

weeping ['wiːpɪŋ] aj ploraner -a; **~ willow** n bot desmai m | n plor m

weft [weft] n trama f

weigh [weɪ] vti pesar; **~ anchor** salpar; **~ down** vt carregar; **~ up** vt sospesar, considerar

weight [weɪt] n pes m; **put on ~** engreixar-se; **~lifting** n esp halterofília f

weighty ['weɪtɪ] aj pesant, pesat -ada; fg important, de pes

weir [wɪəʳ] n resclosa f

welcome ['welkəm] aj benvingut -uda; **you're ~** (answer to thanks) de res, no es mereixen | n benvinguda f | vt donar la benvinguda, rebre, acollir

weld [weld] vt soldar

welfare ['welfeəʳ] n benestar m

well [wel] n pou m | av bé, ben; **as ~** també; **~-being** n benestar m; **~ done!** inj ben fet!, bravo!; **~-known** aj conegut -uda, famós -osa; **~-mannered** aj educat

-ada; **~-off** aj benestant; **~-to-do** aj benestant | aj (in good health) bé | **~ up** vi brollar, rajar

Welsh [welʃ] aj gal·lès -esa; **~man** n gal·lès m; **~woman** n gal·lesa f | n (language) gal·lès m

went [went] pt → **go**

were [wɜː] pt → **be**

we're [wɪə] = **we are**; = **we were**

weren't [wɜːnt] = **were not**

west [west] n oest m; **the West** l'Oest m, l'Occident m | aj de l'oest, occidental | av a l'oest, cap a l'oest

westerly ['westəli] aj de l'oest, occidental | av a l'oest, cap a l'oest

western ['westən] aj de l'oest, occidental | n cin pel·lícula f de l'oest, western m

wet [wet] aj humit -ida; (soaked) moll -a, mullat -ada; (of weather) plujós -osa | vt humitejar, mullar

whack [wæk] n patacada f

whale [weil] n balena f

wharf [wɔːf] n moll m

what [wɒt] aj quin -a; **a good idea!** quina bona idea!; **~ time is it?** quina hora és? | pr (interrogative) què. What do you want?, què vols?; (relative) el que, allò que, què. I don't know what you want, no sé què vols | inj què!, com!

whatever [wɒt'evə'] aj qualsevol. Whatever book you choose, qualsevol llibre que trïis; pr (tot) el que, (tot) allò que. Whatever happens, passi el que passi

wheat [wiːt] n blat m

wheel [wiːl] n roda f; aut volant m

when [wen] av cnj quan

whenever [wen'evə'] av quan, quan sigui; (every time) sempre que, cada vegada que, quan

where [weə'] av on. Where are you going?, on vas?; The house where I was born, la casa on vaig néixer

whereabouts ['weərəbauts] n parador m

whereas [weər'æz] cnj considerant que; (while) mentre que

whereby [weə'bai] av amb la qual cosa, per la qual cosa

wherever [weər'evə'] av arreu on, a qualsevol lloc on. Wherever you go, vagis (allà) on vagis

whet [wet] vt esmolar; fg estimular, excitar

whether ['weðə'] cnj si. He asked whether it was true, va preguntar si era veritat; **~ he comes or not** tant si ve com si no

whey [wei] n xerigot m

which [witʃ] aj (interrogative) quin -a; (relative) que, el qual; **~ one?** quin?, quina? | pr (interrogative: person) qui; (interrogative: thing) quin -a; (relative) que, el qual; (relative with preposition) The hotel at which we stayed, l'hotel al qual vam anar. The film which I'm talking about, la pel·lícula de què et parlo; (relative referring to a clause or sentence) la qual cosa, cosa que. He said he had lost the book, which was untrue, va dir que havia perdut el llibre, cosa que no era veritat

whichever [wɪtʃ'evə] *aj pr* qualsevol

whiff [wɪf] *n* bafarada *f*

while [waɪl] *n* estona *f*; **for a ~** durant un temps | *cnj* mentre; (*although*) encara que, tot i que | **~ away the time** *vt* passar l'estona

whim [wɪm] *n* caprici *m*, capritx *m*

whimper ['wɪmpə'] *n* gemec *m*, lament *m*; *vi* gemegar, ploriquejar

whimsical ['wɪmzɪkəl] *aj* capritxós -osa

whine [waɪn] *n* gemec *m*, queixa *f*; *vi* gemegar, queixar-se; (*child*) ploriquejar, gemegar

whinny ['wɪnɪ] *n* renill *m*; *vi* renillar

whip [wɪp] *n* fuet *m*; (*dessert*) batut *m*; **~lash** *n* tralla *f* | *vt* fuetejar; (*cream, eggs, etc*) batre

whirl [wɜːl] *vt* fer girar, fer donar voltes; *vi* donar voltes, giravoltar; **~pool** *n* remolí *m*; **~wind** *n* remolí *m* de vent

whisk [wɪsk] *n* batedora *f*; *vt* batre, debatre

whiskers ['wɪskəz] *pl* bigoti *msg*, bigotis *mpl*; (*sideboards*) patilles *f*

whisky (or **whiskey** US) ['wɪskɪ] *n* whisky *m*

whisper ['wɪspə'] *n* xiuxiueig *m*, murmuri *m*; *vti* xiuxiuejar, murmurejar

whistle ['wɪsl] *n* xiulet *m*; *vti* xiular

white [waɪt] *aj* blanc -a; (*pale*) pàl·lid -a; **~bait** *n* xanguet *m*; **~-haired** *aj* canós -osa; **~-hot** *aj* condent, roent; **~wash** *vt*

emblanquinar | *n* blanc *m*; (*egg*) clara *f*; **~** (or **person**) blanc -a *mf*

whiten ['waɪtn] *vti* blanquejar; *vi* (*person*) tornar-se blanc, empal·lidir

whiteness ['waɪtnɪs] *n* blancor *f*

whitish ['waɪtɪʃ] *aj* blanquinós -osa

who [huː] *pr* [*interrogative*] qui; [*relative*] que, qui, el qual

whoever [huː'evə'] *pr* qualsevol, qui

whole [həʊl] *aj* sencer -a, tot -a, íntegre -a; (*undamaged*) intacte -a; **the ~ world** tot el món; **~meal** *aj gst* integral; **~sale** *aj* a l'engròs; **~saler** *n* majorista *mf* | *n* totalitat *f*, total *m*, conjunt *m*; **as a ~** en conjunt; **on the ~** en general

whom [huːm] *pr* [*interrogative*] qui, a qui. *Whom did you see?*, a qui vas veure?; [*relative*] que, (a) qui, el qual. *The man whom I saw*, l'home que vaig veure

whore ['hɔː'] *n fm* puta *f vlg*

whorl [wɜːl] *n* espiral *f*

whose [huːz] *pr* [*interrogative*] de qui. *Whose book is this?*, de qui és aquest llibre?; [*relative*] del qual. *The man whose sister is a doctor*, l'home la germana del qual és metgessa

why [waɪ] *av* per què. *Why not?*, per què no? *I don't see why you should worry*, no veig per què t'has de preocupar | *inj* què!, com! | *n* perquè *m*, causa *f*, motiu *m*

wick [wɪk] *n* ble *m*

wicked ['wɪkɪd] *aj* dolent -a,

pervers -a, malvat -ada
wickedness ['wikidnis] n maldat f, perversitat f
wicker ['wikə'] n vímet m | atr de vímet
wide [waid] aj ample -a; (area, knowledge) ampli àmplia, extens -a, vast -a; **~spread** aj estès -esa, difós -osa | av del tot, completament; **open the window ~** obrir la finestra de bat a bat
widen ['waidn] vt eixamplar; vi eixamplar-se
widow ['widəu] n vídua f, viuda f
widowed ['widəud] aj vidu vídua, viudo -a
widower ['widəuə'] n vidu m, viudo m
width [widθ] n amplada f, amplària f, ample m
wield [wi:ld] vt manejar, fer anar; (power) tenir, exercir
wife [waif] [pl **wives**] n dona f, esposa f, muller f
wig [wig] n perruca f
wild [waild] aj salvatge; (plant) silvestre, bord -a; (undisciplined) descortès -esa, agrest -a, rude; (unrestrained) desenfrenat -ada; (weather) tempestuós -osa; (demented) boig boja; **~ animal** n fera f; **~ boar** n porc m senglar, senglar m
will [wil] vi He will come tomorrow, vindrà demà. Will you do it?, ho faràs? | vt voler, desitjar. Come when you will, vine quan vulguis | n voluntat f; (testament) testament m; **~power** n voluntat f, força f de voluntat

willingly ['wiliŋli] av de bon grat, de gust
willingness ['wiliŋnis] n ganes fpl, disposició f
willow ['wiləu] n salze m
willy ['wili] n fm (penis) tita f
wimp [wimp] n fm figa-flor mf, fleuma mf
win [win] n victòria f, triomf m | (pt, pp **won**) vt guanyar; (obtain) aconseguir, obtenir; vi guanyar, vèncer, triomfar
winch [wintʃ] n torn m
wind [wind] n vent m; med gasos mpl; (breath) alè m, respiració f; **~pipe** n tràquea f; **~screen** (or **~shield** US) n parabrisa m; **~screen wiper** (or **~shield wiper** US) n eixugaparabrisa mil, vt deixar sense alè
wind [waind] vt (wrap) embolicar; (wool, string, etc) debanar, enrotllar; (clock) donar corda a; vi serpentejar, fer zig-zag; **~ up** vt donar corda a; (end) acabar, concloure; com liquidar
winding ['waindiŋ] aj tortuós -osa, sinuós -osa; (staircase) de cargol
window ['windəu] n finestra f; (in shop) aparador m; (in vehicle) finestreta f; (of booking office) finestreta f, taquilla f; **~box** f jardinera; **~sill** n ampit m
wine [wain] n vi m; **red ~** n vi negre; **white ~** n vi m blanc; **~ cellar** n celler m de vi; **~ press** n cup m; **~skin** n bóta f
wing [wiŋ] n ala f; aut parafang m
wink [wiŋk] n parpalleig m; (with one eye) picada f d'ull | vt (eye)

wolf

picar; *vi* parpellejar; ~ **at sby** fer l'ullet a up, picar l'ullet a up

winner ['wɪnə^r] *n* guanyador -a *mf*

winning ['wɪnɪŋ] *aj* guanyador -a

winter ['wɪntə^r] *n* hivern *m* | *atr* hivernal, d'hivern | *vi* hivernar

wintry ['wɪntrɪ] *aj* hivernal

wipe [waɪp] *n* neteja *f*; **give sth a ~** eixugar uc, passar el drap a uc | *vt* netejar, eixugar; ~ **off** *vt* treure fregant amb un drap; ~ **out** *vt* extingir; (*clean*) netejar; (*erase*) esborrar

wire ['waɪə^r] *n* filferro *m*; *tcn* fil *m*, cable *m*; (*telegram*) telegrama *m* | *vt* posar la instal·lació elèctrica a; *vi* enviar un telegrama

wireless ['waɪəlɪs] *n* ràdio *f*

wisdom ['wɪzdəm] *n* saviesa *f*; (*common sense*) seny *m*; ~ **tooth** *n* queixal *m* del seny

wise [waɪz] *aj* savi sàvia; (*prudent*) prudent, assenyat -ada; ~ **person** *n* savi sàvia *mf*

wish [wɪʃ] *n* desig *m*, anhel *m*, ganes *fpl*; **best ~es** (*ending a letter*) una abraçada, afectuosament | *vt* desitjar, voler, tenir ganes; ~ **for** *vt* desitjar, anhelar

wit [wɪt] *n* agudesa *f*, enginy *m*; (*humour*) gràcia *f*

witch [wɪtʃ] *n* bruixa *f*; ~**craft** *n* bruixeria *f*

with [wɪð, wɪθ] *prp* amb. *He was going with his brother*, anava amb el seu germà. *She cut her finger with a knife*, s'ha tallat el dit amb un ganivet. *A house with three rooms*, una casa amb tres

habitacions; (*indicating what is used for filling, covering, etc*) amb, de. *Fill the box with sand*, omple la caixa de sorra; (*cause*) de. *Trembling with fear*, tremolant de por

withdraw [wɪð'drɔ:] *vt* retirar, treure; (*troops*) retirar, fer replegar | *vi* retirar-se, replegar-se; (*move away*) apartar-se, allunyar-se

withdrawal [wɪð'drɔ:əl] *n* retirada *f*, abandó *m*; ~ **symptoms** *pl* síndrome *fsg* d'abstinència

wither ['wɪðə^r] *vi* marcir-se, pansir-se

withhold [wɪθ'həʊld] *vt* retenir; (*refuse to grant*) negar-se a donar

within [wɪð'ɪn] *prp* (a) dins (de), (a) dintre (de); ~ **a mile of the station** a una milla de l'estació; ~ **an hour** en menys d'una hora

without [wɪð'aʊt] *prp* sense

witness ['wɪtnɪs] *n* testimoni *mf* | *vt* presenciar, ser testimoni de; (*show*) demostrar, provar; (*document*) signar com a testimoni

witticism ['wɪtɪsɪzəm] *n* frase *f* aguda, acudit *m*, sortida *f*

witty ['wɪtɪ] *aj* enginyós -osa, agut -uda, salat -ada

wives [waɪvz] *pl* → **wife**

wizard ['wɪzəd] *n* bruixot *m*, mag -a *mf*, màgic -a *mf*

wobble ['wɒbl] *vi* balancejar; (*chair, etc*) ballar, coixejar

woke [wəʊk] *pt* → **wake**

woken ['wəʊkn] *pp* → **wake**

wolf [wʊlf] *n* llop *m*; ~ (in ~

down) vt endrapar, devorar

woman ['wumən] [pl **women**] n
dona f

womb [wu:m] n matriu f, úter m

women ['wimin] pl → **woman**

won [wʌn] pp pt → **win**

wonder ['wʌndə'] n meravella f,
prodigi m, miracle m; (sensation)
admiració f, astorament m | vt
voler saber, preguntar-se,
demanar-se; vi admirar-se,
meravellar-se, astorar-se; **I ~
why** m'agradaria saber per què

wonderful ['wʌndəful] aj
meravellós -osa, estupend -a,
magnífic -a

won't [wəunt] = **will not**

wood [wud] n bosc m; (material)
fusta f; (firewood) llenya f;
~cutter n llenyataire m f; **~s** pl
bosc msg; **~work** n fusteria f;
~worm n corc m, corcó m

woody ['wudi] aj llenyós -osa

woof [wu:f] n trama f

wool [wul] n llana f

woolly ['wuli] aj llanut -uda, de llana

word [wɜ:d] n paraula f, mot m;
(message) avís m, encàrrec m;
(promise) paraula f; **have a ~
with** parlar un moment amb;
Word rlg Verb m | vt redactar

wore [wɔ:'] pt → **wear**

work [wɜ:k] n treball m; (job)
feina f, treball m; art lit obra f;
~shop n taller m | vt treballar;
(medecine) fer efecte, anar bé; tcn
funcionar, anar bé; vt fer treballar;
tcn fer funcionar, operar; (wood,
stone) tallar, treballar; cst treball,
treballar; (mine) explotar; (land)
treball, conrear, cultivar; **~ on** vi

seguir treballant; **~ out** vt
resoldre; (idea, plan) elaborar; vi
sortir bé; **~ up** vt excitar

workable ['wɜ:kəbl] aj pràctic -a,
factible

worker ['wɜ:kə'] n obrer -a,
treballador -a

working ['wɜ:kiŋ] aj obrer -a. The
working class, la classe obrera;
laboral, de treball. A working day,
un dia feiner, un dia laborable | n
treball m; (of a machine, etc)
funcionament m, marxa f

world [wɜ:ld] n món m | atr del
món, mundial; **~ map** n geo
mapamundi m

worm [wɜ:m] n cuc m

worn [wɔ:n] pp → **wear** | **~-out**
aj (dress item) vell -a, gastat -ada,
tronat -ada; (person) cansat -ada

worried ['wʌrid] n preocupat
-ada, inquiet -a, neguitós -osa

worry ['wʌri] n preocupació f,
inquietud f, maldecap m | vt
preocupar, amoïnar, neguitejar;
vi preocupar-se, amoïnar-se,
neguitejar-se

worse [wɜ:s] aj av pitjor | n el
pitjor m

worsen ['wɜ:sn] vti empitjorar

worship ['wɜ:ʃip] n culte m,
adoració f | vt adorar

worst [wɜ:st] aj av pitjor | n el
pitjor m; **at ~** en el pitjor dels casos

worsted ['wustid] n txt estam m

worth [wɜ:θ] n valor m; fg valor
m, vàlua f, mèrit m | **be ~**
valer; **is this book ~ buying?**
val la pena comprar aquest llibre?

worthless ['wɜ:θlis] aj inútil,
sense valor

worthy ['wɜːði] *aj* digne -a, mereixedor -a

would said [wʊd] *vi* [conditional tense] He said he would come, va dir que vindria; (in offers) Would you like a cup of tea?, vols una tassa de te?; (habit) She would often come back home exhausted, solia tornar a casa molt cansada

wouldn't ['wʊdnt] = **would not**

wound [wuːnd] *n* ferida *f*; *vt* ferir

wow! [waʊ] *inj* apa!

wrap [ræp] *n* embolcall *m*; (rug, blanket) abrigall *m* | (or ~ **up**) *vt* embolicar, embolcallar, embalar; (for warmth) abrigar, tapar

wrapping ['ræpɪŋ] *n* embalatge *m*; ~ **paper** *n* paper *m* d'embolicar

wreck [rek] *n* naufragi *m*; *fg* ruïna *f* | *vt* fer naufragar; *fg* arruïnar

wretch [retʃ] *n* desgraciat -ada *mf*, infeliç *mf*, pelacanyes *mf*

wretched ['retʃɪd] *aj* miserable, pobre -a; (unfortunate) desgraciat -ada, infeliç

wring [rɪŋ] *vt* torçar, retorçar; (clothes) escórrer; (hands) estrènyer, donar

wrinkle ['rɪŋkl] *n* arruga *t* | *vt* arrugar; *vi* arrugar-se

wrist [rɪst] *n* canell *m*; ~ **watch** *n* rellotge *m* de polsera

write [raɪt] [*pt* wrote, *pp* written] *vti* escriure; *vt* mús lit compondre; ~ **back** *vi* contestar; ~ **down** *vt* apuntar, anotar; ~ **off** *vt* com cancel·lar, anul·lar; ~ **up** *vt* redactar

writer ['raɪtə'] *n* escriptor -a *mf*

writing ['raɪtɪŋ] *n* escriptura *f*, lletra *f*; (thing written) escrit *m*,

obra *f*

written ['rɪtn] *pp* → **write**

wrong [rɒŋ] *aj* dolent -a, mal fet -a; (unfair) injust -a; (incorrect) incorrecte -a, equivocat -ada; **be** ~ estar equivocat; **what's** ~ **with you?** què et passa? | *av* malament | *n* mal *m*; (injustice) injustícia *f* | *vt* ofendre, tractar injustament

wrote [raʊt] *pt* → **write**

wry [raɪ] *aj* tort -a, torçat -ada; (ironical) irònic -a; ~ **face** *n* ganyota *f*

X

xenophobia [,zenə'fəʊbɪə] *n* xenofòbia *f*

X-ray ['eks'reɪ] *n* radiografia *f*; ~**s** *pl* raigs *m* X

xylophone ['zaɪləfəʊn] *n* xilòfon *m*

Y

yacht [jɒt] *n* iot *m*

yard [jɑːd] *n* pati *m*; (of farm) corral *m*

yawn [jɔːn] *n* badall *m*; *vi* badallar

year ['jɪə'] *n* any *m*. He is eight years old, té vuit anys

yearly ['jɪəlɪ] *aj* anual; *av* anualment, una vegada l'any

yearn [jɜːn] *vi* sospirar per, anhelar

yearning ['jɜːnɪŋ] *n* sospir *m*, anhel *m*

yeast [jiːst] *n* llevat *m*

yell [jel] *n* crit *m*, xiscle *m*;

vi cridar, xisclar

yellow ['jɛləʊ] *aj* groc groga; *n* groc *m*

yellowish ['jɛləʊɪʃ] *aj* groguenc -a, grogós -osa

yelp [jɛlp] *n* udol *m*, grinyol *m*; *vi* udolar, grinyolar

yes [jɛs] *av* sí; *n* sí *m*

yesterday ['jɛstədeɪ] *av* ahir; **the day before ~** abans d'ahir | *n* ahir *m*

yet [jɛt] *av* encara. *He hasn't answered yet*, encara no ha respost; *[in questions]* ja. *Has your sister arrived yet?*, ha arribat la teva germana, ja? | *cnj* no obstant això, tot i així

yield [ji:ld] *n* producció f, rendiment *m*; *agr* collita f | *vt* produir, donar; *(profit)* rendir; *(give in)* cedir; *vi* rendir-se, cedir

yoghurt ['jɒʊgət] *n* iogurt *m*

yoke [jəʊk] *n* jou *m*

yolk [jəʊk] *n* rovell *m* (d'ou)

you [ju:] *pr [subject, sg]* tu; *[polite]* vostè; *[subject, pl]* vosaltres; *[polite]* vostès; *[object, sg]* et; *[polite]* el o la f; *[polite]* vostè; *[object, pl]* us; *[polite]* els *m*, les f; *[after preposition, sg]* tu; *[polite]* vostè; *[after preposition, pl]* vosaltres; *[polite]* vostès

you'd [ju:d] = you had; = you would

you'll [ju:l] = you shall; = you will

young [jʌŋ] *aj* jove | *pl (of animal)* cria fsg; **the ~** els joves *m*, la joventut fsg

younger ['jʌŋə'] *aj* menor

your ['jʊə'] *aj* el teu, la teva, els

teus, les teves. *Your car*, el teu cotxe; ton, ta, tos, tes. *Your father*, ton pare. *Your mother*, ta mare; *pl* el vostre, la vostra, els vostres, les vostres. *Your book*, el vostre llibre

you're ['jʊə'] = you are

yours ['jʊəz] *pr [sg]* el teu *m*, la teva f, els teus *mpl*, les teves fpl; *[pl]* el vostre *m*, la vostra f, els vostres *mpl*, les vostres fpl; *[sg/pl]* *[polite]* el seu, la seva f, els seus *mpl*, les seves fpl

youth [ju:θ] *n* joventut f, joventut *m*; *(one person)* jove *m*, noi *m*, vailet *m*; **~ hostel** *n* alberg *m* de joventut

youthful ['ju:θfʊl] *aj* juvenil, jove

Yugoslav ['ju:gəʊslɑ:v] *aj n* iugoslau -ava *aj mf*

Yugoslavian ['ju:gəʊslɑ:vɪən] *aj* iugoslau -ava

Z

zeal [zi:l] *n* zel *m*, entusiasme *m*

zebra ['zi:brə] *n* zebra f

zenith ['zɛnɪθ] *n* zenit *m*

zero ['zɪərəʊ] *n* zero *m*

zigzag ['zɪgzæg] *n* ziga-zaga f

zinc [zɪŋk] *n* zinc *m*

zip [zɪp] *n* (or ~ **fastener**) cremallera f; *vt* tancar la cremallera

zipper ['zɪpə'] *n* cremallera f

zodiac ['zəʊdɪæk] *n* zodíac *m*

zone [zəʊn] *n* zona f

zoo [zu:] *n* zoo *m*, parc *m* zoològic

zoological [ˌzəʊə'lɒdʒɪkəl] *aj* zoològic -a; **~ gardens** *pl* parc *m* sg zoològic

Place and Person Names

Aegean Sea [iː'dʒiːən,siː] *n* Egea *f*
Afghanistan [æf'gæni,stɑːn] *n*
  Afganistan *m*
Africa ['æfrikə] *n* Àfrica *f*
Albania [æl'beiniə] *n* Albània *f*
Algeria [æl'dʒiəriə] *n* Algèria *f*
America [ə'merikə] *n* Amèrica;
  North ~ Amèrica del Nord;
  South ~ Amèrica del Sud
Andorra [æn'dɔːrə] *n* Andorra *f*
Antilles [æn'tiliːz] *pl* Antilles *f*
Arabia [ə'reibiə] *n* Aràbia *f*
Argentina [ˌɑːdʒən'tiːnə] *n*
  Argentina *f*
Argentine, the ['ɑːdʒən,tiːn] *n*
  = Argentina
Aristotle ['æri,stotəl] *n* Aristòtil *m*
Armenia [ɑː'miːniə] *n* Armènia *f*
Asia ['eiʃə, 'eiʒə] *n* Àsia *f*
Athens ['æθinz] *n* Atenes *f*
Atlantic, the [ət'læntik] *n*
  l'Atlàntic *m*
Australia [ɒ'streiliə] *n* Austràlia *f*
Azerbaijan [ˌæzɜː'haidʒɑːn] *n*
  Azerbaidjan *m*

Babylon ['bæbilən] *n* Babilònia *f*
Balearic Islands
  [bæli,ærik'ailəndz] *pl* Balears *f*
Balkans, the ['bɔːlkənz] *pl*
  Balcans *m*
Baltic Sea ['bɔːltik,siː] *n* Bàltica *f*
Barcelona [ˌbɑːsi'ləunə] *n*
  Barcelona
Bavaria [bə'veəriə] *n* Baviera *f*
Beijing [bei'dʒiŋ] *n* **= Peking**

Beirut [bei'ruːt] *n* Beirut
Belgium ['beldʒəm] *n* Bèlgica *f*
Belgrade [bel'greid, 'belgreid] *n*
  Belgrad
Belorussia [ˌbeləu'rʌʃə] *n*
  = Byelorussia
Berlin [bɜː'lin] *n* Berlín
Bern [bɜːn] *n* Berna
Beyrouth ['beiruːt] *n* **= Beirut**
Bolivia [bə'liviə] *n* Bolívia *f*
Bombay [bom'bei] *n* Bombai
Bosnia ['bɒzniə] *n* Bòsnia *f*
Brazil [brə'zil] *n* Brasil *m*
Britain ['britən] *n* **= Great**
  Britain; = United Kingdom
Brittany ['britəni] *n* Bretanya *f*
Brussels ['brʌsəlz] *n* Brussel·les
Bucharest [ˌbuːkə'rest] *n* Bucarest
Budapest [ˌbjuːdə'pest] *n*
  Budapest
Buddha ['budə] *n* Buda *m*
Bulgaria [bʌl'geəriə] *n* Bulgària *f*
Burma ['bɜːmə] *n* Birmània *f*
Byelorussia [ˌbjeləu'rʌʃə] *n*
  Bielorússia

Cairo ['kairəu] *n* el Caire
California [ˌkæli'fɔːniə] *n*
  Califòrnia *f*
Cambodia [kæm'bəudiə] *n*
  Cambodja *m*
Cameroon [ˌkæmə'ruːn] *n*
  Camerun *m*
Canada ['kænədə] *n* Canadà *m*
Canaries [kə'neəriz] *pl* **= Canary**
  Islands

Canary Islands [kə'nɛəri,ailəndz]
  pl Canàries *f*
Cape Town ['keip,taun] *n* Ciutat *f*
  del Cap
Caribbean, the [,kærɪ'bi:an, *US*
  kə'rɪbɪən] *n* Carib
Caspian Sea ['kæspiən,si:] *n*
  Càspia *f*
Castile [kæ'sti:l] *n* Castella *f*
Catalonia [,kætə'ləunɪə] *n*
  Catalunya *f*
Caucasus, the ['kɔ:kəsəs] *n*
  Caucas *m*
Ceylon [sɪ'lɒn] *n hst* Ceilan
Chad [tʃæd] *n* Txad *m*
Chile ['tʃɪlɪ] *n* Xile *m*
China ['tʃainə] *n* Xina *f*
Christ [kraist] *n* Crist *m*
Cicero ['sɪsə,rəu] *n* Ciceró *m*
Cleopatra [,kli:ə'pætrə] *n*
  Cleòpatra *f*
Colombia [kə'lɒmbiə] *n* Colòmbia *f*
Columbus [kə'lʌmbəs] *n* Colom *m*
Congo ['kɒŋɡəu] *n* Congo *m*
Constantinople
  [,kɒnstæntɪ'nəupəl] *n*
  Constantinoble
Copenhagen [,kəupən'heigən] *n*
  Copenhaguen
Copernicus [kə'pɜ:'nɪkəs] *n*
  Copèrnic *m*
Cornwall ['kɔ:n,wɔ:l] *n*
  Cornualla *f*
Côte d'Ivoire [,kɔ:tdi'vwɑ:'] *n*
  Costa *f* d'Ivori
Cracow ['krækəu, 'krækɒf] *n*
  Cracòvia *f*
Crete [kri:t] *n* Creta *f*
Croatia [krəu'eiʃə] *n* Croàcia *f*
Cuba ['kju:bə] *n* Cuba *f*
Cyprus ['saiprəs] *n* Xipre *m*

Czech Republic ['tʃekrɪ,pʌblɪk] *n*
  República Txeca
Czechoslovakia
  [,tʃekəusləu'vækɪə] *n hst*
  Txecoslovàquia *f*

Damascus [də'mæskəs] *n* Damasc
Dante ['dænti, 'dɑ:ntei] *n* Dant *m*
Danube ['dænju:b] *n* Danubi *m*
Denmark ['denmɑ:k] *n*
  Dinamarca *f*
Djakarta [dʒə'kɑ:'tə] *n* =
  Jakarta
Dublin ['dʌblɪn] *n* Dublín

Edinburgh ['edinbərə, 'edinbrə] *n*
  Edimburg
Egypt ['i:dʒipt] *n* Egipte *m*
England ['iŋɡlənd] *n* Anglaterra *f*
Eritrea [,eri'treiə] *n* Eritrea *f*
Esthonia [e'stəunɪə] *n* = **Estonia**
Estonia [e'stəunɪə] *n* Estònia *f*
Ethiopia [,i:θi'əupiə] *n* Etiòpia *f*
Europe ['juərəp] *n* Europa *f*

Faeroes ['fɛərəuz] *pl* Fèroe *f*
Faroes ['fɛərəuz] *pl* = **Faeroes**
Finland ['finlənd] *n* Finlàndia *f*
Flanders ['flɑ:ndəz] *n* Flandes *m*
Florence ['flɒrəns] *n* Florència *f*
Formosa [fɔ:'məusə] *n hst*
  = **Taiwan**
France [frɑ:ns] *n* França *f*
Friesland ['fri:zlənd] *n* Frísia *f*

Galicia [ɡə'lɪʃiə, ɡə'lɪθiə] *n*
  Galícia *f*
Galileo [,ɡælɪ'leiəu] *n* Galileu *m*
Ganges ['ɡændʒi:z] *n* Ganges *m*
Geneva [dʒɪ'ni:və] *n* Ginebra *f*
Georgia ['dʒɔ:'dʒə] *n* Geòrgia *f*

Germany ['dʒɜːmənɪ] n Alemanya f; **East** ~ hst Alemanya Oriental
Great Britain ['greɪt,brɪtən] n Gran Bretanya f
Greece [griːs] n Grècia f
Greenland ['griːnlənd] n Grenlàndia f
Guinea ['gɪnɪ] n Guinea f
Guyana [gaɪˈænə] n Guyana f

Hague, The [heɪg] n l'Haia f
Haiti ['heɪtɪ, hɑːˈiːtɪ] n Haiti
Hamburg ['hæmbɜːg] n Hamburg
Hanover ['hænəʊvə] n Hannover
Havana [həˈvænə] n l'Havana f
Hawaii [həˈwaɪɪ] pl Hawaii
Helsinki ['helsɪŋkɪ, hel'sɪŋkɪ] n Hèlsinki
Himalayas, the [,hɪməˈleɪəz, hɪˈmɑːljəz] pl Himàlaia msg
Hindustan [,hɪndʊˌstɑːn] n Hindustan m
Holland ['hɒlənd] n Holanda f
Homer ['həʊmə] n Homer m
Honduras [hɒnˈdjʊərəs] n Hondures
Hungary ['hʌŋgərɪ] n Hongria f

Ibiza [ɪˈbiːθə] n Eivissa f
Iceland ['aɪslənd] n Islàndia f
Indochina [,ɪndəʊˈtʃaɪnə] n Indo-xina f
Indonesia [,ɪndəʊˈniːzɪə] n Indonèsia f
Iran [ɪˈrɑːn] n Iran m
Iraq [ɪˈrɑːk] n Iraq m
Ireland ['aɪələnd] n Irlanda f; **Northern** ~ Irlanda del Nord
Israel ['ɪzreɪəl, 'ɪzrɪəl] n Israel m
Istanbul [,ɪstænˈbuːl] n Istanbul
Italy ['ɪtəlɪ] n Itàlia f

Iviza [ɪˈviːθə] n = **Ibiza**
Ivory Coast, the ['aɪvərɪ,kəʊst] hst = Côte d'Ivoire

Jakarta [dʒəˈkɑːtə] n Djakarta
Jamaica [dʒəˈmeɪkə] n Jamaica f
Japan [dʒəˈpæn] n Japó m
Jerusalem [dʒəˈruːsələm] n Jerusalem
Jesus Christ ['dʒiːzəs,kraɪst] n Jesucrist m
Jordan ['dʒɔːdən] n Jordània f
Jugoslavia [,juːgəʊˈslɑːvɪə] n hst = **Yugoslavia**
Jupiter ['dʒuːpɪtə] n Júpiter m

Kazakhstan [,kɑːzɑːkˈstæn] n Kazakhstan m
Kenya ['kenjə, 'kiːnjə] n Kenya m
Kiev ['kiːef] n Kiev
Kordestan [,kɔːˈdiːstɑːn] n = **Kurdistan**
Korea [kəˈrɪə] n Corea f
Kurdistan [,kɔːˈdiːstɑːn] n Kurdistan m

Lapland ['læp,lænd] n Lapònia f
Latin America ['lætɪnə,merɪkə] n Amèrica Llatina
Latvia ['lætvɪə] n Letònia f
Lausanne [ləʊˈzæn] n Lausanna f
Lebanon ['lebənən] n Líban m
Liberia [laɪˈbɪərɪə] n Libèria f
Libya ['lɪbɪə] n Líbia f
Lisbon ['lɪzbən] n Lisboa f
Lithuania [,lɪθjʊˈeɪnɪə] n Lituània f
London ['lʌndən] n Londres f
Luther ['luːθə] n Luter m
Luxembourg ['lʌksəm,bɜːg] n Luxemburg m

Macedonia [ˌmæsɪ'dəʊnɪə] *n*
Macedònia *f*

Madagascar [ˌmædə'gæskə^r] *n*
Madagascar

Madrid [mə'drɪd] *n* Madrid

Mahomet [mə'hɒmɪt] *n* =
Mohammed

Majorca [mə'jɔ:kə, mə'dʒɔ:kə] *n*
Mallorca *f*

Mauritania [ˌmɒrɪ'teɪnɪə] *n*
Mauritània *f*

Mecca ['mekə] *n* la Meca

Mediterranean, the
[ˌmedɪtə'reɪnɪən] *n* Mediterrània *f*

Mekka ['mekə] *n* = **Mecca**

Mexico ['meksɪkəʊ] *n* Mèxic *m*;
~ **City** Ciutat *f* de Mèxic

Milan [mɪ'læn] *n* Milà

Minorca [mɪ'nɔ:kə] *n* Menorca *f*

Mohammed [məʊ'hæmɪd] *n*
Mahoma *m*

Moldavia [mɒl'deɪvɪə] *n*
Moldàvia *f*

Mongolia [mɒŋ'gəʊlɪə] *n*
Mongòlia *f*

Morocco [mə'rɒkəʊ] *n* Marroc *m*

Moscow ['mɒskəʊ] *n* Moscou

Moses ['məʊzɪz] *n* Moisès *m*

Mozambique [ˌməʊzəm'bi:k] *n*
Moçambic

Muhammad [mʊ'hæmɪd] *n* =
Mohammed

Naples ['neɪpəlz] *n* Nàpols

Nepal [nɪ'pɔ:l] *n* Nepal *m*

Netherlands, the ['neðələndz]
sg/pl Països Baixos *mpl*

New Delhi ['nju:ˌdelɪ] *n* Nova
Delhi

Newfoundland ['nju:fəndlənd,
nju:'faʊndlənd] *n* Terranova *f*

New Guinea ['nju:ˌgɪnɪ] *n* Nova
Guinea

New York ['nju:ˌjɔ:k] *n* Nova
York

New Zealand ['nju:ˌzi:lənd] *n*
Nova Zelanda

Nigeria [naɪ'dʒɪərɪə] *n* Nigèria *f*

Nile [naɪl] *n* Nil *m*

Normandy ['nɔ:'məndɪ] *n*
Normandia *f*

Norway ['nɔ:ˌweɪ] *n* Noruega *f*

Oceania [ˌəʊfɪ'ɑ:nɪə] *n* Oceania *f*

Pacific, the [pə'sɪfɪk] *n* el Pacífic

Pakistan [ˌpɑ:kɪ'stɑ:n] *n* Pakistan *m*

Palestine ['pælɪˌstaɪn] *n* Palestina *f*

Panama [ˌpænə'mɑ:] *n* Panamà *m*

Paraguay ['pærəˌgwaɪ] *n*
Paraguai *m*

Paris ['pærɪs] *n* París

Peking ['pi:kɪŋ] *n* Pequín

Persia ['pɜ:'ʃə] *n* Pèrsia *f*

Peru [pə'ru:] *n* Perú *m*

Philadelphia [ˌfɪlə'delfɪə] *n*
Filadèlfia

Philippines, the ['fɪlɪˌpi:nz] *sg*
Filipines *fpl*

Plato ['pleɪtəʊ] *n* Plató *m*

Poland ['pəʊlənd] *n* Polònia *f*

Polynesia [ˌpɒlɪ'ni:ʒə] *n*
Polinèsia *f*

Portugal ['pɔ:'tjʊgəl, 'pɔ:'tʃʊgəl]
n Portugal *m*

Prague [prɑ:g] *n* Praga *f*

Prussia ['prʌʃə] *n* Prússia *f*

Puerto Rico ['pwɜ:'rtəʊˌri:kəʊ,
'pweə'təʊˌri:kəʊ] *n* Puerto Rico *m*

Pyrenees [ˌpɪrə'ni:z] *n* Pirineus
mpl

Pythagoras [paɪ'θægərəs] *n*

Pitàgores *m*

Quebec [kwɪˈbɛk, kɛˈbɛk] *n*
Quebec *m*

Rhodesia [rəʊˈdiːʃə] *n* Rhodèsia *f*
Romania [rəʊˈmeɪnɪə] *n*
Romania *f*
Rome [rəʊm] *n* Roma *f*
Rumania [ruːˈmeɪnɪə] *n* =
Romania
Russia [ˈrʌʃə] *n* Rússia *f*

Sahara [səˈhɑːrə] *n* Sàhara *m*
Saint Petersburg
[sənt'piːtəˈzˌbɜːg] *n* Sant
Petersburg
Saragossa [ˌsærəˈgɒsə] *n*
Saragossa
Sardinia [sɑːˈdɪnɪə] *n* Sardenya *f*
Saudi Arabia [ˈsɔːdɪəˌreɪbɪə,
ˈsaʊdɪəˌreɪbɪə] *n* Aràbia Saudita *f*
Scandinavia [ˌskændɪˈneɪvɪə] *n*
Escandinàvia *f*
Scotland [ˈskɒtlənd] *n* Escòcia *f*
Seine [seɪn] *n* Sena *f*
Serbia [ˈsɜːbɪə] *n* Sèrbia *f*
Seville [səˈvɪl] *n* Sevilla *f*
Shanghai [ˌʃæŋˈhaɪ] *n* Xangai
Siberia [saɪˈbɪərɪə] *n* Sibèria *f*
Singapore [ˌsɪŋəˈpɔː, ˌsɪŋgəˈpɔː]
n Singapur *f*
Slovakia [sləʊˈvækɪə] *n*
Eslovàquia *f*
Slovenia [sləʊˈviːnɪə] *n* Eslovènia *f*
Socrates [ˈsɒkrəˌtiːz] *n* Sòcrates *m*
Sofia [ˈsəʊfɪə] *n* Sofia *f*
Somalia [səʊˈmɑːlɪə] *n* Somàlia *f*
South Africa [ˌsaʊθˈæfrɪkə] *n*
Sud-àfrica *f*
Soviet Union [ˈsəʊvɪətˌjuːnɪən,
ˈsɒvɪətˌjuːnɪən] *n hst* Unió
Soviètica

Spain [speɪn] *n* Espanya *f*
Sparta [ˈspɑːtə] *n* Esparta *f*
Sri Lanka [ˌsriːˈlæŋkə] *n* =
Ceylon
Stockholm [ˈstɒkhəʊm] *n*
Estocolm
Sudan, the [suːˈdɑːn, suːˈdæn] *n*
Sudan *m*
Sweden [ˈswiːdən] *n* Suècia *f*
Switzerland [ˈswɪtsələnd] *n*
Suïssa *f*
Syria [ˈsɪrɪə] *n* Síria *f*

Taiwan [ˌtaɪˈwɑːn] *n* Formosa *f*
Tehran [teəˈrɑːn, teəˈræn] *n*
Teheran
Thailand [ˈtaɪˌlænd] *n* Tailàndia *f*
Thames [tɛmz] *n* Tàmesi *m*
Tokyo [ˈtəʊkjəʊ, ˈtəʊkɪˌəʊ] *n*
Tòquio
Tunisia [tjuːˈnɪzɪə, tjuːˈnɪsɪə] *n*
Tunísia *f*
Turin [tjʊəˈrɪn] *n* Torí *m*
Turkey [ˈtɜːkɪ] *n* Turquia *f*
Tuscany [ˈtʌskənɪ] *n* Toscana *f*

Uganda [juːˈgændə] *n* Uganda *f*
Ukraine, the [juːˈkreɪn] *n*
Ucraïna *f*
Ulster [ˈʌlstə] *n* = **Northern
Ireland**
Ulysses [ˈjuːlɪˌsiːz, juːˈlɪsiːz] *n*
Ulisses *m*
United Kingdom
[juːˈnaɪtɪdˌkɪŋdəm] *n* Regne Unit
United States [juːˈnaɪtɪdˌsteɪts]
sg/pl Estats Units *mpl*
Urals [ˈjʊərəlz] *n* Urals *mpl*
Uruguay [ˈjʊərəˌgwaɪ] *n* Uruguai *m*

Valencia [vəˈlɛnsɪə] n València
Vatican City [ˈvætɪkənˌsɪtɪ] n (Ciutat f del) Vaticà m
Venezuela [ˌvɛnɪˈzweɪlə] n Veneçuela f
Venice [ˈvɛnɪs] n Venècia
Vienna [vɪˈɛnə] n Viena
Vietnam [ˌvjɛtˈnæm] n Vietnam m

Wales [weɪlz] n Gal·les

Warsaw [ˈwɔːˈsɔː] n Varsòvia

Yemen [ˈjɛmən] n Iemen m
Yugoslavia [ˌjuːgəʊˈslɑːvɪə] n hst Iugoslàvia f

Zaïre [zɑːˈɪəˈ] n Zaire m
Zimbabwe [zɪmˈbɑːbwɪ] n Zimbabwe
Zürich [ˈzjʊərɪk] n Zuric

Vocabulary of Food

acid ['æsɪd] *aj* àcid

ale [eɪl] *n* cervesa *f* sense llúpol; (*UK*) = **beer**

almonds ['ɑːməndz] *pl* ametlles *f*

allspice [ˌɔːl'spaɪs] *n* pebre de Jamaica

anchovies ['æntʃəvɪz] *pl* seitons *m*; (*salted, in tins*) anxoves *f*

angler fish ['æŋɡlərˌfɪʃ] *n* rap *m*

aperitif [əˈperɪtɪv] *n* aperitiu *m* (beguda)

appetite ['æpɪtaɪt] *n* apetit *m*, gana *f*

appetizer ['æpɪtaɪzər] *n* aperitiu *m* (menjar o beguda)

apple ['æpl] *n* poma *f*; ~ **pie** pastís *m* de poma

apricot ['eɪprɪkɒt] *n* albercoc *m*

aroma [əˈrəʊmə] *n* aroma *f*

artichokes ['ɑːtɪtʃəʊks] *n* carxofes *f*, escarxofes *f*

asparagus [əsˈpærəɡəs] *pl* espàrrecs *m*

aubergine ['əʊbəʒiːn] *n* alberginia *f*

avocado (pear) [ævəˈkɑːdəʊ] *n* alvocat *m*

bacon ['beɪkən] *n* cansalada *f*, bacó *m*

bake [beɪk] *vt* coure al forn; ~**d potato** *n* patata *f* al forn

bakery ['beɪkərɪ] *n* forn *m*, fleca *f*

baking ['beɪkɪŋ] *n* cocció *f*

banana [bəˈnɑːnə] *n* plàtan *m*

bar [bɑː] *n* (*pub*) bar *m*; (*counter*)

taulell *m*; (*of chocolate*) rajola *f*

barbecue ['bɑːbɪkjuː] *n* barbacoa *f*

basin ['beɪsn] *n* escudella *f*, bol *m*

batter ['bætər] *n* pasta *f* d'arrebossar

bean [biːn] *n* mongeta *f*, fesol *m*; (*of coffee*) gra *m*

beater ['biːtər] *n* batedora *f*

beat up ['biːtˌʌp] *vt* (*eggs, etc*) batre, debatre

beef [biːf] *n* carn *f*; ~**steak** *n* bistec *m*

beer [bɪər] *n* cervesa *f*

beet [biːt] *n* remolatxa *f*

beetroot ['biːtruːt] *n* = **beet**

beverage ['bevərɪdʒ] *n* beguda *f*

biscuits ['bɪskɪts] *pl* galetes *f*

bit [bɪt] *n* mica *f*, tros *m*, bocí *m*; tall *m*

bitter ['bɪtər] *aj* amarg -a, amargant; agre; ~**-sweet** *aj* agredolç -a

blackberries ['blækbərɪz] *pl* móres *f*

black coffee ['blækˌkɒfi] *n* cafè sol

black pepper ['blækˌpepər] *n* pebre negre

black pudding ['blækˌpʊdɪŋ] *n* botifarra negra

blood pudding ['blʌdˌpʊdɪŋ] *n* = **black pudding**

blood sausage ['blʌdˌsɒsɪdʒ] *n* (*US*) = **black pudding**

blue cod ['bluːˌkɒd] *n* peix blau verdós, molt apreciat, que es menja fumat

bluefish ['blu:,fiʃ] n tallahams m
(mena de perca f)

boiled ham ['bɔild,hæm] n pernil
dolç

boiler ['bɔilə'] n caldera f

boiling-pot ['bɔiliŋ,pɒt] n caldera f

bonbons ['bɒnbɒnz] pl caramels
m; bombons m

bouillon ['bu:ɔ:ŋ] n brou m,
caldo m

bowl [bəul] n bol m, tassa f,
escudella f

brandy ['brændi] n aiguardent m;
conyac m

bread [bred] n pa m; ~ **roll** n
llonguet m, panet m

breadcrumbs ['bred,krʌmz] pl
pa ratllat, farina f de galeta

breakfast ['brekfəst] n esmorzar
m; (light) desdejuni m

brioche ['bri:ɔuʃ] n brioix m

broad beans ['brɔ:d,bi:nz] n faves
fpl

broccoli ['brɒkəli] n bròquil m

broiler ['brɔilə'] n (US) graella f

broth [brɒθ] n brou m

Brussels sprouts
['brʌsəlz,sprauts] n cols de
Brussel·les

buffet ['bufei] n bufet m; (of
station) cantina f, bar m, cafeteria
f; (of train) vagó restaurant m,
cotxe restaurant m

bun [bʌn] n pastís m

butter ['bʌtə'] n mantega f; vt
untar amb mantega

cabbage ['kæbidʒ] n col f

cacao [kə'kɑ:ɔu] n cacau m

cacao pod [kə'kɑ:ɔu,pɒd] n

panotxa f (de cacau)

café ['kæfei] n cafè m, cafeteria f

cafeteria [,kæfi'tiəriə] n
restaurant m

cake [keik] n pasta f, pastís m

camomile tea ['kæməmail,ti:] n
camamilla f (infusió)

canapés [kænəpiz] pl canapès m

candy ['kændi] pl (US) (sweet)
caramels m, dolços m, confits m;
sugar ~ sucre candi | vt confitar

cane sugar ['kein,ʃugə'] n sucre
m de canya

cannelloni [,kænɪ'ləuni] pl
canelons m

canneloni [,kænɪ'ləuni] pl =
cannelloni

canteen [kæn'ti:n] n (eating place)
cantina f

capers ['keipə'z] pl tàperes f

capon ['keipən] n capó m

caramel ['kærəməl] n caramel m,
sucre fos

carrot ['kærət] n pastanaga f

cassava [kə'sɑ:və] n mandioca f

casserole ['kæsərəul] n cassola f

cauliflower ['kɒliflauə'] n col-i-
flor f

caviar ['kævia:'] n caviar m

caviare ['kævia:'] n = **caviar**

Cayenne pepper [kei'ɛn,pepə'] n
pebre vermell

celery ['seləri] n api m

chamomile tea ['kæmə,mail] n =
camomile

champagne [ʃæm'pein] n
xampany m; (made in Catalonia)
cava m

champignons [tʃæm'pinjənz] pl
xampinyons m

chard [tʃɑ:d] n bledes fpl

cheese [tʃiːz] n formatge m
chef [ʃef] n xef mf
cherries ['tʃɛrɪz] pl cireres f
chicken ['tʃɪkɪn] n pollastre m; gallina f
chickpeas ['tʃɪkpiːz] pl cigrons m
chicory ['tʃɪkərɪ] n xicoira f; (with white leaves) endívia f; (for coffee) xicoira f
chilli ['tʃɪlɪ] n bitxo m
chips [tʃɪpz] pl patates f xips, patates fregides
chocolate ['tʃɒklɪt] n (substance) xocolata f; pl (small sweets) bombons m; **drinking ~** n xocolata f desfeta
chufa ['tʃuːfə] n xufla f
churn [tʃɜːn] n (for milk) lletera f; (for butter) manteguera f | vt (milk) batre; vti (swirl) remenar, agitar, sacsejar
cider ['saɪdə'] n sidra f; (unfermented) suc m de poma
cinnamon ['sɪnəmən] n canyella f
clams [klæmz] pl cloïsses f
coat in batter ['kəʊtɪn,bætə'] vt arrebossar
cocktail ['kɒkteɪl] n còctel m
cocoa ['kəʊkəʊ] n cacau m; (drink) xocolata f desfeta
coconut ['kəʊkənʌt] n coco m
cod [kɒd] n bacallà m
codfish ['kɒd,fɪʃ] n = **cod**
coffee ['kɒfɪ] n cafè m; **black ~** n cafè m sol; **~ mill** n molinet m de cafè; **~ pot** n cafetera f; **white ~** n cafè m amb llet; (small) tallat m
cognac ['kɒnjæk] n conyac m
colander ['kʌləndə'] n colador m
condensed milk [kən'dɛnst,mɪlk] n llet condensada

condiment ['kɒndɪmənt] n condiment m
cook [kʊk] vt cuinar, coure; vi coure; cuinar, guisar; **~ au gratin** vt gratinar; **~ on embers** vt escalivar | n cuiner -a mf
cooker ['kʊkə'] n cuina f (aparell)
cookery ['kʊkərɪ] n cuina f. **French ~,** cuina francesa; (US) cuina (lloc)
cookies ['kʊkɪz] pl (US) galetes f
cooking ['kʊkɪŋ] n cuina f (art); cocció f; **~ pot** n topí m, tupí m; **do the ~** cuinar
cool drink [,kuːl,drɪŋk] n refresc m
corn [kɔːn] n (UK) blat m; (US) blat m de moro, panís m; **~cob** n panotxa f
cornflakes ['kɔːnfleɪks] pl flocs m de blat de moro
cottage cheese ['kɒtɪdʒ,tʃiːz] n mató m
cottage loaf ['kɒtɪdʒ,ləʊf] n pa m de pagès
counter ['kaʊntə'] n taulell m
courgette [kʊə'ʒet] n carbassó m
course [kɔːs] n (of meal) plat m. A three-~ menu, menú de tres plats
crayfish ['kreɪ,fɪʃ] n cranc m de riu
crawfish ['krɔː,fɪʃ] n = **crayfish**
cream [kriːm] n crema f; (on milk) crema f, nata f
crisps [krɪsps] pl (UK) patates f xips, patates fregides
croquettes [krəʊ'kets] pl croquetes f
cruet ['kruːɪt] n setrilleres fpl
crystallized fruit ['krɪstəlaɪzd,fruːt] n confitura f
cube [kjuːb] n (of sugar) terròs m
cucumber ['kjuː,kʌmbə'] n

cogombre m
cuisine [kwi'zi:n] n cuina f.
 Catalan ~, cuina catalana
cup [kʌp] n tassa f; (*for drinking
 chocolate*) xicra f. ~ *of coffee*,
 tassa de cafè. *Coffee* ~, tassa per
 a cafè
curd [kɜːd] n quallada f, quall m
curdle ['kɜːdl] vi quallar-se;
 tallar-se (la llet)
cure [kjʊə] vt assaonar
cured ham ['kjʊəd,hæm] n pernil
 salat
custard ['kʌstəd] n crema f (plat
 dolç)
custard apple ['kʌstəd,æpəl] n
 xirimoia f
cutlery ['kʌtləri] n coberts mpl
cuttlefish ['kʌtlfiʃ] n sépia f,
 sípia f
cyder ['saidə] n = **cider**

dainty ['deinti] n = **delicacy**
delicacy ['delikəsi] n (*choice food*)
 exquisidesa f, requisit m,
 llaminadura f
delicatessen [,delikə'tesn] n
 xarcuteria f selecta
delicious ['dilɪʃəs] aj saborós -osa
dessert [di'zɜːt] n postres fpl
dine [dain] vi sopar. ~ *à la carte*,
 sopar a la carta
dining room ['dainiŋ,rʊm] n
 menjador m
dinner ['dinə] n (*in the evening*)
 sopar m; (*at midday*) dinar m; **~
 have** ~ sopar; dinar
dish [diʃ] n plat m; (*for serving*)
 plata f, plàtera f; **~ of the day**
 plat del dia
dough [dəʊ] n massa f, pasta f;

~nut n bunyol m
dress [dres] vt preparar, amanir,
 adobar
dressing ['dresiŋ] n amaniment m,
 salsa f
drink [driŋk] n beguda f; (*draught*)
 glop m | vti beure; ~ **to** (or - **a
 toast to**) brindar per
drinking chocolate
 ['driŋkiŋ,tʃɒkəlit] n xocolata
 desfeta
dry wine ['drai,wain] n vi sec
dry fruits ['drai,fruːts] n fruita
 seca

earthnuts ['ɜːθ,nʌts] pl tòfones f,
 trufes f
egg [eg] n ou m; **boiled** ~ ou m
 passat per aigua; **~shell** closca f
 d'ou; **fried** ~ ou m ferrat
eggplant ['eg,plɑːnt] n (*US*)
 albergínia f
endive ['endaiv] n endívia f;
 (*curly*) escarola f
entrecôte [,antrə'koːt] n entrecot
 m. *Underdone* ~, entrecot poc fet
escargots [eskar'gɔː] n cargols m,
 caragols m
evening meal ['iːvniŋ,miːl] n
 sopar

figs [fig] n figues fpl
fillet ['filit] n filet m
fillet steak ['filit,steik] n filet m
fines herbes [,fin'zɜːb] n herbes
 fines fpl
fish [fiʃ] n peix m; **~ and chips**
 peix arrebossat amb patates
 fregides; ~ **cake** mena de bunyol
 m de peix i patata
flavor ['fleivə] n (*US*) = **flavour**

flavour ['fleɪvə'] n gust m; vt assaonar

flour ['flaʊə'] n farina f; vt enfarinar

fork [fɔ:k] n forquilla f

freeze [fri:z] vt congelar

freezer ['fri:zə'] n congelador m

French beans ['frentʃ,bi:nz] pl mongeta tendra

French fried potatoes ['frentʃfraɪd,pəteɪtəʊz] pl patates xips

French fries ['frentʃ,fraɪz] n (US) = **French fried potatoes**

fresh [freʃ] aj (bread, etc) tendre -a, del dia

fricandeau ['frɪkən,dəʊ] n fricandó m

fried egg ['fraɪd,eg] n ou ferrat

fritters ['frɪtə'z] n bunyols m; crespells m

froth [frɒθ] n escuma f, bromera f (de la cervesa); vi escumejar

fruit [fru:t] n fruita f; ~ **bowl** (or ~ **dish**) n fruitera f; ~ **salad** n macedònia f

fry [fraɪ] vt fregir; vi fregir-se

frying pan ['fraɪŋ,pæn] n paella f

garlic ['gɑ:lɪk] n all m

gin [dʒɪn] n ginebra f

ginger ['dʒɪndʒə'] n gingebre m

ginger ale ['dʒɪndʒər,eɪl] n cervesa f de gingebre

glass [glɑ:s] n got m; copa f

gourd [gʊəd] n carbassa f, carabassa f

grapes [greɪps] pl raïm msg

grapefruit ['greɪpfru:t] n aranja f, pomelo m

grate [greɪt] vt ratllar. ~ cheese,

ratllar formatge

gravy ['greɪvɪ] n suc m; salsa f (del rostit)

green beans ['gri:n,bi:nz] pl mongeta tendra

greens [gri:nz] pl verdura fsg

green vegetables ['gri:n,vedʒtəbəlz] pl verdura fsg

grill [grɪl] n graella f; planxa f | vt fer a la brasa, a la graella, a la planxa

grilled [grɪld] aj a la planxa, a la graella, a la brasa

hake [heɪk] n lluç m

halibut ['hælɪbət] n halibut m

ham [hæm] n pernil m

hamburger ['hæm,bɜ:gə'] n hamburguesa f

hard-boiled egg ['hɑ:d,bɔɪld,eg] n ou dur

hard cider ['hɑ:d,saɪdə'] n (US) sidra

hare [heə'] n llebre f

hazelnuts ['heɪzl,nʌts] pl avellanes f

helping ['helpɪŋ] n ració f. Will you have a second ~?, vols repetir?

herring ['herɪŋ] n areng m

l.olibut ['hɒlɪbət] n = **halibut**

honey ['hʌnɪ] n mel f

hops [hɒps] pl llúpol msg

hors d'oeuvre [ɔ:'dɜ:v'] n entremès m

hot [hɒt] aj calent -a; (spicy) picant

hot cross bun [,hɒtkrɒs'bʌn] n panet dolç de Divendres Sant

hotel [həʊ'tel] n hostal m

hotpot ['hɒtpɒt] n estofat m

ice cream ['aɪs,kriːm] n gelat m
iced [aɪst] aj (cake) ensucrat, cobert de sucre; (drink) granissat; **~ coffee** granissat de cafè
Indian corn ['ɪndɪən,kɔːn] = maize
infusion [ɪn'fjuːʒən] n infusió f
ingredients [ɪn'griːdɪənts] pl ingredients m
inn [ɪn] n fonda f, hostal m
insipid [ɪn'sɪpɪd] aj insípid -a, fat- ada, insuls -a

jam [dʒæm] n melmelada f
Jamaica pepper [dʒə'meɪkə,pepə] n = allspice
jar [dʒɑː] n pot m, gerra f
juice [dʒuːs] n suc m. Orange ~, suc de taronja. Tomato ~, suc de tomàquet

kidney ['kɪdnɪ] n ronyó m. Lamb ~s ronyons de xai; **~ beans** fesols m, mongetes seques
kitchen ['kɪtʃɪn] n cuina f
knife [naɪf] n ganivet m

ladle ['leɪdl] n cullerot m
lamb [læm] n xai m, be m, corder m, anyell m
lard [lɑːd] n llard m, sagí m, saïm m, greix m
laurel ['lɒrəl] n llorer m
leaven ['levn] n llevat m
leek [liːk] n porro m
leftovers ['left,əʊvəz] pl sobralles f, sobres f
leg [leg] n (of chicken) cuixa f; **~ of ham** cuixot m (de porc), pernil m
legume ['legjuːm] n llegum m

lemon ['lemən] n llimona f
lemonade [,lemə'neɪd] n llimonada f; gasosa
lentils ['lentlz] pl llentilles f, llenties f
lettuce ['letɪs] n enciam m, lletuga f
like [laɪk] vt agradar. Would you ~ a coffee?, vols un cafè?
liqueur [lɪ'kjʊə] n licor m
liquor ['lɪkə] n (US) aiguardent m
liver ['lɪvə] n fetge m
loaf [ləʊf] n pa m, barra f de pa
lobster ['lɒbstə] n llagosta f; llamàntol m
loin [lɔɪn] n llom m
lollipop ['lɒlɪpɒp] n piruleta f, piruli m
lump [lʌmp] n grumoll; (of sugar) terròs m
lunch [lʌntʃ] n dinar m; **have ~** dinar

macaroni [,mækə'rəʊnɪ] n macarrons mpl
macerate ['mæsəreɪt] vt macerar
mackerel ['mækrəl] n verat m
main course ['meɪn,kɔːs] n plat fort
maize [meɪz] n blat m de moro
mandarin ['mændərɪn] n mandarina f
marmalade ['mɑːməleɪd] n melmelada f de taronja; melmelada
marrow ['mærəʊ] n carbassó m
mash [mæʃ] n (UK) = mashed potatoes
mashed potatoes ['mæʃtpə,teɪtəʊz] n puré m de patates

mayonnaise [meɪə'neɪz] n
maionesa f

meal [miːl] n menjar m, àpat m;
(flour) farina f

meat [miːt] n carn f; **~ball**
mandonguilla f, pilota f

mellow ['meləʊ] aj (fruit) madur
-a, dolç -a; (wine) vell, ranci

melon ['melən] n meló m

menu ['menjuː] n menú m; carta f.
~ for the day, carta del dia

milk [mɪlk] n llet f

milk bar ['mɪlk,baː'] n granja f,
cafè m

milk can ['mɪlk,kæn] n (US)
lletera f

milk chocolate ['mɪlk,tʃɒkəlɪt] n
xocolata f amb llet

mince [mɪns] vt esmicolar; (meat)
trinxar, picolar | n carn trinxada

minced meat ['mɪnst,miːt] n =
mince

mulberries ['mʌlbəriz] pl mòres f
(de morera)

mushrooms ['mʌʃrumz] pl
bolets m

mussels ['mʌslz] pl musclos m

must [mʌst] n most m

mustard ['mʌstəd] n mostassa f

new [njuː] aj (fresh) fresc -a;
(bread, etc) tou tova, tendre -a

noodles ['nuːdlz] pl fideus m.
Chicken noodle soup, caldo de
pollastre amb fideus; (flat)
tallarines f, vetes f

nougat ['nuːgaː] n (mena de)
torró m d'avellanes

nutcracker ['nʌt,krækə'] n
trencanous m

nuts [nʌts] pl fruita seca

oil [ɔɪl] n oli m

olive ['ɒlɪv] n oliva f; ~ **oil** n oli m
d'oliva

omelet ['ɒmlɪt] n (US) =
omelette

omelette ['ɒmlɪt] n truita f (d'ou)

onion ['ʌnjən] n ceba f. ~ **soup,**
sopa de ceba

orange ['ɒrɪndʒ] n taronja f;
~ **juice** n taronjada f

orangeade ['ɒrɪndʒ'eɪd] n
taronjada f

oregano [ˌɒrɪ'gaːnəʊ] n orenga f

oven ['ʌvn] n forn m

overdone [ˌəʊvə'dʌn] aj massa
cuit -a. An ~ **steak,** un bistec
massa cuit

oysters ['ɔɪstə'z] pl ostres f

paella [paɪ'elə] n paella f (arròs)

pale ale ['peɪl,eɪl] n cervesa rossa

pan [pæn] n = **saucepan;** frying
~ n paella f

parsley ['paːslɪ] n julivert m

parsnip ['paːsnɪp] n xirivia f

partridge ['paːtrɪdʒ] n perdiu f

pasta ['pæstə] n pasta f (italiana,
de sopa)

paste [peɪst] n (dough) pasta f,
massa f

pastry ['peɪstrɪ] n (dough) pasta f,
massa f; (small cake) pasta f; pl
rebosteria fsg

pâté ['pæteɪ] n paté m

patty ['pætɪ] n (US) pastisset m
de carn

peach [piːtʃ] n pressec m

pear [peə'] n pera f

peas [piːz] n pèsols mpl

peel [piːl] n pell f (de fruita); (after

removal) pela f
peelings ['piːlɪŋz] *pl* peles f,
  peladures f

pennyroyal [ˌpɛnɪ'rɔɪəl] *n* poliol
  m d'aigua; poniol *m*
pepper ['pɛpə*r*] *n* (*powder*) pebre
  m; (*fruit*) pebrot *m*
perch [pɜːtʃ] *n* perca f
persimmon [pɜː'sɪmən] *n* caqui *m*
pie [paɪ] *n* (*sweet*) pastís *m*,
  casqueta f; (*savoury*) pastís *m*,
  panada f, empanada f
pigeon ['pɪdʒən] *n* colomí *m*
pimento [pɪ'mɛntəʊ] *n* pebrot *m*
pineapple ['paɪnˌæpl] *n* pinya f
  tropical. ~ *juice*, suc de pinya
pine nuts ['paɪnˌnʌts] *pl*
  pinyons *m*
pistachio [pɪ'stɑːʃɪˌəʊ] *n* pistatxo
  m. ~ *ice cream*, gelat de pistatxo
pit [pɪt] *n* (*US*) pinyol *m*
plaice [pleɪs] *n* palaia f
plain chocolate [ˌpleɪn,tʃɒkəlɪt] *n*
  xocolata f sense llet
plate [pleɪt] *n* (*for food*) plat *m*
platter ['plætə*r*] *n* (*US*) plata f,
  plàtera f
plums [plʌmz] *pl* prunes f
pod [pɒd] *n* beina f, tavella f,
  bajoca f; ~ *vegetables* *pl* llegum
  msg
pomegranate ['pɒmɪˌɡrænɪt] *n*
  magrana f
pork [pɔːk] *n* carn f de porc
porridge ['pɒrɪdʒ] *n* farinetes fpl
  (de civada)
porringer ['pɒrɪndʒə*r*] *n* escudella
  f, bol *m*
pot [pɒt] *n* pot *m*; (*for cooking*)
  olla f, topí *m*; **~s and pans**
  bateria f de cuina

potato [pə'teɪtəʊ] *n* patata f
potato crisps [pə'teɪtəʊ,krɪsps] *pl*
  (*UK*) = **crisps**
prawns [prɔːnz] *pl* gambes f;
  (*larger*) llagostins *m*
preserve [prɪ'zɜːv] *vt* (*food*)
  conservar; (*in syrup*) confitar |
  sg/pl (*food*) confitura f
pressure cooker ['prɛʃə,kʊkə*r*] *n*
  olla f de pressió
prickly pears ['prɪklɪ,pɛə*r*z] *pl*
  figues f de moro
prunes [pruːnz] *pl* prunes f de
  confitar, prunes seques
pudding ['pʊdɪŋ] *n* (*sweet*) púding
  m. Milk ~, dolç *m* de llet;
  (*savoury*) pastís *m* de carn. Steak-
  and-kidney ~, pastís de carn i
  ronyons; (*sausage*) botifarra;
  (*dessert*) postres fpl
puff paste ['pʌf,peɪst] *n* (*US*)
  = **puff pastry**
puff pastry ['pʌf,peɪstrɪ] *n* pasta f
  fullada
pumpkin ['pʌmpkɪn] *n* carbassa f
purée ['pjʊəreɪ] *n* puré *m*

quail [kweɪl] *n* guatlla f
quince [kwɪns] *n* codony *m*; ~
  jelly *n* codonyat *m*

rabbit ['ræbɪt] *n* conill *m*
radishes ['rædɪʃɪz] *pl* raves *m*
raisins ['reɪzənz] *pl* panses f
rasher ['ræʃə*r*] *n* tall *m*, llenca f
  (de cansalada o de pernil)
raspberries ['rɑːzbərɪz] *pl* gerds
  m, gerdons f*s*
ratatouille [ˌrætə'twiː] *n*
  samfaina f
red wine ['rɛd,waɪn] *n* vi negre

red pepper ['rɛd,pepə'] n (fruit) pebrot vermell; (condiment) pebre vermell

refreshing drink [rɪ'frɛʃɪŋ,drɪŋk] n refresc m, beguda f refrescant

refreshments [rɪ'frɛʃmənts] pl refrigeri msg

rennet ['rɛnɪt] n quall m

restaurant ['rɛstə,rɒŋ] n restaurant m

rice [raɪs] n arròs m; **ground ~** farina f d'arròs

rice pudding ['raɪs,pudɪŋ] n arròs m amb llet (dolç)

rissoles ['rɪsəʊlz] pl croquetes f

roast [rəʊst] n (meat) rostit m | vt rostir; (coffee) torrar; **~ beef** n rosbif m

roll [rəʊl] n (loaf of bread) panet m; (cake) pastisset m; (ring-shaped) rosca f; **jam ~** pastisset m de melmelada; **sausage ~** (UK) pastisset m de carn; **Swiss ~** pa m de pessic amb crema i melmelada

rosé ['rəʊzaɪ] n vi rosat

rosemary ['rəʊzmərɪ] n romaní m

rum [rʌm] n rom m

saffron ['sæfrən] n safrà m

salad ['sæləd] n amanida f, ensalada f

salmon ['sæmən] n salmó m

salt [sɔːlt] n sal f; **kitchen ~** sal f de cuina; **~ cellar** n saler m; **table ~** sal de taula | vt salar | aj salat -ada. **~ pork**, carn de porc en sal

salty ['sɔːltɪ] aj (massa) salat

sample ['sɑːmpl] vt tastar

sandwich ['sænwɪdʒ] n entrepà m,

sandvitx m

sardines [sɑː"diːnz] pl sardines f

sauce [sɔːs] n salsa f; **~pan** n cassola f, casserola f, cassó m

sausage ['sɒsɪdʒ] n embotit m. **~ meat**, carn de l'embotit; (for cooking) botifarra f, llonganissa f; (small) salsitxa f

scrambled eggs ['skræmbld,egz] n ous remenats

seafood ['siː,fuːd] n marisc m

season ['siːzn] vt amanir; assaonar

seasoning ['siːznɪŋ] n condiment m, adob m

seed [siːd] n llavor m, grana f; (of orange, etc) pinyol m

semolina [,semə'liːnə] n sèmola f

serving dish ['sɜːvɪŋ,dɪʃ] n plàtera f, plata f

shake [ʃeɪk] vt remenar, sacsejar

shell [ʃel] n closca f; (of molluscs) petxina f

shellfish ['ʃel,fɪʃ] pl marisc msg

sherbet ['ʃɜːbət] n (powder) sidral m; (US) = **sorbet**

sherry ['ʃerɪ] n xerès m

shrimps [ʃrɪmps] pl gambes f

side dish ['saɪd,dɪʃ] n guarnició f, acompanyament m

sirloin ['sɜːlɔɪn] n entrecot m

sirloin steak ['sɜːlɔɪn,steɪk] n = **sirloin**

skillet ['skɪlɪt] n (US) paella f

skimmed milk ['skɪmd,mɪlk] n = **skim milk**

skim milk ['skɪm,mɪlk] n llet descremada, llet desnatada

slice [slaɪs] n tall m; (of meat) llenca, (of sausage) rodanxa; (of bread) llesca f | vt tallar

smear [smɪə'] vt untar. A slice of

bread, ~ed with butter, una llesca
de pa, untada amb mantega
smoked [sməʊkt] *aj* fumat. ~
salmon, salmó fumat. ~ *bacon*,
cansalada fumada
snack [snæk] *n* aperitiu *m*,
refrigeri *m*, piscolabis *m*; **~bar**
n bar *m*
snails [sneɪlz] *pl* = escargots
snapper ['snæpə] *m* = bluefish
soda ['səʊdə] *n* sifó *m*, soda *f*
soda water ['səʊdə,wɔ:tə] *n*
= soda
soft drinks [sɒft,drɪŋks] *pl*
refrescos *m*
sole [səʊl] *n* llenguado *m*
sorbet ['sɔ:beɪ] *n* sorbet *m*
soufflé ['su:fleɪ] *n* suflé *m*. *Cheese*
~, suflé de formatge. *Chocolate* ~,
suflé de xocolata
soup [su:p] *n* sopa *f*
sour ['saʊə] *aj* agre -a, àcid -a;
turn ~ picar-se (la beguda)
spaghetti [spə'getɪ] *n* espaguetis
mpl
sparkling wine ['spa:klɪŋ,waɪn] *n*
vi escumós
spices ['spaɪsɪz] *n* espècies *fpl*
spicy ['spaɪsɪ] *aj* picant
spinach ['spɪnɪdʒ] *n* espinacs *mpl*
sponge cake ['spʌndʒ,keɪk] *n* pa
de pessic
spoon [spu:n] *n* cullera *f*
squeeze [skwi:z] *vt* esprémer. *To*
~ *an orange*, esprémer una taronja
squid [skwɪd] *n* calamars *m*,
calamar *m*
starch [sta:tʃ] *n* midó *m*, fècula *f*
steak [steɪk] *n* bistec *m*; (*slice of
meat or fish*) filet *m*
stew [stju:] *n* guisat *m*, estofat *m*;

vt guisar, estofar
stir [stɜ:] *vt* remenar
stock [stɒk] *n* brou *m*
stone [stəʊn] *n* (*of fruit*) pinyol *m*
stove [stəʊv] *n* cuina *f*
strain [streɪn] *vt* escórrer, colar
strainer ['streɪnə] *n* colador *m*
strawberries ['strɔ:bərɪz] *n*
maduixes *f*; (*larger and cultivated*)
maduixots *m*
streaky bacon ['stri:kɪ,beɪkən] *n*
cansalada viada
stuff [stʌf] *n* matèria *f*, substància
f; *vt* farcir
stuffed [stʌft] *aj* farcit
stuffing [stʌfɪŋ] *n* farciment *m*
succulent ['sʌkjʊlənt] *aj* suculent
-a, deliciós -osa
sucker ['sʌkə] *n* (*US*) piruleta *f*,
piruli *m*
sugar ['ʃʊgə] *n* sucre *m*; ~ *basin*
(~ *bowl*) sucrera *f*; ~ *cane* *n*
canya *f* de sucre | *vt* ensucrar
sweet [swi:t] *n* caramel *m*, confit
m, bombó *m*; (*dessert*) postres *fpl*;
~*s* *pl* dolços *m*, llaminadures *f* | *aj*
dolç -a; ~ *cider* (*UK*) sidra
dolça; (*US*) suc *m* de poma;
~*corn* *n* blat *m* de moro;
~ *potato* *n* moniato *m*; ~ *wine*
n vi dolç
sweeten ['swi:tn] *vt* endolcir,
dulcificar
Swiss chard ['swɪs,tʃɑ:d] *n* =
chard
swordfish ['sɔ:d,fɪʃ] *n* peix *m*
espasa

tangerine [,tændʒə'ri:n] *n*
mandarina *f*
tapioca [,tæpɪ'əʊkə] *n* tapioca *f*

tart [tɑːt] n pastís m | aj (taste) àcid -a, aspre -a, agre -a

taste [teɪst] n gust m, sabor m; (skill) paladar m; (small portion) tast m; vt tastar; vi tenir gust de

tasteless ['teɪstlɪs] aj (having no flavour) insuls -a, insípid -a

tasty ['teɪstɪ] aj gustós -osa, saborós -osa

tea [tiː] n te m; infusió f; (afternoon) te m, berenar m; (evening) sopar m; ~ **bag** n bosseta f de te

teaspoon ['tiːspuːn] n cullereta f; ~**ful** (measure) cullerada f

tempting ['temptɪŋ] aj apetitós

tender ['tendə] aj (meat) tendre -a, melós -osa

terrine [te'riːn] n terrina f

thick [θɪk] n (soup) espès -essa

thyme [taɪm] n farigola f, timó m

tidbits ['tɪdbɪts] pl (US) = **titbits**

titbits ['tɪtbɪts] pl (delicacies) llaminadures f, llepolies f; requisits m

toast [təʊst] n torrada f, pa torrat; (drink) brindis m; **a piece of ~** una torrada; **drink a ~ to** fer un brindis per | vt torrar; (drink) brindar per

today's special [tə'deɪzˌspeˈʃəl] n plat m del dia

tomato [tə'mɑːtəʊ, US tə'meɪtəʊ] n tomàquet m, tomata f

trifle ['traɪfl] n pa de pessic amb fruita, melmelada i nata

trout [traʊt] n truita f (peix)

truffles ['trʌflz] pl tòfones f, tòfecs f

try [traɪ] vt tastar

tuna ['tjuːnə] n = **tunny**

tunafish ['tjuːnəfɪʃ] n = **tunny**

tunny ['tʌnɪ] n tonyina f

tureen [tə'riːn] n sopera f

turkey ['tɜːkɪ] n gall m dindi

turnip ['tɜːnɪp] n nap m

underdone [ˌʌndə'dʌn] aj poc fet -a. An ~ steak, un bistec massa cru

veal [viːl] n carn f de vedella

vegetables ['vedʒtəblz] pl hortalisses f, verdura fsg

vinegar ['vɪnɪgə] n vinagre m

walnuts ['wɔːlnʌts] pl nous f

watermelon ['wɔːtəˌmelən] n síndria f

wheat [wiːt] n blat m

whey [weɪ] n xerigot m

whip [wɪp] n (dessert) batut m; vt (cream, eggs, etc) batre, deixatar

whipped cream ['wɪptˌkriːm] n nata muntada

whisk [wɪsk] n batedora f; vt = **whip**

whiskey ['wɪskɪ] n (US) = whisky

whisky ['wɪskɪ] n whisky m

whitefish ['waɪtˌfɪʃ] n pl truites f i salmons m

white fish ['waɪtˌfɪʃ] n (UK) peix blanc

white pepper ['waɪtˌpepə] n pebre blanc

white pudding ['waɪtˌpʊdɪŋ] n (UK) botifarra blanca

white sauce ['waɪtˌsɔːs] n (mena de) salsa blanca

white wine ['waɪtˌwaɪn] n vi blanc

whitebait ['waɪtˌbeɪt] n xanguet m, peixet m

wild boar ['waɪld,bɔː'] n senglar m, porc m senglar
wine [waɪn] n vi m
wine list ['waɪn,lɪst] n carta f de vins

yeast [jiːst] n llevat m
yoghurt ['jəʊgət] n iogurt m

yolk [jəʊk] n rovell m d'ou
young [jʌŋ] aj tendre -a. ~ cheese, formatge tendre. ~ wine, vi novell

zucchini [tsuːˈkiːni] n (US) carbassó m